国家哲学社会科学成果文库

NATIONAL ACHIEVEMENTS LIBRARY
OF PHILOSOPHY AND SOCIAL SCIENCES

暴力犯罪死刑适用标准研究

赵秉志　主编

北京师范大学出版集团
BEIJING NORMAL UNIVERSITY PUBLISHING GROUP
北京师范大学出版社

作者简介

赵秉志 汉族，1956年6月生，河南南阳人，系新中国培养的首届刑法学博士（1988年3月）。1988年8月至2005年8月就职于中国人民大学法学院。现为北京师范大学刑事法律科学研究院暨法学院院长、教授、博士生导师，兼任中国法学会常务理事暨学术委员会委员，中国法学会刑法学研究会会长，中国法学会审判理论研究会副会长，国际刑法学协会中国分会主席，国务院学位委员会学科评议组法学组成员，国家社会科学基金项目学科评审组专家，最高人民法院特邀咨询员，最高人民检察院专家咨询委员会委员等社会职务。创建国家重点研究基地中国人民刑事法律科学研究中心并曾任该中心第一、二届主任（1999年至2005年8月）。被国家授予“做出突出贡献的中国博士学位获得者”称号（1991年）；中国法学会评定为首届“全国十大杰出青年法学家”（1995年）；国家人事部评选纳入首批“百千万人才工程”（1997年）；教育部评选纳入“跨世纪优秀人才培养计划”（1999年）；北京市评选纳入首批“百人工程”（1995年）和“新世纪社科理论人才工程”（2001年），入选教育部“长江学者特聘教授”（2006年）。

《国家哲学社会科学成果文库》

出版说明

为充分发挥哲学社会科学研究优秀成果和优秀人才的示范带动作用，促进我国哲学社会科学繁荣发展，全国哲学社会科学规划领导小组决定自2010年始，设立《国家哲学社会科学成果文库》，每年评审一次。入选成果经过了同行专家严格评审，代表当前相关领域学术研究的前沿水平，体现我国哲学社会科学界的学术创造力，按照“统一标识、统一封面、统一版式、统一标准”的总体要求组织出版。

全国哲学社会科学规划办公室

2011年3月

序

晚近十余年来，我国刑事法学界充分重视，并积极开展死刑制度改革、死刑司法限制适用问题的研究，取得了相当多的成果。但是，中国死刑问题的复杂性和死刑制度改革的艰巨性，决定了对死刑制度及其改革问题的研究仍是任重而道远，需要刑事法学界继续给予应有的重视。我暨我所带领的北京师范大刑事法律科学研究院(以下简称北师大刑科院)刑法学术团队多年以来对我国死刑改革问题进行了比较全面、深入和坚持不懈的研究，取得了较为丰硕的学术成果，并向国家立法机关和最高司法机关提交了多份关于死刑制度改革的研究报告。其中，暴力犯罪的死刑问题，也一直是我们关注和研究的重要问题之一，本人曾就中国分阶段废止死刑的问题提出构想，并讨论了暴力犯罪死刑的限制和废止问题。① 2006 年 5 月，我指导的博士研究生黄晓亮(现为北京师范大学刑事法律科学研究院副教授)完成了题为《暴力犯罪死刑问题研究》的博士学位论文，在国内率先对暴力犯罪的死刑问题进行专题研究，他将其博士学位论文修订后于 2008 年 4 月由中国人民公安大学出版社出版，受到关注和好评。

但是，截至目前，在死刑理论研究中，我国刑事法学界并没有充分地对暴力犯罪死刑的司法适用和立法改革问题进行专题性研究，所取得的学术成果亦相对较少，对刑事法实务的影响也较为有限。其实，暴力犯罪是仍保留死刑之各国刑事立法中较多配置死刑、其死刑具有广泛民众认同的犯罪类型，比较典型地反映了社会对暴力犯罪反制的方式。在非暴力犯罪逐步废止死刑后，人类社会能否放弃死刑作为对付暴力犯罪的手段，无疑关系到死刑最终的命运。正如晓亮博士所言，对暴力犯罪死刑问题的研究，意味着对死刑进

① 赵秉志：《关于分阶段逐步废止中国死刑的构想》，《郑州大学学报》2005 年第 5 期。

行终极性的思考。① 因而将对死刑问题的研究重点从宏观的存废问题转变到具体类型死刑犯罪的司法限制适用和立法改进，并加强对司法实务中适用死刑最多的严重暴力犯罪之死刑适用实体与证据标准的研究，进而对我国司法实务中暴力犯罪死刑适用的各种经验教训进行认真总结和归纳，可以为司法机关准确适用死刑以及立法机关改进死刑制度提供重要的参考与指导意见，且对于切实减少、限制我国的死刑适用，适应死刑改革的国际趋势，有着非常重要的实践意义。基于此种考虑，课题组以《暴力犯罪死刑适用的实体标准和证据标准》为题申请司法部 2008 年度国家法治与法学理论研究项目，并于同年 10 月获得批准，项目号为 SFB4009，随后在黄晓亮副教授的协助下，积极组织课题组成员就此课题展开研究，并于 2009 年 1 月顺利通过了该项目的中期检查。为了更好地完成项目的研究工作，取得高质量的研究成果，本人征得课题组成员的同意，对课题组成员和研究计划做了调整，决定以《暴力犯罪死刑适用标准研究》为题撰写学术专著，以顺利完成项目。课题组成员认真负责，通力合作，于 2010 年下半年完成了书稿。

根据司法部关于项目执行和管理的要求，课题组于 2011 年 6 月 17 日聘请专家组对研究成果进行鉴定。专家组组长为高铭暄先生(中国人民大学荣誉教授、博士生导师，中国法学会学术委员会副主任、中国刑法学研究会名誉会长)、储槐植先生(北京大学法学院资深教授、博士生导师，中国刑法学研究会顾问)、张泗汉先生(国家法官学院教授、中国刑法学研究会顾问)以及卢建平教授(北京师范大学刑事法律科学研究院常务副院长、博士生导师，中国刑法学研究会副会长、中国犯罪学研究会副会长)、宋英辉教授(北京师范大学刑事法律科学研究院副院长、博士生导师，中国刑事诉讼法学研究会副会长，中国犯罪学会常务理事)。经过认真的评议与讨论，专家组一致认为，赵秉志教授主持进行上述司法部 2008 年度委托课题(编号：SFB4009)，圆满地完成了研究任务，符合结项成果一级的要求。项目的主管部门司法部研究室科研处也同意专家所作出的上述鉴定意见，并要求项目成果按照规定予以出版。

需要特别指出的是，本人于 2012 年 8 月成功申请获批英国外交和联邦事

① 黄晓亮：《暴力犯罪死刑问题研究》，中国人民公安大学出版社 2008 年版，第 3 页。

务部(FCO)战略方案基金(SPF)之重点项目的资助，并于2012年9月成功主持申请获批欧盟重大法治项目“中国死刑适用的司法限制”。在这两个项目的框架内，并接受这两个项目的资助，我们根据《刑法修正案(八)》(全国人大常委会于2011年2月25日通过)与《刑事诉讼法》(全国人大于2012年3月14日通过)以及相关的司法解释，对本书的内容进行了较大幅度的修订和补充。2013年11月，我们又以本书稿申请并荣幸地获得了国家社科基金的后期资助，根据评审专家的建涵议，我们组织各位作者对书稿又作修改和校正。

《暴力犯罪死刑适用标准研究》一书共计十二章，分为上、中、下三篇。上篇题为“暴力犯罪死刑适用实体标准的基本问题”，分别对暴力犯罪死刑适用的现状及存在的问题，确定暴力犯罪死刑适用标准的政策依据和法律原则，以及其他暴力犯罪死刑适用标准的共性问题进行研究，具体问题包括暴力犯罪死刑适用实体标准的统一化、量刑情节与暴力犯罪死刑适用、暴力犯罪共同犯罪形态的死刑适用研究；中篇题为“具体暴力犯罪死刑适用的实体标准”，分别对故意杀人罪、抢劫罪、绑架罪、故意伤害罪、强奸罪五类典型的严重暴力犯罪死刑适用问题进行总结和探讨；下篇为“暴力犯罪死刑适用的证据标准”，分别对“暴力犯罪死刑适用证据标准”确定的相关共性问题、具体暴力犯罪死刑适用的证据标准进行研讨。我们希望从刑事法律关于暴力犯罪及其死刑适用之实体与程序的相关规定出发，总结中国司法实务界实际操作情况，分析世界上其他保留死刑的国家或者地区在此方面的立法例和司法经验，研究中国刑事立法中相关规定之优劣得失，结合具体暴力犯罪的构成特征与实际发生规律，阐明决定或者影响该种死刑适用的实体法方面因素，尽可能科学、合理地确立刑事证据标准，并且提出刑事立法改进的立法建议，形成刑事司法对暴力犯罪适用死刑之实体与证据标准的指导性意见，为我国逐步废止死刑创造必要的条件。

本书由本人担任主编，黄晓亮副教授担任副主编给予了协助。参与本书撰写的作者，除了本人外，还有如下人员：阴建峰教授(北师大刑科院院长助理、中国刑法研究所副所长、法学博士、博士生导师，中国刑法学研究会理事暨副秘书长，北京市石景山区人民检察院副检察长)，黄晓亮副教授(北师大刑科院中国刑法研究所副所长，法学博士，中国刑法学研究会副秘书长，北京市人民检察院第二分院法律政策研究室副主任)，张磊副教授(北师大刑科院院务助理，法学博士)，廖明博士(北师大刑科院讲师)，吕泽华博士(青岛大学法学院讲师，北师大刑科院博士后)，北师大刑科院法学博士马晓炜、刘志洪(北方工业大学法学院副教授)、刘媛媛(天津师范大学法学院副教授)、于靖民(北京市第三中级人民法院法官)，任能能(最高人民法院刑五庭法官，法学博士)、段凰(最高人民法院刑三庭法官，法学博士)，以及北师大刑科院法学硕士万育(中国建设银行北京市分行干部)。

本书具体分工如下：本人与黄晓亮副教授共同撰写第三章，黄晓亮副教授还撰写了第一章，阴建峰教授、万育硕士共同撰写第二章，刘志洪副教授、张磊副教授、马晓炜博士、任能能法官、刘媛媛博士、段凰法官、于靖民博士分别负责撰写第四章至第十章，廖明博士撰写第十一章，吕泽华博士撰写第十二章。

本书的出版得到了北京师范大学出版社的大力支持，责任编辑付出了辛勤的劳动，保证了本书的及时问世和质量，特此致以深深的谢意。

赵秉志教授 谨识

2013 年 12 月 12 日

目 录

上 篇 暴力犯罪死刑适用实体标准的基本问题

中　篇　具体暴力犯罪死刑适用的实体标准

下　篇　暴力犯罪死刑适用的证据标准

CONTENTS

Part Ⅲ Evidentiary Standards of the Application of Death Penalty in Violent Crime

上　篇

暴力犯罪死刑适用实体标准的基本问题

第　一　章

暴力犯罪死刑适用的现状及存在的问题

我国司法实务部门向来重视对严重刑事犯罪的惩治和防范工作。不过，在不同的时期，国家司法机关重点关注和严厉打击的刑事犯罪在类型上有所不同。例如，在新中国成立初期的1949年至1956年，国家司法机关重点是严厉打击“反革命”犯罪，“严惩了一大批残害人民的匪首、恶霸、特务、反动党团骨干和会道门头子”，从1950年到1953年，各级人民法院共判处了104万件“反革命”案件。在改革开放初期，党和国家决定对严重危害社会秩序的严重刑事犯罪予以严厉打击，1983年8月至1986年年底，全国各级人民法院共审结刑事案件140万件，判决人犯172.1万多名。① 在上述司法活动中，暴力犯罪是国家司法机关严厉打击的重点，同时也是死刑适用的主要对象。不能忽视的却是在刑事司法实践中，关于暴力犯罪死刑的具体适用存在相当的问题，如适用的基本标准含混不清，② 证据采信和证明标准不统一等。不过，无论是有关的司法解释，还是相关的司法统计数据，并没有专门就司法机关处理暴力犯罪的情况进行必要的概括和总结，在很多情况下却是和其他犯罪混合在一起作出表述，结果造成了暴力犯罪及其死刑适用的具体情况难以给人以直观的印象，无法对理论研究提供直接的参考。这些使得上述暴力犯罪

① 《数说人民法院审判工作60年》，载最高人民法院“司法数据”栏目，http://www.court.gov.cn/qwfb/sfsj/201002/t20100221_1368_5.htm。

② 项谷等：《严重暴力犯罪死刑适用的酌定标准》，《法学》2009年第11期。

死刑适用的各种问题更为隐蔽，严重影响到我国死刑政策的正确贯彻，对死刑的限制和减少适用有着不良的影响，从而不利于我国刑事法治的进步与和谐社会的构建。相反，对暴力犯罪死刑适用的具体情况进行必要的归纳、总结，揭示其中存在的各种问题，无疑有助于推进我国的死刑理论研究，对司法机关准确地对暴力犯罪适用死刑也有着重要的指导价值。

第一节　暴力犯罪的立法规定与理论界定

我国刑法对暴力犯罪已经作出了明确规定。这些规定是司法机关对各种暴力犯罪进行处理的基本前提，同时也是从理论上理解和界定暴力犯罪概念和特征以及暴力犯罪死刑适用有关问题的必要基础。

一、我国关于暴力犯罪的立法规定

(一)刑法关于暴力犯罪的基本规定

根据刑法的具体规定，行为人运用具有侵害或者破坏性质的侵害力的犯罪，有的是针对人的身体，有的是针对物体。

针对人身实施暴力的犯罪，刑法总则与分则中都有规定。在刑法总则第20条提及："……行凶、杀人、抢劫、强奸、绑架以及其他严重危及人身安全的暴力犯罪"；第50条第2款述及："对……有组织的暴力性犯罪被判处死刑缓期执行的犯罪分子"；第81条第2款提及："故意杀人、强奸、抢劫、绑架、放火、爆炸、投放危险物质或有组织的暴力性犯罪。"这三个法律条文对部分暴力犯罪进行了概括。在刑法分则中，有的犯罪规定是以暴力为手段，而有的犯罪没有规定暴力手段，但仍属于对人实施暴力之犯罪的范围。具体说来，有如下几种情形：(1)明确规定暴力手段的犯罪，如劫持航空器罪、暴力干涉婚姻自由罪等；(2)"武装"型犯罪，如武装叛乱罪；(3)"强迫"型犯罪，如强迫卖淫罪、强迫他人吸食毒品罪；(4)直接侵犯人的身体(肉体)的犯罪，如故意杀人罪、故意伤害罪、战时自伤罪；(5)可能以不特定人的人身为对象的犯罪，如放火罪、破坏交通设施罪、破坏易燃易爆设备罪、破坏电力设备罪、恐怖活动犯罪；(6)"劫夺"型犯罪，如抢劫枪支、弹药、爆炸物、危险物质罪、劫夺被押解人员罪。

针对物体实施暴力的犯罪：(1)侵犯他人占有权的对物暴力犯罪，具体有抢夺罪(第 267 条)、故意毁坏财物罪(第 275 条)、破坏生产经营罪(第 276 条);(2)侵犯文物管理的对物暴力犯罪，具体指故意毁损文物罪、故意毁损名胜古迹罪(第 324 条)。

既针对人身，又针对物体实施暴力的犯罪有：(1)危害公共安全的暴力犯罪，具体有破坏交通工具罪(第 116、119 条)、破坏交通设施罪(第 117、119 条)、破坏易燃易爆设备罪、破坏电力设备罪(第 118、119 条)、破坏广播电视设施、公用电信设施罪(第 124 条);(2)危害国防安全的暴力犯罪，具体是指破坏武装设施、军事设施、军事通信罪(第 369 条)。

(二)刑法关于以人为对象之暴力犯罪的具体规定

以人为对象的暴力犯罪是本书的主要研究内容，因而我们对此作了较为详细的归纳，主要有如下几个方面。

危害国家安全罪中的暴力犯罪有：武装叛乱、暴乱罪。刑法对该犯罪规定了“武装”的犯罪手段。这里的“武装”是指“进行叛乱、暴乱的行为人配备有大规模杀伤性、破坏性器械”,“叛乱”、“暴乱”都有利用武装力量与政府合法力量进行武力对抗，包括烧杀抢掠等情形。① 刑法对之规定了死刑、无期徒刑、10 年以上有期徒刑等法定刑，表明对该类犯罪的严厉打击。所以，这种犯罪可以归之于暴力犯罪。

危害公共安全罪中的暴力犯罪有：(1)放火罪；(2)决水罪；(3)爆炸罪；(4)投放危险物质罪；(5)以危险方法危害公共安全罪；(6)破坏交通工具罪；(7)破坏交通设施罪；(8)破坏易燃易爆设备罪；(9)组织、领导、参加恐怖组织罪；(10)劫持航空器罪；(11)劫持船只、汽车罪；(12)暴力危及飞行安全罪；(13)破坏广播电视设施、公用电信设施罪；(14)抢劫枪支、弹药、爆炸物、危险物质罪；(15)破坏电力设备罪。

破坏社会主义市场经济秩序罪中的暴力犯罪有：(1)抗税罪；(2)强迫交易罪。另外，还要注意，《刑法》第 157 条规定，武装掩护走私的，按照第 151 条第 1 款的规定从重处罚。那么，从第 151 条至第 156 条规定的走私犯罪是否是暴力犯罪呢？笔者认为，不能认为是暴力犯罪。首先，这些犯罪属于经济犯罪已是通说。其次，虽然武装掩护走私的，法定刑可达无期徒刑、死刑，

---

①　赵秉志主编：《刑法新教程》第 4 版，中国人民大学出版社 2012 年版，第 330—331 页。

但是，此处的“武装”并没有“侵害或者控制他人身体”的含义。第157条第2款规定，以暴力、威胁方法抗拒缉私的，按照走私犯罪与妨害公务罪数罪并罚，暴力、威胁行为造成被害人伤亡的，则按照故意杀人罪、故意伤害罪来处理。武装掩护走私，如果使用武器抗拒检查，就属于第157条第2款所规定的情形，按照走私犯罪与妨害公务罪数罪并罚；如果造成人员伤亡，则须按照故意杀人罪或者故意伤害罪来处理。上述走私犯罪在罪质上并无“侵害性”或者“攻击性”。因此，走私犯罪，即便有武装掩护或者暴力、威胁方法抗拒检查的情况，也不属于暴力犯罪。

侵犯公民人身权利、民主权利罪中的暴力犯罪有：(1)故意杀人罪；(2)故意伤害罪；(3)强奸罪；(4)强制猥亵、侮辱妇女罪；(5)非法拘禁罪；(6)绑架罪；(7)拐卖妇女、儿童罪；(8)聚众阻碍解救被收买的妇女、儿童罪；(9)强迫劳动罪；(10)非法搜查罪；(11)侮辱罪；(12)刑讯逼供罪；(13)暴力取证罪；(14)虐待被监管人罪；(15)破坏选举罪；(16)暴力干涉婚姻自由罪；(17)虐待罪；(18)组织残疾人、儿童乞讨罪。这几种犯罪都是直接侵犯被害人身体的犯罪。

侵犯财产罪中的暴力犯罪有：(1)抢劫罪。《刑法》第263条明文规定，抢劫罪的犯罪手段表现为“暴力、胁迫或者其他方法”，理论上也认为抢劫罪的犯罪客体包括被害人的人身安全与财产权利，归入暴力犯罪理所当然；(2)聚众哄抢罪；(3)敲诈勒索罪，其犯罪手段包括使用暴力的情形。

妨害社会管理秩序罪中的暴力犯罪有：(1)妨害公务罪；(2)聚众斗殴罪；(3)寻衅滋事罪；(4)妨害作证罪；(5)打击报复证人罪；(6)扰乱法庭秩序罪；(7)破坏监管秩序罪；(8)劫夺被押解人员罪；(9)暴动越狱罪；(10)聚众持械劫狱罪；(11)强迫卖血罪；(12)强迫他人吸毒罪；(13)强迫卖淫罪。其中，第(2)、(3)、(5)、(6)种犯罪都包括直接对人身实施强制力攻击的情形，因而应归入暴力犯罪的范围。

危害国防安全罪中的暴力犯罪有：(1)阻碍军人执行职务罪；(2)破坏武器装备、军事设施、军事通信罪。

军人违反职责罪中的暴力犯罪有：(1)阻碍执行军事职务罪；(2)战时自伤罪；(3)虐待部属罪；(4)战时残害居民、掠夺居民财物罪；(5)虐待俘虏罪。其中，第(2)、(3)、(4)、(5)种具体犯罪都包括直接对人身实施强制力攻击的情形，因而应归入暴力犯罪的范围。

(三)刑法关于暴力犯罪死刑的具体规定

综上所述，刑法共规定了 64 种实施暴力的具体犯罪。那么，如何判定刑法上暴力犯罪的严重程度呢？在笔者看来，可以参考《刑法》第 81 条第 2 款的规定来确定严重暴力犯罪。该条规定，对判处 10 以上年有期徒刑的暴力犯罪不得假释。这表明立法认为此类犯罪较为严重，有必要予以严厉打击。因此，可以 10 年有期徒刑为界限来判定暴力犯罪的严重程度。凡是法定最高刑为 10 年以上有期徒刑的犯罪可归入严重暴力犯罪之列。据统计，这样的犯罪共有 34 个，占所有暴力犯罪的 58%。其他则属于普通暴力犯罪(轻微暴力犯罪与较轻的暴力犯罪)。

而就暴力犯罪的死刑配置以及具体的配置方式，刑法作出了明确规定，具体有 24 个罪名，可以概括为表 1-1。①

表 1-1　暴力犯罪的死刑配置

法定刑	具体规定	罪名与相应刑法条文
死刑	可以判处死刑	第 104 条：武装叛乱、暴乱罪
	处死刑	第 121 条：劫持航空器罪；第 239 条：绑架罪；第 240 条：拐卖妇女、儿童罪；第 317 条：暴动越狱罪、聚众持械劫狱罪
无期徒刑、死刑	处无期徒刑或者死刑	第 358 条：强迫卖淫罪；第 426 条：阻碍执行军事职务罪

① 也有论者认为中国刑法分则规定了 27 种配置有死刑的暴力犯罪。和我们的统计相比较，多出来抢夺枪支、弹药、爆炸物、危险物质罪(第 127 条第 1 款、第 2 款)、组织卖淫罪(第 358 条第 2 款)、抢夺武器装备、军用物资罪(第 438 条)等罪名。参见王永兴：《试析我国〈刑法〉中的暴力犯罪死刑罪名》，《福建法学》2010 年第 3 期。

续表

法定刑	具体规定	罪名与相应刑法条文
有期徒刑、无期徒刑、死刑	处10年以上有期徒刑、无期徒刑或者死刑	第115条：放火罪、决水罪、爆炸罪、投放危险物质罪、以危险方法危害公共安全罪；第119条：破坏交通工具罪、破坏交通设施罪、破坏易燃易爆设备罪、破坏电力设备罪；第127条：抢劫枪支、弹药、爆炸物、危险物质罪；第234条：故意伤害罪；第236条：强奸罪；第263条：抢劫罪；第369条：破坏武器装备、军事设施、军事通信罪；第446条：战时残害居民、掠夺居民财物罪
	死刑、无期徒刑或者10年以上有期徒刑	第232条：故意杀人罪

二、暴力犯罪的理论界定及死刑之法定刑的意义

(一)暴力犯罪之概念界定的前提性问题

刑法总则所规定的暴力犯罪具有直接危害人身安全、危害非常严重、法定刑较重的特点，而刑法分则规定的暴力犯罪在种类上表现得比较广泛，在犯罪的危害严重程度、法定刑的轻重程度上有所不同。那么，如何从刑法的明文规定出发来界定暴力犯罪的概念呢？笔者认为，应该注意两个问题。

(1)刑法总则、分则对暴力犯罪的规定出于不同立法目的。刑法总则更多地考虑如何对严重暴力犯罪作出合理的处罚。《刑法》第20条第2款所提及的是“严重危及人身安全的暴力犯罪”，而第81条第2款则提及几种具体的暴力犯罪，这两个条文所涉及的暴力犯罪都属于严重暴力犯罪，是从较重的法定刑方面来确定的。而分则则是对所有的暴力犯罪作出明确、全面的规定，对暴力犯罪则规定有轻重不同的法定刑。因此，对暴力犯罪概念的界定就不能纠缠于法定刑的轻重。

(2)应结合刑法总则、分则的相关规定来界定暴力犯罪的概念。刑法总则的相关条文都没有明示何谓暴力犯罪，但都较多地关注了危及人身安全的暴力犯罪，对不危及人身安全的暴力犯罪则没有特别关注。从刑法分则的具体犯罪来看，对财物进行暴力攻击的犯罪与对人身实施暴力攻击的犯罪相比较，

种类很少(仅有五个罪名)，法定刑稍微低些(抢夺罪法定最高刑较重，为无期徒刑，没有死刑)，其不危及人身安全，侵害的强烈程度弱些。① 所以，综合来看，应较多地研究危害人身的暴力犯罪。

(二)暴力犯罪的概念界定

有论者认为，暴力犯罪的范围应该以刑法的规定为依据，是指刑法分则中明确或者隐含的包括以暴力为手段的犯罪；还要考察暴力犯罪的程度，只有暴力犯罪行为危及人身安全时，才可以确定。而暴力犯罪的程度，可以考虑三个方面：一是具体的罪名，有些犯罪的罪名已经表明暴力性；二是从“是否严重危及人身安全”的威胁来确定犯罪的程度；三是从法定刑来考虑，有些犯罪涉及暴力手段，但法定刑是 3 年以下有期徒刑等轻刑，属于轻微暴力犯罪。② 该观点是比较妥当的，指出了暴力犯罪概念界定的基本思路。但是，该观点主要是为了解决特殊防卫的前提性犯罪问题而作出的论述，对暴力与犯罪之间的关系没有作出更为深刻的说明，对暴力犯罪的概念也没有任何交代。笔者认为，应从如下几个方面入手来界定暴力犯罪的概念与特征。

1. 暴力犯罪中的“暴力”程度如何

如前所述，暴力犯罪中，暴力是对人身实施的，直接侵犯了人的身体权利。有论者指出，“暴力”是指直接或者借助自然、物理之力量对他人人身的自由权、健康权、生命权施加强力打击或者强制行为，暴力的程度不仅包括对他人人身自由、健康或者生命造成损害，也包括尚未对他人人身安全造成损害，但对他人人身形成危险。③ 笔者认为，这样的看法是有道理的。不过，暴力的程度不能仅从其危害的后果上看，还要从被害人的反映来考察，即被害人是否被迫放弃了反抗，或者说，暴力行为是否足以抑制被害人的反抗。

---

① 如果对财物进行暴力攻击的犯罪涉及对人身的侵害，就有可能转化为针对人身的暴力犯罪。如《刑法》第 267 条第 2 款规定，携带凶器抢夺的，按照抢劫罪处理。《刑法》第 269 条规定，犯盗窃、抢夺、诈骗罪，出于各种目的当场使用暴力或者以暴力相威胁的，按照抢劫罪处理。刑事司法中对此也有规定。如最高人民法院于 2005 年 6 月日发布的《关于审理抢劫、抢夺刑事案件适用法律若干问题的意见》第 4、11 条的规定。

② 高铭暄主编：《刑法专论(上卷)》，高等教育出版社 2002 年版，第 456 页。

③ 黄京平、石磊：《简析我国非暴力犯罪及其死刑立法》，载赵秉志主编：《中国废止死刑之路探索》，中国人民公安大学出版社 2004 年版，第 6 页。

“足以”是从暴力对被害人施加作用力的角度进行考察分析的。从客观上看，既包括被害人已经失去反抗能力或者放弃反抗的情况，也包括对特定被害人没有作用，但能够使得一般人放弃反抗的情况。所以，对暴力犯罪中“暴力”的理解要结合危及人身安全的程度与抑制被害人反抗的程度两方面来认定。

这也说明，此处概念中的“暴力”与具体犯罪中的“暴力”存在一定的不同。某些具体犯罪中的“暴力”认定标准较低，不要求事实上抑制了被害人的反抗，也不要求具有危害人身安全的性质。如对于抢劫罪，有论者指出，“只要事实证明行为人对他人实施暴力(包括使用拳脚)的目的是使被害人不能或者不敢反抗，以便夺取财物，不论事实上能否抑制或者排除被害人的反抗，一般就构成抢劫罪。”①在笔者看来，如果过多关注这种严重程度很低、较为轻微的使用暴力的犯罪，在实践中可能会产生很大问题，出现对犯罪人不公平的情况，如扩大特殊防卫的范围等。因此，界定暴力犯罪时还要从一般人的立场上考察暴力的程度问题。

2. 暴力犯罪的犯罪手段是否仅限于“暴力”

换言之，“暴力”是否仅限于前述“暴力”的刑法学含义。刑法分则明确规定以“暴力”为犯罪手段的各种犯罪中，有的还存在其他的犯罪手段，如“胁迫”、“威胁”、“其他方法”等。对此，笔者认为，要分析其他犯罪手段与暴力手段的关系。

某些犯罪中，其他犯罪手段与暴力手段具有相同的性质，即侵犯被害人的身体，如在抢劫罪中，“胁迫”是指对被害人以立即实施暴力来威胁，其他手段是指施加于被害人身体、使得被害人不能反抗、不知反抗、不敢反抗的方法，如麻醉、灌醉、催眠等。② 这些犯罪中通常将“暴力”与“胁迫或者其他方法(手段)”规定在一起，使得“胁迫或者其他方法”与“暴力”一样具有侵害人身的性质。暴力犯罪不限于直接对被害人的人身实施暴力，也包括以对被害人的人身立即实施暴力或者已经造成法定危险的情况。此时，对“暴力”应采广义理解，即是指直接或者借助自然、物理之力对他人人身的自由权、健康权、生命权施加强力打击或者强制行为，其范围不仅包括捆绑、拘禁、殴打、

---

① 高铭暄主编:《刑法专论(下卷)》，高等教育出版社 2002 年版，第 722 页。

② 赵秉志主编:《刑法新教程》第 4 版，中国人民大学出版社 2012 年版，第 488 页。

伤害、杀害、决水、爆炸等有形力，亦应包括施行催眠、麻醉、用酒灌醉等无形力，而暴力的程度则不仅包括对他人人身自由、健康或者生命造成损害，也包括尚未对他人人身安全造成损害，但对他人人身安全形成危险。①

但是，规定"暴力、威胁"或者"暴力、其他方法"为手段的犯罪中，其他方法并不一定与"暴力"具有同样的性质。"威胁"多是指对被害人实施精神上的强制，② 具体表现为以对犯罪对象或者亲属进行人身加害、财产损毁、破坏名誉而施加精神强制等。③ 这并不属于暴力犯罪的情形。所以，没有直接侵害被害人身体的手段就不属于暴力手段。

3. 暴力犯罪是使用暴力的犯罪还是表现为暴力的犯罪，或是二者兼备

根据刑法分则的规定，有些犯罪是使用暴力侵犯人身的犯罪，如《刑法》第 121 条劫持航空器罪。有些犯罪则是直接侵犯人身的犯罪，如《刑法》第 232 条故意杀人罪。还有些犯罪是二者皆备，如第 236 条强奸罪、第 239 条绑架罪等。因此，仅仅注意到"使用暴力"并不足以说明暴力犯罪的本质。这就表明，对暴力犯罪的概念界定，应该弄清楚"暴力"在犯罪构成中的意义与地位，而这主要表现为两种情况。

(1)"暴力"属于犯罪客观方面的内容，是犯罪客观方面的选择性构成要件，也是某些犯罪的手段之一。这些犯罪是否属于暴力犯罪的范围，要依据行为人是否使用暴力、使用暴力的程度、造成的损害等方面来确定。如抢劫罪即是如此。

(2)犯罪客观方面具有"暴力"的性质，行为人运用具有侵害、控制性质的力量针对人的身体实施侵害或者控制，具有攻击、侵害的特点。这些犯罪中，行为人即便没有使用暴力的手段，但因其行为直接侵犯人的身体，这些犯罪仍然属于暴力犯罪。例如，故意杀人罪中，有时行为人使用凶器，有时行为人使用拳脚，有时则投放危险物质，还有时表现为有义务救助而不救助被害人等。再如，强奸罪中，行为人不管是否使用暴力或者胁迫，行为本身是对被害人性自由权利的侵犯，具有暴力侵犯的本质。对这些犯罪来说，行为人

---

① 赵秉志：《论中国非暴力犯罪死刑的逐步废止》，《政法论坛》2005 年第 1 期。

② 张明楷：《刑法学》第 2 版，法律出版社 2003 年版，第 643 页。

③ 赵秉志主编：《刑法新教程》第 4 版，中国人民大学出版社 2012 年版，第 504 页。

是否使用暴力手段，并不影响这些犯罪作为暴力犯罪的属性。

对此，有论者指出，对暴力犯罪的界定，重要的并不在于刑法分则条文本身是否明文规定以暴力为犯罪构成要件，而在于行为人在实施犯罪时所采取的是否为暴力(包括以暴力相威胁)行为。① 笔者也赞同这种观点，不过，还有必要进一步阐明暴力的含义。凡直接攻击被害人的身体，侵犯其生命权、健康权、自由权的行为，就是这里的暴力。所以，暴力犯罪既包括了暴力手段危及人身安全的犯罪，也包括具有暴力性质、直接危及人身安全的犯罪。这样也说明，犯罪实行行为并不包含暴力手段的犯罪，以及不以人的身体为行为对象的犯罪，都属于非暴力犯罪。② 行为人将自身的力量或者借助自然、物理的力量，施加于被害人的身体(肉体)，使之遭受被侵害或者被控制的后果，这就是暴力犯罪。暴力犯罪的实质在于使用强力危及被害人的人身安全(生命、健康、人身自由)。因而不以暴力为犯罪成立必要因素的犯罪，以及不以暴力攻击为本质的犯罪，都不属于暴力犯罪。站在这个角度上，笔者并不同意将暴力犯罪区分为纯正的暴力犯罪和不纯正的暴力犯罪，③ 因为不管是否纯正，暴力犯罪都是以被害人的人身为对象来侵犯被害人的人身自决权。

4. 暴力犯罪是否包括加重犯的情况

《刑法》第 240 条拐卖妇女、儿童罪、第 317 条组织偷越国边境罪、第 321 条运送他人偷越国边境罪、第 347 条走私、贩卖、制作、运输毒品罪四种犯罪中，基本犯没有规定暴力犯罪手段，但行为人运用暴力方法的，法定刑升格，按照加重犯处理。那么，这些犯罪能否归入暴力犯罪呢?

笔者认为，第 240 条拐卖妇女、儿童罪侵犯的是被害人的人身自由权利，行为人的力量往往直接作用于被害人的人身，该罪的犯罪客观方面表现出暴力的性质，属于暴力犯罪的范畴。但其他三种犯罪，刑法对其基本犯中没有规定“暴力”手段，犯罪客观方面也没有暴力的性质。另外，行为人在实施这些犯罪运用暴力或者威胁等手段时，刑法规定按照情节加重犯来处理，在整

---

① 林亚刚:《暴力犯罪的内涵与外延》,《现代法学》2001 年第 6 期。

② 赵秉志:《论中国非暴力犯罪死刑的逐步废止》,《政法论坛》2005 年第 1 期。

③ 莫洪宪:《死刑制度改革与暴力犯罪死刑控制》,《河南省政法管理干部学院学报》2008 年第 1 期。

体上对犯罪的本质没有影响，其并不是针对人身安全实施的犯罪。如果行为人造成了被害人重伤、死亡，如果查明是出于犯罪故意，则按照数罪并罚(如《刑法》第 318、321 条)或者牵连犯的原则(第 347 条)处理。因此，这些犯罪并不是暴力犯罪，而属于非暴力犯罪的范畴。

5. 暴力犯罪是否均为故意犯罪

有论者指出，我国司法实践中发生的暴力犯罪都是由故意构成的，暴力犯罪就是行为人故意以强暴手段，侵害他人的人身与财产，依法应当受到刑罚处罚的行为。① 还有论者指出，暴力犯罪的主观方面为故意，包括直接故意与间接故意。② 应该说，这些论断没有错误，但并没有对暴力犯罪为什么是故意犯罪作出任何分析。其实，刑法规定的一些过失犯罪，如交通肇事罪、过失致人死亡罪，同样也严重危及了人身安全，行为人在实施特定危害行为时主观上认识到了自己行为性质。但是，行为人并非有意识地对被害人施加具有侵害性、控制性的强制力量，伤亡后果的发生往往是行为人不能预见或者轻信能避免的，行为没有呈现出有意的攻击性。刑法将这些行为犯罪化，其目的并不仅仅在于惩治这些行为，而是赋予相关人员以注意义务，提醒行为人在实施某些行为(如驾驶机动车)时要充分地谨慎与认真。所以，过失造成人身伤亡后果的犯罪不宜归入暴力犯罪之列。

综上所述，刑法学中所讲的暴力犯罪，指的是自然人(或其群体)故意运用或者故意威胁运用具有侵害性或者控制性的强制力量主动攻击被害人，将该力量作用于被害人的身体，危及被害人的人身安全的犯罪。本书正是以此概念为基础展开相关的研究。

(三)死刑对暴力犯罪的分类意义

1. 死刑作为法定刑之犯罪的构成类型与暴力犯罪死刑罪名

刑法在规定犯罪时，将具有一定社会危害程度的行为确定为基本的犯罪行为，然后再在此基础上对比该基本行为或者较轻或者较重的同种性质行为情形而规定不同的法定刑。理论上将前者称为基本的构成事实，符合基本构

---

① 叶高峰主编：《中国暴力犯罪对策研究》，法律出版社 1998 年版，第 11—12 页。

② 倪泽仁：《暴力犯罪刑法适用指导》，中国检察出版社 2006 年版，第 14 页。

成的犯罪即为基本犯；将后者称为变态的构成事实。① 加重犯是在基本犯基础上符合较重的构成事实的犯罪情形。加重犯所符合的加重构成具有相对独立性。②

另外，刑法关于具体犯罪的规定中，还存在一种特别的加重犯，即就加重情节规定了加重犯之后，又在加重犯的基础上规定了特别加重的情节及更重的法定刑。③ 例如《刑法》第 234 条，规定有故意伤害罪的基本犯，致人重伤的加重犯，另外还规定了具有致人死亡或者以特别残忍手段致人重伤造成严重残疾之情节的法定刑又升一格的加重犯。在其他国家刑法立法中，在加重犯的基础上再次加重的情况也同样存在。如《俄罗斯联邦刑法》第 131 条，规定有法定刑为 3 年以上 6 年以下剥夺自由的强奸罪基本犯，然后规定了法定刑 4 年以上 10 年以下剥夺自由的强奸罪加重犯，接着又规定了 8 年以上 15 年以下剥夺自由的又高一级的加重犯。笔者认为，这种情形可称为“加重的加重犯”。④ 原因有二：第一，相对于有论者所提出的“特别的加重犯”的称谓，“加重的加重犯”更为准确，能够表明在加重犯的基础上升格法定刑，对更为严重的情形进行处罚的实际情况。第二，在“加重的加重犯”的基础上再次规定加重的立法例，就难以看到了。因此，“加重的加重犯”能够概括刑法的实际规定。

根据死刑配置的不同犯罪构成情况，我国刑法有对暴力犯罪配置死刑的情况表现在如下三个方面(具体罪名参见表1-2)：第一，暴力犯罪基本犯配置死刑，这样的暴力犯罪死刑罪名有 2 种；第二，暴力犯罪加重犯配置死刑，这样的暴力犯罪死刑罪名情形最多，共有 16 种，占所有暴力犯罪死刑罪名的 2/3；第三，暴力犯罪加重的加重犯配置死刑，这样的罪名有6 种。

---

① 韩玉蓉：《论台湾刑法中的加重犯》，载正义网，http://www.jcrb.com/zyw/n343/ca288462.htm。

② 周光权、卢宇蓉：《犯罪加重构成基本问题研究》，《法律科学》2001 年第 5 期。

③ 张明楷：《刑法学》第 2 版，法律出版社 2003 年版，第 118 页。

④ 笔者之所以在此不研究减轻犯、减轻的减轻犯(如第 347 条)，是因为如果刑法没有对某个犯罪的基本犯配置死刑，那么，其减轻犯、减轻的减轻犯更不可能配置死刑。而且，我国刑法所规定的暴力犯罪中，仅故意杀人罪存在减轻犯，但与死刑也毫无瓜葛。因此，减轻犯、减轻的减轻犯对暴力犯罪死刑问题的研究并无太大意义，笔者在此省略不论。

表 1-2　暴力犯罪死刑罪名的犯罪构成类型

犯罪构成类型	具体暴力犯罪死刑罪名
基本犯	第 127 条：抢劫枪支、弹药、爆炸物、危险物质罪；第 232 条：故意杀人罪
加重犯	第 104 条：武装叛乱、暴乱罪；第 115 条：放火罪、决水罪、爆炸罪、投放危险物质罪、以危险方法危害公共安全罪；第 119 条：破坏交通工具罪、破坏交通设施罪、破坏易燃易爆设备罪、破坏电力设备罪；第 121 条：劫持航空器罪；第 236 条：强奸罪；第 239 条：绑架罪；第 263 条：抢劫罪；第 317 条：暴动越狱罪、聚众持械劫狱罪
加重的加重犯	第 234 条：故意伤害罪；第 240 条：拐卖妇女、儿童罪；第 358 条：强迫卖淫罪；第 369 条：破坏武器装备、军事设施、军事通信罪；第 426 条：阻碍执行军事职务罪；第 446 条：战时残害居民、掠夺居民财物罪

2. 死刑适用的类型与暴力犯罪死刑罪名的分类

暴力犯罪所配置之死刑主要表现为如下三种情况(具体罪名参见表 1-3)：第一，法定刑为死刑与其他刑种，需根据案件情形来选处死刑，这种情形有 18 种暴力犯罪死刑罪名；第二，法定刑为死刑，但为“可以判处死刑”，这种情形只有 1 种暴力犯罪死刑罪名；第三，法定刑为死刑，系(应当)“判处死刑”，即绝对适用死刑，这种情形有 5 种暴力犯罪死刑罪名。

表 1-3　暴力犯罪死刑罪名的法定刑类型

法定刑类型	具体暴力犯罪死刑罪名
选处死刑	第 115 条：放火罪、决水罪、爆炸罪、投放危险物质罪、以危险方法危害公共安全罪；第 119 条：破坏交通工具罪、破坏交通设施罪、破坏易燃易爆设备罪、破坏电力设备罪；第 127 条：抢劫枪支、弹药、爆炸物、危险物质罪；第 232 条：故意杀人罪；第 234 条：故意伤害罪；第 236 条：强奸罪；第 263 条：抢劫罪；第 358 条：强迫卖淫罪；第 369 条：破坏武器装备、军事设施、军事通信罪；第 426 条：阻碍执行军事职务罪；第 446 条：战时残害居民、掠夺居民财物罪

续表

法定刑类型	具体暴力犯罪死刑罪名
可处死刑	第104条：武装叛乱、暴乱罪
当处死刑	第121条：劫持航空器罪；第239条：绑架罪；第240条：拐卖妇女儿童罪；第317条：暴动越狱罪、聚众持械劫狱罪

第二节　中国暴力犯罪死刑罪名的立法规定与司法适用

对于严重犯罪给予严厉的打击，是新中国成立以来党和国家所长期坚持、稳定不变的方针政策。司法机关对该刑事政策给予坚决的贯彻和执行，对于严重犯罪依法判处包括死刑在内的刑罚。而这些既出现在国家的相关立法或者规定中，又体现于司法机关的司法实践活动中，表明我国对暴力犯罪适用死刑的现实状况。

一、对暴力犯罪适用死刑的具体政策

对严重犯罪判处严厉的刑罚，尤其是对符合死刑适用条件的暴力犯罪案件适用死刑，一度被认为是严厉打击严重刑事犯罪的重要举措，为党和国家决策领导层所重视，并在有关文件中作出了明确规定。

在改革开放初期，因为社会转型刚刚开始，严重危害社会秩序的犯罪频频发生，引起了党和国家的密切注意和极大重视。在新中国第一部《刑法》、第一部《刑事诉讼法》生效之前的1979年2月，中共中央、国务院下发了《关于进一步加强全国安定团结的通知》，明确提出："对于有现行破坏活动的杀人犯、放火犯、盗窃犯、诱骗犯、打砸抢分子、其他破坏社会治安分子和刑事犯罪分子，要依据国家法律，坚决予以打击。"时隔一年之后，1980年1月，邓小平在《目前的形势和任务》中指出："现在还有少数地方、少数同志对这些人手软。一部分地方对这些人采取措施很不得力，下不了手。对违法犯罪分子手软，只能危害大多数人民的利益，危害现代化建设的大局。"①中共中央

① 《邓小平文选》第二卷，人民出版社1994年版，第253—254页。

政法委员会于1981年5月召开了北京、天津、上海、广州、武汉五大城市治安座谈会，会后下发了文件《中共中央批准中央政法委员会召开的〈京、津、沪、穗、汉五大城市治安座谈会纪要〉和彭真、彭冲同志在座谈会上的讲话》(中发[1981]21号)，首次以党中央的名义提出并确认了“依法从重从快惩处严重刑事犯罪分子”的方针；而且会议讨论认为，依法从重从快惩处的是少数重大的杀人、放火、抢劫、强奸、爆炸以及其他严重危害社会秩序的现行犯罪分子，而不是大量的一般的触犯刑律的人。① 公安部于1982年7月发布《关于坚决打击强奸、轮奸犯罪分子的通报》，要求各级公安机关要坚决纠正打击不力的倾向，对涉案的六种严重情形的犯罪分子，要依法从重从快惩处，坚决把流氓强奸犯罪的嚣张气焰打下去。

尽管党和国家作出了上述决策，司法机关也不遗余力地贯彻执行，但是在20世纪80年代初期，国内治安形势并未好转。1983年8月25日，中共中央作出了《关于严厉打击刑事犯罪活动的决定》，正式提出严厉打击严重刑事犯罪的政策，指出要“对危及人民生命安全的罪大恶极的犯罪分子坚决进行镇压”。同年，为了贯彻中共中央的政治决策，第六届全国人大常委会第二次会议于9月2日通过了《关于严惩严重危害社会治安的犯罪分子的决定》与《关于迅速审判严重危害社会治安的犯罪分子的程序的决定》，前者明确规定对故意伤害罪、携带凶器进行流氓活动的犯罪、拐卖人口犯罪、强迫卖淫犯罪等几种暴力犯罪“可以在刑法规定的最高刑以上处刑，直至判处死刑”；后者则明确规定：“对杀人、强奸、抢劫、爆炸和其他严重危害公共安全应当判处死刑的犯罪分子，主要犯罪事实清楚，证据确凿，民愤极大的，应当迅速及时审判，可以不受刑事诉讼法第一百一十条规定的关于起诉书副本送达被告人期限以及各项传票、通知书送达期限的限制。”中共中央、国务院于1991年2月19日发布了《关于加强社会治安综合治理的决定》明确指出：“我国社会治安形势仍很严峻，刑事犯罪和其他治安问题有增无减……依法严厉打击严重危害社会治安的刑事犯罪分子。”整个20世纪90年代，党和国家对包括暴力犯罪在内的严重危害社会治安的犯罪予以严厉打击的态度和政策没有发生变化。而进入21世纪，党和国家在此方面仍是态度坚决，在有关文件中维持以往的

① 张穹：《“严打”政策的理论与实务》，中国检察出版社2002年版，第31页。

态度和做法。如 2003 年《全国社会治安综合治理工作要点》强调，要坚定不移地坚持“严打”方针，深入持久开展“严打”整治斗争；罗干同志 2004 年 12 月 7 日在全国政法工作会议上作了题为《为全面建设小康社会创造和谐稳定的社会环境和公正高效的法制环境》的讲话，明确指出：“继续重点打击严重暴力犯罪、黑恶势力及有组织犯罪，尤其要把‘两抢一盗’等侵财性犯罪作为打击的重中之重。”不过，值得注意的是，党和国家领导层已经注意到了“严打”刑事政策的缺点，开始从常态法治的角度调整刑事政策，在仍强调对严重犯罪依法予以打击的同时考虑采取宽严相济的刑事政策。如罗干同志在讲话中提到了“认真贯彻宽严相济的刑事政策”的问题。这两种刑事政策并举的态度在后来其他中央文件中也有鲜明的体现。如 2006 年 10 月 11 日中国共产党第十六届中央委员会第六次全体会议通过的《关于构建社会主义和谐社会若干重大问题的决定》。显然，对于严重暴力犯罪适用死刑，在党和国家的政治决策中是被较为广泛接受的共识。

二、对暴力犯罪适用死刑的具体活动

对暴力犯罪适用死刑的具体活动充分表明，暴力犯罪是我国司法机关适用死刑的主要对象，具体理由有如下几个方面。

首先，从历次“严打”的实际情况可以看出。尽管我国的“严打”活动最早是从经济领域针对经济犯罪展开的，但是，历次“严打”的主要对象还是暴力犯罪。例如，从 1983 年 8 月开始，我国开始了严厉打击社会治安领域犯罪活动的“严打”斗争，这次 “严打”将杀人、强奸、抢劫、爆炸、流氓、致人重伤或者死亡、拐卖人口、非法制造、买卖、运输或者盗窃、抢夺枪支、弹药、爆炸物、组织反动会道门、引诱、容留、强迫妇女卖淫、传授犯罪方法等危害社会治安的犯罪确定为打击重点。进入 20 世纪 90 年代，公安机关针对特定对象开展了多次专项斗争，其中暴力犯罪仍是斗争的重点。如 1990 年 3 月，公安部在 19 个省市部署了打击“车匪路霸”的专项斗争；1994 年 7 月至年底，司法机关在全国城乡开展了一场严厉打击严重刑事犯罪，大力整顿治安的斗争；在 1996 年 4 月至 1997 年年初的第二次全国性“严打”活动中，针对的是杀人、抢劫、强奸等严重暴力犯罪、流氓犯罪、涉枪犯罪、毒品犯罪、流氓恶势力犯罪以及黑社会性质的犯罪等严重刑事犯罪。对暴力犯罪适用重刑包括死刑，是历次“严打”的重要方面。例如，在 1983 年 8 月至 1984 年 7 月的“严打”中，全国公安机关共逮捕杀人、放火、抢劫、强奸、流氓等罪犯 102.7 万人，检察机关起诉 97.5 万人，法院判处 86.1 万人，其中判死刑的 2.4 万人，司法行政部门接收劳改犯 68.7 万人，劳教人员 16.9 万人。① “伴随着每一次严打运动，全国都会掀起一个死刑适用高潮，尤其是以 1983 年严打为甚。”“死刑的广泛适用，正是严打的必然产物。”②

其次，从死刑复核权的下放即可看出，为了便于对暴力犯罪给予严厉的打击，最高司法机关将暴力犯罪等案件的死刑复核权下放到地方省市区的高级人民法院。1979 年刑法尚未生效，第五届全国人大常委会第十三次会议即于 1979 年 11 月作出决定：在 1980 年内，对杀人、强奸、抢劫、放火等严重危害社会治安的现行刑事犯罪分子判处死刑案件的核准权，由最高人民法院授权给省、自治区、直辖市高级人民法院行使。后来，为了适应严打需要，1981 年 6 月 19 日，全国人大常委会《关于死刑案件核准问题的决定》第 1 条规定：“在 1981 年至 1983 年内，对犯有杀人、抢劫、爆炸、放火、投毒、决水和破坏交通、电力等设备的罪行，由省、自治区、直辖市高级人民法院终审判决死刑的，或者中级人民法院一审判决死刑被告人不上诉，经高级人民法院核准的，以及高级人民法院一审判决死刑，被告人不上诉的，都不必报最高人民法院核准。” 1983 年 9 月 2 日全国人大常委会又修改《中华人民共和国人民法院组织法》，对死刑核准权作了重大改变：“死刑案件除由最高人民法院判决的以外，应当报请最高人民法院核准。杀人、强奸、抢劫、爆炸以及其他严重危害公共安全和社会治安判处死刑的案件的核准权，最高人民法院在必要的时候，得授权省、自治区、直辖市的高级人民法院行使。”直到 2005 年，最高人民法院才在《第二个五年司法改革纲要》中提出收回死刑的核准权。

再次，从我国对暴力犯罪适用死刑的基本数据可以看出，20 世纪 80 年代初，死刑适用掌握较严，适用数量较少，死刑的最后手段性体现得较好；其后，死刑的适用随着死刑立法的扩张和恶性犯罪的上升而数量增多，有的审判机关甚至把宣告死刑的多少作为“严打”中严惩犯罪的一个标准，似乎判得

---

① 参见中共中央于 1984 年 10 月 31 日批准的中央政法委员会《关于严厉打击严重刑事犯罪活动一次战役总结和二次战役部署的报告》。

② 陈兴良：《中国死刑的当代命运》，《中外法学》2005 年第 5 期。

比以前少，就没有贯彻严打方针，从而导致死刑宣告越来越多。甚至有些一审法院在“严打”时只严不宽，担心被扣上严打不力的帽子，违心地宣告了一些死刑。如某省某地区中院，在某年“严打”时宣告的死刑在二审时被改判、发还重审率高达43%；个别地方甚至将杀人、捕人的定额作为考察地方政法机关工作业绩的重要指标，导致实际上判处死刑人数以惊人的速度增长。①在某地区，某年因犯故意杀人罪被宣告死刑的比例高达48.99%。② 据大赦国际的统计，1998年全世界有37个国家执行了至少1625人的死刑，其中中国至少有1067人；1999年中国执行死刑4367人；2000年中国执行死刑超过1000人；2001年全世界执行死刑3048人，中国执行死刑2468人；2002年全世界有31个国家执行了至少1526人的死刑，其中中国至少1060人；2004年全世界有3797人被执行死刑，其中，97%的死刑执行发生在中国，至少有3400人被处死。③

最后，在1985年至1988年，最高人民法院年度工作报告对暴力犯罪适用刑罚的情况进行了较为详细的统计。例如，最高人民法院1987年工作报告指出：“对属于流氓犯罪集团、杀人、抢劫、强奸等七个重点打击方面的犯罪分子，坚定不移地贯彻执行了依法从重从快的方针。在全部人犯中，被判处10年以上有期徒刑、无期徒刑、死刑(包括死缓)的，绝大多数是属于七个重点打击方面的犯罪分子。”而最高人民法院1988年工作报告对此方面的表述更为明确，“在审结的全部刑事案件中，属于杀人、强奸、抢劫、爆炸、流氓犯罪集团等七个方面的严重刑事犯罪案件684 945件，占40.46%；人犯931 093名，占45.47%。人民法院对重点打击的七个方面的严重犯罪分子坚决执行了依法从重从快的方针，在判处无期徒刑和死刑(包括死缓)的罪犯中，90%以上是属于这七个方面的。”自1989年以及其后多年，最高人民法院没有单独对暴力犯罪适用刑罚的情况进行统计，但是，从有关的表述中，我们仍可以看出，暴力犯罪是包括死刑在内的重刑的主要适用对象。如最高人民法院1991年工作报告指出，“各级人民法院继续贯彻依法从重从快的方针，对于那些情

① 钊作俊：《死刑的司法现状及其展望》，《河南政法干部管理学院学报》2002年第2期。

② 胡云腾：《死刑通论》，中国政法大学出版社1995年版，第214页。

③ 大赦国际网站：http://web.amnesty.org,2013年10月10日。

节严重的杀人、抢劫、重大盗窃、强奸、拐卖妇女儿童、流氓等犯罪分子，特别是惯犯、累犯、流窜犯和犯罪集团的首要分子，依法该重判的重判，该判处死刑的判处死刑。”1999年，时任院长的肖扬在工作报告中对暴力犯罪适用死刑情况作了明确的阐述，即“对暴力性犯罪继续加大打击力度，其中故意杀人、绑架犯罪判处重刑的分别占此类案件的86％和81％；拐卖妇女、儿童犯罪案件判处重刑的占77％；抢劫和强奸案件判处重刑的均占58％。在核准死刑的罪犯中，故意杀人、抢劫、毒品犯罪人数居前三位”。此后，最高人民法院的工作报告不再对暴力犯罪适用刑罚的情况进行专门统计，但仍然强调对暴力犯罪予以严厉打击。如2003年工作报告指出，“严厉惩处杀人、抢劫、绑架等严重暴力犯罪，爆炸、放火、投放危险物质等严重危害公共安全犯罪，盗窃等多发性犯罪。”2008年工作报告指出：“坚持贯彻执行依法严厉惩罚严重刑事犯罪的方针，重点审判各种危害国家安全、危害公共安全和危害人民群众生命财产安全的犯罪，推动全国社会治安形势持续好转，共审结爆炸、杀人、绑架、抢劫等犯罪案件120万件，同比上升10.09％。”2010年工作报告指出：“依法严惩危害国家安全犯罪，杀人、绑架、抢劫、爆炸等严重暴力犯罪以及盗窃、抢夺、诈骗等多发性侵财犯罪，各级法院审结上述案件26.7万件，判处罪犯37.5万人，同比分别上升2.3％和0.8％。”总之，可以看出人民法院主要是对暴力犯罪适用包括死刑在内的重刑，而暴力犯罪自然也就是死刑的主要适用对象。

三、暴力犯罪死刑适用的现实问题与困境

尽管暴力犯罪是我国刑事司法活动中死刑适用的主要对象，但是不容否认的却是在暴力犯罪死刑适用问题上存在相当的困惑与疑难，主要体现为如下几个方面。

1. 对暴力犯罪适用死刑的容忍度很高，容易形成滥用死刑的观念

对于暴力犯罪适用死刑，不管是民众，还是司法机关都有很高的容忍度和接受度。对于民众来说，最常见的说法便是“不杀不足以平民愤”。在过去的半个世纪里，针对杀人犯罪案件，我国各级法院的刑事司法文书曾经非常频繁地运用过“不杀不足以平民愤”这样的语词，以论证对犯罪人适用死刑立即执行的必要性。可以看出，在相当长的时期里，“民愤”成为影响暴力犯罪适用死刑的重要因素。“民愤”是普通民众针对暴力犯罪及其犯罪人所产生的、

要求对其严厉惩处的愤恨心理，反映出普通民众对暴力犯罪案件的关注。而对于司法机关，对维护社会治安的强烈使命感迫使他们认为对暴力犯罪“不杀不足以威慑犯罪”。对暴力犯罪适用死刑，使得故意侵犯他人生命健康的犯罪人同样遭受生命的被剥夺，对潜在的犯罪人有着一定的震慑力。这就是形成“杀一儆百”死刑观念的基础。

但是，在笔者看来，不管是“不杀不足以平民愤”的认识，还是“杀一儆百”的观念，实际上都走入了思维的误区，脱离了唯物辩证观念。首先，对暴力犯罪案件适用死刑考虑民愤，缺乏理性基础和明确的法律依据。罪责刑相适应的原则要求，刑罚的轻重应当与犯罪分子所犯罪行和承担的刑事责任相适应。《刑法》第 61 条规定，对于犯罪分子决定刑罚的时候，应当根据犯罪的事实、犯罪的性质、情节和对于社会的危害程度，依照本法的有关规定判处。民愤不属于犯罪构成的任何一个方面，与犯罪事实、犯罪性质、犯罪情节均无关系。犯罪后，社会危害已经出现，成为既成事实，民愤只是对这种危害的社会反应，并不能改变，因而民愤对犯罪的社会危害也毫无影响。理论上通常所认为的酌定量刑情节中并未包含民愤。① 所以，民愤既没有法律依据，更无理论根据。适用死刑时，过多考虑民愤就会严重损害司法公正，导致不良后果的发生，如混淆民众与司法对犯罪的不同反应，促动司法仅关注民愤而忽视应有的程序，忽视对犯罪嫌疑人合法权利的保护，甚至急功近利，忽略必要的诉讼证明而获取案件的结果；为非司法力量介入司法活动创造机会，显示出对司法权威及其力量的不信任，抹杀司法本身应有的独立地位；很多时候，民愤还会将司法推至尴尬与无奈的地位，导致错案的发生。其次，关于“杀一儆百”的观念，也会导致暴力犯罪死刑适用走入误区。从客观上看，反映出死刑作为刑罚的教育与震慑功能。但是，在很多情况下，为了震慑不安定分子、潜在的犯罪人，刑事司法对暴力犯罪适用死刑，以“杀一”作为“儆百”的手段，“儆百”成为“杀一”的目的，使得适用死刑的司法机关偏离法治的轨道。

---

① 很多著作论述酌定量刑情节时均未谈及民愤。也有论者指出，民愤并非量刑情节。因此，适用死刑考虑民愤并无理论基础。参见高铭暄主编：《刑法学原理》第 3 卷，中国人民大学出版社 1994 年版，第 557 页；赵秉志主编：《刑法新教程》第 4 版，中国人民大学出版社 2012 年版，第 262 页。

2. 缺乏暴力犯罪死刑适用的明确实体法标准

在短时间内无法对刑法进行大幅度修正的情况下，刑事司法减少、限制死刑的适用，无疑有利于实现废止死刑的最终目标。① 近年来，对死刑适用条件、死刑案件量刑标准以及死刑案件证据运用等问题的讨论，逐渐激烈。但是，如前所述，与刑事司法的现实需要相比较，对暴力犯罪死刑及其适用问题的专门研究还是太少；最高司法机关在此方面也没有制定专门的司法解释。从总体上看，当前仍缺乏暴力犯罪死刑适用的实体法标准，或者说死刑适用的基本标准模糊不清。②

首先，缺乏暴力犯罪适用死刑的统一性标准。《刑法》第 48 条第 1 款规定，死刑只适用于罪行极其严重的犯罪分子。“罪行极其严重”即为死刑适用的条件。这对暴力犯罪来说也毫不例外。但是，如何正确理解“罪行极其严重”，刑事理论与实务上都还存在着争议，主要有客观说、主客观统一说、主客观与人身危险性说、最高法定刑为死刑的罪行说、国际公约标准说等几种观点，并未取得统一性的理论认识。而在司法实务中，最高司法机关尚未对死刑案件的统一量刑标准颁布专门的司法解释。有关暴力犯罪死刑适用方面的刑法解释更是尚付阙如。

其次，缺乏具体暴力犯罪死刑适用的个别性标准。据统计，与死刑适用相关的司法解释有 103 部。其中，明确涉及死刑适用标准或者条件的司法解释仅有 15 部。但对暴力犯罪进行明确解释的仅 2 部，即对故意杀人罪、故意伤害罪、抢劫罪的死刑适用作出了规定。③ 显然，这无法体现对生命权的应有尊重，不利于刑事司法中准确适用死刑。尽管最高人民法院发布的《人民法院量刑指导意见(试行)》对故意伤害罪、强奸罪、抢劫罪的量刑作了指导性的规定，但是并没有涉及死刑的裁量问题。

---

① 沈德咏：《我国刑法对死刑应当确立“限制适用”原则——兼谈刑法的死刑政策导向》，《中国法学》1995 年第 5 期。

② 项谷等：《严重暴力犯罪死刑适用的酌定标准》，《法学》2009 年第 11 期。

③ 这两部司法解释分别是：《最高人民法院全国法院维护农村稳定刑事审判工作座谈会纪要》(1999 年 10 月 27 日)；《最高人民法院关于审理抢劫案件具体应用法律若干问题的解释》(2000 年 11 月 28 日)。

最后，缺乏对暴力犯罪死刑适用之犯罪情节的全面总结。暴力犯罪案件的死刑适用，自然需要考察该案件是否具备死刑适用的条件。但是，关于具体案件中死刑适用条件的具体考察，需要从该案件的各种犯罪情节入手。而该犯罪情节的具体考察则需要根据刑法的明确规定作为基本参考，即具体暴力犯罪之罪刑条文关于死刑适用情节的规定是最为基本的判断依据。在规定有死刑的24种具体暴力犯罪中，仅有2个罪名对其基本犯罪构成的犯罪情形规定死刑的法定最高刑，即抢劫枪支、弹药、爆炸物、危险物质罪与故意杀人罪。其他22个暴力犯罪罪名都是针对加重犯的犯罪情形将死刑配置为法定最高刑。其中，将死刑对情节加重犯规定作为法定最高刑的罪名有5个，对结果加重犯规定死刑作为法定最高刑的罪名有11个，对同时有情节、结果加重犯规定死刑作为法定最高刑的罪名有6个。另外，以死刑为加重犯法定最高刑的暴力犯罪罪名中，劫持航空器罪、绑架罪的结果加重犯适用绝对的死刑。具体而言，对于具体犯罪行为，确定具体的罪名后，该犯罪的犯罪构成也指明了应该适用的量刑幅度。如果具体暴力犯罪不属于法定刑为绝对死刑的暴力犯罪之结果加重犯，就要在具体暴力犯罪的构成(基本犯或者加重犯)之下，判断犯罪是否属于“罪行极其严重”。

3. 缺乏暴力犯罪死刑适用的证据采信和证明标准

案件事实是正确定罪量刑的前提。然而，一切进入刑事诉讼程序的案件都是发生在过去的事件，公安司法人员要认定案件事实，只能以自己调查收集的证据或者控辩双方提交的证据为基础。尤其是审理案件的法官，只能以控辩双方在法庭上提交的证据为基础来认定案件事实。可以说，证据问题是刑事诉讼的核心问题，证据是司法公正的基础，证据质量决定着刑事案件的质量。刑事诉讼活动首先就是收集、审查、判断、运用证据认定案件事实的过程。在死刑案件中，证据是认定案件事实的唯一依据。对于死刑案件来说，尤为如此。死刑案件人命关天，质量问题极为重要，在认定事实和采信证据上绝对不容许出任何差错。要提高死刑案件的质量，预防和减少死刑错案的发生，提高死刑案件的证据适用标准是非常重要的。换句话说，无论是在事实认定上，还是在证据采信上，死刑案件的处理都要比其他普通刑事案件更为严格。我国《刑事诉讼法》及司法解释对包括死刑案件在内的刑事案件证据适用标准的规定比较原则化。司法实践中存在一定程度的刑讯逼供现象和冤案错案，迫切要求建立具体的、可操作性的证据适用标准。

值得注意的是，最高人民法院、最高人民检察院、公安部、国家安全部、司法部 2010 年 6 月 13 日颁布的《关于办理死刑案件审查判断证据若干问题的规定》(简称《办理死刑案件证据规定》)和《关于办理刑事案件排除非法证据若干问题的规定》(以下简称《非法证据排除规定》)，尤其是《办理死刑案件证据规定》，对死刑案件规定了严格的证据适用标准。《办理死刑案件证据规定》第 1 条规定："办理死刑案件，必须严格执行刑法和刑事诉讼法，切实做到事实清楚，证据确实、充分，程序合法，适用法律正确，确保案件质量。"第 3 条规定："侦查人员、检察人员、审判人员应当严格遵守法定程序，全面、客观地收集、审查、核实和认定证据。"严格规定死刑案件的证据适用标准，其重要意义是不言而喻的，它可以最大限度地保证死刑判决的公正，避免错杀、冤杀。① 但是，关于死刑适用的程序性规定，最高人民法院、最高人民检察院、公安部、国家安全部、司法部于 2010 年 9 月 13 日联合发布的《关于规范量刑程序若干问题的意见(试行)》却未有涉及。最高人民法院于 2011 年 4 月 25 日发布的《关于死刑缓期执行限制减刑案件审理程序若干问题的规定》(法释[2011]8 号)也仅是根据《刑法修正案(八)》的相关规定对死缓犯的减刑程序作了初步的规定。而且，上述规定仅仅是就一般性的死刑案件所作出的规定，对暴力犯罪案件的死刑适用证据采信和证明标准、程序问题并没有结合暴力犯罪本身的特点进一步明确化、具体化。

① 裴智勇：《刑事诉讼法学专家表示冤案凸显证据法治不足》，《人民日报》，2010 年 6 月 2 日。

第 二 章

确定暴力犯罪死刑适用标准的政策依据和法律原则

第一节 确定暴力犯罪死刑适用标准的政策依据

一、以宽严相济刑事政策为基本依据确定暴力犯罪死刑适用标准

(一)宽严相济刑事政策的定位及内涵

宽严相济刑事政策是我国目前的一项基本刑事政策，它体现了构建社会主义和谐社会的基本要求，是刑事立法和司法的灵魂所在。尽管尚未被我国现行刑事立法所吸纳，但宽严相济刑事政策之提法及其内涵已在中央领导人讲话及最高司法机关的文件中多有体现。

对于宽严相济刑事政策的定位，学界并未达成完全一致的意见。最重要的原因是中央文件、相关司法文件以及中央领导讲话中对宽严相济刑事政策有不同的表述。罗干 2004 年和 2005 年年底在全国政法工作会议上的两次讲话中，均强调要运用“宽严相济刑事政策”；“两高”2006 年的工作报告也都使用了这一表述。而 2006 年 10 月 11 日中国共产党十六届六中全会通过的《中共中央关于构建社会主义和谐社会若干重大问题的决定》则明确要求：“实施宽严相济的刑事司法政策，改革未成年人司法制度，积极推行社区矫正。”①同年 11

① 《中共中央关于构建社会主义和谐社会若干重大问题的决定》，《求实》2006 年第 20 期。

月，全国政法工作会议也提出，要“善于运用宽严相济的刑事司法政策”。①

那么，宽严相济刑事政策究竟是基本刑事政策，还是仅为刑事司法政策？对此，有学者认为，学者可以解读政策，但不能创造政策，既然十六届六中全会的文件与全国政法工作会议的提法都是“宽严相济刑事司法政策”，就应当遵循中央对这一政策的定位，将宽严相济的刑事政策仅界定为刑事司法政策。② 而多数学者则主张，宽严相济的刑事政策应该是我国现阶段惩治与预防犯罪的基本刑事政策，该政策的基本精神应贯穿于刑事立法和刑事司法的全过程。③ 还有学者对此持折中的观点。他们认为，宽严相济在当前只是一个刑事司法政策，因为权威机关和文件没有明确说明是否仍然在立法中坚持和贯彻这项政策，因而尚不能说它是我国的基本刑事政策。不过，希望在将来，通过逐步实现刑罚结构改革，使宽严相济刑事政策超越司法阶段而上升为指导立法的政策，从而成为一项基本刑事政策。④

关于宽严相济刑事政策的定位，笔者认为，应注意从国家决策领导层的有关认识及最高司法机关的相关规定中进行把握。周永康在 2008 年 6 月 16 日的一次重要讲话中明确指出：“宽严相济是我国在维护社会治安的长期实践中形成的基本刑事政策，基本涵义就是针对犯罪的不同情况，区别对待，该宽则宽、当严则严、宽严相济、罚当其罪，既不能片面强调从严，以致打击

---

① 罗干：《政法机关在构建和谐社会中担负重大历史使命和政治责任》，《求实》2007 年第 3 期。

② 参见北京师范大学刑事法律科学研究院对于最高人民法院《关于贯彻落实中共中央政法委员会“关于贯彻宽严相济的刑事政策”工作项目的报告》（第二稿）在 2006 年 11 月 22 日所组织的内部研讨会上的部分学者意见。转引自赵秉志：《和谐社会构建与宽严相济刑事政策的贯彻》，《吉林大学社会科学学报》2008 年第 1 期。

③ 马克昌：《论宽严相济刑事政策的定位》，《中国法学》2007 年第 4 期；赵秉志：《和谐社会构建与宽严相济刑事政策的贯彻》，《吉林大学社会科学学报》2008 年第 1 期；胡云腾、廖万里：《宽严相济刑事政策的刑法学解读——兼论在构建和谐社会中的作用》，载赵秉志主编：《和谐社会的刑事法治（上卷：刑事政策与刑罚改革研究）》，中国人民公安大学出版社 2006 年版，第 161—169 页；刘仁文：《宽严相济的刑事政策研究》，《当代法学》2008 年第 1 期。

④ 储槐植、赵合理：《构建和谐社会与宽严相济刑事政策之实现》，《法学杂志》2007 年第 1 期。

过宽，也不能片面强调从宽，以致打击不力。”①而最高人民法院2010年2月8日通过的《关于贯彻宽严相济刑事政策的若干意见》(以下简称《意见》)对宽严相济刑事政策的定位及内涵作出了更为明确的阐述。《意见》指出：“宽严相济刑事政策是我国的基本刑事政策，贯穿于刑事立法、刑事司法和刑罚执行的全过程，是惩办与宽大相结合政策在新时期的继承、发展和完善，是司法机关惩罚犯罪，预防犯罪，保护人民，保障人权，正确实施国家法律的指南。贯彻宽严相济刑事政策，要根据犯罪的具体情况，实行区别对待，做到该宽则宽，当严则严，宽严相济，罚当其罪，打击和孤立极少数，教育、感化和挽救大多数，最大限度地减少社会对立面，促进社会和谐稳定，维护国家长治久安。”

将宽严相济刑事政策定位为我国的基本刑事政策，不仅有上述中央领导人讲话及最高司法机关文件为依据，同时也是基于以下理由：其一，根据政策的指导功能，刑事政策可分为刑事立法政策、刑事司法政策、刑事执行政策。刑事司法活动是纽带，联结着刑事立法活动和刑事执行活动。如果仅仅将宽严相济刑事政策定位于刑事司法政策，刑事司法活动不仅会因缺乏刑事立法和刑事执行的支持配合而大受影响，而且必然导致整个刑事活动不协调。有学者生动地指出，如果刑事立法政策不合理或者没有得到充分的贯彻落实，刑事司法人员的司法活动就会受到很多不合理的限制和约束，他们只能“戴着镣铐跳舞”，而无法科学、有效地应对和处置刑事犯罪。② 其二，宽严相济刑事政策应当而且能够指导刑事立法、刑罚执行活动。无论是储槐植先生所谓的刑罚体系“厉而不严”，还是陈兴良教授认为的“生刑过轻、死刑过重”之结构性缺陷，乃至刑罚执行中的减刑、假释等诸多问题，都需要宽严相济刑事政策的指导，而且它与刑事立法、刑罚执行不存在根本冲突。其三，前述中央文件《关于构建社会主义和谐社会若干重大问题的决定》并非专门的刑事政策文件，因而它并没有就宽严相济刑事政策的总体地位作出界定，只是为了

---

① 周永康：《坚定不移地做中国特色社会主义事业的建设者和捍卫者》，《求是》2008年第15期。

② 吴宗宪：《解读宽严相济的刑事政策》，《中国人民公安大学学报(社会科学版)》2007年第1期。

突出在司法领域要贯彻宽严相济的精神，没有说宽严相济就只能存在于司法领域；结合文件中“实施宽严相济的刑事司法政策”后面的两句话“改革未成年人司法制度，积极推行社区矫正”，我们可以看出，这三个问题都不是单一的司法问题，必然牵涉立法上的改革。①

综上，笔者认为，宽严相济刑事政策是我国的基本刑事政策，其内容主要包括：该宽则宽，当严则严，宽严相济，罚当其罪。

(二)宽严相济刑事政策对确定暴力犯罪死刑适用标准的指导作用

宽严相济刑事政策作为我国的基本刑事政策，统领我国的刑事立法和刑事司法，确定暴力犯罪死刑适用标准自当以宽严相济刑事政策为基本依据。笔者认为，宽严相济刑事政策对确定暴力犯罪死刑适用标准具有以下指导作用。

其一，确定暴力犯罪死刑适用标准要体现出宽严相济刑事政策的“严”。宽严相济之“严”，是指严格或者严厉。储槐植教授曾经提出“严而不厉”的命题，将“严”与“厉”分而论之。他指出：“严”与“厉”二字含义有相同的一面，常常一起连用；它们也有不同的一面，“严”为严肃、严格、严密之意；“厉”为厉害、猛烈、苛厉之意。可见，储槐植教授之所谓“严而不厉”是在不同含义上使用这两个字，“严”指刑事法网严密，刑事责任严格；“厉”主要指刑罚苛厉，刑罚过重。② 根据《意见》第6条的规定，宽严相济刑事政策中的从“严”，主要是指对于罪行十分严重、社会危害性极大，依法应当判处重刑或死刑的被告人，要坚决判处重刑或死刑；对于社会危害大或者具有法定、酌定从重处罚情节，以及主观恶性深、人身危险性大的被告人，要依法从严惩处。在审判活动中通过体现依法从“严”的政策要求，有效震慑犯罪分子和社会不稳定分子，达到遏制犯罪、预防犯罪的目的。该《意见》第7条则进一步规定：对于故意杀人、故意伤害致人死亡、强奸、绑架、拐卖妇女儿童、抢劫、重大抢夺、重大盗窃等严重暴力犯罪和严重影响人民群众安全感的犯罪，要作为严惩的重点，依法从重处罚。尤其对于极端仇视国家和社会，以不特定人为侵害对象，所犯罪行特别严重的犯罪分子，该重判的要坚决依法重判，

① 刘仁文：《宽严相济的刑事政策研究》，《当代法学》2008年第1期。

② 储槐植：《刑事一体化与关系刑法论》，北京大学出版社1997年版，第305—306页。

该判处死刑的要坚决依法判处死刑。这两条规定中，使用了“罪行十分严重、社会危害性极大”、“严重暴力犯罪”、“罪行特别严重”等措辞。从字面解释的角度不难看出，宽严相济刑事政策中从“严”的指向对象是严重暴力犯罪。由此，我们也不难推出结论：确定暴力犯罪死刑适用标准时，只能考虑将那些罪行特别严重、社会危害性极大的暴力犯罪纳入其适用范围。可见，宽严相济刑事政策在限缩刑罚圈的扩大方面，对确定暴力犯罪死刑适用标准起到了指导作用。

其二，确定暴力犯罪死刑适用标准要体现出宽严相济刑事政策的“宽”。宽严相济之“宽”，源自惩办与宽大相结合的“宽大”，其确切含义应当是轻缓。刑罚的轻缓，可以分为两种情形：一是该轻而轻；二是该重而轻。根据《意见》第 14 条的规定，宽严相济刑事政策中的从“宽”，主要是指对于情节较轻、社会危害性较小的犯罪，或者罪行虽然严重，但具有法定、酌定从宽处罚情节，以及主观恶性相对较小、人身危险性不大的被告人，可以依法从轻、减轻或者免除处罚；对于具有一定社会危害性，但情节显著轻微危害不大的行为，不作为犯罪处理；对于依法可不监禁的，尽量适用缓刑或者判处管制、单处罚金等非监禁刑。根据该条规定可以看出，宽严相济刑事政策的从“宽”并未将某些罪行严重的暴力犯罪排除在外，也就是说，暴力犯罪存在从“宽”的余地。因此，确定暴力犯罪死刑适用标准时不能排斥从“宽”，应当将暴力犯罪行为人的主观恶性、人身危险性等因素考量进去。

其三，确定暴力犯罪死刑适用标准要体现出宽严相济刑事政策的“相济”。宽严相济刑事政策中“宽”与“严”之间是一种并存关系，但二者品格迥异，孰轻孰重呢？目前可概括为两种观点：宽严并重论和宽主严辅论。我国许多学者强调“严”与“宽”的平衡、协调与结合，这类观点可称为宽严并重论。如陈兴良教授认为：“宽严相济，最为重要的还是在于‘济’。这里的‘济’是指救济、协调与结合之意。因此，宽严相济刑事政策不仅是指对于犯罪应当有宽有严，而且在宽与严之间还应当具有一定的平衡，互相衔接，形成良性互动，以避免宽严皆误结果的发生。”①根据《意见》第 25 条的规定，宽严相济刑事政策中的“相济”，主要是指在对各类犯罪依法处罚时，要善于综合运用宽和严

① 陈兴良：《宽严相济刑事政策研究》，《法学杂志》2006 年第 1 期。

两种手段，对不同的犯罪和犯罪分子区别对待，做到严中有宽、宽以济严；宽中有严、严以济宽。可以说，《意见》持宽严并重论的观点。但也有学者认为，“如此泛泛而谈，不足以指导实践。宽严相济理应向‘宽’倾斜”，宽严相济刑事政策在当前的意义主要还是突出“以宽济严”。① 储槐植教授认为，“宽严相济，应当旗帜鲜明地主张刑罚的宽和，即在‘严’的现实中，通过司法努力，尽可能多地拓展‘宽’的空间和份额。”②李希慧教授、黄京平教授等人也认为，宽严相济刑事政策在“宽”和“严”中有所偏重，侧重了“宽”的一面，强调非犯罪化、轻刑化和非监禁化理念。③ 比较而言，我们更赞同宽主严辅的观点，具体理由将在下文述及“严打”政策时展开。事实上，不论从“宽”、从“严”孰轻孰重，确定暴力犯罪死刑适用标准必须实现“严”与“宽”两方面因素的平衡协调，防止片面从严或者一味从宽。

二、确定暴力犯罪死刑适用标准应当以我国死刑政策为主要依据

(一)我国死刑政策的地位及内涵

按照刑事政策的层次，可以将刑事政策分为总的刑事政策、基本刑事政策和具体刑事政策。具体刑事政策是指国家针对某一阶段或某些犯罪现象制定的具体行为规范和行动准则。我国的死刑政策和“严打”政策都属具体刑事政策。所谓死刑政策，有学者给予了明确的界定，即指一国根据本国法制状况所制定的关于死刑的立法存废、司法适用以及行刑处遇的指导思想、方针、政策等策略体系的总和。④ 尽管我国学界对死刑政策的内容在文字表述上不尽一致，但在所指内容上是没有争议的。根据 2007 年最高人民法院、最高人民检察院、公安部、司法部联合下发的《关于进一步严格依法办案确保办理死

① 刘仁文：《宽严相济的刑事政策研究》，《当代法学》2008 年第 1 期。

② 储槐植、赵合理：《构建和谐社会与宽严相济刑事政策之实现》，《法学杂志》2007 年第 1 期。

③ 李希慧、王宏伟：《宽严相济刑事政策基本问题探究——以构建和谐社会为视角》，载赵秉志主编：《刑法论丛》第 11 卷，法律出版社 2007 年版，第 3 页；黄京平：《宽严相济刑事政策的时代含义及实现方式》，《法学杂志》2006 年第 4 期；杨开江、桑涛：《“宽严相济”：和谐社会语境下刑事政策的定位与选择》，载赵秉志主编：《和谐社会的刑事法治(上卷：刑事政策与刑罚改革研究)》，中国人民公安大学出版社 2006 年版，第 215 页。

④ 魏东、刘沛胥：《死刑政策分析检讨》，载赵秉志主编：《刑事政策专题探讨》，中国人民公安大学出版社 2005 年版，第 298 页。

刑案件质量的意见》第4条的规定，笔者认为，“保留死刑，严格控制死刑”是我国的基本死刑政策。

我国现阶段之所以“保留死刑”，学者们总结出以下几方面的原因：其一，废除死刑的物质条件尚不具备。死刑作为一种刑罚制度，属于上层建筑的范畴，而经济基础决定上层建筑。改革开放以来，虽然我国经济迅猛发展，综合国力不断提高，但总体而言，当前我国仍属于发展中国家，正处于社会主义初级阶段，我国的生产力发展水平仍比较落后，社会物质文明程度也比较低，而“在一个物质生活水平较低的社会，犯罪对社会造成的危害大，人的生命价值相对低，因而缺乏死刑废除的必要物质条件”。① 反观国外废除死刑的国家，大多属于经济发达国家，由此可见，社会物质生活条件对于死刑存废具有决定作用。其二，严峻的治安形势不允许废除死刑。在我国经济转轨、社会转型的过程中，犯罪量呈现出不断上升的趋势，尤其是近年来，凶杀、伤害、抢劫、强奸、爆炸等恶性案件的发案率居高不下，严重影响着广大人民群众的心理安全感。在如此严峻的社会治安形势下，彻底废除死刑是不现实的。其三，缺乏社会心理基础。一方面，我国历经两千余年的封建社会，未受过近代西方那样声势浩大的启蒙运动的洗礼，因而权利意识的发育先天不足。加之人口众多、经济相对落后，人的生命价值尚未被提升到应有的高度。另一方面，中华传统文化中的报应观念极为浓厚，杀人偿命几千年来被视为天经地义之事，这一思想至今在广大民众的头脑中根深蒂固。因而，死刑的存在目前仍有深厚的社会心理基础。全然不顾这一现实而强行废除死刑，不会得到广大国民的认同，也难以取得良好的社会效果。

我国现阶段之所以“严格控制死刑”，理由则在于：其一，严格限制死刑，是由我国刑罚的目的决定的。我国对犯罪分子适用刑罚，目的在于预防犯罪。死刑是以剥夺犯罪分子生命为内容的刑罚方法。就特殊预防而言，虽不失为实现刑罚目的的手段之一，但毕竟它是一种最为特殊、最为极端的手段。实现我国刑罚目的最基本、最主要的途径仍然是改造犯罪分子，并不是从肉体上消灭犯罪人。其二，死刑剥夺的是犯罪分子的生命，是一种利害攸关的刑罚，其自身确实存在不可避免的弊端。如果说保留死刑是为了发挥死刑的优

① 冯卫国：《对我国现阶段死刑政策的若干思考》，《甘肃政法学院学报》2003年第4期。

点，那么限制死刑、慎用死刑则是为了避免死刑的缺陷。只有严格限制其适用，才可以尽可能地利用死刑对犯罪产生的强烈威慑力，使其在最终被废除前，现实地、功利地为我们惩治犯罪发挥最大的作用。因此，在保留死刑的基础上，严格限制死刑，“从理论基础而言，是从死刑的优劣得出的必然结论”。① 其三，限制死刑适用是中国领导决策层必须承担的政治责任。“执政者的使命就是维护人民的根本利益。生命又是人民利益的根本，维护公民的生命(包括被指控犯有可能适用死刑的公民的生命)，也就是维护人民利益的最重要内容。而死刑的适用范围过宽或者标准过低，与公民生命权的维护无疑是相悖的。因此，严格限制死刑适用是国家最高决策者所应该承担的政治责任。”②如果不限制死刑适用，容易出现死刑滥用，并导致国家在刑罚适用上失去民众的支持。

(二)新中国成立后我国死刑政策及暴力犯罪死刑适用的历史回眸

第一阶段，从新中国成立之后到 1979 年刑法颁布。这一时期的死刑政策深受毛泽东思想的影响，毛泽东的死刑思想散见于《关于镇压反革命》、《镇压反革命必须实行党的群众路线》、《关于“三反”、“五反”》、《论十大关系》等文中。毛泽东的这些论述，被学者们概括为：杀人要少，但是决不废除死刑和必须坚持少杀、严禁乱杀的死刑思想。这一思想奠定了我国保留死刑，坚持慎杀、少杀的死刑政策的基础。这一时期，我国没有颁布刑法，在各种单行刑法中仍保留有死刑，如 1951 年《惩治反革命条例》和《妨害国家货币治罪暂行条例》、1952 年《惩治贪污条例》等。对于杀人、强奸、爆炸等犯罪，也适用死刑，但有时缺乏法律上的规定，很多时候是依据“惩办与宽大相结合”的刑事政策精神。③

第二阶段，从 1979 年刑法颁布到 1997 年刑法颁布。有学者称该阶段为少杀政策之弃置阶段，认为该时期死刑规定的重大变化集中体现在：死刑的适用范围急剧扩张；死刑适用的程序限制被弱化；出现了以死刑作为绝对确

① 龙洋：《关于我国死刑政策与死刑限制的反思与重构》，《理论导刊》2005 年第 11 期。

② 吴大华、王飞：《限制死刑的理性思考》，《政治与法律》2005 年第 3 期。

③ 高铭暄：《略谈我国的死刑立法及其发展趋势》，载赵秉志主编：《中国废止死刑之路探索》，中国人民公安大学出版社 2004 年版，第 15 页。

定法定刑的条款。① 1979 年刑法规定了 28 个死刑罪名，其中暴力犯罪有 21 个，占总数的 75%。学界的评价是，1979 年刑法较好地贯彻了保留死刑，坚持少杀，防止滥杀的死刑政策。但之后中国出现改革开放以来的第一次犯罪高潮，“严打”政策出台，全国人大常委会也相继制定了 23 部单行刑法，增加了死刑罪名。至 1997 年 9 月，其中我国刑法共有 71 个死刑罪名，暴力犯罪有 29 个，占 40.8%。

第三阶段，从 1997 年刑法颁布以后。有学者称为少杀政策之复苏阶段。1997 年刑法对死刑罪名实行了不减少也不增加的原则，总共规定有 68 个死刑罪名，其中暴力犯罪有 24 个，占 35.3%。1997 年刑法实施后，我国又陆续颁布了八个刑法修正案，均未再增加死刑罪名。这一时期受到国内国际限制、废止死刑运动的影响和推动，最高人民法院统一收回了死刑复核权，并公布了一系列不核准死刑的典型案件，其中多为故意杀人罪等暴力犯罪案件。而 2011 年 2 月 25 日由全国人大常委会审议通过的《刑法修正案(八)》更是废止了 13 种非暴力犯罪的死刑，并增加年满 75 周岁老人一般不适用死刑的规定，充分显示了立法者严格限制死刑之态度。

通过对我国死刑政策发展阶段的简略梳理可以发现，我国的死刑政策经历了偏离甚至背离正常轨道，但又重新回归到正常轨道的过程。这彰显了贯彻死刑政策的艰巨性，同时也警示我们，在今后的实践中要注意克服偏差，正确贯彻落实我国死刑政策。

(三)死刑政策对确定暴力犯罪死刑适用标准的指导作用

死刑政策是死刑立法与死刑司法的灵魂和统帅，死刑立法与死刑司法均应受制于死刑政策。确定暴力犯罪死刑适用标准应当以死刑政策为主要标尺。死刑政策的指导作用主要表现在以下方面。

一方面，确定暴力犯罪死刑适用标准要体现出“少杀”。暴力犯罪死刑适用的范围要尽可能限缩，只能针对最严重的暴力犯罪，且要结合刑法总则和分则之规定，限定死刑适用范围。通过研析我国刑法分则的规定，确定暴力犯罪死刑适用标准时可以考虑以下因素，从而限制死刑适用：(1)根据犯罪数

---

① 张文等：《十问死刑——以中国死刑文化为背景》，北京大学出版社 2006 年版，第 74—75页。

额进行限制，即刑法规定了适用死刑的数额。如根据《刑法》第263条规定，抢劫数额巨大的，处10年以上有期徒刑、无期徒刑或者死刑，并处罚金或没收财产。(2)根据犯罪结果进行限制，对于某一罪名，只有在客观上造成了法定后果，才可适用死刑。如《刑法》第115条规定："放火、决水、爆炸以及投放毒害性、放射性、传染病病原体等物质或者以其他危险方法致人重伤、死亡或者使公私财产遭受重大损失的，处十年以上有期徒刑、无期徒刑或者死刑。"(3)根据犯罪情节进行限制，对于某些情节犯而言，必须达到法定的犯罪情节标准，才可选择适用死刑。如《刑法》第240条之规定，拐卖妇女、儿童，情节特别严重的，处死刑，并处没收财产。(4)通过犯罪手段和结果相结合进行限制，即从犯罪行为的手段和引起的危害后果两个方面限制死刑适用。如《刑法》第234条第2款规定："以特别残忍手段致人重伤造成严重残废的，处十年以上有期徒刑、无期徒刑或者死刑。"(5)通过犯罪情节和结果相结合进行限制，即对于某一具体犯罪要适用死刑，既要具备法定情节，又要发生法定后果。《刑法》第113条规定：危害国家安全罪中，除第103条第2款、第105条、第107条、第109条外，对国家和人民危害特别严重、情节特别恶劣的，可以判处死刑。因此，第104条规定的武装叛乱、暴乱罪，对国家和人民危害特别严重、情节特别恶劣的，才可以适用死刑。(6)通过犯罪对象和犯罪情节结合进行限制。如根据《刑法》第358条的规定，强迫不满14周岁的幼女卖淫，情节特别严重的，处无期徒刑或者死刑，并处没收财产。需要说明的是，对于刑法分则条文规定死刑的，除明文规定绝对适用死刑的，并非一定要适用死刑，而是可以适用死刑。对于刑法分则条文没有限制死刑的，在确定暴力犯罪死刑适用标准时要从"常识、常理、常情"出发，严格限制死刑适用之范围，这也是死刑政策的应有之义。

另一方面，确定暴力犯罪死刑适用标准要体现出"慎杀"。如果说"少杀"是强调总体，那么"慎杀"则关注个案。正所谓人命关天，无论是被暴力犯罪夺去生命的被害人，还是面临判处死刑的暴力犯罪人，从本质上说，二者的生命同样值得珍视。尽管由于配置有死刑的暴力犯罪往往具有侵害的直接性、侵害的强烈性、侵害的明确性、对立的尖锐性、影响的广泛性等鲜明特点，①

① 黄晓亮：《暴力犯罪死刑问题研究》，中国人民公安大学出版社2008年版，第76—77页。

导致普遍而严厉的社会反应，并使死刑成为社会深度依赖的刑罚，但是基于死刑本身确实存在诸多不可克减之诟病，“慎杀”必然是当下我国据以应对暴力犯罪理性而现实的选择。为此，在确定暴力犯罪死刑适用标准时，一定要慎之又慎，要充分考量何谓“可杀可不杀的”情形。我们理解的“可杀可不杀的”情形是指适用死刑的情节和削弱适用死刑的情节大体相当，对暴力犯罪人既没有“非杀不可”的义愤，也没有“非保不可”的怜悯。比如，两个素不相识的人因琐事发生打斗，在打斗中一人用随身携带的水果刀猛刺他人一下然后逃走，致使他人因心脏破裂而死亡。这种间接故意杀人就属“可杀可不杀的”情形。确定暴力犯罪死刑适用标准所体现出的“慎杀”，也有利于司法实践中审慎适用死刑。

三、以有限和理性的“严打”政策为补充依据

(一)宽严相济刑事政策中“宽”与“严”的地位问题

在探讨“严打”政策的地位前，有必要先解决宽严相济刑事政策中“宽”与“严”的地位问题。我们赞同宽主严辅，严以济宽。理由如下：其一，从“宽严相济”用语中“宽”与“严”的语序来看。位序上的变化在规范学中有着特殊的意义，例如我国刑法规定故意杀人罪的刑罚是“死刑、无期徒刑或者10年以上有期徒刑”，规定放火罪造成严重结果的刑罚是“10年以上有期徒刑、无期徒刑或者死刑”，就表明在如何适用刑罚问题上，立法者的态度是对于故意杀人的首先考虑适用死刑，而对造成严重结果的放火行为首先考虑的是10年以上有期徒刑。根据这一原理，“宽”的位序在“严”之前，自然可以推导出“宽严相济”的重点体现在“宽”上。① 其二，从我国刑事政策的历史发展演变来看。新中国刑事政策历经“惩办与宽大相结合”、“严打”到“宽严相济”。从“惩办与宽大相结合”的用语表述来看，“惩办”是“严”，“宽大”是“宽”，包含了“宽”“严”两方面内容；“惩办”在前，“宽大”在后，根据前述位序原理，“惩办与宽大相结合”刑事政策的重点在于“惩办”。我国“严打”政策对遏制犯罪起到了一定作用，但“严打”政策一味从重从严，不仅在实践中出现了偏差，而且从长远来看其效果不佳，受到了学界的诟病。可以说，宽严相济刑事政策是在新时期对“惩办与宽大相结合”刑事政策的继承、发展和完善，是对“严打”刑事政策

① 黄京平：《宽严相济刑事政策的时代含义及实现方式》，《法学杂志》2006年第4期。

的理性反思，先天具有纠偏的倾向。其三，从宽严相济刑事政策的现实背景来看。在构建和谐社会的背景下，要求人们以最大限度地增加和谐因素，最大限度地减少不和谐因素为目标。犯罪作为一种社会矛盾表现，其产生有着复杂的原因，如果一味强调从重从快打击，而不针对发生原因采取相应的治理对策，就会徒增社会的不和谐因素。贝卡里亚在谈到严峻的刑罚时就尖锐地指出：罪犯所面临的恶果越大，也就越敢于规避刑罚。为了摆脱对一次罪行的刑罚，人们会犯下更多的罪行。刑罚最残酷的国家和年代，往往就是行为最血腥、最不人道的国家和年代。因为支配立法者双手的残暴精神，恰恰也操纵着杀人者和刺客们的双手。① 可见，和谐社会要求刑法宽和，宽严相济刑事政策重点在于"宽"，而不在于"严"。这就需要谨慎地对待刑事司法中仍在坚持贯彻的"严打"政策。

（二）"严打"政策的地位及内涵

"严打"政策是"依法从重从快严厉打击严重刑事犯罪"的简称，其行动方式是集中打击，既包括全国性大规模集中行动，也包括各种针对特定犯罪的专项斗争。客观地评价，"严打"政策具有其历史合理性，有力地应对了我国的犯罪浪潮。但其弊端也显而易见，出现了"严打"之后犯罪强烈反弹的现象，一些地方过于强调从重从快，没有做到依法打击，对我国死刑政策也造成了严重冲击。

有学者认为，"严打"政策自从产生之日起就与罪刑法定等刑事法治原则有所冲突，对该政策的贯彻执行也确确实实造成了不少流毒弊端，在某些情况下较为严重地侵犯了公民的合法权益。而且，如果强调"严打"的合法性，即"依法严厉惩治严重刑事犯罪活动"或者"依法从重从快打击犯罪"，那么，这样的含义完全可以为罪刑法定、罪责刑相适应等原则和宽严相济刑事政策的内涵所包容，从而没有独立存在和单独提倡的必要性。宽严相济刑事政策的肯定和提倡，就意味着坚决否定和摒弃"严打"的刑事司法指导思路和做

---

① ［意］贝卡里亚：《论犯罪与刑罚》，黄风译，中国大百科全书出版社1993年版，第43页。

法。① 这种观点也为理论界所推崇，而实务界则倾向于认为，宽严相济的刑事政策中的“严”，指的就是“严打”，即严厉惩治严重刑事犯罪活动，当然，这应该符合罪刑法定原则的基本要求。因此，“严打”作为宽严相济的刑事政策的必要内容而与之并行不悖。②

笔者认为，“严打”政策虽然不是宽严相济刑事政策的组成部分，但也应该以宽严相济刑事政策的基本精神和立场来理解和把握，并考虑予以限制。理由如下：其一，《意见》第 7 条规定，贯彻宽严相济刑事政策，必须毫不动摇地坚持依法严惩严重刑事犯罪的方针。从字面解释上看，“严打”政策与宽严相济刑事政策是并行不悖的。最高人民检察院 2006 年 12 月 28 日通过的《关于在检察工作中贯彻宽严相济刑事司法政策的若干意见》第 5 条明确规定，“严打”是宽严相济刑事司法政策的重要内容和有机组成部分，是贯彻宽严相济刑事司法政策的重要体现，必须坚定不移地坚持。其二，从二者在刑事政策体系中的地位来看，宽严相济刑事政策是我国的基本刑事政策，“严打”是一项具体刑事政策。宽严相济刑事政策不是对“严打”刑事政策的完全取代，也不是对“严打”的绝对否定，因而，应当对“严打”从宽严相济刑事政策的框架中进行理解和分析。在这一框架下，宽严相济刑事政策“宽”的一面就可以对“严打”对象发挥作用，对具有自首、立功等从宽情节的，也应当根据法律规定予以从宽处理，不能因为“严打”就只考虑“严”，而忽视该“宽”的一面。其三，既然“严打”包含严厉打击犯罪的内容，如果抛弃“严打”，宽严相济刑事政策的“严”应该怎样体现，或者说用怎样的制度和措施去替代“严打”，这似乎还是一个问题。其四，从现实情况来看，决策者仍然不愿意放弃“严打”政策，从公安部“2010 严打整治行动”可见一斑。

在此基础上，笔者认为，理性的“严打”政策包含如下内容：严打之“严”，不仅包括传统的从重从快，而且包括法网的严密性与刑罚的确定性；严打应是日常性、持续性的打击；严打的对象是少数真正严重的犯罪。③

---

① 赵秉志：《宽严相济的刑事政策与刑法解释关系论》，《河南省政法管理干部学院学报》2008 年第 2 期。

② 刘志伟主编：《刑法学的新动向》，中国人民公安大学出版社 2005 年版，第 119 页。

③ 侯宏林：《刑事政策的价值分析》，中国政法大学出版社 2005 年版，第 325—327 页。

(三)理性的“严打”政策对确定暴力犯罪死刑适用标准的指导作用

通过上述分析可知，“严打”政策可以纳入宽严相济刑事政策中的“严”，而“严”又居于辅助地位，因此我们完全可以得出这样的结论：确定暴力犯罪死刑适用标准应当以理性的“严打”政策为补充依据。

确定暴力犯罪死刑适用标准时，在死刑政策的指导下排除了大量不适用死刑的情形，使死刑适用范围得到了有效的限制。而“严打”政策的指向性较为明确，针对的是某一具体犯罪或者某一类犯罪，比如打击两抢一盗专项斗争、打黑除恶专项斗争。与死刑政策不同，“严打”政策具有天然的扩张性。因此，必须防范“严打”政策对死刑适用范围的扩大。确定暴力犯罪死刑适用标准，只能把“严打”政策作为补充依据。笔者认为，有效发挥“严打”政策对暴力犯罪死刑适用标准的补充作用，应当注意做到如下几点：其一，严格限制“严打”政策的对象。严打的对象只能是少数真正严重的犯罪。如果严打的对象遍地开花，就无所谓严打了。而且也与“严打”政策在我国刑事政策中所占据的次要地位不相符。其二，适用死刑的暴力犯罪，必须是少数严重犯罪中“最严重的犯罪”。如果不适用死刑不会影响社会的稳定，不会破坏社会的治安，社会能够采取其他合理的措施、手段来维护社会安定，平息民众的情绪，那么就可以不适用死刑。在某一地区、某一时期，为了追求“严打”的声势和威慑效果，对一些可杀可不杀、甚至不可杀的犯罪人适用死刑，是违背刑法规定的，对犯罪人也是不公正的。

第二节　确定暴力犯罪死刑适用标准的法律原则

所谓标准，是衡量事物的准则。确定暴力犯罪死刑适用标准有点类似于立法，但最终目的是为了便利司法。因此，确定暴力犯罪死刑适用标准的法律原则就包含立法和司法两方面的含义。我国刑法学界关于死刑适用的原则有一原则说、二原则说、三原则说等诸多观点，但基本上都侧重于对司法方面进行研究。因此，我们将在借鉴学界就死刑适用原则方面理论成果的基础上，兼顾立法和司法两个层面，以国内国际两个视角，对确定暴力犯罪死刑适用标准的法律原则展开论述。

一、罪刑法定原则

罪刑法定的基本含义是，“法无明文规定不为罪”、“法无明文规定不处罚”。具体来说，罪刑法定原则是指什么是犯罪，有哪些犯罪，各种犯罪的构成条件是什么，有哪些刑种，各个刑种如何适应，以及各种具体罪的具体量刑幅度如何等，均由刑法加以规定。对于刑法没有明文规定为犯罪的行为，不得定罪处刑。我国《刑法》第 3 条规定了罪刑法定原则：“法律明文规定为犯罪行为的，依照法律定罪处刑；法律没有明文规定为犯罪行为的，不得定罪处刑。”确定暴力犯罪死刑适用标准时应当遵从罪刑法定原则。

我国《刑法》第 48 条第 1 款规定，死刑只适用于罪行极其严重的犯罪分子。第 49 条第 1 款规定，犯罪的时候不满 18 周岁的人和审判的时候怀孕的妇女，不适用死刑；《刑法修正案（八）》对该条文增加的第 2 款规定，审判的时候已满 75 周岁的人，不适用死刑，但以特别残忍手段致人死亡的除外。此外，我国刑法还规定了减轻处罚的法定情节，如防卫过当、紧急避险、犯罪中止等。因此，在司法层面，确定暴力犯罪死刑适用标准时应当将我国刑法总则和分则之相关规定结合起来，做到以下三点：(1)死刑适用范围法定，即暴力犯罪死刑只能适用于我国刑法分则 16 个条文明文规定的 24 个暴力犯罪罪名，① 对该 24 个罪名才可考虑确定死刑适用标准问题。除此之外的暴力犯罪无论罪行严重到何种程度，都不能考虑适用死刑。例如《刑法》第 123 条规定的暴力危及飞行安全罪，即使造成严重后果的，只能依照刑法规定处 5 年以上有期徒刑，而不能拔高适用死刑。(2)死刑适用条件法定，即上述含有死

---

① 现行《刑法》在 16 个条文中规定了 24 个暴力犯罪死刑罪名，具体如下：(1)危害国家安全罪 1 个条文 1 个罪名，即第 104 条武装叛乱、暴乱罪。(2)危害公共安全罪 4 个条文 11 个罪名，即第 115 条放火罪；决水罪；爆炸罪；投放危险物质罪；以危险方法危害公共安全罪；第 119 条破坏交通工具罪；破坏交通设施罪；破坏易燃易爆设备罪；破坏电力设备罪；第 121 条劫持航空器罪；第 127 条抢劫枪支、弹药、爆炸物、危险物质罪。(3)侵犯公民人身权利、民主权利罪 5 个条文 5 个罪名，即第 232 条故意杀人罪；第 234 条故意伤害罪；第 236 条强奸罪；第 239 条绑架罪；第 240 条拐卖妇女、儿童罪。(4)侵犯财产罪 1 个条文 1 个死刑，即第 263 条抢劫罪。(5)妨害社会管理秩序罪 2 个条文 3 个罪名，即第 317 条暴动越狱罪；聚众持械劫狱罪；第 358 条强迫卖淫罪。(6)危害国防利益罪 2 个条文 2 个罪名，即第 369 条破坏武器装备、军事设施、军事通信罪；第 426 条阻碍执行军事职务罪。(7)军人违反职责罪 1 个条文 1 个罪名，即第 446 条战时残害居民、掠夺居民财物罪。

刑的24个具体暴力犯罪的罪行必须达到刑法总则规定的"极其严重"的程度。(3)要保持刑法体系的协调性，与我国刑法中排除死刑适用的条款不相冲突。例如，暴力犯罪死刑不能适用于未成年犯罪人、审判的时候怀孕的妇女，不能适用于具有法定从宽的情形；对于审判的时候已满75周岁的人，除非有以特别残忍手段致人死亡之情节外，不得适用死刑。总之，罪刑法定原则作为我国刑法的基本原则，有助于限缩暴力犯罪死刑的适用范围，应当作为也能够作为确定暴力犯罪死刑适用标准的原则。

进言之，在立法层面确定暴力犯罪死刑适用标准应当体现出明确性原则。明确性原则是罪刑法定原则的派生原则，是指规定犯罪的法律条文必须清楚明确，使人能够确切了解违法行为的内容，准确确定犯罪行为与非犯罪行为的范围，以保障该规范没有明文规定的行为不会成为该规范适用的对象。暴力犯罪死刑适用标准的明确性原则包括适用范围法定、适用对象法定、罪行法定等。对于不符合暴力犯罪死刑适用标准的犯罪行为，不得适用死刑。诚如有学者所言，暴力犯罪死刑适用属于刑法规定的"刑罚的运用"的基本内容，应该受到量刑制度的约束与指导。要根据具体犯罪的犯罪构成与量刑情节来决定是否符合死刑适用的条件。故而，对于死刑适用的一般条件、具体暴力犯罪适用死刑的法定情节，刑法应该有明文规定，不能作出含混不清的规定。司法解释对"严重"、"特别严重"等概括性词语也要作出合理的阐述，符合国民的预测可能性。① 我国现行刑法规定死刑适用的标准是"罪行极其严重"，但刑法对"罪行极其严重"的含义并没有作出明确的规定。从当前实际情况来看，死刑问题属于重大刑法问题乃至社会问题，社会关注度高，处理起来比较复杂，在刑法条文中明确规定暴力犯罪死刑适用标准的时机尚不成熟。笔者认为，目前较为可行的做法是，先初步确定暴力犯罪死刑适用标准，用于指导司法实践，然后考察其法律效果乃至社会效果如何，并进行相关调整完善，待时机成熟后再上升到立法规定中。在上升为立法过程中，如果对确定暴力犯罪死刑适用标准不能完全达成统一认识的，可以先将无争议的部分上升为立法；如果无法确定暴力犯罪死刑适用的直接标准，可以考虑优先规定

---

① 黄晓亮：《暴力犯罪死刑问题研究》，中国人民公安大学出版社2008年版，第97页。

或者扩大暴力犯罪不适用死刑的排除性事由，从而严格掌握暴力犯罪死刑的适用。

二、罪责刑相适应原则

罪责刑相适应原则的基本含义是：犯多大的罪，就应当承担多大的刑事责任，法院亦应判处其相应轻重的刑罚，做到重罪重罚，轻罪轻罚，罚当其罪，罪刑相称；罪轻罪重，应当考虑行为人的犯罪行为本身和其他各种影响刑事责任大小的因素。我国《刑法》第5条规定了罪责刑相适应原则："刑罚的轻重，应当与犯罪分子所犯罪行和承担的刑事责任相适应。"

我国刑法规定有故意杀人、抢劫、强奸等具体暴力犯罪，但并没有对"暴力犯罪"这一概念作出明确规定。鉴于"暴力犯罪"是一个集合概念，有必要对其进行分类研究。对于暴力犯罪，以发生的具体时间是否系战时为标准，可以分为普通暴力犯罪和战时暴力犯罪。以普通暴力犯罪是否导致被害人死亡之结果为标准，我们可以将其分为致命性普通暴力犯罪和非致命性普通暴力犯罪。对于致命性普通暴力犯罪，则又可以根据行为人对死亡结果所持的具体罪过心理，区分为故意致命性普通暴力犯罪和过失致命性普通暴力犯罪。与普通暴力犯罪相比较，战时暴力犯罪发生在"战时"，加剧了社会秩序的动荡不安，社会危害性更大。就普通暴力犯罪的分类来看，非致命性普通暴力犯罪社会危害性相对较低，过失致命性普通暴力犯罪的社会危害性较大，故意致命性普通暴力犯罪社会危害性最大。这些不同类型的暴力犯罪社会危害性是不同的，不能一刀切地认为所有暴力犯罪都是"罪行极其严重"的犯罪。因此在确定暴力犯罪死刑适用标准时，不能对所有暴力犯罪一律适用死刑，应当区别对待，做到罪责刑相适应。

在确定暴力犯罪死刑适用标准时，应当根据不同类别的暴力犯罪的不同特点，给予不同程度的关注，确定不同严格程度的标准。(1)战时暴力犯罪的死刑适用标准基本可以不用考虑。我国刑法规定的战时暴力犯罪主要包括阻碍执行军事职务罪和战时残害居民、掠夺居民财物罪。和平与发展是当今世界的两大主题，战时暴力犯罪对和平时期而言，完全属于备而不用的虚置条款，自然不必予以重点关注。(2)非致命性普通暴力犯罪的死刑适用标准应当严格掌握。比如，拐卖妇女、儿童罪，强迫卖淫罪，尽管犯罪人对被害人的人身实施了暴力侵害，但从犯罪结果来看并未造成被害人死亡，不宜认定为

“罪行极其严重”，一般不应考虑适用死刑。(3)过失致命性普通暴力犯罪的死刑适用标准严格程度稍低一些。比如，强奸致人死亡、故意伤害致人死亡、绑架过失致人死亡等，尽管造成了被害人死亡的严重后果，但犯罪人对死亡结果持过失心态，与故意致命性普通暴力犯罪相比，主观恶性要小一些。因此，确定过失致命性普通暴力犯罪死刑适用标准时，不能唯结果论，应当注意犯罪心态这一重要因素。(4)故意致命性普通暴力犯罪死刑适用标准应当给予重点关注。故意致命性普通暴力犯罪死刑是死刑适用的重点犯罪。比如为劫财而杀人的，故意用放火、爆炸方法杀人的等等，这类犯罪性质严重、情节恶劣、犯罪人人身危险性很大，最容易激发被害人家属的复仇情绪，也是受杀人偿命观念影响最大的犯罪。故意致命性普通暴力犯罪死刑适用标准的严格程度在很大程度上影响着死刑适用数量的高低。

如果就暴力犯罪整体而言，根据罪责刑相适应原则，确定暴力犯罪死刑适用标准应当注意以下三点：(1)暴力犯罪死刑适用标准与暴力犯罪的罪质相适应。罪质，就是犯罪构成主客观要件统一表现的犯罪性质(犯罪的质的规定性)。不同的罪质，标志着各犯罪行为侵害、威胁法益的锋芒所向不同。这种不同，正是表明各种犯罪具有不同的罪行程度，从而决定法律后果轻重的根本所在。我国刑法规定有死刑的24个暴力犯罪罪名分布在危害国家安全罪、危害公共安全罪、侵犯公民人身权利、民主权利罪、侵犯财产罪、妨害社会管理秩序罪、危害国防利益罪、军人违反职责罪七章。显然，不同暴力犯罪侵犯的类客体是不同的。即使在同一章中，不同暴力犯罪侵犯的直接客体也不尽相同。比如故意杀人罪侵犯的客体是他人的生命权，故意伤害罪侵犯的客体是他人的身体健康权，强奸罪侵犯的客体是女性的性自由权利和幼女的身心健康权利。不同暴力犯罪在罪质上的差异，决定了死刑适用标准的差异，确定暴力犯罪死刑适用标准时应当做到与暴力犯罪的罪质相适应。(2)暴力犯罪死刑适用标准与暴力犯罪的情节相适应。这里所说的暴力犯罪的情节是指量刑情节。根据学者的归纳，影响暴力犯罪死刑适用的量刑情节主要有：犯罪主体的情节有犯罪人年龄、犯罪人特定身份、犯罪人精神状况、犯罪人生理状况、共同犯罪人等因素；犯罪主观情节有犯罪动机、犯罪目的、犯罪意志产生的急缓(是激情犯罪还是预谋犯罪)、犯罪意志的强弱(是否有挽回损失的措施、心态)；犯罪客观情节主要有犯罪停止形态、犯罪工具、犯罪手段、犯罪结果、犯罪对象、犯罪场合、犯罪次数、附随行为、犯罪客观影响、犯罪数额等情形；犯罪附随情况，主要有国外处罚、犯罪原因、再犯与累犯、自首与立功等情形；概括性情节，在刑法分则条文中的表述有“对国家和人民危害特别严重、情节特别恶劣”(《刑法》第 113 条)、“情节恶劣”(《刑法》第 236 条强奸罪)、“情节特别严重”(《刑法》第 240 条拐卖妇女、儿童罪；第 317 条第 2 款暴动越狱罪、聚众持械劫狱罪；第 358 条第 2 款强迫卖淫罪；第 446 条战时残害居民罪、战时掠夺居民罪)、“其他特别严重情节”(《刑法》第 426 条阻碍执行军事职务罪)。① (3) 暴力犯罪死刑适用标准与暴力犯罪人人身危险性相适应。犯罪人的人身危险性，是指犯罪人具有的不直接反映罪行的轻重，却可以表明他对社会的潜在威胁程度及其消长的本身情况，包括罪前和罪后的情况。虽然罪前和罪后情况对犯罪人实施的暴力犯罪本身没有直接影响，却可预示其改造的难易程度和再次犯罪的可能性大小。死刑是众刑之极，具有断绝自新性，不能轻易适用于暴力犯罪人，只能适用于那些人身危险性极大、不堪改造的暴力犯罪人。因此，确定暴力犯罪死刑适用标准时必须考虑暴力犯罪人是否具有极大的人身危险性。

三、刑法适用平等原则

刑法适用平等原则的含义是：对任何人犯罪，不论犯罪人的家庭出身、社会地位、职业性质、财产状况、政治面貌、才能业绩如何，都应追究刑事责任，一律平等地适用刑法，依法定罪、量刑和行刑，不允许任何人有超越法律的特权。我国《刑法》第 5 条规定了刑法适用平等原则：“对任何人犯罪，在适用法律上一律平等。不允许任何人有超越法律的特权。”

根据刑法适用平等原则，确定暴力犯罪死刑适用标准应当做到如下几点。

一是同罪同罚。对于不同犯罪人犯同种暴力犯罪的，在适用死刑方面应该具有近似性，犯罪危害、主观恶性、人身危险性与死刑适用必要性等方面应该大体相当，不能有太大的落差，体现刑法适用平等原则。法学界一般认为民族、种族、性别、职业、家庭出身、宗教信仰、受教育程度、职位高低、财产状况、功劳大小、政治面貌、才能业绩等与犯罪人身份、地位相关的因

① 黄晓亮：《暴力犯罪死刑问题研究》，中国人民公安大学出版社 2008 年版，第111—114 页。

素，是影响刑法平等的因素。确定暴力犯罪死刑适用标准时应当排除这些因素的影响，对触犯同一暴力犯罪罪名的犯罪人适用同一死刑标准，做到同罪同罚。2002年被告人徐建平故意杀人案，也有媒体称为“科技精英杀妻案”，之所以倍受社会各界关注就在于该案涉及刑法平等适用问题。被告人徐建平案发前任浙江省绍兴轻纺科技中心有限公司总经理。2002年5月26日晚11时许，徐建平将其妻子杀害。2003年4月1日，浙江省绍兴市中级人民法院作出一审判决，以故意杀人罪判处徐建平死刑。一审宣判后，徐建平不服提出上诉。国内各大报纸、杂志、电视、网络媒体纷纷以“科学家杀人能否免死”为题进行了转载或报道，引起了社会争论。接着有近200人上书法院，为徐建平求情，呼吁“枪下留人”。其中多数为知识阶层人士，理由是徐建平为中国纺织业作出过突出贡献，“从长计议，留下徐建平一命，对家庭、对企业、对地方经济、对轻纺科技、对国家纺织行业都为最理想的选择”。报道一出，舆论哗然，赞成法外开恩者有之，反对之声更是不绝于耳。2003年12月15日浙江省高级人民法院维持一审判决，并依照最高人民法院授权核准对徐建平的死刑判决。随着2003年12月26日徐建平被执行死刑，该案最终尘埃落定。① 抛开徐建平案所涉及的具体情节不谈，至少该案表明了司法机关平等适用刑法的态度，有值得肯定之处。我们在确定暴力犯罪死刑适用标准时也应当做到一视同仁，不能因为犯罪人是专家、英雄、劳模等有身份、地位、荣誉的人而降低标准放宽处理，也不能因为犯罪人没有特别身份、地位、荣誉而提高标准从严处理，否则必将对刑法的公正、平等构成致命的冲击。

二是地区平衡。确定一个能够适用于全国范围的暴力犯罪死刑标准，也是刑法平等适用原则的应有之义。在相同时期内，各个地区在暴力犯罪死刑适用标准方面要保持一致，不能此宽彼严、尺度不一。在2007年1月1日最高人民法院收回死刑核准权之前，因为全国各省、自治区、直辖市均有死刑复核权，死刑适用标准无法统一，难以做到地区平衡。最高人民法院收回死刑核准权为死刑适用标准的统一提供了有利条件，但各地发展状况不尽一致，我国东部经济最发达，中部次之，西部则比较落后，人们的思想观念包括死刑观念也随之存在着差异，因此，确定统一的、具有普适性的死刑适用标准

① 贾宇主编：《死刑研究》，法律出版社2006年版，第378—379页。

绝非易事，还需要司法界、理论界继续努力，进一步探索。

三是纵向稳定。在不同时期内，暴力犯罪死刑适用标准应保持相对稳定性，不能忽宽忽严、起伏过大。暴力犯罪死刑适用标准作为一种标准，理当具有稳定性，否则就会带来思想认识上的混乱，不能有效发挥死刑标准的指导作用，死刑适用标准也就失去了自身的意义。可以想象，对于同样的暴力犯罪行为，仅仅因为审理时间段略有差异，而适用不同的死刑标准，并最终导致生与死的差别，显然对犯罪人是不公平的，也是有违刑法平等适用原则的。要实现暴力犯罪死刑适用标准的相对稳定性，就需要在调查研究基础上，使暴力犯罪死刑适用标准具有一定的前瞻性和包容性(或者说灵活性)。在当今国际社会，限制与废止死刑已经成为国际死刑发展的主要潮流。据统计，截至 2009 年 6 月 30 日，世界上超过 2/3 的国家和地区已经在法律上或事实上废止了死刑。其中，废止所有犯罪死刑的国家和地区多达 95 个，废除了普通犯罪死刑的国家和地区为 8 个，而事实上废止死刑的国家和地区为 35 个(以过去 10 年未执行一例死刑为标准)，即在法律上或事实上废止死刑的国家和地区已多达 138 个。① 据此，笔者认为，我国暴力犯罪死刑适用标准的走向应当是日趋严格，而不应日益扩大化。

四、主客观相统一原则

主客观相统一原则的基本含义是：对犯罪嫌疑人、被告人追究刑事责任，必须同时具备主客观两方面的条件，并要求主客观两方面条件的有机统一，即符合犯罪主体条件的被告人，在其故意或者过失危害社会的心理支配下，客观上实施了一定的危害社会的行为，对刑法所保护的社会关系构成了严重威胁或已经造成现实的侵害。如果缺少其中主观或者客观任何一个方面的条件，犯罪就不能成立，不能令犯罪嫌疑人、被告人承担刑事责任。

确定暴力犯罪死刑适用标准应当遵循主客观相统一原则。我国《刑法》第 48 条第 1 款规定，死刑只适用于罪行极其严重的犯罪分子。“罪行极其严重”即为死刑适用的条件。但如何确定“罪行极其严重”？法律和司法解释没有明确的规定，学者们在理论上也有争议。归纳起来，主要有以下三类观点，即

① [英]罗吉尔·胡德、卡罗琳·霍伊尔：《死刑的全球考察》第 4 版，曾彦等译，中国人民公安大学出版社 2009 年版，第 1 页。

客观危害说、法定刑标准说和主客观统一说。

(1)客观危害说认为“罪行极其严重”强调的就是犯罪行为的客观方面。有学者认为，“罪行”也就是指犯罪行为，落脚点是行为，而行为是犯罪客观方面的内容，故“罪行极其严重”重视的是客观行为及其实害，忽视或者说并不强调行为人的主观恶性。①

(2)法定刑标准说通过法定刑的不同档次来理解“罪行极其严重”。有学者根据法定刑的上限即法定最高刑，将全部罪行划分为罪行轻微、罪行较轻、罪行一般、罪行严重、罪行特别严重和罪行极其严重六个不同的轻重等级，并认为所谓“罪行极其严重”，是指行为人的行为构成法定最高刑为死刑的罪行。②

(3)主客观统一说认为理解“罪行极其严重”，应当从主观和客观两个方面进行考察。有学者认为，“罪行极其严重”是指犯罪行为对国家和人民的利益危害特别严重，社会危害性极为巨大，而判断犯罪分子是否属于“罪行极其严重”，应当坚持主观罪过和客观危害相统一的原则，全面衡量，慎重考虑，以使死刑的适用与犯罪行为所造成的客观危害和犯罪分子的主观恶性相适应。③按照我国主客观相一致的原则，仅仅客观犯罪行为非常严重不能适用死刑；仅仅犯罪主观恶性至极，客观罪行不严重也不能适用死刑。④

关于客观危害说，有学者指出，“罪行”意味着行为已经构成犯罪，而犯罪是一个主客观相统一的范畴，所以认为“罪行”是一个纯客观的概念是说不通的。⑤ 而且，如果死刑适用时不考虑犯罪分子的主观恶性和人身危险性，势必会大大降低死刑适用的总则性条件，这显然与修改后的现行刑法所体现的进一步限制死刑适用的立法精神不一致。由此可见，对“罪行极其严重”进行单纯客观意义上的解读存在明显的缺陷，不符合对死刑条文应当坚持严格

① 张文、刘艳红：《〈公民权利和政治权利国际公约〉对中国死刑立法的影响》，《中国青年政治学院学报》2000年第2期。

② 赵廷光：《论死刑的正确适用》，《中国刑事法杂志》2003年第3期。

③ 赵秉志主编：《刑法新教程》第4版，中国人民大学出版社2012年版，第239页。

④ 马克昌主编：《刑罚通论》，武汉大学出版社1999年版，第115页。

⑤ 高铭暄：《中国死刑的立法控制》，载赵秉志主编：《死刑制度之现实考察与完善建言》，中国人民公安大学出版社2006年版，第15页。

解释的立场。若以此种解释指导司法实践，必然导致死刑司法适用的扩大化，故不足取。关于法定刑标准说，理解“罪行极其严重”的目的是为了判定可否适用死刑，但该观点以法定最高刑来理解“罪行极其严重”，不符合解释目的，无法有效指导死刑适用，而且缺乏对死刑适用标准的反思价值，故不足取。相比之下，主客观统一说坚持了主客观相统一原则，更为合理可取，也是目前学界的主流观点，我们赞同该说。

笔者认为，所谓“罪行极其严重”，应当是指犯罪的性质极其严重、犯罪的情节极其严重、犯罪分子的主观恶性和人身危险性极其严重。只有三者同时具备的犯罪，方能够适用死刑。反之，如果某一犯罪行为仅具备其中一项极其严重，便不能适用死刑。其中，犯罪性质极其严重是适用死刑的前提条件，犯罪的情节极其严重以及犯罪分子的主观恶性和人身危险性极其严重则是适用死刑的关键条件。“量刑时，应当综合考量危害行为给社会实际造成的危害、行为人的主观恶性和人身危险性程度。只有行为客观上造成了极其严重的危害后果，并反映出行为人极其严重的主观恶性与极大的人身危险性时，才考虑适用死刑。”①确定暴力犯罪死刑适用标准，也要看三方面的因素：(1)暴力犯罪造成了极其严重的危害后果。主要是指造成被害人死亡或者被害人肉体的惨重损害，或者造成公私财产重大损失，或者出现了其他严重后果。(2)暴力犯罪人的主观恶性极其严重。主要是指犯罪人主动恶意攻击被害人，意图残忍地对待被害人，使被害人遭受极大的痛苦。通常可以从以下方面进行考察：是出于卑劣动机还是可“宽恕”动机；是有预谋犯罪还是激情犯罪；是犯罪意志坚定还是犹豫不定；是提议纠集他人犯罪还是附和参与他人犯罪；是否存在被害人过错等。(3)暴力犯罪人的人身危险性极大。主要是指犯罪人具有暴力攻击他人的习性或者惯常做法，曾经多次实施危及人身安全的暴力行为(包括暴力犯罪的累犯)，敌视社会，强烈、顽固地对抗社会，不易进行教育改造。人身危险性的判断，其主要依据包括犯罪人的个人情况、犯罪实施情况以及犯罪前后的表现等。

---

① 参见北京师范大学刑事法律科学研究院、美国纽约大学法学院 2010 年 12 月在北京联合组织的死刑适用标准专题研讨会会议材料第 9 页，文中引用内容系《死刑适用的实体法标准》第 1 条之规定。

五、刑罚个别化原则

对于刑罚个别化原则，我国刑法学界理解并不完全一致。第一种观点认为，刑罚个别化是指法官在适用刑罚时，要充分考虑犯罪人的人身危险性，即再犯可能性。根据犯罪人人身危险性的大小适用轻重不同的刑罚，以期收到改造教育罪犯，实现刑罚特殊预防的目的之效。① 第二种观点认为，作为我国刑法量刑原则之一的刑罚个别化原则，是刑责相适应原则的派生原则，指审判机关在量刑时，应当根据犯罪人所犯罪行的社会危害程度和犯罪人的人身危险性大小，在相应的法定刑范围内或以该法定刑为基础，判处适当的刑罚或刑期(也包括因刑事责任轻微而免除刑罚处罚的情况)。② 第三种观点认为，刑罚个别化，是根据报应与预防的需要既考虑犯罪的社会危害程度，也考虑犯罪人的人身危险性的刑罚原则。③

从表述上来看，第一种观点主张根据犯罪人的人身危险性大小来确定刑罚，第二、三种观点都主张应同时考虑犯罪行为的社会危害性程度和犯罪人的人身危险性大小。第二、三种观点不同之处在于：前者将刑罚个别化定位于量刑原则，后者将刑罚个别化定位于刑罚原则。第一种观点存在两点不足：一是将刑罚适用的依据仅仅定在人身危险性上是片面的。在现代刑法理论体系中，适用刑罚仅考虑人身危险性，而不考虑犯罪行为方面的因素显然是不妥的。在现代刑法中，刑罚的适用除了考虑犯罪人的个人情况，至少要综合考虑犯罪客体、犯罪的危害结果、犯罪行为、犯罪人的主观因素等，而且要以这些因素为主。二是将刑法适用目的定在特殊预防上是片面的。正如有学者指出，不受报应制约的个别化必然导致无罪施罚。报应是针对已然的犯罪，它要求刑罚只有在犯罪人实施犯罪的前提下才能发动，而个别化关心的是个人可能实施的即未然的犯罪行为，而不是已经实施的犯罪行为。因此，不受报应制约必然要求对虽未犯罪但有人身危险性的人采取预防手段，即保安处分，而保安处分与刑罚形异实同。此外，刑罚适用仅考虑特殊预防，不考虑

---

① 周振想：《刑罚适用论》，法律出版社 1990 年版，第 183 页。

② 马克昌主编：《刑罚通论》，武汉大学出版社 1999 年版，第 271 页。

③ 翟中东：《刑罚个别化研究》，中国人民公安大学出版社 2001 年版，第 57 页。

报应，必然导致轻罪重罚或重罪轻罚的行刑不公。① 第二种观点将刑罚个别化定位于量刑原则不够妥当。原因有二：其一，行刑是量刑工作的继续，离开行刑个别化，量刑个别化的意义将大打折扣，刑罚特殊预防目的的实现在相当程度上失去依托，刑罚个别化应当包括行刑个别化。其二，我们所说的刑罚个别化是指刑罚制定中充分考虑犯罪行为及犯罪行为人的个别情况、具体情况，因而刑罚制定是可以个别化的：一方面，法律可以直接规定刑法裁量的个别化原则，规定充分体现刑罚个别化的制度，如缓刑制度、自首制度、累犯制度、罪犯分类制度等；另一方面，法律可以规定相对确定的法定刑，为刑法裁量的个别化留下空间。可见，刑罚的制定、裁量与执行是环环相连、密不可分的，刑罚个别化原则完全能够贯彻于刑罚的制定、裁量和执行三个阶段，应定位于刑罚原则。② 因此，我们赞同第三种观点。

刑罚个别化包括犯罪行为的个别化和犯罪人的个别化。由于立法时已较多并尽可能详细地考虑了与犯罪行为有关的反映社会危害性轻重的因素，因此，我们这里重点探讨犯罪人人身危险性问题。人身危险性就是指犯罪人再次犯罪的可能性(即再犯可能性)，它表现的是犯罪人主观上的反社会性或危险倾向。刑罚个别化原则指导下的死刑适用标准对于死刑的立法、司法控制具有积极意义。确定暴力犯罪死刑适用标准应当根据刑罚个别化原则，从以下方面考虑犯罪人的人身危险性。

(1)犯罪人的基本情况。犯罪人的基本情况主要指犯罪人的年龄、性别、心理状况、生理状况、职业、家庭、文化程度、社会阅历等。犯罪人的这些基本情况对于犯罪人是否再次犯罪来说虽然不起决定作用，但无疑有着一定影响。因此，在考察犯罪人的人身危险性时，要对犯罪人的一系列基本情况予以考虑。需要说明的是，关注犯罪人的基本情况并不违反刑法平等适用原则。因为平等适用刑法最终要落实到具体案件中，对于人身危险性相同的犯罪人应当平等量刑，而对于人身危险性不同的犯罪人量刑自然不同。

(2)犯罪人的罪前情节。主要有犯罪人犯罪前的一贯表现、累犯、前科和犯罪的起因。其中，犯罪人犯罪前的一贯表现可以分为三种情况，即表现良

① 邱兴隆：《罪与罚讲演录》，中国检察出版社 2000 年版，第 103—106 页。

② 翟中东：《刑罚个别化研究》，中国人民公安大学出版社 2001 年版，第 61 页。

好、表现一般、表现不好。一般来说，一贯表现良好，因种种原因偶尔犯罪的人，再犯的可能性很小，甚至无再犯的可能性，而平常表现不好，尤其是具有犯罪历史的人，再犯的可能性较大。这正是我国刑法规定对累犯从严处罚和司法部门实际对偶犯、初犯一般予以从宽处罚的根据所在。

(3)犯罪人的罪中情节。主要有如下主客观情况：行为人犯罪心态是直接故意、间接故意还是复合罪过，犯罪动机是否卑劣，是预谋还是临时起意；犯罪手段是否残忍，危害结果的数量多少，危害结果是否严重，犯罪对象是否为孕妇、未成年人、老人、残疾人等弱势群体，犯罪时间、地点的差异；犯罪停止形态如何，是既遂还是预备、未遂和中止；行为人在共同犯罪中的地位和作用如何；被害人有无过错。一般说来，犯罪中止的犯罪人，由于其是主动停止了继续犯罪，表明已有认罪悔改之心，因而其再犯的可能性显然要小于由于意志以外的原因被迫停止继续犯罪的未遂犯。在共同犯罪中，组织犯再犯的可能性会大于胁从犯。因此，应当注意从犯罪人犯罪的种种情况着眼，考察其人身危险性的大小。

(4)犯罪人的罪后情节。主要有自首、立功、坦白和认罪程度、是否积极采取补救措施、赔偿被害人程度、是否得到被害人谅解、是否有毁灭罪证、嫁祸于人等逃避处罚情形、羁押期间是否服从监管等。犯罪人的罪后情节，反映着其人身危险性的大小或有无，因而审理死刑案件时，应注意从犯罪人的罪后情节着手考察其人身危险性，并决定是否适用死刑。特别是在死刑案件的复核阶段，由于对犯罪人人身危险性的考察期限最长，考察程度也最充分，犯罪人的罪后情节在限制适用死刑方面所起的作用更加突出，应当予以足够重视。

六、刑法人道主义原则

刑法人道主义是现代西方国家刑法的一项基本原则，但在我国刑法理论界，刑法人道主义原则能否作为刑法的基本原则是素有争议的问题。深究争论的症结所在，还是与人们的误读有关，认为人道主要还是西方资产阶级的东西。其实人道主义本身是客观中庸的，关键在于如何正确认识它。笔者认为，刑法人道主义原则可以作为我国刑法的基本原则，理由有三：其一，我国刑法立法的主导思想是改造和教育犯罪人复归社会，其改造方式是提供一切可能的人道待遇，为行为人成为社会正常的人提供条件。其二，就犯罪方面而言，倾尽全力为犯罪人提供非犯罪化的处理措施和条件，《刑法》第 13 条和第 37 条就是这种努力的具体体现。其三，在刑罚方面，从制刑、量刑和行刑的各环节，提供一系列措施，保证人道主义的动态运作，如自首、减刑等。①

关于刑法人道主义原则的内涵，根据学者的观点，刑法的人道性是指刑法的制定与适用都应当与人的本性相符合，尽可能地宽缓。刑法人道主义在刑法中具体表现为刑法的宽容性、轻缓性及道义性。刑法的人道性最基本的，也是最根本的要求可以归结为如下命题：犯罪人也是人。作为人，犯罪人也有其人格尊严，对于犯罪人的任何非人对待都是不人道的或曰反人道的。刑法的人道性从更广泛的意义上还表现在对公民个人自由的尊重，使无辜者不受刑事追究。因此，在刑法中实行严格的"法无明文规定不为罪、法无明文规定不处罚"的罪刑法定原则，也应当是刑法人道主义的必然要求。②

我国 1997 年刑法中没有明确规定刑法人道主义原则。但从我国刑法的具体规定来看，体现了刑法人道主义原则。其一，我国刑法没有规定任何一种身体刑或肉刑；并且严格控制死刑的适用范围，对于判处死刑不是必须立即执行的，还规定了缓期执行的制度；对犯罪分子中的孕妇、不满 18 周岁的、老弱病残的，作出了特殊规定。其二，我国刑法宣布侵犯公民人身权利等违反刑法人道主义的暴力行为为犯罪，明确规定严禁刑讯逼供，严禁虐待被监管人员，违者以犯罪论处。从世界范围来看，尽管在死刑是否人道问题上，死刑存置论和死刑废止论还存在对立的认识，但双方都不否认刑法人道主义原则，刑法的人道化已经成为历史发展的必然趋势，并且成为国际社会的共识。例如，国际社会先后通过了一系列旨在保护人权的国际公约：《囚犯待遇最低限度标准规则》(1957 年)、《禁止酷刑和其他残忍、不人道或有辱人格的待遇或处罚公约》(1984 年)、《联合国少年司法最低限度标准规则》(1985 年)等。而且从长远来看，刑法人道主义原则可以作为废除死刑的理由，故应当

① 郭健、王利宾编著：《刑法基本原则专题整理》，中国人民公安大学出版社 2009 年版，第 76 页。

② 陈兴良：《刑法的价值构造》，中国政法大学出版社 2004 年版，第 356—387 页；陈兴良：《刑法哲学》，中国政法大学出版社 1997 年版，第 9—10 页。

坚持刑法人道主义原则。

根据刑法人道主义原则，确定暴力犯罪死刑适用标准，应将一些特殊人群排除在死刑适用范围之外。这些特殊群体包括：未成年人、孕妇、老年人、哺乳期的母亲、精神病人。根据我国《刑法》第 49 条之规定，绝对不适用死刑的群体只有犯罪时不满 18 周岁的人和审判的时候怀孕的妇女。这里就重点探讨哺乳期的母亲、精神病人能否免死问题。(1)哺乳期的母亲。有学者提出，为弘扬人道主义精神，体现对婴幼儿和母亲的特殊保护，对哺乳期的母亲不适用死刑。而关于哺乳期的确定，可以参照国务院《女职工劳动保护规定》，自婴儿出生至其满一周岁为出生该婴幼儿的产妇的哺乳期。① 这是可行的，因为哺乳期的婴幼儿和胎儿一样都是需要特别保护的，既然为了保护胎儿，刑法可以规定对孕妇不适用死刑，那么为了保护哺乳期的婴幼儿，规定对哺乳期的母亲不适用死刑，又有什么不可以呢？而且，从人之常情出发，哺乳期的母亲极为关注亲子，人身危险性不大，不会给社会造成威胁，应当不适用死刑。(2)精神病患者。根据我国《刑法》第 18 条之规定，精神病人不能辨认或者不能控制自己行为的时候造成危害结果，不负刑事责任；间歇性精神病人在精神正常的时候犯罪，应当负刑事责任。也就是说如果符合死刑适用条件，可以适用死刑。第 18 条还规定，尚未完全丧失辨认或者控制自己行为能力的精神病人犯罪的，应当负刑事责任，但是可以从轻或减轻处罚。司法实践中有些人认为“可以型”情节是可以适用也可以不适用，拒绝对精神病人从宽处罚，从而对精神病人适用死刑。笔者认为，这种理解及做法是错误的。刑法和司法解释关于“可以型”情节的规定是一种导向性量刑规范，其含义为“一般应当”。这就是说如果没有特别事由，应当适用该量刑情节；如果不适用该量刑情节，必须具有充分的理由。为消除理解上存在的争议，更为了体现刑法人道主义，笔者认为，立法应当明确规定对尚未完全丧失辨认或者控制自己行为能力的精神病人不适用死刑。

总之，笔者认为，基于人道主义的考虑，对哺乳期的母亲、犯罪时患有精神病的人不适用死刑。

---

① 梁根林：《中国死刑控制十大论纲》，载陈兴良、胡云腾主编：《中国刑法学年会文集(2004 年度)第 1 卷：死刑问题研究》(上册)，中国人民公安大学出版社 2004 年版，第 443 页。

七、合理贯彻有关国际义务的原则

当今世界全球化浪潮不断加剧，国家之间的交往愈加密切，国家之间要维持正常关系，正确处理国际法与国内法的关系就显得尤为重要。一方面，国内法是国家按照主权原则所制定的，国际法不能干预国内法；另一方面，国家不能以国内法为理由回避国际义务，在本国批准或加入的国际条约同国内法发生冲突时，应当首先履行国际法所确立的义务，然后再考虑适用国内法。相应地，在死刑标准问题上，也存在着国内死刑标准与国际死刑标准的协调问题。

当前规定死刑标准的国际规范性文件主要有三个，即1966年12月16日联合国大会通过的《公民权利与政治权利国际公约》；联合国经济及社会理事会于1984年5月25日批准的《关于保护死刑犯权利的保障措施》；1989年12月15日第44届联合国大会通过的《旨在废除死刑的〈公民权利和政治权利国际公约〉第二任择议定书》。我国已于1998年10月5日正式签署了《公民权利与政治权利国际公约》，虽然迄今全国人大常委会还没有正式批准，但根据《维也纳条约法公约》的规定，签署国有义务不做任何使条约的目标落空的事，中国自签署《公民权利与政治权利国际公约》之日起实际上就已经承诺遵守该公约的道德义务。因此，确定暴力犯罪死刑适用标准应当考虑国际公约的影响。

在死刑适用罪种方面，我国目前暴力犯罪死刑适用范围与国际公约尚有差距，应当进一步缩小范围。联合国《公民权利和政治权利国际公约》第6条第2款规定："在未废止死刑的国家，判处死刑只能是作为对最严重的罪行的惩罚。"关于"最严重的罪行"，联合国经济与社会理事会《关于保障面临死刑的人的权利的措施》第1条规定："在未废止死刑的国家，判处死刑只能是作为对最严重的罪行的惩罚，应当理解为其适用范围不应超过致命的或其他极度严重后果的故意犯罪。"我国刑法规定死刑只适用于"罪行极其严重"的犯罪分子。如果仅从字面解释看，"罪行极其严重"与"最严重的罪行"二者极其相似。中国刑法也没有对什么是"极其严重的罪行"作进一步的明确解释。但从中国刑法分则众多可适用死刑的故意犯罪的具体规定来看，所谓"极其严重的罪行"的范围，显然比《保护面对死刑的人的权利的保障措施》第1条对"最严重的犯罪"解释的范围，要更宽一些。关键的区别在于，所谓"极其严重的罪行"

并不局限于具有极其严重的后果。因此，犯罪情节极其严重(如某些危害公共安全罪)、犯罪数额极其巨大(如某些经济犯罪)、犯罪手段极其残忍(如某些侵犯人身权利罪)、犯罪客体极其重要(如某些危害国家安全罪)的故意犯罪，与犯罪结果极其严重的故意犯罪一样，都可能被认为属于“极其严重的罪行”之范围。① 可以说，我国刑法分则对死刑的规定并未与总则限制死刑的精神完全对应，出现了一定程度的泛化倾向。我国暴力犯罪死刑罪名的泛化主要表现在：(1)暴力犯罪死刑罪名的数量较多。我国规定了24个暴力犯罪死刑罪名。而在俄罗斯，刑法规定的死刑罪名只有5个，即加重情节的故意杀人罪、侵犯国务活动家和社会活动家的生命罪、侵害审判人员或审前调查人员的生命罪、侵害护法机关工作人员的生命罪、种族灭绝罪。② 俄罗斯由于超过10年没有执行一例死刑，在国际上已经被认为是事实上废除死刑的国家。在日本，死刑罪名有17个。其中，刑法规定有12个，包括内乱罪、诱致外患罪、援助外患罪、对现住物等放火罪、爆炸罪、现住建筑物等侵害罪、颠覆列车等致死罪、威胁交通罪(加重犯)、水道投毒致死罪、杀人罪、强盗致死罪、强盗强奸致死罪；特别法规定有5个，包括使用爆炸物罪、决斗致死罪、劫持航空器致死罪、使航空器坠落致死罪、杀害人质罪。但历年适用死刑的罪中，最多的是强盗致死罪，其次是杀人罪。③ (2)暴力犯罪死刑罪名分布广泛。我国刑法分则共10章，但有7章(危害国家安全罪、危害公共安全罪、侵犯公民人身权利、民主权利罪、侵犯财产罪、妨害社会管理秩序罪、危害国防利益罪、军人违反职责罪)都规定有暴力犯罪死刑罪名，也就是说我国刑法分则中70%的章节都规定有暴力犯罪死刑罪名，这一比例显然过高。(3)暴力犯罪死刑罪名设置不合理。对暴力程度相对较低的普通暴力犯罪设置死刑，如拐卖妇女、儿童罪、强迫卖淫罪等。对过失致命性暴力犯罪的罪过程度不加区分，如绑架罪，对“致使被绑架人死亡”和“杀害被绑架人”两种不同情形，不区分主观罪过一律适用死刑。同一暴力犯罪的多种死刑情节之间不均衡，如抢劫罪，“数额巨大”与“致人重伤、死亡”一样作为死刑标准，不

① 陈泽宪：《论严格限制死刑适用》，《法学》2003年第4期。

② 米铁男：《俄罗斯死刑研究》，《福建政法管理干部学院学报》2005年第3期。

③ 刘明祥：《日本死刑制度的现状与我国死刑制度的展望》，《江海学刊》2004年第5期。

尽合理，因为对生命健康权利的侵害显然要重于对财产权的侵害，“数额巨大”不能单独作为抢劫罪的死刑标准。

有国外学者建议对《关于保障面临死刑的人的权利的措施》第 1 条作如下解读：在尚未废除死刑的国家，死刑应只适用于应承担罪责的最严重的凶杀罪(谋杀罪)，而且，对上述犯罪死刑也不应是强制性的。① 应当说这种解读是符合国际公约精神和当今死刑发展国际潮流的。笔者认为，在未来确定暴力犯罪死刑适用标准时，应区分以下情形逐步缩小暴力犯罪死刑适用的范围：(1)对于某些暴力程度相对较低、通常不危及被害人生命的普通暴力犯罪，也可不必等到 2020 年，而可伴随着某些非暴力犯罪的死刑废止进程而先行废止其死刑。(2)对于某些过失致命性普通暴力犯罪，在适当时机也应先行废止其死刑。比如：强奸过失致死、抢劫过失致死，故意伤害致死，绑架过失致死等。(3)对于大部分原本属于故意致命性的普通暴力犯罪，可以通过立法技术的调整，将其转以故意杀人罪论处，从而从立法技术的角度废止其死刑条款。结合现行立法与司法实务而言，故意致命性普通暴力犯罪主要包括：放火故意致死，爆炸故意致死，绑架故意致死，抢劫故意致死等。②

在死刑适用对象方面。联合国有关法律文件主要从四个方面对死刑适用的对象进行了限制：(1)对未成年人不得适用死刑。联合国《公民权利和政治权利国际公约》第 6 条第 5 款规定：“对十八岁以下的人所犯的罪，不得判处死刑。”联合国经济与社会理事会《关于保障面临死刑的人的权利的措施》第 3 条对此予以重申。这一禁止体现了对未成年人权益的保护。(2)对孕妇或新生婴儿的母亲不得执行死刑。联合国《公民权利和政治权利国际公约》第 6 条第 5 款规定：“对孕妇不得执行死刑。”联合国经济与社会理事会《关于保障面临死刑的人的权利的措施》第 3 条规定：“对孕妇或新生婴儿的母亲不得执行死刑。”(3)对弱智人与精神病患者不适用或不执行死刑。联合国经济与社会理事会《关于保障面临死刑的人的权利的措施》第 3 条规定：“对已患精神病者不得执行死刑。”同时，联合国经济与社会理事会 1989/64 号决议通过的《对保障措

---

① [英]罗吉尔·胡德：《死刑的全球考察》，刘仁文、周振杰译，中国人民公安大学出版社 2005 年版，第 137 页。

② 赵秉志：《逐步废止死刑论纲》，《法学》2005 年第 1 期。

施的补充规定》第3条规定："在量刑或执行阶段停止对弱智人与精神严重不健全者适用死刑。"(4)提倡对超过一定年龄的老年人不适用死刑。联合国经济与社会理事会1989/64号决议通过的《对保障措施的补充规定》第3条提出了"确定不可判处或执行死刑的上限年龄"，体现了国际社会进一步限制死刑的精神。

可见，联合国《公民权利和政治权利国际公约》等国际法律文件已经将不得适用或执行死刑的对象范围扩大到了"新生婴儿的母亲"、"弱智人"和"精神病患者"，并提倡对超过一定年龄的老年人不适用死刑。而我国现行刑法对死刑适用与执行对象的禁止仅限于"犯罪的时候不满十八周岁的人"、"审判的时候怀孕的妇女"和"已满七十五周岁的人"，与国际公约的规定尚有差距。因此，在未来确定暴力犯罪死刑适用标准时，无论是根据国际法原则还是刑法人道主义原则，中国都应当扩大禁止适用与执行死刑的对象范围，以便进一步限制和减少死刑的适用。在当前，可以先行通过司法控制暴力犯罪死刑的适用。

第　三　章

暴力犯罪死刑适用实体标准的统一化研究

《刑法》第 48 条第 1 款规定了死刑适用的标准，即死刑只用于罪行极其严重的犯罪分子。对于刑法分则罪刑条文规定了死刑作为法定刑的犯罪来说，“罪行极其严重”即是适用死刑的基本标准。而对该标准，需要根据具体的犯罪情节来进行理解和把握。这些犯罪情节属于犯罪事实的某一部分，因而若要作为死刑适用的考虑因素，就需要注意对其依照刑事程序法的规定予以合理证明。但是，应该看到，对于《刑法》第 48 条第 1 款中的“罪行极其严重”及其具体体现，理论上存在不同的认识，司法实务上也未取得统一性的认识。对这些实体法的问题进行研究与探讨，显然是从刑事程序法学角度分析“罪行极其严重”之证据标准与证明标准的必要前提。

第一节　暴力犯罪死刑适用标准统一化问题概述

一、死刑适用标准统一化问题的现实存在

限制和减少死刑的措施，并不限于回收死刑核准权，而是需要从多方面入手采取多种措施。① 其中，统一死刑适用的刑事实体法标准，对死刑的限制适用具有极为重要的基础性意义。当然，死刑适用标准的统一化问题并不是在死刑核准权收回最高人民法院之后才产生的。实际上，在新中国法制建

① 樊崇义、叶肖华：《死刑的实体与程序控制》，《中国司法》2007 年第 10 期。

设过程中，尤其是1979年制定新中国首部刑法后，都是理论和司法上的重要问题。从1980年开始，最高人民法院根据刑法和刑事诉讼法典的规定所独享的死刑案件核准权，根据一些法律和司法解释的规定，部分下放给高级人民法院、解放军军事法院行使。而该项措施所造成的后果之一，便是死刑适用标准不尽统一，加剧了已存在的死刑适用标准不统一的现实问题。在部分案件的死刑核准权下放给高级人民法院行使的27年间，刑事法理论界和实务界从多个方面和角度研究死刑核准权下放的优劣得失，普遍认为部分死刑核准权的下放导致了死刑适用数量的大幅度上升，因而有着很大的弊端。① 刑事法理论界和实务界对死刑核准权下放给予了非常大的关注，而死刑适用标准的统一化却没有得到关注和重视。

以乐观的态度来看，即便是下放死刑核准权，如果对死刑适用的各种问题作出明确的规定，包括统一死刑适用标准、制定死刑案件的证明标准和证据体系等，那么，应该可以缩小各省区在适用死刑时把握死刑适用标准的差距，大体上保障死刑适用的平等性。遗憾的是，在二十多年里，不仅国家立法机关没有对死刑的适用规定统一、具体的标准，也没有在1997年修订刑法时增强死刑适用标准的可操作性；而且最高司法机关除了在对具体犯罪的司法认定作解释时规定其死刑适用的数额、数量或者其他情节外，一直也没有规定死刑适用的统一标准；刑法理论界则多关注刑法所规定的死刑适用标准的理论分析，而在相当程度上忽视了死刑适用标准的统一化问题。

近年来，死刑适用标准的统一问题受到了最高司法机关的高度关注。在2005年10月26日，最高人民法院在其工作改革纲要中指出，“贯彻罪刑相适应原则，制定故意杀人、抢劫、故意伤害、毒品等犯罪适用死刑的指导意见，确保死刑正确适用。”②这项改革措施其实就包含了统一死刑适用标准的基本思想。时任最高人民法院院长肖扬大法官在第五次全国刑事审判工作会议上也指出，严格控制和慎重适用死刑，就是要严格掌握和统一死刑适用的标准，

---

① 卢建平：《死刑核准权收回的实质意义》，载赵秉志主编：《刑法论丛》第11卷，法律出版社2007年版，第229—237页。

② 参见最高人民法院2005年10月26日发布的《人民法院第二个五年改革纲要》。

确保死刑只适用于极少数罪行极其严重的犯罪分子。[①] 最高人民法院对包括统一死刑适用标准在内的死刑改革诸问题非常重视，并努力予以落实，如选拔优秀人才充实审判力量，连续举办全国刑事审判法官培训班；利用多种形式指导地方各级人民法院统一思想认识和死刑适用政策等。[②] 最高人民法院2007年起收回死刑核准权之举措，也为统一死刑适用标准提供了基本的前提条件。不过，当死刑核准权收回后，如何采取措施统一死刑适用标准就成为迫在眉睫的工作。对于如何统一死刑适用的实体标准，最高人民法院至今尚未出台司法解释或其他相关工作文件给予必要的规定和说明。这显然无法适应我国当前死刑核准权收回后死刑限制与减少正处在关键时期的现实需要，因而很有必要对该问题给予深入和充分的研讨。

从理论上看，死刑适用标准统一化能否成为一个独立的问题，取决于其对于当前中国限制和减少适用死刑的现实意义。如何准确、合理地阐释刑法所规定的死刑适用标准，本身就是个见仁见智的问题。在复杂的刑事司法活动中，不同的法院、不同的法官在不同的司法环境、工作场合对不同的案件是否适用死刑势必会或多或少地产生差异。在缺乏关于死刑适用标准的统一认识的情况下，上述差异可能演变成巨大的沟壑，不仅导致相同或者近似的案件在是否适用死刑上大相径庭，而且也造成死刑适用的泛滥。当然，更需要分析的是，在死刑核准权收回最高人民法院的情况下，死刑适用标准是否已经水到渠成地统一化了呢？在此情况下，死刑适用标准统一化是否已经成为不言自明的问题呢？在我们看来，这两个问题的答案都是否定的。虽然最高人民法院收回了死刑核准权，但中级法院和高级法院仍有权力对一审死刑案件予以管辖，换言之，中级法院和高级法院仍有权力适用死刑，最高人民法院只不过是在最后对具体案件死刑适用上把关，这无法避免中级法院或者高级法院在死刑案件一审、二审时对死刑适用标准认识和掌握的差异性。即便是在最高人民法院内部，由于死刑案件的核准工作由多个刑事审判庭负责，

① 《肖扬要求严格掌握和统一死刑适用标准》，《法制日报》，2006年11月9日。

② 肖扬：《最高人民法院工作报告——2007年3月13日在第十届全国人民代表大会第五次会议上》，载中华人民共和国中央人民政府网站，http://www.gov.cn/2007lh/content_556959.htm#。

具体进行该项工作的刑事审判法官有二百多名，不同法官对案件是否符合死刑适用标准不可能有完全一致的认识，而审委会又不可能对每一件死刑核准案件进行讨论，因而同样难以祛除对死刑适用标准的混乱认识。

可见，最高人民法院采取措施统一死刑适用标准，消除上述认识差异和分歧，不仅能使一审和二审程序对本来不必适用死刑立即执行的案件作出恰当处理，减轻死刑核准的压力，从而保障在一审和二审程序中死刑适用的妥当性，而且也能使死刑的核准保持内在的一致性，避免出现落差。总之，死刑适用标准统一化意味着，对于相同或者近似的刑事案件，司法机关将会在死刑适用上有着基本相同的态度，避免对明显不该适用死刑的犯罪人适用死刑，也避免对情况近似的犯罪人适用不同的死刑执行方式，从而提高死刑案件的审理质量，使得死刑适用与案件本身的实际情况保持基本的一致性，保障在死刑适用上的平等性，从根本上限制和减少死刑的适用。

二、暴力犯罪死刑适用标准统一化的基本思路

(一)暴力犯罪死刑适用标准统一化的界定

正确理解和界定暴力犯罪死刑适用标准统一化的内涵，乃是统一暴力犯罪死刑适用标准的基本前提。需要辨明的是，暴力犯罪死刑适用标准的解释与暴力犯罪死刑适用标准的统一化是两个不同的问题。暴力犯罪死刑适用标准的统一化，主要是指要统一司法机关对暴力犯罪死刑适用标准的理解与把握。这就需要纠正不同司法机关对刑法所规定的暴力犯罪死刑适用标准不恰当的看法和分歧，区分和甄别对暴力犯罪死刑适用标准的不同认识，保留和坚持其准确、合理的理解。而这就离不开对暴力犯罪死刑适用标准合理、准确的理解。换言之，统一化的过程就是去伪存真，去粗存精，以合理的认识替代不正确的看法，使得暴力犯罪死刑适用标准更为明确、妥当和具体，更具可操作性。因而暴力犯罪死刑适用标准的统一化是建立在对刑法所规定的暴力犯罪死刑适用标准予以正确理解的基础上的。如何对暴力犯罪死刑适用标准予以准确、合理的认识，属于暴力犯罪死刑适用标准统一化的基本内容。不过，对暴力犯罪死刑适用标准的正确理解并不能替代暴力犯罪死刑适用标准的统一化。前者的关键是如何对刑法简单规定的暴力犯罪死刑适用标准予以符合法律精神的阐释，而后者的中心则在于如何统一对暴力犯罪死刑适用标准的认识和运用。尽管很多学者认为，可以通过对刑法所规定的暴力犯罪

死刑适用标准予以严格解释的方式来限制死刑的适用,① 但是，对暴力犯罪死刑适用标准的刑法解释却并不能自然地将死刑适用的标准予以统一化。因此，暴力犯罪死刑适用标准统一化是死刑适用方面的一个独立问题，在对暴力犯罪死刑适用标准准确理解的基础上，还需要做好其他多方面的工作，如司法机关对死刑具体适用情况的调查、归纳和总结等。

在此方面，对同样保留和适用死刑的某些国家的相关经验，应给予必要的重视。首先，美国将死刑置于宪法的视野中严格规定死刑适用的规则，在宪政层次上对待死刑，并通过宪法解释统一暴力犯罪死刑适用标准。美国最高法院要求“死刑适用必须具有合宪性的外观表征”，而该原则又具体化为司法过程中适用死刑的三个标准，即“限制擅断风险”、“个体化裁量”、“比例原则”。其中，尤其需要特别注意的是“比例原则”。根据该原则，适用死刑必须符合罪行标准和犯罪人标准。前者是指适用死刑的罪行必须是最极端恶劣的，而后者则是指犯罪人不存在未成年人、智力缺陷、年老或者没有犯罪故意等阻却事由。在司法实践中，评价罪刑是否符合比例原则的惯常做法，是把一个案件的罪与刑同本司法辖区或者其他司法辖区中其他相同案件或相似案件的罪与刑进行比较，以此尽可能在全国范围内保证案件判决的一致性，确保无论案件在哪里审都会得到相同的处理。② 正如有论者指出，这体现出美国最高法院对死刑量刑方面的统一性要求。③ 其次，日本和韩国在暴力犯罪死刑适用标准的统一化方面也曾有所作为。日本最高裁判所在 1983 年以判例规定了死刑适用的基准，即死刑的选择适用，应综合考察犯行的罪质、动机、样态、杀害手段方法的执拗性、残虐性、结果的重大性(特别是被害者人数)、遗族(即被害人家属)的被害感情、社会性影响、犯人的年龄、前科、犯行后的情状等各种情况，只有在罪责重大，无论从罪刑均衡还是从一般预防的视角看都不得不适用极刑时，才允许适用死刑。④ 与此类似，韩国的大法院(即

---

① 张明楷:《刑法学者如何为削减死刑做贡献》,《当代法学》2005 年第 1 期。

② 于佳佳:《论美国的死刑情节及对中国的启示》，载陈兴良主编:《刑事法评论》第 21 卷，中国政法大学出版社 2007 年版，第 194 页。

③ 虞平:《美国死刑量刑制度的统一性与个别性的协调》,《法学》2007 年第 11 期。

④ 李洁:《中日死刑比较研究概说》,《吉林公安高等专科学校学报》2008 年第 1 期。

最高法院）于 1996 年之后也是在其案件判决中对适用死刑的情况作了明示。[1] 由此可见，在美国、日本、韩国，最高司法机关采用解释或判例的形式对暴力犯罪死刑适用标准的统一化予以阐明，使之具有较强的可操作性，并赋予其一定的法律效力，从而对下级法院有一定的约束力。不过，美国最高法院采用了明确规定的方式，具有一定的概括性；而具有成文法传统的日本和韩国却对此没有作出规定，而是通过判例或者案例的形式予以明确，所针对的内容更多的是死刑裁量的情节。

尽管说最高司法机关明确规定在适用死刑时所考虑的量刑情节，有助于统一法院对暴力犯罪死刑适用标准的把握，但是这种模式仍然没有对暴力犯罪死刑适用标准本身该如何作出统一的理解给予必要的说明。在时代发生变化、严重犯罪的态势不同以往时，司法机关根据新的实际情况对犯罪人适用死刑，使得死刑裁量情节发生变化，而最高司法机关所作的概括难以及时更新，不能适应司法机关适用死刑的客观需要，司法机关原来对暴力犯罪死刑适用标准的统一认识和把握不复存在。[2] 与此相比，美国最高法院却是以宪法解释的形式，将认识和把握暴力犯罪死刑适用标准之相关因素予以具体化，并明确作出阐述。即便随着社会发展，犯罪态势更为复杂化，出现了新的影响死刑适用的情节，由于统一的暴力犯罪死刑适用标准已经存在，就不会冲击司法机关对暴力犯罪死刑适用标准的一致性认识。而且，也可以根据已经存在的统一的暴力犯罪死刑适用标准，来分析新出现的犯罪情节如何对死刑适用发挥作用，进而确定该情节是否属于死刑适用时必须考虑的量刑情节。因此，从这个角度说，暴力犯罪死刑适用标准的统一化与死刑裁量情节的统一化同样也是两个完全不同的问题。

根据上述分析，可以看到，暴力犯罪死刑适用标准的统一化依赖于暴力犯罪死刑适用标准的准确、合理的阐释，又为归纳和总结死刑裁量情节提供了基本的考察标准。不过，在上述国家里，不管是通过宪法解释的形式明确

---

① ［韩］许一泰：《韩国死刑制度的过去、现在和未来》，载赵秉志主编：《刑法论丛》第 13 卷，法律出版社 2007 年版，第 45 页。

② 这种情况在当今日本刑事司法活动中已经出现。参见［日］川本哲郎：《日本死刑制度的现状》，论者于 2008 年 5 月 19 日在北京师范大学刑事法律科学研究院“促进死刑改革”系列论坛第 23 期所作的讲演。

死刑适用规则，还是在案例或者判例中归纳和总结死刑裁量的情节，秉承并贯彻特定死刑观念的最高法院都起到了主导作用。而不管是最高法院所作的解释还是其所确定的判例或者案例，都具备法律效力，从而对下级有权适用死刑的法院起到了约束和监督的作用。该措施的基本目的即是尽可能限制死刑的适用。就中国而言，死刑的限制和减少不仅符合国家长期以来的死刑政策，也契合了当下国家刑事法治建设的基本要求。而且，中国的最高司法机关在刑事司法中一直起着非常积极的作用，经常就有关问题发布相关的司法解释，因而可采用上述美国模式来统一暴力犯罪死刑适用标准。因此，在中国，暴力犯罪死刑适用标准的统一化是指在最高人民法院的主导下，根据限制和减少死刑适用的基本刑事法治精神，对刑法所规定的暴力犯罪死刑适用标准予以严格解释，阐明认定暴力犯罪死刑适用标准的各种因素，并据此归纳和总结出适用死刑的量刑情节，尽可能明确各种类型犯罪之死刑适用规则的司法活动。

(二)暴力犯罪死刑适用标准统一化的原则

解决暴力犯罪死刑适用标准统一化的问题，首要内容就是确定暴力犯罪死刑适用的基本标准。在某种意义上讲，这二者并不是截然分开的问题。相反，合理地确定暴力犯罪死刑适用标准，就是该标准统一化的首要步骤。而确定暴力犯罪死刑适用的标准，首先需要注意的却是遵循何种原则的问题。而且因为暴力犯罪死刑适用标准的确定是该标准统一化的必要和首要内容，使得暴力犯罪死刑适用标准的确定原则在一定程度上也是暴力犯罪死刑适用标准统一化所遵循的原则。

笔者认为，应从刑法的基本原则与刑法原理两个方面来考虑确定暴力犯罪死刑适用标准的指导原则。

首先，刑法规定的基本原则是对暴力犯罪适用死刑的基本指导原则。罪刑法定、罪责刑相适应、刑法适用平等三大原则是刑法规定的基本原则，对刑事法律活动具有根本的指导作用，暴力犯罪的死刑适用也不能例外。这体现为暴力犯罪适用死刑的三个原则：(1)法定原则。暴力犯罪的死刑适用属于刑法规定的“刑罚的运用”的基本内容，应该受到量刑制度的约束与指导。要根据具体犯罪构成与量刑情节来决定是否符合死刑适用的条件。故而，对于死刑适用的一般条件、具体暴力犯罪适用死刑的法定情节，刑法应该有明文规定，不能作出含混不清的规定。司法解释对“严重”、“特别严重”等概括性词语也要作出合理的阐释，符合国民的预测可能性。(2)均衡原则。对暴力犯罪的犯罪人适用死刑，要从犯罪罪行的社会危害性、犯罪人的主观恶性、人身危险性、适用死刑的必要性等方面出发，考察死刑的适用是否必要，注意死刑与犯罪、犯罪人人格之间的适应性。适用死刑时要求犯罪人主观恶性大、人身危险性大、社会危害极其严重三大要素同时具备，缺一不可。(3)平等原则。对于不同犯罪人的同种犯罪，在适用死刑方面应该具有近似性，犯罪危害、主观恶性、人身危险性与死刑适用必要性等方面应该大体相当，不能有太大的落差，体现刑法适用平等原则。因此，虽然不同时期、不同地区对暴力犯罪的感受非常不同，对暴力犯罪适用死刑标准的把握也会有所不同，但是，对于暴力犯罪，死刑适用的标准不能因不同时期、不同地区而有太大的区别，要保持一定的一致性。

其次，刑法学所公认的主客观相统一原则、刑罚个别化原则也是暴力犯罪适用死刑的指导原则。主客观相统一原则是指导认定犯罪的基本原则，刑罚个别化原则是指考虑犯罪人具体人格状况来适用刑罚。对于暴力犯罪，应该从犯罪的主客观情况、犯罪人的人格状况出发来适用死刑。这体现为暴力犯罪适用死刑的两个指导原则：(1)公正原则。刑事责任是国家对犯罪行为的否定，对犯罪人的谴责，是对犯罪行为的评价与对犯罪人评价的统一。死刑的适用是暴力犯罪人刑事责任实现的一种形式。因此，对暴力犯罪人适用死刑，应该注意对犯罪行为与犯罪人的评价保持一致。应适用死刑的暴力犯罪在犯罪人的主观恶性、犯罪危害性、人身危险性方面都表现得非常严重，同时，上述三种属性之间保持了法律上定罪量刑应有的因果关系，即主观恶性与人身危险性很大的人在犯罪罪过的支配下实施了非常严重的暴力犯罪。只有这样，才能有利于实现社会的公正，而不是违背社会的公正。(2)必要原则。对暴力犯罪是否适用死刑，也应超越犯罪、犯罪人本身的情况，考察适用死刑的必要性、不适用死刑的可行性。关于死刑的必要性，可以从暴力犯罪适用死刑能否达到报应与预防的目的来考察；如果适用死刑只能报应犯罪，但不足以遏制暴力犯罪的势头，就不必过多地对暴力犯罪适用死刑。关于不适用死刑的可行性，可以从两个方面来考察：一方面是犯罪人是否具备改造的条件，能否改恶从善。如果犯罪人具有改造、改善的可能，社会也具备对其改造的条件，可不适用死刑；另一方面是不适用死刑是否对社会不利。这就要考察犯罪人生存对社会有无害处，是否影响社会的安定秩序。如果不适用死刑不会影响社会的稳定，不会破坏社会的治安，社会能够采取其他合理的措施、手段来维护社会安定，平息民众的情绪，就可以不适用死刑。

(三)暴力犯罪死刑适用标准统一化的路径

考虑到司法实务的特征，暴力犯罪死刑适用标准的统一化应该遵循从抽象到具体的原则，即对暴力犯罪死刑适用标准的认识不仅要在抽象的层次上统一化，而且要在应用的层次上具体化。据此，笔者认为，暴力犯罪死刑适用标准统一化可从如下几个方面入手予以考虑。

1. 暴力犯罪死刑适用标准的一致化

对暴力犯罪死刑适用标准的一致化认识，是暴力犯罪死刑适用标准统一化的首要问题，也是核心问题。而这离不开对《刑法》第48条第1款所规定的“罪行极其严重”这一暴力犯罪死刑适用标准的准确、合理的解释。

关于如何认定“罪行极其严重”，理论上主要有三种分析方法：(1)主客观统一分析法。有论者指出，应从客观危害和主观恶性两方面从严把握。只有当行为人不仅实施了客观危害极端严重的犯罪，而且犯罪人具有极其强烈而顽固的与社会对抗的心理态度，再犯的可能性十分明显，且屡教不改、不堪改造，即犯罪的性质极其严重、犯罪情节极其严重、犯罪人的人身危险性极其严重三者统一，才能认为是“罪行极其严重”，进而考虑死刑的适用。① (2)宏观分析与具体分析相结合的方法。有论者认为：首先应当明确“罪行极其严重”是适用死刑的宏观标准，应当从犯罪性质、情节、危害后果、行为人的主观恶性等方面综合进行分析判断。其次将“罪行极其严重”的抽象规定与具体标准相结合，从刑法的总则性规定和刑法分则对具体犯罪的规定综合作出具体分析。② (3)分析归纳法。有论者指出，应当在对全国的不同地区、不同时期、不同性质的犯罪行为、同种性质犯罪的不同个案、共同犯罪中的不同被告人的罪行进行比较后，只有社会危害最为严重的，才能认定为“罪行极

① 冯卫国：《死刑裁量若干问题探讨》，《杭州商学院学报》2003年第5期。

② 朱丽欣：《理性呼唤与死刑适用》，《国家检察官学院学报》2003年第11期。

其严重”。① 笔者认为，上述第一种观点所指出的思路是较为妥当的。因为对各种量刑情节的判断同样要做到主客观相一致，即从客观危害与主观恶性两方面来把握犯罪事实。但是，如果从综合分析的角度看，在已经完成犯罪性质的评价之后，就应该进行量刑方面的评价活动。如果再谈论犯罪性质、犯罪情节，那么就颠倒了评价的次序，显得有些混乱。第二种观点的分析思路有一定道理，但并没有提出明确的认定标准，难以把握。第三种观点虽然具有实证的特色，但需要对全国各地、各时期适用死刑，以及关于“罪行极其严重”的各种认识进行长期、大量的分析、归纳，才能得出相应的结论，在我国当前司法条件下显然不宜操作。所以，相比较之下，第一种分析方法较为合适。

2. 暴力犯罪死刑适用情节的具体化

根据《刑法》第61条的规定，对于犯罪人是否适用死刑，应当根据犯罪的事实、犯罪的性质、情节和对于社会的危害程度来判断应否适用死刑。不过，犯罪事实、犯罪性质、犯罪情节、犯罪危害四项内容并非判断应否适用死刑的并列因素。犯罪是否严重，依赖于犯罪性质是否严重、犯罪危害是否很大，而犯罪性质、犯罪危害也是对犯罪的整体评价，具体如何量定还要看犯罪事实与犯罪情节。犯罪事实是刑事诉讼证明的基本结论，既包含符合具体暴力犯罪的法定构成条件的各个要素，也包含说明犯罪轻重情况的要素。因此，能够说明犯罪性质、犯罪危害的要素都要从犯罪事实中去寻找。哪些犯罪事实能够说明犯罪性质、哪些犯罪事实能够说明犯罪危害呢？这就要依赖对犯罪情节的判断。定罪情节能够说明犯罪是否成立，也说明犯罪的性质与犯罪危害；量刑情节则说明犯罪的危害。所以，对暴力犯罪能否适用死刑，主要集中于对犯罪情节的考察。

而且，认定“罪行极其严重”的基本要素及其内在联系是死刑司法适用的具体化标准，但是在司法实践中，必须面对与解决这样的问题：如何判断具体犯罪中“罪行极其严重”所包含的三个基本要素及其内在联系？这就需要对刑事犯罪案件存在的各种犯罪情节进行全面和综合的分析。② 从这个角度来

---

① 范登峰：《对我国死刑适用标准的反思和重构》，《西南政法大学学报》2004年第6期。

② 张明楷：《刑法学》第3版，法律出版社2007年版，第415页。

说，暴力犯罪死刑适用标准统一化离不开对死刑裁量情节的归纳和总结。换言之，只有将认定“罪行极其严重”的基本要素通过量刑情节予以具体化，才能使得上述关于暴力犯罪死刑适用标准的一致性认识更具有可操作性。

3. 暴力犯罪死刑罪名的类型化

尽管统一司法机关对暴力犯罪死刑适用标准的认识，并明确规定适用死刑时所要考虑的量刑情节，会有助于司法机关针对具体犯罪适用死刑，但是，刑法分则条文中规定有死刑的具体犯罪，毕竟有不同的性质和特征，表现罪行极其严重的量刑情节会有很大的不同。因而对于不同类型的犯罪，结合其犯罪的具体特点和现实情况，不仅将适用死刑的标准统一化，将量刑情节予以具体化，而且尽可能阐明不同类型犯罪适用死刑的条件，显然会使得死刑适用更具可操作性，并有助于充分贯彻罪刑法定的基本原则。

其实，最高人民法院在过去的司法解释工作中，也曾根据具体犯罪的不同类型、其犯罪构成的实际情况以及发生的现实环境，明确规定其适用死刑的条件。其中，有些是针对某一方面的刑事审判工作，① 而有的是在有关具体犯罪之司法适用的司法解释中予以明确的。② 不过，这些举措缺乏一定的系统性。尽管最高人民法院在其发布的《人民法院第二个五年改革纲要》已经指出要制定故意杀人罪、抢劫罪、故意伤害罪、毒品犯罪等犯罪适用死刑的指导意见，但是，从现在的情况看，该项工作尚待加强，应有意识、有计划地调查、总结和研究不同类型死刑犯罪(尤其是暴力犯罪)的死刑适用规则。在此方面，笔者认为，应该注意从如下几个方面考虑：(1)应该区分致命性暴力犯罪与非致命性暴力犯罪的不同死刑适用标准。毕竟，是否直接导致被害人死亡，对于不同暴力犯罪的死刑适用有着重大的影响。根据该属性考虑死刑适用的不同标准，符合实际的情况。(2)应该区分被害人重大过错的暴力犯罪与被害人无重大过错的暴力犯罪的不同死刑适用标准。在犯罪的发生原因上，被害人对于犯罪的发生有否重大过错，充分反映出犯罪的实际危害和犯

---

① 例如，最高人民法院在 1999 年 10 月 27 日发布的《全国法院维护农村稳定刑事审判工作座谈会纪要》，就对因婚姻家庭、邻里纠纷等民间矛盾发生的故意杀人犯罪案件的死刑适用问题作了简单的规定。

② 例如，最高人民法院、最高人民检察院、公安部于 2007 年 11 月 8 日发布了《办理毒品犯罪案件适用法律若干问题的意见》。

罪人的主观恶性、人身危险性，因而对死刑适用标准的理解和把握产生复杂和重大的影响，对此有必要予以全面的考虑。(3)应该区分熟人之间的暴力犯罪与非熟人之间的暴力犯罪。即便是都造成了被害人死亡或者重伤，加害人与被害人之间的社会关系亲疏状况也会使得犯罪呈现出不同的严重程度。在司法实践中，应该予以区分，并研究熟人之间暴力犯罪与非熟人之间暴力犯罪在适用死刑上的不同之处。

第二节　暴力犯罪死刑适用标准统一化的具体展开

一、暴力犯罪死刑适用标准的合理确定

(一)死刑适用标准的正确理解

《刑法》第 48 条第 1 款规定，死刑只适用于罪行极其严重的犯罪分子。“罪行极其严重”即为死刑适用的条件。但是，如何正确理解“罪行极其严重”，刑事理论与实务上都还存在着争议，主要有客观说、主客观统一说、主客观与人身危险性说、最高法定刑为死刑的罪行说、国际公约标准说等几种观点。

1. 客观说

该观点认为，“罪行极其严重”强调的就是犯罪行为的客观方面。如有学者提出，“罪行”也就是指犯罪行为，落脚点是行为，而行为是犯罪客观方面的内容。因此，“罪行极其严重”这一规定给我们的感觉是，它重视的是客观行为及其实害，忽视或者说并不强调行为人的主观恶性。将“罪行极其严重”解释为包括主、客观方面的内容似乎有些牵强。① 另有学者指出，仅从语言逻辑规则就可以看出，“罪大恶极”与“罪行极其严重”的内涵是有显著区别的：前者同时强调犯罪行为的客观危害和行为人的主观恶性与人身危险性两个方面，后者则只强调客观上的犯罪行为及其危害社会的后果这一个方面。②

笔者认为，这种观点有些片面。犯罪活动本身表现出犯罪主观意志与客

---

① 张文、刘艳红：《〈公民权利和政治权利国际公约〉对中国死刑立法的影响》，《中国青年政治学院学报》2000 年第 2 期。

② 肖中华、周军：《如何理解“罪行极其严重”》，《人民司法》1999 年第 11 期；赵秉志主编：《刑罚总论问题探索》，法律出版社 2003 年版，第 153 页。

观行为两个方面的内容及其关系，体现了犯罪人的人格特征。在裁量刑罚时，仅考虑犯罪的客观方面显然是不够的。我们不能因为刑法的规定有疏漏，就放弃必要的合理解释。

2. 主客观统一说

该观点认为，“罪行极其严重”应当从主观和客观两个方面进行理解。即犯罪行为客观上具有极其严重的客观危害性，犯罪人在主观上具有极其严重的主观罪过性。这种观点受到了较为广泛的赞同。

有学者反对将“罪行”仅理解为客观行为及危害后果，其具体指出，“罪行”意味着行为已经构成犯罪，而犯罪是一个主客观相统一的范畴。所以，认为“罪行”是一个纯客观的概念是说不通的。“罪行极其严重”可以从主观和客观两个方面加以考察。首先，从主观方面看，极其严重的罪行意味着行为人所实施的都是性质特别严重的故意犯罪；其次，极其严重的罪行意味着行为所造成的危害后果特别严重。① 也有学者表达了相同的观点，认为“罪行极其严重”，应当从主客观两方面判断，即犯罪行为在客观方面具有极其严重的社会危害性，犯罪人在主观方面具有极其严重的主观恶性。其含义仍应当从罪大与恶极两个方面加以把握，罪大是指犯罪行为与后果极其严重，给社会造成的损失特别巨大，它体现犯罪的客观危害的一面，是社会对犯罪危害行为和危害后果的一种客观的评价；恶极是指犯罪分子的主观恶性和人身危险性特别大，通常表现为犯罪分子蓄意实施严重罪行，犯罪态度坚决、良知丧尽、不思悔改、极端藐视法制秩序和社会基本准则等，是社会对犯罪的一种主观心理评价。②

在笔者看来，这种观点是比较妥当的，如实反映出死刑适用属于刑罚裁量制度的基本内容的实际情况，死刑的适用势必要受制于刑罚裁量制度。而刑罚裁量是考虑犯罪主客观情况的过程，是对罪责刑相适应原则的具体落实。

3. 主客观与人身危险性说

该种观点认为，“罪行极其严重”不仅说明犯罪行为在客观方面具有极其

① 高铭暄：《中国死刑的立法控制》，载赵秉志主编：《刑法评论》第 8 卷，法律出版社 2005 年版，第 3 页。

② 陈兴良：《刑法疏议》，中国人民公安大学出版社 1997 年版，第 139—140 页；贾宇：《中国死刑必将走向废止》，《法学》2003 年第 4 期。

严重的社会危害性，犯罪人在主观方面具有极其严重的主观罪过性，而且其人身危险性也极大。其中，犯罪人的人身危险性是“罪行极其严重”的评判标准。①

这种观点以犯罪人的人身危险性作为适用死刑的主要评判标准。这样是不妥的，因为人身危险性是抽象的概念，一旦离开客观危害、主观罪过，就难以准确地予以确定。而且，“罪行极其严重”的准确含义应该是包括犯罪的社会危害、犯罪人的主观恶性、犯罪人的人身危险性三个方面的判断，对犯罪人是否适用死刑应有综合性的判断，用其中任何一个方面作为最终评判标准都是不合适的。

4. 最高法定刑为死刑的罪行说

另有学者通过划分法定刑的不同档次从形式上来理解“罪行极其严重”。其根据法定刑的上限即法定最高刑，将全部罪行划分为罪行轻微、罪行较轻、罪行一般、罪行严重、罪行特别严重和罪行极其严重六个不同的轻重等级，并认为所谓“罪行极其严重”，是指行为人的行为构成法定最高刑为死刑的罪行。②

应该说，这种观点有一定的新意，却颠倒了先后关系。“罪行极其严重”表明犯罪情况达到了适用死刑的程度，对其作出判断的目的是判定可否适用死刑。犯罪行为是否构成法定最高刑为死刑的罪行，还要依赖于对犯罪人的罪行是否极其严重的判断。因此，该种观点并没有为“罪行极其严重”提供必要的评判标准。

5. 国际公约标准说

还有学者从我国死刑适用条件与国际公约相关规定协调的角度，论述了罪行极其严重的含义。该学者认为，从中国刑法分则众多可适用死刑的故意犯罪的具体规定来看，所谓“极其严重的罪行”的范围，显然比《保护面对死刑的人的权利的保障措施》第 1 条对“最严重的犯罪”解释的范围，要更宽一些。所谓“极其严重的罪行”并不局限于“具有极其严重的后果”。因此，犯罪情节极其严重(如某些危害公共安全罪)、犯罪数额极其巨大(如某些经济犯罪)、

① 刘家琛主编：《当代刑罚价值研究》，法律出版社 2003 年版，第 603 页。

② 赵廷光：《论死刑的正确适用》，《中国刑事法杂志》2003 年第 3 期。

犯罪手段极其残忍(如某些侵犯人身权利罪)、犯罪客体极其重要(如某些危害国家安全罪)的故意犯罪，与犯罪结果极其严重的故意犯罪一样，都可能被认为属于“极其严重的罪行”之范围。从严格限制死刑适用的立场出发，中国刑法在界定“极其严重的罪行”时，至少应当严格遵守《保护面对死刑的人的权利的保障措施》对“最严重的犯罪”的解释的最低标准，将那些不具有极其严重后果的故意犯罪，排除在适用死刑的范围之外。例如，对那些犯罪数额特别巨大但尚未造成极其严重后果的经济犯罪，不适用死刑。①

这种论述是非常有道理的，指出了对“罪行极其严重”予以理解的思路，有利于与国际趋势接轨。但是，其并没有阐明“罪行极其严重”的含义，过于抽象，不利于实际操作。

综上所述，对“罪行极其严重”的理解与适用，涉及死刑的具体适用，属于刑罚裁量的内容，应该在罪责刑相适应原则的指导下，结合刑罚裁量的具体规定，作出合理的阐释。尽管由于立法技术的原因，“罪行极其严重”在字面意义上只不过是指犯罪行为的客观危害一个方面，但在刑法理论与司法实践中，仍应当站在贯彻“坚持少杀、防止错杀”的死刑政策之高度，按照主客观相统一的思路，对死刑的适用条件作限制解释(对“罪行极其严重”一词则属扩大解释)，即人民法院在量刑时，一方面应当根据犯罪分子的社会危害行为和后果去确定是否应当判处死刑；另一方面也应考察犯罪分子的主观恶性和人身危险性。② 具体而言，对刑法所规定的死刑适用标准，可从如下几个要素入手进行分析：(1)具体犯罪的性质。这是判断具体犯罪是否符合“罪行极其严重”的第一个因素，其实也是综合性的要素，因为犯罪性质本身就是对整个犯罪活动本质和其他特征的总结与概括。在此方面，一般会考虑犯罪侵犯了何种法益，是以暴力手段还是以非暴力手段侵犯该法益等问题。(2)犯罪的客观危害——对社会危害极其严重。就暴力犯罪而言，主要是指造成被害人死亡或者肉体的惨重伤害，出现了法律规定可能适用死刑的犯罪结果。(3)犯罪人的主观恶性——残酷恶劣。在暴力犯罪中，行为人主动恶意攻击被害人，意图残忍地对待被害人，使被害人遭受极大的痛苦。(4)犯罪人的人身危险

① 陈泽宪：《论严格限制死刑适用》，《法学》2003 年第 4 期。

② 赵秉志主编：《刑罚总论问题探索》，法律出版社 2003 年版，第 153 页。

性——强烈、顽固地对抗社会。犯罪人对社会的敌意非常强烈，在犯罪后不悔罪，对遭受自己侵害的被害人及其亲属毫无歉意，因而不易对其进行教育改造。需要指出的是，适用死刑时，上述几个方面的要素缺一不可。必须强调的是，上述几个方面的要素存在内在联系，即犯罪人抱有对社会的强烈敌意，并因此而产生实施严重犯罪，侵犯国家、社会或者个人法益的直接犯罪故意，在此罪过支配下实施犯罪行为，造成极其严重的社会危害，且毫无悔改之意，构成性质严重的暴力犯罪，显示出本人很大的人身危险性。①

(二)暴力犯罪死刑适用之统一性标准的理解与确定

暴力犯罪死刑适用标准的确定，显然不能止步于对死刑适用之一般标准的合理认识，还必须要充分考虑暴力犯罪本身的特征和性质，即要从暴力犯罪的性质、危害以及实施暴力犯罪行为之行为人的主观恶性和人身危险性这四个方面的要素进行分析。

1. 暴力犯罪的性质

《刑法》第 61 条提及对犯罪人量刑需要对犯罪性质予以考虑。这对于暴力犯罪的死刑适用自然也具有指导意义。因而在确定暴力犯罪案件是否适用死刑时首先需要考虑犯罪的性质问题。尽管刑法条文的规定明确提到了犯罪性质，对其量刑的意义作了充分的强调，但是何为犯罪性质？对此刑法没有明示，而有关的理论也阐述不多。

笔者认为，在对犯罪性质之含义进行理解的问题上，首先必须澄清的是，犯罪的罪名并不完全等同于犯罪性质。尽管在司法实践上对某危害行为之犯罪性质认定，往往以将该行为认定为何种罪名为结论，但是罪名本身并不能完全揭示犯罪的性质。例如，盗窃罪与诈骗罪虽然罪名不同，但在犯罪性质上却是相同的，都是侵犯财产的犯罪；故意杀人罪与盗窃罪则是不仅有不同的罪名，而且在犯罪性质上确实有差异。那么，这是否意味着对犯罪性质的确定需要考虑犯罪行为所侵犯的社会关系(或者是犯罪客体或者法益)的性质呢？若是此，那就意味着要对不同的社会关系的性质进行必要的区分。通常而言，在危害行为侵犯社会关系的性质上，国家利益高于公共利益，公共利益高于

---

① 黄晓亮：《暴力犯罪死刑问题研究》，中国人民公安大学出版社 2008 年版，第107—108 页。

个人利益。但对此并不能一成不变地看待，不能在分析案件时一定认为所有侵犯国家利益的罪行在性质上严重于侵犯公共利益或者公民利益的罪行；相反，需要注意的是，即便犯罪行为侵犯了公民利益，如果在量的层次上达到一定程度，也不能就认为在性质上轻于侵犯国家利益或者公共利益的罪行。例如，以直接故意杀死一人的情形要严重于抢劫一支猎枪、一发子弹的情形。可见，对犯罪行为之性质的认识，不能孤立地看其侵犯了何种性质的社会关系，还要观察该行为侵犯特定社会关系所造成的实际损害性后果以及该后果的数量。例如，故意杀死三人以上的罪行，显然在性质上要比实施武装暴乱，但未造成无辜民众或者依法执行职务之国家工作人员重伤或者死亡的情形要严重。只有在侵害后果确定且近似的情况下，才能对危害行为的性质进行较为准确的界定。就暴力犯罪而言，从犯罪构成上看，暴力有不同的体现。如前所述，有时体现为手段的暴力性，如武装暴乱罪；有时体现为被侵犯之法益的重大性质本身，如故意杀人罪、抢劫罪等。笔者认为，对于暴力罪行来说，若直接侵犯生命、健康重大法益，那么在性质上就要重于其他并不直接侵犯生命、健康重大法益的情形；如果同样造成了多名被害人重伤、死亡的结果，那么不管是直接侵犯重大法益，还是因暴力手段造成人员伤亡，从性质上看，侵犯国家法益的罪行最为严重，侵犯公共利益的罪行次之，侵犯个人人身的罪行退居最后。显然，对暴力犯罪之性质的认识，并不是脱离犯罪的具体情节凭空进行想象，也不是单纯根据危害行为所触犯的罪名来考量，而是充分考虑实际的物质性损害后果。

2. 暴力犯罪的危害

根据刑法关于具体暴力犯罪的明确规定，暴力犯罪的危害有两种表现：一是物质性损害后果及其程度；二是行为对法益侵犯的过程和范围。本来，因为立法技术的原因，《刑法》第48条将死刑适用的条件表述为“罪行极其严重”，有唯客观结果论的倾向。① 对这两种危害的确定，更是关于“罪行极其严重”之判断的中心内容。其实，对于暴力犯罪来说，并非都会造成人员伤亡的后果，除了在犯罪构成或者量刑情节中包含有人员伤亡情形的个别暴力犯罪外，为刑法分则罪刑条文配置死刑的大部分暴力犯罪在死刑情节上并不包

---

① 赵秉志主编：《刑罚总论问题探索》，法律出版社2003年版，第153页。

含人员伤亡的情形。显然，根据我国刑法当前的规定，对暴力犯罪适用死刑，并不必然要求一定造成了人员伤亡的后果，造成其他后果(如财产性损失)或者具备其他情节(如抢劫枪支、弹药、爆炸物数量极其巨大)，就有可能适用死刑。从这样的情形可以看出，对暴力犯罪之危害的判断，同样离不开对其犯罪情节的分析。对此，可作如下更为详细的划分：其一，根据被害人死亡或者重伤的具体表现来考量死刑的适用，如故意杀人罪、放火罪等；其二，根据财产性损失或者国家为挽救人民生命、财产安全而投入的巨大经济利益来分析，如放火罪、劫持航空器罪等；其三，根据侵犯行为对象及其数量、行为活动的次数或者场所、行为人勾结的情况、实施其他侵害行为等情节来考虑死刑的适用，如拐卖妇女、儿童罪、抢劫罪等。根据上述划分，需要考虑的是，对犯罪人适用死刑，其是否造成了被害人的死亡及重伤后果，即刑罚与危害行为在后果上具有相似性，都是剥夺人的生命。从当前的有关规定看，似乎对此没有限制。如最高人民法院于 2010 年 2 月 8 日发布的《关于贯彻宽严相济刑事政策的若干意见》指出，“对于危害国家安全犯罪、恐怖组织犯罪、邪教组织犯罪、黑社会性质组织犯罪、恶势力犯罪、故意危害公共安全犯罪等严重危害国家政权稳固和社会治安的犯罪，故意杀人、故意伤害致人死亡、强奸、绑架、拐卖妇女儿童、抢劫、重大抢夺、重大盗窃等严重暴力犯罪和严重影响人民群众安全感的犯罪……要作为严惩的重点，依法从重处罚。尤其对于极端仇视国家和社会，以不特定人为侵害对象，所犯罪行特别严重的犯罪分子，该重判的要坚决依法重判，该判处死刑的要坚决依法判处死刑。”我们在此持比较保守的态度，即对暴力犯罪人适用死刑，应该考虑到其危害行为是否造成了被害人死亡、重伤的实际损害后果，如果犯罪人仅仅是造成财产性损失或者国家的经济损失，哪怕是同时在国际上造成了极其恶劣的影响，也不宜考虑适用死刑。

3. 暴力犯罪人的主观恶性

实施暴力犯罪的行为人主观上是否具有很大的恶性，是判断暴力罪行是否极其严重的重要因素。犯罪人的恶性是一种主观因素，但对该因素的判断离不开对其客观行为活动及情节的全面和正确认识。对此，笔者认为，需要注意如下问题：其一，恶性是对行为人实施特定暴力犯罪的主观心态的概括。对行为人主观恶性的分析，不能脱离其所实施的特定暴力犯罪的具体性质、发生场合、作用对象、作用过程、后果等因素的分析，因为行为人在实施特定暴力危害行为时不可能对这些因素没有充分的认识，即便是在激情犯罪的情形下，行为人对主要或者大部分的因素有所认识，基于这些因素，行为人同时也会产生对实施危害行为之意志，该意志包括行为人对危害社会之后果或者状态的追求程度，行为人越是积极追求危害社会之后果或者状态，就表明其意志越强烈、顽固，进而反映出其主观恶性越大。正是在这个意义上，通常而言，在危害后果大体相同的情况下，间接故意犯罪在社会危害性程度上要轻于直接故意犯罪。当然，根据犯罪的危害后果和主观罪过来看，有些间接故意犯罪案件可能比另一些同种性质的直接故意犯罪案件的社会危害性程度更大。① 其二，恶性是行为人实施暴力犯罪之时的主观心态。对行为人主观心态的理解，不仅不能脱离其所认识和决意实施的危害行为，而且需要注意该心态作用于行为当时。根据该心态分析判断行为人的主观恶性，必须立足于行为当时，既不能过于提前而将其犯罪动机形成、犯罪决意确定之时的心态作为主观恶性判断的依据，又不能过于推后而将其实行行为实施完毕后对整个活动的心态作为主观恶性判断的根据。从客观上看，这就要求必须注意到行为人已经完成了行为的实施，对社会关系的侵害和破坏已经完成。其三，恶性与犯罪人的动机、意志、目的有着紧密的联系，是对这些主观因素的综合概括。通常而言，有着明确犯罪目的的犯罪人也具有强烈的犯罪动机和顽固的犯罪意志，从而支配自己主动实施暴力犯罪，具有很大的主观恶性。总之，就暴力犯罪适用死刑来说，行为人在主观上具有强烈(甚至是很恶劣)的犯罪动机，顽固的犯罪意志，侵犯他人合法权益、获取个人非法利益的明确犯罪目的，主观恶性极大。

4. 暴力犯罪人的人身危险性

关于能否依赖犯罪人的人身危险性来评判犯罪人的罪行是否符合死刑适用的条件，一般的认识是持肯定的态度。但近来有论者认为，“一旦人身危险性成为适用死刑的评判标准而不是执行方式的评判标准，就意味着犯罪人因为人身危险性极大而适用死刑，同时又必须因为人身危险性不是极大，才能

① 黄晓亮：《论酒驾肇事案件的刑事司法对策》，《法学杂志》2009 年第 10 期。

适用死刑缓期执行，这一命题在逻辑上显然是自相矛盾的。”①对此，笔者认为，应将犯罪人的人身危险性作为评判犯罪人的罪行是否极其严重的重要因素之一。对于任何犯罪人，如果不是人身危险性在程度上极其严重，那么，对其适用死刑，不管执行方式如何都是不公平的。当然，我们并不否认人身危险性因素对死刑执行方式的选择也有影响，人身危险性程度不同，自然会影响到刑罚执行方式的不同，不仅对死刑如此，对其他刑罚也是相同的。例如，对犯罪人是否适用假释，考虑的主要因素就是执行刑罚的犯罪人有否悔改表现，是否在假释后不致再危害社会。因而对于判处死刑的罪犯来说，如果人身危险性有程度上的差异，必然会影响到死刑执行方式的不同选择。

在对暴力犯罪裁量是否适用死刑时考虑犯罪人的人身危险性因素，从法律的层面看，会遭遇缺乏法律明确规定的困境。因为《刑法》第 61 条所规定的刑罚裁量考虑因素并不包括犯罪人的人身危险性；而《刑法》第 5 条所规定的罪责刑相适应原则仅仅表述为“刑罚的轻重，应当与犯罪分子所犯罪行和承担的刑事责任相适应”，没有涉及人身危险性这一因素。但是，有不少论者认为，人身危险性因素是裁量刑罚所必须考察的因素，该因素是对犯罪人之刑事责任进行判断和分析的重要依据之一。立足于刑法的机能和刑罚的功能考虑，对犯罪人考察人身危险性因素及其程度，无疑有助于准确地裁量刑罚和选择合理的刑罚执行方式。而关于该因素的具体考察，有论者认为，考察罪前罪后表现可衡量犯罪人的人身危险性。② 客观而言，罪前罪后的表现也不属于犯罪的情节，因为与犯罪的发生、过程并无直接联系；单纯依赖罪前罪后的表现来分析判断犯罪人的人身危险性，从司法实践的角度来看是不够的，也是片面的，脱离了犯罪人的主观恶性和犯罪过程的分析，无法全面地反映犯罪人的人身特征。人身危险性并不是孤立的犯罪人因素，而是综合了其所实施的犯罪的性质、犯罪的危害程度、主观恶性程度等因素而体现出来的个人人身特征。该特征以犯罪人未来再实施严重暴力犯罪的可能性为核心内容。犯罪性质侧重于从客观方面分析和总结犯罪的具体情况；犯罪人的人身危险性则是侧重于从主观方面分析和总结犯罪的整体情况，从而与犯罪危害和犯

---

① 项谷等：《严重暴力犯罪死刑适用的酌定标准》，《法学》2009 年第 11 期。

② 同上。

罪人主观恶性在主客观的一致关系上形成对应关系。当然，对犯罪人人身危险性的判断必须通过具体而又全面地考察犯罪而得出合理的结论。一般来说，犯罪前有强烈犯罪动机，通过犯罪预谋、顽固地决心实施危害行为，专门或者同时严重侵犯生命、健康重大法益，犯罪后并不悔罪，曾经实施过严重暴力犯罪或者危及生命、健康重大法益的违法活动，自然可以认为犯罪人的人身危险性很大。

二、暴力犯罪死刑适用之犯罪情节的具体化

在死刑案件中，关于暴力犯罪死刑适用标准的确定，需要以犯罪人实施犯罪的具体情节为判断基础，即根据具体的定罪情节和量刑情节来考察犯罪人的罪行是否达到死刑适用的具体标准。这在暴力犯罪死刑案件中也毫不例外。

(一)暴力犯罪死刑案件犯罪情节的两种类型及其意义

从理论上看，犯罪情节包括定罪情节和量刑情节两种。在暴力犯罪死刑案件中，这两种情节对于死刑的适用有着不同的意义。

(1)定罪情节在暴力犯罪死刑案件中对死刑适用的意义。从暴力犯罪的定罪情节，即暴力犯罪的犯罪构成要件及其要素出发，分析暴力犯罪应否适用死刑，能为死刑适用划定基本的罪行范围。这是因为部分定罪情节具有双重功能。定罪情节的作用在于认定犯罪，说明犯罪事实中存在符合犯罪构成要件的事实情形(犯罪构成事实)。那么，定罪情节对量刑的作用是什么呢？理论上主要有两种观点：第一，仅用来定罪。有论者指出，定罪情节与犯罪的法定刑有必然联系，划定法定刑的基本范围。① 第二，部分定罪情节兼有量刑的作用。有论者指出，定罪情节决定犯罪法定刑的幅度，是量刑情节起作用的基础。但有些犯罪情节具有双重功能，既有定罪作用，又有量刑作用，具有双重属性，但并非对犯罪的双重评价。② 对此，笔者认为，第二种观点是比较妥当的。因为决定犯罪的刑事责任程度的，首先就是行为具备的犯罪构成，即犯罪构成事实；其次才是各种量刑情节。而从量刑上看，刑事责任

---

① 赵廷光：《论定罪剩余的犯罪构成事实转化为量刑情节》，《湖北警官学院学报》2005 年第 1 期。

② 李洁：《定罪量刑情节若干问题研究》，《北华大学学报(社会科学版)》2001 年第 1 期。

的程度，是决定是否实际判处和执行刑罚以及实际适用刑罚轻重的标准。①刑事责任的程度决定了刑罚的轻重。定罪情节属于犯罪构成内的要素，对刑事责任的程度自然有所影响，划定了某种犯罪所适用的法定刑的基本范围。对于包含有多种刑种或者法定刑幅度较大的犯罪来说，如果没有特殊的量刑情节，那么，对该犯罪刑罚的裁量，就要依赖于某些定罪情节。这样的定罪情节具有量刑情节的作用，具有双重功能。因此，特定犯罪事实符合犯罪构成后，定罪情节并非失去作用。

在规定有死刑的24种具体暴力犯罪中，仅有2个罪名对其基本犯罪构成的犯罪情形规定死刑的法定最高刑，即抢劫枪支、弹药、爆炸物、危险物质罪与故意杀人罪。其他22个暴力犯罪罪名都是对加重犯的犯罪情形规定死刑作为法定最高刑。另外，以死刑为加重犯法定最高刑的暴力犯罪罪名中，劫持航空器罪、绑架罪的结果加重犯适用绝对的死刑。这样一来，从犯罪的定罪情节上看，对暴力犯罪如何适用死刑，就分为三种情况：其一，对于劫持航空器罪、绑架罪，只要出现加重的结果，就要适用死刑，应否适用死刑的判断依赖于对加重犯罪构成是否具备的观察。其二，对抢劫枪支、弹药、爆炸物、危险物质罪、故意杀人罪，犯罪行为成立犯罪后，应否适用死刑，还要依赖于对犯罪整体情况的分析判断。其三，对于除上述四种犯罪之外的其他暴力犯罪，不仅要具备基本犯的犯罪构成，还要具备加重的犯罪构成，才有应否适用死刑的判断问题。在死刑为绝对法定刑情况下，犯罪的加重构成不仅有指引犯罪认定的功能，还有指引直接裁量适用死刑的功能。而在其他情况下，犯罪构成具有指引犯罪认定的功能，但对是否适用死刑，则只有间接的作用，即初步划定量刑的幅度。而是否适用死刑，还要对案件进行综合判断。

(2)量刑情节在暴力犯罪死刑案件中对死刑适用的意义。从暴力犯罪的量刑情节入手来分析暴力犯罪应否适用死刑，同样具有很强的必要性，是对犯罪人是否达到死刑适用标准之判断的重要补充。这是因为量刑情节仅具有单一功能。根据其作用的具体对象，量刑情节可以分为基本犯的量刑情节与加重犯的量刑情节：第一，基本犯的量刑情节对基本犯的刑罚裁量起作用，对

① 赵秉志主编：《刑法新教程》第4版，中国人民大学出版社2012年版，第212页。

定罪量刑没有作用。第二，加重犯的量刑情节既决定加重犯的成立，也对该加重犯的刑罚裁量起作用。但是，笔者认为，加重犯的量刑情节并不具有双重功能，也仅具有单一的功能，即指引刑罚裁量的功能。因为加重犯中没有数种犯罪行为，不涉及数罪的处理问题。加重结果、加重情节的出现表明犯罪的刑事责任程度增大，有必要对犯罪予以更为严厉的处罚。虽然人们以加重构成来说明加重犯成立的条件，但是加重情节、加重结果并不具有认定犯罪是否成立的犯罪构成意义，而是依附于基本犯罪构成要件而存在的,① 仅具有量刑的意义。所以，如果具体暴力犯罪不属于法定刑为绝对死刑的暴力犯罪之结果加重犯，就要在具体暴力犯罪的构成(基本犯或者加重犯)之下，结合量刑情节来综合性地判断犯罪是否属于“罪行极其严重”，从而最终确定是否适用死刑。

(二)暴力犯罪死刑案件中具体犯罪情节及其对死刑适用的意义

根据对适用死刑的具体作用，影响暴力犯罪死刑适用的具体犯罪情节可以分为以下几种类型：(1)否定死刑适用的量刑情节。其中，有的是直接否定死刑的适用。有些属于应当从轻、减轻、免除处罚中一种或者几种的量刑情节，间接否定死刑的适用。(2)限制死刑适用的量刑情节。对于属于可以从轻、减轻、免除处罚的量刑情节，司法实践中可以据此考虑不适用死刑，这样也能起到限制死刑适用的作用。对于这种情况，依据有无法定性，可以分为法定限制死刑适用的量刑情节与酌定限制死刑适用的量刑情节。(3)允许死刑适用的量刑情节。加重犯中规定的量刑情节允许死刑的适用，属于法定允许适用死刑的量刑情节。还有某些酌定的量刑情节，也在一定程度上促使适用死刑，可概括为酌定允许死刑适用的量刑情节。(4)劫持航空器罪、绑架罪中规定有适用绝对死刑的情形，可归为绝对适用死刑的量刑情节。

从具体内容来看，影响暴力犯罪死刑适用的量刑情节，主要有如下几种。

(1)犯罪主体的情节有犯罪人年龄、犯罪人特定身份、犯罪人精神状况、犯罪人生理状况、共同犯罪人等因素。

---

① 赵秉志主编：《刑法新教程》第 4 版，中国人民大学出版社 2012 年版，第 192 页。

表 3-1　犯罪主体情节

类型	条文	内　　容	功能
犯罪人年龄	49	犯罪时不满 18 周岁；犯罪时年满 75 周岁(一般情况)	直接否定
犯罪人精神状况	18	尚未完全丧失辨认或控制自己行为能力的精神病人犯罪	法定限制
犯罪人生理状况	19	又聋又哑的人或者盲人犯罪	法定限制
	49	审判时怀孕的妇女	直接否定
		犯罪人重大疾病	酌定限制
共同犯罪人	27	在共同犯罪中起次要或者辅助作用	间接否定
	28	被胁迫参加犯罪	间接否定
犯罪人身份		国家公职人员；邪教组织、黑社会组织、恐怖组织的首要分子	酌定允许

(2)犯罪主观情节有犯罪动机、犯罪目的、犯罪意志产生的急缓(是激情犯罪还是预谋犯罪)、犯罪意志的强弱(是否有挽回损失的措施、心态)，这些都是考虑限制死刑适用的酌定因素。

(3)犯罪客观情节，这方面主要有犯罪停止形态、犯罪工具、犯罪手段、犯罪结果、犯罪对象、犯罪场合、犯罪次数、附随行为、犯罪客观影响等情形。

表 3-2　犯罪客观情节

类型	条文	内　　容	功能
犯罪停止形态	22	为了犯罪，准备工具、制造条件	法定限制
	23	已经着手实行犯罪，由于犯罪分子意志以外的原因而未得逞	法定限制
	24	在犯罪过程中，自动放弃犯罪或者自动有效地防止犯罪结果发生	间接否定
犯罪工具	263	持枪抢劫	允许适用

续表

类型	条文	内　　容	功能
犯罪手段	236	二人以上轮奸	允许适用
	263	冒充军警人员抢劫	允许适用
	234	以特别残忍手段致人重伤造成严重残疾	允许适用
犯罪结果	115-1	致人重伤、死亡或者使公私财产遭受重大损失	允许适用
	119-1	造成严重后果	允许适用
	121	致人重伤、死亡或者使航空器遭受严重破坏	绝对适用
	234	致人死亡	允许适用
	236-3	致使被害人重伤、死亡或者造成其他严重后果	允许适用
	239	致使被绑架人死亡或者杀害被绑架人	绝对适用
	263	抢劫致人重伤、死亡的	允许适用
	426	致人重伤、死亡	允许适用
犯罪对象	125-2	盗窃、抢夺国家机关、军警人员、民兵的枪支、弹药、爆炸物	允许适用
	236	强奸妇女、幼女多人	允许适用
	263	抢劫银行或者其他金融机构、军用物资或者抢险、救灾、救济物资	允许适用
犯罪场合	236	在公共场所当众强奸妇女	允许适用
	263	入户抢劫、在公共交通工具上抢劫	允许适用
犯罪次数	263	多次抢劫	允许适用
犯罪数额	263	抢劫数额巨大	允许适用

需要注意的是，表中“允许适用”的情形均为“选处死刑”。这种情况下，要对暴力犯罪中所出现的上述情形以及犯罪主体、犯罪主观、下述犯罪附随情况进行综合分析，判断是否存在“罪行极其严重”的三要素，最终确定是否适用死刑。

(4)犯罪附随情况，主要有国外处罚、犯罪原因、再犯与累犯、自首与立功等情形。

表 3-3　犯罪附随情节

类型	条文	内　　容	功能
国外处罚	10	在外国已经受过刑罚处罚	法定限制
犯罪原因	20-2	正当防卫明显超过必要限度造成重大损害	间接否定
	21-2	紧急避险超过必要限度造成不应有的损害	间接否定
前科(再犯)			酌定允许
累犯	65-1		法定允许
自首	67-1	犯罪以后自动投案，如实供述自己的罪行	法定限制
立功	68-1	犯罪分子有揭发他人犯罪行为，查证属实的，或者提供重要线索，从而得以侦破其他案件等立功表现	法定限制
自首与立功	68-2	犯罪后自首又有重大立功表现	
悔罪表现			酌定限制

(5)概括性情节。除了上述适用死刑的情节外，我国刑法下列关于暴力犯罪的条文中，还规定有适用死刑的概括性情节。根据犯罪构成状况，可以分为两种情况：第一，加重犯中的概括性情节。此时，概括性情节属于量刑情节。此类犯罪有 8 个罪名。第二，加重的加重犯中的概括性情节。此时，概括性情节也属于量刑情节。此类犯罪共有 6 个罪名。

表 3-4　规定概括性情节的暴力犯罪死刑罪名

类型	法条	犯罪	概括性情节	法定刑幅度
加重犯	104/113	武装叛乱、暴乱罪	对国家和人民危害特别严重、情节特别恶劣	酌处死刑
	236	强奸罪	情节恶劣	选处死刑
	317-2	暴动越狱罪、聚众持械劫狱罪	情节特别严重	绝对适用死刑
加重的加重犯	240	拐卖、妇女儿童罪	情节特别严重	绝对适用死刑
	358-2	强迫卖淫罪	情节特别严重	选处死刑
	426	阻碍执行军事职务罪	其他特别严重情节	选处死刑
	446	战时残害居民罪、战时掠夺居民罪	情节特别严重	选处死刑

(三)暴力犯罪适用死刑之量刑情节的运用

刑法分则条文中，对暴力犯罪适用死刑的量刑情节，其作用主要有两种：即绝对适用死刑、允许适用死刑。其中，允许适用死刑的，又有“可以判处死刑”与“判处有期徒刑、无期徒刑、死刑”或者“判处无期徒刑、死刑”的两种规定方式，前者属于酌处死刑，后者属于选处死刑。刑法规定的酌处死刑，只有第113条的规定；绝对死刑，有《刑法》第121、239条规定的基本犯、第317条第2款规定的加重犯、第240条第2款规定的加重的加重犯。其他全属于选处死刑的情况。

上述各种量刑情节，根据暴力犯罪适用死刑的指导原则，对暴力犯罪适用死刑具有的作用可以分为如下几种情况。

(1)直接否定情节直接否定死刑适用，即《刑法》第49条的规定。

(2)间接否定情节否定死刑适用或者死刑的立即执行。这类情节主要有刑法总则规定的各种应当从宽处罚的情节。如果某暴力犯罪罪行极其严重，但存在应当从宽情节，对于酌处死刑、选处死刑的规定，应该不适用死刑；对于绝对死刑的规定，应该考虑适用死刑缓期两年执行。

(3)出现法定限制情节时，限制死刑的适用与执行。这样的情节主要是指刑法总则规定的各种可以从宽处罚的情节。如果某暴力犯罪罪行极其严重，但存在可以从宽情节，对于酌处死刑的规定，尽量不适用死刑；对于选处死刑、绝对死刑的规定，可以考虑适用死刑缓期两年执行。

(4)出现酌定限制情节，即酌定从宽的情节时，如果暴力犯罪罪行极其严重，可考虑适用死刑缓期两年执行。

(5)出现法定允许情节，即法定从严情节时，如果暴力犯罪罪行极其严重，对于酌处死刑、选处死刑，应判处死刑，同时考虑适用死刑缓期两年执行；对于绝对死刑，应判处死刑。

(6)出现酌定允许情节，即酌定从严情节时，如果暴力犯罪罪行极其严重，对酌处死刑、选处死刑，可以考虑判处死刑，但应考虑适用死刑缓期两年执行；对绝对死刑，应判处死刑。

从上述分析可以看出，刑法分则规定的量刑情节，表明特定暴力犯罪可能适用死刑；而刑法总则规定的量刑情节，则直接影响应否、如何适用死刑。

最后，还需要探讨的重要问题是多种量刑情节同时具备时，对暴力犯罪该如何适用死刑？该问题涉及多种量刑情节同时存在时刑罚适用的问题。同向趋轻情节并存时，应该先减轻，后从轻；同向趋重情节并存时，不能升格法定刑加重处罚；逆向情节并存时，则要先从严，再从宽。① 对于上述暴力犯罪适用死刑的量刑情节，则要区分不同情况来对待。

(1)直接否定情节与其他任何情节并存时，都应发挥直接否定情节的作用，否定死刑的适用。

(2)间接否定情节与其他任何情节并存时，仍发挥间接否定情节的作用，对酌处死刑、选处死刑的规定，不适用死刑；对绝对死刑，则考虑适用死刑缓期两年执行。

(3)法定限制情节与酌定限制、法定允许、酌定允许情节并存时，基于限制、减少死刑的立场，考虑仍适用法定限制情节。

(4)法定允许情节与酌定限制、酌定允许情节并存时，适用法定允许情节。

(5)酌定允许与酌定限制情节并存时，考虑适用酌定限制情节。

三、暴力犯罪死刑罪名的类型化

关于宽严相济刑事政策在死刑适用中的贯彻问题，最高人民法院在其2010年2月8日发布的《关于贯彻宽严相济刑事政策的若干意见》中做了论述，其中对暴力犯罪的死刑适用问题也有涉及。该部分的内容具有如下特点：第一，将暴力犯罪列为实施依法“从严”方面政策的具体对象，严厉打击暴力犯罪是毫不动摇地坚持依法严惩严重刑事犯罪之方针的必然和必要内容。第二，在同样贯彻依法严惩严重刑事犯罪之方针的情况下，对不同的严重犯罪、暴力犯罪做了一定的区分，形成了不同的类别，具体有“对于危害国家安全犯罪、恐怖组织犯罪、邪教组织犯罪、黑社会性质组织犯罪、恶势力犯罪、故意危害公共安全犯罪等严重危害国家政权稳固和社会治安的犯罪，故意杀人、故意伤害致人死亡、强奸、绑架、拐卖妇女儿童、抢劫、重大抢夺、重大盗窃等严重暴力犯罪和严重影响人民群众安全感的犯罪，走私、贩卖、运输、制造毒品等毒害人民健康的犯罪”。除去毒害人民健康的犯罪之外，上述规定

① 李洁：《定罪量刑情节若干问题研究》，《北华大学学报(社会科学版)》2001年第1期；张明楷：《刑法学》第2版，法律出版社2003年版，第448页。

将严重危害国家政权稳固和社会治安的犯罪、严重暴力犯罪、严重影响人民群众安全感的犯罪相提并论。第三，特别强调“对于极端仇视国家和社会，以不特定人为侵害对象，所犯罪行特别严重的犯罪分子，该重判的要坚决依法重判，该判处死刑的要坚决依法判处死刑”，表明了在宽严相济刑事政策的背景之下死刑并非是可有可无的点缀和修饰，而是必要的内容。对此，笔者认为，这里的规定表明了最高司法机关在死刑适用的问题上对不同类型犯罪进行区分的态度。不过，需要注意的是，上述规定在分类的问题上存在相当的不足，即忽视了严重暴力犯罪与严重危害国家政权稳固和社会治安的犯罪、严重影响人民群众安全感的犯罪在概念和范围上交叉和重合。因为某些严重危害国家政权稳固和社会治安的犯罪或者严重影响人民群众安全感的犯罪，可能会表现为严重暴力犯罪，即某些犯罪人会以暴力手段实施严重危害国家政权稳固和社会治安的犯罪或者严重影响人民群众安全感的犯罪。上述规定并没有刻意地按照侵犯法益之性质的标准或者对社会或者民众造成的影响等作为唯一的划分标准，而是根据情况混合性地进行表述，因而，存在一定的不足。值得肯定的是，上述规定明确地揭示出对于严重犯罪适用死刑，应当考虑对这些严重犯罪的类型进行合理的划分。这种思路也给我们以理论上的启发，在分析暴力犯罪适用死刑的标准时可以考虑犯罪类型的不同对死刑适用标准进行犯罪的具体分析。

(一)暴力犯罪基本犯的死刑适用与暴力犯罪加重犯的死刑适用

根据刑法的规定，从被配置死刑的犯罪构成的形态看，暴力犯罪的死刑配置表现为如下两种情况。

1. 基本犯被配置死刑作为法定刑之一

这样的犯罪有《刑法》第 127 条第 2 款规定的“抢劫枪支、弹药、爆炸物、危险物质罪”、第 232 条规定的“故意杀人罪”。从死刑适用的角度看，故意杀人罪直接非法侵犯他人的生命权，消灭他人的肉体存在，从犯罪性质上就表明其严重性质，表明该犯罪非常恶劣。① 因而被害人死亡是重要乃至主要的考量因素，司法实务机关往往也是根据被害人死亡的情况来考虑死刑适用问题。而对于抢劫枪支、弹药、爆炸物、危险物质罪来说，死刑适用之主要因

① 钊作俊：《死刑限制论》，武汉大学出版社 2001 年版，第 116 页。

素就有所不同。有论者指出，只有抢劫枪支、弹药、爆炸物、危险物质致人重伤、死亡或者使公私财产受到重大损失，或者具有其他严重情节的，才可以选择适用死刑。要从行为的强度、危害程度、行为对象的种类及其数量、行为环境及它所引起的社会政治与国际影响等后果来具体分析。① 最高人民法院2001年5月16日实施的《关于审理非法制造、买卖、运输枪支、弹药、爆炸物等刑事案件具体应用法律问题的解释》没有对该罪的死刑适用问题作出规定。在笔者看来，立足于《刑法》第127条第2款的规定来看，上述司法解释虽然没有对本罪适用死刑的量刑情节作出解释，但是关于盗窃、抢夺枪支、弹药、爆炸物、危险物质罪等犯罪适用死刑的量刑情节的规定可以提供思路，即抢劫枪支、弹药、爆炸物、危险物质的具体数量对死刑适用有着关键的影响。另外，必须注意到，这两种暴力犯罪基本犯的死刑配置也略有不同，即抢劫枪支、弹药、爆炸物、危险物质罪的法定刑是从轻到重安排，死刑并不是首要选择，司法机关必须从轻到重地考虑刑罚的适用，死刑的适用需要严格的条件。而故意杀人罪的法定刑则是从重到轻排列，死刑被排在第一位，不仅表明故意杀人罪重于其他犯罪，而且表明立法对故意杀人罪适用刑罚的态度，即首选死刑，只有确实存在阻碍死刑适用的因素，才能考虑不适用死刑。

2. 加重犯被配置死刑作为法定刑

这样的犯罪是除了上述暴力犯罪之外的22种暴力犯罪。尽管同样都是加重犯，这22种暴力犯罪在形态上存在较大区别，具体表现为：第一，对结果加重犯适用死刑，有放火罪、决水罪、爆炸罪、投放危险物质罪、以危险方法危害公共安全罪、破坏交通工具罪、破坏交通设施罪、破坏易燃易爆设备罪、破坏电力设备罪、劫持航空器罪、故意伤害罪、绑架罪12种。对这些犯罪，自然是主要从危害的结果上考虑死刑的适用，该因素往往是表现为造成众多人员伤亡、国家或者民众巨大的经济财产损失，对社会造成的恶劣影响仅仅是参考因素。第二，不规定适用死刑的具体情节，只是概括地规定“情节特别严重”时可选处死刑，有武装叛乱、暴乱罪、暴动越狱罪、聚众持械劫狱罪、强迫卖淫罪、破坏武器装备、军事设施、军事通信罪、战时残害居民、

① 钊作俊：《死刑适用论》，人民法院出版社2003年版，第372—373页。

掠夺军民财物罪等。这里的“特别严重”情节其实包括了造成伤亡或者重大经济财产损失的情形。第三，对加重结果和其他特别严重情节适用死刑，具体有强奸罪、拐卖妇女、儿童罪、抢劫罪、阻碍执行军事职务罪等。对于后两种类型的暴力犯罪，人员的伤亡并不是最主要的考虑因素，犯罪手段的残忍性、犯罪活动的范围和持续时间、对正常社会生活或者国家管理活动造成的重大阻碍以及造成的极大恶劣影响往往也会影响到死刑的适用。

（二）致命性暴力犯罪的死刑适用与非致命性暴力犯罪的死刑适用

不管是本身侵犯生命、健康法益的犯罪，还是手段会侵害生命、健康法益的犯罪，都有可能出现被害人重伤或者死亡的后果。那么，是否就认为仅在造成人员伤亡的情况下才对这些犯罪适用死刑呢？显然并非如此。即便是没有造成被害人的重伤或者死亡，如果有极其严重或者极其恶劣的情节，刑法在立法规定上以及司法实务机关在具体司法适用上也都认为可以对这些暴力犯罪适用死刑。仅从刑法分则罪刑条文所规定的犯罪构成上看，被害人重伤或者死亡是部分暴力犯罪之犯罪构成要件的重要内容，对于其他犯罪来说，被害人重伤或者死亡仅仅是可能出现的情形，对死刑适用也具有可能性的影响。据此，可以对适用死刑的暴力犯罪进行一定的区分，划分为致命性暴力犯罪和非致命性暴力犯罪。

1. 致命性暴力犯罪死刑罪名

根据刑法分则相关罪刑条文的规定，以被害人死亡为犯罪构成内容和犯罪既遂标志的暴力犯罪死刑罪名，主要有两种类型：第一，被害人死亡是唯一的死刑适用犯罪情节，具体有《刑法》第 232 条规定的故意杀人罪、第 239 条规定的绑架罪；第二，被害人死亡并非唯一的死刑适用犯罪情节，当其他某些犯罪情节(如被害人重伤等)出现时也可以对犯罪人适用死刑，具体有《刑法》第 115 条规定的放火罪、决水罪、爆炸罪、投放危险物质罪、以危险方法危害公共安全罪，第 121 条规定的劫持航空器罪，第 236 条规定的强奸罪，第 240 条规定的拐卖妇女、儿童罪，第 263 条规定的抢劫罪，第 426 条规定的阻碍执行军事职务罪等。

在第一种情况下，故意杀人罪通常被认为是直接的致命性暴力犯罪，而绑架罪在严格意义上则是间接的致命性犯罪，因为根据《刑法》第 239 条的规定，死刑适用于绑架罪的加重犯，该死刑适用的加重情节有两种，即“致使被绑架人死亡或者杀害被绑架人”。“致使被绑架人死亡”是指绑架行为客观上造成被害人死亡，犯罪人主观上具有过失或间接故意的罪过。“杀害被绑架人”是指以直接故意将被害人杀死，即“撕票”。出现这两种情况的，综合其他情节，若认为“罪行极其严重”，则应当适用死刑。深入分析，“杀害被绑架人”和“致使被绑架人死亡”有着不同的含义和性质，对死刑适用的影响并不相同，即后者并不是直接剥夺犯罪人的生命。当然，在这两种犯罪情节之下，犯罪人也并不是直接杀害被绑架人，而是先绑架，限制或者剥夺被害人的人身自由，然后因故造成被害人死亡，在恶劣程度上与故意杀人罪略有差异。这就提醒我们，在死刑适用的问题上，应该考虑绑架罪中被害人死亡与故意杀人罪中被害人死亡的不同意义，作出慎重的考虑和合理的对待。

在第二种情况下，我们可以看到，其实是犯罪人的犯罪手段可能造成被害人的死亡，如果犯罪人以直接杀害被害人的意图实施上述犯罪，那么从危害行为的内容和性质上看，就包括直接故意杀人的意思。因而，也将这些犯罪视为危及被害人生命安全的暴力犯罪。但在上述情况下，犯罪行为出现了故意杀人罪和其他犯罪的竞合情况，与其说这些犯罪属于直接的致命性暴力犯罪，倒不如说故意杀人罪这种直接的致命性暴力犯罪被包含在上述犯罪之中。此时，对这些犯罪考虑是否适用死刑，必须重视该行为是否造成了被害人死亡，若没有造成被害人死亡，其他恶劣情节或者极其严重的情节是否与被害人死亡的情节具有相当的危害性质。

2. 非致命性暴力犯罪死刑罪名

非致命性的暴力犯罪死刑罪名是指根据刑法的规定明确不以被害人死亡作为死刑适用犯罪情节或者概括性地规定死刑适用犯罪情节的犯罪。这样的犯罪可以区分为如下几种。

第一，以被害人受到重伤作为唯一或者主要死刑适用考虑情节的暴力犯罪死刑罪名。这样的暴力犯罪有放火罪、决水罪、爆炸罪、投放危险物质罪、以危险方法危害公共安全罪、劫持航空器罪、抢劫罪、故意伤害罪、强奸罪、拐卖妇女、儿童罪、强迫卖淫罪、阻碍执行军事职务罪。例如，被害人重伤是故意伤害罪适用死刑的主要考量情节。《刑法》第 236 条规定的量刑情节为“致人死亡或者以特别残忍手段致人重伤造成严重残疾”。有关司法解释指出，对于故意伤害致人死亡，手段特别残忍，情节特别恶劣的，才可以判处死刑；

对于故意伤害致人重伤，造成严重残疾，只有犯罪手段特别残忍，后果特别严重的，才能考虑适用死刑。① 这样就将死刑作为故意伤害罪适用刑罚的最后选择，能够限制死刑的适用。所以，如何判断“手段特别残忍”、“后果特别严重”，关系到对故意伤害罪是否适用死刑。笔者认为，“残忍”是指犯罪人意图使被害人受到严重痛苦，而被害人也实际上感受到了痛苦。具体可从如下几方面来把握：(1)犯罪主观。犯罪人有重伤故意，且企图造成被害人的极大痛苦。(2)犯罪客观表现。行为直接侵害到被害人人身的重要部位，甚至是残害肢体(如挖眼、泼强酸、砍手脚)。(3)犯罪程度。犯罪行为造成被害人痛苦的手段持续时间非常长，或者伤害程度非常大，能够即时造成极大痛苦。(4)犯罪工具。犯罪工具具有很强的杀伤性、破坏性，如枪支、爆炸物、机动车等。(5)社会观念。社会公众也认为该手段难以容忍，甚至具有侮辱性。显然上述犯罪在造成被害人重伤的情况下是否适用死刑的问题可以参考上述对故意伤害罪适用死刑的分析。

第二，以财产损失作为死刑适用考虑情节之一的暴力犯罪死刑罪名。这样的犯罪具体有放火罪、决水罪、爆炸罪、投放危险物质罪、以危险方法危害公共安全罪、劫持航空器罪、抢劫罪。对此，笔者认为，从财产法益与生命法益比较的角度看，不能将财产法益受到侵害的程度作为判断是否适用死刑的标准，因为生命法益在性质和意义上要重于财产法益。那么，关于上述犯罪的死刑适用，就要进行综合性的考虑，即应该从侵犯人身权利与侵犯财产权利两个方面来考虑。具备其中一个方面的，只有危害非常严重的才可适用死刑；同时具备两方面因素，而且都很严重的可适用死刑。

第三，以犯罪对象的数量或者性质、犯罪的场合或者次数、犯罪行为方式、对犯罪人所实施的其他侵害行为作为死刑适用考虑情节的暴力犯罪死刑罪名。这样的犯罪具体有抢劫枪支、弹药、爆炸物、危险物质罪、抢劫罪、强奸罪、拐卖妇女、儿童罪、强迫卖淫罪。对于这些犯罪适用死刑要特别慎重。笔者认为，必须全面考察犯罪的具体过程和危害，犯罪人在较长时间内多次实施上述犯罪，且确实给他人造成了危害，严重威胁社会治安，给人民

① 参见最高人民法院1999年10月27日发布的《全国法院维护农村稳定刑事审判工作座谈会纪要》。

群众造成极为严重的恐惧气氛和不安全感才能适用死刑，且尽可能不适用死刑立即执行，而是适用死刑缓期两年执行，从而体现对死刑的严格控制和对生命权利的充分尊重。

第四，规定概括性的量刑情节，适用死刑所考虑的犯罪情节并不局限于某一种情形。这样的犯罪有武装叛乱、暴乱罪、暴动越狱罪、聚众持械劫狱罪、战时残害居民、掠夺居民财物罪。对于这些情节加重犯适用死刑的问题，我们同样应该特别慎重。有论者指出，对情节犯的认定，应该尽量考虑以权利为本位，以限制刑罚权的适用为原则。① 这是有道理的，因为刑罚结构的改革受到世界刑事政策的影响，而世界刑事政策总体上趋向于两极化，即表现为“轻轻重重”。因此，我国有必要坚持轻刑化，同时根据犯罪的严重程度适当分配刑罚。② 对于规定概括性情节的严重暴力犯罪，刑事司法解释也没有规定统一的标准，司法实践中不易把握，容易放宽死刑适用的条件，扩张死刑的适用。所以，对“情节严重、恶劣”、“情节特别严重”、“造成严重后果”的认识与把握就有必要非常严格，而不能过于随意。例如，关于暴动越狱罪、聚众持械劫狱罪，根据第 317 条第 2 款的规定，加重犯的法定刑是绝对死刑，量刑情节是“情节特别严重”。在这两种犯罪的加重犯中，适用死刑的犯罪人同样是首要分子与积极参加者，且必须适用死刑。但是，这里的量刑情节却是概括性情节，需要从多方面来把握。首先，犯罪主体情节主要有：犯罪人具有国家工作人员身份的，或者为邪教组织、黑社会组织、恐怖组织的首要分子或者积极参加者。其次，犯罪客观情节主要有：参与人员众多(10人以上)、抢夺军警人员枪支弹药、造成大量人员伤亡、造成大量被监管人员脱逃、持有枪支弹药或者其他伤害性较强凶器、致使很多犯罪人的司法程序长期不能进行。

---

① 李翔：《刑事政策视野中的情节犯研究》，《中国刑事法杂志》2005 年第 6 期。

② 陈兴良：《刑事政策视野中的刑罚结构调整》，《法学研究》1998 年第 6 期。“轻轻”是指对轻微犯罪，包括偶犯、初犯、过失犯等主观恶性不重的犯罪，处罚更轻。“重重”是指对严重犯罪更多地、更长期地适用监禁刑。

第 四 章

量刑情节与暴力犯罪死刑适用问题研究

第一节 暴力犯罪死刑适用中的量刑情节

对实施暴力犯罪的行为人适用死刑的标准是罪行极其严重，而判断罪行是否极其严重则需根据案件中涉及的各项事实状况来确定。理论上将这些反映犯罪行为社会危害性程度与行为人主观恶性程度的各项事实情况称为量刑情节。量刑情节在判断暴力犯罪案件中犯罪人的罪行是否符合死刑适用标准起着至关重要的作用。

一、量刑情节的类型

量刑情节包括的范围较广，表现形式多种多样。依据不同标准，可以对其进行不同的分类。对于暴力犯罪适用死刑具有重要意义的主要包括以下几种分类方法。

1. 法定量刑情节和酌定量刑情节

以情节有无规范性文件为标准，将量刑情节分为：法定量刑情节和酌定量刑情节。法定量刑情节，是指刑法明文规定或者司法解释明确在刑罚裁量时必须予以考虑的各种有关事实情况，如《刑法》第 27 条规定：对于从犯，应当从轻、减轻处罚或者免除处罚的规定。它既包括刑法总则及刑法分则条文规定的情节，也包括某些单行刑法中规定的情节，还包括司法解释明确的量刑情节。酌定量刑情节，指的是刑法中没有明文规定，司法解释也没有加以明确但在司法实践中影响人民法院对犯罪人适用刑罚的与犯罪事实和犯罪人有关的事实情况，如犯罪人的犯罪动机等情节。这一分类是量刑情节的一个最基本也是最简单，但同时又是最重要的分类。这一分类提醒对犯罪人量刑的时候，不能仅仅关注刑法或者司法解释中明文规定的影响犯罪人罪责轻重的各种事实情况，还要关注那些没有被明文规定的但对于犯罪人的罪责轻重会产生影响的事实情况。如果在量刑中只关注法定情节，排除酌定情节，那就意味着不分案件的某些具体情况而进行判决，显然有违刑罚公正的要求，也是刑法罪刑均衡原则所不允许的。刑法涉及社会生活中的方方面面，其规定的法定刑、法定情节因受到各种因素的制约，不可能涵盖和解决社会生活中的各种冲突和问题。立法中的模糊、疏漏是难免的。但任何疏漏都可能造成司法的不切合实际性和不公正性，产生罪责刑不相适应的负面效应。酌定情节正是根据这些问题，及时提出斟酌解决问题的事实标准，是弥补这种疏漏、完善法定刑规定、促进宣告刑公正的有效措施。正确认定和适用酌定量刑情节，能增进法定刑、宣告刑的活力，使判决更贴近生活，更符合实际，更具协调性和人性化。总之，法院、法官对犯罪分子判处刑罚的时候，既要重视适用法定量刑情节，又要重视适用酌定量刑情节，不能忽视、放弃适用酌定情节。① 那么在对暴力犯罪考量是否适用死刑的过程中，这一分类方法首先就能够告知有关人员，除了案件当中那些被规范性文件明文规定的各种事实情况会影响死刑的适用，还应当关注那些没有被明文规定的事实情况，因为那些事实情况同样影响着行为人的罪责轻重，同样会对犯罪人是否适用死刑有着重要的意义。

2. 应当型量刑情节和可以型量刑情节

以情节是否必须适用为标准，将量刑情节分为：应当型量刑情节和可以型量刑情节。应当型量刑情节，指的是刑法或者司法解释规定的在量刑时对犯罪人必须予以适用的情节，相关条文通常冠以“应当”二字。应当型量刑情节既包括法定应当从严处罚的情节，如教唆不满 18 周岁的人犯罪的教唆犯、累犯等，也包括法定应当从宽处罚的情节，如共同犯罪中的从犯，胁从犯等。无论是法定应当从严处罚的情节还是法定应当从宽处罚的情节，只要犯罪人

---

① 陈华杰：《如何把握死刑案件的量刑情节》，《中国审判》2008 年第 10 期。

具备这些情节，就必然会对量刑产生影响。一般来说，在没有其他情节的情况下，如果被告人的犯罪行为中有应当从宽处罚情节的，不论其所犯罪行有多严重，均不能对其判处该罪的法定最高刑；如果被告人的犯罪行为有应当从严处罚情节的，不论所犯的罪行多轻，均不能对其判处法定最低刑。

可以型量刑情节，指的是刑法或者司法解释明文规定在量刑时可以斟酌适用的情节，相关条文通常冠以“可以”二字，如《刑法》第19条规定，又聋又哑的人或者盲人犯罪，可以从轻、减轻或者免除处罚。我国刑法只规定了可以从宽的法定情节，没有规定可以从严的法定情节。一般情况下，可以型情节对犯罪的社会危害性程度和犯罪人的人身危险性程度产生一定的影响，但在某些情况下也可能不发生影响或影响甚微。① 不过应当指出的是，法律规定这些情节是带有倾向性的。在量刑过程中，除个别例外情形，原则上应当使这些情节对犯罪人的量刑产生作用。但是，不能把可以型量刑情节视为“可以考虑，也可以不考虑”的情节，如果这么认定可以型量刑情节，可能会导致某些审判人员以“可以”为由，在量刑时任意对某些“可以”型情节不加考虑，从而影响量刑的质量。②

在考量暴力犯罪是否适用死刑的过程中，这一分类方法告知司法工作人员，在适用死刑时，应当型量刑情节与可以型量刑情节是两类不同的犯罪情节。如果有应当型的量刑情节，那么司法工作人员必须遵照该量刑情节的指引去适用刑罚，如果是可以型的量刑情节，那么司法工作人员可以考虑在极个别的情况下有所例外对待。也就是说，法定应当从宽(包括应当从轻和减轻)情节排除死刑的适用。能不用死刑，尽量不用死刑(尤其是死刑立即执行)，既然应当从宽，当然就没有适用死刑或死刑立即执行的必要。时任最高人民法院院长肖扬在介绍2005年刑事审判和执行工作的情况时，指出人民法院“贯彻宽严相济的刑事政策，对罪当判处死刑但具有法定从轻、减轻处罚情节或者不是必须立即执行的，依法判处死缓或无期徒刑”。这也表明有法定应当从宽情节的，当判处死缓或无期徒刑，而不适用死刑或者死刑立即执行。法定可以从宽(包括法定可以从轻和减轻)情节原则上排除死刑或死刑立即执

---

① 马克昌主编：《刑罚通论》，武汉大学出版社1999年版，第337—338页。

② 高铭暄主编：《刑法学原理》第3卷，中国人民大学出版社1994年版，第251页。

行的适用。2007年3月9日最高人民法院、最高人民检察院、公安部、司法部联合颁布法发[2007]11号文《关于进一步严格依法办案确保办理死刑案件质量的意见》规定："对具有法律规定'应当'从轻、减轻或者免除处罚情节的被告人，依法从宽处理；对具有法律规定'可以'从轻、减轻或者免除处罚情节的被告人，如果没有其他特殊情节，原则上依法从宽处理。"根据该规定，对于法定可以从宽情节，原则上依法从宽，也就是说除特殊情况外，原则上不适用死刑或死刑立即执行。因此，法定可以从宽情节原则上排除死刑或死刑立即执行的适用，特殊情况下才能适用死刑或死刑立即执行。

3. 从严处罚情节和从宽处罚情节

以情节的处罚功能为根据，将量刑情节分为：从严处罚情节和从宽处罚情节。从严处罚情节，在我国现行刑事法律体系中，只有从重处罚的情节，指的是人民法院据此在法定刑中间线以上判处适当刑罚，但不能突破法定刑上限的与犯罪或犯罪人有关的量刑情节；从宽处罚情节指的是人民法院对犯罪人从宽处罚所依据的事实情况，包括从轻处罚情节、减轻处罚情节以及免除处罚情节三类。按照这一分类方法划分形成的从严处罚情节与从宽处罚情节具有对立性，从严处罚情节是一种加重犯罪人刑事责任的量刑情节，在暴力犯罪适用死刑过程中，具备这类情节使得犯罪人的罪行趋向于符合死刑的适用标准；从宽处罚情节是一类减轻犯罪人刑事责任的量刑情节，在暴力犯罪适用死刑的过程中，具备这类情节弱化了犯罪人的罪行对死刑适用标准的符合。① 在实践中，从严处罚情节与从宽处罚情节在死刑案件中时常会并存。对此，需要注意不能搞简单的相互抵消，从而既不对犯罪人从轻，也不对其从重，最终把这两种量刑情节从量刑的因素中删掉。正确的做法应当是按照"先从严，后从宽"的原则处理。② 也就是说，先适用从严情节，再适用从宽情节，对犯罪人尽可能不适用死刑立即执行。

二、量刑情节对暴力犯罪死刑适用的影响

在暴力犯罪死刑案件中，上述类型不同的量刑情节对死刑的裁量发挥着

---

① 赵秉志：《中国死刑案件审判的热点问题——以刑事实体法为考察视角》，《刑法论丛》第22卷，法律出版社2010年版，第88页。

② 李洁：《定罪量刑情节若干问题研究》，《北华大学学报(社会科学版)》2001年第1期。

不同的作用。从原则上讲，法定量刑情节在适用上优于酌定量刑情节；法定应当型量刑情节先于法定可以型量刑情节。① 但是，在死刑的裁量上，不宜僵硬地理解，而需要注意从整体上分析和把握犯罪人的罪行是否属于极其严重，即是否符合死刑适用的标准。具体而言，需要考虑如下问题。

(1)要注意分析是从宽情节还是从严情节处于主导地位。若从严情节不处于主导地位，即便该从严情节属于法定应当型从严情节，也可以考虑不适用死刑或者至少不适用死刑立即执行；若从宽情节不处于主导地位，且没有法定从宽情节，才可以考虑适用死刑。

(2)法定从宽情节优于酌定从严情节。若法定应当型从宽情节与酌定从严情节并存，则对犯罪人不应适用死刑；若法定可以型从宽情节与酌定从严情节并存，则对犯罪人尽量不适用死刑。

(3)妥当处理法定从严情节与法定从宽情节并存(如犯罪人属于累犯，同时又有立功表现)，且分不清何者处于主导地位的情形。对此，若法定可以型从严情节与法定应当型从宽情节并存，则对犯罪人不应适用死刑；若法定应当型从严情节与法定可以型从宽情节并存，则对犯罪人考虑尽量不适用死刑，即便适用，也应尽量考虑适用死刑缓期两年执行，而不是死刑立即执行。

(4)妥当处理酌定从严情节与酌定从宽情节并存(如犯罪人的手段比较残忍，但事后积极抢救被害人)，且分不清何者处于主导地位的情形。此时，对犯罪人应尽量不适用死刑，即便适用死刑，也不宜适用死刑立即执行。②

第二节　暴力犯罪死刑案件中具体量刑情节的运用

在判断暴力犯罪是否适用死刑的过程中，量刑情节常常起着至关重要的作用，因而研究量刑情节对暴力犯罪死刑适用无疑具有重要意义。在死刑案件的实际审判中经常出现且存在较多问题的量刑情节，主要有以下几种情形。

---

① 赵秉志主编：《当代刑法学》，中国政法大学出版社 2009 年版，第 349 页。

② 赵秉志：《中国死刑案件审判的热点问题——以刑事实体法为考察视角》，《刑法论丛》第 22 卷，法律出版社 2010 年版，第 89 页。

一、犯罪的起因

犯罪的起因是指致使犯罪人实施犯罪的诱因，即犯罪发生的引发因素。在严重刑事犯罪中，犯罪的起因对死刑的适用有着极其重要的影响，不同性质的犯罪起因直接影响对具体犯罪是否符合“罪行极其严重”之死刑适用标准的判断。具体而言，此方面的情节如下。

1. 民间矛盾

民间矛盾如因婚姻家庭内部、邻里之间发生的矛盾纠纷以及因债权债务或者工作、生产过程中形成的矛盾等情形，这些暴力犯罪的发生多是由于矛盾叠加、冲突升级，没有得到有效调和而最终酿致恶果。在民间矛盾引发的严重暴力犯罪中，犯罪人与被害人往往有着比较亲近或者熟悉的关系，加上事出有因，虽然可能造成严重的伤亡后果，但犯罪人的主观恶性和人身危险性一般并不是极其严重，而且从案件的性质来看，与危害国家安全犯罪、恐怖犯罪、黑社会性质犯罪等那些以不特定公众为侵害对象，严重危害社会治安，严重影响人民群众安全感的犯罪相比更是有着显著的区别。可见，对于因为民间矛盾引发的暴力犯罪，即便犯罪后果十分严重，综合整个犯罪事实也难以达到“罪行极其严重”的程度，所以对这类犯罪一般应特别慎重考虑是否适用死刑，即使判处死刑也尽量不要判处死刑立即执行。如张×故意杀人案。①

被告人张×，女，1989年10月26日出生。被告人张×和被害人闫某某婚后一直感情不和，经常发生争吵。2009年12月19日上午9点左右，在新密市白寨镇高庙村闫家岗27号家中，二人因所生女儿脾气像谁发生争执。后张×即起意杀害闫某某，并乘其丈夫闫某某睡觉之机，手执院内水泥花台上的磨刀石，朝闫某某的头面部猛砸数下，致闫某某当场死亡。随后，张×打“110”电话报案，并向及时赶到现场的公安民警供述了将其丈夫打死的事实。经法医鉴定，被害人闫某某系被他人用钝性物体(如砖石类)多次打击头面部致颅脑损伤伴失血性休克而死亡。

法院认为，被告人张×仅因琐事，故意非法剥夺他人生命，致一人死亡，其行为已构成故意杀人罪。某市人民检察院指控被告人张×的犯罪事实清楚，

① 参见(2010)郑刑二初字第47号判决书。

证据确实充分，罪名成立，应予支持。张×作案后主动投案，并如实供述自己的罪行，系自首，可从轻处罚。对于被告人张×的辩护人称张×有自首情节，本案系因家庭矛盾引发的案件，有一女需抚养，系初犯、偶犯，请求法院对其从轻处罚的辩护理由，经查属实，法院予以采纳。依法判决如下：张×犯故意杀人罪，判处无期徒刑，剥夺政治权利终身。

张×故意杀害丈夫一案虽然造成一人死亡的严重后果，但由于该案属于家庭矛盾引发的案件，再加上犯罪人系初犯、偶犯，并且张×还主动打110电话报警，向警察如实供述自己的犯罪事实，综观全案，法院对其予以从轻处罚判处无期徒刑的判决是合适的。这中间虽然有自首的法定情节，并且有初犯、偶犯的酌定情节，但该案是由于家庭矛盾引发的这一因素对于张×最终被判处无期徒刑的影响还是比较大的，因此，我们赞同该法院的判决理由及判决结果。

当然，对于民间矛盾引发的案件，也不能简单地一律从轻处罚，绝对不适用死刑，对于那些严重违反基本伦理的杀害亲属、动机恶劣、滥杀无辜、作案手段极其残忍的，应当判处死刑立即执行。① 因为在这种时候，行为人的主观恶性和人身危险性通过其犯罪行为已表现得非常严重，对这样的犯罪人适用死刑，完全符合“罪行极其严重”的标准。如震惊全国的熊×林故意杀人案即是如此。最高人民法院复核认为，被告人熊×林因生意和婚姻家庭受挫，竟于一天内连杀8人，其行为已构成故意杀人罪。熊×林滥杀无辜，主观恶性极深，杀人手段特别残忍，犯罪情节特别恶劣，罪行极其严重，应依法惩处。依法裁定核准湖北省高级人民法院[2009]鄂刑二终字第25号维持第一审以故意杀人罪判处被告人熊×林死刑，剥夺政治权利终身的刑事裁定。② 我们也认为，被告人故意杀人虽然是由于生意和婚姻家庭受挫，可以说是民间矛盾而引起的，但被告人熊×林的杀人行为属于事先预谋并准备了杀人凶器，作案时手段极其残忍并且滥杀无辜，竟于一天内连杀8人，完全属于严重违反基本伦理的极其严重的故意杀人犯罪。对于这样的被告人，只要还没有废除暴力犯罪的死刑制度，对其判处死刑

① 项谷等：《严重暴力犯罪死刑适用的酌定标准》，《法学》2009年第11期。

② 《刑事审判参考(2009年第4辑)》，法律出版社2009年版，第120—123页。

立即执行应当得到肯定。

2. 被害人过错

被害人过错是指被害人出于故意或者过失，侵害他人合法权益，诱发他人的犯罪意识，激化犯罪人的犯罪程度，因而直接影响被告人刑事责任的行为。① 因为，对于一个罪犯而言，如果被害人对于案件的发生有明显过错的，他就应当为此承担一部分责任，相应地就应当将犯罪分子的责任减少一部分，并且被害人对案件的发生有过错的，实际上也从侧面说明了犯罪分子的主观恶性较不具此情节的犯罪分子要低，其所承担的责任自然应当相应减轻。事实上，对于被害人过错在量刑时的影响作用，在我国的刑法中是有明确的立法例的，如我国《刑法》第 20 条规定的正当防卫及防卫过当制度正是在考虑到被害人具备较强的过错而不追究行为人的刑事责任或者减轻被告人的刑事责任。同样，1999 年 10 月 27 日颁布的《全国法院维护农村稳定刑事审判工作座谈会纪要》(以下简称《纪要》)在“关于故意杀人罪、故意伤害罪案件”部分明确提到了：“对于被害人一方有明显过错或对矛盾激化负有直接责任，或者被告人有法定从轻处罚情节的，一般不应判处死刑立即执行。”可见，这一内容将被害人一方有明显过错或者对矛盾激化负有直接责任的情形与法定从轻处罚情节放在同等地位，要求一般情况下都不应判处死刑立即执行。事实上，在司法实践中，被害人过错作为一种酌定从轻情节也发挥着更重要的作用，被害人过错情节已成为辩护人进行成功辩护的重要理由。② 在此，还需注意的是，《纪要》提出“对于被害人一方有明显过错或对矛盾激化负有直接责任”的一般不应判处死刑立即执行的要求，并不意味着只有当被害人有明显过错时，才会影响案件的量刑，对于被害人一方过错不明显或者对矛盾激化不负直接责任的案件由于被害人毕竟存在一定过错或者对于矛盾的激化有一定的责任，在这种情况下犯罪人实施犯罪行为毕竟事出有因，与那些纯粹针对无辜被害人而实施的暴力犯罪相比，在主观恶性及人身危险性方面还是有一定的差距，因而在这种情况下发生的严重暴力犯罪只要没有明显的从重处罚情节或者还存在其他酌定从宽情节，就应当尽量考虑不适用死刑立即执行。

---

① 阴建峰：《故意杀人罪死刑司法控制论纲》，《政治与法律》2008 年第 11 期。

② 任志中、汪敏：《被害人过错与死刑适用》，《法律适用》2009 年第 1 期。

比如最高人民法院对郑×艳故意杀人、故意伤害案的判决，就是考虑到被害人具备一般过错，而最终判处被告人死刑缓期两年执行的刑罚。①

被告人郑×艳之父经村干部同意，于1999年4月间在霸州市中心市场南端的“百味粥屋”东侧安装电表，由郑×艳之伯父在此摆放冰柜卖冰糕，同年10月因季节原因暂时停业。2000年4月28日郑×艳之父再次在此设摊摆放冰柜时，与已在此地卖水果的被害人王×霞之夫勇某某因摊位占用问题发生争吵，经他人调解，勇某某让出所占位置。被害人王×霞、勇某某后因对调解结果不满，与郑×艳发生争执，并推拉郑家摆摊所用冰柜，致郑×艳之母刘某某倒地。郑×艳见状遂抄起王×霞摊位上的水果刀，刺王×霞背部一刀，致王×霞左肺动脉破裂，心脏左侧缘伤，造成大出血死亡。勇某某见状上前夺刀，被郑×艳刺伤右腿及左肩部，造成轻伤。最高人民法院复核认为，被告人郑×艳持刀行凶，造成一人死亡，一人轻伤，其行为已分别构成故意杀人罪、故意伤害罪，应依法惩处。鉴于郑×艳犯罪系与被害人纠纷引起，被害人对纠纷的产生和矛盾激化负有过错，故对郑×艳判处死刑，可不立即执行。遂判决被告人郑×艳犯故意伤害罪，判处死刑，缓期两年执行，剥夺政治权利终身；以故意伤害罪判处有期徒刑三年，两罪并罚，决定执行死刑，缓期两年执行，剥夺政治权利终身。

该案中，被害人王×霞、勇某某因为不满调解结果，与被告人郑×艳发生争执，并推拉郑家摆摊所用冰柜，致郑×艳之母刘某某倒地，被害人这些行为对于之后被告人郑×艳见状抄起王×霞摊位上的水果刀刺伤、刺死被害人的后果是负有一定过错的。最高人民法院也正是考虑到被害人对犯罪行为的发生具备一定过错，才最终改判郑×艳死缓。应当说，这一复核判决充分体现了严格限制死刑适用的精神。

二、犯罪构成各方面的量刑情节

在犯罪活动中，犯罪人实施犯罪的各种事实情况，尽管并不都是定罪情节，因而不属于犯罪构成要件中的要素，但也分属犯罪构成的某个方面，如犯罪目的或者犯罪动机就是犯罪主观方面的内容；犯罪手段、犯罪对象情况就是犯罪客观方面的内容。犯罪各方面的量刑情节对于具体犯罪是否符合“罪

---

① 参见(2010)刑复字第218号判决书。

行极其严重”之死刑适用标准的判断，具有直接影响。

1. 犯罪主体方面的量刑情节与暴力犯罪死刑的适用

具体而言有以下几个值得注意的地方：(1)《刑法》第 49 条明确规定：“犯罪的时候不满十八周岁的人和审判的时候怀孕的妇女，不适用死刑。审判的时候已满七十五周岁的人，不适用死刑，但以特别残忍手段致人死亡的除外。”这几类特殊主体在决定适用死刑的时候被直接完全否定，实践中也没有对这两类人员适用死刑判决。(2)由于《刑法》第 18 条第 3 款的规定对犯罪时尚未完全丧失辨认或者控制自己行为能力的精神病人可以从轻或者减轻处罚，因而对于这类人员实施暴力犯罪时，一般也不适用死刑，即便适用，也多考虑判处死刑缓期两年执行。(3)根据《刑法》第 19 条的规定：又聋又哑的人或者盲人犯罪，可以从轻、减轻或者免除处罚。这种基于人道主义而作出的法定从宽量刑情节在实践中应当得到严格的遵照执行，对于这些人员实施严重暴力犯罪造成严重后果时尽量不适用死刑，即便适用，至多也只能适用死刑缓期两年执行。如叶×华故意杀人案。①

被告人：叶×华(聋哑人)，男，1978 年 7 月 24 日生。被告人叶×华之胞弟叶×青(均系又聋又哑的人)平时好吃懒做，且有痴呆，常引起被告人叶×华的厌恶和殴打，叶×青惧怕被告人叶×华。1999 年 5 月 23 日，叶×青一天没回家，再次引起被告人叶×华恼怒；当天，在被告人叶×华找到叶×青后，被告人叶×华对其进行了殴打并将其锁在房内，叶×青也在房内将门反闩。直至 1999 年 5 月 25 日，叶的祖母付×莲几次来叫叶×青吃饭，两兄弟均不肯开门。1999 年 5 月 25 日 15 时，被告人叶×华趁无人之机，从楼上拿了一瓶“敌敌畏”农药，倒入饭碗之后强行灌入叶×青嘴里，致其身亡。

法院认为：被告人叶×华因对其弟叶×青不满，强行将“敌敌畏”农药灌入叶×青嘴内，致其死亡，其行为已构成故意杀人罪，应依法惩处。其辩护人提出被告人叶×华系又聋又哑的人，依法可从轻处罚的辩护意见成立，应予采纳。判决认定，叶×华已构成故意杀人罪，且手段残忍，罪行严重，但鉴于被告人叶×华系又聋又哑的人，其辨别和控制行为能力有限，应予以从

① 国家法官学院、中国人民大学法学院编：《中国审判案例要览 · 2000 年刑事审判案例卷》，人民法院出版社、中国人民大学出版社出版 2001 年版。

轻处罚。依法判决被告人叶×华犯故意杀人罪，判处死刑，缓期两年执行，剥夺政治权利终身。

该案中被告人叶×华以残忍的手段实施故意杀人的行为，并且造成了被害人死亡的严重后果，按理已经符合罪行极其严重的死刑的适用标准，但法院最后因为其属于又聋又哑的残疾人而作出死缓的判决，可以说是合情合理也合法的。

2. 犯罪主观方面的量刑情节与暴力犯罪死刑的适用

犯罪主观方面的量刑情节主要包括犯罪人的动机及故意的类型。

(1)犯罪动机对暴力犯罪死刑适用的影响。动机是驱使和维持个体活动，使犯罪按照一定方向进行，以达到满足某种需要的一种心理活动。犯罪动机是行为人实施犯罪行为的内在起因。在我国刑法中，同一犯罪行为可能出于不同的犯罪动机。如同为故意杀人，有的出于有益社会的利益如为民除害、为保护集体利益、协助弱者等利他的动机；有的则出于贪图钱财或者贪图权势或者是出于打击报复还可能掩盖罪行等利己的动机。这些不同的犯罪动机反映了犯罪人的主观恶性不同，从而影响犯罪人刑事责任的承担。具体到暴力犯罪的死刑适用过程中，犯罪动机如果是出于帮助弱者、为社会除害等原因，从道德层面可谴责性相对较小的情形下，一般是可以排除死刑的适用的，即使适用死刑也应当只适用死缓。如何×成故意杀人案。①

被告人何×成，系陕西勉县褒城镇红星村二组村民，与妻子徐某结婚20年，感情一直很好，且生有一子一女。15年前，徐某因患类风湿，家中经济困难，没有得到良好的治疗，病情逐渐加重。特别是近3年来，徐某病情恶化，一直瘫痪在床，就连周围邻居一致认为其早都死亡了。虽然何×成及子女在生活上尽力善待，但日复一日，家庭生活日益困难，何×成也不能外出打工挣钱，只能在家干一点农活，其他时间全都用来照顾卧床不起的妻子。面对家徒四壁和瘫痪的妻子，何×成既同情又无奈，唯有以泪洗面。2009年11月1日，看到妻子发病嘶吟哀号、痛不欲生的惨状，何×成异常急躁厌烦，突然萌生了结束妻子的生命以终结其痛苦，同时又解脱了自己和家庭的想法。

① 倪建军等：《陕西男子助妻“安乐死”获刑三年》，载中国法院网，2010年8月9日访问。

于是，何×成到当地三家药店，先后买了25片安眠药，中午3点左右给妻子服下14片安定后外出，几小时后当他回到家中时，妻子已然离世。后经法医尸检证实：徐某系自身疾病所致多脏器功能衰竭而死亡，其死前所服安定药物对死亡有一定的促进作用，但作用轻微。法庭经审理后认为，何×成的行为已构成故意杀人罪，但鉴于案发后何×成认罪态度好，坦白交代，再结合检验报告结论及其他相关证据，综合认定何×成犯故意杀人罪属"情节较轻"，遂以故意杀人罪，判处被告人何×成有期徒刑三年。

该案当中，何×成看到妻子身患重病，常年瘫痪在床，每日嘶吟哀号、痛不欲生，并且家徒四壁，出于"解脱"妻子及家人痛苦的动机而实施的投药致妻"安乐死"的行为，虽然造成了妻子死亡的危害后果，但其动机可谴责性不大并且案发后认罪态度较好，坦白交代自己的犯罪行为，人民法院考虑到其人身危险性较小，最终判处被告人何×成三年有期徒刑的刑罚。笔者认为该法院的判决值得肯定。

如果犯罪动机从道德层面属于可谴责性较大的情形，则从动机的角度促使司法机关倾向适用严重刑罚，从而难以阻却对犯罪人适用死刑。如江苏徐×元故意杀人未遂案。

徐×元，男，1963年生，江苏泰兴市泰兴镇人，已婚，高中文化，无业人员。徐×元原在当地一家保险公司工作，于2001年被单位辞退，此前曾从事过违法传销活动。2010年4月29日上午9时40分，徐×元携带单刃尖刀闯进泰兴某幼儿园，对幼儿和教师员工大肆残杀，致29名幼儿、3名教工和群众共计32人受伤，其中重伤4人、轻伤25人、轻微伤3人。后徐×元被闻讯赶到的警察和群众当场抓获。5月15日，被告人徐×元在江苏泰州中级人民法院对其进行一审时，当庭供认全部犯罪事实。一审法庭经审理查明，被告人徐×元曾因干扰妻姐的正常生活、赌博，先后被公安机关行政处罚，又因冒用他人银行卡等被单位除名，后从事商品直销亏本，为发泄个人生活、工作中的不满情绪，遂产生行凶杀人的恶念。法庭认定，被告人徐×元故意非法剥夺他人生命，虽杀人未遂，但犯罪动机极其卑劣，手段极其残忍，情节特别恶劣，后果特别严重，依法应予严惩。法院同时对该案附带民事部分进行了合并审理，依法判处徐×元死刑。一审宣判后，徐×元不服，提起上诉。5月26日上午，江苏省高级人民法院依法组成合议庭，对徐×元故意杀人案进行二审。二审法官审理后当庭宣布维持原判，判处徐×元死刑。这一判决最终得到了最高人民法院的核准。

该案中，被告人徐×元因为自己生活、工作上的挫折而产生对社会的仇视，为发泄自己的不满情绪而采用极其残忍的手段，其犯罪动机极其卑劣，情节特别恶劣。被告人徐×元虽未造成被害人死亡的后果，但这只是由于其意志以外的原因未得逞，然而该案所造成的社会影响极其恶劣，可见其犯罪行为的后果特别严重，从死刑的适用标准来看，该案中被告人的行为完全符合“罪行极其严重”的要求。由此，笔者认为，三级法院对该案的审判结果值得肯定。

(2)间接故意对于暴力犯罪死刑适用的影响。根据我国刑法的规定，适用死刑的犯罪只能是故意，但故意包括直接故意和间接故意两种类型。对于可否根据犯罪人的具体罪过形式来分析对犯罪人适用死刑的问题，笔者认为，罪过虽然属于犯罪主观方面要件，主要对犯罪的认定起作用，但同时也表明犯罪人主观恶性的大小和危害社会之意志的强弱，因而可以作为判断对犯罪人是否适用死刑的考察因素。就直接犯罪故意和间接犯罪故意而言，在危害后果大体相同的情况下，间接故意犯罪的犯罪人对社会和他人法益只是一种漠视与直接故意的积极追求相比，在主观恶性的程度上显然要轻。因而，对于行为人的主观心态在间接故意的情形下，即使犯罪案件造成了极其严重的危害后果，原则上也不应当判处被告人死刑，判处死刑立即执行则更是例外中的例外。在这一问题上，最高人民法院对醉酒驾车犯罪的态度就是很好的例证。

最高人民法院2009年9月11日针对醉酒驾车犯罪案件，统一法律适用标准，而颁布的《关于印发醉酒驾车犯罪法律适用问题指导意见及相关典型案例的通知》对间接故意在死刑限制适用中的作用提出了明确的要求。该通知首先提出：“行为人明知酒后驾车违法、醉酒驾车会危害公共安全，却无视法律醉酒驾车，特别是在肇事后继续驾车冲撞，造成重大伤亡，说明行为人主观上对持续发生的危害结果持放任态度，具有危害公共安全的故意。对此类醉酒驾车造成重大伤亡的，应依法以危险方法危害公共安全罪定罪。”同时要求：“具体决定对被告人的刑罚时，要综合考虑此类犯罪的性质、被告人的犯罪情节、危害后果及其主观恶性、人身危险性。”一般情况下，醉酒驾车构成本罪的，行为人在主观上并不希望、也不追求危害结果的发生，属于间接故意犯罪，行为的主观恶性与以制造事端为目的而恶意驾车撞人并造成重大伤亡后果的直接故意犯罪有所不同，因此，在决定刑罚时，也应当有所区别。此外，醉酒状态下驾车，行为人的辨认和控制能力实际有所减弱，量刑时也应酌情考虑。

3. 犯罪客观方面的量刑情节与暴力犯罪死刑的适用

此方面的量刑情节属于犯罪活动中的客观事实，相对较多，主要有犯罪手段、犯罪对象、犯罪后果、犯罪形态等。这些情节在暴力犯罪中主要有以下表现。

(1)犯罪手段方面。在暴力犯罪中，对于那些使用极其残忍及侮辱性手段来侵害他人生命或者重大健康的行为人应考虑从重处罚。比如为达到致死目的，反复折磨，使被害人承受极大痛苦的；以残忍手段(如砍掉脑袋、碎尸、焚尸、煮尸)毁尸灭迹的；冒充军警、司法工作人员实施杀人等暴力犯罪的；或者使用泼硫酸毁人容貌或者挖眼、割鼻等残忍侮辱手段而实施犯罪等。采用这些残忍手段实施犯罪不仅造成了被害人及被害人家属巨大的身心伤害，同时会引起强烈的社会恐慌，而且反映了被告人严重的主观恶性与人身危险性，因而对采用这样犯罪手段的犯罪人应当考虑首先适用较重的刑罚，没有其他法定或者酌定的从宽情节的时候，适用死刑是无可厚非的。如被告人王×故意伤害一案就是因为被告人的犯罪手段极其残忍，而被判处死刑。

被告人王×，女，1971年1月29日出生。被告人王×因对父母长期干涉其婚姻以及将家中9万元房款给其妹妹王×一人买房等缘故，遂认为父母偏向其妹妹，因此与家人产生严重隔阂。又因自己长期身体不好，乃怀疑父母有意延误自己的治疗，是想害死自己，逐渐产生了报复家人的念头。2009年5月28日下午1时许，王×在南通市人民东路41号医疗器械化学试剂专业商店购得硫酸1瓶，回家后即将半瓶硫酸悄悄倒入茶杯中，尔后打电话约其母亲倪×兰、妹妹王×、妹夫黄×、姨侄黄某一起到其居所吃饭。当晚20时30分左右，王×乘被害人王×和黄某要回家之机，端着盛有硫酸的茶杯，佯装与母亲倪×兰送王×和黄某下楼。当倪×兰问及其端茶杯干什么时，王×谎称是开水，口渴要喝。在行至学田新村94A幢住宅东侧暗处时，被告人王×说了声“对不起你们了”，突然将硫酸泼向王×、黄某、倪×兰。经南通市公安局法医鉴定，被害人王×、黄某、倪×兰的损伤程度均为重伤。其中被害人王×、黄某的伤残等级达到三级，被害人倪×兰的伤残等级为九级。

南通市中级人民法院经审理后认为：被告人王×以泼硫酸的手段故意伤害他人身体，致三人重伤，其行为已构成故意伤害罪。王×伤害直系亲属，不属于家庭矛盾激化所引发，完全是其个人褊狭心理所致，且手段特别残忍，后果特别严重，依法应予从严惩处。依法判决如下：被告人王×犯故意伤害罪，判处死刑，剥夺政治权利终身。一审宣判后，被告人王×没有上诉，公诉机关也没有抗诉。附带民事判决已发生法律效力。南通市中级人民法院依法报请江苏省高级人民法院核准对被告人王×的死刑判决。

在复核期间，江苏省高级人民法院委托最高人民法院司法鉴定中心组织精神病学专家对王×进行第五次复核鉴定，结论为王×在犯罪时具有限制刑事责任能力。据此，江苏省高级人民法院复核认为，被告人王×故意伤害他人身体，致人重伤，其行为已构成故意伤害罪，且手段特别残忍，致三人重伤，其中二人严重残疾，后果特别严重，依法应从严惩处。鉴于被告人王×作案时不能完全辨认、控制自己的行为，故可以从轻处罚。原审人民法院认定，被告人王×为完全刑事责任能力人，判处死刑不当，应予改判，并依法于2001年4月27日判决：被告人王×犯故意伤害罪，判处死刑，缓期二年执行，剥夺政治权利终身。①

该案中，犯罪人实施伤害的手段极其残忍，而且造成了三人重伤的严重后果，一审法院对此予以从重处罚，判处被告人死刑立即执行，就当时的证据而言应当说值得肯定。一审法院的判决虽然被改判为死刑缓期二年执行，但这只是因为复核法院对被告人进行精神病鉴定查出被告人有法定从宽处罚的情节，而对被告人进行的改判，并没有否定，相反也正是建立在认可一审法院认定的被告人手段极其残忍，后果严重的结论，否则不会对限制责任能力的被告人判处死刑缓期二年执行这么严重的刑罚。

① 最高人民法院刑事审判第一、二、三、四、五庭编：《刑事审判参考》第3辑，法律出版社2002年版。

(2)犯罪对象方面。在暴力犯罪中，如果被害人具备一些特殊的身份或者属于相对弱势的社会群体，这样的犯罪对象会成为导致司法机关对犯罪人选择适用死刑的重要原因。比如对于正在依法执勤的军警人员或者正在怀孕的妇女实施杀害的行为人，司法适用时一般都会考虑从重予以惩处，判处死刑的几率相对也会较大。如杨×全故意杀人案。

被害人李×中专毕业后，在成都打工，一次回巴中探亲，搭上了杨×全的车，杨×全称自己还是单身，曾有不幸经历。此后，单纯的李×多次与杨×全在成都相会。在李×20岁生日的前两天，杨×全说他已有老婆娃儿了，并发誓要离婚娶李×。2001年年初，李×怀上了杨×全的小孩，她想把孩子生下来，两人关系闹僵了。2001年8月16日凌晨1时许，杨×全驾驶“东风”大货车到成都，李×老远向他招手。车停后，两人再次争吵，李×拦下车，要他拿钱了断恩怨。绝情的杨×全启动车子，在李×被汽车保险杠撞倒在地后，杨×全并未停车，继续驱车前行，汽车从李×身上碾过，李×及其腹中胎儿当场死亡。四川省德阳市中级人民法院认定嫌疑人杨×全杀人动机明显，手段恶劣。经过省高院核准，杨×全被执行死刑。

该案中，被告人杨×全不仅欺骗被害人致被害人怀孕，而且对有孕在身的被害人实施残忍的杀害行为，对这种采取恶劣手段残害特殊弱势女性的被告人判处死刑似不会引致过多质疑。又如泸西暴力袭警案。①

2006年6月24日14时许，被告人陶某在其家的自建房内，对被害人明明(化名)实施奸淫，后长期潜逃。陶父、陶母明知其子是犯罪嫌疑人，还于案发后多次向其子提供财物，帮助其逃匿。2008年4月23日，当地公安局旧城镇派出所接到举报，被告人陶某已潜回家中，遂由旧城镇派出所教导员何×组织民警李×龙、王×林、张×明及协管员李×平前去抓捕。当天18时许，警方依法对陶某进行抓捕时，在上述民警已亮明其警察身份的情况下遭到在场的被告人陶父、陶母的暴力阻碍。陶母动手撕扯、殴打实施抓捕的民警。陶父则持一把尖刀朝民警李×龙的腹部猛刺一刀，后又持刀追杀民警何×至20米外，将何×刺倒在地。在此过程中，陶某乘机脱逃，后于第二日凌

① 钟旭、岳万青：《云南泸西暴力袭警案一审宣判，一名凶手被判死刑》，载新华网，2008年10月9日访问。

晨被抓获归案。被害人李×龙送医院抢救无效死亡。经法医鉴定，被害人何×的损伤程度为重伤，并达八级伤残。

法院审理认为，被告人陶父明知是警察执行公务，还持刀刺杀执行公务的警察致1人死亡、1人重伤，其行为已构成故意杀人罪；被告人陶某以奸淫为目的，与未满14周岁的幼女发生性关系，其行为已构成强奸罪；被告人陶父、陶母明知其子犯罪，还为其提供财物，帮助其藏匿，均已构成窝藏罪；被告人陶母采取暴力、威胁的方法阻碍国家机关工作人员依法执行公务，其行为已构成妨害公务罪。被告人陶父犯罪后虽到公安机关自首，但因其犯罪情节恶劣，犯罪手段残忍，犯罪后果极其严重，故不予从轻处罚。被告人陶某犯罪时已满16周岁未满18周岁，应当从轻处罚。据此，法院对该案作出判决：被告人陶父犯故意杀人罪，判处死刑，剥夺政治权利终身；犯窝藏罪，判处有期徒刑2年，决定执行死刑，剥夺政治权利终身。被告人陶某犯强奸罪，判处有期徒刑7年。被告人陶母犯窝藏罪，判处有期徒刑1年；犯妨害公务罪，判处有期徒刑2年，总合刑期3年，决定执行有期徒刑2年。

该案中，陶父为助子逃避公安民警的抓捕，竟持一把尖刀朝民警的腹部猛刺，之后又持刀追杀另一民警并将该民警刺倒，造成两名民警一死一伤的严重后果，其动机卑劣，后果严重，对这样的为窝藏掩盖犯罪行为而袭警的犯罪人作出如上判决无可厚非。

(3)犯罪后果方面。在暴力犯罪中，影响行为人是否适用死刑的犯罪后果主要表现为导致一名以上被害人死亡或者被犯罪人以特别残忍的手段造成重伤或严重残疾的情形。危害后果在很大程度上体现了行为的社会危害性大小，对死刑的裁量具有重要影响。有学者根据一定的案例进行的实证研究表明，在造成1人以上死亡的故意杀人案件中对被告人的死刑判处率为49.3%；造成2人以上被害人死亡的故意杀人案件死刑立即执行判决率达到85.2%，剩下的14.8%没有判处死刑立即执行的情形是因为这些犯罪人具备较强的法定或者酌定从宽情节(如从犯、未满18周岁或刚满18周岁、或被害人有严重过错等)；未完成形态的故意杀人罪一般不会判处死刑，其判处死刑率仅为

2.9%。① 可见，危害后果在暴力犯罪的死刑适用过程中，影响还是比较大的，但是我们还必须看到危害结果毕竟只是说明了行为社会危害性的大小，适用死刑除了要求具备极其严重的社会危害性之外，还要求具备极其强烈的人身危险性，因而在司法实践中应当力戒死刑适用时“唯后果论”的倾向。事实上，最高人民法院于1999年10月印发的《全国法院维护农村稳定刑事审判工作座谈会纪要》中针对“准确把握故意杀人犯罪适用死刑的标准”明确提出“对故意杀人犯罪是否判处死刑，不仅要看是否造成了被害人死亡结果，还要综合考虑案件的全部情况”。这一要求对于纠正审判中的“唯后果论”具有重要的意义。事实上，不仅是故意杀人犯罪，其他的暴力犯罪同样也不应当仅仅关注行为所造成的危害后果，而应当综合考察全案的各种情节。比如魏×松绑架案。②

被告人魏×松，男，1981年7月27日出生。2008年7月15日中午1时许，被告人魏×松在广州市花都区雅瑶镇雅瑶旧村榕树脚下，将被害人李×斌(2001年3月5日出生，7岁)诱骗至其位于花都区新华街商业大道89号出租屋910房，后因被害人李×斌哭闹，魏×松唯恐事情败露，采用枕头堵嘴、双手掐颈等手段将被害人李×斌杀害。16日零时许，被告人魏×松打电话给被害人父母，以人质为要挟，索要赎金人民币68万元。同日上午，被告人魏×松使用姓名为李×明的身份证，在广州市广园中路中国农业银行广州市景泰支行开设一号码6228480081687964718的银行账户，后用移动电话发短信息至被害人父母，要求对方在17日下午4时前将赎金存入上述账户。被害人父母在17日中午、下午分两次向上述账户存入人民币68万元。同日下午，被告人魏×松在花都区新华街公益路与龙珠路交界处的中国农业银行自动取款机将其中的2万元人民币提走。17日晚上，被告人魏×松将被害人李×斌的尸体装于木箱内，抛弃在花都区凤凰南路田美新村路段一小河内。18日凌晨，被告人魏×松在抛尸后返回的途中被抓获。另查明，附带民事诉讼原告人李×元、李×珍系被害人李×斌之父母，在本案审理期间，被告人魏×松

① 尹明灿、李晓明：《故意杀人罪实证研究——以493例故意杀人罪案例为视角》，《中国刑事法杂志》2009年第6期。

② (2008)穗中法刑一初字第384号判决书。

的家属代魏×松向本院缴纳了人民币8万元作为部分附带民事诉讼赔偿款项。

法院认为，被告人魏×松无视国家法律，以勒索财物为目的，绑架并杀害他人，其行为已构成绑架罪。公诉机关指控的犯罪事实清楚，证据确实充分，罪名成立，应予支持。被告人魏×松绑架被害人李×斌后，先残忍地杀害了只有7岁的被害人，后再向被害人家属勒索钱财，作案手段残忍、狡诈，后果极其严重，论罪应处死刑，立即执行；但在本案审理过程中，被告人魏×松的家属向本院预交了部分赔偿款8万元，请求对被告人魏×松从轻处罚，被害人的父母也向本院表示愿意接受8万元的赔偿款，同意本院对被告人魏×松酌情从轻处罚，再考虑到被告人魏×松归案后能如实供述自己的犯罪事实，对被告人魏×松量刑时可留有余地。遂依法判决被告人魏×松犯绑架罪，判处死刑缓期二年执行，剥夺政治权利终身，并处没收个人全部财产。

该案中的被告人魏×松虽然造成了被害人死亡的严重后果，但由于在案件审理过程中，被告人魏×松的家属与被害人的父母达成了赔偿协议，并且被害人父母同意对被告人酌情从轻处罚，再加之被告人归案后能如实供述自己的犯罪事实，最后法院认为量刑时可以对被告人留有余地，而判处死刑缓期二年执行。笔者认为以上判决值得肯定。

三、犯罪前后的量刑情节

犯罪人在犯罪前后的特定表现，也影响对其罪行是否极其严重的判断，主要有以下几种量刑情节。

1. 犯罪人一贯表现

犯罪人的一贯表现情况可以在很大程度上反映出其反社会人格的形成状况，通过对犯罪人一贯表现的考察，可以判断犯罪人的行为是基于行为人惯常的行为趋势还是主要因为外在因素的有利诱发或者促成的。不考虑行为人一贯表现良好的司法并不明智，其负面导向是全盘否定行为人一向的敬业守法善举，不利于公民道德之形成。而把行为人一贯之善行作为酌定从轻情节考虑，有利于鼓励公民平时为社会多做贡献。① 因而对于犯罪前一贯表现良好，经常因做好事受到表扬并曾有立功受奖，只是一时冲动而犯下严重罪行的行为人应当予以从宽处理，尽量不适用死刑，至少尽量不适用死刑立即执

① 曾粤兴：《死刑的司法与立法限制——量刑情节的制约》，《时代法学》2005年第5期。

行。而对于那些经常为非作歹、危害一方，群众痛恨的犯罪人则应当予以从严对待，只要符合罪行极其严重，就应当首先考虑适用死刑。当然实践中绝大多数人表现一般，能够遵纪守法、安分守己，也可能是不安分守己、爱占小便宜，甚至是有小偷小摸或偶尔较轻微的违法犯罪行为，笔者认为对于这些人员实施了严重的暴力犯罪之后，应当慎重处理，不能因没有受到过群众的好评就予以从严，相反还是可以与其他从宽情节一起产生影响对犯罪人从宽处罚的作用，因为这类人员属于社会中的主要组成部分，他们的人身危险性相对而言还不属于极其严重，因而对这类人员应当尽量少适用死刑立即执行。如付×励故意杀人案。

2008年10月28日晚，中国政法大学政治与公共管理学院大四学生付×励，携刀进入学院教室内，将正在准备上课的老师程×明砍成重伤，程×明不治身亡。在案件侦办过程中，警方对付×励进行了精神鉴定，结论为精神正常。付×励被控制后，称杀死程×明的原因是程“潜规则”了自己读研究生的女友，并导致女友与他分手。付×励表示，程×明不配做老师，他要“杀一儆百”。付×励的女友在接受司法机关调查时表示，她与程×明曾多次发生性关系，这种性关系保持了一年，但属于自愿行为。北京市第一中级人民法院经过审理，未认定程×明与付×励女友发生关系，也没有认定程×明对事情发生存在过错。所以判决书中显示，现在证据不足以认定程×明有过错。法院认为，付×励杀死程×明后，有自首情节。付×励平时表现良好，没有前科，也可以酌情从轻判刑。据此，法院判决付×励构成故意杀人罪，判处其死刑缓期二年执行。关于该案中被告人之所以判处死刑缓期二年执行的原因，该案的主诉检察官提到：“付×励杀人后自己打电话报警，而且他既往表现良好。中国政法大学政治与公共管理学院出具的《关于付×励在校期间的表现》证明，付×励从入学到2008年10月28日之前，无任何违反校纪校规的记录，未受到过任何处分。付×励实习过的某报社出具材料证明，付×励在实习期间表现良好。付×励不是那种罪大恶极、不杀不足以平民愤的罪犯，他是可以改造好的。所以说，法院判处死刑缓期二年执行是适当的。”①

可见，在该案当中，被告人被判处死刑缓期二年执行的主要原因除了有

① 张立、汪怡均：《办案检察官解析法大弑师案》，《检察日报》，2009年10月24日。

杀人后自己打电话报警之外，关键之处还在于被告人的既往良好表现，没有前科。也就是说在该案当中被告人的一贯表现对于死刑的限制适用起到了重要的作用。

2. 累犯

对累犯，依法应当从重处罚，即累犯属于法定应当型从重情节。这在一定程度上表明犯罪人具有严重的人身危险性。不过，对于累犯也应该给予更为全面的分析，即前罪是严重暴力犯罪的累犯情形，显然比前罪是非暴力犯罪或者普通暴力犯罪的累犯情形更能说明犯罪人具有极其严重的人身危险性。因而在司法实践中，对于实施了严重暴力犯罪的累犯，要结合前罪的具体类型，综合考虑是否符合死刑适用标准，即便符合死刑适用标准，也须根据前罪的具体类型来确定死刑适用的具体方式。对于累犯中前罪系暴力犯罪，或者曾因暴力犯罪被判重刑后又犯暴力犯罪的，如果没有依法从轻处罚情节的，只要达到罪行极其严重的情形，一般应依法判处死刑立即执行。如任×强故意杀人案。①

被告人任×强，生于1973年6月12日。1994年10月7日因犯抢劫罪被西乡县人民法院判处有期徒刑6年，剥夺政治权利1年。1995年6月6日因犯脱逃罪被该院判处有期徒刑4年、犯妨害公务罪判处有期徒刑2年，与前罪合并执行有期徒刑9年7个月，剥夺政治权利1年；在红石岩监狱服刑期间犯故意伤害罪于1998年6月23日被陕西省黄陵县人民法院判处有期徒刑4年，与前罪剩余刑期合并执行有期徒刑10年(刑期执行至2008年6月20日)。2004年减刑1年，2007年6月20日刑满释放。2008年6月26日23时30分左右，被告人任×强叫开许×发的商店门要买冰镇啤酒。在购买啤酒过程中，任×强因对许×发的说话语气产生不满，便谎称回家去取钱并叫许×发等他一会儿。任×强回家后从家中拿了一把羊角钉锤，将身上穿的浅色衬衫换成一件蓝色T恤后返回商店。趁许×发给他找钱之际，手持钉锤朝许×发的头部连砸数下，致许×发头部流血倒地后，在许×发的胸部及腿部连续踩踏数脚。此时许×发的妻子魏×珍在家中听见商店里有声音，就来到商店门口。魏×珍推门进入商店后，任×强持钉锤向魏×珍面部连砸两下后，因钉锤头脱落在地，

① (2009)汉中刑一初字第24号判决书。

任×强又用钉锤把将魏×珍左眼戳伤。魏×珍受伤后大声呼喊，任即逃离现场。跑出门后任×强将手中的钉锤把扔掉。6月27日凌晨被告人任×强在家中被公安机关抓获。被害人许×发被送往医院经抢救无效于2008年6月27日死亡。被害人魏×珍左眼损伤为重伤；鼻部和左面部损伤均为轻伤。

法院审理认为，被告人任×强在购买啤酒时因不满被害人说话语气，竟持械行凶，故意杀死一人，杀伤一人，其行为已构成故意杀人罪。被告人任×强曾因犯抢劫罪、脱逃罪、妨害公务罪、故意伤害罪被判处有期徒刑，刑满释放后不思悔改，出狱后仅一年时间再犯杀人重罪，并致一人死亡、一人重伤的严重后果，属累犯，依法应当对其从重判处。遂依法判决被告人任×强犯故意杀人罪，判处死刑，剥夺政治权利终身。

该案中，被告人任×强之前犯有抢劫等严重暴力犯罪，并被判处较重刑罚，但在出院后仅一年时间又犯严重的暴力犯罪导致一死一重伤的严重后果，对于这样的累犯从重判处死刑立即执行应不为过。但是，对于累犯中前罪犯罪较轻，并且同时具有自首等法定及酌定从轻情节的被告人，经综合考虑案件各方情节，还是可以不判处死刑立即执行，甚至还可以不判处死缓。再如张×伟故意杀人案。①

被告人张×伟，男，1971年出生。2001年3月2日因犯故意伤害罪被开封市鼓楼区人民法院判处有期徒刑5年，2005年1月21日刑满释放。2009年10月2日21时许，被告人张×伟酒后在开封市鼓楼区五建公司家属院家中与妻子郜××因家庭琐事发生矛盾，双方发生争吵，被告人张×伟持菜刀向被害人郜××头部砍一刀，致郜××当场死亡。经法医鉴定：郜××系被锐器砍击右面、枕部造成失血性休克死亡。作案后，被告人张×伟拨打了“120”急救电话和“110”报警电话。并于当晚22时许，到开封市公安局西司门派出所投案。

法院审理认为：被告人张×伟持械故意非法剥夺他人生命，其行为已构成故意杀人罪。公诉机关指控罪名成立。被告人张×伟辩解不是故意杀人，辩护人辩称被告人的行为应定性为故意伤害罪的意见，经查被告人张×伟持菜刀直接砍击的是被害人右面、枕部这一人体要害部位，其行为表明主观上

① (2010)汴刑初字第56号判决书。

已经明显超出了伤害的故意，作案时属于不计后果，放任被害人死亡结果的发生，应按故意杀人罪认定。被告人张×伟刑满释放后5年内重新犯罪，系累犯，依法应从重处罚。鉴于本案系因婚姻家庭矛盾引发，被告人张×伟作案后有抢救行为，且在案发当晚主动投案，归案后能如实供述自己的犯罪事实，系自首，依法可对其从轻处罚。依法判决被告人张×伟犯故意杀人罪，判处无期徒刑，剥夺政治权利终身。

该案中，被告人虽然是累犯，但本案是由于婚姻家庭矛盾引发，案发后被告人又有抢救被害人及主动投案自首等多项法定及酌定从轻处罚的情节，因而最终法院对其予以从宽处罚，判处其无期徒刑。

3. 自首

在司法实务中，自首是影响对犯罪人是否适用死刑的常见因素。在死刑案件中，关于自首的认定，应该严格遵循立法关于自首的规定及最高人民法院于1998年4月6日通过的《关于处理自首和立功具体应用法律若干问题的解释》(以下简称《自首立功解释》)的规定，在正确认定自首的前提下，根据不同情况来决定是否对犯罪分子从轻或减轻处罚，同时应特别注意分析犯罪人自首的动机、自首的方式、投案时间的早晚、交代犯罪的程度、有无反悔等问题。比如，在认定自首的时候，虽然不要求自首必须出于悔罪的动机，但自首的动机、是否悔罪以及悔罪的程度，对于决定自首从宽处理的幅度仍然有着重要的意义。在一般情况下，自首都是出于悔罪动机，是为改过自新而自首。这种自首的犯罪分子往往是初犯、偶犯、轻微犯以及过失犯，犯罪分子在犯罪后往往产生沉重的心理负担，出于悔罪心理而自动投案，在司法机关审查期间，也能够主动、彻底供述自己所犯的罪行，自首符合从宽处罚的条件，应当予以从宽。在确定从宽幅度的时候，主要看罪行大小和悔罪程度，如果悔罪程度大的，从宽幅度应当大；悔罪程度小，从宽幅度应当小。非出于悔罪动机的自首，如果没有其他严重或恶劣情节的，也应予从宽处理，但从宽幅度应从严掌握。又比如，自首有各种各样的方式，这些自首方式虽不影响自首的成立，但由于自首方式的不同反映了不同的悔罪程度，因而必然会对自首犯的量刑发生影响。例如“亲首”，是犯罪人主动归案，悔罪愿望迫切，在量刑时从宽幅度应较大；对于“送首”，如送子归案、送夫归案等，在某些情况下，被送之人并不见得有很深的悔罪心理，仅是在亲人的规劝之下迫不得已到司法机关投案的，对此，量刑时从宽幅度就不宜过大。至于对构成自首但犯罪符合死刑适用标准的犯罪人该如何进行死刑裁量，问题的关键在于分析自首在整体上对犯罪人罪行的实际影响。在大多数情况下，对自首的犯罪分子都要从宽处理。但在少数特殊情况下也可以不予从宽，比如若犯罪所造成的后果极其严重，犯罪手段极其残忍，犯罪人的主观恶性也极大，即便犯罪人构成自首，也不能认为犯罪人的人身危险性明显降低，故而对犯罪并不是绝对排斥死刑的适用，也不是一定不判处死刑立即执行。如蒋×云故意杀人自首但不被从宽处罚一案。①

被告人蒋×云，男，1978年12月4日出生。2008年8月，被告人蒋×云在忠县务工期间结识王×红(本案被害人，女，殁年38岁)，后与王×红发生两性关系，并商议王×红与丈夫李×华(本案被害人，男，殁年40岁)离婚后二人共同生活。为此，被告人蒋×云与李×华、王×红夫妇及其家人数次洽谈，但李、王夫妇没有离异，被告人蒋×云表示不满。2009年2月6日晚，被告人蒋×云多次电话联系王×红，因要求见面未果，遂携带水果刀、木棒来到李×华住处，在楼道与李×华发生争吵后，被告人蒋×云持木棒猛击李×华的头部，李当即昏迷倒地。随后被告人走进主卧室，用水果刀向王×红胸部、腰背部连捅数刀致刀断裂，随即到厨房拿出菜刀连砍王×红面部两刀；接着，被告人蒋×云踢开次卧室房门，提刀向熟睡中的李×华之子李×超(本案被害人，男，殁年13岁)头部砍了一刀后，将昏迷的李×华拖回客厅并用菜刀朝李×华颈部连砍数刀，再次冲进次卧室连续砍击李×超头颈部以及背部。此时，被告人蒋×云见王×红自主卧室走出并昏倒在地，在砍击王头部后将其抱进卧室，并再次用菜刀砍击其背部数刀。被告人蒋×云离开现场时在李×超卧室书桌上拿走“金鹏”A4566手机一部，后搭乘出租车至重庆市涪陵区。2009年2月8日，被告人蒋×云主动向重庆市涪陵区公安局投案。

法院审理认为，被告人蒋×云与李×华、王×红因蒋、王之间的婚外恋而产生的纠纷由来已久，由于王×红在离婚问题上表现犹豫，李×华与王×红亲属明确反对，蒋×云心生积怨；被告人蒋×云在实施犯罪当天，因多次拨打王×红及其家人的电话没有得到预期的回音而心生不满，并为此准备了

---

① (2009)渝二中法刑初字第61号判决书。

水果刀，在与李×华发生争吵后，又再次购买了木棒，证明其实施犯罪前意识清楚，犯罪动机、目的明确。在实施犯罪过程中，蒋×云先用木棒击昏李×华，后将已经昏倒的李×华拖进室内用刀砍击致李×华死亡；对李×超先用刀砍、用被子捂，后再用菜刀砍；用水果刀刺王×红，在刺断刀把之后，又用菜刀砍。蒋×云对其砍击对象能够清楚地辨认，对自己想要达到的目的、结果积极地追求，对作案全过程有细致的回忆，由此表明蒋×云在作案时具备清晰的辨认能力和足够的控制能力。被告人蒋×云故意剥夺他人生命，持刀杀死李×华、王×红、李×超三人，其行为已构成故意杀人罪。蒋×云在作案时已年满18周岁，实施犯罪时有辨认能力和控制能力，具备完全刑事责任能力，应当承担刑事责任。该案无证据证实是王×红首先提出与蒋×云发展恋爱关系，且在王×红表现出不愿再与蒋×云来往时，蒋仍然纠缠王，以致本案发生，王×红并无过错。被告人蒋×云犯罪后自动投案并如实供述自己的罪行，系自首，有一定悔罪表现。但是，被告人蒋×云因欲与王×红共同生活不成而预先准备了木棒、水果刀等工具对三名被害人实施攻击，在水果刀刺断的情况下，又取菜刀对三被害人多次砍击，致三被害人死亡，犯罪情节恶劣、手段特别残忍，造成的后果特别严重，并且蒋×云有抢劫犯罪的前科劣迹，人身危险性大。虽然蒋×云归案后自首且有一定悔罪表现，但不足以减轻其罪责，故决定对蒋×云不从轻或者减轻处罚。遂依法判决如下：被告人蒋×云犯故意杀人罪，判处死刑，剥夺政治权利终身。

该案中的被告人蒋×云虽然有自首的法定从轻处罚情节并且有一定的悔罪表现，但其在犯罪之前就有一定的预谋并准备了犯罪工具，在实施犯罪的过程中手段极其残忍、情节特别恶劣，造成了三被害人死亡的特别严重后果，再加上之前有暴力犯罪的前科劣迹，人身危险性较大。所以，笔者认为，法院决定不对其从宽处罚的判决还是值得肯定的。

4. 立功

立功是《刑法》第68条规定的一项量刑情节。一般而言，立功是指犯罪分子在刑事诉讼中检举揭发本人罪行以外的其他罪行，或者提供侦破案件的线索，或者协助司法机关缉捕罪犯，或者有其他对社会有益的行为。立功的宗旨在于给罪犯提供一个悔罪或将功折罪的机会，鼓励犯罪分子积极主动地检举揭发其他犯罪行为，瓦解犯罪分子，帮助司法机关侦查抓捕罪犯，使司法机关能迅速挖掘出隐藏的犯罪分子，消除社会潜在的隐患。根据《刑法》第68条和《自首立功解释》之规定，犯罪分子实施的具有下列性质、内容及程度的行为属于刑罚裁量制度的立功情节：(1)检举揭发他人犯罪行为，查证属实的；(2)提供侦破其他案件的重要线索，查证属实的；(3)阻止他人犯罪活动的；(4)协助司法机关抓捕其他犯罪嫌疑人的；(5)其他有利于国家和社会突出表现的。

构成立功需具备以下要件：首先，立功的主体仅适用于犯罪者本人，没有犯罪的人不能成为刑法意义上的立功主体；其次，从主观方面看，立功可以是自愿行为，也可以是经教育后检举、揭发他人犯罪的行为，不能因为犯罪人不是主动检举、揭发他人犯罪事实就不认定其构成立功；再次，立功的客观方面，必须是实施了具体检举、揭发他人犯罪的行为，这是成立立功的首要条件；最后，立功的行为与预期的结果要有因果关系，即犯罪分子检举、揭发他人的犯罪事实、证据、线索，经公安机关侦查与犯罪分子检举、揭发相一致，并使被检举人受到法律追究。如果犯罪分子检举、揭发的事实与公安机关侦查的事实不一致或者侦破的是其他类型案件，则不能认为犯罪分子有立功表现。

立功分为一般立功和重大立功，都表明犯罪人之刑事责任的减小。在死刑案件中，对于立功应当严格按照《自首立功解释》的规定来认定和处理。对于有一般立功表现的被告人，原则上还是应体现政策，依法从宽，但若被告人因其罪行特别严重，造成多人死亡、以特别残忍的手段致人死亡或者在全国或全省范围内影响极其恶劣，论罪应当判处死刑的，也可不予从轻或减轻处罚，从而不将之认定为判处死刑缓期二年执行的情节。对于有重大立功表现的被告人，一般情况下是不适用死刑的，既然一般立功都可以从轻处罚，有重大立功的是可以减轻或免除处罚的，那么从逻辑顺序上来讲，重大立功者至少应该从轻处罚，但是在司法实践中也不能这样绝对理解，像某些案件，被告人的罪行极其严重，手段特别残忍，具有多个加重情节等因素，那还是不应从轻处罚。在死刑案件中对待立功这一量刑情节还应当注意：第一，综合考虑犯罪人立功与实施犯罪的相抵关系，注意符合罪责刑相适应原则的要求。第二，注意考察犯罪人立功的动机，分析其立功是否表明其人身危险性的减弱，进而准确判断犯罪人的罪行是否不再符合死刑适用标准。第三，犯罪人因在犯罪中处于重要或者主导地位而得知他人犯罪线索，举报犯罪或者协助抓捕，即便构成重大立功也应谨慎对待，若犯罪极其严重，可以考虑不予减轻，即对其仍考虑适用死刑，但还是应当尽量不适用死刑立即执行。如朱×波抢劫案。①

被告人朱×波，男，1988年9月5日出生。2009年5月下旬，被告人朱×波与同案被告人王×奇(已判刑)等人预谋抢劫并准备作案工具水果刀后，窜至晋江市世纪公园附近寻找抢劫目标，伺机作案。同月28日晚，朱×波再次提议抢劫，同案被告人张×(已判刑)表示同意，并参与预谋和准备作案刀具。同月31日凌晨1时许，朱×波、王×奇、张×窜至石狮市华林酒店附近街上，继续寻找抢劫目标，伺机作案。凌晨4时许，上述三人在石狮市延年南街步行街81号“肯德基”店门口，看到被害人蔡×翔及其女友何×霞从“肯德基”走出，张×即提议抢劫，并让朱×波、王×奇实施，其在一旁望风。朱×波持水果刀、王×奇持张×提供的弹簧刀上前对蔡×翔进行威胁，并欲抢走何×霞手提包。遭蔡×翔、何×霞反抗，朱×波、王×奇持刀划伤蔡×翔身体，朱×波持刀朝蔡×翔左肩部捅刺，致其受伤倒地，而后逃离现场。被害人蔡×翔经送医院抢救无效死亡。经法医鉴定，蔡×翔系被他人用单刃锐刺器作用于左肩部致左锁骨下动脉破裂引起失血性休克而死亡。案发后被告人朱×波协助公安机关抓获同案被告人王×奇。

法院审理认为，被告人朱×波伙同他人以非法占有为目的，采用暴力手段，劫取他人财物，致一人死亡，其行为已构成抢劫罪。被告人朱×波在抢劫中持刀捅刺被害人，致人死亡，后果严重。被告人朱×波归案后能协助公安机关抓获同案被告人王×奇，具有重大立功表现，且认罪态度较好，对其判处死刑可不立即执行。某高级法院裁定：核准某中级人民法院以抢劫罪判处被告人朱×波死刑，缓期二年执行，剥夺政治权利终身，并处没收个人全部财产的刑事判决。

该案中，被告人朱×波在归案之后有协助抓捕同案犯的重大立功表现，且认罪态度较好，因而虽然其有采用暴力手段，劫取他人财物，致一人死亡的严重后果，但法院最终还是没有对其判处死刑立即执行。可见该案中对立

---

① (2010)闽刑复字第12号判决书。

功予以从轻处罚的规定还是做到了较好执行。因而，笔者认为该案的判决值得肯定。

5. 真诚悔悟

犯罪人在犯罪后认识到罪过，真诚悔悟，在一定程度上表明其人身危险性的减弱，可以作为考虑对犯罪人不适用死刑或者不适用死刑立即执行的酌定从宽量刑情节。但是，在司法实务中，必须注意的是：第一，确定犯罪人是否出于本意真诚地悔悟。对于假意悔悟或者悔罪动机不纯的情形要注意甄别。第二，正确看待犯罪人悔罪与其积极救治被害人或者防止犯罪后果发生或者扩大等行为的关系。犯罪人在实施犯罪后积极救治被害人或者防止犯罪后果发生或者扩大，往往也是出于对犯罪的真诚忏悔或者对被害人的同情。第三，正确看待犯罪人悔罪与被害方谅解的关系。被害方的谅解是说明犯罪人悔罪的重要表现，但被害方表示无论如何也不谅解犯罪人的情况，不一定就说明犯罪人没有真诚悔罪。对此，要予以谨慎对待。第四，正确看待犯罪人的悔罪与积极赔偿被害方的关系。在暴力犯罪当中，被告人向被害方真诚道歉并积极赔偿，在减少被害方损失和精神痛苦的同时，往往可以获得被害方某种程度上的谅解和宽恕，也能得到广大民众的理解和认同，在这种时候限制死刑适用可以最终使案件得到圆满解决，取得较好的社会效果和法律效果。相反，如果不认可被告人对被害方赔偿在死刑限制中的作用而对被告人被判处死刑，被害方通过附带民事诉讼获得赔偿的可能性微乎其微，在我国尚没有建立起完善的刑事案件被害方国家补偿救济制度的情况下，遭受极大损失和精神痛苦的被害方既无法获得被告人的真诚道歉，更无法获得民事赔偿。而实践中，被害方遭受的往往是一个家庭经济支柱的损折，在无法获得民事赔偿的情况下，其整个家庭生活的艰难可想而知。实践经验表明，在一种期望产生减轻判处死刑以外刑罚和向被害方谢罪的双重心理作用下，被告人及其近亲属几乎都会竭尽全力寻求被害方的谅解，积极主动地为被害方提供民事赔偿。一些没有经济赔偿能力的被告人，甚至会四处筹措资金，尽量满足被害方的民事赔偿请求。这样，通过死刑案件中民事赔偿的适用，不仅使被害方获得了民事赔偿，而且使其精神上因被告人的真诚悔罪和道歉而得到极大抚慰，无疑是现行司法制度下，对被害方利益保障的最有效方式。而且，实践中很多暴力犯罪中的被告人实施犯罪是出于一时激愤，犯罪之后，被告人及其家属积极赔偿被害方也正是其真诚悔罪的表现。

实践中，司法机关在对被告人量刑时，一般还是能比较重视被告人悔罪表现在限制死刑中的作用的。如王×军故意杀人案。①

被告人王×军，男，1989年11月27日出生。2008年黄×生受承包人雇请看护常宁市烟洲镇卫星水库，与该水库毗邻的常宁市荫田镇群星村村民在未经过承包人许可的情况下，多次到水库捞鱼，甚至下网捕鱼，黄×生为此多次与群星村的捕鱼村民发生冲突。2008年10月间的一天，群星村村民王某某(系被告人王×军叔叔)等人擅自到水库捞鱼，被黄×生发现，黄×生向水库承包人报告，并组织几个人携带砍刀、钢管一同到水库追打擅自捕鱼的村民，王某某在被追打中，跳入水库从另一边上岸逃走。王某某的母亲和群星村的村民见王某某中午没有回家，误以为王某某被黄×生一方抓走，王某某的家人便带人找水库承包方要人。水库承包人即派黄×生送王某某的母亲回群星村，群星村的村民得知黄×生在当日来到了群星村村支书黄×家后，包括王×军在内的几个年轻人即来到黄×家，对黄×生围攻殴打，随即被群星村村支书黄×和村主任劝开，但黄×生为此与这几个年轻人结下怨恨。2009年元月的一天，黄×生在荫田镇赶集时遇到王×军，黄×生上前殴打王×军致使王×军受伤。之后王×军外出打工，至2009年年底返回家中。2010年1月15日，王×军到荫田镇上赶集，发现黄×生在"处生南杂批发部"门口，即冲向黄×生对其殴打几拳，黄×生立即对王×军还击。王×军边后退边拿出随身携带的不锈钢弹簧匕首朝黄×生比画，黄×生就地拿起一根木棍打向王×军，木棍折断，黄×生的儿子黄某在一旁帮父亲殴打王×军，三人从"处生南杂批发部"门口打到了"文生南杂批发部"门口，黄×生用拳头殴打王×军，并抓起身旁的空啤酒瓶砸王×军，黄某也在一旁用空啤酒瓶砸向王×军。王×军一边还击，一边用匕首朝黄×生乱刺，连刺了二十余下，致使黄×生倒地。黄×生倒地后被人送往荫田镇医院抢救，经医生检测，黄×生被送到医院时已经死亡。被告人王×军杀害黄×生后，随即逃至荫田镇中学附近王某某租住的房中，并将作案凶器匕首丢弃在租房内的煤堆杂物中。当日下午，王×军得知黄×生死亡后，在其亲属的陪同下，到公安机关投案，并如实供

① (2010)衡中法刑一初字第40号判决书。

述了自己的主要犯罪事实。另外，在诉讼过程中，经法院主持调解，被告人王×军与附带民事诉讼原告人周某、黄某就附带民事赔偿自愿达成调解协议，由王×军的父母代替王×军赔偿附带民事诉讼原告人经济损失人民币8万元。附带民事诉讼原告人以书面形式向本院建议对被告人王×军酌情从轻处罚。

法院审理后认为，被告人王×军因民间纠纷与受害人黄×生发生冲突而产生积怨，为泄愤持刀刺死黄×生，其行为已构成故意杀人罪。被告人王×军连刺受害人二十余刀，致使黄×生当场死亡，其手段残忍，犯罪情节恶劣，罪行极其严重。但被告人王×军及其亲属在案发后能主动赔偿受害人的经济损失，并就附带民事赔偿与附带民事诉讼原告人达成了调解协议，附带民事诉讼原告人向法院递交书面报告，请求对被告人王×军酌情从轻处罚，且被告人王×军在犯罪后主动到公安机关投案，并能如实供述主要犯罪事实，有自首情节，依法可以从轻处罚。据此，依法判决如下：被告人王×军犯故意杀人罪，判处无期徒刑，剥夺政治权利终身。

该案中，被告人王×军为泄愤持刀刺死黄×生，其行为已构成故意杀人罪，但考虑到其犯罪之后有自首、赔偿经济损失等行为，表明其有较强的悔罪心理，因而法院最后判处其无期徒刑，从而限制了该起暴力犯罪的死刑适用，值得称道。

四、其他应当注意的量刑情节

除以上列举的主要影响暴力犯罪死刑适用的量刑情节之外，还有些事实情况在对暴力犯罪适用死刑过程中应当引起重视。这些因素大致分为两大类：其一，酌情予以从重处罚的情节，包括在押期间、刑罚执行期间及假释期间实施暴力犯罪的；为实施其他犯罪而杀人灭口的；抗拒抓捕、嫁祸于人的；雇凶教唆杀人的；侮辱尸体或者以残忍手段毁尸灭迹的；案件对人民群众安全感造成恶劣影响而至民怨沸腾的。其二，酌情予以从轻处罚的情节，如不属于无刑事责任能力或限制刑事责任能力的精神病人，但存在较为严重的精神障碍或者智力障碍的犯罪人；刚满18周岁或者接近70周岁的人犯罪；正在哺乳自己婴幼儿的妇女；除了聋哑或者目盲之外有其他重大残疾的人；犯罪后具有如实交代罪行；积极救助被害人；积极赔偿被害人的；事先无预谋，临时起意激情杀人的；被告人的行为虽然与被害人的死亡有直接的因果关系，但有救治不当等其他因素介入，最后导致被害人死亡的；某些“杀人偿命”观念并不盛行的民族(如彝族、藏族等)地区发生的暴力犯罪；被告人亲属协助司法机关将被告人抓获；共同犯罪案件当中，尽量避免判处一个家庭两名以上被告人死刑等。以上两类情节从不同角度反映了犯罪的严重程度或者犯罪人的人身危险性，从而影响到整个案件在罪行极其严重的标准上的符合程度，因而在死刑案件的裁量中也应慎重考虑这些因素，达到公正与严格限制死刑适用的目的。

第　五　章

暴力犯罪共同犯罪形态之死刑适用研究

共同犯罪是二人以上共同故意犯罪。一般来说，相对于单独犯罪，共同犯罪本身就具有相对严重的社会危害性。以暴力形式实施的共同犯罪，社会危害性就更为严重，是我国刑法历来打击的重点，而且这类犯罪死刑的适用也是理论界和实务界讨论的热点问题之一。因此，在坚持死刑适用的一般原则和标准的基础上，探讨暴力共同犯罪死刑适用的一般原则、条件和具体规则具有重要意义和价值，对于暴力共同犯罪死刑的限制适用将发挥重要作用。在本章，我们将就暴力共同犯罪死刑适用的原则、条件进行梳理，进一步探讨暴力共同犯罪中死刑适用的对象和具体规则。

第一节　暴力共同犯罪死刑适用的原则和标准

一、暴力共同犯罪死刑适用的原则

暴力共同犯罪死刑适用的一般原则，一方面要受到刑法基本原则、刑罚裁量原则和死刑适用原则的制约；另一方面又是上述三个原则在暴力共同犯罪刑罚适用中的具体体现。刑法的基本原则是贯穿全部刑罚规范，具有指导和制约全部刑事立法与刑事司法的意义，并体现我国刑事法治的基本性质与基本精神的准则。① 刑罚裁量原则是指由刑法明文规定的贯穿于全部量刑活

① 赵秉志主编：《当代刑法学》，中国政法大学出版社 2009 年版，第 21 页。

动并对量刑工作具有指导意义和制约作用的法律准则;① 死刑适用原则是指对犯罪分子依法适用死刑时应当遵循和依据的法则。② 其中，刑法基本原则、刑罚裁量原则、死刑适用原则、暴力共同犯罪死刑适用的一般原则，四者所适用的范围一步步缩小，对象一层层限缩。前者指导后者，后者是前者的体现和具体适用。

我国 1997 年《刑法》明确规定了刑法的基本原则：罪刑法定原则、刑法面前人人平等原则和罪责刑相适应原则，对此理论界的争论不大。而关于我国刑罚的裁量原则，理论界则存在不同观点，有学者认为我国刑罚裁量的原则是以犯罪事实为依据，以刑法规定为准绳;③ 有学者认为，刑罚裁量的原则是刑责相适应原则、刑罚个别化原则和依照刑事法律政策量刑的原则。④ 关于死刑适用的一般原则，我国学界也存在以下几种观点："一原则说"认为应当对死刑确立"限制适用"原则；"二原则说"认为应当遵循罪刑相适应原则和刑罚个别化原则；"三原则说"认为应当遵循少杀原则、慎杀原则和必需原则，或者谦抑性原则、目的性原则和公正性原则；"四原则说"中又有多种观点，其中代表性观点如死刑法定原则、政策指导原则、死刑目的性原则和死刑公正性原则；"五原则说"认为包括死刑法定原则、纵向稳定原则、横向平衡原则、舆论民愤服从死刑标准原则、留有余地的司法救济原则；"一般原则与具体原则说"认为死刑适用原则的一般原则是刑罚裁量原则，而具体原则是审慎原则、理性对待民愤原则、必要原则和平衡原则。⑤

上述各种观点从不同的角度提出了刑罚裁量原则和死刑适用的原则，都体现了最大限度限制死刑适用的宗旨。受篇幅所限，笔者这里无意对上述各种观点进行评论，而认为对于暴力共同犯罪死刑的适用应当在考虑上述原则的基础上，结合暴力共同犯罪的特点，才能找出相应的适用原则。笔者认为，暴力共同犯罪区别于其他犯罪的特点主要在于其暴力性和共同性，由此决定

---

① 赵秉志主编:《当代刑法学》，中国政法大学出版社 2009 年版，第 21 页。

② 赵秉志主编:《死刑改革研究报告》，法律出版社 2007 年版，第 240 页。

③ 高铭暄、马克昌主编:《刑法学》第 5 版，北京大学出版社、高等教育出版社 2011 年版，第 252 页。

④ 马克昌主编:《刑罚通论》，武汉大学出版社 1995 年版，第 286 页。

⑤ 赵秉志主编:《死刑改革研究报告》，法律出版社 2007 年版，第 240—242 页。

了这种犯罪相对于其他犯罪来说有以下特点：第一，更易对被害人的健康权和生命权造成严重的侵犯。暴力犯罪是指故意运用或者故意威胁运用具有侵害性或者控制性的强制力量主动攻击被害人，将该力量作用于被害人的身体，危及被害人的人身安全的犯罪。① 这种犯罪以暴力性的强制手段直接作用于被害人的人身，一旦实施，极可能直接造成被害人的死亡或者重伤，严重侵犯被害人的健康权和生命权。第二，更易于适用死刑。由于暴力共同犯罪多数情况下导致被害人的死亡或者重伤，所以实践中造成被害人死亡或者重伤的暴力共同犯罪的案件，死刑往往是司法机关首选的刑种之一，从而也就很可能导致本来不该判处死刑的案件而选择适用死刑。第三，更易于受到社会舆论和民愤的影响。实践中，造成被害人死亡或者重伤的严重暴力共同犯罪经过媒体曝光以后，多会引起社会舆论的广泛关注，比较恶劣的案件还可能会引起民愤。而在社会舆论涌动、民愤极大的情况下，司法机关所受到的压力可想而知。此时，是否能够不受外界干扰严格依法定罪量刑，将是司法机关面临的一大考验。第四，易于造成死刑的滥用和误用。暴力共同犯罪的行为人有多人，那么在案情复杂、情节严重，需要适用死刑的情况下，对于一人还是数人适用死刑，对哪个人或者哪些人适用死刑就成为司法机关需要慎重考虑的问题。而在限制适用死刑的理念没有得到严格坚持的情况下，司法机关很容易对数人判处死刑。在只需要对一人适用死刑的情况下，则可能由于对各犯罪人在犯罪中地位和作用的错误判断对非主犯误用死刑。

由上述特点决定，暴力共同犯罪案件在实践中很容易出现死刑的滥用，这也说明在暴力共同犯罪案件的刑罚裁量中，更应当强调对于死刑适用的限制。所以，在死刑的裁量原则上，应当比普通犯罪更强调死刑的限制与谦抑。同时，考虑到共同犯罪的特点，还应当强调对于每个犯罪人的特殊性予以区别对待，防止死刑的误用。综合上述各种观点，考虑到暴力共同犯罪死刑适用的特点，笔者认为，暴力共同犯罪死刑适用的一般原则应当包括谦抑性原则、罪刑均衡原则和个别化原则。

首先，谦抑性原则。暴力共同犯罪死刑适用的谦抑性原则是刑法谦抑性原则在死刑适用上的具体体现。刑法的谦抑性是指立法者应当力求以最小的

① 黄晓亮：《暴力犯罪死刑问题研究》，中国人民公安大学出版社 2008 年版，第 26 页。

支出——少用甚至不用刑罚(而用其他刑罚替代措施),获取最大的社会效益——有效地预防和控制犯罪。① 刑法的谦抑精神包括刑法的补充性,不完整性和宽容性。② 具体到暴力共同犯罪的死刑适用上,刑法的谦抑性原则体现为在共同犯罪中应当严格限制死刑特别是多个死刑的适用。针对暴力共同犯罪案件容易滥用死刑的现状,谦抑性原则要求在造成被害人死亡的暴力共同犯罪当中,应当严格限制判处数个死刑的状况,摒除等量报应的观念,能不判处死刑的就不判处死刑,尽量不搞“两命抵一命”,坚决反对“三命四命抵一命”的做法。③

其次,罪刑均衡原则。罪刑均衡原则是刑法罪责刑相适应原则在死刑适用中的反映。罪责刑相适应原则的基本含义是指,犯多大罪,就应当承担多大的刑事责任,也应判处相应轻重的刑罚,做到重罪重罚,轻罪轻罚,罚当其罪,罪刑相称;罪刑轻重应当考虑行为人的犯罪行为本身和其他各种影响刑事责任大小的因素。④ 死刑适用中的罪刑均衡,主要是指死刑必须适用于那些立法上设定了死刑的犯罪,并且行为人的罪行必须达到极其严重的程度,实现最严重犯罪和最严厉刑罚之间的均衡。同时还应当注意,在共同犯罪中,必须强调对于最为严重罪行的共同犯罪人才能适用死刑。对于那些罪行明显不属于最严重罪行者,即使立法对于该罪规定了死刑,也应当排除死刑的适用。

最后,个别化原则。刑罚个别化原则的基本内容是在具体运用刑罚处罚时,要根据犯罪者的个人情况,有针对性地适用相应的刑罚,以期教育改造罪犯,实现刑罚特殊预防的目的。⑤ 对于共同犯罪来说,个别化原则要求在共同犯罪中,死刑的适用要考虑到犯罪人在共同犯罪中的地位、作用、参与犯罪的程度等多种因素。在共同犯罪中,虽然多个行为人可能实施的是同一个犯罪,但是各人在具体犯罪中的地位、作用等不可能完全相同,各人的主

---

① 陈兴良:《刑法的价值构造》,中国人民大学出版社 2006 年版,第 292 页。

② 李海东主编:《日本刑事法学者》(下),法律出版社 1995 年版,第 273 页。

③ 卢建平、冯江菊:《共同犯罪中死刑适用限制论》,载赵秉志主编:《刑事法治发展研究报告》(2008—2009 年卷),中国人民公安大学出版社 2010 年版,第 255—256 页。

④ 赵秉志主编:《当代刑法学》,中国政法大学出版社 2009 年版,第 35 页。

⑤ 曲新久:《试论刑罚个别化原则》,《法学研究》1987 年第 5 期。

观恶性和人身危险性也必然存在差异。这就需要综合考虑各种情节，只有那些在共同犯罪中起主要作用，罪行最为严重的行为人才可能成为死刑的适用对象。

二、暴力共同犯罪死刑适用的标准

1997年《刑法》第48条规定，死刑只适用于罪行极其严重的犯罪分子。"罪行极其严重"就成为适用死刑的标准。关于何谓"罪行极其严重"，我国刑法学界主要有三类观点：(1)主客观统一分析法。主客观统一分析法认为应当从客观危害和主观恶性两方面从严把握何谓"罪行极其严重"。(2)宏观分析与具体分析结合法。这种观点认为应当以"罪行极其严重"作为适用死刑的宏观标准，同时将"罪行极其严重"的抽象规定与具体标准相结合，从刑法的总则性规定和刑法分则对具体犯罪的规定综合进行分析。(3)分析归纳法。分析归纳法认为应当在对全国的不同地区、不同时期、不同性质的犯罪行为、同种性质犯罪的不同个案、共同犯罪中不同被告人的罪行进行比较后，只有社会危害最为严重的，才能认定为"罪行极其严重"。① 其中主客观统一分析法得到了较多学者的赞同，我们也持这种观点。笔者认为，对于"罪行极其严重"的理解应当从主客观两个方面综合界定：从客观方面看，行为人以暴力手段实施极为严重地侵害他人生命、健康权利的犯罪，并且犯罪情节极其恶劣；从主观方面看，行为人主观恶性极大，对社会具有极大的人身危险性。

对于暴力共同犯罪来说，是否适用死刑也应当从主客观两个方面分析行为人是否达到"罪行极其严重"。但是，由于共同犯罪由多个行为人共同实施，不同的行为人可以基于不同的主观心态实施不同的客观行为，实施不同形式的犯罪。各个行为人在共同犯罪中也可能处于不同的地位，担任不同的角色，对于犯罪结果的发生可能起到不同的推动作用。对于暴力共同犯罪来说，对于行为人是否达到"罪行极其严重"，要综合整个共同犯罪实施的情况进行具体分析和判断。所以，在坚持"罪行极其严重"基本含义的前提下，还必须进一步揭示共同犯罪死刑适用的特殊标准。

首先，共同责任标准。共同犯罪是二人以上基于共同的犯罪故意，共同

---

① 赵秉志、黄晓亮：《论死刑适用标准的统一化问题——以限制死刑适用为立场》，《政治与法律》2008年第1期。

实施某种危害社会的行为。在共同犯罪中，各个行为人之间在主观上相互沟通、协调，达成共同的犯罪故意。在此故意的支配之下，各人的行为互相配合、利用、帮助，构成一个整体，从而共同实现严重危害社会的结果。在共同犯罪中，各个行为人都不仅明知自己在实施犯罪，而且明知自己是在和其他人一起共同实施犯罪，是对本人行为和对他人行为认识的有机统一，① 这种统一的意识联络又对彼此的犯罪故意起到了稳定和加固的作用。各人的行为是共同犯罪整体中的有机组成部分，在独自对于犯罪结果起促进作用的同时，各人的行为又互相加工，彼此配合，加速了危害结果的实现。所以，每个共同犯罪人都应当对于整个共同犯罪危害社会的结果承担刑事责任。也就是说，共同犯罪的共同刑事责任是每个共同犯罪人承担刑事责任的基础。每个行为人不仅应当承担自己的刑事责任，还要对自己和他人共同造成的危害结果承担刑事责任。所以，在评价各共同犯罪人是否“罪行极其严重”的时候，实施共同犯罪的性质和严重程度是判断的基础和主要依据。只有对行为人所实施的共同犯罪从主客观两个方面判断，得出了“罪行极其严重”的结论，才涉及对于共同犯罪人是否适用死刑的问题。如果共同犯罪的性质没有达到“极其严重”的程度，就直接排除了死刑的适用。

共同责任标准也意味着，共同犯罪人承担刑事责任以共同犯罪的实施为前提，而对于个别行为人超出共同犯罪的个人行为，应当自己承担刑事责任。这就是共同犯罪中实行过限行为的刑事责任问题。实行过限是指伴随着共同犯罪发生的，因行为人故意或者过失实施超出共同犯罪范围的其他犯罪行为，而可能对其他共同犯罪人的刑事责任产生影响的一种犯罪形态。在实行过限状态下，实行犯实际上实施了两个犯罪行为，即基本行为和过限行为。基本行为是行为人实施的属于共同故意范围内的犯罪基本构成要件的行为；过限行为是行为人实施的超出共同故意范围外的犯罪基本构成要件的行为。② 从实质意义上而言，实行过限等与共同犯罪密切关联的共同犯罪的附属形态均不符合共同犯罪的构成条件，不属于共同犯罪。③

---

① 陈兴良：《共同犯罪论》第 2 版，中国人民大学出版社 2006 年版，第 95 页。

② 叶良芳：《实行过限之构成及其判定标准》，《法律科学》2008 年第 1 期。

③ 阴建峰：《实行过限之本体探究》，《中国刑事法杂志》2010 年第 5 期。

其次，个人责任标准。不可否认，共同犯罪对于法益的侵害是各个共同犯罪人共同作用的结果，共同责任是共同犯罪死刑适用的基础性标准。但是，每个共同犯罪人在共同犯罪当中的地位和作用是不同的，其主观恶性和人身危险性存在差异，对于犯罪结果实现的推动力也参差不齐。所以，在肯定每个人都对共同犯罪承担刑事责任的基础上，要结合各人在共同犯罪中的地位、分工、对于危害结果的作用、主观恶性等情况进行综合判断。虽然共同犯罪达到了“罪行极其严重”的标准，也并不是说每个共同犯罪人都要适用死刑，只有那些在共同犯罪中起主导作用，对于共同犯罪的结果发挥较大推动力，主观恶性和人身危险性极大，在各个共同犯罪人当中罪行最为严重的犯罪行为人，才可以考虑适用死刑。

综上，对于暴力共同犯罪来说，行为人是否适用死刑应当从共同责任标准和个人责任标准两个方面综合判断，缺一不可。也就是说，共同犯罪中所谓的“罪行极其严重”具有双重性，一方面指各共同犯罪人共同实施的整个犯罪极其严重，其直接决定了共同犯罪的性质，决定了共同实施的罪行是否符合适用死刑的条件；另一方面指各个共同犯罪人所实施的具体罪行，其反映了各行为人在共同犯罪中的地位，也决定了对共同犯罪人量刑的轻重。① 只有那些不仅共同犯罪达到罪行极其严重，而且个人责任在共同犯罪人当中罪行也达到最为严重程度的行为人，才可以考虑适用死刑。虽然共同犯罪罪行极其严重，但是在各共同犯罪人当中罪行相对较轻，或者虽然在共同犯罪人当中罪行最为严重，但是共同犯罪本身没有达到罪行极其严重的标准，都不考虑死刑的适用。

第二节　暴力共同犯罪死刑适用的对象和规则

一、暴力共同犯罪死刑适用的对象

死刑的适用对象是实施严重危害社会罪行的人。在单独犯罪中，犯罪危害社会的结果由行为人一个人达成，不存在所谓作用的大小、分工的不同，

---

① 卢建平、冯江菊：《共同犯罪中死刑适用限制论》，载赵秉志主编：《刑事法治发展研究报告》(2008—2009 年卷)，中国人民公安大学出版社 2010 年版，第 270 页。

只需要综合整体犯罪情节判断对其是否适用死刑即可。而在共同犯罪中，各个共同犯罪人可能在犯罪中处于不同地位，完成不同的任务，对于危害结果的作用力也并不一致。所以，共同犯罪死刑适用标准的研究，就要探讨对于不同犯罪人是否适用死刑的标准与规则。虽然每个共同犯罪中的具体情况不同，犯罪情节千变万化，每个犯罪人的个人情况千差万别，不可能对于每个犯罪都制定相应的死刑适用规则，但是我们可以根据刑法中对于共同犯罪人的分类，具体阐述对于每类犯罪人适用死刑的一般规则与标准，这将对于共同犯罪中死刑的限制适用具有重要的推动意义。

共同犯罪中，死刑适用的对象是共同犯罪人。对于共同犯罪人类别的准确划分是判断对其是否适用死刑的前提。共同犯罪人的分类，又称为共犯的种类或共犯者的种类，是依照一定的标准，对共同犯罪人所进行的适当分类，目的在于确定各个共同犯罪人的刑事责任。共同犯罪人的分类主要有两种：以犯罪分子在共同犯罪中的分工为标准的分工分类法，将共同犯罪人分为实行犯、组织犯、帮助犯和教唆犯；以犯罪分子在共同犯罪中的作用为标准的作用分类法，将共同犯罪人分为主犯、从犯。分工分类法重点解决共犯的定罪问题，同时也解决了共犯的量刑问题，作用分类法则较为理想地解决了共同犯罪的量刑问题，① 两种分类方法各有优劣。我国刑法采取了以作用分类法为主，分工分类法为辅的分类方法，其中按照作用分类法将共同犯罪人分为主犯、从犯、胁从犯；按照分工分类法又分出教唆犯，明确规定，对于教唆犯应当按照他在共同犯罪中所起的作用处罚。同时，在主犯、从犯的规定中，包含了对于组织犯、帮助犯、实行犯的规定。从而将作用分类法和分工分类法有机结合，相互统一。下面，我们将以我国刑法中的分类法为主，探讨暴力共同犯罪死刑的适用范围。

(一)主犯

我国《刑法》第 26 条第 1 款规定："组织、领导犯罪集团进行犯罪活动的或者在共同犯罪中起主要作用的，是主犯。"关于我国刑法中主犯的种类，学界存在不同观点：第一种观点认为主犯包括两种情况：一是组织领导犯罪集

① 陈兴良：《共同犯罪论》第 2 版，中国人民大学出版社 2006 年版，第 152—157 页。

团进行犯罪活动的组织犯；二是在共同犯罪中起主要作用的犯罪分子。① 第二种观点认为，主犯包括犯罪集团的首要分子、聚众犯罪中的首要分子、其他在共同犯罪中起主要作用的犯罪分子。② 不论上述哪种分类，也不论是在集团犯罪、聚众犯罪，还是一般的共同犯罪中，主犯要么在犯罪中起组织、策划指挥作用，要么起其他的主要作用。也就是说，主犯一般来说是整个犯罪的发起者、主导者、或者主要推动者，是犯罪的发生、发展、危害结果的主要作用力的源泉。相对于从犯、胁从犯来说，主犯明显处于较为主导和重要的地位，相对而言，罪行也就更为严重。所以，主犯，不论是组织犯还是一般共同犯罪中的主犯，都成为共同犯罪中“罪行极其严重”者的候选者，也即可能成为死刑的适用对象。

(二)从犯

我国《刑法》第 27 条规定：“在共同犯罪中起次要或者辅助作用的，是从犯。”该条实际上界定了从犯在共同犯罪中的地位，也明确了从犯的具体种类：其一，在共同犯罪中起次要作用的犯罪分子，是次要的实行犯。这种从犯虽然直接实施了具体犯罪构成客观要件的行为，但是在整个犯罪活动中所起的作用比主犯要小；其二，在共同犯罪中起辅助作用的犯罪分子，即帮助犯。③ 这种从犯没有直接实施具体犯罪构成客观要件的行为，在共同犯罪中起到辅助主犯实施犯罪的作用。也正由于从犯在共同犯罪作用中不处于主要地位，所以《刑法》规定，“对于从犯，应当从轻、减轻处罚或者免除处罚。”也就是说，对于从犯，无论是次要的实行犯还是帮助犯，都应当从轻、减轻处罚或者免除处罚。所谓从轻处罚，就是指在法定刑限度内判处较轻的刑罚；减轻处罚是指在法定刑以下判处刑罚。总之，只要行为人被界定为从犯，根据法定的处罚原则，就不可能对其判处最为严重的刑罚。实质上，这也就排除了对于从犯适用死刑的可能性。

例如，在舒×海等故意盗窃一案中，被告人舒×海、赵×肥共谋盗窃马龙县工商银行东光分理处。1996 年 4 月 23 日被告人舒×海、赵×肥邀约被告

① 赵秉志主编：《当代刑法学》，中国政法大学出版社 2009 年版，第 126 页。
② 陈兴良：《共同犯罪论》第 2 版，中国人民大学出版社 2006 年版，第 172 页。
③ 赵秉志、吴振兴主编：《刑法学通论》，高等教育出版社 1993 年版，第 232 页。

人韩×福，携带刺刀等作案工具于下午到马龙县城，又买了手套、手电筒等工具窜到马龙县工商银行东光分理处。当晚11时许舒×海从天窗进入分理处马×葵宿舍，赵×肥、韩×福也先后进到宿舍。由韩×福放哨，舒×海戴手套，赵×肥带刺刀，一同来到营业处，撬开营业室折叠大门，从缝隙进入营业室内。舒、赵两被告人撬开办公桌的抽屉，找到保险柜钥匙，盗取人民币124579.15元。被告人舒×海于4月25日被抓获归案；被告人赵×肥于4月26日被抓获归案。缴获盗窃赃款120116.80元，已退还失主。

云南省曲靖地区中级人民法院认为，被告人舒×海、赵×肥、韩×福构成盗窃罪。且盗窃数额特别巨大，情节特别严重。被告人舒×海、赵×肥在共同犯罪中起主要作用，是本案的主犯。被告人韩×福在共同犯罪中起次要作用，是从犯，应比照主犯从轻处罚。判决舒×海、赵×肥二人构成盗窃罪，判处死刑，剥夺政治权利终身，判决韩×福犯盗窃罪，处无期徒刑，剥夺政治权利终身。一审判决后，三人分别提出上诉。云南省高级人民法院认为，上诉人舒×海、赵×肥、韩×福以非法占有为目的，秘密窃取工商银行金库人民币124579.15元，其行为均构成盗窃罪，且数额特别巨大，情节特别严重，依法应予严惩。原判定罪准确，量刑适当。①

本案中，盗窃银行是在舒×海、赵×肥二人共同谋议后进行的，二人是共同犯意的发起者。从客观上看，二人均直接进入犯罪现场作案，直接实施盗窃罪行为，舒、赵两被告人都对盗窃罪的完成起到了主要作用，应当认定为主犯。韩×福既不是犯意的发起者，也不是犯罪行为的实行者。其只实施了放风行为，在共同犯罪中起到了辅助作用，所以应当以从犯论处。一审、二审法院认定舒、赵二人是主犯，认定韩是从犯并排除死刑的适用是正确的。

(三)胁从犯

胁从犯是指被胁迫参加犯罪的人。胁从犯具有不同于主犯和从犯的特点，其在主观上明知自己实施的是犯罪行为，在可以选择不实施该犯罪的前提下，虽然不愿意，但是在被胁迫的情况下仍然实施了犯罪行为。也正由于行为人主观上的不情愿性，客观上的被迫性，刑法才规定，对于胁从犯“应当按照他

---

① 中国高级法官培训中心、中国人民大学法学院编：《中国审判案例要览(1997年刑事审判案例卷)》，中国人民大学出版社1998年版，第86—87页。

的犯罪情节减轻处罚或者免除处罚”。所以，与从犯同样的道理，对于胁从犯不可能适用最严重的刑罚，也不是死刑的适用对象。

（四）教唆犯

教唆犯，是指故意唆使他人实施犯罪的人。教唆犯其本人并不亲自实施犯罪，而是故意唆使无犯意的人产生犯罪意图，进而实施犯罪。对于教唆犯，《刑法》规定：“应当按照他在共同犯罪中所起的作用处罚”，其中“教唆不满十八周岁的人犯罪的，应当从重处罚”，而“如果被教唆的人没有犯被教唆的罪，对于教唆犯，可以从轻或者减轻处罚”。这些处罚原则意味着，对于教唆犯处罚的主要依据在于其在共同犯罪中所起的作用，由于具体的案件千差万别，教唆犯在每个案件中所起的作用也就不可能完全相同。而且，对于教唆未成年人犯罪的教唆犯来说，还要面临从重处罚；对于被教唆人没有犯被教唆的罪的教唆犯，则可以由司法机关根据情况从轻或者减轻处罚。所以，对于教唆犯这种依照分工划分出来的共同犯罪人来说，应当根据其在犯罪中的作用具体判断其是属于主犯还是从犯，在此基础上才存在判断其是否属于死刑适用对象的问题。对于在共同犯罪中起主要作用，处于主犯地位的教唆犯，完全可能达到“罪行极其严重”，从而成为死刑的适用对象；而那些处于从犯地位的教唆犯，则由于适用从犯的处罚原则，不可能成为死刑的适用对象。

综上，在共同犯罪中，根据共同犯罪人分类标准的不同，死刑的适用对象也不相同。对于作用分类法来说，死刑只可能是用于主犯，而不可能适用于从犯和胁从犯；对于分工分类法来说，死刑可能适用于组织犯、实行犯和教唆犯，而不可能适用于帮助犯。但是，也并不是所有的组织犯、实行犯和教唆犯都是死刑的适用对象，只有那些被纳入主犯的犯罪分子，才可能被判处死刑。如何界定组织犯、实行犯和教唆犯是不是主犯，或者说如何在组织犯、实行犯和教唆犯中区分主犯和从犯，将是我们研究的重点。

二、暴力共同犯罪死刑适用的具体规则

（一）共同实行犯的死刑适用

简单的共同犯罪和复杂的共同犯罪是共同犯罪形式划分的一个种类。简单的共同犯罪是指各共同犯罪人之间没有行为上的分工，都共同直接地实施

某一具体犯罪的犯罪构成行为。① 也就是说，简单共同犯罪当中，各共同犯罪人是共同实行犯，都是犯罪构成行为的直接实施者，每个人的行为都是犯罪危害社会结果发生的直接原因。虽然都是实行犯，似乎没有太大差别，但是在具体案件当中，各人的地位和作用还是存在一定差别的。应当根据犯罪情节，分析行为人在共同犯罪中的地位、作用，进而得出是否应当适用死刑的结论。

构成共同实行犯，除了要求具有共同犯罪的一般要件以外，还必须要求具备以下条件：第一，主观上，要求各共同犯罪人不仅认识到自己在和其他人一起实施犯罪，而且认识到自己和其他人实施的都是犯罪的实行行为；第二，客观上，行为人和他人共同实施了犯罪的实行行为，而且是有所分工，有人实施实行行为，有人实施帮助、教唆等行为。实践中，共同实行犯具体表现为两种形式：(1)各行为人实施相同的实行行为。根据侵害对象的不同，又分为两种情况：各行为人对同一行为人实施相同的实行行为，如二人以上共同对某人实施杀害行为；各行为人分别对不同的行为人实施相同的实行行为，如二人以上分别对不同的被害人实施杀害行为。(2)各行为人实施不同的实行行为。如在二人实施强奸犯罪的情况下，一人对被害人实施暴力强制，另一人对其实施奸污的行为。

对于暴力共同犯罪共同实行犯死刑的适用，也应当坚持共同责任标准和个人责任标准。共同实行犯刑事责任的首要界定标准是共同实施犯罪的严重程度，只有在刑法对该犯罪设置有死刑，并且共同犯罪也达到了适用死刑的严重程度，才考虑对各行为人是否适用死刑的问题。共同实行犯由于都实施了犯罪的实行行为，对犯罪结果的发生起到了直接的推动作用，在罪行轻重上可能比较近似。但是，我们也应当综合考虑共同犯罪的情节，具体判断各共同犯罪人在犯罪中的地位、作用，区分出主犯、从犯、胁从犯，明确各行为人的刑事责任，决定对其是否适用死刑。实行犯是从分工上对共同犯罪人的分类，主犯、从犯、胁从犯是从作用上的分类。而如前所述，死刑一般只能适用于主犯，而不适用于从犯、胁从犯。所以，对于共同实行犯是否适用死刑的判断当中，最为核心的问题就是对于实行犯是否主犯的判断问题。具

① 陈兴良：《共同犯罪论》第2版，中国人民大学出版社2006年版，第132—133页。

体来说，根据犯罪的过程，对于实行犯是否主犯的判断应当考虑以下因素。

其一，是否犯意的发起者。共同犯罪的酝酿和形成过程，也是各共同犯罪人之间通过意识的联络、协商形成犯罪意图的过程。而在此过程中，犯罪意图的发起者对于犯意乃至共同犯罪的最终形成起着至关重要的作用。他是在特殊的时刻，比其他行为人更早提出实施犯罪的人，也是在共同犯意形成过程中起引导作用的人。犯意的发起者在共同犯罪的形成过程中往往起比较重要的作用，也比其他犯罪人具有更大的主观恶性和人身危险性。所以，一般来说，犯意的发起者参与犯罪实行的，往往是共同犯罪的主犯，① 在量刑上要比其他共同犯罪人更重。

其二，是否共同犯罪的纠集者、主导者。虽然同是犯罪构成要件行为的直接实施者，但是每个实行犯在实施犯罪过程中的主动性和所起到的作用是不完全相同的。有的行为人可能是积极参与犯罪，在共同犯罪的形成中起到了穿针引线的协调作用，在实施的过程中起到了主导的推进作用；有的行为人只是消极地参与犯罪，在共同犯罪中只是听从于他人的角色，起帮助他人的辅助作用。综合考虑，前者在共同犯罪中处于主导地位，对于共同犯罪的实施和发展起重要的推动作用，多属于主犯；后者在共同犯罪中处于被主导、被带动的地位，对共同犯罪的发展起辅助的推动作用，多属于从犯。所以在量刑的时候，前者明显要重于后者。

其三，是否全部或多数共同犯罪的参与者。实践中，共同犯罪人可能不只实施了一起犯罪，而是数起犯罪。而在这中间，不同犯罪人参与犯罪的程度是不同的，有些行为人可能参与了共同犯罪的全部罪行，而有些则可能只参与了其中的部分罪行。在共同实行犯主犯和从犯的判断中，很明显只有那些参与了全部或者多数罪行的行为人才可能成为主犯，也才可能成为死刑的适用对象。只参与一起或者很少部分罪行的人则成为主犯的可能性不大，多被排除在死刑的适用对象之外。

其四，是否具备实现共同犯罪所需要的身份。对于身份犯来说，只有行为人具备一定身份才能够构成犯罪：该身份的具备是构成这种犯罪的前提条件。所以，共同犯罪人中的特殊身份者，一般情况下都要比不具备特殊身份

① 陈兴良：《共同犯罪论》第2版，中国人民大学出版社2006年版，第183页。

者承担更重的刑事责任，从而也更可能成为死刑的适用对象。

其五，是否是犯罪结果的直接推动者。共同实行犯当中，虽然各行为人都实施了犯罪构成要件的行为，但是有的行为人的行为对于犯罪结果的出现只起到间接推动作用，而有的则直接造成了犯罪结果的出现。对此，后者应当适用较重的刑罚。

例如，在郭×林等抢劫一案中，经审理查明：2001 年 6 月 3 日晚被告人郭×林、王×、李×伏和陈×英在上海一家招待所内合谋，欲对住在光林旅馆的赵某进行抢劫。四人商定，用陈×英的一张假身份证另租旅馆，以同乡想见赵某叙谈为幌子，将赵某诱至旅馆进行控制后对其实施抢劫。次日上午，四人在长城旅馆开了一间房，陈×英将赵某骗至该房间，用暴力将赵某控制，劫得人民币 50 元和一块光林旅馆财物寄存牌。接着，李×伏和陈×英持该寄存牌前往光林旅馆取财，郭×林、王×留在现场看管赵某。李×伏、陈×英离开后，赵某挣脱了捆绑欲逃跑，被郭×林、王×发觉，郭×林立即抱住赵某，王×则取出尖刀朝赵某的胸部等处连刺数刀，继而郭×林接过王×的尖刀也刺赵某数刀。赵某被制服并再次被捆绑住。李×伏、陈×英因没有赵某的身份证而取财未成。后四人逃逸，赵某因大失血死亡。

一审法院认为：被告人四人分别结伙采用持刀行凶、绳索捆绑和胶带封嘴等手段，强行劫取财物，并致 1 人死亡，其行为均构成抢劫罪。李×伏、陈×英对郭×林、王×两人为制止被害人反抗、脱逃而持刀行凶应有预见，故应承担抢劫致人死亡的罪责。依法判处被告人郭×林、王×犯抢劫罪，判处死刑，剥夺政治权利终身，并处没收财产人民币 5 万元。被告人李×伏犯抢劫罪，判处有期徒刑 15 年，剥夺政治权利 4 年，并处罚金人民币 2 万元。被告人陈×英犯抢劫罪，判处有期徒刑 11 年，剥夺政治权利 3 年，并处罚金人民币 1 万元。一审宣判后，被告人郭×林、王×不服，提出上诉。二审法院经审理认为：原判事实清楚，证据确实、充分，审判程序合法。裁定驳回上诉，维持原判。①

本案是共同实行犯的结果加重犯问题。抢劫罪是以非法占有为目的，以

① 最高人民法院刑事审判第一庭、第二庭编：《刑事审判参考》第 4 辑，法律出版社 2002 年版，第 12—14 页。

暴力或者威胁手段劫持他人财物的行为。本案中，四被告人均实施了抢劫罪的实行行为。但在实施犯罪的过程中为了排除被害人的反抗，郭×林、王×二人却持刀伤害被害人，直接造成被害人死亡这一加重结果的出现，理应由其二人对于被害人的死亡承担主要的刑事责任。李×伏和陈×英二人虽然也是共同实行犯，但是毕竟没有直接对被害人实施伤害行为，也应承担抢劫罪的刑事责任，但不是罪行极其严重者，不应当适用最为严厉的刑罚。审判机关对于郭×林、王×二人的量刑重于李×伏、陈×英是合适的。需要注意的是，本案中虽然四人明确预谋的是实施抢劫，而没有明确是否实施杀人行为，但是相关案情表明，李×伏、陈×英二人明知在抢劫过程中郭×林、王×二人携带有刀具，而且明知王×用尖刀对被害人实施猥亵，并且没有进行任何阻拦，这说明其已经预见到郭×林、王×对被害人实施暴力造成人身伤亡的可能性，对于抢劫中的加害行为是认可的。郭×林、王×二人并没有实施超出共同犯罪的过限行为，李×伏、陈×英应当对于被害人的死亡承担相应的刑事责任。

(二)组织犯的死刑适用

1. 组织犯的概念和存在范围

组织犯是按照分工分类法对共同犯罪人进行划分的类型之一。组织犯的概念源于东欧国家的刑法，最早由苏联刑法学者提出，但最早在立法上明文规定组织犯的却是《阿尔巴尼亚刑法》(1952年)，该法第13条第3款规定："组织犯罪团体、领导犯罪团体、制定犯罪计划或者指挥实施犯罪的人，是组织犯。"随后《苏俄刑法》(1960年)(第17条第2款)和《蒙古人民共和国刑法》(1961年)(第13条第2款第2项)也都明确规定，组织实施犯罪或指导实施犯罪的是组织犯。苏联解体以后，《俄罗斯联邦刑法》对于组织犯的概念进行了修改，该法第33条第3款规定："组织犯罪的实施或者领导犯罪的实行的人，以及成立有组织的团伙或犯罪团体(犯罪组织)或领导这些团伙或团体的人，是组织犯。"

与国外有关组织犯的立法例相比，我国的组织犯并不是刑法明确规定的一般意义上的共犯者类型，只有部分组织犯类型在刑法中有所反映，① 也即

① 路军：《组织犯概念诸学说介评——从组织犯刑事立法出发的思考》，《当代法学》2009年第3期。

刑法条文的相关规定之中包含了组织犯的一些内容。例如，我国 1997 年《刑法》第 26 条第 1 款规定："组织、领导犯罪集团进行犯罪活动的或者在共同犯罪中起主要作用的，是主犯。"第 3 款规定："对组织、领导犯罪集团的首要分子，按照集团所犯的全部罪行处罚。"第 97 条规定："本法所称首要分子，是指在犯罪集团或者聚众犯罪中起组织、策划、指挥作用的犯罪分子。"

组织犯指在共同犯罪中起组织、策划、指挥及领导作用的犯罪分子。① 构成组织犯要求：在客观上，行为人实施了组织、领导、策划或者指挥他人实施共同犯罪的行为。组织犯就犯罪的实施进行组织、策划、谋议并惹起犯罪，在犯罪的实施过程中支配实行犯的行为，为实现犯罪目标而加功，并最终导致了危害结果或危险状态的产生。② 正是这些行为使得各个共同犯罪人能够相互协调、彼此加工，实现危害社会的结果。在主观上，行为人具有组织、领导、策划或者指挥他人实施犯罪的故意。在认识因素上，行为人不仅认识到自己正在实施组织他人犯罪的行为，而且认识到他人正在自己的组织下实施犯罪行为；在意志因素上，不仅对自己组织他人犯罪的行为持希望和放任的心理态度，而且对在自己组织下的其他共同犯罪人所实施行为危害社会的结果持希望和放任的心理态度。具体来说，组织犯在主观方面主要包括两种情况：第一，直接故意，行为人认识到组织行为和实行行为所可能产生的危害后果并积极追求这一结果的发生；第二，间接故意，即对其行为和实行犯的行为及其产生的后果有认识，并放任这一结果的发生。

关于组织犯的存在范围，学界主要有两种观点：第一种观点认为组织犯是集团犯罪这种特殊共犯形式特有的共犯者类型，如有学者认为组织犯是指组织领导犯罪集团或者在犯罪集团中起策划、指挥作用的犯罪分子。③ 第二种学说认为组织犯是一般共犯类型和集团犯罪共有的共犯者类型，不仅存在

---

① 卢建平、冯江菊：《共同犯罪中死刑适用限制论》，载赵秉志主编：《刑事法治发展研究报告》(2008—2009 年卷)，中国人民公安大学出版社 2010 年版，第 281 页。

② 赵辉：《组织犯刑事责任之探讨》，《中国刑事法杂志》2009 年第 6 期。

③ 马克昌主编：《犯罪通论》，武汉大学出版社 1999 年版，第 542 页。

于犯罪集团当中，也存在于一般的共同犯罪中。① 上述两种观点争论的焦点在于非犯罪集团的一般共同犯罪中是否有组织犯存在的余地。笔者认为，组织犯是根据分工分类法对于共同犯罪人的分类。组织犯存在范围的依据在于共同犯罪人共同犯罪的形式，只要在共同犯罪人之间存在分工，就可能存在组织犯。在犯罪集团中存在组织犯是毫无疑问的，但是在一般共同犯罪中，共同犯罪人之间也可能存在一定的分工，某些犯罪人可能实施承担组织、领导其他犯罪人实施犯罪的行为。一般共同犯罪可能不存在像犯罪集团那样严密的组织形式，但是并不能否认其存在一定组织形式的可能。所以，不仅在犯罪集团中起组织、领导作用的首要分子是组织犯，在一般的共同犯罪中起同样作用的犯罪分子也属于组织犯。②

2. 对组织犯适用死刑

对于组织犯的刑事责任，我国《刑法》第 26 条进行了明确规定，确定了犯罪集团和一般共同犯罪中组织犯刑事责任的承担原则。

第一，犯罪集团中的组织犯。对于犯罪集团中的组织犯，也就是犯罪集团的首要分子来说，应当按照集团所犯的全部罪行处罚。根据我国《刑法》第 26 条第 2 款，三人以上为实施共同犯罪而组成的较为固定的犯罪组织，是犯罪集团。成立犯罪集团需要具备行为主体的多数性、成立目的的犯罪性、相当程度的固定性和一定程度的组织性四个条件。这四个条件是相互联系的整体，缺一不可：人数的多数性是犯罪集团成立的前提条件；成立目的的犯罪性对犯罪集团的存在与发展起着引导作用，是犯罪集团的成立宗旨和存续的主观基础；相当程度的固定性和一定程度的组织性是犯罪集团成立的关键，是集团犯罪与一般共同犯罪相区别的重要标志。③ 犯罪集团的首要分子是指在集团中起组织、策划、指挥作用的犯罪分子，也就是犯罪集团中的组织犯。根据《刑法》第 26 条第 3 款，对于犯罪集团中组织犯刑事责任的界定，关键是

---

① 阴建峰、周加海主编：《共同犯罪适用中疑难问题研究》，吉林人民出版社 2001 年版，第 240 页；赵辉：《略论组织犯的存在范围》，《武汉大学学报（哲学社会科学版）》2007 年第 6 期。

② 王俊平：《刑法视野下的犯罪集团研究》，中国人民公安大学出版社 2009 年版，第 148 页。

③ 同上书，第 54、73 页。

对于“集团所犯全部罪行”的理解问题，这关系到组织犯所承担刑事责任的界限和范围。对此需要强调的是，“集团所犯全部罪行”是指行为人所组织、领导、策划、指挥的全部罪行，即在其主观意志支配下组织犯罪集团所实施的全部罪行。对于部分成员按照自己的意志所实施的组织行为之外的犯罪行为，如果组织者对此并不知晓，也不在其所领导的犯罪集团组织实施的犯罪范围之内，自然不应当由其承担刑事责任，而应由实施该行为的成员独自承担刑事责任。

例如，在张某等抢劫、杀人、非法买卖枪支案中，经过审理查明，2001年6月至2004年11月，被告人张某先后在湖南、广西、云南、重庆等地，单独持枪、持械抢劫、故意杀人6次，致5人死亡，1人轻伤，抢得人民币22000元。2003年4月和2005年1月，张某分别伙同刘某(已死亡)、被告人严某，在湖南、重庆持枪抢劫2次，致1人死亡，1人轻伤，抢得人民币5万元。2005年12月至2006年9月，张某先后纠集被告人秦某、全某以及李某、陈某、赵某、许某、王某等人，进行各种犯罪技能训练，以湖南省常德市、重庆市涪陵区为据点，在重庆、湖南、湖北等地大肆进行抢劫、故意杀人等犯罪活动。其中抢劫7次，致7人死亡，5人重伤，9人轻伤，1人轻微伤，劫得财物价值人民币526.4万余元，抢劫出租车4辆；故意杀人5次，杀死6人；抢劫、故意杀人1次，劫得财物价值人民币32580元，致2人死亡；抢劫、故意杀人、抢劫枪支、弹药1次，劫得人民币400元，出租车1辆，致6人死亡，抢劫经警的微型冲锋枪2支，子弹20发，故意杀人致1人死亡，4人轻伤，1人轻微伤。人民法院经审理认定张某等人犯抢劫罪、故意杀人罪、非法买卖枪支罪，其中张某为该犯罪集团的首要分子，秦某、全某、严某、李某、赵某、许某、王某等人为犯罪集团的骨干分子，均是主犯，判处张某、秦某、全某、严某、李某、赵某、许某、王某等人死刑，剥夺政治权利终身。

本案中，被告人张某较长时间地纠集刘某、严某、秦某、全某、李某、陈某、赵某、许某、王某等人，实施抢劫、杀人等犯罪行为，成员内部组织严密，且有目的、有计划地进行各种犯罪技能训练，具有犯罪集团的特征。张某是犯罪集团的组织者，是首要分子，理应对在其组织下的犯罪集团的全部罪行承担刑事责任。张某等抢劫、故意杀人、非法买卖枪支罪犯罪集团实施的犯罪极其严重，社会影响极坏，人民法院依法判处张某死刑，是正确的。①

第二，一般共同犯罪中的组织犯。对于一般共同犯罪中的组织犯，应当按照其所组织、指挥的全部罪行处罚。一般的共同犯罪虽然不具有犯罪集团那样较为严密的组织性，但是并不能否认其一定组织性的存在。因为，任何犯罪都是在一定人员的纠集、协调下实施的，也就是具备一定组织性。只不过该组织性尚未达到犯罪集团所要求的组织程度，组织性的程度较为松散，往往实施完犯罪即告解散。对于一般共同犯罪中的组织犯而言，也应当只针对在其意志支配下所组织、指挥的全部罪行进行处罚。这里的全部罪行，同样只是其他共同犯罪人在其组织下所实施的罪行，而不是其他犯罪人所实施的犯罪之和。对于实行过限的行为，组织者不承担刑事责任。

组织犯属于主犯，有可能成为死刑适用的对象。我们应当结合具体犯罪中组织犯的特点，判断是否对于组织犯适用死刑。具体来说，我们应当重点考虑以下因素。

(1)组织犯对于被组织者的支配力。组织犯不同于实行犯、教唆犯的特点在于组织他人实施犯罪，其他共同犯罪人是在其组织、领导、策划、指挥下实施犯罪，根本性质在于对犯罪构成要件实现的支配和控制。② 所以，组织犯与所实施犯罪危害结果之间联系的纽带主要是其组织行为。而无论是组织、领导、策划还是指挥行为，归根到底都是对于被组织者的支配行为。这种支配行为从表面上看是被组织者的支配和控制，实质上是对于整个犯罪过程乃至严重危害社会结果的支配。所以，组织犯对于被组织者的支配力，就是认定其刑事责任的主要依据之一。这种支配力表现为，是否实施犯罪与如何实施犯罪，是延缓还是加速犯罪结果实现的进程，其他共犯人是否实施与如何实施构成要件该当的行为，都取决于组织犯的意思之决定。③ 一般来说，在共同犯罪刑事责任一定的前提下，组织犯的支配力越大，被支配的实行犯的自主性就越小，与此相对应，组织犯的刑事责任就越大，实行犯的刑事责任

---

① 赵秉志主编：《刑法教学案例》修订版，法律出版社 2007 年版，第 114—115 页。

② 向朝阳、邹佳铭：《论组织犯及其刑事责任》，《中国刑事法杂志》2006 年第 4 期。

③ 赵辉：《组织犯刑事责任之探讨》，《中国刑事法杂志》2009 年第 6 期。

就越小。所以，在共同严重程度一定的前提下，组织犯对于实行犯支配力的强弱就成为判断组织犯刑事责任的重要依据之一。

如在犯罪集团中，集团拥有严密的组织和森严的等级，有的集团甚至还有自己的帮规，组织者对于被组织者具有较强的控制和支配力。例如，四川省宜宾县的“狄绍伟犯罪集团”就模仿现代企业管理模式，制定了《员工手册》，俨然是他们的“刑法”，规定了较为具体的纪律和规范，对成员进行严厉控制。该《手册》共计 4 章 17 条，不仅对于成员的衣着、礼仪等日常生活琐事进行具体规定，还要求成员不得擅自外出，公共场所必须衣冠整洁，而且规定对于出卖、背叛、损害组织利益者以及不服从命令者可能处以割舌、挖眼、切指、断手、断腿等处罚，甚至予以处死。① 再如四川成都的“王勇犯罪集团”，该犯罪集团首脑王勇任命了一批骨干负责各方面的“业务”，由其集团核心成员分别负责运输市场、电脑市场及赌场的管理收费和武力保护，自己配备了专车和保镖。② 在此类犯罪集团中，首要分子通过严密的组织和纪律对于被组织者进行控制，被组织者对组织者有较强的人身依附性，是否实施犯罪、如何实施犯罪甚至日常生活都要受到组织者的控制，自己具有较小的自主性。这样对于所实施的犯罪，组织者的刑事责任就较大。

而在一般的共同犯罪当中，犯罪的组织者对于被组织者虽然有一定的支配力，但是对于被组织者的控制远远没有犯罪集团严格，而且也只限于在共同犯罪中，并不涉及被组织者的日常生活。即使在共同犯罪的实施中，被组织者对于如何实施犯罪也往往具备一定的自主性。而自主性的大小反映了行为人对于危害社会结果控制力的大小，决定了其之后为该结果承担刑事责任的大小。也就是说，一般共同犯罪中的被组织者相对于犯罪集团中的被组织者对于犯罪具有较大控制力，其刑事责任相比于后者来说较重。当然，这只是从一般意义上来说的，不排除实践中例外情况的出现。

总的说来，在明确一般情况下，犯罪集团中组织犯比一般共同犯罪中组织犯刑事责任大，组织严密的共同犯罪中的组织犯比组织松散的共同犯罪中的组织犯刑事责任大的一般原则的基础之上，对于组织犯和被组织的实行犯

① 张景义：《“打黑”狂飙起神州》，《人民法院报》，2001 年 1 月 10 日。

② 吴健强：《论黑恶势力犯罪》，《西南民族大学学报》2003 年第 11 期。

之间刑事责任的界定，应当根据共同犯罪的具体形式以及具体犯罪情况进行判断。

(2)组织犯的主观心态。行为人的主观心态是指犯罪主体对自己危害行为及其所造成的危害社会结果所抱的心理态度，① 反映了行为人的主观恶性、人身危险性，对于正确区分罪与非罪、此罪与彼罪以及正确量刑具有重要意义。同样，对于组织犯死刑的适用而言，行为人的主观心态也是应当考虑的重要因素之一。如前所述，组织犯的主观心态主要包括直接故意、间接故意两种情况，不同的心理态度反映了行为人不同的主观恶性，也反映了行为人再次实施类似犯罪的人身危险性。

第一，直接故意。在直接故意的心理状态下，行为人认识到自己的组织行为和他人的实行行为所可能产生的危害后果，并积极追求这一结果的发生。整个犯罪的实施都是在组织犯的积极组织、策划、指挥和推动下而实施的，严重危害社会结果的出现是行为人积极追求的结果。组织犯在犯罪过程中很可能会排除任何阻碍犯罪进展的不利因素的影响(既包括共同犯罪外部的不利于犯罪实施的因素，也包括共同犯罪成员内部的矛盾、内耗以及个别成员的犹豫等因素的影响)，采取各种措施推动犯罪的顺利实施。这也从一个侧面反映出，如果再具备相应条件，行为人很可能会再次实施类似犯罪。这样，相对于持其他主观心态的组织犯，持直接故意心态的组织犯就应当承担更大的刑事责任，适用死刑的可能性也较大。

第二，间接故意。在间接故意的心理状态下，组织犯对其行为和实行犯的行为及其产生的后果有认识，但是对于实行犯实施危害社会行为的结果持放任的心理态度，即对于被组织者是否实施该行为，以及该行为严重危害社会的结果是否发生并不积极追求，危害结果发生不发生，都在自己的主观意图之内。在这种心态下，行为人很可能不会采取措施排除妨碍犯罪进展的因素。同时，其放任的心态也决定了被组织的实行犯对于犯罪的实施具有较大的自主性和选择性，对于犯罪进程的发展具有较大的控制力和支配力。相应地，组织犯对于犯罪的支配力也较低。相对于组织犯，实行犯对于共同犯罪危害社会结果的出现要承担较大的刑事责任。所以，间接故意犯罪中组织犯

---

① 赵秉志主编：《当代刑法学》，中国政法大学出版社 2009 年版，第 129 页。

的刑事责任相比于直接故意犯罪中组织犯的刑事责任相对较低，前者适用死刑的可能性小于后者。

也有学者认为，组织犯的主观心态还包括第三种情况，即组织犯在犯罪实施当时对实行犯的行为和后果没有认识，但是事后予以认可。① 对于此类行为，组织犯当时并不知晓实行犯实施了该行为，所以，也就谈不上对于该行为的支配与控制。虽然其也可能由于事后的认可行为而对已经实施的行为承担刑事责任，但是一般来说，此时其应当承担的刑事责任相对于直接故意和间接故意的组织犯来说就更小。

死刑只适用于罪行极其严重的犯罪分子，要求行为人具备极大的主观恶性和人身危险性。很明显，对于持间接故意心理态度和事后认可的组织犯而言，由于其在犯罪之时就放任危害社会结果的发生，甚至当时并不知道犯罪的实施，而无法达到“罪行极其严重”的程度。所以，在组织犯组织他人实施具有严重社会危害性的犯罪行为的前提下，一般只能对持有直接故意心态的行为人适用死刑，对于持其他心态的行为人则排除死刑的适用。

(三)教唆犯的死刑适用

1. 教唆犯概述

关于什么是教唆犯，我国刑法没有明确规定。刑法理论一般认为，教唆犯是指故意唆使他人犯罪的犯罪分子。② 教唆犯是以犯罪分子在共同犯罪中的分工为标准对共同犯罪人进行分类的结果。教唆犯具有以下两个基本特征：首先，教唆犯是犯意的制造者。教唆是一个人反社会意识迅速膨胀的催化剂，教唆犯则是这种以对他人灌输犯罪意图、制造犯意为己任的共同犯罪人，从某种意义上说是犯罪之源。其次，教唆犯通过他人实现其犯罪意图。教唆犯制造犯罪意图，激发他人的犯罪决意，通过他人之手实现自己的犯罪意图。教唆犯本人并不亲自实施刑法分则规定的具体犯罪行为，而是唆使他人实行，在共同犯罪中扮演幕后策划的角色。③

构成教唆犯，需要具备主观和客观两个方面的条件：首先，在客观上，

---

① 向朝阳、邹佳铭：《论组织犯及其刑事责任》，《中国刑事法杂志》2006 年第 4 期。

② 赵秉志主编：《当代刑法学》，中国政法大学出版社 2009 年版，第 232 页。

③ 陈兴良：《共同犯罪论》第 2 版，中国人民大学出版社 2006 年版，第 221 页。

要求行为人实施了教唆他人犯罪的行为。关于何谓教唆，刑法没有明确规定，对于教唆的方法也没有列举。一般来说，教唆的方式既可以是授意、劝说、请求、命令、挑拨、刺激、收买、引诱等方式，① 也可以是煽动、怂恿、诱骗、利诱、嘱托、指示、胁迫等方式。② 教唆的对象是不具有犯罪意图的人，或者虽然具有犯罪意图但是尚不坚决的人。也只有教唆此类对象，才能体现教唆犯犯罪意图制造者的地位，才能反映出教唆犯严重的社会危害性。否则，如果唆使的对象是已经有确定犯罪意图的人，仅仅是强化其已有的犯罪意图，则可能构成帮助犯，而不成立教唆犯。被教唆的人必须是达到刑事责任年龄的人，如果被教唆者不具有刑事责任能力，行为人不构成教唆犯，可能构成间接正犯。其次，在主观上，要求行为人具备教唆他人犯罪的故意，包括直接故意和间接故意。在认识因素上，行为人既认识到被教唆的对象是达到刑事责任年龄并且没有犯罪意图的人，也认识到自己的教唆行为会使他人产生犯罪意图进而实施犯罪。在意志因素上，行为人既对于自己的教唆行为会引起他人产生犯罪意图进而实施犯罪持希望或放任的心理态度，又对被教唆人实施犯罪所可能产生危害社会的结果持希望或放任的心理态度。

我国《刑法》第 29 条规定了教唆犯的处罚原则。

第一，教唆他人犯罪的，应当按照他在共同犯罪中的作用处罚。这是针对被教唆人顺利实施被教唆犯罪的情况而言的，包括被教唆者已经实施了被教唆犯罪的预备行为，或者已经着手实施被教唆的犯罪但尚未达致完成状态，或者已经实施完成被教唆的犯罪三种情况。无论哪种，都意味着被教唆者已经实施了被教唆的犯罪。对此，应当按照教唆者在共同犯罪中的作用处罚。也就是说，要根据教唆犯在共同犯罪中的地位和作用具体判断其是否属于主犯。对于在共同犯罪中起主要作用者，应当按照主犯处罚。对于在共同犯罪中起次要作用者，应当按照从犯进行处罚。实际上，在共同犯罪中，教唆犯是犯罪意图的制造者。在很大程度上，犯罪就是在教唆犯的预谋和安排下启动的，多数情况下在共同犯罪中具有举足轻重的作用，所以对于教唆犯一般都按照主犯进行处罚。当然，由于具体的犯罪情节多种多样，某些教唆犯也

---

① 赵秉志主编：《当代刑法学》，中国政法大学出版社 2009 年版，第 232 页。

② 陈兴良：《共同犯罪论》第 2 版，中国人民大学出版社 2006 年版，第 84—88 页。

可能在共同犯罪中处于次要地位，起到次要的作用，此时则应当按照从犯处罚。

第二，教唆不满 18 周岁的人犯罪的，应当从重处罚。在教唆犯的教唆下，被教唆人一般都有一个从没有犯意到产生犯意、从产生犯意到决意实施犯罪、再到将犯罪付诸实施的过程，这个过程实质上是教唆犯的教唆与被教唆者自身判断力之间进行博弈的过程。那么，在教唆犯教唆力度一定的前提下，被教唆者自身判断力、控制力的大小就成为教唆行为是否能够实现的关键因素。18 周岁以下的人属于未成年人，涉世未深，对于自己行为的辨认和控制能力较弱，抵御各种诱惑的能力较差，在与教唆犯教唆的博弈中一般会处于劣势，容易被犯罪分子唆使和利用。所以，教唆不满 18 周岁的人犯罪的，就更容易得逞，具备更为严重的社会危害性。而且，未成年人一旦掉入犯罪的泥淖，就可能对其人生的发展产生巨大影响，很多人可能就此断送一生的大好前程。从这个方面看，教唆未成年人犯罪具有更为特殊的社会危害性。同时，选择不满 18 周岁的人作为教唆对象本身就体现了行为人较大的主观恶性和人身危险性。刑法规定对于教唆不满 18 周岁的人相对于教唆成年人犯罪要从重处罚。当然，需要强调的是，教唆已满 14 周岁不满 16 周岁的人实施故意杀人、故意伤害致人重伤或者死亡、强奸、抢劫、贩卖毒品、放火、爆炸、投毒 8 种犯罪以外的犯罪，由于未成年人不能成为犯罪主体，所以对于教唆者应当按照间接正犯论处。

第三，如果被教唆的人没有犯被教唆的罪，对于教唆犯，可以从轻或者减轻处罚。被教唆的人没有犯被教唆的罪，是指教唆者虽然对他人实施了教唆，但是被教唆人并没有按照其教唆的实施犯罪，从而也没有实现教唆者的犯罪意图，此时被教唆者与教唆者之间不存在共同犯罪关系，不构成共同犯罪。主要包括以下四种情况：(1)被教唆人拒绝了教唆人的教唆。也就是说，在教唆犯的教唆下，被教唆人没有产生任何犯罪意图，教唆没有产生实质性的效果，也就不可能产生危害社会的结果。(2)被教唆人当时接受了教唆，但后来没有实施任何犯罪。这种情况下，被教唆人虽然当时接受了教唆，但是后来基于各种原因而放弃了犯罪意图，既没有实施被教唆的犯罪，也没有实施任何其他犯罪。教唆仅仅使被教唆人产生了一些思想波动，但是在教唆犯教唆力和被教唆人控制力、免疫力的博弈中后者最终取得了胜利，被教唆人并没有将被教唆的行为付诸于行动。(3)被教唆人当时接受了教唆，但是事后实施的并非被教唆的犯罪，而是其他犯罪。此时，教唆虽然也产生了一定的效果，被教唆人的确也实施了犯罪，但是其所实施的并不是被教唆的犯罪，而是其他犯罪。(4)实施教唆时，被教唆人已经有了实施被教唆犯罪的决意。这种情况下，被教唆人实施该犯罪之时已经产生了实施该犯罪的决意，并不是因为教唆者的教唆才产生犯意。教唆虽然对于该犯罪的实际实施可能有一定的推动力，但是教唆犯的教唆并不是该犯罪意图的启动者，顶多是一个帮助和推动行为。此时，被教唆人实施犯罪与教唆犯的教唆之间并不存在刑法上的因果关系。在上述四种情况下，被教唆人都没有实施教唆的犯罪，理论上一般将之称为教唆未遂。与此同时，需要注意其与未遂教唆之间的区分。未遂教唆，指被教唆人已经着手实施犯罪，但是由于意志以外的原因而未完成犯罪情况下的教唆犯。① 和教唆未遂中教唆犯和被教唆人没有共犯关系不同，在未遂教唆中教唆者与被教唆者之间存在共同犯罪关系，教唆犯应当承担犯罪未遂的刑事责任。

2. 对教唆犯适用死刑

对于暴力共同犯罪中的教唆犯来说，其死刑的适用也要首先坚持暴力共同犯罪人适用死刑的一般原则，遵守死刑适用的共同责任和个人责任标准。关键在于在综合考量共同犯罪人所实施暴力犯罪严重社会危害性的基础上，考虑教唆犯在共同犯罪中的地位与作用，具体衡量教唆犯与实行犯之间刑事责任的轻重，准确判断其是否达到罪行极其严重的程度。具体来说，对于教唆犯的死刑适用可以考虑以下规则。

(1)教唆犯和实行犯在共同犯罪中的地位和作用。在教唆他人实施严重暴力犯罪，导致严重后果，需要适用死刑的情况下，我们要考虑两个层面的问题：其一，应当对几个被告人适用死刑；其二，应当对教唆犯还是实行犯适用死刑。对于前一个问题，笔者认为应当根据前述暴力共同犯罪死刑适用的谦抑性原则的要求，严格限制死刑的适用。在只造成一个被害人死亡的情况下，尽量不判处死刑。如果根据案件情况，必须判处死刑，也尽量只判处一人死刑，而不判处二人以上死刑。在需要对于一个人判处死刑的情况下，后

① 赵秉志主编：《当代刑法学》，中国政法大学出版社2009年版，第233页。

一个问题就应运而生了，这将是正确适用死刑的关键。对此，需要综合案件情况，根据具体犯罪情节判断教唆犯和实行犯在犯罪中的地位和作用。这里我们以雇凶杀人案中死刑的适用来对此问题进行具体分析。

近年来，我国雇凶杀人犯罪案件屡见不鲜，给社会造成了严重危害。而在雇凶杀人案中，是对于雇凶者也就是教唆犯适用死刑，还是应当对于受雇者也就是实行犯适用死刑，理论上存在不同观点，实践中也有争议。主要存在以下两种观点的对立：第一种观点认为，通常情况下雇凶杀人犯罪中的雇主是犯意的主动发起者，受雇者是在金钱的诱惑下被动产生犯意者；前者是以金钱或者其他利益诱使他人参与犯罪者，后者是挡不住金钱的诱惑，铤而走险实施犯罪者；前者是在整体上组织、策划或者指挥实施犯罪者，后者是按照组织、策划实施犯罪者。相比较而言，前者的主观恶性比后者大，行为的危害性不小于后者，理应比后者承担更大的刑事责任，因此在雇凶杀人犯罪中，雇主通常都比凶手更应当判处死刑。① 另一种观点认为，在纯粹雇凶杀人犯罪中，一般应对被雇者即实行犯适用死刑。从客观上看，虽然教唆犯在共同犯罪中应被评价为主犯，但犯罪的实行行为和法益侵害结果的实现并不是教唆犯教唆行为直接导致的，其只是启动了实行犯的犯罪意思，教唆行为对于法益并不具有现实的侵害。直接造成法益侵害结果的实行犯比教唆犯起了更加重要的作用。从主观上看，虽然实行犯的犯意是教唆犯启动的，但其在明知杀人的后果严重仍接受教唆并决意实施故意杀人行为，主观上同样具有严重的可谴责性。从犯罪发生的原因看，教唆犯雇凶杀人往往是事出有因，而实行犯被雇杀人大多是为了钱财。相对于教唆犯而言，实行犯的主观恶性和人身危险性更大，更需要动用重刑进行严惩。② 笔者赞同后一种观点。

笔者认为，虽然一般而言教唆犯是犯罪的造意者和发起者，对于犯罪的实施起到了一定的促进甚至主导作用，很多情况下被评价为主犯。但是不可否认，对于犯罪严重危害社会的结果而言，教唆犯的教唆行为和实行犯的实行行为相比，后者是更为直接的危害行为，与危害结果之间具有直接的因果关系。教唆行为自身的社会危害性要通过实行行为的传递才能够危害社会，

---

① 左坚卫、黄祖帅：《雇凶杀人案死刑适用问题探讨》，《法学杂志》2009 年第 5 期。

② 赵秉志、何荣功：《雇凶杀人案件中的死刑适用问题研究》，《法商研究》2010 年第 2 期。

而实行行为则直接严重危害到社会，不需要再经过任何中间环节的过渡与传递。所以，实行行为也就是被教唆者、被雇用者的行为对于共同犯罪整体的社会危害性具有更为重要的决定意义。在主观上，教唆犯和实行犯就其行为对于社会的危害性来说都持明知的心理态度，都具有极大的主观恶性。但是，正如前述第二种观点所认为的，教唆犯的犯意毕竟起源于之前与被害人之间的某种恩怨，而实行犯的犯意则多是基于金钱的原因，对与自己无任何利害关系的人进行侵害，反映出其较大的主观恶性。而且，教唆犯犯意的实现要以实行犯的犯意为中介，进而支配行为后才能实现对于被害者的侵害，实行犯的犯意则直接通过其所支配的行为作用于被害人，对于危害结果的出现具有直接的推动作用。所以在暴力共同犯罪当中，如果需要并且只能判处一人死刑，应当考虑实行犯而不是教唆犯。

当然，这里我们讨论的只是纯粹雇凶杀人案的情况。① 在不纯粹的雇凶杀人案中，教唆犯不仅实施了教唆行为，后来还亲自参与到犯罪的策划、指挥甚至实施当中，这时教唆犯就同时具有了组织犯甚至实行犯的性质，要根据其在犯罪中的作用、地位以及对于危害社会结果的作用力来综合衡量其与实行犯之间罪责大小的比较和均衡，具体判断对何者应当适用死刑。

(2)教唆的手段。如前所述，教唆他人犯罪可以采取多种手段，只要其能够使没有犯罪意图的人产生犯意即可。但是，根据教唆行为对于被教唆者强制性的不同，可以将教唆方式分为具有比较恶劣和比较缓和两种。其中利诱、嘱托、胁迫、欺骗、刺激等属于比较恶劣的教唆方法，而劝说、请求、挑拨、怂恿、授意属于较为缓和的教唆方法。② 在比较恶劣的教唆方法下，教唆犯对于被教唆人的意志自由具有一定程度的控制色彩，被教唆人的选择自由受到一定的引导或者是限制，更容易受到教唆犯的蛊惑而实施犯罪，这也反映了教唆行为严重的社会危害性和较大的主观恶性。在比较缓和的教唆方法下，教唆犯虽然对于被教唆人进行唆使，但是并没有对其进行控制和支配，在是

---

① 雇凶杀人案分为纯粹的雇凶杀人案和不纯粹的雇凶杀人案。前者指杀人行为是由被雇者具体实施的，雇主成立教唆犯，被雇者成立实行犯的情况；后者指雇主在雇用他人后还积极策划、组织甚至直接实行杀人行为的情况。

② 陈兴良：《共同犯罪论》第2版，中国人民大学出版社2006年版，第240页。

否实施犯罪、如何实施犯罪上给予被教唆人较大的自由选择权，被教唆人受到的影响相对较小。

(3)教唆的对象。教唆对象的选择也是教唆犯社会危害性的体现之一。未成年人由于自身心智发育不成熟，对于自己的行为不具有足够的辨认和控制能力。选择其作为教唆对象比选择成年人作为教唆对象具有更为严重的社会危害性：其一，未成年人由于自身特点，在与教唆者教唆行为的博弈当中更容易处于劣势，更易于受到各种诱惑而实施犯罪行为，所以一般情况下选择未成人要比选择成年人作为教唆对象教唆成功的几率更高。其二，未成年人正处于成长阶段，将其作为教唆对象将断送其一生的前途，很多未成年人都由于一次犯罪行为而在此后的人生道路上越走越远。所以，选择未成年人作为教唆对象，比一般的成年人具有更为严重的社会危害性。由于我国刑法规定，对于未成年人不适用死刑。所以，在教唆未成年人犯罪的情况下，如果需要适用死刑，只能选择教唆犯。

(4)教唆者与被教唆者的关系。实践中，教唆者与被教唆者之间往往具备一定的社会关系。或者说，被教唆者之所以听从教唆者的教唆而实施犯罪，不仅因为其教唆具有一定的说服力和蛊惑性，还在于教唆者对于被教唆者的影响力与制约力。很多情况下，教唆者与被教唆者之间存在亲属关系、上下级关系、债权债务关系或者其他较为亲密的关系等，被教唆者往往对教唆者有一定的依附力。如果教唆者利用这种控制力和影响力对于被教唆者施加压力，命令、胁迫被教唆者实施犯罪的情况下，就表现了教唆者较大的主观恶性和人身危险性。对此，可以作为对教唆者的一个量刑情节。①

(5)教唆者是否具有立功、自首等从宽情节。实践中很多教唆者在教唆他人实施犯罪以后又具有立功或者自首等从宽情节，对其是否还可以适用死刑值得探讨。我国《刑法》第67条规定，自首的犯罪分子，可以从轻或者减轻处罚；第68条规定，犯罪分子有揭发他人犯罪行为，查证属实的，或者提供重要线索，从而得以侦破其他案件等立功表现的，可以从轻或者减轻处罚；有重大立功表现的，可以减轻或者免除处罚。所以，对于暴力共同犯罪中的教

① 卢建平、冯江菊：《共同犯罪中死刑适用限制论》，载赵秉志主编：《刑事法治发展研究报告》(2008—2009年卷)，中国人民公安大学出版社2010年版，第290页。

唆犯来说，如果具有自首或者立功表现，即使没有其他从宽情节，一般情况下不应当再适用死刑。因为虽然刑法规定对于自首或者立功的犯罪分子“可以”从轻或者减轻处罚，而没有规定“应当”从轻或者减轻处罚，似乎赋予了司法机关在实践中的一定的自由裁量权，既可以从宽处罚，也可以不从宽处罚，但是刑法的规定一般来说都具有一定的倾向性，应当理解为“一般应当”。[①]所以，一般情况下，在暴力共同犯罪中，虽然教唆犯可能是主犯，具有严重的社会危害性和极大的主观恶性、人身危险性，但是只要其具有了立功、自首等情节，一般情况下就可以排除死刑的适用。但这并不绝对，特别是对于仅具有自首或者立功情节者来说，立法规定虽然体现了一定的倾向性，但是并没有完全排除司法机关自由裁量的可能，否则直接规定“应当”即可。

(6)是否存在教唆未遂和未遂教唆。在实践中，很可能发生被教唆者没有实施被教唆的罪即教唆未遂的情况，也可能发生被教唆者虽然实施了被教唆的罪，但是由于意志以外的原因而未完成犯罪即未遂教唆的情况。对于教唆未遂，刑法明确规定可以从轻或者减轻处罚，此时一般情况下不再考虑对教唆犯适用死刑。而对于未遂教唆而言，由于被教唆者实际上是犯罪未遂，教唆者也应当承担犯罪未遂的刑事责任。根据《刑法》第 23 条未遂犯可以比照既遂犯从轻或者减轻处罚的原则，对于教唆者一般而言也不再考虑适用死刑。

(7)间接教唆犯死刑的适用。间接教唆犯，是指教唆他人再去教唆其他人实施犯罪的情形，也被称为教唆教唆犯或者教唆犯之教唆犯。在间接教唆犯的情形下，间接教唆者为犯罪意图的造意者，教唆犯既是间接教唆犯的教唆对象，又是和间接教唆犯之间犯罪意图的传递者。在间接教唆犯和实行犯之间有多个教唆犯存在的时候，就形成了连锁教唆。对于间接教唆情况下各行为人之间刑事责任的判断，实际上就是明确间接教唆犯、教唆犯(不论几个)和实行犯三者之间刑事责任的轻重问题。对此，有学者认为，一般情况下实行犯的责任评价应大于教唆犯。在连锁教唆他人犯罪案件中，对于死刑的适用应以直接造成危害结果发生的实行犯为优先考虑对象，教唆犯次之，间接

---

① 高铭暄、马克昌主编：《刑法学》第 5 版，北京大学出版社、高等教育出版社 2011 年版，第 265 页。

教唆犯再次之。① 我们赞同这种观点所认为的实行犯的刑事责任应大于教唆犯的观点，但是对于其所认为的教唆犯的刑事责任大于间接教唆犯的观点持保留态度。笔者认为，虽然相对于教唆犯，间接教唆犯作用于实行犯的力量较小，与最终危害社会结果之间的因果关系也更为间接，但是间接教唆犯却是共同犯罪的造意者，是整个教唆链条的启动者，没有间接教唆犯，就不可能有教唆犯和实行犯，更不会有整个犯罪的实施。而且，不论是教唆犯的教唆行为，还是实行犯的实行行为，都是在间接教唆犯的犯意甚至控制之下所实施的。就教唆犯而言，除了特殊情况外，多是在间接教唆犯和实行犯起传递、协调、联络作用。所以，笔者认为，间接教唆犯的刑事责任应当大于教唆犯。也就是说，间接教唆犯、教唆犯和实行犯的刑事责任中，在死刑的适用问题上，应当优先考虑实行犯，间接教唆犯次之，教唆犯再次之。

① 卢建平、冯江菊：《共同犯罪中死刑适用限制论》，载赵秉志主编：《刑事法治发展研究报告》(2008—2009 年卷)，中国人民公安大学出版社 2010 年版，第 291 页。

中　篇

具体暴力犯罪死刑适用的实体标准

第　六　章

故意杀人罪死刑适用问题研究

“杀人偿命”在我国几乎成为家喻户晓、千古不变的信条，至今仍在紧紧束缚着国人的心灵。面对着受害者和媒体舆论极度悲愤地控诉凶手的残忍行径时，普通民众同情弱者、疾恶如仇的传统美德条件反射式地被激发出来，社会上杀声一片，“对杀人者人恒杀之”。① 而政治家更多关注的是维护社会稳定，于是“顺应民意”，将一个又一个杀人凶手送上了刑场。从全球范围看，废止死刑已然成为世界潮流，截至2010年3月，根据维基百科统计的数据，② 全球95个国家已经在立法上全面废止了死刑；35个国家虽然在法律中对某些犯罪设置了死刑，但是已经至少十年没有适用死刑或者暂停适用死刑，比如俄罗斯、韩国等；9个国家仅保留了某些出于特殊情况的死刑(比如针对战时某些犯罪)；58个国家在法律上保留死刑且在司法实践中适用死刑，比如美国、白俄罗斯(欧洲大陆中唯一保留死刑的国家)。这些保留死刑的国家设置死刑的罪种主要是谋杀罪，但是在立法上几乎都具体规定了适用死刑的加重情节，这就说明它们在对待是否判处死刑这一问题上“慎之又慎”，对谋杀罪判处死刑的数量可谓“少之又少”。在我国所有适用死刑的案件中，故意杀人

---

① 钊作俊：《由限制到废止：死刑路径及其抉择》，载陈泽宪主编：《死刑——中外关注的焦点》，中国人民公安大学出版社2005年版，第227页。

② http://en.wikipedia.org/wiki/Use_of_capital_punishment_by_nation，2010年3月16日。

罪毫无疑问是死刑适用最多的罪名，而在故意杀人罪中适用最多的刑罚也是死刑。根据相关数据统计，故意杀人案件中适用死刑的占73.2%，其中死刑立即执行的又占81.5%。① 因此，从我国故意杀人罪死刑适用的数量来看，对于故意杀人罪死刑的限制适用无疑会大大降低我国死刑的执行数量，而这对于推动我国的死刑改革会大有裨益。

第一节　法定量刑情节与故意杀人罪的死刑适用标准

一、影响故意杀人罪死刑适用的具体法定情节

刑罚裁量的情节，简称量刑情节，是指审判机关在对犯罪人决定刑罚运用和刑罚轻重时必须考虑的各种情节。根据刑法是否有明文规定可以将量刑情节分为法定量刑情节和酌定量刑情节。就故意杀人罪而言，影响其死刑适用的法定情节主要集中于刑法总则的规定，分为从严和从宽处罚两种类型。具体来说，根据不同的法定情节对于死刑适用的不同影响分为：第一，排除死刑适用的量刑情节，即那些刑法明文规定的在刑罚裁量时必须要考虑的“应当”免除、减轻、从轻的硬性量刑情节，比如《刑法》第49条规定的犯罪时未满18周岁的人不得适用死刑，只要行为人实施犯罪时未达到该法定年龄，那么不管他实施的犯罪行为多么严重，手段多么恶劣，都不得对其适用死刑。第二，限制死刑适用的量刑情节，即刑法条文所规定的供审判机关在刑罚裁量时选择适用的“可以”免除、减轻、从轻处罚弹性量刑情节，是否对犯罪分子适用死刑是由审判机关根据犯罪的具体情况来决定。有必要指出的是，“可以”情节虽允许视案情选择适用，但绝不能把“可以”情节混同于酌定情节，“可以”情节归根结底是一种法定情节，具体适用时，首先必须考虑有无适用的实际可能，其次才能根据案件情况决定是否适用。第三，刑法明文规定的从重处罚量刑情节，比如《刑法》第29条规定的教唆不满18周岁的人犯罪，应当从重处罚。从重处罚也并不意味着对犯罪分子要先考虑适用死刑，它只能作为考虑适用死刑的“砝码”之一，审判机关还要综合全案进行裁量。

---

① 高维俭、查国防：《故意杀人案件死刑适用的实证分析》，《中国刑事法杂志》2006年第5期。

我国刑法涉及故意杀人罪死刑适用的法定量刑情节主要包括：(1)直接排除死刑适用的法定量刑情节(见表 6-1)；(2)限制死刑适用的法定量刑情节(见表 6-2)；(3)从重处罚的法定量刑情节(见表 6-3)。

表 6-1

条文	类型	内容
20	防卫过当	应当减轻或者免除处罚
21	紧急避险过当	应当减轻或者免除处罚
24	犯罪中止	对于没有造成伤害的，应当免除处罚；造成伤害的，应当减轻处罚
27	从犯	应当从轻、减轻或者免除处罚
28	胁从犯	应当按照他的犯罪情节减轻处罚或者免除处罚
49	死刑适用对象限制	犯罪的时候不满 18 周岁的人和审判的时候怀孕的妇女，普通情况下 75 岁以上老人，不适用死刑
232	情节较轻的	处 3 年以上 10 年以下有期徒刑

表 6-2

条文	类型	内容
18	限制刑事责任能力人	可以从轻或者减轻处罚
19	又聋又哑的人或者盲人	可以从轻、减轻或者免除处罚
22	犯罪预备	可以比照既遂犯从轻、减轻或者免除处罚
23	犯罪未遂	可以比照既遂犯从轻或者减轻处罚
29	被教唆犯未实施被教唆的罪	可以从轻或者减轻处罚
67	自首	可以从轻或者减轻处罚，对于犯罪较轻的，可以免除处罚。
68	立功	对于一般立功的，可以从轻或者减轻处罚，对于重大立功的，可以减轻或者免除处罚。

表 6-3

条文	类型	内容
29	教唆未满 18 周岁的犯罪	应当从重处罚
65	累犯	应当从重处罚
247	刑讯逼供或者暴力取证致人死亡的	从重处罚
248	殴打、体罚虐待被监管人致人死亡的	从重处罚

二、影响故意杀人罪死刑适用之法定情节的特点

上述与故意杀人罪死刑适用相关的法定量刑情节对死刑适用与否至关重要，它主要呈现以下几个特点。

第一，法定性。法定情节的法定性是指情节的形式和内容即情节标准规定于刑法之中，但案件事实是否存在或者是否符合刑法情节标准则是由司法人员决定，因此法定情节的法定性中实际上也有一定的酌定性。①

第二，确定性。法定量刑情节的确定性是指随着犯罪的实施而产生，不以人的意志为转移的客观存在的，便于法官认定的犯罪情节。上述影响故意杀人罪死刑适用的量刑情节主要集中于刑法总则。而刑法总则对于这些情节诸如胁从犯、从犯、自首等情节的认定有明确规定，法官主要依据刑法规定认定其行为是否属于上述法定情节，就可以达到排除或者限制死刑适用的目的。

第三，多样性。故意杀人罪的法定情节包括犯罪的主体情节(比如死刑适用对象的限制、胁从犯等)，犯罪的客观情节(比如犯罪停止状态等)、犯罪的附随情况(如自首、立功、防卫过当等)。分则中还规定有概括性情节，即《刑法》第 232 条规定的对于情节较轻的故意杀人行为，判处 3 年以上至 10 年以下有期徒刑。这一规定虽然并不直接影响死刑的适用，但是也可以对某些情节轻微的故意杀人行为间接排除死刑的适用。法定情节中包括“应当”和“可以”两种类型，这都充分体现了法定情节的多样性。

第四，强制性。死刑裁量情节对是否适用死刑起着决定性作用，它最主

① 覃珠坚：《略论量刑情节》，《玉林师范学院学报》2005 年第 1 期。

要的功能就是限制死刑的随意发动。① 与酌定量刑情节相比，法定量刑情节对于死刑的限制适用起到了更加明显的效用，只要某一情节属于刑法明文规定的从宽情节，法官就不能随意对案犯适用死刑。

三、法定情节对故意杀人罪死刑适用的意义

死刑只适用于罪行极其严重的犯罪，但是未必所有罪行极其严重的犯罪都必须适用死刑，根据《刑法》第 48 条规定的“应当判处死刑”的依据就在于量刑问题上。可以说，量刑情节是决定可否判处死刑的唯一根据。因此，法定情节对于死刑的限制适用意义重大。

首先，我们必须对现行刑法关于量刑情节的立法倾向有明确的认识。从现行立法和司法实践来看，无论哪一类量刑情节，一旦配置到具体的犯罪中，每个罪行的从宽处罚情节总是多于从重处罚情节，依法应当判处死刑的几率远远要低于不应当判处死刑的几率。因此就故意杀人罪而言，具有四个法定从重处罚情节，如果案件没有其中任何一个情节，或者也没有其他分量较重的酌定从重处罚情节，那么对故意杀人罪判处死刑就缺乏正当理由。

其次，严格划分定罪情节与量刑情节的界限是依法控制死刑的前提。对故意杀人罪死刑的适用，必须在一定的刑事政策、原则的指导下对于故意杀人案件全部案件事实进行全面综合分析，而“罪行极其严重”是故意杀人罪死刑适用的总体标准，这一标准是由犯罪的危害结果、行为人的主观恶性和人身危险性三个要素来判断的，但是司法实践中行为人的主观恶性和人身危险性是需要借助于某些案件事实反映出来，也就是说，对于案件情节的全面把握是判断行为人罪行是否极其严重的主要依据，因此犯罪情节对于死刑是否适用意义重大。犯罪情节根据其功能的不同分为定罪情节和量刑情节，前者是指犯罪事实中存在符合犯罪构成要件的事实即决定是否成立犯罪的情节。比如盗窃罪必须达到“数额较大”这一情节才能成立犯罪；而后者是指在犯罪成立的前提下，对量刑轻重有影响的犯罪情节。有学者认为，量刑情节与定罪情节既有重合，也有交叉，都是根源于行为的社会危害性和行为人的人身危险性的有机统一。例如，以残忍的手段故意杀人，手段是犯罪方法，手段

---

① 邹湘高：《论死刑裁量情节》，载李洁、张军、贾宇主编：《和谐社会的刑法现实问题·中卷：死刑的司法限制适用问题研究》，中国人民公安大学出版社 2007 年版，第 1019 页。

的残忍程度是犯罪人的主观恶性，两方面实际同时体现在一个环节上，定罪时它是构成要件的情节，量刑时是从严处罚的情节。① 其实不然，故意杀人罪的构成要件中对杀人手段在所不问，只要行为人在主观故意的支配下实施了杀人行为，就成立故意杀人罪。以残忍的手段杀人并不是定罪情节，只是从重处罚的量刑情节，如果将手段作为定罪情节评价一次，作为从重处罚的量刑情节再评价一次，就会导致死刑的滥用，因此，禁止将定罪情节重复评价为从重处罚的量刑情节是限制死刑的最佳保障。

最后，就法定量刑情节本身的适用来看对于死刑的限制适用也具有重大意义。一方面，从从宽法定情节与死刑适用的关系来看，从宽情节排除或者限制故意杀人罪死刑的适用。死刑的适用作为最严厉的手段，是刑罚“迫不得已”的选择，在宽严相济的刑事政策以及“少杀、慎杀”死刑政策的指导下，必须确保死刑只适用于那些极少数罪行极其严重的犯罪分子，而要做到死刑适用的司法控制，充分运用从宽法定情节就成为最强有力的手段之一，尤其是那些“应当”的量刑情节直接排除了死刑的适用，而“可以”的量刑情节使法官拥有更大的自由裁量权，使其游走于“可以”和“不可以”之间，使罪犯徘徊于“死”与“不死”之间，这时是否对案件适用死刑很大程度上取决于法官，而法官的态度则受其内心的死刑观念、民意、媒体舆论、被害人家属等多种因素的影响，这时就要求审判坚持审判独立原则，综合案件的客观事实加以认定。

另一方面，从从严法定情节与死刑适用的关系来看，从严法定情节并不意味着肯定对故意杀人罪死刑的适用。可以说，对累犯予以从重处罚在极刑适用的情况下仅有法律理念和社会警示的宣告作用。② 也就是说，在法定刑设有死刑的场合，行为人具备法律规定的某一从重情节，应当从重处罚，并不意味着对行为人必然适用死刑。因为特定情节对于量刑影响力的大小，本质上取决于该具体情节所体现的社会危害性和人身危险性。③ 对于具备某一

① 喻伟主编：《刑法学专题研究》，武汉大学出版社 1992 年版，第 300 页。

② 王利荣：《限制死刑适用的司法途径——对内地某中等城市死刑裁量的考察分析》，载陈泽宪主编：《死刑——中外关注的焦点》，中国人民公安大学出版社 2005 年版，第 119 页。

③ 田立文、司建军：《试论我国死刑的裁量情节与标准》，载李洁、张军、贾宇主编：《和谐社会的刑法现实问题·中卷：死刑的司法限制适用问题研究》，中国人民公安大学出版社 2007 年版，第 1002 页。

法定从重情节的行为人只能从一个侧面反映出其行为的社会危害性和人身危害性大于不具备这一情节的行为人，在其他情节相同的情况下，只要对前者判处的刑罚重于后者的刑罚就能体现这一从严法定情节的作用，也是对罪行法定原则和罪责刑相适应原则的贯彻。

四、法定量刑情节的竞合与死刑的限制适用

在刑事审判实践中，并非一个案件中只有一个法定情节，往往一个案件有两个或者两个以上的法定情节，一案中多种法定情节可能是同向趋轻情节，也可能是同向趋重情节，还可能是数个逆向量刑情节，面对这些种类、性质、作用有别而交错的法定情节，如何确定行为人的最终量刑是一个重要问题，同时对于法定量刑情节竞合的妥善处置对于死刑的限制适用意义重大。

(一)法定从重情节的竞合与死刑的限制适用

法定从重情节的竞合是指多个法定情节在量刑方向上均为从重的情况。从重处罚的适用规则是应当在法定刑的限度以内判处刑罚。有争议的是数个从重处罚情节并存时，能否变为加重处罚情节？理论界主要有肯定说与否定说。肯定说认为，我国现行刑事立法上没有规定加重处罚情节，但是最高人民法院在有关司法解释中规定，犯盗窃、诈骗罪，同时具有累犯、犯罪集团的首要分子或者共同犯罪中的情节严重的主犯等情节的，可以升格到上一个法定刑幅度内酌定裁量刑罚。① 否定说认为，在一个案件中数个从重处罚情节并存时，应当于法定刑幅度内增大从重处罚的分量，而不能加重处罚。理由在于一方面刑法中并未规定加重处罚的情节，就不允许随意突破法定刑最高限度适用刑罚，否则有违罪刑法定原则；另一方面对于较重犯罪，刑法都规定了两个或者两个以上法定刑幅度，在若干从重情节并存时，一般提高法定刑幅度即能满足罪责刑相适应原则。②

笔者认为，在法定从重情节竞合时，只能采取在法定刑幅度的范围内适当增大从重处罚的幅度，而不能加重处罚。因为从重情节在任何时候都不具备变更法定刑的功能。就故意杀人罪而言，如果行为人的故意杀人行为根据

① 黄祥青：《多种量刑情节的适用原则与方法探讨》，《人民司法》2003年第2期。

② 马丽英、李宝卿：《论多重量刑情节的适用》，《邯郸农业高等专科学校学报》2003年第4期。

其社会危害性和人身危险性应当判处 3 年以上 10 年以下有期徒刑，行为人又具备累犯以及教唆 18 周岁以下的人实施故意杀人，对其行为是否应当直接升格至死刑呢？这里首先涉及的问题是酌定从宽情节与法定从严情节的竞合问题，将在下文予以论述。但是这里需要提及的是，在从严处罚情节竞合的情况下要在法定刑幅度内加大从重处罚力度的问题，即在同一档法定刑幅度内加大从重处罚的力度，比如上述案例中在“三年以上十年以下有期徒刑”这一幅度内从重处罚。在目前“少杀、慎杀”死刑政策的指导下，我们必须注重量刑时对于死刑的限制适用。

(二)法定从宽情节的竞合与死刑的限制适用

法定从宽情节的竞合是指一个案件中同时具备数个法定从宽量刑情节。对于这种情况，通常有估堆处理和分别考虑两种做法。估堆处理是将几个情节的情况总括在一起，裁量一个差不多的刑罚。分别考虑是指首先根据每个情节的情况，对每个情节的功能分别予以确定，然后将确定了功能的多个情节合并适用。笔者认为，法定情节设置的初衷在于当具体案件中具有某一法定情节时，法官必须考虑这一法定情节予以量刑，如果对若干法定情节进行估堆处理，将会导致某些法定情节失去其应有的对量刑发生实质影响的效力。这就难以判断对行为人适用的刑罚是否恰当。因此，在法定情节出现竞合的情况下，应当就每个法定情节对量刑的影响进行评价，然后最终确定刑罚。这里涉及量刑基准的问题，笔者认为应当在暂不考虑法定情节的前提下，运用酌定情节确立一个量刑基准，然后在此基础上考虑法定情节，这将在后文有所论述。法定从宽情节的竞合包括以下几种情况：(1)多个从轻处罚情节并存的适用；(2)多个减轻处罚情节并存的适用；(3)多个免除处罚情节并存的适用；(4)从轻情节与减轻情节并存的适用；(5)多个从轻、减轻、免除处罚情节并存的适用。其中，凡是具备免除处罚情节的，则对行为人适用免除刑罚，这并不意味着减轻情节和从轻情节在此种竞合中失去意义，而是从轻情节、减轻情节的功能实际上被免除刑罚情节所吸收，行为人刑罚的免除不仅是免除刑罚情节作用的结果，也是内含从轻情节和减轻情节的。在包含有免除处罚的竞合中，自然否定了死刑的适用。

对于多个减轻处罚情节的并存是指在刑种和刑度上的减轻。就故意杀人罪而言，若根据酌定情节等犯罪细节确定法定刑档次为“死刑、无期徒刑或者十年以上有期徒刑”，如果存在多个法定减轻情节，那么可以是刑种上的减轻，比如从死刑减为5年有期徒刑，也可以是刑度上的减轻，比如由15年有期徒刑减为5年有期徒刑。对于前者是生与死的界限，对于后者是几年的人身自由，所以在限制死刑适用这一原则的指导下，如果在法定减轻情节运用之前确定的量刑中包含有死刑或者无期徒刑时，要遵循先减刑种、后减刑度的原则，而且针对“可以”的减轻处罚情节，虽然是由法官自由裁量是否予以减轻，但是既然规定于刑法之中就说明立法原意是要求法官一般情况下必须要考虑到这个情节，特别是在死刑罪名上，对于“可以”的减轻处罚情节是否采用关乎一个人的生命。而且“可以”减轻处罚的情节是“可以”在法定刑幅度以下判处刑罚，具备这一情节的人的“罪行”不可能达到“极其严重”的程度，即使达到了，也不属于应当被“立即执行的”，所以，在含有减轻处罚情节的竞合中，不应当适用死刑。

对于多个从轻处罚情节的并存，并不能将若干从轻量刑情节变为一个减轻处罚的量刑，因为这不但没有法律依据，也有把量刑情节作用绝对化之嫌。任何情节，无论在什么情况下，都不具备变更法定刑的功能。我国刑法的大多数犯罪，都规定了几个量刑幅度和档次，若行为的社会危害性较轻或者一般，再加上具有一些从轻处罚情节，法官在考虑刑罚轻重时完全有理由将这种情况置于刑罚较轻的幅度或者档次中，而用不着通过先考虑较重的刑罚，然后再依据几个从轻情节去减轻行为人的刑罚以达到罪责刑相适应。① 总之，如果某一案件出现了法定从宽情节的竞合，就应当可以排除死刑的适用。

对于从轻情节与减轻情节的并存，首先应当考虑减轻情节，然后再考虑从轻情节，否则，将会使从轻处罚变得毫无意义。如对实施故意杀人的未成年预备犯的处罚，假如未成年人这一情节被评价为减轻情节，预备犯被评价为从轻情节，未成年犯减轻情节就应优先于预备犯从轻情节。因此，当从轻与减轻情节竞合时，必须遵循减轻情节优于从轻情节这一原则。具体而言，如果从轻与减轻情节竞合时，先适用减轻情节形成处断刑，然后根据减轻情节和其他从轻情节的量化值相加后的总量值在处断刑以内以法定最低刑的下限为基准再从轻处罚，适用的结果受处断刑幅度下限的限制，不能予以免除处罚。

① 胡学相：《量刑基本理论问题研究》，武汉大学出版社1998年版，第202页。

(三)逆向法定情节的竞合与死刑的限制适用

逆向法定情节的竞合是指多个从严情节与从宽情节并存于同一案件中。例如累犯和从犯。对于这种逆向情节的适用，理论界存在意见纷争：第一种观点是整体综合判断说。即应当先根据基本犯罪事实与犯罪性质确定一个基本刑，然后利用情节对量刑进行裁判上的平衡，先根据从重情节对基本刑进行趋重修正，然后再根据从轻情节在第一次修正确定的刑罚基础上进行趋轻修正。① “从严和从宽兼有的逆向数情节：(1)重与轻或宽与严不得扣减或冲抵，此为刑的法定原则所决定；(2)具体分别，逐一剖析，权衡各情节对量刑结果的大小，依据全案事实，情节及其危害程度，综合裁定刑罚。”②有学者进一步将犯罪划分为单一法定刑幅度的犯罪和多重法定刑幅度的犯罪，认为在只有一个量刑幅度的犯罪中，应当首先根据该案在不考虑从宽与从严情节时的社会危害性和行为人的反社会性在该量刑幅度中确定一个基本刑，然后再对从宽情节与从严情节进行综合平衡。在存在多个法定刑量刑幅度时，不考虑从严与从宽情节先确定一个基本的法定幅度，然后根据从宽、从严情节进行综合平衡。③ 第二种观点是分别综合判断说。首先综合考虑从严处罚的所有情节，并据此确定一个拟判的刑罚，然后在此基础上，再综合考虑各种从宽处罚的情节，将拟判的刑罚适当往下降一些……这样既体现了从严处罚又体现了从宽处罚。对全案按照先从严，后从宽的顺序考虑适用刑罚的诸种情节，可以避免顾此失彼，最后对犯罪人处以适当的刑罚。④ 第三种观点是优势情节优先说。该说认为，当一案中轻重情节兼具时，应当型情节优于可以型情节，罪中情节优于罪前情节或罪后情节，应当从宽情节优于应当从严情节，法定量刑情节优于酌定情节。⑤ 还有的学者认为在量刑情节冲突的情况下，应坚持必轻从优原则，在具体裁量刑罚时要体现从宽量刑原则。⑥ 第

① 陈兴良：《刑法哲学》修订3版，中国政法大学出版社2004年版，第662页。
② 马克昌主编：《中国刑事政策学》，武汉大学出版社1992年版，第202页。
③ 胡学相：《量刑基本理论问题研究》，武汉大学出版社1998年版，第206—207页。
④ 周振想：《刑罚适用论》，法律出版社1990年版，第286页。
⑤ 马克昌等编著：《刑法学全书》，上海科学技术文献出版社1993年版，第202页。
⑥ 汪立本：《量刑情节绝对冲突时应“必轻从优”》，《法学研究》1996年第5期。

四种观点是抵消说。此说认为，只有在量刑情节的功能完全对等而没有明显的主从优劣之分时，才能抵消。如从重对从轻、加重对减轻。如果有主从优劣之分时则按照顺序适用，应当型情节优先于可以型情节，法定量刑情节优先于酌定量刑情节，适应量刑公正性的情节优先于适应量刑目的性的情节，适应个别预防目的的情节优先于一般预防目的的情节。① 第五种观点是抵消排斥说。该观点认为，当冲突的两个情节的量刑轻重系数对等时，可以互相抵消，不对等时，将相抵消后的剩余部分作为适用结果；因某一情节存在而使另一形式与之冲突的情节变得无实际适用意义时，可以排除该情节的适用。②

首先，整体综合判断说与分别综合判断说都存在着不同程度的“估堆”，如何综合判断各个情节的作用力大小并没有说明，缺乏具体的操作标准，使量刑的主观随意性较大，有可能导致量刑畸重畸轻。而且分别综合判断说先考虑从严情节再考虑从宽情节，实际上是从严情节优于从宽情节的表现，这显然没有理论依据，在实践中也不利于公正合理地量刑。其次，对于优势情节适用说，也存在着较大的缺陷，刑法中的可以型情节并不是可以考虑或者可以不考虑的情节，它是否影响量刑，并不取决于审判人员的任意选择，在具体案件中可以型情节一旦根据案情确定可以适用，那么它就具有和应当型情节同样的效力，而不存在谁先谁后的问题。法定量刑情节与酌定量刑情节的问题也是如此，将在下文予以探讨。抵消说和抵消排斥说实际上没有本质的区别，二者对于情节的冲突都采用的是抵消法，只不过抵消排斥说将由于某一情节的存在而使另一形式的情节变得毫无意义时，可以采取排斥的方法，实际上，由于在这种情况下，形式上与之冲突的情节变得无实际意义时，这一情节对于量刑的影响系数不就等于零吗？因此我们可以说，抵消法和抵消排除法是“殊途同归”的。抵消法也存在一定的不合理性，因为从宽情节包括从轻、减轻与免除处罚，减轻与免除处罚显然与从重处罚不能同日而语，所以笼统地将从宽情节与从重情节抵消是不合理的。

① 邱兴隆、许章润：《刑罚学》，群众出版社 1988 年版，第 291—293 页。

② 苏惠渔等：《量刑与电脑——量刑公正合理应用论》，百家出版社 1989 年版，第 130—131 页。

但是笔者认为，抵消法在逆向量刑情节出现时又不失为一个合理的方法。抵消法的生命力就在于要给每个量刑情节对刑罚量的影响力确定一定的轻重系数，然后在确定的基本刑的基础上运用“加减”原理确定最后的量刑，而目前的司法实践中，大多数司法人员在裁量刑罚的过程中都是在对整个量刑进行估量的基础上确定宣告刑。这其中最大的一个弊端就在于很多司法人员在裁量刑罚的过程中，由于受重刑主义观念的影响，很容易对诸如杀人罪等严重暴力犯罪在“估堆”的过程中，倾向于从重处罚而适用死刑，使案中存在的从宽情节被“抹杀”，所以抵消法在某种程度上成为法官量刑的行动指南，矫正其重刑主义的思想倾向，得以对犯罪正确量刑，从而建立起科学的刑罚裁量制度。但是目前抵消法遇到的最大障碍是立法和司法实践中并没有建立起刑罚裁量的机制和量刑情节对刑罚裁量影响力的评价机制。因此我国刑法专家指出，“有冲突情节的，可以相互抵消，这些最好能在法律上明确下来。”① 这样，我们才能在逆向法定情节竞合的情况下，运用抵消法为死刑的限制适用提供立法依据。

五、法定情节在故意杀人罪死刑适用中存在的问题

对于故意杀人罪死刑的适用有重大影响的法定情节缺失或者幅度过于宽泛，是造成故意杀人罪的死刑适用率一直居高不下的重要原因之一，主要体现在以下两方面。

一方面，刑法分则对于故意杀人罪适用死刑的情节规定不明确。死刑是故意杀人罪基本犯的法定刑之一，是能够剥夺人的生命的最严厉的刑罚，而《刑法》第 232 条对于故意杀人罪适用死刑的量刑情节却并未作出详细规定，仅仅在第 232 条的后半段规定情节较轻的，判处 3 年以上 10 年以下有期徒刑。这就意味着对于故意杀人罪适用死刑的量刑情节需要在司法实践中进行具体的分析和把握。对于从轻处罚的“情节较轻的”又属于概括性的量刑情节，刑事司法解释没有规定统一的标准。简言之，对于故意杀人罪，刑法对适用死刑的情节与不适用死刑的情节都未作出具体规定，而将其交于法官自由裁量，使罪犯游走于“死”与“不死”的刀刃上，这是对罪行法定原则的偏离，法官也是血肉之躯，他或许会受到自己内心“杀人偿命”的刑罚观念的影响而将

① 赵秉志主编：《刑罚修改研究综述》，中国人民公安大学出版社 1990 年版，第 381 页。

本可以不判死刑的罪犯推向刑场，或许也会受到外界舆论或治安形势恶化的左右同样将罪犯判处极刑。

另一方面，刑法总则对于故意杀人罪适用死刑的量刑情节过于宽泛。刑法总则规定的量刑情节分为从重、从轻、减轻和免除刑罚四个档次，其中又包括“应当”的硬性量刑情节和“可以”的弹性量刑情节。对于硬性的从宽量刑情节，大部分条文规定了应当减轻或者免除处罚，除了《刑法》第 27 条规定对从犯应当从轻、减轻或者免除处罚三个档次。在故意杀人罪中，如果行为人属于《刑法》第 28 条规定的胁从犯，那么行为人是属于应当在“死刑、无期徒刑或者十年以上有期徒刑”这一法定刑的最低刑以下减轻刑罚(即十年以下有期徒刑)，还是应当属于《刑法》第 232 条后半段规定的“情节较轻的”故意杀人行为，在 3 年以上 10 年以下有期徒刑这一法定刑幅度以下减轻刑罚(即 3 年以下有期徒刑)呢？如果行为人属于《刑法》第 27 条规定的从犯，其命运更是“悬而未决”，因为他有可能属于“死刑、无期徒刑或者十年以上有期徒刑”这一法定刑档次得到从轻的处罚(可能为无期徒刑)，可能属于情节较轻的档次得到减轻的处罚(即 3 年以下有期徒刑)。这些硬性的从宽量刑情节似乎也并非“硬性”，可能会使得罪犯多受若干年“牢狱之灾”。但是起码他们还是活着的，因为对于那些弹性的量刑情节，不同法官对同一案件的判决可能会使罪犯“生死两重天”。例如，行为人实施了故意杀人的行为后投案自首，根据《刑法》第 67 条规定，对于自首的犯罪分子可以从轻或者减轻处罚，这样的弹性情节法官可以不从轻发落，而直接判处死刑，也可以减轻刑罚，在 10 年以下有期徒刑幅度内确定刑罚。可见，对于故意杀人罪死刑适用有决定性影响的法定情节，看似“法定”，但是很多情况下由于法律规定的幅度过于宽泛，而将“生杀大权”交给法官“酌定”，在深受“杀人偿命”观念影响的我国，法官也会存有这样的观念，因此，这就对我国死刑的限制适用造成了屏障。

第二节　酌定量刑情节与故意杀人罪的死刑适用标准

一、酌定量刑情节的概念和特征

司法实践中通常将量刑情节分为法定情节和酌定情节，二者对于刑罚裁量都有至关重要的作用。在一个案件中，可能不存在法定情节，却不可能没有酌定情节，可以说酌定情节相对于法定情节来说更具普遍性。具体就故意杀人罪而言，法定情节多集中于刑法总则的若干常见从严或者从宽情节，而刑法分则中并没有具体规定故意杀人罪适用的法定从重或者从宽情节，所以对于酌定情节的准确把握是故意杀人罪死刑适用的基本前提，因此对于酌定情节的理论研究意义重大。

酌定情节是指法律事先没有明确规定而在量刑时酌定予以考虑的各种主客观犯罪情节。酌定情节的主要特征体现在：第一，非法定性。酌定情节与法定情节最大的区别在于酌定情节并非刑法明确规定，而是由司法人员根据案件情况酌定采纳是否施用于量刑的情节。但是在量刑时采纳酌定情节并不违背罪刑法定原则，原因在于，一方面，案件纷繁复杂，刑法并不能穷尽所有的量刑情节；另一当面，酌定情节的酌定性是指案件事实上是否施加于量刑过程由司法人员酌情认定，但是认定的依据是刑事政策、刑事法律原则和刑法立法精神，这恰恰是罪刑法定原则的应有之义。而且酌定量刑情节的适用也是有法律依据的，《刑法》第 63 条第 2 款明确规定："犯罪分子虽然不具有本法规定的减轻处罚情节，但是根据案件的特殊情况，经最高人民法院核准，也可以在法定刑以下判处刑罚。"很明显，这里所说的"案件的特殊情况"，主要是针对酌定量刑情节而言的。简言之，酌定情节是具有非法定性这一特征，但是这并不表明酌定情节没有法律依据。① 第二，复杂性。酌定量刑情节由于刑法没有明确规定，而是由司法人员根据立法精神从司法实践经验中总结出来的，其范围非常广泛。一般认为，凡是与案件有关的，足以影响量刑的所有事实情况，都属于酌定情节之列，主要分为犯罪原因、动机、手段、对象、结果等。就故意杀人罪而言，涉及的酌定情节包括被害人过错、激愤杀人、被害人家属谅解、家庭邻里纠纷等，而在故意杀人罪中法定情节比较少，而且法定情节比较外显容易判断，因此在故意杀人罪死刑适用这一问题上对于酌定情节的研究更加凸显其重要意义。第三，功能性。相较于法定情节，酌定情节存在于每个具体的刑事案件中，它的功能在于反映具体案件中行为的社会危害性和行为人的人身危险性，而刑罚裁量的依据从抽象角度来看，就是社会危害性和人身危险性。所以可以说，脱离酌定情节裁量，刑罚

① 杜邈：《酌定量刑情节若干问题研究》，《河南省政法管理干部学院学报》2006 年第 2 期。

无法反映出具体案件的性质和程度，也会使罪责刑相适应原则落空。

二、酌定量刑情节的范围

法定情节是由刑法明文规定的，而酌定量刑情节却并非如此，它并不是预设的，而是要从具体的案件中予以发掘认定，但是这并不意味着酌定情节是不可认识的，它应当具备一定的范围和表现形式，这需要我们从审判实践中加以抽象总结和归纳研究。从刑法理论、司法实践来看，酌定情节的范围和表现形式主要包括：犯罪目的和动机、犯罪态度、犯罪手段、犯罪对象、犯罪时间地点、犯罪结果、犯罪人的一贯表现、犯罪后的悔罪态度、被害人过错、被告人积极赔偿、被害人及其家属谅解等，这将在下一章重点论述。笔者在此集中探讨民愤、社会治安形势和刑事政策是否属于酌定量刑情节的问题。

（一）民愤不应当成为酌定情节

民愤是否应当成为酌定情节，理论界存在肯定说和否定说两派。肯定说认为，民愤的大小，体现着犯罪对人们既存的价值观念的破坏程度，是人们心理上原有的价值平衡因受犯罪的冲击而失衡的严重程度的外化。同时，民愤的大小又反映了人民对犯罪的否定评价的严厉性程度，内含着人们要求惩罚犯罪以求恢复价值的心理平衡的愿望的强度。① 否定说认为，把民愤的有无和大小作为量刑的重要依据之一，没有理论与法律上的依据，有悖于刑罚的目的。② 笔者赞同否定说的观点，即民愤不应当成为酌定情节，理由有以下几点。

第一，民愤并不如实反映行为的社会危害性和行为人的人身危险性。民愤是说明群众对某一犯罪行为或犯罪人的憎恶或者愤恨的一种表现于外部的心理状态，反映了人们对犯罪的否定评价程度，可以说民愤在多数场合下反映犯罪对社会危害程度及犯罪人的人身危险性程度，但是并不能全面如实地反映犯罪的社会危害性和人身危险性，即使全面如实反映，我们也不能将民愤作为案件酌定情节加以考量。对行为人的犯罪行为是否判处死刑要从行为

---

① 陈兴良：《刑法适用总论》(下卷)，法律出版社 1998 年版，第 335 页；邱兴隆、许章润：《刑罚学》，群众出版社 1988 年版，第 262—263 页。

② 伍柳村、左树声：《民愤能否作为量刑的依据》，《法学研究》1989 年第 4 期。

的社会危害性、行为人的人身危险性和主观恶性这三方面综合考量，而民愤对于上述三方面并无影响。一方面，判断社会危害性的大小，只能以犯罪事实本身作为基础和出发点，是客观犯罪事实本身所固有的危害社会的程度，而民愤是民众对“已然之罪”的事后反映，以事后反映去追究“事前犯罪”，显然违背刑法的基本精神；另一方面，在社会危害性极其严重的前提下，要根据行为人对自己的犯罪行为本身所体现的人身危险性和主观恶性施加刑罚，如果将民愤作为酌定情节，那就意味着不仅要行为人“罪责自负”，而且还要行为人对自己行为以外的民愤的大小承担责任，对于民愤极大的案件，行为人可能将会被民愤送上刑场，这必然会造成罪刑不适应，有悖于我国刑罚的目的，是典型的功利主义威慑论的体现。

第二，民愤的非理性决定了民愤不能成为酌定情节。民愤是民众的激愤情绪，是非理性的，因为民愤来源于群众对案件的了解程度以及对群众伦理道义情感的侵害程度，它是民众对案件最直接的、朴素的反映。它可能是民众报应观念的倾泻渠道，诸如“杀人偿命”这种观念往往在故意杀人案件中主导着民意的走向，这其中蕴含的观念往往是和现代文明司法理念相悖的。而且所谓“民众的激愤”中的“民众”范围很难界定，民众可以是案件受害人的亲朋好友，民众可以是加害人的亲朋好友，民众可以是与案件无关但通过一定的信息途径了解案件的人，不同群体的人对于案件的量刑有不同的意见，如果司法机关将民愤作为酌定情节进行考量，那么司法机关应当对哪一群体的民愤加以“酌定”呢？而且，造成民愤的一个重要原因就是社会民众公认的某种价值受到了伤害，但是有时一些非犯罪案件引起的民愤极大，比如最近一名女子由于丈夫有第三者而跳楼，之后网上对这个丈夫及其第三者进行了“人肉搜索”，各种谩骂的言论以及网友的一些实际行动反映出了极大的民愤；而有些犯罪的社会危害性和罪犯的人身危险性极大，但是由于民众缺乏了解和关注，使得民众“默默无闻”，比如一些涉及国家机密的国家安全案件等。可以说，酌定情节是很难把握、很难界定的，实践中如果让民愤影响司法，将损害司法的刚性和权威，使司法成为媚众的产物，导致舆论审判，不利于实现司法公正。

第三，民愤的易变性也决定了民愤不能成为酌定情节。民众对于同一案件的态度不是一成不变的，它是随着民众对于案件的加深了解而逐渐发生变化的，甚至有时民意会调转“枪口”。这是因为在现代社会中，对于发生于某一地区的案件，民众主要是通过媒体舆论来了解案件情况的，而媒体报道并不是完全客观的，对于能够吸引眼球的案件，媒体往往侧重于一个角度深度报道，而民众了解的也是案件的一个侧面。民众不是法学精英，它们不可能客观地分析案件的情节，从而使得舆论向“一面倒”，刘涌案件媒体向“喊杀”方向报道而致使社会“杀声一片”，最终将一个被判死缓的人送上刑场。如果易变的民愤成为酌定情节，将会使法律变得苍白无力，媒体左右民愤，民愤左右审判，这岂不是与媒体审判“异曲同工”?

(二)社会治安形势与酌定情节

社会形势是指由该社会经济基础决定和制约的社会生活各个领域之间及其自身矛盾斗争而发展变化的状况和态势。① 社会治安形势影响量刑是我国刑事司法的现实。在社会治安形势较为严峻时，法官往往给予预防犯罪的考虑而对犯罪人作出较其他时期更为严厉的处罚，我们所熟知的“严打”就是最好的例证。1983 年以邓小平为核心的党的第二代领导集体作出在全国范围内开展“严打”斗争的决定，随后在 1996 年及 2001 年又进行了较大范围的“严打”斗争，很多罪犯在“严打”期间被从重从快处罚。在刑法理论界对于社会治安形势是否应当成为酌定情节，有肯定说和否定说两种意见：一种观点认为，社会治安形势会导致从宽、从严发落而渗透融合在量刑情节中。② 另一种观点认为，能够作为量刑情节的只能是与犯罪人自身或行为有关的事实情况，影响量刑的外部因素虽然在事实上影响着量刑，但是它们与犯罪人自身或者其侵害行为无关，不影响量刑。③

笔者认为，在探讨社会治安形势是否应当成为酌定情节之前，我们需要注意以下几点：第一，社会治安形势与一般预防之间的关系。通常认为，社会治安形势与一般预防之间关系密切。社会治安形势严峻时，基于打击犯罪，遏制其他犯罪滋生而对罪犯从重处罚，即出于一般预防的需要而对罪犯从重

---

① 马克昌：《刑罚通论》，武汉大学出版社 1999 年版，第 363 页。

② 喻伟：《犯罪与情节、情节与量刑》，载喻伟主编：《刑法学专题研究》，武汉大学出版社 1992 年版，第 3 页。

③ 王晨：《刑法中的情节研究》，载喻伟主编：《刑法学专题研究》，武汉大学出版社 1992 年版，第 43 页。

处罚，以威慑潜在的犯罪人。但是笔者认为这一观点值得商榷。首先，罪犯决意实施犯罪往往都存在一定的原因，有些犯罪是“不得不犯的”，不论其是否处于“严打”期间，比如蓄谋已久的报复杀人；有些犯罪是当场激于义愤而实施的，行为人在冲动的情绪下是不会先考虑到是否会因“严打”而被从重处罚。其次，刑罚若要达到一般预防这一功利目的，并不是以刑罚的严厉性为前提的。“确信刑罚是不可避免的，这要比其他更加残酷的刑罚的恐惧能产生更深刻的印象。”①若出于一般预防的需要而对罪犯从重处罚容易造成罪犯承受超过其罪行本身严重程度的重刑，使其成为“严打”的“牺牲品”。第二，社会治安形势与行为的社会危害性之间的关系。社会治安形势严峻是否能反映出行为的社会危害性更大？有学者认为，如果行为人实施的犯罪是近期频发的犯罪类型，那么其犯罪行为将会给社会大众心理上带来更大的反感情绪，同时也更大地破坏了社会现存的安定秩序，使人们心理上原有的价值平衡被打破，因而具有更大的社会危害性。② 笔者认为该观点有失偏颇。因为社会危害性的大小取决于行为侵犯的客体、行为的手段、后果等要素，评价社会危害性的大小应当从上述客观要素出发，如果将社会心理、人们的主观感受作为评价行为客观危害的标准，对于犯罪的评价将陷入“飘忽不定”的主观世界中。因此，同一行为的社会危害性不因社会治安形势的变化而变化。第三，社会治安形势与行为人的人身危险性与主观恶性之间的关系。社会治安形势对行为人的主观恶性是否有影响取决于行为人对社会形势是否有所认识。如果行为人明知社会治安形势严峻，犯罪阻力小而决定“浑水摸鱼”实施犯罪，那就说明行为人的主观恶性较大，对他应当将社会治安形势作为酌定从宽情节；反之就不能作为酌定从宽情节。总之，社会治安形势不能绝对地被认定为酌定情节，也不能被绝对地认定为不是酌定情节。社会治安形势是否能成为量刑的酌定情节，关键在于其是否影响了对行为人主观恶性的评价。

(三)刑事政策不应当成为酌定情节

刑事政策是否属于酌定情节与刑事政策是否影响量刑属于两个问题。首先，刑事政策作为刑事法律的指引，必然会影响量刑。一方面它决定着刑事

---

① [意]贝卡里亚：《犯罪与刑罚》，黄风译，中国大百科全书出版社 1993 年版，第 55 页。

② 李川：《定罪量刑与形势需要》，《法学》1998 年第 9 期。

司法的价值取向；另一方面在具体的司法活动中，刑事政策对司法活动的指导作用也不容忽视。法律规定了犯罪构成和刑罚制度，规定了追究犯罪的程序，但是刑事司法如何运用好这些制度，使得法律惩治犯罪、预防犯罪的功能收到预期的最佳效果，则需要刑事政策根据社会形势进行调节。基于各方面条件的差异，不同社会发展阶段的刑事政策可能会对同一法律条文的含义作出不同的理解和解释，从而影响到法律的适用。此外，在社会政治、经济、文化等形势发生变化的情况下，刑事政策对某一类或某几类犯罪评价的严厉程度也会相应发生变化，进而影响到司法对这些犯罪的社会危害程度的评价以及对它的处罚轻重。但是，刑事政策并不属于酌定情节。它只是规定着量刑的“大方向”，而具体的量刑还是要根据与犯罪行为相关的社会危害性和行为人的人身危险性裁量。在裁量刑罚的过程中，我们要以刑事政策为基本价值取向，绝不能偏离这个“大方向”。

三、酌定量刑情节对于故意杀人罪死刑适用的意义

酌定量刑情节对量刑功能具有明显的不确定性，但是却对刑罚裁量具有重大意义。这主要体现在：第一，酌定情节反映了行为的社会危害性和行为人的人身危险性，对“基本刑”的确立具有决定性作用。法定情节虽然是刑法明文规定影响量刑的情节，但是这种规定比较概括，虽然明文规定了从宽和从严情节，但是以哪个刑种和刑度为基础从宽或者从严？此时，我们必须事先对于具体行为确定一个基本刑，而这个基本刑如何确定就要依据能够反映行为社会危害性和行为人人身危险性的酌定情节来确定；对于弹性量刑情节到底是“可以”还是“不可以”，也同样需要运用酌定情节对各种“可以”情节与犯罪社会危害性和犯罪人人身危险性大小之间的关系加以分析评价，并在此基础上判断哪些“可以”情节影响量刑。而且，像故意杀人罪这种法定情节规定很少的犯罪，很多案件中不会出现法律规定的法定情节，所以就更需要根据案件的酌定情节确定宣告刑。可以说，“在刑罚的裁量中，准确地反映每个具体犯罪人和犯罪行为的具体情况，酌定情节最能担当此任，它可以在刑罚准则的指导下，自如地根据犯罪人的个人情况进行公正、合理的裁决。”①第

① 房清侠：《刑法理论问题专题研究》，中国人民公安大学出版社 2003 年版，第123—124 页。

二，对于酌定量刑情节的适用有利于贯彻刑罚个别化原则，从而有利于提高刑罚预防犯罪的效果。刑罚个别化的本质含义在于刑罚的规定和适用要根据并针对犯罪人的个人情况，以有效地惩罚和预防犯罪。刑罚个别化原则强调适用刑罚时要着眼于个案的具体案情和差异，以实现刑罚的目的。在审判实践中贯彻刑罚个别化原则有助于法官全面调查并考虑案件的具体情节和差别，注意刑罚裁量的适当性和有效性，从而达到刑罚的个别公正，实现刑罚的公正圆满。根据刑罚个别化原则，在量刑时就不能“千篇一律”，每个案件都有不同于其他案件的情况，而这些大多是通过酌定情节表现出来的，全面考量酌定情节，也就全面兼顾了具体案件的个性，从而最大限度实现司法公正。第三，酌定情节的适用有利于死刑的限制适用。上文提及，故意杀人罪中出现法定情节的案件较少，而每个案件都会出现酌定情节，比较常见的比如被害人过错、激愤杀人、家庭邻里纠纷杀人等。这些酌定情节是否对量刑产生影响往往是决定死刑是否适用的关键因素。就其他死刑罪名而言，酌定情节也左右着“生”与“死”的结果。例如，对于同样出现一个人死亡的故意杀人案，因为长期受家庭暴力而杀害丈夫的往往会受到法律的“宽恕”，是因为其犯罪动机的可囿性这一酌定情节；而杀人后残忍碎尸的，在没有其他从宽情节的前提下，往往因为其犯罪手段的残忍性而被判处死刑。

四、酌定量刑情节与法定量刑情节的竞合

法定量刑情节和酌定量刑情节之间存在密切关系，法定量刑情节往往具有概括性，诸如“情节特别严重”等概括性量刑情节以及诸如“可以”的弹性量刑情节大量存在于刑法中，因此这种概括性的法定情节在适用时就需要酌定情节的补充。就法定情节与酌定情节在量刑中的作用，刑法理论界有不同的看法：第一种观点为法定情节优先说。该说认为，在量刑过程中，当法定情节与酌定情节并存时，应实行法定情节优先的原则。① 第二种观点认为，酌定量刑情节较法定量刑情节对量刑的影响具有更高的效力层次。原因在于，法定情节与酌定情节只是刑法理论上的分类，至于其分别对量刑影响的效力和程度，应当结合案件具体情况予以客观评价，而且由于法定情节的特定性

① 史克：《试论酌定量刑情节》，《法律适用》1995 年第 4 期。

和酌定情节的普遍性，实际上酌定量刑情节更加影响量刑。① 第三种观点为同等效力说。该说认为，酌定情节一旦被认为在具体案件中对行为人的刑罚产生影响，就应当认为与法定量刑情节具有相同的意义。②

笔者认为，法定量刑情节与酌定量刑情节的竞合实质上并不在于量刑情节的法定与酌定，而在于量刑情节轻重之间的冲突。关于趋重和趋轻情节之间的冲突竞合，已在前文有所论述，在此不再赘述。酌定量刑情节是量刑时必须考虑的情节，并非是可有可无的情节，如果酌定量刑情节意义重大，对行为的社会危害性和行为人的人身危险性影响程度超过法定量刑情节，其也可以优先于法定量刑情节或者与法定量刑情节同等加以考虑。而且从酌定量刑情节存在的范围来看，它比法定量刑情节要广泛得多，不是所有案件都有法定量刑情节，但是所有案件都有酌定量刑情节。

具体而言，当一个案件既有法定量刑情节，又有酌定量刑情节时，一般应首先注意法定量刑情节，特别是应当型法定量刑情节，但是这种情况也不是绝对的，有时酌定量刑情节对量刑会起主要作用，主要体现在：第一，酌定情节具有确定犯罪应当适用的法定刑幅度的重要功能。酌定情节本身具有确定具体犯罪轻重的作用，这些情节决定着整个犯罪本身所应当适用的刑罚幅度与范围，在酌定情节确定的范围内包含了法定情节的适用范围。例如，对故意杀人罪，在法律规定的适用 3 年以上 10 年以下有期徒刑这一法定刑幅度内，包含了累犯、从犯、胁从犯、自首、犯罪未遂等法定情节的适用范围，而在死刑、无期徒刑或者 10 年以上有期徒刑这一幅度内同样涵盖了上述法定情节。酌定情节在同一犯罪中千差万别，正是这些酌定情节将同一犯罪分为若干危害程度不同的犯罪等级。如果脱离了酌定情节，仅仅考虑基本刑来量刑，那我们无法界定应当采取哪一法定刑幅度。就故意杀人罪而言，如果我们不考虑故意杀害的对象是什么人、故意杀人的动机是什么、采用的是什么杀人方法等这些酌定情节，就很有可能得出故意杀人罪的基本刑是死刑这一

① 许利飞：《略论酌定量刑情节》，《中国刑事法杂志》1999 年第 3 期。

② 张忠斌、赵慧：《论量刑情节的竞合的解决》，《长江大学学报(社会科学版)》2001 年第 3 期。

判断。① 再比如累犯是一个法定的从重处罚情节，如果在确定故意杀人罪的法定刑幅度时予以考虑累犯这一点而不参考酌定从宽量刑情节最后确定采用“死刑、无期徒刑或者十年以上有期徒刑”这一法定刑幅度，在确定具体的刑罚时再考虑其累犯情节，就有可能直接考虑适用死刑。所以，必须考虑上述故意杀人的酌定量刑情节从而确定其应当适用的法定刑幅度。第二，并不是所有的犯罪都具备法定量刑情节，但是必然会有酌定量刑情节，在被告人没有法律所规定的法定量刑情节的情况下，对被告人进行量刑时就必须根据酌定量刑情节予以从严或者从宽。这样才能保证情节基本相同的犯罪行为，获得大致相同的刑罚处罚，从而避免因为提前考虑法定从重、从轻处罚情节而使具有相同情节的犯罪行为给予悬殊的量刑考虑，从而避免量刑的轻重不等。从这里我们也能看出，对于酌定情节的适用可以说是故意杀人罪死刑适用的重要“关卡”，成为限制故意杀人罪死刑适用的关键环节。因此，只有将法定量刑情节与酌定量刑情节结合起来综合考量，对罪犯才能“罚当其罪”。

第三节　酌定从宽情节与故意杀人罪死刑适用的限制

如前所述，酌定从宽情节有多种表现，在故意杀人罪的场合与死刑适用的关系各不相同。考虑其在故意杀人罪死刑适用标准之衡量中的不同作用，这里对主要的几种酌定从宽情节在死刑限制适用中的作用与问题进行分析与研究。

一、民间纠纷导致的杀人案件

(一)概述

民间纠纷在刑法理论上尚无明确概念，1990 年 4 月 19 日《国务院民间纠纷处理办法》第 3 条将民间纠纷界定为：“公民之间关于身份财产利益或者其他产生于日常生活中的纠纷。”该规定中民间纠纷采用的是广义的概念，既包括陌生人之间因为琐事等发生的纠纷，也包括熟人之间因矛盾而发生的纠纷。本文中探讨的“民间纠纷”采用的是狭义的概念，是指因婚姻家庭、邻里矛盾等民间矛盾而引起的纠纷，一般发生于具有一定地缘、血缘、人缘关系的熟

① 翟中东：《论死刑裁量的基本路线》，《国家检察官学院学报》2004 年第 12 期。

人社会中。

民间纠纷导致的故意杀人案，往往由于加害人与被害人之间矛盾激化而引发致人死亡的严重后果，不同于普通的故意杀人罪，具有以下特点。

第一，从主体来看，加害人与被害人之间存在一定的密切关系。这里所说的密切关系是指家庭关系、邻里关系、同事关系等。民间纠纷引发的故意杀人案的加害人实施犯罪的对象一般是与自己有矛盾的特定的"熟人"。这就决定了这类犯罪与因非法占有他人财物的抢劫杀人、强奸杀人等故意杀人案的社会危害性不同，因为后者的犯罪对象是针对不特定的社会群体，加剧了社会的不稳定因素。在司法实践中，对民间纠纷的范围的认定也存在困难。比如，加害人与被害人发生口角，加害人纠结他人实施围殴报复致人死亡，或者属于嫖娼关系的人因嫖资而引发的故意杀人，是否属于民间纠纷引发的故意杀人案?① 笔者认为，民间纠纷引发的故意杀人案之所以要区别于其他普通故意杀人罪，要严格限制适用死刑，是因为行为人实施的犯罪是在一定的闭合的"关系圈"内实施的犯罪，其社会危害性要小于普通故意杀人罪，如果加害人将这个"圈子"外的陌生人引入，就说明这个闭合的"关系圈"被打开缺口，那么犯罪就由"熟人"因长期矛盾引发的暴力犯罪发展为互不相识的人之间的故意杀人罪，后者的社会危害性就会加重，在考虑刑罚时不能等同于前者。

第二，从犯罪原因来看，民间纠纷导致的故意杀人案件通常是由于婚姻家庭、邻里关系等长期日积月累的民间矛盾导致。民间纠纷形成于长期的生活，矛盾日积月累最终因某一"导火索"而引发故意杀人，这其中的是非对错难以做到"泾渭分明"，因此对于这类案件的直接责任也很难认定。司法实践中有很多类似案件由文化程度偏低的农民实施，② 特别是边远山区，一些村民法制观念淡薄现象仍有不同程度的存在。具体表现在，农村实行联产承包

---

① 王成全、秦传熙：《民间纠纷引发暴力犯罪之死刑的司法控制》，载李洁、张军、贾宇主编：《和谐社会的刑法现实问题·中卷：死刑的司法限制适用问题研究》，中国人民公安大学出版社 2007 年版，第 1060 页。

② 隋光伟、许文：《民间纠纷致人死亡案件特点及死刑适用情况研究》，载李洁、张军、贾宇主编：《和谐社会的刑法现实问题·中卷：死刑的司法限制适用问题研究》，中国人民公安大学出版社 2007 年版，第 1039 页。

后，私人承包范围扩大，为争水、争地、争承包权发生矛盾后，不能自觉运用法律武器，不是靠公力救济，而是靠私力救济，轻则骂、重则打、急则杀，有的仅为小孩吵架、家畜、林地等方面小事，斤斤计较，而农村解决纠纷的机制也不健全，最后引发暴力犯罪。由此来看，民间纠纷引发故意杀人并不仅仅应"归罪于"行为人，这种犯罪还有更深刻的社会原因。

第三，从犯罪主体的主观恶性和人身危险性来看，较之于普通故意杀人罪，行为人往往悔罪态度较好。民间纠纷引发的故意杀人一般是行为人因一时激愤而实施的。任何犯罪的产生是个人内在的控制能力和社会中存在的外在控制因素缺乏的结果。产生抑制作用的力量来源分为内部抑制因素和外部抑制因素两类。激愤杀人是古苏格兰刑法上的用语，是指在盛怒下非预谋地突然实施杀人行为，这是区别于蓄意杀人的最主要特点。激愤的原因包括受害人对被告人的挑衅、侮辱、诽谤、袭击以及其他严重刺激等。行为人因受严重刺激使其行为控制能力被削弱，加之外界对于这一矛盾的调解失灵，从而引发了犯罪。行为人实施犯罪后恢复了认识和控制自己行为的能力，会对其行为感到追悔莫及，这反映出其主观恶性和人身危险性较普通故意杀人罪的案犯要小得多。

(二)对因民间纠纷引发的故意杀人应当成为酌定从宽情节

1. 理论基础：归因理论

归因是指根据所获得的各种信息对他人外在行为表现进行分析，从而推论其原因的过程。① 奥地利社会心理学家 F. 海德首先提出了归因理论：一个人行为产生必有其原因，在寻求行为的原因时，或者把它归于个人或者把它归于环境，它以一种无规律的形式影响成绩的好坏。只有首先了解行为的根本原因是内在的还是外在的，然后才能有效地控制个体的行为。② 量刑中的归因是指在量刑过程中对行为人外在行为表现的因果关系作出解释和推论，从而对量刑施加影响的过程。犯罪原因包括犯罪人的个人原因(内因)、被害人原因以及环境原因(外因)。犯罪人的个人原因属于犯罪人个人的情况，是考察犯罪人人身危险性的一个重要变量，而被害人原因和环境原因是刺激犯

① 周晓红：《现代社会心理学》，上海人民出版社 1997 年版，第 196 页。

② 转引自郭振芳：《归因理论研究综述》，《高校讲台》2007 年第 32 期。

罪人实施犯罪的外在条件，犯罪的产生是由于这三个原因共同起作用的结果，但对于具体犯罪而言，这三个原因对于犯罪的作用又有不同。根据归因理论，如果促使犯罪行为发生的根本原因在于犯罪人的个人原因，比如满足其对财产的占有而实施抢劫杀人，那么犯罪人的个人原因是这一犯罪行为发生的根本原因；如果被害人存在严重过错，行为人在强刺激下实施杀人行为，那么被害人原因对犯罪的发生起主要作用；如果加害人与被害人之间长期处于家庭矛盾之中，而且矛盾的化解的社会机制并不健全，导致最后犯罪的发生，这种情况下的行为就应当归因于三种原因的共同作用。上述三种情况可能都导致同一危害结果，但是由于归因的不同，所以在量刑上要有所区别，对于基于犯罪人个人原因实施的犯罪，其人身危险性要大于基于被害人原因、环境原因所实施的犯罪。简言之，上述三种原因都应当成为酌定量刑情节，理由如下。

第一，把犯罪原因上升为量刑情节符合量刑情节的本质特征。量刑情节的本质特征在于量刑情节能够体现犯罪行为“一定的社会危害性程度或犯罪人的一定人身危险性大小”。① 而犯罪原因影响了犯罪行为的社会危害性和犯罪人的人身危险性。社会危害性作为犯罪的最本质最基本的特征，是行为对刑法所保护的社会关系造成损害的特性。由于犯罪原因不同，对社会关系的现实威胁也就不同。抢劫杀人侵犯了社会上不特定主体的生命和财产安全，而因民间纠纷导致的杀人侵犯的是特定主体的生命安全，前者的社会危害性显然要远大于后者。犯罪人的人身危险性“由犯罪人的年龄、心理、心理状况、个性气质、经历、道德观念、教育程度、犯罪前的表现、犯罪后的个人态度等一系列个人情况所决定的再次犯罪的可能性”。② 对行为人人身危险性的判断应当从行为人本身出发，围绕行为人实施犯罪的各种因素，犯罪原因便是判断犯罪人人身危险性的要件之一。出于报复社会的目的滥杀无辜的罪犯要比因一时激愤当场杀人而后追悔莫及的罪犯的人身危险性大得多，如果仅仅“唯结果论”，那么就与罪责刑相适应的刑法基本原则背道而驰。因此，犯罪原因能够影响行为的社会危害性和行为人的人身危险性，应当成为酌定量刑情节。

---

① 陈兴良、莫开勤：《论量刑情节》，《法律科学》1995 年第 2 期。

② 周振想：《刑罚适用论》，法律出版社 1990 年版，第 194 页。

第二，把犯罪原因上升为量刑情节能够实现刑罚的改造功能。归因理论认为，不同的归因会产生不同的情感反应，而不同的情感反应对后续行为又有不同的动力作用。① 归因的动力作用主要表现在影响行为人的行为效能感，即个体在执行某一行为之前对自己能够在什么水平上完成该行为活动所具有的信念、判断或感受。归因与自我效能感之间的关系是相互的，如果能够归因正确，那么就会提高行为人的自我效能感。② 在量刑上正确归因，并根据归因的不同适用不同的刑罚，能够使犯罪人产生积极的情感体验，对于其积极悔罪，接受教育改造，重归社会的自我效能感的提升有积极作用。如果强奸杀人与民间纠纷杀人的量刑是相同的，这就会导致后者产生消极抵抗情绪，对法院的判决不服，就不会专心服刑，积极改造。

民间纠纷引发的故意杀人案件的发生往往具有复杂的社会根源，是被告人与被害人长期矛盾累积的结果，简单地“一杀了之”不足以根除犯罪发生的社会根源与犯罪诱因，也不能减少民间纠纷、家庭纠纷的发生，自然不可能从根本上遏制犯罪的产生。在很多情况下，是长期矛盾在特定情境刺激下的集中爆发，被告人甚至都没有考虑到可能造成的后果，更不可能权衡犯罪的好处与死刑之苦的得失比例，这种情况下，更谈不上死刑有多大威慑力了。

2. 政策导向：和谐社会与“少杀、慎杀”的死刑政策

最高人民法院 2010 年 2 月 8 日发布《关于贯彻宽严相济刑事政策的若干意见》中规定，对于因恋爱、婚姻、家庭、邻里纠纷等民间矛盾激化引发的犯罪，因劳动纠纷、管理失当等原因引发、犯罪动机不属恶劣的犯罪，因被害方过错或者基于义愤引发的或者具有防卫因素的突发性犯罪，应酌情从宽处罚。将民间纠纷作为故意杀人罪死刑限制适用的酌定情节是构建和谐社会以及贯彻“少杀、慎杀”的死刑政策的应有之义。一方面，有利于社会局部关系的修复。民间纠纷导致的故意杀人案件中，被害人与加害人通常都存在紧密的联系，如夫妻关系、父子关系等。一方因加害人的非法行为已经失去生命，其家庭关系已经受到严重损害，如果再合法地剥夺另一方的生命，那么家庭关系更加残缺不全，这就会使家庭中的其他成员失去对法律扬善抑恶价值的信仰。

---

① 吴芳：《关于归因问题的若干问题研讨》，《河南社会科学》2001 年第 6 期。

② 郭振芳：《归因理论研究综述》，《高校讲台》2007 年第 32 期。

况且，基于民间纠纷而限制故意杀人案件死型的适用能够实现“法”与“情”的统一，这也是每个法律人的内心渴求。先哲们曾作出这样精辟的阐述：“法律之情理乃法律之灵魂。”这句关于法律之灵魂的论断，显而易见是建立在情理基础之上的，是法与情的最完美阐释与结合。法则代表人民之福祉、国家之福祉，而情是法得以合理正确实施的重要载体和手段。法是有情的，在特定情况下运用“自由裁量权”原则从轻、减轻处罚，无疑是情法相融的最佳效果。

另一方面，废止死刑已然成为世界潮流，对于中国来说，虽然不具备完全废除死刑的社会条件，但是我们要努力限制死刑的适用。学界已经达成共识，即对非暴力犯罪要尽量少用死刑，但是这并不意味着对故意杀人罪这一暴力犯罪就可以“一如既往”地适用死刑。限制死刑的适用应当是针对所有犯罪而言的。对于故意杀人罪来说，限制死刑的适用就应当先从社会危害性较小的故意杀人罪入手，民间纠纷引起的故意杀人罪应“首当其冲”，成为故意杀人罪死刑限制适用的“先驱”。

3. 实践经验

世界各国没有具体将“民间纠纷”这一情节作为酌定从宽量刑情节，但是在刑法中都将犯罪原因作为量刑情节。如《瑞士联邦刑法》第 64 条规定：“行为人因下列各项原因之一而行为的，法官可以对其从轻处罚：出于值得尊敬的动机；在严重之困境情况下；在受到严重威胁之压力下；因必须对之服从之人或因其依赖之人的要求下；行为人因被害人行为的诱惑；非法刺激或侮辱行为造成行为人愤怒和痛苦。”①又如《意大利刑法》第 61 条规定：“为执行或者掩盖另一犯罪而实施犯罪的，为使自己或者其他人或者保有犯罪产物、收益或代价的，或者为使另一犯罪不受处罚而实施犯罪的”属于普通加重情节；第 62 条规定：“1)出于具有特殊道德或者社会意义的理由实施行为的；2)在因他人非法行为造成的义愤状态中作出反应的；3)在动乱人群的诱使下实施行为的，只要不属于被法律或者主管机关所禁止的会议或集会，并且犯罪人不是重罪或违警罪的惯犯、职业犯或倾向犯；4)被害人的故意行为与犯罪人作为或者不作为共同造成结果的”属于普通减轻情节。② 美国更是将所有

① 《瑞士联邦刑法》，徐久生译，中国法制出版社 1996 年版，第 25 页。
② 《意大利刑法》，黄风译，中国政法大学出版社 1998 年版，第 23—25 页。

对被告人有利的、作为从轻情节而提出的证据都列入量刑考量，只要从轻情节对量刑有意义，陪审员能够对该证据在减轻方面的效果作出判断的证据都可以加以采信，这些情节中自然包括加害人与被害人之间因家庭婚姻关系、邻里纠纷引发的杀人罪。①

我国虽然在刑事立法中并未对民间纠纷引发的故意杀人罪的量刑作出具体规定，但是在部分司法解释中有所规定。1999 年《全国法院维护农村稳定刑事审判工作座谈会纪要》中规定，对故意杀人犯罪是否判处死刑，不仅要看是否造成了被害人死亡结果，还要综合考虑案件的全部情况。对于因婚姻家庭、邻里纠纷等民间矛盾激化引发的故意杀人犯罪，适用死刑一定要十分慎重，应当与发生在社会上的严重危害社会治安的其他故意杀人犯罪案件有所区别。对于被害人一方有明显过错或对矛盾激化负有直接责任，或者被告人有法定从轻处罚情节的，一般不应判处死刑立即执行。

就我国目前因民间纠纷引发的故意杀人案件适用死刑的情况来看，相关统计数据表明，② 1999 年至 2005 年期间，因民间纠纷引发的故意杀人案件(包括家庭纠纷、经济纠纷、邻里纠纷)占样本案件的 30%左右，其中因家庭纠纷而被判处死刑立即执行的占家庭纠纷样本案件的 36%，因经济纠纷而被判处死刑立即执行的占 62%，因邻里纠纷而被判处死刑立即执行的占 73%。这一数据较强奸杀人、绑架杀人、抢劫杀人的死刑立即执行的适用率要低一些，但仍然很高。

(三)民间纠纷引发故意杀人罪之死刑的司法控制

民间纠纷致人死亡案件与其他故意杀人案件有着性质上的差异，不论其社会根源、起因、行为人的主观恶性及人身危险性、危害程度、可挽回性、民众心理承受力和宽容度等都有很大的差别，因此在适用死刑时，司法实务中必须要有所区别，要从以下几个方面着手。

1. 正确评判犯罪原因及其过错责任

民间纠纷引发的故意杀人案件存在犯罪人的个人原因、被害人的原因以

① [美]Jerome A. Cohen、赵秉志主编：《中美死刑制度现状与改革比较研究》，中国人民公安大学出版社 2007 年版，第 76—77 页。

② 高维俭、查国防：《故意杀人案件死刑适用的实证分析》，《中国刑事法杂志》2006 年第 5 期。

及环境原因，由于不同的原因对于量刑会产生不同的影响，所以在“少杀、慎杀”的死刑政策指导下，严格控制民间纠纷引发的故意杀人案件的死刑适用，必须在量刑过程中，就加害人的犯罪原因进行逐一分析，分析的首要目的在于区分加害人与被害人对于犯罪发生的过错程度。民间纠纷都是“事出有因”，加害人实施犯罪的原因不可能与被害人毫无关系，因此可以将被害人的过错分为重大过错和一般过错。所谓“重大过错”是指被害人是暴力犯罪的“挑起者”，被害人先对加害人实施故意杀害等行为，并由此引发加害人对被害人实施暴力犯罪行为。在于这种情况下，对加害人不应当适用死刑。因为根据归因理论，犯罪发生的重要原因在于被害人原因。所谓“一般过错”是指被害人虽然没有先对加害人实施故意伤害等行为，但是被害人的一些行为违反了其他法律、法规或者社会公序良俗道德规范，招致加害人对被害人实施犯罪行为。在这种情况下，正常人是不会对被害人实施犯罪行为的，但是特定的加害人由于自身的行为控制力弱化，对被害人实施了犯罪行为。简言之，在这种情况下，犯罪的发生是由于被害人原因和行为人自身原因共同作用的结果，不能仅仅将罪责都归于加害人身上，所以对加害人一般也不适用死刑。

2. 正确区分故意杀人罪的主观方面

这方面是说间接故意杀人犯罪与故意伤害罪(致人死亡)，要采用有利于控制死刑的定罪原则。在民间纠纷引发的严重刑事案件中，对于行为人行为的定性也能影响死刑的适用。在很多案件中，行为人主观上是出于伤害的目的还是出于杀害的目的难以界定，特别是都出现了被害人死亡的结果时，对案件的性质就更加难以界定。而刑法中对故意杀人罪和故意伤害罪适用的刑罚却有很大的区别：对于故意杀人罪既遂的，首选刑罚是死刑；而对于故意伤害致人死亡的，首选刑罚是10年以上有期徒刑。而且1999年10月27日《全国法院维护农村稳定刑事审判工作座谈会纪要》中规定，间接故意杀人与故意伤害致人死亡的，虽然都造成了死亡后果，但行为人故意的性质和内容是截然不同的。不注意区分犯罪的恶性质和故意的内容，只要有死亡后果就判处死刑的做法是错误的……对于故意伤害致人死亡，手段特别残忍，情节特别恶劣的，才可以判处死刑。这更加说明了故意伤害致人死亡案件中限制死刑适用的态度。但是由于主观故意的隐蔽性，查清行为人的故意内容并非易事，要结合案件的各种状况。刑法通说认为，尤其要考虑发案原因、行为人与被害人的平时关系、使用的工具、打击的部位与打击强度、犯罪有无预谋等。[①] 但是在有的案件中，行为人的主观故意无法确定时，应当在限制死刑原则的指导下，按照故意伤害罪来定罪量刑。

3. 社会纠纷解决机制的建立与完善

民间纠纷引发的杀人案件很多是因为化解纠纷的渠道不通畅，使很多本应化解的矛盾无法解开，从而引发悲剧。纠纷的妥善解决可以从根本上预防暴力犯罪的发生，所以应当明确由亲朋邻里引发的民间纠纷应视情况合理化解，以利亲缘、情缘的延续和发展，防止矛盾激化引发暴力犯罪，以维护地区治安的长期稳定。同时，应充分运用调解这一纠纷解决机制，并在调解过程中，充分发挥公安、司法、人民调解委员会的作用。公安的先期受理、调查取证，既能有效地发挥及时制止冲突，平息事态，防止矛盾进一步激化的作用，又能借用国家强制力的形象，适当震慑，强调不放弃不愿调解或调解不成后的处理权，为民间纠纷引发伤害案件的化解提供强力支持；司法行政机关、社区民间纠纷调解中心也能通过调处社会民间纠纷和矛盾，尽力化干戈为玉帛，达成有法律保障的协议。

二、被害人宽恕的杀人案件

(一)概述

故意杀人罪进入法院审判阶段后，有些罪不至死的被告人因为被害方强烈要求法院判处死刑，而最后被法院判处极刑；但是，司法实践中也有一些故意杀人案因被告方积极赔偿得到被害方谅解，并由被害方向法院提出减轻处罚的要求，法院也判决被告人死刑缓期两年执行。[②] 由此可以看出，被害人宽恕已经开始作为酌定量刑情节或多或少影响着量刑。

被害人宽恕是指加害人对被害人实施了加害行为之后，被害人及其家属基于加害人的悔罪表现或者被害人过错等原因向法院作出的基于自己真实意愿的要求从宽处罚加害人的意思表示。[③] 刑法意义上的被害人宽恕与情感意

---

① 赵秉志、许成磊：《故意杀人罪与故意伤害罪的界限》，载赵秉志主编：《中国刑法案例与学理研究》，法律出版社 2001 年版，第 52 页。

② 据 2007 年 1 月 30 日《羊城晚报》报道，广东东莞两级法院通过赔偿被害人经济损失而获得减轻处罚的判决已经超过 30 例。

③ 罗猛、温国帅：《被害人宽恕与量刑》，《时代法学》2008 年第 2 期。

义上的宽恕有所不同，情感意义上的宽恕是一种内心仇恨情感的放弃，是对他人错误的饶恕与原谅，它仅是一种情感上的表达；而被害人宽恕不仅包括被害人对实施犯罪的被告人的原谅与宽恕，而且包括通过书面等形式向司法机关表达以促成国家对被告人的宽恕，从而可能引起减轻被告人刑罚的法律效果。总而言之，刑法意义上的被害人宽恕是一种法律行为，是被害人主张权利的有效方式。

被害人宽恕是刑事和解制度的核心环节，对侵害被害人权利的加害人，被害人因何宽恕他们呢？司法实践中，被害人宽恕的原因无非有以下几个方面：一是加害人在实施犯罪后对其行为进行了深刻的反省，积极悔罪；二是加害人积极赔偿被害人的经济损失，试图恢复被其犯罪行为侵害的物质损失；三是被害人存在严重过错，加害人实施的犯罪行为或"迫不得已"（比如长期遭受家庭暴力的妻子杀害丈夫）或"大义灭亲"，这样的行为因为被害人的严重过错往往得到被害一方家属的理解和体谅。这几个原因可能单独出现，也可能交织出现。加害人积极悔罪可以通过积极赔偿被害方经济损失等方式反映出来，等等。

司法实践中，一些"涉及人命"的案件，被告人赔偿被害人的经济损失后，被判处死缓，这种"赔钱免刑、花钱买命"的方式引起很大争议，问题的实质在于以经济赔偿形式的刑事和解是否适用于死刑案件中？对此学界有不同看法：一种观点认为，这种做法可以得到被害人家属和被告人的认可，一定程度上取得了良好的社会效果，但是对于严重危害社会的恶性案件，尤其是应判处死刑的案件，不能用刑事和解制度加以解决，否则法律尊严受到损害，社会难以和谐发展。① 另一种观点认为，"赔钱买刑"恢复社会整体公正，从恢复性司法角度看有利于构建和谐社会，可以解决在国家补偿法缺失的现实条件下，恢复被害人的经济利益，是对被害人权利的保障，是宽严相济刑事政策的应有之义。②

争论的焦点在于"赔钱减刑"会造成因贫富导致同罪不同罚的不公正还是

---

① 沈玉忠：《理性的诘问：死刑案件中的刑事和解》，《汕头大学学报（人文社会科学报）》2008年第2期。

② 张弘：《略论"赔钱减刑"》，《安徽经管职业学院学报》2007年第5期。

促成对被害人权利的保障？笔者认为，“赔钱”有两种不同的境况：一种是加害人无丝毫悔罪的前提下，打算“用钱买命”；另一种是加害人在实施犯罪后悔罪深刻，由于涉及“人命”的案件无法“起死回生”，但是加害人及其家属尽一切努力通过经济赔偿的形式向受害者家属忏悔，请求其原谅。在这两种情况下，其实没有贫与富之别，贫困人家即使赔偿数额少，但是加害人的诚恳悔罪得到被害方谅解宽恕，这自然可以成为法官酌定量刑的依据之一，而富庶人家即使赔偿数额巨大，但是如果加害方并不真诚企求被害方谅解，真心悔罪，也无法得到被害方宽恕，自然也就无法以此成为酌定从宽量刑的依据之一。由此看来，“赔钱”与加害人积极悔罪与被害方宽恕是紧密相关的，并非所有的“赔钱”行为都能换来“减刑”的结果，此其一。其二，“同罪”也未必“同罚”。对于某一犯罪如何量刑，不仅要从行为时罪行反映的社会危害性和主观恶性考量，而且还要从罪行之外去寻求影响量刑的情节，其中自然包括罪后被害人宽恕这一情节，即所谓的“罪后情节”。同一罪行由于罪后情节的不相一致，可能会导致量刑的不同。有关罪后情节对死刑量刑的意义，日本学者团藤重光依据其动态的人格理论有如下论述：“因为过去犯罪的缘故所以要责罚，但受刑罚的是现在的行为者。所以在思考刑罚时，对于犯罪的谴责或谴责可能性，不能将其固定在犯罪当时来思考，而是应该就现在的行为者人格来思考其犯罪的谴责可能性大小。所以说犯罪论是静的、固定的，但刑罚论是动的、发展性的……在考量刑罚时必须把事情以动态的立场来思考，其中可以发现犯罪后的行为者之人格形成或对犯罪的忏悔、被害者等反应的变化等因素，这些都是我们必须研读出来的。”①因此，就死刑案件来说，对罪行极其严重的判断还应当从诸如被害人宽恕等罪后情节来考量，被害人宽恕必然能影响对行为人主观恶性的判断，应当成为影响死刑裁量的重要因素。

(二)被害人宽恕应当成为酌定从宽量刑情节的根据

1. 理论基础

恢复正义理论构成了当今西方刑事和解最重要的理论基础。两者之间的辩证关系为恢复正义是目标、刑事和解是途径，而被害人宽恕是刑事和解制

① [日]团藤重光：《死刑废止论》，林辰彦译，商鼎文化出版社 1997 年版，第 167—169 页。

度中最关键的环节。恢复正义理论为我们展示了一种与传统的刑事司法报应正义完全不同的犯罪反应方式。传统的刑事司法观念把犯罪看作是破坏国家利益的行为，是对刑法所保护的社会关系的一种损害，作为社会关系的保护者，国家通过刑事司法活动追究犯罪人的刑事责任，从而维护社会秩序，实现公平与正义。刑事诉讼也因此演变成了国家与个人之间的一场争斗。在强大的国家机器面前，任何温情的面纱都被撕破，国家以暴制暴，不但在肉体上消灭既存犯罪分子的危险性，同时也给潜在的企图破坏社会秩序和统治阶级利益的人以威慑。即使在以保障个人权利为宗旨的正当程序模式中，这种争斗也丝毫没有缓和的余地，相反由于严格的“游戏规则”，似乎使这种对抗更加激烈。随着人类社会不断向民主化进程发展，20世纪以来，伴随着犯罪率不断上升，更引起了人们的反思。首先，对抗式司法将被害人——犯罪行为所造成的损害的直接承受者搁置在了一边，他的主动权与决定权被国家追诉主义堂而皇之地“偷”走了，他仅仅是追诉机关手中的一个工具而已。即使这场争斗的结果是犯罪人得到了应有的制裁，也许会平复他心中的仇恨，但是却无法消除他作为被害人的悲哀与恐惧，因为最后的胜利者是国家。况且，在许多故意杀人案件中，被害人因为加害者的忏悔与弥补而宽恕加害人；但是国家并没有“宽恕”，随着国家对加害人判处死刑，被害人宽恕的声音并没有“掷地有声”，被遗忘了的被害人就像是“第二次受害者”，因为刑事司法带给他的不是恢复与均衡，在极度的不满中，他甚至会转变为加害者。其次，对犯罪人来说，对抗制司法刺激了他的抗拒心理，“游戏规则”使他千方百计地逃避罪责，面对赤裸裸的国家机器根本唤不起他丝毫的悔恨之情，甚至因为被惩罚可能更加憎恨社会。相反，如果我们在量刑时将报应正义的公正性与恢复正义的平衡性加以综合考量，一方面使得加害人破坏的社会关系得到了修复；另一方面也符合了被害人的诉求，从而恢复了社会关系的稳定与平衡。

被害人宽恕作为恢复正义的重要环节，被害人的态度决定着恢复性司法程序的运作和刑事和解的最后达成。就故意杀人案件而言，报应正义的公正性和恢复正义的平衡性之间的矛盾更加突出。对于“杀人偿命”观念充斥的人来说，通过“以命抵命”的朴素的等量报应方式，正义得到了最大的彰显，而被害一方的生命无法弥补恢复，所以在涉及“人命”的严重恶性犯罪中，恢复正义理论仿佛没有“用武之地”。其实不然，如同贝卡里亚写道：“刑罚的目的既不是要摧残折磨一个感知者，也不是要消除业已犯下的罪行”，“难道一个不幸者的惨叫可以从不可逆转的时间中赎回已经完成的行为吗？刑罚的目的仅仅在于：阻止犯罪再重新侵害公民，并规诫他人不要重蹈覆辙”。[①] 对杀人犯处以极刑，除了平复被害方的复仇情绪外，对被害方并没有足够修复物质损害以及由犯罪造成的心理创伤，对于加害一方来说，他们又要承担着亲人被处以极刑的惨剧，而对被害人没有丝毫请求宽恕的心理，因为加害一方已经用一条鲜活的生命作为代价了，被破坏的社会关系更加蒙上了一层阴影。如果杀人犯通过积极悔罪和给予被害方经济赔偿获得被害一方的宽恕，而得以减轻处罚的情况下，被害方获得了物质上的赔偿，以及通过加害人真诚悔罪而使心理的创伤得以抚慰；加害方也因自己的积极悔罪和积极改造而不再去犯罪；被害方和加害方的“握手言和”使得社会关系得以修复，维护了社会稳定。因此，恢复正义理论同样成为严重犯罪中刑事和解的理论根据。

2. 实践依据

世界上很多国家在量刑过程中，将被害人宽恕作为减轻刑罚的事由。据《德国刑法》第 46 条(2)规定：法院在量刑时，“应特别注意下列事项……行为后的态度，尤其是行为人为了补救损害所作的努力”。其第 46 条规定：“行为人具备下列情形之一的，法院可依第 49 条第 1 款减轻其刑罚，或者如果科处的刑罚不超过 1 年自由刑或不超过 360 单位日额金之罚金刑的，则免除其刑罚：(1)行为人努力与被害人达成和解，对其行为造成的损害赔偿或大部分予以补偿，或认真致力于对其行为造成的损害进行补偿的；(2)在行为人可以自主决定对损害进行补偿或者不补偿的情况下，他对被害人的损害进行了全部或大部分补偿。”《俄罗斯联邦刑法》第 61 条规定的“减轻刑罚的情节”就包括“主动赔偿犯罪的物质损失及精神损害，以及实施其他能够补偿犯罪损失的行为的”。《奥地利联邦共和国刑法》第 34 条规定的“特别减轻事由”中包括“真诚努力对造成的损害予以补偿”。《瑞士联邦刑法》第 64 条将“主动悔罪，尤其是赔偿可指望其赔偿的损失”作为减轻处罚的情况之一。

美国作为保留死刑的国家之一，被害人宽恕已经成为一种重要的刑事和解制度影响着美国的死刑裁量。在美国，关于被害人影响死刑裁量实际上经

① [意]贝卡里亚：《论犯罪与刑罚》，黄风译，中国法制出版社 2002 年版，第 49 页。

历了两个阶段：最初，被害人通常向法庭表达谋杀者所造成的破坏性损失和极度痛苦的情感化叙述，一般被害人要求陪审团对被告人从重处罚或者适用死刑，只有这样他们对加害人的愤怒感和报应心理才能得以宣泄；然而，被害一方渐渐意识到他们只是在被要求强制服从的刑事司法系统中，作为一个惩罚者的角色出现于法庭上时，他们惩罚者的角色也只是去“杀人”，但是他们的情感并不能得到抚慰，失去至亲的痛苦与“杀”加害人的噩梦交织在一起，无法平复。因此，实践中又出现了被害人要求陪审团对被告人不适用死刑的诸多案例。

2000 年，维吉尼亚的普瓦斯基在其女儿被杀后，转变了对死刑的态度，表达宽恕的意愿，反对死刑判决，呼吁陪审团对被告人适用终身监禁。又如被害人的妹妹玛丽亚·赫因，不仅宽恕了杀害她哥哥的凶手，而且到监狱访问他，与他保持通信，并且为了加害人的利益而游说请求减轻处罚。在她给加害人的信中写道：“地狱是没有爱的地方，同样的，充满了仇恨而不是爱的心灵，我的生活将是活地狱。所以宽恕你不仅仅是为了你而且也是为了我，如果我拒绝宽恕，我该如何面对我的心灵？”赫因说她已经宽恕了凶手伊顿，因为“杀人是错误的，不管是一个人杀了另一个人还是国家杀了一个公民……我想让其他的受害人知道还有另一种选择。这种选择就是宽恕和和解”。①

美国关于被害人宽恕的实践证明，即使在最严重的死刑案件中，国家刑罚权的运用也要顾及被害人的利益和诉求。美国的被害人对加害人的态度是经历了很长时间的演变，从过去的报应仇恨到宽恕谅解，这其中与他们的宗教信仰不无关系，可以说美国具有被害人宽恕影响死刑裁量的社会基础和法律基础。因此，被害人宽恕在美国已经成为一个重要的刑罚裁量情节。

(三)我国的被害人宽恕与故意杀人罪死刑的适用

目前刑事和解制度已经开始广泛应用于轻刑案件中，有的法院、检察院就刑事和解在轻刑案件中的适用规定了具体的细则。2003 年北京市《朝阳区人民检察院轻伤害案件处理程序实施细则》规定，如果犯罪嫌疑人认罪，被害人自愿与犯罪嫌疑人协商赔偿达成一致意见并要求不追究犯罪嫌疑人的刑事

---

① 陈京春：《论我国死刑案件的刑事和解——以中美死刑比较为视角》，《西部法学评论》2008 年第 2 期。

责任，且犯罪嫌疑人将约定金额交给检察机关……检察人员可以制作《案件审查终结报告》，提出相对不起诉意见。然而，刑事和解制度在重刑案件中的运用却引起理论上和实践中的不少争议。例如，2006年8月20日被告人汪某用菜刀砍割和扼压颈部等手段致被害人顾某死亡，案发后汪某积极悔罪，并向被害人家属赔罪，请求其家属代为赔偿，被告人的父亲变卖房产，筹借8万元代汪某进行赔偿，后被害人家属向法院提出希望法院量刑时酌定考虑这一情节，法院认为汪某论罪应当被判处死刑，但考虑到其认罪悔罪态度较好，且积极赔偿被害人经济损失，酌情从轻处罚，判处汪某死刑缓期两年执行。类似上述通过被害人宽恕而使得被告人免于处以极刑的做法开始渐渐为一些地方法院采纳，但是这一做法也引发了理论上和舆论上的负面评价，认为刑事和解对于重刑案件尤其是死刑案件并不能适用，因为这样不仅违背了法律面前人人平等的原则，而且削弱了刑罚的特殊预防功能，更加损害了社会的公共利益。

笔者认为，被害人宽恕应当成为故意杀人罪死刑适用的酌定量刑情节。理由在于：第一，被害人宽恕有助于被害人的全面恢复，从而平息加害人与被害人的矛盾冲突，保持社会关系的稳定。被害人恢复包括经济损失的恢复和精神损失的恢复，然而在我国赔偿经济损失并不是刑罚裁量从轻量刑的情节，在这种情况下，被告人在不得不承担刑事责任的前提下拒绝经济损失责任成为一种合理化选择。而被害人的报应情感只能在短暂的庭审中或者短暂"枪声"中得以宣泄，而经济损失却落空。这样的机制不仅没有平复加害人与被害人之间的纠纷，反而使得被害人继续因经济赔偿与加害方"再起纷争"。被害人由于得不到及时赔偿而引发大量上访、申诉、缠讼甚至自杀行为，形成社会的不安定因素。根据某项数据统计，① 2004年至2006年，全国各地检察机关受理的不服法院生效刑事裁判申诉案件中，属于被害人申诉的比例在30%以上，申诉的原因主要是被害人得不到赔偿所造成的生活困难。就故意杀人罪而言，被害人生前必然承担某种赡养或者抚养义务，或者是家中的经济支柱，如果加害人积极认罪悔罪，赔偿被害人的经济损失。加害人一方被

① 中华人民共和国最高人民检察院网站：http://www.spp.gov.cn/site2006/region/00031.html，2008年10月26日。

酌情判处死缓，被害方一方面经济困难得以解决，而且被害人也可以通过加害人漫长的牢狱生活得以抚慰。可以说，被害人宽恕作为酌定量刑情节，适用于故意杀人案件中有利于达到法律效果和社会效果的统一。第二，将被害人宽恕作为故意杀人案件中的酌定情节，也符合司法解释的规定和刑事政策的精神。最高人民法院于2000年12月19日发布的《关于刑事附带民事诉讼范围问题的规定》第4条规定："被告人已经赔偿被害人物质损失的，人民法院可以作为量刑情节予以考虑。"最高人民法院、最高人民检察院和司法部发布的于2003年3月14日试行的《关于适用普通程序审理被告人认罪案件的若干意见(试行)》第9条规定："人民法院对自愿认罪的被告人，酌情予以从轻处罚。"这些司法解释对于被告人的悔罪态度与赔偿行为都予以肯定，明确规定可作为量刑情节予以考虑。将被害人宽恕作为酌定量刑情节也彰显"宽严相济"的基本刑事政策和"少杀、慎杀"的死刑政策。最高人民法院2010年2月8日发布《关于贯彻宽严相济刑事政策的若干意见》中规定，因婚姻家庭等民间纠纷激化引发的犯罪，被害人及其家属对被告人表示谅解的，应当作为酌定量刑情节予以考虑。随着我国诉讼文明的发展，减少死刑已获得共识，现在越来越多的被害人将逐渐接受"杀人不一定偿命"的司法理念和现实，通过被害人宽恕影响死刑适用与否的政策疏导，可促进被告人及其有条件的亲属主动积极赔偿，以获"生命"，这符合"慎杀"和"少杀"的刑事政策，也均衡了国家、被告人与被害人的利益。

综上，被害人拥有决定加害人命运取向的巨大权利，对加害人意义重大，但是将被害人宽恕作为酌定量刑条件的核心价值在于被害人保护思想。当然，我们也应当看到，将被害人宽恕这一酌定情节广泛适用于故意杀人案件这一严重犯罪中，需要具备相关的社会条件、经济条件、法制条件与文化条件。比如，被害人死刑观念的转变，抛弃"杀人偿命"的等量报应性观念；个人本位主义价值观的确立，等等。这些价值观念的更新可能超出了制度移植本身的重要意义。

三、被害人有过错的杀人案件

(一)概述

故意杀人罪是最典型意义上的有被害人过错的犯罪，根据国内研究表明，在故意杀人罪案件中死刑适用占 73.2%，而被害人过错在故意杀人罪中所占的比例很大。① 可以说，被害人过错是刑事审判中相当普遍又极其重要的酌定量刑情节，特别是在犯罪情节严重的故意杀人案件中，它的存在与否直接影响法院对被告人是否判处极刑。因此研究被害人过错问题，对于我国贯彻“少杀、慎杀”的死刑政策，严格限制死刑的适用，有着重要的意义。

1. 特征

被害人过错是指被害人出于主观上的故意或者过失，侵犯他人的合法权益，诱发他人的犯罪意识，激发犯罪人的犯罪程度的行为。② 被害人过错作为一种事后的评价，必须对其特征有明确的认识。理论界对此有不同看法：第一种观点认为，被害人过错应当具有客观性、时间的确定性、刑罚适用的关联性以及实际适用的标准性(即被害人过错达到一定的程度才能影响量刑)。③ 第二种观点认为，被害人过错特征应当包括主体特定性、时间确定性以及被害人过错与危害结果因果关系的复杂性。④ 第三种观点认为，被害人过错的特征为被害人主体特定性、被害人过错存在的客观性、时间确定性、被害人过错与危害结果因果关系的复杂性以及被害人过错行为的特定性(即必须是达到一定程度，只有刑罚适用的意义的行为)。⑤

笔者认为，首先客观性和时间的确定性不应成为被害人过错的特征。这里的客观性是指被害人的过错行为是客观存在的，不以人的意志为转移，而这里的时间确定性是指被害人过错行为的时间发生于犯罪行为之前、犯罪过程中以及犯罪之后。所有的“行为”都是真实存在的，而且必然具有时间的确定性。因此客观性与时间确定性不足以成为被害人过错区别于其他行为的基本特征。其次，被害人过错对量刑的影响也不足以成为被害人过错的特征。

---

① 高维俭、查国防：《故意杀人案件死刑适用的实证分析》，《中国刑事法杂志》2006年第5期。

② 任玉芳：《刑事被害人学》，中国人民公安大学出版社 1997 年版，第 163 页。

③ 周晓阳、陈洁：《刑事被害人过错责任问题研究》，《法学杂志》2003 年第 24 期。

④ 卢建平、王丽华：《被害人过错与死刑适用之探讨——以故意杀人罪为例》，载李洁、张军、贾宇主编：《和谐社会的刑法现实问题 · 中卷：死刑的司法限制适用问题研究》，中国人民公安大学出版社 2007 年版，第 1032 页。

⑤ 徐跃飞：《论被害人的过错责任》，《经济师》2007 年第 3 期；赵良剑：《被害人过错认定的若干实务问题》，《四川经管高等专科学校学报》2006 年第 3 期。

因为对被害人过错的认定属于事实判断与价值判断的范畴，是就被害人过错这一行为本身的界定，而被害人过错与量刑是否从宽是另一个问题，是在认定被害人过错行为之后解决的刑罚裁量问题。因此上述观点中刑罚适用的关联性以及被害人过错行为的特定性不能成为被害人过错的特征，因为这实质上是过错程度对量刑影响的问题。最后，被害人过错与危害结果因果关系的复杂性表述不当。刑法中的因果关系是指犯罪构成客观方面要件中的危害行为同危害结果之间存在的引起与被引起的关系。其中的“因”是指罪犯实施的危害行为造成了一定的危害结果，并据此判断实施犯罪的人承担的刑事责任。而被害人过错与加害人造成的危害结果之间并不存在刑法意义上的因果关系，但是我们可以说，被害人过错与危害结果之间存在一定的关联性。

综上，刑法意义上的被害人过错应具备以下几个特征：第一，被害人行为的不正当性。这主要是指被害人本人实施的违背法律、法规、道德规范与社会公序良俗的行为。这里需要注意必须是被害人本人实施的不当行为。因为在存在被害人过错的案件中，作为酌定从宽情节，是基于被害人与加害人责任分担，对加害人考虑从宽量刑，是因为他犯罪的对象的不正当行为激发的。如果去加害一个与被害人有关系的人，那么这个“无辜”的被害人与加害人之间并无关联性，从宽处罚也就失去了存在的基础。第二，被害人行为与犯罪行为的关联性。这种关联性是指被害人的行为侵犯了犯罪行为人相关的利益或者社会公共利益，促使犯罪行为人实施了犯罪行为。这里需要强调的是，过错行为指向的对象并不仅限于加害人本人，还应当包括加害人的近亲属或者其他与社会公共利益有利害关系的人。我们可以把这种行为称为被害人行为与犯罪行为的间接相关。但是对于间接相关的认定应当比直接相关的认定更加严格，否则可能会导致被害人过错范畴的不当扩大。在间接相关的情况下，如果被害人侵犯的犯罪行为人的近亲属的利益特定于个人身份，那么被害人的不当行为对引发犯罪行为人犯罪是否可归咎于被害人过错呢？例如，婆婆杀死与儿媳通奸的被害人，能否认定被害人过错？笔者认为，该被害人侵犯了其儿子与儿媳的婚姻关系，对其儿子存在过错，而且这种婚姻关系并未侵犯母亲的权利。因此本案不能认定被害人存在过错。但是如果母亲受被害人殴打，其儿子杀害了被害人，可以认定被害人过错。因为加害人因其母亲的身份权遭侵害而使得自己的身份权也受到侵犯，因为被害人的过错间接导致加害人身份权受到侵犯，可以认定被害人过错。所以在间接相关的情况下，被害人的行为应当主要限于侵害了犯罪行为人近亲属的人格权为限。

2. 类型

被害人过错可以依据不同的标准进行分类：根据过错行为的指向对象，分为对社会的过错、对犯罪行为人的过错；根据过错行为的性质，分为法律上的过错、道德上的过错以及习惯上的过错；根据过错程度分为较大过错、较小过错以及无过错；依据被害过错内容，分为故意与过失；根据过错行为原因分为原生性过错(即被害人在不受加害人影响的情况下自主产生的过错)以及诱发性过错(即被害人在加害人的诱发刺激下产生的过错。)

由于这里重点探讨被害人过错对于量刑的影响，故以下几种探讨司法实践中常见的几种对量刑有影响的被害人过错类型：(1)被害人的违法犯罪行为。其中分为两种情况：一种是刑法规定的防卫过当，应当减轻或者免除处罚。这个情节已经成为刑法规定的法定量刑情节，也是在存在被害人过错的案件中唯一的法定情节；另一种是刑法没有规定的，被害人对加害人实施的构成违法或者犯罪的行为，如被害人对被告人实施虐待、性侵害、家庭暴力等，引起加害人进行报复。在这种情况下，被害人存在较大过错，所以对加害人一般酌情从宽量刑。(2)被害人严重违反社会道德规范的行为，如包养“二奶”、“通奸”等，因为社会道德规范是广泛的且不成文的，因此就存在评价标准的问题。能够引发被害人过错的不道德行为应以社会主流价值观或者统治阶级的价值观作为评判标准。(3)被害人承诺，是指法益主体对于他人侵害自己可以支配的权益的行为所表示的允诺。① 由于被害人的同意，加害人实施了侵害行为，被害人的同意成为加害人侵害行为的主要原因，这属于被害人的较大过错，因此对加害人一般酌情从宽量刑。世界上少数国家和地区在立法上明确将被害人同意作为一种法定的从轻情节予以规定。如韩国刑法中规定具有被害人承诺而将被害人杀死的行为，成立承诺杀人罪，处 1 年以上 10 年以下劳役，而韩国刑法中一般故意杀人则要承担死刑、无期徒刑或 5 年以上劳役的刑罚。我国刑法对被害人承诺并未作出规定，但是司法实践中，对于安乐死等存在被害人承诺的案件的量刑一般要轻于一般的故意杀人罪。

① 郭理蓉：《被害人承诺与认识错误》，《云南大学学报(法学版)》2003 年第 1 期。

(二)被害人过错对故意杀人罪死刑适用的影响

1. 被害人过错影响量刑的根据

被害人过错作为酌定从宽情节影响量刑的依据，我们可以从以下几个方面探讨：首先从法理学角度对这一问题进行剖析，然后回归刑法学理论具体探讨被害人过错在刑法理论中的地位，最后从中国历史和各国现行刑事规范关于被害人过错的规定这一角度为这一问题寻求实践的“正解”。

(1)法理学基础。关于被害人过错影响犯罪人刑事责任的根据，西方有责任分担说和谴责性降低说两种学说。前者从分析造成客观危害的原因入手，认为犯罪行为部分是由于被害人过错引起的，危害结果是由加害人与被害人过错共同造成的。被害人因自己的过错应当分担部分责任，从而减轻了犯罪人的刑事责任；后者从加害人的主观方面着手，认为由于被害人过错是引起犯罪人犯罪决意的原因之一，这就使犯罪人的应受谴责性降低，犯罪行为的社会危害性减小，因而减轻了犯罪人的刑事责任。

责任分担说从客观方面解释了被害人的过错影响加害人刑事责任的依据，谴责性降低说从主观方面解释了被害人行为的可谴责性与加害人可谴责性之间的关系，两种学说从不同角度解释了被害人过错的刑法意义，都有其合理性，但两种学说的缺陷也显而易见。责任分担说过于注重危害结果的责任分担而较少关注加害人的主观方面，所以用于解释基于义愤杀人、大义灭亲或者防卫过当的案件时难免牵强。因为这类案件中对行为人从宽处罚主要是基于其主观恶性和再犯可能性较小，如果仅仅从客观后果的责任分担是难以令人信服的。谴责性降低说的缺陷在于没有澄清被害人过错影响加害人刑事责任的原因。加害人的刑事责任是由其行为的社会危害性，即由行为的客观危害和行为人的主观恶性即人身危险性共同决定的，刑事责任只与行为本身即行为引起的结果有关，被害人过错的意义并不在于直接减轻了加害人的刑事责任，而是作为外界刺激因素使得加害人的主观恶性和人身危险性通过犯罪行为被征表出来，加害人的刑事责任即根据“被征表出来”的主观恶性、人身危险性与犯罪的社会危害性来确认。两种学说虽然都各有缺陷，但是其合理内核是不容置疑的，将它们结合起来才能完整地成为被害人过错对量刑产生影响的理论基础。

无论是责任分担说还是谴责性降低说，都是在探讨被害人过错是否影响行为人的刑事责任，前者关注行为的客观危害结果，后者关注的是行为人的主观恶性和人身危险性。从根本上说，被害人过错对行为人的刑事责任是否有影响归结为被害人过错是否是行为人犯罪行为实行的原因之一。亚里士多德早就指出，真正的科学知识是关于原因的知识，是对于原因所作的说明和解释。他还系统提出了事物的形式因、质料因、目的因和动力因的“四因说”。① 这里我们探讨的被害人过错是行为人犯罪的原因之一，并非刑法上的因果关系问题，刑法上的因果关系属于犯罪客观方面的要素，是指危害行为与危害结果之间的联系，并不涉及行为人主观心理态度的内容。这里的“原因”是指事物的互相作用，它表现了事物运动和变化的内在本质。英国著名哲学家休谟认为，根据一切观念来自印象的原理，因果关系的观念不是直接从原始经验中来的，而是从相关观念之间的关系中来的。② 也就是说，因果关系的存在与否并非是自然的本质，而是因为我们所养成的心理习惯和人性造成的，我们可以用此来将客观责任分担说和主观谴责性降低说用一个合理的哲学内核连接起来。同时休谟指出，凡是被当作原因和结果的观念之间有三种关系，即原因和结果的接近关系，原因在先的接续关系，原因和结果必然联系的关系。他认为，这里最重要、最根本的是要说明因果之间的必然联系，说明了这种“必然性”，也就说明了因果关系的本性。③ 因此，对于被害人过错是否影响行为人的刑事责任，只要说明被害人过错与犯罪结果的发生存在必然联系，就可以说明被害人过错影响行为人的刑事责任。必然性是指那些合乎规律的、一定要发生的、确定不疑的趋势，然而对这种必然性的推断是通过人的主观印象、习惯推论出来的，并不存在于原因与结果之中。被害人的过错行为，其必然会引起加害人情感的变化，主观情感的变化也必然会引起加害人某种形式或者某种程度的反应，至于何种反应则取决于多方面的因素，有加害人本身个性特征方面的原因，也有被害人的过错程度方面的原因以及双方矛盾的激化程度方面的原因，被害人的过错必然影响着行为人是否

① [古希腊]亚里士多德：《亚里士多德全集》第1卷，苗力译，中国人民大学出版社1990年版，第36页。

② [英]休谟：《人性论》，张晖编译，北京大学出版社2007年版，第189页。

③ 同上书，第281页。

实施犯罪或者实施犯罪的程度。被害人过错是否与犯罪结果的发生存在必然的因果关系，取决于社会上一般人的评价标准或者社会习惯。根据德国马普所和武汉大学于 2008 年 10 月进行的死刑调查问卷显示，如果假定某妇女长期受到丈夫的虐待，于是在饭中下毒，将丈夫毒死，即使该妇女未自首，约 85％的民众和 95％的法律专业人士认为对该名妇女不应当判处死刑立即执行。这说明被害人过错在一般人的评价标准中必然影响着对行为人的量刑。所以，从因果关系角度，被害人过错应当成为行为人刑事责任判定的酌定情节，是否影响量刑要根据社会大众一般的评价标准和社会习惯准则。

(2)刑法学基础。在故意杀人罪量刑时，我们必然要考虑报应与预防这两大量刑的基本原则，探寻被害人过错影响量刑的刑法学基础，也应从量刑的一般原则出发才能找到令人信服的依据。量刑的报应根据既包括主观恶性又包括客观危害，量刑的预防根据既包括再犯可能性又包括初犯可能性。① 从加害人的主观恶性方面考察，就像休谟指出的，一切人的心灵在其感觉和作用方面都是类似的，同情是人性中一个很强有力的原则。当与我们陌生的人成为被害者或者加害人，我们确实会在心灵上发生一种很大的效果，刺激起最强烈的怜悯和恐怖的情绪。被害人本应成为社会大众的同情对象，而实施杀人行为的人应当成为社会大众的憎恨对象。然而，也是由于同情这一情感因素的作用，当被害人呈现一副“丑恶的嘴脸”，相反加害人却有不得已的“苦衷”时，大众对于加害人的道德谴责也就随之降低，对于被害人的同情也就随之下降。“犯罪人的主观恶性是他所应受的道德谴责。”②同情的情绪产生了道德感。没有一种道德比正义更被人尊重，没有一种恶比非正义更被人厌恶；而且在断定一个人是和蔼的或可憎的时候，也没有任何性质比这两者的影响更为深远。所以人们在判断加害人的刑事责任时总是伴有一种很强的道德感，当被害人的过错足以影响我们对被害人的同情情绪，相反对加害人产生的另一种同情情绪时，为了遵循我们内心的道德准则，必然会将对加害人的主观恶性判断添加一个同情的“筹码”，加害人的主观恶性也就随之下降，加害人的刑事责任会发生相应改变。在故意杀人罪中，人的主观恶性是影响行为人

① 陈兴良：《刑法哲学》，中国政法大学出版社 2002 年版，第 754—757 页。

② 邱兴隆、许章润：《刑罚学》，中国政法大学出版社 1999 年版，第 248 页。

刑事责任的重要根据之一，因为杀人属于自然犯罪，自然犯罪的道德罪过是不言自明的，将其作为犯罪予以刑罚不能不说有其不容置疑的道德根据。因此，当被害人过错影响人的主观恶性时，在界定行为人的刑罚时，必须将此作为评价刑罚的根据之一。

从加害人的再犯可能性方面考察，犯罪动机对于加害人是否能再次实施犯罪有重要作用。犯罪动机作为犯罪行为发生的直接推动力，犯罪动机可以分为贪利型动机、人际交往动机、消极性动机以及政治思想动机。① 由被害人过错引发的故意杀人通常属于人际交往动机，该犯罪动机的强化与犯罪行为的发生是作为对被害人某种不正确行为的回答而出现的。也就是说，被害人的过错与犯罪人的犯罪动机的产生具有某种对应关系。一般来说，犯罪行为人对被害人的过错产生了某种犯罪动机，并且采取了自力措施惩罚了实施不当行为的被害人，其犯罪的目的已基本达到，那么他再次实施犯罪的可能性微乎其微。就初犯可能性而言，通说认为，“社会治安形势的好坏、发案率升降、受害人的愤恨程度以及民愤的大小是一般人犯罪可能性的测定标志。”②用严厉的刑罚惩罚那些已然之罪，可以防止他人实施犯罪，这是一个并不合理的命题。被惩罚的人可能因毫无效果的预防手段而背上沉重的刑罚甚至死刑，而社会上的一般人实施犯罪的原因也各种各样，对于激情犯罪、复仇犯罪等犯罪类型，根本无法用一个与之不相干的人的刑罚来消除即将要实施犯罪的激情。撇开上述命题的不合理性不谈，在被害人存在过错的杀人案件中，涉及被害人与加害人之间错综复杂的关系，其结果往往是“两败俱伤”，社会大众对于这种案件更多的是对案件背后的家庭关系、社会关系的反思，社会上的一般人不可能会因为这样的案件而产生犯罪动机。

纵观量刑的两个根据，在被害人有过错的刑事案件中，犯罪行为人的主观恶性、犯罪行为人再犯可能及一般人的初犯可能均相对较小。因此，存在被害人过错的故意杀人案件显然有别于普通的故意杀人罪，对于加害人刑事责任的判定应当参酌被害人过错这一特定情节，结合具体案件情况，对加害人根据被害人过错程度适当从宽处罚。

---

① 张远煌：《犯罪学》，中国人民大学出版社 2007 年版，第 153—154 页。

② 邱兴隆、许章润：《刑罚学》，中国政法大学出版社 1999 年版，第 245 页。

(3)被害人过错的中国文化传统渊源和世界各国现行刑事规范的规定。对于法律现象的考察，离开一国的历史文化背景得出的结论都是不完善的。在我国传统文化中，儒家思想长期占据统治地位。儒家所提倡的最重要的一个刑罚原则是："春秋之义，原心定罪。"所谓"原心定罪"，是指在定罪量刑时，不光看犯罪事实，还要重视犯罪动机和犯罪原因及犯罪的心理状态是否合乎道德，是"善"还是"恶"。① 毋庸置疑，在步入21世纪的今天，儒家思想仍然潜移默化地影响着社会公众的价值观念及司法理念。我们当然不能完全"论心定罪"，将其凌驾于现行法律之上，但是我们也要清楚地看到，刑事立法毕竟为法官行使自由裁量权预留了广阔的空间。在大多数案件的裁判中，法官应当在依法办事的前提下，考虑社会主流价值观念。司法实践中出现过这样一个案例：被告人王某因被害人无故殴打其父，因此用菜刀连砍数刀致被害人死亡。法院经过二审最后维持一审判决以故意杀人罪判处被告人王某死刑，缓期二年执行。② 这个案例最后给被告人留下"活路"原因就在于被害人存在较大过错。孔子曰："夫孝，德之本也，教之所由生也。"可以说，孝是中国文化的基石。本案中的被害人恰恰伤害了加害人的父亲，这为我们的主流价值观所不容，而加害人用一种极端的方式来履行孝道，虽为法律不容，但是其动机为人所包容，所以法官在判决时考虑到被害人的这种过错，对加害人没有判处死刑立即执行。相反，在著名的"枪下留人案"中，董某因为受到被害人流氓言语的激怒将被害人杀死，最后依然被执行了死刑，原因在于法院并没有认定被害人过错，法院之所以没有认定被害人的过错，在判决中没有提及，但是我们能够从两个案件中清晰地看出，中国传统文化无形地影响着被害人过错的认定。

在我国，被害人过错没有规定在刑法中，而是作为酌定情节影响着定罪量刑。而国外很多国家已经将被害人过错规定于法律当中，作为法定从宽情节在定罪量刑时必须予以考量。因此，从这个意义上来说，被害人过错影响量刑也是有一定法律依据的。

英美法国家的量刑情节中，"基于人类脆弱性或压力之下犯罪"是一个减

① 俞荣根：《儒家法思想通论》，广西人民出版社1992年版，第596页。

② 祝铭山主编：《故意杀人罪》，中国法制出版社2005年版，第185—187页。

轻事由，具体而言诸如激怒、家庭或情绪压力。以激怒为例，激怒在英美刑法中作为谋杀罪与非预谋杀人罪的区别之一。英国《1957 年杀人罪法》第三章规定，在指控谋杀罪时，陪审团发现证据证明被指控者是在被激怒情况下失去自我控制(无论是语言或者行为，或者两者兼而有之)，至于这种激怒是否足以使正常人像被指控那样实行该行为的问题将留给陪审团决定。① 也就是说，英国刑法中判定行为人是否成立激怒时考虑了双重标准：一是从主观上，被告人是否因激怒而失去了自我控制；二是从客观上，这种激怒是否足以使正常人都像行为人那样做。判断行为人主观上是否因激怒失去自我控制要考虑案件发生的所有相关条件、被告的敏感程度以及存在激怒与造成死亡行为的间隔。同时行为人的失控必须是“突然的、暂时的”失控。在 Duffy 案中，法官指出，复仇愿望与激怒是不相一致的，复仇愿望具有理智性，行为人有时间去思考、去反应，这就否定了“突然的、暂时的”失控这一激怒的本质特征。② 也就是说，行为失去控制必须是行为并不是事先预谋的，而且从加害人因被害人言语或行为产生杀人犯罪的动机到加害人实施犯罪之间不能留有加害人的“冷静时间”。就激怒的客观标准来看，英国早期案例通常涉及暴力攻击被告人、丈夫发现妻子与他人通奸以及父母发现并立刻杀死与其儿子搞同性恋这三种情况。③ 那时被害人言语并没有成为激怒的客观标准之一，在任何案件中，即使是最极端、最例外的语言本身都不能把谋杀减为非预谋杀人；否则，似乎使人得出这样的错误结论，即脾气坏的人负有杀人的责任，脾气好的人承担谋杀的责任。但是《1957 年杀人罪法》第 3 条规定，如果陪审团认为某些语言也会激怒其他正常人的话，那么语言也能成为激怒条件，比如对于性无能的嘲笑。

在成文法国家，很多国家对于被害人过错作为减轻刑事责任的情节予以考量，主要有三种方式：一是在刑法总则中规定被害人过错作为减轻刑事责

---

① [英]J. C. 史密斯、B. 霍根：《英国刑法》，马清升等译，法律出版社 2000 年版，第 393 页。

② 同上书，第 398 页。

③ 同上书，第 399 页。

任的情节。比如俄罗斯刑法中将被害人过错作为法定减轻情节予以规定。① 在1960年《苏俄刑法》中被害人的过错被界定为被害人的不法行为，即只有被害人实施了法律规定不允许实施的行为，而招致的加害人实施的犯罪行为才能构成被害人过错，才能作为减轻情节予以处罚。而现行俄罗斯刑法中将被害人过错从被害人的不法行为扩大为被害人的不法行为和被害人实施的不道德行为，具体可以表现为被害人对加害人实施的殴打等身体上的暴力行为和辱骂、诽谤等精神上的刺激，而且规定这种身体上的暴力行为以及精神上的强烈刺激，既可以针对加害人本人实施，也可以针对加害人的亲友实施。二是在分则故意杀人罪中单独规定被害人过错作为减轻杀人者刑事责任的情节。比如《德国刑法》第213条明确将被害人过错作为故意杀人者的减轻情节加以规定，对于"因为被害人对其个人或家属进行虐待或重大侮辱，致故意杀人者当场义愤杀人"的行为，德国刑法设置了1年以上至10年以下的自由刑。② 《越南刑法》第95条专门规定了精神受强烈刺激杀人罪，"由于他人对自己或亲属的严重违法行为造成强烈精神刺激而杀害他人的，处六个月以上三年以下有期徒刑"，"在精神受到强烈刺激下杀死多人的，处三年以上七年以下有期徒刑"。③第三种方式是在总则和分则中分别规定被害人过错这一从宽处罚的情节。比如《菲律宾新刑法》首先在总则"减轻刑事责任之情形"一章规定了三种因被害人过错得以减轻处罚的情节，分别是受到受害者足够的挑衅或者威胁、直系亲属遭到严重侵害后的保护行为以及罪犯受到强烈刺激引起愤怒或者思维混乱。这三个与被害人过错相关的情节被作为法定减轻情节在总则中明确予以规定。同时菲律宾刑法在分则故意杀人罪中也设置了特殊杀人罪，包括发现配偶与他人性交而当场杀死一方或者双方的以及父母杀死诱奸其未满18周岁的女儿的行为，对于这两种涉及被害人过错的情况，处流放刑。④

---

① ［俄］Н. Ф. 库兹涅佐娃、И. М. 佳日科娃主编：《俄罗斯刑法教程(总论)下卷·刑罚论》，黄道秀译，中国法制出版社2002年版，第667页。

② 《德国刑法(2002年修订)》，徐久生、庄敬华译，中国方正出版社2004年版，第108页。

③ 《越南刑法》，米良译，中国人民公安大学出版社2005年版，第40页。

④ 《菲律宾刑法》，杨家庆译，北京大学出版社2006年版，第55页。

通过以上比较，我们可以总结出以下特点：第一，就被害人过错的认定来看，多数国家规定的被害人过错都包括违法和违反道德两种表现形式，而且多数国家明确规定或学理上进行解释，被害人过错行为的指向对象既包括犯罪人本人也包括犯罪人的近亲属，这实际上都是扩大了被害人过错对量刑影响的范围，根据责任分担说和谴责性降低说，被害人违反道德的行为会导致加害人对被害人实施犯罪，从一个侧面反映出加害人犯罪行为的主观恶性和人身危险性较小，从而要在刑事责任上与被害人共同分担，减轻了加害人自身的刑事责任。第二，从被害人过错对于量刑的影响来看，一方面各国均将被害人过错作为从宽处罚的法定情节，规定于刑法总则或者分则中去，而且各国基本上都将被害人的重大过错规定为法定从轻或减轻处罚的情节，有些国家的立法甚至将其与自首等法定量刑情节等量齐观。这就体现了被害人过错在各国对量刑的影响意义重大，在某些国家甚至关系到是否对行为人适用死刑。在某些国家，将存在特定被害人过错的犯罪单独定罪量刑，这时被害人过错的意义不仅在于影响量刑还影响定罪，这就贯彻了罪责自负原则以及罪责刑相适应原则。

2. 我国被害人过错对故意杀人罪死刑适用的影响

我国除了对防卫过当中将被害人的不法侵害行为作为应当减轻或者免除处罚的法定情节之外，刑法中并没有特别规定将被害人过错作为法定从宽量刑的依据，而是在司法实践中作为酌定从宽情节予以考虑。我国的司法解释曾经对存在被害人较大过错的案件规定从宽量刑。最高人民法院《关于审理交通肇事刑事案件具体应用法律若干问题的解释》(2000 年 11 月 10 日)则明确规定将交通肇事罪发生的事故责任在被害人和加害人之间进行分担。根据该解释的规定，交通肇事中，肇事人负事故的主要责任或者同等责任的才构成犯罪。这说明，在交通肇事案件中，如果被害人负事故的主要责任，肇事人的行为将不构成犯罪。最高人民法院在《全国法院维护农村稳定刑事审判工作座谈会纪要》(1999 年 10 月 27 日)中指出："对于因婚姻家庭、邻里纠纷等民间矛盾激化引发的故意杀人犯罪，适用死刑一定要十分慎重，应当与发生在社会上的严重危害社会治安的其他故意杀人犯罪案件有所区别。对于被害人一方有明显过错或对矛盾激化负有直接责任，或者被告人有法定从轻处罚情节的，一般不应判处死刑立即执行。"上述两个司法解释都是在具体类型的案件中规定的对存有被害人过错的加害人从宽处罚，前者是在被害人负主要责任的交通肇事案件中，肇事人不构成犯罪；后者是在家庭邻里纠纷中存在明显过错的故意杀人罪，一般不判处死刑立即执行。就故意杀人罪的这一司法解释，被害人的明显过错必须具备：一是被害人对被告人或者其亲属使用暴力，致其受伤；二是被害人的伤害是在他人过错的情况下实施的；三是被害人的过错与被告人的故意杀人行为之间有紧密联系。① “对矛盾激化负有直接责任”也是被害人过错的表现之一，“对矛盾激化负有责任的被害人的过错与一般被害人的过错的不同之处在于：前者不以被害人对被告人的暴力加害为前提，而是在发生纠纷以后由于未能妥善解决，在一定条件下关系恶化，导致故意杀人的犯罪。在这一矛盾发展当中，被害人有一定责任。”②但是，对矛盾激化负有责任的过错不如被害人曾经暴力加害那样的过错明显，其对于故意杀人罪量刑的意义更不容易认识。

司法实践中被害人过错作为法官裁量时的酌定情节，对于故意杀人罪死刑的适用到底有多大影响呢？根据相关数据统计，③ 在故意杀人罪中存在被害人过错的案件占统计样本的50%以上，但是在不同类型的案件中被害人过错对于死刑的适用有较大差别：在家庭内部纠纷引发的杀人案件中，由于被害人实施家庭暴力而被害的案件中，一般都没有适用死刑；在拖欠农民工工资等经济纠纷中，虽然该类案件中被害人都有过错，但是对被害人过错在量刑上没有得以体现，在处罚上只考虑法定情节；在琐事纠纷杀人案件中，被害人全部都有过错，较小过错包括被害人先挑起事端、侮辱加害人；较大过错主要包括被害人先动手打人或者当众欺负加害人，虽然在琐事纠纷中死刑适用比例是所有故意杀人案件类型中比例最低的，但是就样本数据来看，被害人过错很少在刑罚上得以体现；在报复性杀人案件中，被害人都是存在过

① 卢建平、王丽华：《被害人过错与死刑适用之探讨——以故意杀人罪为例》，载李洁、张军、贾宇主编：《和谐社会的刑法现实问题·中卷：死刑的司法限制适用问题研究》，中国人民公安大学出版社2007年版，第1032页。

② 陈兴良：《被害人有过错的故意杀人罪的死刑裁量研究——从被害与加害的关系切入》，《当代法学》2004年第2期。

③ 高维俭、查国防：《故意杀人案件死刑适用的实证分析》，《中国刑事法杂志》2006年第5期。

错的，但是在量刑上很少得以体现。

通过以上分析数据，我们可以看出，被害人过错对故意杀人罪死刑适用的影响多集中于特定的案件中，即多集中于加害人与被害人有亲属关系的家庭纠纷的杀人案件中，而这种纠纷在故意杀人案件中只占10%左右。所以，从总体来看，被害人过错对故意杀人罪死刑适用的影响甚微。理由在于：被害人过错作为酌定情节，是法官在刑罚裁量时考量的情节。量刑时是否体现只能完全依赖于法官的自由裁量权，而对被害人过错认定与否、量刑时是否从宽乃至从宽的幅度均受法官的法律修养、法制意识等因素的影响。“从我国的实际情况看，法官个体素质的差异，导致实践中对被害人过错，在量刑时是否予以考虑，以及如何考虑，做法极不一致，容易产生量刑偏差。”①就故意杀人罪而言，“杀人偿命”的报应观念很大程度上仍盘亘于法官意识中，所以很多法官对被害人过错不加采信。而且案件侦查过程中，公安机关一般注重收集行为人有罪以及罪重的证据，而忽视对被害人过错的证据。在某些故意杀人案件中，由于被害人家属以及民愤的压力，司法机关为减少不必要的麻烦而直接判处加害人死刑，从而平复了被害人家属的情绪同时也顺应了民意。所以，虽然故意杀人案件中有很多存在被害人过错，但是最终并没有因被害人过错被酌定从宽量刑。

针对这一问题，有学者指出，在现行的刑法理论体系内，无法解决被害人与加害人分担责任的问题，因为现行刑法理论是以犯罪人为中心构建的，现行刑法理论孤立地从犯罪分子角度研究犯罪，片面地以犯罪分子的主客观事实为依据，分析其行为是否构成犯罪以及该处多重的刑罚。② 还有很多学者指出，被害人过错应当成为法定量刑情节。③ 笔者认为这两种主张并不矛盾，都具有合理性。因为虽然刑法没有规定被害人与加害人的责任分担，但

① 张杰：《被害人过错应成为法定量刑情节》，《人民检察》2002年第2期。

② 郭建安：《犯罪被害人学》，北京大学出版社1997年版，第370页。

③ 卢建平、王丽华：《被害人过错与死刑适用之探讨——以故意杀人罪为例》，载李洁、张军、贾宇主编：《和谐社会的刑法现实问题·中卷：死刑的司法限制适用问题研究》，中国人民公安大学出版社2007年版，第1032页；陈兴良：《被害人有过错的故意杀人罪的死刑裁量研究——从被害与加害的关系切入》，《当代法学》2004年第2期；张杰：《被害人过错应成为法定量刑情节》，《人民检察》2002年第2期。

是可以通过将被害人过错作为法定量刑情节来影响加害人行为的社会危害性和人身危险性，进而影响对故意杀人罪死刑的适用。当然，将被害人过错纳入刑法规定的法定情节之中，属于死刑立法改革，有待于立法上进一步完善修改。就现行刑法框架之下，如何以被害人过错这一酌定情节来限制故意杀人罪死刑适用才是现实之策。对此，笔者认为，应当从以下两个方面入手：一方面，法院对被害人过错要建立定量分析的机制。原则是被害人过错越大，被告人承担的刑事责任就越小，反之亦然。具体操作层面可以通过司法解释或者发布案例指导等归纳具体类型的被害人过错及其对量刑的影响。就故意杀人罪而言，对被害人存在较大过错的，应当不适用死刑；而对被害人存在轻微过错，则要具体结合案件情况具体分析，一般也不应判处死刑立即执行。另一方面，公安机关要全面搜集证据，不仅要收集有罪与罪重证据，也要收集无罪与罪轻证据。如果公安机关忽视了对被害人过错这一酌定情节证据的收集，而被告人在案件审理阶段向法院提出，那么法院要给予一定的权利救济，主动收集证据。只有这样才能避免因证据收集不全面而使本不应判死刑的加害人最终被处以极刑。

第 七 章

抢劫罪死刑适用问题研究

抢劫犯罪是我国刑法侵犯财产罪中社会危害性最严重的犯罪，侵犯的是包括公私财产所有权和公民人身权利在内的双重客体，往往同时造成财产损失和人身伤亡，严重危害社会治安，因此，我国刑法将抢劫罪列为重罪，规定了包括死刑在内的严厉的刑罚，历来属于重点打击的对象。当前，由于抢劫犯罪的多发性，其已经成为适用死刑较多的犯罪，在数量上仅次于故意杀人罪。① 如何准确把握抢劫罪的死刑适用标准，对于进一步严格贯彻执行宽严相济刑事政策和"保留死刑，严格控制和慎重适用死刑"的政策，具有重要的现实意义。本文结合当前司法实践，对抢劫犯罪死刑适用的若干问题作一些梳理和探讨，希冀有所裨益。

第一节 抢劫罪死刑适用的立法规定

抢劫罪是世界范围内普遍存在的一种犯罪，是指以非法占有为目的，对公私财物的所有人、保管人或其他在场人当场实施暴力、以当场实施暴力相

① 有关资料显示，在 1999 年全国发生的 2 249 319 件刑事案件中，抢劫案件共计 198 607件，占 8.8%；而在核准死刑的案件中，抢劫犯罪案件更是高居首位，所占比例超过 40%。参见冯树梁：《中外预防犯罪比较研究》，中国人民公安大学出版社 2003 年版，第 106—107 页；陈华杰：《论死刑适用的标准》，人民法院出版社 2005 年版，第 288 页。

胁迫或采取其他当场侵犯人身的方法，迫使被害人当场交出财物或当场夺走财物的行为。① 抢劫罪在日本、韩国、我国台湾地区甚至我国古代刑法中往往被称为强盗罪。在日本等国家的刑法中，抢劫罪是一个概括的罪名，具体还包括普通抢劫罪、抢劫利益罪、抢劫致人死伤罪等多个罪名。从世界各国刑事立法的通例看，都把抢劫罪作为最严重的犯罪来对待，对于抢劫罪的处罚都比较严厉，但对抢劫罪适用死刑，立法上却极为慎重，司法控制较严。立足于保留死刑国家的相关立法，考察并比较各国抢劫罪的死刑适用状况，对于我国控制抢劫罪的死刑适用无疑具有很好的借鉴意义。

基于抢劫犯罪的严重社会危害性，在保留死刑国家的立法中，绝大部分都对抢劫罪设置有死刑，但是也有不少国家的刑法对于该罪明确排除了死刑的适用。例如，蒙古，抢劫罪最高法定刑为25年有期徒刑；巴西，加重抢劫罪或抢劫致人死亡的最高刑为30年监禁；瑞士，实施抢劫罪致被害人死亡的，处终身监禁；英国，抢劫罪的最高刑期为终身监禁；法国，情节特别严重的盗窃罪(包含抢劫罪）处无期徒刑；德国，抢劫罪致人死亡的，处终身自由刑或10年以上自由刑；俄国，对情节特别严重的强盗罪，处8年至15年剥夺自由刑，等等。

对抢劫罪设置死刑的国家的立法模式进行分析，主要有单一模式和复合模式。在单一立法模式中，抢劫罪的死刑往往只适用于“致人死亡”的情形，如日本刑法抢劫致死罪与强盗强奸致死罪的相关规定。在复合立法模式中，抢劫罪的死刑则可以适用于多种情形，涉及手段、后果、数额等诸多方面。具体而言，又有以下几种模式：(1)结合犯式，在这一模式中，普通抢劫罪并不适用死刑，但对于因抢劫罪与故意杀人罪、强奸罪等结合而形成的新罪，如抢劫杀人罪、抢劫强奸罪等，则可以适用死刑，如韩国刑法。(2)结果＋数额式，如越南刑法。(3)结果＋手段式，如泰国刑法。(4)综合式，如我国台湾地区“刑法”。

对上述立法例进行比较，不难发现，抢劫罪的死刑配置需要考虑的因素主要有如下几个方面。

其一，抢劫致人死亡的。在对抢劫罪配置死刑的情况下，各国无一例外

---

① 赵秉志：《侵犯财产罪》，中国人民公安大学出版社1998年版，第47页。

地将“致人死亡”视为抢劫罪适用死刑的要件。事实上，这也符合有关国际公约的要求。《公民权利和政治权利国际公约》第 6 条第 2 款规定，在未废除死刑的国家，判处死刑只能作为对最严重的罪行的惩罚。按照《保证面临死刑者权利的保护的保障措施》所限定的标准，此处“最严重的罪行”即包括严重故意犯罪致人死亡的情况。当然，此处对于死亡后果究竟是出于故意还是过失，不同国家的规定有所不同。在韩国刑法中，抢劫致人死亡与抢劫杀人是并列加以规定的，因此，致人死亡通常限于对死亡结果持过失心态的情况。但日本、泰国等国的刑法对此并未作区分，应该认为其中既包括故意杀人，也包括过失致人死亡。事实上，这在日本已是理论与实务中的通说。

其二，抢劫罪与其他严重犯罪结合而形成新罪的。在承认结合犯的前提下，抢劫罪往往与故意杀人罪、强奸罪、放火罪等结合形成新的犯罪，并被配置死刑。如韩国《刑法》第 338 条规定的抢劫杀人罪，我国台湾地区“刑法”第 332 条规定的强盗杀人罪、强盗竞合罪等。

其三，抢劫致人重伤的。对于抢劫致人重伤配置死刑的国家与地区包括越南、泰国和我国台湾地区“刑法”。具体而言，则又各有差别。我国台湾地区“刑法”中，对于重伤程度没有限定；而越南刑法将之规定为“残疾度在 61% 以上”；菲律宾刑法则笼统规定须达“致残”程度。值得一提的是，泰国刑法只是要求“以残暴行为致他人身心伤害”，对于伤害程度则未作规定。

其四，抢劫数额巨大的。在越南刑法中，犯罪数额成为抢劫罪适用死刑的考量因素。其第 130 条明确规定，所劫取的财产的价值在 5 亿盾以上的，可以适用死刑。

其五，抢劫特定对象的。犯罪对象成为抢劫罪适用死刑重要考虑因素的立法例主要是泰国刑法。泰国《刑法》第 339 条、第 340 条明确规定了适用死刑的对象条件，即“抢劫供公众礼拜或者属于国家财产的佛像、宗教器物或其一部分的”。泰国刑法之所以将这些特定对象作为死刑适用的立法因素，主要是由该国浓厚的佛教文化与悠久的宗教传统所决定的。

其六，以特定手段、方式抢劫的。在泰国刑法中，结伙抢劫，或者持枪射击、使用爆炸物或者折磨方式抢劫，或者穿着军警制服冒充军警抢劫等，都是对抢劫罪适用死刑需要考虑的条件因素。①

我国《刑法》第263条规定了抢劫罪。同时，根据我国《刑法》第267条、第269条和第289条的规定，“犯盗窃、诈骗、抢夺罪，为窝藏赃物、抗拒抓捕或者毁灭罪证而当场使用暴力或者以暴力相威胁的”、“携带凶器抢夺的”以及“聚众‘打砸抢’，致人伤残、死亡的首要分子”比照《刑法》第263条关于抢劫罪的有关规定定罪处罚。2011年2月25日第十一届全国人民代表大会常务委员会第十九次会议审议通过的《中华人民共和国刑法修正案(八)》取消了盗窃罪的死刑设置，至此，在侵犯财产罪中，抢劫罪是唯一设置死刑的罪名。

《刑法》第263条规定，抢劫并有下列情形之一的，处10年以上有期徒刑、无期徒刑或者死刑，并处罚金或者没收财产：(1)入户抢劫的；(2)在公共交通工具上抢劫的；(3)抢劫银行或者其他金融机构的；(4)多次抢劫或者抢劫数额巨大的；(5)抢劫致人重伤、死亡的；(6)冒充军警人员抢劫的；(7)持枪抢劫的；(8)抢劫军用物资或者抢险、救灾、救济物资的。这是我国抢劫罪适用死刑的立法规定，表明我国刑法中对抢劫罪是否适用死刑，需综合考虑犯罪手段、方式、结果、数额、对象等诸多因素。

第二节 抢劫罪死刑适用的指导思想

一、通过司法控制限制死刑适用

控制死刑的基本方法包括立法控制与司法控制。死刑的立法控制主要是在法律上进一步严格限制死刑的适用条件，不断减少死刑适用的法律条文或者罪名。而死刑的司法控制主要是在实践中严格遵守法定的死刑适用实体条件和正当诉讼程序，尽可能避免错杀或者冤杀，在司法上尽量削减适用死刑的案件数量。从世界上已经保留死刑的部分国家来看，通过司法手段控制死刑的适用已经取得了显著的效果。例如，在日本，从1979年到1984年平均

① 徐留成：《蒙古国刑法》，北京大学出版社2006年版，第38—39页；陈志军：《菲律宾刑法》，中国人民公安大学出版社2007年版，第104页；[日]大谷实：《刑法各论》，黎宏译，法律出版社2003年版，第177页；陈焕生、刘秉钧：《刑法分则实用》，海宇文化事业有限公司2006年版，第482页。

每年仅执行 1 件死刑，从 1985 年到 1988 年仅执行了 9 件死刑，2002 年执行的死刑也只有 2 件。在印度，从 1982 年到 1985 年共执行了 35 件死刑，从 1996 年到 2000 年适用死刑总共 49 件。截至 2004 年 10 月，已经废除死刑的 128 个国家当中，有 35 个是通过司法手段达到废除死刑目标的。结合抢劫罪的立法情况，不难发现，废除死刑的国家，自然不会对抢劫罪适用死刑；没有废除死刑的国家，对抢劫罪适用死刑的也是少数；即使对抢劫罪适用死刑的国家，也仅在抢劫致人死亡这一极少情况下才设置死刑。

立足于现今严格控制死刑的国际大势，并以我国刑法总则严格限制死刑的基本标准与抢劫罪自身的罪质标准衡量，我国刑法对于抢劫罪死刑适用条件的设定较为宽泛，其中诸多情形并不符合“罪行极其严重”之死刑适用基准，有悖于当前限制与废止死刑的世界性潮流及我国慎用死刑的刑事政策精神。因此，在不能完全废除的情况下，对死刑的司法限制是十分重要的。从最高人民法院统一行使死刑核准权以来对于抢劫案件的复核结果分析看，对于抢劫案件适用死刑的核准率较高；在不核准的案件中，属于适用法律和审判程序方面问题的不多，属于事实和证据方面问题的比例也不大，绝大多数仍然属于政策把握的问题，主要表现在：有些没有造成被害人重伤、死亡的案件，判处一人或者多人死刑；有些被告人具有法定从宽情节，未能充分体现政策；有些共同犯罪案件未能仔细区分各被告人的地位、作用，在量刑上没有体现区别对待；也有部分属于证据存疑，不能确认直接致人死亡的责任，等等。由于对抢劫罪的实际处刑选择需要综合多种情节进行判断，尤其是在考虑适用死刑时，更需重点考察抢劫行为对被害人造成的损害结果及其严重程度、抢劫财物的具体损失数额、抢劫犯罪发生的场合（比如是否在银行、其他金融机构）及具体对象（比如是否属于军用物资）等等，因此，对抢劫罪适用死刑进行深入研究是有必要的。

二、抢劫犯罪适用死刑的原则

死刑适用原则是指对犯罪分子依法适用死刑时应当遵循和依据的法则。它是我国死刑政策与我国死刑立法精神的体现，是适用死刑始终应当遵循的基本准则。① 对抢劫犯罪适用死刑，也应当遵循一定的原则。

---

① 马克昌：《刑罚通论》，武汉大学出版社 1997 年版，第 453 页。

(一)罪责刑相适应原则

罪责刑相适应原则的具体要求是：综合考虑犯罪事实、情节、结果等社会危害性因素和矫正可能、再犯可能等人身危险性因素，将责任评价与犯罪预防进行一体化考量，从而最终决定刑罚的种类与强度，实现刑罚运用的“有理”、“有利”和“有节”，避免刑罚“不济”和“过剩”。我国《刑法》第61条规定：“对于犯罪分子决定刑罚的时候，应当根据犯罪的事实、犯罪的性质、情节和对于社会的危害程度，依照本法的有关规定判处。”这是我国刑法规定的量刑原则。对犯罪人适用死刑，也必须遵循总则规定的这一量刑原则。

《刑法》第263条规定的抢劫罪的犯罪构成有基本构成和加重构成之分，并相应规定了轻重不同的两个法定刑幅度。第263条前半段规定的是基本构成的抢劫罪及其刑罚，属于较轻的法定刑幅度，即“以暴力、胁迫或其他方法抢劫公私财物的”，应“处三年以上十年以下有期徒刑，并处罚金”。该条后半段规定的是加重构成的抢劫罪及其刑罚，属于较重的法定刑幅度，即构成抢劫罪并具有八种加重处罚情节之一的，应“处十年以上有期徒刑、无期徒刑或者死刑，并处罚金或者没收财产”。从文本规定可知，尽管抢劫的暴力手段包括杀人，但刑法对于抢劫的法定刑幅度是由轻及重排列的，对于八种加重处罚情节量刑的幅度也是从轻到重排列，即首先考虑有期徒刑；其次是无期徒刑，最后才考虑死刑，这一点有别于故意杀人罪。对抢劫罪适用死刑必须具备八种加重处罚情节之一，但是具备八种情节之一的，并非必然适用死刑。也就是说，根据立法设置刑种的本意，只有在判处十年以上有期徒刑、无期徒刑仍不足以体现罪责刑相适应原则，必须判处死刑的，才能选择适用死刑。对于抢劫尚未致人重伤、死亡的，适用死刑应当慎重。对于抢劫致人重伤、死亡的，也不是必然要判处死刑，仍然要根据案件的情节、危害程度，结合被告人的主观恶性和人身危险性，只对必须判处死刑的，才适用死刑。此外，要注意量刑的量变和质变问题。具有八种法定加重情节的，起点刑是十年有期徒刑，从有期徒刑到无期徒刑是一个质变，从无期徒刑到死刑又是一个质变，而且是“生死两重天”的质变。因此，对于抢劫次数、数额不能简单相加，不能人为设定判处死刑的次数、数额标准。

(二)宽严相济刑事政策

宽严相济刑事政策是惩办与宽大相结合刑事政策在新时期的继承、完善和发展，是司法机关惩罚犯罪，预防犯罪，保护人民，保障人权，正确实施国家法律的指南。宽严相济刑事政策的实质，是对刑事犯罪实行理性的区别对待，既要有力地打击和震慑犯罪，维护法治的严肃性，又要尽可能减少社会对抗，化消极因素为积极因素，实现法律效果、社会效果和政治效果的统一。贯彻宽严相济的刑事政策，关键在于根据犯罪的具体情况，实行区别对待，既要做到该宽则宽，该严则严，又要做到严中有宽，宽中有严，宽严相济，罚当其罪。

一方面，要坚持依法严惩严重刑事犯罪的方针。严厉打击各种严重危害社会治安的刑事犯罪，是人民法院必须长期坚持的方针。在当前刑事犯罪高发的情况下，对于抢劫等严重危害社会治安、严重影响人民群众安全感的暴力犯罪，要作为严惩的重点，依法在法律规定的量刑幅度内从严处罚，在法律规定的审限内从快处罚。特别是抢劫杀人案件，更是严厉打击的重中之重。另一方面，要做到区别对待。区别对待是宽严相济刑事政策的核心，在决定刑罚时，应综合考虑犯罪行为的社会危害性、犯罪人的主观恶性以及案件的社会影响，根据不同时期、不同地区犯罪与社会治安的形势，具体情况具体分析，依法予以从宽或者从严处理。

具体而言，一是要注重区分危害后果。犯罪后果是量刑的基础根据，后果越严重，刑罚也就越重。死刑的适用主要是满足报应的要求，故对抢劫罪是否适用死刑，从犯罪后果角度判断，主要是看行为人是否造成被害人伤亡的结果。如果抢劫致人死亡，则判处死刑的可能较大；如果未造成被害人重伤或者死亡，即使抢劫数额特别巨大，一般也不宜判处死刑。对于抢劫时过失致人死亡的，或者虽致人残疾，但不属于手段特别残忍的，量刑时更要慎重。

二是要注重区分被告人的主观恶性和人身危险性。主观恶性和人身危险性可以通过犯罪行为本身，如犯罪动机、手段、后果等来体现，也体现在被告人是否有前科劣迹上。对于被告人系累犯的，应依法从重处罚；对于虽不构成累犯，但曾因犯罪被判刑，或者曾因违法行为被劳动教养或者行政拘留的，一般也要从重处罚。前科劣迹越多、前罪越重的，说明人身危险性越大，越要从重处罚。有的案件中，被告人虽然没有前科劣迹，但系多次抢劫、连续抢劫，这也说明具有较大的人身危险性。

三是注重区分不同情节。犯罪情节是一个综合性概念，主要指犯罪动机、犯罪对象和犯罪手段等。对动机卑劣的，可以作为酌定从重处罚情节对待。犯罪对象也影响犯罪的危害性，如以盲聋哑人、老人、儿童、孕妇为抢劫对象的，量刑时要适当予以考虑。犯罪手段直接决定犯罪后果和危害程度，也体现犯罪人的主观恶性，如有的被告人抢劫时从被害人身后用铁锤击打脑袋，或者直接上去向被害人胸腹部捅刀子，有的抢劫杀人后分尸、碎尸、抛尸。作案手段凶残，说明社会危害性和主观恶性大，量刑时要体现严厉性。犯罪后表现主要指是否具有自首、立功等法定从宽处罚情节，或者积极退赃、赔偿被害人经济损失等酌定量刑情节。鉴于自首、立功是法定从宽处罚情节，为贯彻政策，发挥刑罚的教育改造作用，原则上对于具有自首、立功或者重大立功情节，且犯罪事实、情节、后果、社会影响等尚未达到极其严重程度的犯罪分子，一般应从轻、减轻或免除处罚。至于具体是从轻、减轻还是免除处罚，要根据案件具体情况决定。

(三)“保留死刑，严格控制和慎重适用死刑”的政策

“保留死刑，严格控制和慎重适用死刑”作为我们党和国家一贯的死刑政策，与宽严相济刑事政策是完全一致的。对于极少数罪行极其严重、不接受教育改造的被告人，依法应该判处死刑的，必须坚决判处死刑。同时，要从事实、证据、政策等方面严格把握，严格控制和慎重适用死刑。

1. 充分认识保留死刑的必然性和必要性

死刑是我国刑罚体系的重要组成部分，保留死刑，符合我国现阶段的基本国情，适应社会治安形势的需要，顺应人民群众的意愿。新中国成立之初，毛泽东同志就提出，死刑坚决不能废除，但是，要少杀，因为人死不能复生，一旦错误，就难以改正，而且多杀容易引起更多地适用死刑。①

邓小平同志也指出，对于专政手段，必要时要使用，使用要谨慎。② 当前和今后的一段时期，我国仍处于人民内部矛盾凸显、刑事犯罪高发、对敌斗争复杂的时期，我们仍需要运用包括死刑在内的各种刑罚手段，切实保护国家和人民的根本利益，保障社会主义现代化建设的顺利进行。尤其是在当

① 蔡道通：《毛泽东的死刑观及其现实启示》，《毛泽东思想研究》2001 年第 2 期。

② 杨积堂：《邓小平刑罚思想初探》，《宁夏大学学报(人文社会科学版)》2001 年第 1 期。

前治安形势依然严峻、复杂的情况下，对于危害国家安全犯罪、恐怖组织犯罪、邪教组织犯罪、黑社会性质组织犯罪、恶势力犯罪、故意危害公共安全犯罪等严重危害国家政权稳固和社会治安的犯罪，故意杀人、故意伤害致人死亡、强奸、绑架、拐卖妇女儿童、抢劫、重大抢夺、重大盗窃等严重暴力犯罪和严重影响人民群众安全感的犯罪，走私、贩卖、运输、制造毒品等毒害人民健康的犯罪，必须继续作为严惩的重点，依法从严惩处。对于犯罪集团的首要分子和主犯、以犯罪为业者、累犯、惯犯等，要坚决依法判处重刑。对于严重危害社会秩序，罪行极其严重的犯罪分子，特别是那些极端仇视国家和社会，以不特定人为侵害对象，穷凶极恶、滥杀无辜，造成多人死亡和重大社会影响的犯罪分子，论罪应该判处死刑的，要坚决依法判处死刑，以维护社会秩序，伸张公平正义，有效震慑犯罪，切实预防犯罪，使人民群众切实感受到法律的保护，切实增强人民群众的社会安全感。

2. 正确理解“严格控制死刑”

“严格控制”是对死刑适用总体上、战略上和趋势上的严格把握，就是要防止任何不必要的适用甚至滥用。同时需要特别注意的是，严格控制，绝非人为减少死刑适用，而是要求必须通过严格依法、严格标准、严格适用，以确保死刑这一最严厉的刑罚真正只适用于极少数罪行极其严重、不接受教育改造的犯罪分子。这是因为，判处死刑的案件和人数的多少是由犯罪本身的性质和严重程度来决定的，是以法律规定为依据的，不以我们的主观意志为转移；社会上犯死罪的人多，依法被判处死刑的人自然就多，反之就少。严格控制死刑表明了我们党和国家对死刑适用的基本态度。近年来，在党中央的领导下，我国经济社会发展良好，综合治理工作取得了明显成效，社会治安总体稳定，社会和谐稳定，人民群众安全感上升。从公安部的统计看，近年来命案也连续下降。在这种情况下，死刑适用应该相应地稳中有降。如果在某个特定的时期、地区，社会治安形势和犯罪态势发生了变化，死刑适用也相应作出反应，而不能人为地、机械地、教条地减少或者限制死刑的适用。

3. 正确理解“慎重适用死刑”

《刑法》总则第48条规定：“死刑只适用于罪行极其严重的犯罪分子。”犯罪人的罪行只有符合“罪行极其严重”这一总的标准，才能适用死刑。① 所谓“罪行极其严重”，是指犯罪的性质和危害后果特别严重、情节特别恶劣或特别严重。具体而言，可以从以下三方面把握：其一，犯罪性质特别严重，即从整体上看是具有特别严重社会危害性的故意实施的犯罪，刑法对特别严重的犯罪如故意杀人罪、抢劫罪、绑架罪、放火罪等在法定刑中规定有死刑。如果犯罪的性质不特别严重，即使造成了特别严重的后果或情节特别恶劣，都不能认为是罪行极其严重。其二，危害后果特别严重，即客观上导致多人死亡、重伤、财产损失巨大或者其他特别严重的后果。性质特别严重的犯罪，并不一定都是危害后果特别严重，对这类犯罪，法律往往列举危害特别严重的具体后果作为可以适用死刑的条件。在抢劫罪中，刑法规定“抢劫数额特别巨大”、“抢劫致人重伤、死亡的”等，属于这种情况。其三，情节特别恶劣或特别严重，即犯罪手段特别残忍，在犯罪中起最主要的作用，具有卑劣的犯罪目的或者其他特别恶劣或特别严重的情节。性质特别严重的犯罪，也不是都具有特别严重的情节，法律往往列举特别恶劣的具体情节作为这类犯罪可以适用死刑的条件。性质特别严重的犯罪，根据具体情况，造成了特别严重的后果或者具有多种特别严重情节，才应当视为罪行极其严重。应当认为，尽管现行刑法对死刑适用条件的规定强调了罪行的极其严重性，但是因为犯罪是主客观的统一，所以对死刑适用条件应当从主客观两方面把握，即客观方面罪行极大，已经造成严重危害后果或者具有极其严重的直接现实危害性，主观方面恶性极大，是故意恶性犯罪。但是“罪行极其严重”中的“罪行”与“恶性”、“客观”与“主观”不是对等关系，是侧重于“罪行”这一客观方面的。因此，把握“罪行极其严重”，必须以犯罪的客观实害为准绳，从客观实害中衡量主观恶性，无论从客观上还是主观上都达到罪行极其严重的才可以适用死刑，即采取以客观为主、主观为辅、重客观实害的方法。

---

① 我国刑法中的“罪行极其严重”，虽然从字面上看与《公民权利和政治权利国际公约》第 6 条的规定极其相似，但是二者所指的范围是明显不同的。联合国《公民权利和政治权利国际公约》第 6 条第 2 款规定：“在未废除死刑的国家，判处死刑只能是作为对最严重的罪行的惩罚。”ECOSOC 关于《保护面对死刑的人的权利的保障措施》第 1 条进一步规定：“这应理解为最严重的罪行之范围不应超出具有致命的或者其他极其严重之结果的故意犯罪。”由此可以看出，这比我国刑法规定的死刑适用标准严格得多。

具体到个罪，死刑适用的对象不应仅仅理解为犯有“极其严重”的犯罪人，而应是犯有“极其严重”的犯罪且具有该种罪最严重情节的人。从总体而言，这些触犯了死刑条款的行为，都是非常严重甚至极其严重的犯罪，但是并非触犯了死刑条款的行为，都是非常严重甚至极其严重的犯罪，如果不是具有最严重情节，也不应判处死刑，包括死缓。而且应当注意的是，刑法分则中除极少数几个绝对死刑的法定刑条款外，其他规定有死刑的条款中，死刑总是与无期徒刑、有期徒刑一起，作为可供选择适用的刑种。在适用这些条款时，应综合所有犯罪情节，判断行为人的罪行是否极其严重且具有最严重情节、是应判处死刑还是无期徒刑或有期徒刑。在应当判处死刑时，应尽量适用死缓。①

(四)坚持证据裁判原则

对死刑个案在具体事实认定、证据审查和法律适用、政策把握上应持极其慎重的态度，要绝对防止死刑案件出现任何人为误差，导致冤杀错判。为此，必须切实贯彻最高人民法院、最高人民检察院、公安部、国家安全部、司法部《关于办理死刑案件审查判断证据若干问题的规定》和《关于办理刑事案件排除非法证据若干问题的规定》，执行严格统一的证据裁判标准。死刑案件人命关天，在认定事实和采信证据上绝对不容许出任何差错。死刑案件的证据裁判标准是绝对标准，必须达到确实、充分的证明要求，在任何时候、任何情况下都不能打折扣。坚持证据裁判原则，必须做到认定案件事实应有相应的证据予以证明，一切都要靠证据说话，没有证据不得认定犯罪事实。要用合法的证据来证明案件事实，对于非法取得的证据应当排除，不能作为定案的根据。对于定罪证据或者重要量刑证据有疑问、有欠缺，不能排除合理怀疑，不能得出唯一结论的，不能适用死刑。

对被告人作出有罪判决，必须做到“事实清楚，证据确实、充分”。对“证据确实、充分”，应着重从以下几个方面综合把握：一是定罪量刑的事实都有证据证明；二是每一个定案的证据均已经法定程序查证属实；三是证据与证据之间、证据与案件事实之间不存在矛盾或者矛盾得以合理排除，强调必须排除其他可能性；四是共同犯罪案件中被告人的地位、作用均已查清；五是

---

① 赵秉志：《刑法基本理论专题研究》，法律出版社 2005 年版，第 629、630 页。

根据证据推断案件事实的过程符合逻辑和经验规则，由证据得出的结论唯一。由于死刑刑罚的不可逆转性，对死刑案件必须坚持最高、最严的证明标准，以确保判处死刑的案件万无一失。但是，并非死刑案件所有事实都要适用这样的标准，对于不影响定罪量刑的事实，或者对被告人从轻处罚的事实不需达到这样的证明标准即可予以采信。

对死刑案件的证据把握，必须特别注意把握以下四项规则：一是坚持非法证据排除规则。对于明显违反法律和有关规定取得的证据，不能作为定案的根据，应当坚决予以排除。对于经勘验、检查、搜查提取、扣押的物证，没有勘验、检查、搜查，提取、扣押的笔录，不能证明物证、书证来源的；以刑讯逼供等非法手段取得的口供；以暴力、威胁等方法取得的证人证言；作出鉴定结论的鉴定机构不具有法定的资格和条件，或者鉴定事项超出鉴定机构业务范围的；勘验、检查笔录存在明显不符合法律及有关规定的情形，并且不能作出合理解释或者说明的等，不能作为定案的根据。二是坚持意见证据规则。证人的猜测性、评论性、推断性的证言，不能作为证据使用，但根据一般生活经验判断符合事实的除外。坚持这一证据规则，有利于规范证人如实提供他们所感知的案件事实的证明活动，避免将证人自己的猜测、评论、推断作为其感知的事实，从而对案件事实作出错误判断。三是坚持原始证据优先规则。对于不能反映原始物证、书证的外形、特征或者内容的复制品、复制件应予排除。坚持这一规则，能够促使侦查机关更加努力地收集最具有真实性的原始证据，从而更准确、及时地查明案件事实，实现实体公正。四是坚持有限的直接言词证据规则。坚持这一规则能够强化控辩双方特别是控方做好证人出庭作证工作，有利于保障正确认定案件事实，有利于保障诉讼当事人的质证权利。在此以被告人肖某意抢劫死刑复核案为例来分析。

2006 年 10 月 1 日 17 时许，肖某意指使肖某明将肖某水骗至山东省淄博市高新技术产业开发区鲁泰大道与北西六路路口一绿化带内。肖某意、肖某明采用暴力、威逼手段，劫取肖某水现金人民币 170 元，后又用衣服捂口鼻、布腰带勒颈、手卡颈部、混凝土块砸头部等手段，将肖某水杀害。经鉴定，肖某水系机械性窒息合并颅脑损伤死亡。一、二审以抢劫罪判处肖某意死刑。最高人民法院经复核认为，本案直接证据只有二被告人供述，而被告人供述内容本身或者供述与其他证据之间的合理疑点没有排除，应以事实不清、证据不足为由，发回重审。主要理由是：

(1)一、二审认定肖某意伙同肖某明实施抢劫犯罪行为的主要依据是二被告人的口供，证据相对单薄。本案虽然有混凝土块、二锅头酒瓶、现场勘查笔录、尸体鉴定结论、辨认笔录、证人证言、被告人供述等证据，但除被告人供述外，其余均属于间接证据，不能直接将被告人与犯罪事实联系起来，证明力均较弱。本案也未能从现场提取到与二被告人联系紧密的客观性证据，如指纹、脚印等。从现场提取到的混凝土块、二锅头酒瓶虽然属于客观性证据，但与二被告人的联系较弱，无法对被告人供述构成有效印证。

(2)本案二被告人的口供是在现场勘查、尸体检验之后取得。被告人口供的证明力，与被告人的口供系先于其他证据取得的“先供后证”，还是晚于相关证据取得的“先证后供”，有很大不同。虽然仅仅是证据取得次序上的变化，但口供的证明力，在内心确认上却有很大区别。一般来说，“先供后证”，口供的证明力强；反之，“先证后供”，口供的证明力则较弱。如果口供的取得在收集其他证据之前，被告人对有关作案经过、细节等方面的供述，很多都是公安人员尚未掌握的，这样的口供证明力较强。反之，口供的取得是在收集到其他证据之后，因有证据在先，被告人虽然作出供述，但有通过其他途径知道案情的可能，口供的证明力就较弱。

(3)虽然二被告人的供述在许多细节包括犯罪预谋、实施、作案前后等都高度一致，且与证人证言、现场勘查笔录、尸体鉴定结论等证据相互吻合，但二被告人供述内容本身或者供述与其他证据之间存在如下无法用常理解释的疑点；其一，二被告人均供述，二人因缺钱而抢劫被害人，但在被害人随身携带570元的情况下，二人只劫走其中的170元，而放弃400元，与抢劫动机明显不符。其二，关于上述400元钱的去处，肖某意称，其又扔给了被害人，但现场并未发现400元钱，这400元钱的去处无合理解释。其三，二被告人供述，他们为逃避侦查，将被害人杀害后将酒瓶放置被害人身边，伪造被害人醉酒致死假象。但是，所供伪造醉酒致死假象与二人另外供述持混凝土块砸击被害人头部致出血以及将被害人腰带抛弃的事实在行为意识上相互矛盾。其四，二被告人系预谋抢劫，但除手套外没有准备任何凶器，而是就地取材，也有违常理。因此，本案尚达不到事实清楚，证据确实、充分，足以排除一切合理怀疑的程度，即未达到适用死刑的证明标准。

第三节　抢劫罪死刑适用的情节与标准

一、抢劫罪的犯罪情节与死刑适用

《刑法》第263条规定了应处“十年以上有期徒刑、无期徒刑或者死刑，并处罚金或者没收财产”的八种加重处罚情节：入户抢劫的；在公共交通工具上抢劫的；抢劫银行或者其他金融机构的；多次抢劫或者抢劫数额巨大的；抢劫致人重伤、死亡的；冒充军警人员抢劫的；持枪抢劫的；抢劫军用物资或者抢险、救灾、救济物资的。这八种情形，除致人重伤、死亡属于结果加重外，其他均为情节加重，可能单独出现，也可能组合出现。应当强调，这八种加重处罚情节是在十年有期徒刑以上判处刑罚的条件，并不只是判处死刑的标准，即使多个情节组合出现，也不意味着当然可以适用死刑。从最高人民法院死刑复核的实践看，对抢劫犯罪案件适用死刑，原则上限定为致人重伤、死亡的被告人以及其他情节极其恶劣的被告人，对于抢劫未致人重伤、死亡的，适用死刑应当严格控制。

(一)结果加重情节与死刑适用

1.“抢劫致人死亡”与死刑适用

刑法理论通说认为，“抢劫致人重伤、死亡的”，是指为抢劫财物使用暴力或其他强制方法，因用力过度而过失造成重伤或者死亡或以杀人作为非法占有公私财物的手段实施抢劫致人重伤、死亡。此类案件是抢劫案件适用死刑的重点。同样是抢劫致人死亡的案件，被告人的主观恶性、人身危险性是不同的，在具体案件中是否对被告人判处死刑，应当综合考虑犯罪的具体情节、被告人的主观恶性和人身危险性、犯罪后的表现等情况作出决定。(1)抢劫故意致人死亡的。最高人民法院《关于抢劫过程中故意杀人案件如何定罪问题的批复》规定，行为人为劫取财物而预谋故意杀人、或者在劫取财物过程中，为制服被害人反抗而故意杀人的，以抢劫罪定罪处罚。上述两种抢劫中故意杀人的行为和为劫取财物而预谋故意杀人的，均属于抢劫行为中故意杀人致死。在司法实践中，对于抢劫故意致人死亡的，考虑到被告人的犯罪行为不但与故意杀人一样故意剥夺他人生命，而且还同时侵犯财产权利，所以其性质和危害程度相对来说重于故意杀人罪，因而应科以最严厉的刑罚，原则上是判处死刑。① 此时对人身权利的保护相对比财产权利的保护更重要，一般不考虑抢得财物与否。我国刑法对故意杀人罪的量刑表述中，把判处死刑放在处无期徒刑、有期徒刑之前，也说明了对生命权的重视，即对侵害生命权的行为，应首先考虑判处死刑。(2)抢劫过失致人死亡的。对此情形下是否适用死刑，争议较大。有学者认为，抢劫罪本质上是财产犯罪，其所要保护的主要法益是财产所有权，其价值显然低于生命权益的价值，对抢劫罪配置死刑显属无理，在抢劫罪本已不当地被规定为死刑罪名的情况下，应将抢劫罪"致人死亡"解释为"过失致人死亡罪"，故意致人死亡的，按照故意杀人罪定罪处罚，这样就会大为减少对抢劫罪适用死刑的必要性，从而为将来在立法上废除抢劫罪的死刑创造条件。但是，若将本罪的致人重伤、死亡理解为包括过失致人重伤、死亡从而适用死刑，又会扩大本罪死刑的适用。② 因此，被告人实施暴力行为有节制且过失致被害人死亡的，除犯罪情节特别恶劣的以外，一般可考虑不判处死刑。(3)转化型抢劫致人死亡的。这种情况下致人死亡可能是出于故意，也可能是出于过失，但由于犯盗窃、诈骗、抢夺罪而转化为抢劫罪的，被告人的主观恶性与直接实施暴力抢劫财物的被告人还是有所不同，应有所区别。主观心态的不同，反映主观恶性的不同，这是适用死刑时一定要充分考虑的细节。对于飞车抢夺致人重伤、死亡，依法以抢劫罪定罪的，在适用死刑时要有别于一般的抢劫致人重伤、死亡案件。

被告人丁某抢劫死刑复核一案即是转化型抢劫致人死亡未适用死刑的典型案例。2007 年 9 月 24 日凌晨 5 时许，被告人丁某驾驶其租赁的越野车与张某某、李某某至云南省玉溪市红塔区北城镇刺桐关强林加油站，在盗窃油罐车内的柴油时被驾驶员沐某洪(被害人)、沐某生(被害人)发现。在张某某、李某某的催促下，丁某驾车逃跑，致阻拦该车前行的沐某洪被拖擦、碾压而死亡，沐某生也被拖擦致轻微伤。被盗柴油价值 1443 元。一、二审以抢劫罪判处被告人丁某死刑。最高人民法院经复核认为，本案属转化型抢劫犯罪，

---

① 有学者认为，站在抢劫罪死刑控制的立场上考量，抢劫致人死亡不应包括故意致人死亡之情形。抢劫故意致人死亡的，应以故意杀人罪从重处罚，这样处理，可以为废止抢劫罪的死刑提供立法技术准备。参见阴建峰、王玉涛：《论抢劫罪死刑的立法控制》，《河北法学》2008 年第 6 期。

② 郑洪兵：《从刑法解释论谈死刑司法控制》，《云南大学学报(法学版)》2005 年第 4 期。

被告人丁某等人意图盗窃，被发现后在抗拒抓捕的过程中驾车逃离现场时分别致死、致伤被害人，主观上具有放任的间接故意，且丁某是在同案被告人的催促下所为，在量刑时应予考虑，故不核准被告人丁某死刑。

2.“抢劫致人重伤”与死刑适用

抢劫致人重伤案件的社会危害性和被告人的主观恶性大小相对于抢劫致人死亡案件有所不同。应当承认，我国现行刑法将“致人重伤”与“致人死亡”并列作为适用相同法定刑幅度的加重情节，忽视了危害后果对行为之社会危害程度所应具有的重大影响，具有明显的缺陷，极易导致危害后果差别很大的案件却得到相同的处理，有悖于罪责刑相适应的基本原则。从国外立法例来看，也基本没有为“抢劫致人重伤”配置死刑。因此，抢劫致人重伤应和抢劫致人死亡分别规定。鉴于此，在现有的立法框架内，对于抢劫致人重伤案件适用死刑应当更加慎重，标准应该更加严格。《刑法》第234条规定，故意伤害致人重伤的法定刑为“三年以上十年以下有期徒刑”，只有“以特别残忍手段致人重伤造成严重残疾的”，处十年以上有期徒刑、无期徒刑或者死刑，可见立法对于致人重伤的情节是有所区别的。以特别残忍手段致人重伤造成他人严重残疾，其社会危害性与“致人死亡”相当，在现阶段配置死刑也有其现实合理性。因此，对于抢劫致人重伤之情形，只应在“以特别残忍手段致人重伤造成他人严重残疾”时才能适用死刑。这样不仅可以实现法条之间的均衡与协调，使罪责刑相适应落到实处，同时也可以从司法上避免死刑的滥用。

例如被告人肖某某抢劫、盗窃死刑复核案。2006年2月至2007年3月，被告人肖某某与他人结伙入室抢劫23次，劫得现金、财物价值共计人民币18万余元，并致1人轻伤、1人轻微伤。肖某某还于2006年7月至2007年3月伙同他人盗窃7次，窃得现金、财物价值共计人民币5万余元。在共同犯罪中，肖某某系主犯，罪责明显大于同案被告人。一、二审以抢劫罪判处被告人肖某死刑。最高人民法院复核认为，被告人肖某某为主抢劫作案23次，具有多次抢劫、入户抢劫、抢劫数额巨大的情节，但其暴力手段有所节制，造成1人轻伤、1人轻微伤的后果，故不核准肖某某死刑。

(二)七种加重处罚情节与死刑适用

抢劫罪既侵害财产权利，又侵害人身权利，就性质来说，比单纯侵害财产的犯罪以及单纯侵犯人身的犯罪更为严重，按照罪刑相适应原则，应该处以较重之刑。但是，另一方面，也应看到，由于抢劫罪所规定的法定刑起点比单纯的侵犯财产罪、侵犯人身罪高，而且暴力、胁迫或其他相近方法的实施本身就是抢劫犯罪的必要内容，是为达到劫财目的之手段行为，这些手段行为的实施离不开相应的犯罪地点、方法、对象等，也有可能造成被害人的伤害。对具有八种情节的抢劫行为一律规定重刑，且挂有死刑，不免有重复评价之嫌，既不必要，也不应该。考虑到社会公众的心理，把入户抢劫、在公共交通工具上抢劫等八种情节看作比一般的抢劫罪性质更为严重，而科处较重的刑罚是可以理解的，但科处较重的刑罚并不等于一定得挂有死刑，也决不意味着一定要用重刑甚至死刑作为区分情节轻重的标志。因此，对于抢劫行为具有《刑法》第263条规定的除“致人重伤、死亡”之外的七种加重处罚情形适用死刑，应更加慎重。这是抢劫案件死刑适用的难点，又是抢劫案件严格控制死刑的重点。

1.“入户抢劫”与死刑适用

刑法规定“入户抢劫”而不规定“入室抢劫”，是有严格意义的，即对“户”的解释不能扩大。按《辞海》的解释，“户”是指“人家”，即私人住宅之意。司法解释将“入户”解释为为实施抢劫行为而进入他人生活的、与外界相对隔离的住所，包括封闭的院落、牧民的帐篷、渔民作为家庭生活场所的渔船、为生活租用的房屋等进行抢劫的行为。同时，对于入户盗窃，因被发现而当场使用暴力或者以暴力相威胁的行为，应认定为入户抢劫。立法的本意是对侵入私人住宅抢劫的犯罪行为进行严厉打击。在入户抢劫中，行为人在客观方面必须包含双重行为，即入户行为和抢劫行为，且入户和抢劫行为之间存在牵连关系，即入户为了抢劫。换言之，入户是实施抢劫的必经步骤。从司法实践看，鲜有单纯因入户抢劫被判处死刑的案例，一般而言，入户情节多在和其他情节结合存在的情况下才有适用死刑的可能。

如被告人杨某抢劫、强奸死刑复核一案。被告人杨某曾犯盗窃罪两次被判处刑罚，系累犯。2004年3月至2005年5月，杨某伙同他人深夜入室持刀抢劫9起，劫得现金2万元及手机14部、笔记本电脑、白金、黄金首饰等物品。抢劫过程中，杨某实施强奸5起，均系控制住被害人家人后，当面强奸被害人，既遂3起，轮奸1起，中止2起。一、二审以抢劫罪判处被告人杨某死刑。最高人民法院复核认为，被告人杨某具有多次抢劫、入户抢劫、抢劫数额巨大的情节，其专门针对农村留守妇女、儿童实施上述犯罪，虽未造成人员伤亡，但在抢劫过程中强奸、轮奸妇女，严重侵害被害人人身权利，在当地造成恐慌，社会危害极大，其又系累犯，故核准杨某死刑。

2.“在公共交通工具上抢劫”与死刑适用

根据司法解释，在公共交通工具上抢劫，既包括在从事旅客运输的各种公共汽车、大中型出租车、火车、船只、飞机等正在运营中的机动公共交通工具上，对旅客、司售、乘务人员实施的抢劫，也包括对运行途中机动公共交通工具加以拦截后，对公共交通工具上的人员实施抢劫。对于在公共交通工具上抢劫适用死刑的问题，与“入户抢劫”情节相类似，这两种情形虽然看似比一般的抢劫行为严重，但它们只揭示了抢劫犯罪发生的地点，在这些地点实施抢劫犯罪，如果没有对犯罪对象或受害人的财产造成特别严重损失的，就不足以为之配置死刑。

3.“抢劫银行或者其他金融机构”与死刑适用

这里的银行，包括国有银行和一切非国有银行。其他金融机构，是指银行以外的从事货币资金融通和信用的机构，包括信用合作社、证券公司、保险公司、信托投资公司、金融租赁公司等，还包括运营中的运钞车。虽然法律规定并未限定财物的性质，但是抢劫的财物应当理解为银行和金融机构的经营资金、有价证券和客户资金，包括存款、债券、股票等，不包括金融机构的办公用品、交通工具等。对银行或其他金融机构实施抢劫的，往往数额巨大，其社会危害程度明显比一般的抢劫犯罪要大，因此，对银行及其他金融机构的财物应给予特殊保护，但如果没有给这些金融机构造成公私财产的巨大损失或者抢劫中存在致人死亡等严重情节，对之适用死刑亦应慎重。此外，公私财产损失如何，是衡量抢劫犯罪危害后果的重要因素之一。判断公私财产损失，一方面要看抢劫数额；另一方面也要看追赃情况。如果赃款追缴顺利，一定程度上减轻了公私财产的损失，也应视为减轻了犯罪的危害后果。

例如，2007年1月，被告人李某某向黄某某、刘某某(同案被告人，均已判刑)提议抢劫某信用社，并出资购买了菜刀、榔头、撬棍、手套、运动鞋等作案工具。同年1月14日晚11时许，李某某、黄某某、刘某某进入某信用社会计室。黄某某、刘某某持菜刀逼问守库值班员杨某某放钱的地方，并将电话线割断，李某某持撬棍在杨肩部击打一下，威逼杨将金库防盗门、保险柜打开，抢走金库内存放的人民币 64 万余元。黄某某、刘某某各分得 19 万余元，余款由李某某占有。案发后追回赃款 42 万余元。一、二审以抢劫罪判处被告人李某某死刑。最高人民法院经复核认为，被告人李某某伙同他人抢劫金融机构，且抢劫数额巨大，但实施暴力行为有节制，未致被害人死亡，大部分赃款被追回，对此类应当依法严惩的严重危害社会秩序案件，同样应当体现宽严相济的刑事政策，故不核准李某某死刑。

4.“多次抢劫或者抢劫数额巨大”与死刑适用

“多次抢劫”，一定程度上反映行为人的主观恶性和人身危险性，但不能完全反映出其所实施的抢劫犯罪的危害程度，如果行为人多次实施的抢劫犯罪之社会危害程度没有达到极端的程度，适用死刑仍应当慎重。就抢劫数额而言，“抢劫数额巨大”也确实从某种程度上反映了罪行的严重性，这正是一些国家的刑法将抢劫数额作为死刑适用条件之一的原因。但是，抢劫的财物数额巨大并不必然给被害人造成严重财产损失，因为在许多抢劫案件中，被劫财物是能够追回的。而且，即便给被害人造成严重财产损失，也不属于具有“极其严重的后果的故意犯罪”。此外，抢劫罪是重罪，一般抢劫罪的量刑为 3 年以上 10 年以下有期徒刑。抢劫多次的，如没有造成重伤或死亡，又没有《刑法》第 263 条规定的 7 种情形，属一般抢劫行为，可在这一刑档量刑。如果抢劫多次，累计数额达抢劫数额巨大，符合抢劫数额巨大适用死刑的起点。如果抢劫多次造成重伤或死亡，符合抢劫罪加重结果的，可适用“抢劫致人重伤、死亡”的规定，因此，将多次抢劫作为适用死刑标准，扩大了抢劫罪适用死刑的范围，从理论上和实践看，都是没有必要的。

5.“冒充军警人员抢劫”、“持枪抢劫”、“抢劫军用物资或者抢险、救灾、救济物资”与死刑适用

这三种情节中，较为常见的是持枪抢劫情形，与前面几种情节对于死刑适用相似，如果没有与其他加重处罚情节同时存在，适用死刑亦应慎重。

总体而言，抢劫罪法定最高刑配置死刑，一方面在于满足社会上传统的报应观念，抚慰被害人亲属情绪，体现自然正义和社会公正价值；另一方面也有彻底消除犯罪分子再犯可能，威慑社会上潜在的犯罪分子的特殊预防和一般预防功能。我国目前废除死刑是不现实的，但最终废除死刑肯定是目标

方向。因此，在肯定死刑报应的公正价值和预防的功利目标的前提下，应严格限制死刑的司法适用。在以人为本、尊重生命的今天，我们必须采取比适用其他刑罚更加认真、更加慎重的态度对待死刑。对抢劫案件被告人是否适用死刑，应当依据被害人伤亡情况、财产损失情况以及抢劫对象、抢劫手段、抢劫场所、抢劫次数等各种因素综合判断。其中，死亡后果是首要因素，抢劫犯罪没有出现死亡后果的，一般对被告人不适用死刑。没有出现死亡后果，说明被告人实施暴力行为有节制，即能够当场实施暴力而未实施或者能够实施较重暴力而实施较轻暴力，反映了被告人的主观恶性并非极深，犯罪情节并非极其严重。另外，从社会效果看，如果不问被害人生死，只要其他情节严重，一律判处死刑，可能助长犯罪分子无节制地实施暴力的现象。对于没有致人重伤、死亡但具有其他七种法定加重处罚情节的案件，判处死刑应依法从严掌握，不能简单机械地对具备其中一种或者几种法定加重处罚情节就考虑判处死刑，尤其不能仅仅因为抢劫数额巨大或者次数特别多就判处被告人死刑。

二、抢劫罪的量刑情节与死刑适用

量刑情节，是指定罪情节以外的据以对犯罪分子在法定刑范围内从重、从轻处罚或者法定刑以下减轻处罚或者免除处罚，以及暂缓或者变通执行刑罚的主客观事实情况。在抢劫犯罪中，若被告人具有相应的法定、酌定的量刑情节，对死刑的适用有较大影响。

(一)法定量刑情节与死刑适用

从控制死刑适用的角度看，在此论述的法定量刑情节主要是自首、立功等法定从宽处罚情节。根据宽严相济刑事政策，如果在被告人可能判处死刑的抢劫犯罪中存在法定从轻、减轻量刑情节时，适用死刑一定要慎之又慎，应根据具体案情具体分析。对于具有自首、立功等法定从宽处罚情节的被告人，应尽可能地兑现政策，依法从宽。对于自首的被告人，除了罪行极其严重、主观恶性极深、人身危险性极大，或者恶意地利用自首规避法律制裁者以外，一般均应当依法从宽处罚。对于亲属以不同形式送被告人归案或协助司法机关抓获被告人而认定为自首的，原则上都应当依法从宽处罚。有的虽然不能认定为自首，但考虑到被告人亲属支持司法机关工作，促使被告人到案、认罪、悔罪，在决定对被告人具体处罚时，也应当予以充分考虑。只有这样，才能增强民众对国家法律的信任，争取社会支持，促进社会和谐。对于立功的被告人，一般也应当依法从宽处罚。特别是犯罪情节不是十分恶劣，犯罪后果不是十分严重的被告人立功的，从宽处罚的幅度应当更大。

被告人赵某某抢劫死刑复核一案即体现了这一政策。该案的基本案情是：2006 年 11 月 4 日中午，被告人赵某某与其表姐夫乔某某偶遇，二人相约当晚去乔家。赵某某因经济拮据，乔某某家住址偏僻，其妻儿均在外打工，而二人又熟识，遂决定杀人抢劫。当晚 18 时许，赵某某携菜刀来到乔某某家。22 时许，赵某某趁乔某某熟睡之际，持菜刀猛砍乔的头颈部，乔惊醒后抓伤赵的右眼。赵某某持菜刀连砍乔某某，致乔急性失血性休克死亡。尔后，赵某某清洗眼睛，擦洗屋内血迹，劫走共计价值 7000 余元的摩托车、手机等财物。同月 11 日，赵某某到公案机关投案自首。一、二审以抢劫罪判处被告人赵某某死刑。最高人民法院复核认为，被告人赵某某以非法占有为目的，使用暴力手段劫取财物并致被害人死亡，其行为已构成抢劫罪，情节恶劣，后果严重，应依法惩处。但鉴于赵某某投案自首，且抢劫亲属后，真诚悔罪，可从轻处罚，据此，依法不核准被告人赵某某死刑。

但是对具有自首、立功情节的被告人也并非必然从宽处罚。

如 2008 年 4 月 27 日凌晨 1 时许，被告人全某携带尖刀来到被害人肖某(怀孕妇女)经营的发屋，在二楼包间与傅某某嫖宿后，采取持刀威胁、言语恐吓的手段，当场劫取傅某某财物 600 余元。后全某来到一楼大厅，持尖刀刺切、划切肖某头颈部、躯干、双上肢 40 余刀，致肖死亡，并劫得价值近 2000 元的财物。同月 27 日 19 时许，全某在打电话联系准备投案时，被公安机关抓获。二审时，全某检举了他人一起盗窃事实(被盗财物价值 3 000 元)，经查证属实。一、二审以抢劫罪判处被告人全某死刑。最高人民法院复核认为，全某为报复泄愤、劫取财物而抢劫杀人，犯罪动机卑劣，在明知被害人系孕妇的情况下，持刀刺切、划切肖某头颈部、躯干、双上肢 40 余刀，犯罪手段极其残忍，后果和罪行极其严重，社会危害性和主观恶性、人身危险性极大，虽具有自首和一般立功情节，但不足以从轻处罚，故核准全某死刑。

(二)酌定量刑情节与死刑适用

酌定量刑情节在法理上尚未达成统一共识，也没有在法律上明文规定，而是由司法实践经验中总结出来的，是在量刑时灵活掌握的酌情适用的情节。

在可能判处死刑的犯罪中，酌定量刑情节显得尤为重要。但是酌定情节具有多样性、不确定性，在个案中表现形式也有不同的特性。在抢劫类犯罪中，较常见的、影响死刑量刑的酌定情节主要有：犯罪后被告人及其家属主动赔偿，并取得被害人及其家属谅解的；虽不构成自首，但抓获后交代的同种犯罪中，坦白有可能判处死刑的犯罪事实属于侦查机关事前不掌握的；亲属检举犯罪或者协助抓捕的，等等。其中争议最大的是民事赔偿能否影响量刑问题。

最高人民法院《关于为构建社会主义和谐社会提供司法保障的若干意见》第18条规定："对于因婚姻家庭、邻里纠纷等民间矛盾激化引发的案件，因被害方的过错行为引发的案件，案发后真诚悔罪并积极赔偿被害人损失的案件，应慎用死刑立即执行。"通常而言，民事赔偿对量刑的积极影响，主要体现在因民间矛盾引发的杀人、伤害案件中，抢劫罪是严重危害社会治安的犯罪，一般不提该问题。但作为例外，有的抢劫案件在犯罪性质和危害程度上有所不同，民事调解工作也有一定意义。应该承认，无论什么原因引发犯罪，无论是故意杀人、故意伤害，还是严重抢劫犯罪，犯罪分子及其家属给予被害人或其家属一定的经济赔偿，使被害人或其家属获得些许心灵上的慰藉（无论如何，金钱都是无法与生命画等号的），对于化解社会矛盾、促进社会和谐，实现法律效果与社会效果的统一都具有重要意义，尤其是在我国尚未建立被害人国家补偿制度的情况下，这种"赔偿"弥足珍贵。当然，这种"赔偿"与"拿钱买命"是有本质区别的。犯罪人赔偿，免除犯罪人死刑是有先决条件的，即犯罪人必须真诚悔罪。真诚悔罪是从宽处罚的前提和根本。真诚悔罪的首要表现是认罪，如实交代犯罪事实，相反，犯罪人拒不认罪、串供对抗侦查、在看守所内继续实施违法犯罪活动等，即使给予再多的赔偿也不应当对犯罪分子从宽处罚。

如被告人吴某抢劫死刑复核一案。2007年10月13日1时许，被告人吴某携带匕首爬上同村村民段某某（被害人）家厨房屋顶，赤脚进入段家二楼意图行窃。当吴某持匕首撬卧室门时，段某某被惊醒。吴某认为段某某可能打电话报警，便持匕首对段的腰、胸等部位捅刺数刀，致段失血性休克死亡。吴某从段某某家搜得人民币70余元及一张50元面值的假币后逃离现场。一、二审以抢劫罪判处被告人吴某死刑。最高法院复核认为，被告人吴某意在窃取他人财物，被发现后转化为抢劫，主观恶性与典型抢劫犯罪有所不同。此外，吴某犯罪时刚满18周岁，归案后认罪态度较好，有悔罪表现。吴某亲属与被害人亲属达成了赔偿调解协议，被害方表示谅解，请求法院对吴某从轻处理。据此，依法不予核准被告人吴某死刑。

实践中，法定和酌定量刑情节往往不是单一出现的，而是常常出现多个量刑情节竞合或者情节冲突的情形。对于从轻情节竞合的，如犯罪时刚成年、犯罪后自首、积极退赃或者近亲属积极赔偿等，原则上要给予从宽处罚，一般不能判处死刑立即执行。对于量刑情节冲突的抢劫案件是否判处死刑，要综合全案情况决定最终刑罚。大体上，被告人具有自首情节，同时又有累犯、再犯情节的，如果累犯、再犯的前罪罪行较轻，自首时投案主动、供述稳定，一般应从轻处罚；如果累犯、再犯的前罪罪行严重，自首时投案不主动、供述不稳定，或者虽然自首时投案主动、供述稳定，但累犯、再犯的前罪、后罪罪行特别严重，可以不从轻处罚。被告人具有立功、重大立功情节，同时又有累犯、再犯情节的，如果累犯、再犯的前罪罪行较轻，一般应从轻处罚。虽然立功、重大立功表现对社会的贡献大，但累犯、再犯的前罪、后罪罪行特别严重的，可以不从轻处罚。对此，可以被告人熊某抢劫死刑复核一案为例来分析。

被告人熊某2001年因犯盗窃罪被判刑三年，2002年因犯脱逃罪被判刑一年，2005年刑满释放。2006年3～4月，被告人熊某盗窃4次，窃得财物价值近2万元。同年7月20日19时许，熊某遇见下班途中的被害人陈某，熊某以聊天为名将陈某骗至马路北侧草地上，二人聊天至21时许，熊某向陈某提出要钱，陈某拒绝并逃跑。熊某捡起一块混凝土石块追上陈某，猛砸其头部，并取出弹簧刀向陈某胸部、肋部、腰部等处连刺多刀致其倒地，又将混凝土石块装入陈的挎包并持挎包猛击陈某后脑部，致陈某死亡。熊某在陈某的挎包内翻找财物未果后逃离现场，后被抓获。对此案，一审法院以被告人熊某犯抢劫罪，判处死刑，犯盗窃罪，判处有期徒刑四年，决定执行死刑。熊某未上诉。高级人民法院经复核同意一审判决。最高人民法院复核认为，被告人熊某抢劫犯罪情节恶劣，手段残忍，且系累犯，主观恶性深，人身危险性大。熊某归案后检举他人犯罪，有立功表现，但其罪行极其严重，不足以从轻处罚，遂核准死刑。

三、共同犯罪与死刑适用

作为与单人犯罪相对而言的一种特殊、复杂的故意犯罪形态，共同犯罪具有单人犯罪所不具有的特点。由于形式上表现为二人以上共同实施犯罪，共同犯罪人之间可能预谋商量，分工配合，采用更为狡猾、周密的犯罪手段，使犯罪易于实施，还可能在事后相互包庇，共同毁灭罪证，从而易于逃避追究。因此，共同犯罪较单人犯罪具有更为严重的社会危害性。共同犯罪形式在抢劫案件中十分常见，如何把握共同抢劫案件的死刑适用标准，是司法实践中死刑适用的重要问题，下面区别几种情况分别加以讨论。

(一)死刑的排除适用——有明显主从犯之分的，对从犯不判处死刑

我国《刑法》第 26 条、第 27 条规定，在一般共同犯罪中，起主要作用的是主犯；起次要或者辅助作用的是从犯，对于从犯，应当从轻、减刑或者免除处罚。法律用词上使用的是“应当”而不是“可以”，所以，对于共同抢劫致人死亡的，虽然后果很严重，但对于从犯无论如何都不能判处死刑立即执行。即使是共同抢劫致多人死伤的案件，对从犯也不能判处死刑立即执行。

区分主犯和从犯，应当以各共同犯罪人在共同犯罪中的地位和作用为根据。从犯意的提起、犯罪人的纠集、具体行为分工以及各共犯人相互之间的关系、出资、分赃等方面，仔细比较各共犯人在共同犯罪中的具体地位和作用。主犯的行为对共同犯罪的完成具有至关重要、不可或缺的作用。从犯的行为在共同犯罪中仅起次要或辅助作用，这种次要或辅助性行为不会改变犯罪发展的总进程，对整个犯罪活动的实施和完成不具有重大影响。此外，主犯和从犯在主观恶性、人身危险性方面也会存在差异，通常前者的主观恶性相对更深，人身危险性相对更大，应正确认定各共犯人的罪责以适用刑罚。在司法实践中，认定主犯、从犯必须严格从案件事实和证据出发，仔细甄别被告人的供述，必要时结合各共犯人的罪前罪后表现、生活经历等因素加以区分。只要根据查明的事实和证据能分清主从犯，就不能不加区分一律认定为主犯或者实际都按照主犯处罚。对于确有证据证明在共同犯罪中仅起次要或者辅助作用的，不能因为其他共犯人未到案而不认定为从犯，甚至认定为主犯或按主犯处罚。只要认定为从犯，无论主犯是否到案，都应当依照刑法规定从轻、减轻或免除处罚。

(二)犯罪后果、罪责与死刑适用

1. 共同抢劫未致人死亡的，一般不适用死刑

对于共同抢劫次数多，但因被告人作案时手段有所节制，没有被害人死亡，而仅造成被害人重伤或者轻伤的，如果受重伤人数不多，一般不宜判处死刑。

2. 共同抢劫致一人死亡的，原则上判处一人死刑

不少共同抢劫案件特别是两人作案的案件中，被告人共同预谋，分工配合，共同实施抢劫和杀人行为，均分赃物，地位、作用基本一致，区分主从犯的难度增大。从司法实践看，对于此类案件，如果仅致一人死亡的，原则上不能判处两名被告人死刑，而要尽可能进一步区分罪责大小。对于有多名主犯，而且可以区分出罪行更为严重和最为严重者的案件，应当在进一步分清各被告人的作用的基础上，确定各被告人的罪责，以做到区别对待，不能以分不清主次为由，简单地一律判处死刑。对于只致一人死亡的共同犯罪案件，判处二名以上被告人死刑的，必须要有绝对充分的理由。对于多名被告人共同致死一名被害人的案件，依法应当适用死刑的，应当仔细区分、综合判定各被告人在共同犯罪中的地位、作用，只判处地位、作用最突出、罪责最严重者死刑。对于罪责最严重的主犯在逃或者具有从宽情节不能判处死刑的，不能为了体现从严，人为地将地位、作用明显次之的被告人升格判处死刑。

区分各被告人在共同犯罪中的具体作用，是确定各被告人罪责的基础。实践中，应当从犯罪活动的全过程，即犯罪预备、犯罪实行、犯罪后续各个阶段，根据查明的事实和证据，综合比较各被告人的具体作用。

第一，起意与罪责。犯罪预备阶段通常包括提起犯意、准备犯罪工具、选择犯罪对象、踩点、预谋等环节。区分各被告人在这一阶段的具体作用，原则上以确定提起犯意者为主，结合其他环节的行为，具体分析。一般情况下，提起犯意、组织邀约他人参与的被告人比被组织、受邀约的被告人作用大。对于起意后积极准备工具，直接参与实施抢劫和杀人行为的，即使其在实行阶段的作用与其他被告人相同甚至略小，也可以认定其整体罪责较大。但是，如果提意者提出抢劫犯意后，其他共犯一拍即合，积极参与预谋和实施抢劫行为，提议者在具体实施阶段作用不突出的，则不宜认定起意者罪责

较大。特别是预谋时起意者明确表示只劫财不杀人的，结果实施阶段其他被告人为制止被害人反抗而故意杀人，则其他被告人的罪责大于起意者。

例如被告人喻某抢劫死刑复核一案，被告人喻某邀约被告人胡某某实施抢劫被害人李某。2007 年 2 月 6 日，喻某、胡某某携带折叠刀进入李某家后，劫得财物价值 8.3 万余元，并采取捂口鼻、勒颈等手段将李某杀死。喻某分得赃款 6.3 万余元。一、二审对喻某和胡某某均判处死刑。最高法院人民复核认为，喻某、胡某某均系主犯，鉴于抢劫犯意由喻某首先提起，胡某在共同犯罪中的作用相对小于喻某，故核准喻某死刑，改判胡某某死缓。

再如被告人欧某某抢劫复核一案。2006 年 11 月，被告人欧某某与兰某某、韦某和蒙某与他人斗殴后到某市躲藏。其间，兰某某提出抢劫车辆，欧某某、韦某、蒙某均表示同意。后四人共同进行策划分工，并确定抢劫时要将司机杀死。同月 12 日 20 许，四人发现杨某某的面包车，遂决定抢劫该车。欧某某等四人借口去某地，乘上杨某某的车。途中，韦某按事前分工叫杨某某停车后下车，欧某某在车上勒住杨某的脖子，蒙某、兰某某分别蒙杨某的口鼻和压手脚。韦某在外堵住驾驶座车门，后又配合欧某某、兰某某等人合力将杨某某拉到车后排。此后，欧某某驾驶该车，兰某某、韦某、蒙某则在车后排继续勒住杨某某的脖子，捂杨某的口鼻，致杨机械性窒息死亡。随后，欧某某等人将尸体掩埋，抢走所驾驶的车辆、诺基亚手机、现金人民币 400 元和部分首饰。一、二审以抢劫罪判处被告人欧某某死刑。最高人民法院复核时考虑到被告人作案时刚满 18 周岁，在共同抢劫中地位、作用较次，非起意者，取得被害人亲属谅解，依法不核准欧某某死刑。

第二，实行与罪责。分析各被告人在犯罪实行阶段的作用时，首先要明确一点，各被告人应当都是实行犯；对于组织、指挥他人实施犯罪的组织犯来说，其作用一般大于实行犯。各实行犯在该阶段实施的具体行为是区分他们在共同犯罪中具体作用的关键，要从具体犯罪的构成要件出发，结合案件事实和相关情节，全面进行分析。一般而言，实施暴力行为的被告人比没有实施暴力行为的被告人作用大，直接造成被害人伤亡结果的被告人比实施其他暴力行为的被告人作用大，持枪抢劫的被告人比没有持枪的被告人作用大，首先对被害人实施侵害行为的被告人比跟随其后实施侵害行为的被告人作用大，等等。如有的案件中，各被告人均积极动手杀人，但有的下手狠，连续捅刺多刀，有的仅捅刺了一、二刀，明显有节制，则捅刺刀数多的罪责较大。有的案件中，一被告人击打或者捅刺的是被害人的要害部位，另一被告人捅刺的是次要部位，则捅刺要害部位的罪责较大。有的案件中，被告人采取扼掐颈部方法杀人，一个动手掐，另一个按住被害人手脚，则直接扼掐的被告人的罪责较大。有的案件中，两被告人一先一后用同样凶器伤及同样部位，伤害程度基本相当的，则先实施伤害行为的罪责相对大，等等。实践中，作案手段各式各样，关键看谁在致人死亡上起的作用相对较大。对此可以被告人王某某、李某某抢劫死刑复核一案为例来分析。

2008 年 6 月 1 日上午，被告人王某某提出并与被告人李某某共谋劫取他人钱财。王某某出资，由李某某购买了 2 把折叠刀后，二人在某市市中区滨河路附近寻找作案目标未果，王某某提出抢劫杀死出租车司机，并进行了分工。当日 23 时许，王某某、李某某在滨河路育贤门附近以去某地为名骗乘被害人王某驾驶的出租车。当车行至某地时，坐在后排座的王某某假装遇见熟人骗王某停车，解下腰上的皮带勒住王某的颈部，坐在副驾驶位的李某某持折叠刀朝王某的胸、腹部捅刺数下，致王某当场死亡。二人劫得王某车内的 255 元现金后逃离现场。本案一、二审判处被告人王某某、李某某死刑。最高人民法院复核认为，王某某、李某某以非法占有为目的，采用杀死被害人的暴力手段劫取财物，其行为均已构成抢劫罪。王某某、李某某预谋抢劫后准备作案工具，事先进行分工，选定作案地点和对象，共同实施暴力，杀死被害人并劫取财物，在共同犯罪中均起主要作用，均系主犯，应按照其所参与的全部犯罪处罚。王某某、李某某在抢劫中致 1 人死亡，手段残忍，情节恶劣，社会危害性大，罪行极其严重，均应依法惩处。鉴于王某某首先提出抢劫犯意后又提议抢劫杀害出租车司机，并进行分工，首先实施暴力加害行为，与李某某相比，罪行更为严重；李某某在共同犯罪中的罪责相对小于王某某，故核准王某某死刑，改判李某某死缓。

第三，犯罪后续行为和罪责。犯罪后续阶段一般指毁灭罪证、分赃、销赃等环节。分析各被告人在这一阶段实施的具体行为，对于区分他们在共同犯罪中的作用具有补充作用，特别是在根据在案证据，无法准确区分各被告人在前两个阶段的作用时，区分各被告人在此阶段的作用大小，就给适用死刑提供了依据。一般而言，抛尸、分尸或实施其他毁灭罪证行为的被告人比没有参与这些行为的被告人作用大，主持分赃的被告人比其他被告人作用大，分赃多的被告人比分赃少的被告人作用大，负责销赃的被告人比其他被告人作用大。共同抢劫本质上是通过非法的暴力手段劫取财物的犯罪类型，共犯人之间实际上也存在着民事上责任与收益的正相关关系。一般而言，抢劫后分赃越多的，说明其在共同犯罪中的地位越高、作用越大，在预谋和实行阶段地位相当的被告人，如果分赃较多，往往意味着其在共同犯罪中有相对较大的支配力，从而罪责也相对较大。但这只是一般原则，不排除在有的案件中，作用相对较小的被告人分赃反而较多的情况。

被告人龙某某、吴某某抢劫死刑复核一案是核准先动手、分赃较多者死刑的案例。基本案情是：2006 年 11 月 28 日 22 时许，被告人龙某某、吴某某经预谋，携带匕首、塑料胶带、尼龙绳等作案工具，在某市租乘被害人李某驾驶的出租车至某地时，采用匕首戳的方法，抢得现金 100 余元和价值 400 元的手机。后龙某某驾车至某地，将李某拖至公路旁树林里，二人分别用匕首朝李某颈、胸、背部连捅数十刀，致李某当场死亡。同月 24 日 22 时 30 分许，龙某某、吴某某经事先商议，携带水果刀、塑料胶带等工具，租乘被害人保某某驾驶的出租车至某地，二人采用持刀威胁和塑料胶带捆绑的方法抢得保某某现金 420 元、价值 661 元的小灵通和交通银行卡和农业银行卡各 1 张，并逼迫保某某说出银行卡密码，后将保某捆绑弃于一废弃防空洞内。二人驾车逃离途中，将车丢弃。后二人从保某某交通银行卡上取走 1800 元。一、二审依法以抢劫罪判处被告人龙某某、吴某某死刑。最高人民法院经复核认为，被告人龙某某、吴某某的行为均已构成抢劫罪。龙某某、吴某某抢劫后，为灭口杀死被害人，其行为还构成故意杀人罪。龙某某、吴某某抢劫财物数额巨大，抢劫后为灭口杀死一人，情节恶劣，手段残忍，后果和罪行极其严重，应依法惩处并数罪并罚。在共同犯罪中，龙某某首先持刀捅刺被害人，两次作案后负责驾车逃跑，毁灭大部分罪证，并占有较多赃物，其作用相对较大。吴某某在共同犯罪中作用相对较小，且归案后认罪态度较好，综合考虑全案的犯罪事实和情节，未核准吴某某死刑。

第四，案外情节与罪责。对于从预谋、实施、分赃方面无法判断罪责大小的，可以从其他方面进行判断。比如，一般情况下，成年人和未成年人共同犯罪的，成年人罪责较大；男性和女性共同犯罪的，男性罪责更大；有累犯、再犯情节的被告人比初犯的罪责更大。从犯罪后的表现看，作案后自首、立功、认罪悔罪、积极赔偿、取得被害人谅解的，比不具备这些情节的被告人的罪责相应减小。

在具体案件的审判中，以上四个角度是同时存在的，判断被告人罪责的大小需要从不同角度同时展开，而不能局限于某一个方面。对被告人最终罪责大小的认定，均是综合分析判断的结果。需要强调的是，有的案件中，罪责相对较大的，因为具有法定情节而不能判处死刑，如犯罪时未成年或者系怀孕的妇女，作案后自首、立功等，这种情况下，不能为了追求适用死刑，而把共犯中罪责相对较轻又没有法定从宽处罚情节的被告人“升格”判处死刑。

作为例外，对于共同抢劫致一人死亡的案件，如果杀人手段特别残忍，情节特别恶劣，被害人、当地群众或者社会舆论反映很强烈的，也有判处两人死刑的情形。但是，对致一人死亡的抢劫案件，无论如何都不能判处三名以上被告人死刑，因为这明显不符合罪责刑相适应原则，也不符合慎重适用死刑的刑事政策，判决的社会效果不会好。

如被告人陈某、谢某抢劫死刑复核案中，二人抢劫，罪责相当，作用相当，核准二人死刑。具体案情是：2006 年 4 月，谢某提议并与陈某共同商定抢劫。谢某出资与陈某共同购买了两把刀具寻找抢劫目标。同年 5 月 2 日，由陈某提议，二人商定抢劫载客的摩托车司机，当晚 11 时许，二人在某地骗租被害人谭某某的摩托车。谭某某根据二人要求将车开到杨家湾处停下，陈某抢下摩托车上的钥匙，谢某用刀柄敲击谭某某的头部，陈某也拿刀敲其头。谭某某抱住陈某并大声呼救。陈某即持刀刺谭某某的背部数刀，谢某也持刀刺其腰、腿、手臂等部位。二人还刺伤前来相救的刘某某。谢某扼住谭某某的喉咙，威逼闻讯赶到现场的群众不要过来。之后，二人逃离现场。经鉴定，谭某某因开放性血气胸引起呼吸功能衰竭及失血性休克而死亡，刘某某所受损伤为轻伤并构成七级伤残。一、二审以抢劫罪判处被告人陈某、谢某死刑。最高人民法院复核认为，被告人谢某、陈某携带刀具以暴力手段劫取他人财物，致一人死亡，一人轻伤，其行为构成抢劫罪。二人共同策划，互相配合实施抢劫犯罪，共同导致了一死一轻伤的严重后果。本案两个被告人都有酌情轻于对方的情节，也有重于对方的情节，很难明确区分二被告人地位作用的大小，不宜仅从某一角度判断二被告人的罪责大小。结合全案，二人罪责相同，作用相当，均起主要作用，应对犯罪的后果共同承担均等的刑事责任。二被告人抢劫犯罪的情节恶劣，后果严重，实属罪行极其严重，又均无从轻处罚情节，应依法惩处，故核准二人死刑。

3. 共同抢劫致二人死亡或二人以上死亡、重伤的案件

对于此类共同抢劫案件，如果罪责相当，可以判处二人以上被告人死刑。也就是说，对被告人是否适用死刑，主要看其罪责大小，而不能唯结果定论。判处死刑的被告人数不一定与死亡被害人数对等。有的案件中，虽然多名被害人伤亡，但主要是由其中一人或数人造成的，不能因为被害人众多而把不属于罪行极其严重的被告人也判处了死刑。

如被告人蔡某某、陈某某、宋某某抢劫死刑复核一案中，三人抢劫致二人死亡、一人重伤、三人轻微伤，最高人民法院复核结果是以抢劫罪核准三被告人死刑。理由是三被告人是经过精心策划、有预谋的、事先做好充分准备的，在深夜时分多次蒙面入户实施抢劫的犯罪，造成两人死亡、一人重伤、三人轻微伤。尤其是第三起，酿成了震惊当地的惨案。被害人王某一家五口，王某和儿子被害身亡，儿媳虽然是轻微伤，但需要照顾重伤的婆婆和一个襁褓中的婴儿，整个家庭被被告人的犯罪行为彻底摧毁。三被告人的行为在当地造成了极度恐慌，村民普遍失去了安全感，社会危害极其严重，民愤极大，村民多次反映要求严惩被告人。

(三)对于无法查清直接致死者的，要慎重适用死刑

有的案件中，因为证据问题，如共犯人之间相互推诿或者部分共犯在逃等，导致直接致死责任人不清。这种情况与前述责任难以区分在性质上截然不同。责任难以区分的前提是事实已经查清，只是实体上要进一步区分罪责的相对大小很难。而这里所说的情形是，整体事实已经清楚，确定本案是被告人共同所为，但在直接致死被害人的关键环节上无法查清。对此，总的原则是要慎重适用死刑。如果综合全案情况能够确定罪责相对较大的，且判处死刑符合罪刑均衡原则，可以判处死刑立即执行；如果确实无法区分罪责大小的，一般不宜判处死刑立即执行。例如，有的案件无法查清何人是直接致死人，但能明确系其中一人起意，并在一定程度上起指挥作用的，可以确定此被告人为责任突出者，对其可判处死刑。在三人以上共同抢劫案件中，如组织、策划、指挥者明确，即使此人的实行行为相对次要，而另外两人查不

清系谁直接致死被害人的，可以对指挥者适用死刑。

如被告人朱某某、张某某抢劫死刑复核一案。具体案情是：被告人张某某、朱某某在监狱服刑时相识，后均刑满释放。2007 年 7 月初，张某某到朱某某的租住处，因经济拮据，二人预谋抢劫。朱某某提出抢劫摩托车卖钱，张某某同意，二人各自购买了一把同样的卡簧刀。同年 7 月 17 日 23 时许，二人均持刀来到某地，张某某骗乘被害人王某某驾驶的港田三轮摩托车，后接上朱某某。当行至某地时，二人下车并持刀刺王某某腹部一刀，王某某跑走。朱某某驾驶该港田车拉载张某某逃离，后将该车丢弃。被害人王某某因腹部被有刃锐器切割，经抢救无效死亡。同月 19 日，公安人员将张某某抓获，并在张某某引领下，于同日将朱某某捕获。一、二审以抢劫罪判处被告人张某某、朱某某死刑。最高人民法院复核后认为，被告人张某某、朱某某在共同抢劫犯罪中地位、作用相当，均系主犯，应按照其所参与的全部犯罪处罚。张某某、朱某某均曾因犯罪被判处有期徒刑，在刑罚执行完毕后五年内又犯罪，均系累犯，说明不思悔改，主观恶性深，人身危险性大，应依法从重处罚。鉴于难以准确认定致死被害人的责任人，张某某协助公安机关抓获朱某某，具有重大立功表现，综合考虑二被告人在共同犯罪中的作用、地位，依法核准被告人朱某某死刑，改判张某某死缓。

(四)共犯在逃抢劫案件的死刑适用

部分共犯在逃，是实践中经常遇到的情形，不限于抢劫案件，但经常在抢劫案件中出现。部分共犯在逃，并不必然导致难以确定被告人的罪责，有的情况下事实仍然很清楚。因此，对此类案件，要区分不同情形分别处理。

(1)如果在案证据证明先到案共犯的罪行系最为严重的，共犯在逃不影响对先到案共犯罪责的认定，可以判处死刑立即执行。但是，如共犯在逃导致不能确定在案被告人系罪责最重者，则量刑时要留有余地，不能判处死刑立即执行。特别是不能因为在逃者归案遥遥无期，为了追求严惩而对在案被告人判处死刑。

(2)对于先到案共同作案人已经被判处死刑的，如果后到案被告人罪责相对较小的，不应再判处死刑；如与前者罪责相当的，一般也不宜再判处死刑立即执行。

(3)对于先到案的共犯因当时难以确定其在共犯中的地位和作用而没有判

处死刑立即执行的，对后到案共犯的量刑，一般应在查明其在共同犯罪中的地位、作用后，按照下面的原则处理：第一，如果后到案的共犯与先到案的共犯相比，在共同犯罪中的地位更重，作用更大，或者与先到案的共犯地位、作用相当，且达到罪行极其严重的程度，则应核准后到案的共犯死刑。第二，如果后到案的共犯与先到案的共犯相比，在共同犯罪中地位更轻、作用更小，则不核准后到案的共犯死刑。同时，也不能因为没有对先到案共犯判处死刑，转而以事实不清或者原判确有错误为由，对先到案的共犯启动审判监督程序，与后到案的共犯一并审理，改判先到案的共犯死刑立即执行。

例如，被告人幕某抢劫死刑复核一案。被告人幕某因怀疑被害人雷某某对其妻子实施强奸，即约其姐夫刘某华（在逃）对雷某某实施报复。刘某华又约被告人刘某建（已判刑）参与，商议将雷某某杀死并劫取钱财。后三人携带作案工具至雷某某处，幕某敲开房门，伺机将雷某某按倒在床，刘某华用锤子砸雷某某的头部数下，刘某建持匕首捅刺雷某某的腹部数刀，后劫走现金1800元及1部手机。一、二审以抢劫罪判处被告人幕某死刑。最高人民法院复核认为，根据在案的幕某、刘某建供述，刘某华邀约刘某建参与作案，提供并分发作案工具，在犯意转化及具体实施杀人抢劫过程中刘某华均起了重要作用，系重要共犯。刘某华尚未归案导致难以确定在案被告人的地位、作用，故未核准被告人幕某死刑。

但是，虽然有同案犯在逃，但在案被告人的责任明显较大，可以准确认定其在共同犯罪中的地位和作用的，根据其犯罪情节，依法可适用死刑。

如被告人安某抢劫死刑复核一案中，安某与共同作案人安某飞经预谋，以雇车为由将被害人任某骗至山路边。二人持刀威胁任某，将任某的双手反绑、搜身，劫得现金20余元和1部手机，并用绳子勒任某的颈部，持刀捅刺任某的胸背部，致任某当场死亡。一、二审以抢劫罪判处被告人安某死刑。最高人民法院复核认为，虽然安某飞在逃，但安某年长于安某飞，案发后安某带安某飞逃到他人处藏匿，赃物由安某销赃，安某的作用、地位大于安某飞，且安某飞系未成年人，故依法核准安某死刑。

第 八 章

绑架罪死刑适用问题研究

第一节 绑架罪死刑适用的立法规定

绑架罪作为一种严重侵犯公民人身权利的犯罪，是世界上公认的最严重的刑事犯罪之一。为了形成防范和打击此类犯罪的国际通力，联合国于1979年通过了《反对劫持人质国际公约》，其中第1条即规定了劫持人质罪：任何人如劫持或扣押并以杀死、伤害或继续扣押另一个人为威胁，以强迫第三者，即某个国家、某个国际政府间组织、某个自然人或法人或某一群人，做或不做某种行为，作为释放人质的明示或暗示条件，即为犯本公约意义范围内的劫持人质罪行；任何人图谋劫持人质，或与实行或图谋劫持人质者同谋而参与其事，也同样犯有本公约意义下的罪行。在对绑架罪进行严厉规制这一点上，各国的态度和立场基本一致；由于各国立法者的价值取向、立法理念、司法实践的不同，导致各国在绑架罪的具体构建上大同小异。

一、国外关于绑架罪法定刑的立法

考察国外的立法及判例，各国对绑架罪在法定刑的设置、罪状的构建等方面均有一定的相似之处。

(一)配置较重的法定刑

虽然国际社会中刑罚的整体发展趋势是趋向缓和，轻刑化的主张也日渐有力，但由于绑架罪罪质之严重性且多伴有严重的暴力行为，因此多数国家的刑法在可能的程度内都对绑架罪保留了严厉的刑罚。例如，《法国刑法》第四章侵犯人身自由罪第一节绑架罪与非法拘禁罪第224-1条规定，没有制定权力机关命令且在法律规定之情况外，绑架他人的，处20年徒刑。①《意大利刑法》在第13章侵犯财产权利罪中规定："以释放为条件，为自己或者其他人索取不正当利益，并且为此目的对他人进行绑架的，处25年至30年有期徒刑。""造成被绑架者死亡的，处无期徒刑。"②《瑞典刑法》第4章规定了对自由和安宁的犯罪，其中第1条规定："意图伤害他人身体或健康，或者迫使他人服务，或者勒索他人，劫持并带走或者禁锢儿童或其他人的，以绑架罪处4年以上10年以下或终身监禁。"③

(二)规定加重和减轻罪状

绑架罪的行为方式多种多样，具体的犯罪目的实现与否、最终造成的危害结果大小均有较大差异，因此，简单的罪状描述并不能适应复杂多变的现实情况。各国立法多规定了不同程度和情节的罪状，以适应处理复杂案件的需要。如加重罪状的规定，《俄罗斯刑法》第126条规定了多次实施绑架、武装绑架、绑架未成年人或孕妇、绑架的共同犯罪等要加重处罚；《巴西刑法》第159条规定：绑架延续24小时以上、绑架未成年人、结伙或集团犯罪的是加重处罚的条件。多数国家均将"绑架致人重伤或死亡"作为加重情形之一，并配置了最为严厉的刑罚处罚。而出于对被害人权利的充分保护，多数国家也将"释放被绑架人"等作为减轻处罚的规定，以作为刑事政策上使犯罪人放弃犯罪、保护人质安全的引导性措施。例如，《日本刑法》第33章掠取和诱拐罪第228条之二规定，犯第225条、第227条第2项或第4项之罪的人，在提起公诉前，将被掠取或者被诱拐的人解放至安全场所的，减轻处罚。④《俄罗斯刑法》第126条规定："主动释放被绑架人的，如其行为不含有其他犯罪构成，可以免除刑事责任。"⑤《法国刑法》第224-1条第3款规定，如被拘留或被非法拘禁的人自其被扣留之日起未满7天之前，得到罪犯的自愿释放，罪犯

① 罗洁珍译：《法国新刑法》，中国法制出版社2003年版，第78页。
② 黄风译注：《最新意大利刑法》，法律出版社2007年版，第226页。
③ 陈琴译：《瑞典刑法》，北京大学出版社2005年版，第6页。
④ 张明楷译：《日本刑法》，法律出版社2006年版，第85页。
⑤ 黄道秀译：《俄罗斯联邦刑法》，北京大学出版社2008年版，第57页。

所受刑罚为 5 年监禁并科 75000 欧元罚金。第 224-2 条所指情况除外。① 此种立法例对于防止犯罪继续扩大和保护人质，均有重要作用。

二、我国关于绑架罪法定刑的立法规定

新中国对于绑架罪的立法经历了从无到有、逐步完善的过程。新中国成立初期对社会治安的大力整治几乎在现实上排除了绑架罪发生的可能性，导致我国在 1979 年刑法中并未对绑架罪作出规制。随着时代的发展变化，绑架行为开始频繁发生。在对绑架行为无法可依的情况下，最初以抢劫罪定罪处罚，后在一系列单行刑法和其他法律规范中规定了绑架勒赎罪、绑架妇女、儿童罪，逐步积累经验，最终形成了比较成熟的主张。至 1997 年刑法修订时，绑架罪作为一个独立的罪名被刑法确定下来，即 1997《刑法》第 238 条分两款规定了绑架罪："以勒索财物为目的绑架他人的，或者绑架他人作为人质的，处十年以上有期徒刑或者无期徒刑，并处罚金或者没收财产；致使被绑架人死亡或者杀害被绑架人的，处死刑，并处没收财产。""以勒索财物为目的偷盗婴幼儿的，依照前款规定处罚。"除此之外，相关法律部门也针对绑架罪的犯罪主体、行为方式、刑罚处罚等不同方面作出了立法解释、司法解释或其他规范性文件。

1997 年刑法颁布后，绑架罪在司法适用过程中出现了罚过其罪、罪责刑不相适应的问题，由此引发了起刑点过高、量刑空间过窄、不利于实现罪责刑相适应原则、不便于司法操作等质疑。为解决上述问题及充分贯彻宽严相济的基本刑事政策，全国人大常委会于 2009 年 2 月 28 日通过的《刑法修正案（七）》第 6 条对绑架罪进行了修改："以勒索财物为目的绑架他人的，或者绑架他人作为人质的，处十年以上有期徒刑或者无期徒刑，并处罚金或者没收财产；情节较轻的，处五年以上十年以下有期徒刑，并处罚金。""犯前款罪，致使被绑架人死亡或者杀害被绑架人的，处死刑，并处没收财产。""以勒索财物为目的偷盗婴幼儿的，依照前两款的规定处罚。"

《刑法修正案（七）》对绑架罪在以下两个方面进行了修正：一是在《刑法》第 239 条第 1 款后增加"情节较轻的，处五年以上十年以下有期徒刑，并处罚金"。二是将第 239 条第 1 款中"犯前款罪，致使被绑架人死亡或者杀害被绑

① 罗洁珍译：《法国新刑法》，中国法制出版社 2003 年版，第 79 页。

架人的，处死刑，并处没收财产”设为《刑法》第 239 条第 2 款。① 绑架罪的最新修订是刑法的七个修正案以来第一次以增加“情节较轻”来修正分则罪名，充分体现了宽严相济刑事政策之宽的一面；但是，对于法定最低刑的设置并未达到多数学者的预期。尤其是对于两种加重情形仍然没有区分地规定了绝对确定的死刑，这与我国限制和废除死刑的基本取向相悖，仍有继续完善的必要和空间。

第二节　绑架罪死刑适用的法定条件

根据《刑法修正案（七）》对绑架罪的最新修订，现行刑法对绑架罪适用死刑的规定体现在第 239 条第 2 款的规定：“犯前款罪，致使被绑架人死亡或者杀害被绑架人的，处死刑，并处没收财产。”根据这一加重构成，绑架罪适用死刑的法定情形包括“杀害被绑架人”和“致使被绑架人死亡”两种情况。如何理解法条的具体规定，是分析绑架罪死刑适用的基础。

一、“杀害被绑架人”的分析

（一）性质分析

关于“杀害被绑架人”的性质认定，学界有诸多争议。如主张结果加重犯的观点认为绑架罪案件中，对于杀害被绑架人的行为，“是将绑架犯罪中的故意杀人结果作为结果加重犯来加以规定。”②性质上仍然属于绑架罪的范畴；主张情节加重犯的观点认为，杀害被绑架人同时所触犯的故意杀人罪仅仅是裁量绑架罪适用死刑的一种从重处罚情节，只能以绑架罪一罪定罪处罚，不能以绑架罪和故意杀人罪实行数罪并罚；③ 包容加重犯的观点认为此种情况是“在基本的包容之犯罪构成之外，又出现了能够被刑法独立评价的被包容之罪的犯罪行为，刑法规定以包容之罪一罪论处，并规定加重法定刑的犯罪形态”。④

---

① 赵秉志主编：《刑法修正案最新理解适用》，中国法制出版社 2009 年版，第 96—97 页。

② 阮方民：《论新刑法中相对负刑事责任年龄规定的适用》，《浙江大学学报》1999 年第 2 期。

③ 潘慧庆：《对绑架罪中人质死亡情形的定罪量刑分析》，《河南公安高等专科学校学报》2008 年第 4 期。

④ 姚兵：《包容加重犯概念之提倡》，《广西政法管理干部学院学报》2008 年第 5 期。

上述争议需要解决的关键问题在于“杀害被绑架人”中的“杀害”是否必须出现死亡的结果，换言之，当杀害行为由于各种原因最终没有导致被害人死亡时，是否能够适用“处死刑”的刑罚。情节加重犯的观点认为“杀害被绑架人”强调的是行为本身，只要有杀害行为，即使没有出现死亡结果，也应当适用“处死刑”的规定；而结果加重犯的观点则强调结果的出现，认为不论任何原因，没有死亡结果的出现，均不应适用死刑。由此争议来看，本文支持结果加重犯的观点。一方面，从文理解释的方法来看，“杀害”一词本身就包含了死亡结果的出现，“杀”可以是一种行为，而“害”则强调结果本身的出现，作出这样的解释并不超出词语本身可能包含的范围。另一方面，从限制适用死刑的基本立场来看。《刑法》第 48 条所规定的“罪行极其严重的犯罪”，应当是一种综合性的判断，即最严重的社会危害性和最高程度的主观恶性与人身危险性。按照这一标准进行分析，是否出现被绑架人死亡的结果，对于判断行为人的行为是否属于“罪行极其严重”，应当有重要意义。如果将出现死亡结果认定为“罪行极其严重”，则对没有出现死亡结果的行为在社会危害性上无疑应当作出区别评价。不做区分的均适用死刑，不仅有违限制死刑的基本精神，也有违罪责刑相适应的刑法基本原则。

(二)所处阶段

杀害被绑架人是绑架罪中规定的可以适用死刑的从重处罚情节。因其包含了“杀害”这一故意杀人的情节，因此其罪过形式仅为故意。一般认为，杀害被绑架人，包括绑架行为实施后在勒索财物之前杀害被绑架人、因勒索财物不成而杀害被绑架人以及在勒索财物之后又出于灭口而杀害被绑架人几种情形。①

从绑架行为的完整过程来看，绑架罪实质上包含两个阶段，即绑架实施阶段和非法控制人质阶段。有观点认为，杀害被绑架人只能发生在非法控制人质阶段，而不包括绑架实施阶段，换言之，绑架实施阶段的行为不包括故意杀人。②

本文不同意这种观点，而是认为杀害被绑架人可以发生在整个绑架过程

① 孟庆华：《关于绑架罪的几个问题》，《法学论坛》2000 年第 1 期。

② 王志祥：《绑架罪中“杀害被绑架人”新论》，《法商研究》2008 年第 2 期。

中，包括绑架实施阶段和非法控制人质阶段。原因在于：一方面，在绑架实施阶段杀害被害人的，并不与绑架罪的罪质相悖。绑架罪的本质在于控制被绑架人、利用人质作为筹码来索财或提出其他不法要求，而控制被绑架人并不排除剥夺其生命，甚至可以说，剥夺生命是最有力最彻底的控制被绑架人。只要行为人在实施杀害行为之际已具备绑架罪的特定目的，就不应排除其作为绑架罪实行行为的本质特征。另一方面，如果认为杀害被绑架人只能发生于非法控制人质阶段，则会造成以下局面：同样有杀害被绑架人的行为、造成同样的死亡结果，只因为杀害行为的时间不同，而导致不同的定罪量刑，在绑架实施阶段的，以绑架罪（未遂）与故意杀人罪数罪并罚，而在非法控制人质阶段的，以绑架罪一罪论处，并处绝对确定的法定刑——死刑。虽然二者最终的刑罚裁量可能相同，但定罪这一本质问题具有显著的差异，实不足取。

因此，将杀害被绑架人的过程限定于控制人质阶段，失之过窄，实践中绑架的实施也并非总是先劫持或控制人质后再杀人，两个阶段的杀害行为并无本质区别。认识清楚这一点，对于发生在不同阶段的杀害绑架人的行为如何定性及适用刑罚十分重要。

（三）人质未死亡时的处理

杀害被绑架人可能会导致两种后果：一是死亡结果出现；二是未出现死亡结果，如由于绑架人自动中止杀害行为或被害人得到救助而未死亡。在现行立法规定下，如何处理第二种情况，应当如何适用刑罚，是需要重点考虑的问题。

以绑架杀人未遂为例，有观点认为，仍然应当适用“杀害被绑架人的，处死刑”，且不适用未遂犯从轻、减轻处罚的规定；① 也有观点认为，适用“杀害被绑架人的，处死刑”的规定，同时适用刑法关于未遂犯从轻、减轻处罚的规定；② 第三种观点认为，仍应按照绑架罪的基本犯罪构成处理，并且杀害被绑架人未遂的不能作为绑架罪从轻、减轻处罚的根据；③ 第四种观点认为，绑架

① 甘亚杰：《如何理解“杀害被绑架人”》，《人民法院报》，2004 年 9 月 20 日。

② 张明楷：《绑架罪中“杀害被绑架人”研究》，《法学评论》2006 年第 3 期。

③ 赵秉志主编：《刑法分则要论》，中国法制出版社 2010 年版，第 322 页。

杀人未遂的，应认定为基本的绑架罪与故意杀人罪未遂，实行数罪并罚。①

本文赞同第二种观点，主张在现行刑事立法下，对绑架杀人未遂的，适用“杀害被绑架人的，处死刑”的规定，同时适用刑法关于未遂犯从轻、减轻处罚的规定，理由在于：首先，从限制死刑适用的精神来看，发生死亡结果和未发生死亡结果不应当做同样的处理。当未发生死亡结果时，适用对未遂犯从轻或减轻处罚的规定，符合罪责刑相适应原则的要求，有利于减少死刑的适用，同时也不至于轻纵罪犯。其次，有利于实现总则对分则的指导作用。根据这一方案，在具体裁量时，不仅要考虑绑架罪本身的规定，还应当统一适用刑法总则关于相应犯罪形态的规定，从而确定相应的刑罚。再次，也有利于处理绑架杀人中止。与对绑架杀人未遂的处理结论相一致，对于绑架杀人中止的，应当适用刑法中“杀害被绑架人的，处死刑”的规定，同时适用刑法总则关于中止犯从宽处罚的规定。这既有利于故意行为人中止犯罪，保护被绑架人的生命，也能做到罪责刑相适应。最后，有利于最大程度减少现行刑事立法不当规定所造成的弊端。现行立法为“致使被绑架人死亡”和“杀害被绑架人”配置了相同的法定刑，导致主观方面不同的两种行为适用相同的法定刑，极不合理。上述处理方案，可以在没有出现死亡结果的情况下，适用与出现死亡结果时不同的法定刑，减少现行立法轻重不分的弊端。

二、“致使被绑架人死亡”的分析

“致使被绑架人死亡”是绑架罪的加重情节之一，对这一情节的理解，理论界有以下几种观点：有的学者认为应仅限于故意伤害致死；② 有的理解为包括故意伤害致死或者完全由于过失而致使被绑架人死亡的情况；③ 有观点认为是指行为人故意伤害被绑架人造成死亡，或者因虐待、侮辱、猥亵、胁迫等方式造成被绑架人自杀等情况；④ 有学者从“致使”一词的含义出发，表明行为人的绑架行为与被害人的死亡具有刑法上的因果关系，被害人的死亡是由于行为人的绑架行为所制造的危险并在这一范围内实现了这一危险，因

---

① 王志祥：《绑架罪中“杀害被绑架人”新论》，《法商研究》2008 年第 2 期。

② 何秉松主编：《刑法教程》，中国法制出版社 1997 年版，第 354 页。

③ 郭立业、杨迎泽：《刑法分则适用疑难问题解》，中国检察出版社 2000 年版，第 147 页。

④ 孟庆华：《关于绑架罪的几个问题》，《法学论坛》2000 年第 1 期。

此造成被害人自杀身亡的，不属于“致使被绑架人死亡”的情形；① 还有学者强调绑架行为与被绑架人的死亡之间具有直接的因果关系，具体说来包括以下几种情形：在实施暴力劫持过程中，伤及要害部位而导致被害人死亡；在关押过程中，关押强度过大而导致被害人死亡等。②

（一）性质认定

应当明确的是，绑架罪的这一规定属于结果加重犯，即法律上规定的一个犯罪行为，由于发生了严重结果而加重其法定刑的情况。构成结果加重犯的前提条件是犯罪人必须实施了基本犯罪行为，且造成了基本犯罪的罪质以外的重结果。基本犯罪行为和加重结果之间存在因果关系。按照这一观点来理解，“致使被绑架人死亡”是行为人实施了基本的绑架行为，并造成了被绑架人死亡的加重结果，刑法因而规定了加重的法定刑，即死刑。明确这一性质，才能为准确适用“致使被绑架人死亡”的法定刑奠定基础。

（二）主观心态

我国刑法中多处存在“致人死亡”的立法例，其罪过形式也不尽相同。如故意伤害罪中的“致人死亡”，对加重结果的主观心态为过失，否则就构成了故意杀人罪；而对于抢劫罪中的“致人死亡”，则可以包含故意和过失两种心态，因为抢劫罪的暴力应当做最严重程度的理解，其本身就包含故意杀人。

对于绑架罪来说，“致使被绑架人死亡”的主观心态的判断，应当结合犯罪的性质、行为方式、法定刑以及犯罪之间的关系等因素来进行分析。从刑法的规定来看，绑架罪还有一种加重情形，即“杀害被绑架人”。这一规定明确体现了“杀害”的主观心态应当是故意。从法条的体系性解释来看，应当将致使被绑架人死亡的主观心态理解为过失，而非一些学者所主张的过失和故意并存。如果作出并存的理解，则将与杀害被绑架人的罪过形式发生重叠，无法明确界分两者，不仅导致对法条理解的混乱，更造成了杀害被绑架人这一规定的虚置。作出这一理解后，也能为准确适用“致使被绑架人死亡”应处何种刑罚奠定基础。

① 赵秉志主编：《中国刑法案例与学理研究·分则编（三）》，法律出版社 2001 年版，第 319 页。

② 陆诗忠：《绑架罪的立法改进及其相关问题》，《法学》2008 年第 12 期。

(三)具体判断

"致使被绑架人死亡"究竟包含哪些具体情形，有一定的争论。"致使"一词的表面含义可以理解为一行为导致另一结果发生，强调因果关系的真实存在。当基本行为具有造成加重结果发生的高度危险时，才能认定为结果加重犯。而如果是实行行为之后的行为或者其他介入因素的作用而导致被绑架人死亡的，则切断了基本的实行行为与死亡结果之间的因果关系。从司法实践来看，主要包括以下几种情形：(1)在实施暴力劫持过程中，因用力过猛伤及被害人要害部位，或堵嘴捂鼻引起窒息等原因过失致被绑架人死亡；(2)在关押过程中，因被害人哭闹、挣扎，对其堵嘴捂鼻或者为其注射麻醉剂过量等原因过失引起死亡；(3)在关押过程中，因关押时间较长没有给被绑架人提供足够的水和食物以及防寒物品致使被绑架人饿、冻而死；(4)对被绑架人残酷殴打、折磨致使在关押期间因重伤死亡。而以下情形则不宜认定为"致使被绑架人死亡"：绑架过程中的其他过失行为导致的被害人死亡。如绑架人在看守被绑架人时，随手扔烟头导致火灾，造成被绑架人死亡的，应以绑架罪与过失致人死亡罪(或失火罪)论处。此时，导致死亡结果的原因不是绑架罪的暴力等实行行为，而是扔烟头的失火行为，能够排除绑架罪基本行为与加重结果之间的因果关系。

这一问题中，最典型的争议是被绑架人自杀的情形能否属于"致使被绑架人死亡"。根据上述理论，本文认为应当对此问题分情况讨论：如果在绑架过程中，绑架人对受害人不断进行折磨殴打，被绑架人因不堪忍受折磨而自杀死亡的，绑架行为与死亡结果之间的因果关系可以确定，应认定为"致使被绑架人死亡"。如果绑架行为完成后，在绑架人没有实施故意伤害、折磨等行为的情况下，被害人因自身原因如性情刚烈、失去信心等而自杀的，行为人主观上并无罪过，如果单纯以死亡结果来追究刑事责任，难免有结果归责之嫌，① 因而不宜认定为"致使被绑架人死亡"。也即在认定"致使被绑架人死亡"时，应依据主客观相统一的基本定罪原则，行为人承担刑事责任的条件是行为人对于危害结果主观上具有认识，只有如此才谈得上罪过，才具有可罚性。因此，在人质自杀的案件中，必须重点考虑绑架行为与死亡结果之间的因果

① 杜国强：《绑架罪若干问题研究》，《河北法学》2001年第6期。

关系。如查明被绑架人自杀与绑架行为没有直接的因果关系，是否有介入因素导致被绑架人自杀，并且应当分析介入因素对结果发生的作用力大小、介入因素本身的异常性大小等，来判断行为人对死亡是否应负刑事责任。具体而言，绑架过程中对被害人虐待、侮辱、猥亵、殴打等，致使其不堪忍受而自杀，行为人对此至少有过失，可以认定属于“致使被绑架人死亡”；如果行为人并无对其过多的虐待、侮辱、殴打等行为，仅因被害人性情刚烈等原因而自杀，难以说明犯罪分子对被害人自杀的结果持有过失，则不应包括在内。在司法实践中，发生被绑架人死亡的情况是多种多样的，应当结合具体案情具体分析，也要结合相关的证据规则进行判断。

例如肖某绑架案。肖某伙同李某(另案处理)经预谋后，于2005年4月12日上午11时许，在北京市通州区某小学门口，将放学后独自回家的李某(殁年4岁)诱骗至事先选定的通州区一排污管道处，用胶带、绳索、口罩等对李某捆绑、堵嘴后放入管道深处。而后，肖某向李父勒索8000元。李父于4月13日将6000元分两次存入肖某提供的账户中。肖某将此款提取，而李某却因被绳索类工具捆绑四肢，长时间在低温环境下而冻死。之后，肖某又伙同阿文(另案处理)经预谋后，于2005年5月22日上午11时许，在广东省广州市白云区石岗村，将陈某(时年9岁)诱骗控制后，向陈父勒索5万元。陈父于5月24日将1.5万元存入肖某提供的账户中。肖某提取此款后，逃离广州市，陈某至今下落不明。法院认为，肖某的犯罪行为极其严重，依法应予惩处。其辩护人提出李某的死亡出于肖某的意料之外；但李某是需要成人细心照顾的幼童，李某被缚住手脚后放在寒冷的排污管道内，显然会危及生命健康，肖某将其留在管道内独自过夜，对危害结果的发生采取放任态度，故应对后果承担全部责任。另，肖某连续实施绑架犯罪，主观恶性较深，所犯罪行后果特别严重，社会危害性极大，虽有坦白及其他酌定情节，但不足以对其从轻处罚。北京市二中院一审以绑架罪判处肖某死刑，剥夺政治权利终身。

上述案例中被告人肖某并未对前后两名被绑架人直接实施杀害行为，被害人李某是由于被捆绑在低温环境中导致冻死；陈某则下落不明，虽然理论上不排除生还的可能，但作为一名年仅9岁的孩童，离开父母和亲情的关爱，其恶劣的生存状况可能受到的身心折磨亦可想而知。实质上，判处肖某死刑的关键因素乃是李某的死亡，即李某由于犯罪人的绑架行为而被置身于幼儿无法承受的低温环境中，且很大程度上排除了被他人救助的可能，行为人的绑架行为与被害人的死亡结果之间存在直接的因果关系，可以认定其行为属于“致使被绑架人死亡”，加之肖某连续实施绑架犯罪，体现了极深的主观恶性和人身危险性，其坦白等其他酌定情节最终未被法院采纳。

(四)刑罚配置

现行立法对“致使被绑架人死亡”和“杀害被绑架人”没有区别地规定了绝对确定的法定刑——死刑，这在众多学者看来是极不妥当的，笔者亦不例外。

首先，从刑法条文的对比来看。一方面，我国刑法分则条文中，故意犯罪中将“致人死亡”(包括故意和过失)作为加重结果的，除绑架罪外还有19个条文25个罪名，其中只有11个条文15个罪名可以适用死刑，除了劫持航空器罪和拐卖妇女、儿童罪规定了绝对确定的死刑外，其余各罪均非如此，死刑只是可选择的刑种之一。① 相较之下，绑架罪的这一加重情形规定过于严苛。另一方面，我国刑法在7个罪名中设置了绝对确定的死刑，分别是劫持航空器罪、绑架罪、拐卖妇女、儿童罪、暴动越狱罪、聚众持械劫狱罪、贪污罪、受贿罪。其中劫持航空器罪属于危害公共安全罪，暴动越狱罪和聚众持械越狱罪属于妨害社会管理秩序罪，这些罪名适用绝对死刑所要求造成的结果重于绑架罪适用死刑时的结果。而绝对确定的法定刑不考虑各种差别，只要达到法定条件就必须适用同一刑罚，这就导致对实质上不同程度的危害结果，处以相同刑罚的局面出现，违背了罪责刑相适应的原则。

其次，从主观罪过来分析。致使被绑架人死亡的主观罪过是过失，将对死亡结果没有希望或放任心态的行为人处以极刑，在废除死刑的国际潮流和我国严格限制死刑适用并力求逐步废除死刑的趋势下，这样的刑罚配置很明显是欠缺科学性的；甚至《刑法修正案(七)》也没有对此进行彻底的修订，无疑也是一种遗憾。

最后，对比外国的立法来看。在外国刑法中，极少对绑架罪采用绝对确

① 张永红、孙涛：《绑架罪法定刑的立法完善》，《广西公安管理干部学院学报》2007年第4期。

定的死刑。在对罪名划分较细的美国，多数司法区把绑架分为三类：普通绑架、加重绑架和绑架儿童，其中加重绑架大多处以长期监禁或者终身监禁，只有在个别司法区可以判处死刑；① 而美国模范刑法中还规定了减轻情节予以缓和："绑架属于一级重罪，但行为人未造成被绑架人死亡，并且在审判前自愿将被害人释放到安全地点的，属于二级重罪。"②德国、法国等国均已从立法上废除了死刑，因此对于绑架罪根本没有死刑可言；日本未明确规定绑架致人死亡的处罚，但从其关于故意杀人罪、过失致人死亡罪和故意伤害罪的规定可以看出，死刑不是唯一的选择，而是和无期惩役、有期惩役一起作为可供选择的刑种，由于其在司法上严格限制死刑的适用，实际上也几乎不会对绑架罪判处死刑。③

第三节　绑架罪死刑适用的司法标准

一、死刑适用的司法标准概况

我国《刑法》第 48 条第 1 款对死刑适用的标准予以明确规定，即"死刑只适用于罪行极其严重的犯罪分子"，刑法分则也对具体罪名的死刑适用作出了具体规定。《刑法》第 239 条即规定了绑架罪适用死刑的条件："致使被绑架人死亡或者杀害被绑架人的，处死刑。"但不管是国家立法机关还是最高司法机关，都没有对《刑法》第 48 条规定的死刑适用的司法标准以及绑架罪死刑适用的具体司法标准作出明确和全面的解释。

尽管如此，最高司法机关在此方面还是作出了不少探索和努力，以求严格和统一掌握死刑立即执行案件的标准，确保死刑只适用于极少数罪行极其严重的犯罪分子。④ 如最高人民法院于 1999 年 10 月 27 日发布的《全国法院维护农村稳定刑事审判工作座谈会纪要》(以下简称《座谈会纪要》)指出："要准确把握故意杀人犯罪适用死刑的标准。对故意杀人犯罪是否判处死刑，不仅

① 储槐植：《美国刑法》第 3 版，北京大学出版社 2005 年版，第 175—176 页。

② 刘仁文等译：《美国模范刑法及其评注》，法律出版社 2005 年版，第 137 页。

③ 张永红、孙涛：《绑架罪法定刑的立法完善》，《广西市公安管理干部学院学报》2007 年第 4 期。

④ 赵秉志、彭新林：《我国死刑制度改革的路径与步骤》，《法学》2009 年第 2 期。

要看是否造成了被害人死亡结果，还要综合考虑案件的全部情况。对于因婚姻家庭、邻里纠纷等民间矛盾激化引发的故意杀人犯罪，适用死刑一定要十分慎重，应当与发生在社会上的严重危害社会治安的其他故意杀人犯罪案件有所区别。对于被害人一方有明显过错或对矛盾激化负有直接责任，或者被告人有法定从轻处罚情节的，一般不应判处死刑立即执行。"此外，"要注意严格区分故意杀人罪与故意伤害罪的界限。在直接故意杀人与间接故意杀人案件中，犯罪人的主观恶性程度是不同的，在处刑上也应有所区别。间接故意杀人与故意伤害致人死亡，虽然都造成了死亡后果，但行为人故意的性质和内容是截然不同的。不注意区分犯罪的性质和故意的内容，只要有死亡后果就判处死刑的做法是错误的，这在今后的工作中，应当予以纠正。对于故意伤害致人死亡，手段特别残忍，情节特别恶劣的，才可以判处死刑。"又如，最高人民法院在 2000 年 4 月 4 日发布的《全国法院审理毒品犯罪案件工作座谈会纪要》中，就毒品犯罪的死刑适用问题作了详细规定。关于毒品犯罪的数量，认为"毒品犯罪数量对毒品犯罪的定罪，特别是量刑具有重要作用。但毒品数量只是依法惩处毒品犯罪的一个重要情节而不是全部情节。因此，执行量刑的数量标准不能简单化。特别是对被告人可能判处死刑的案件，确定刑罚必须综合考虑被告人的犯罪情节、危害后果、主观恶性等多种因素。对于毒品数量刚刚达到实践掌握判处死刑的标准，但综观全案，危害后果不是特别严重，或者被告人的主观恶性不是特别大，或者具有可酌定从轻处罚等情节的，可不判处死刑立即执行。对于被告人被公安机关查获的毒品数量不够判处死刑的标准，但加上坦白交代的毒品数量，超过了判处死刑的数量标准的，一般应予从轻处罚，可不判处死刑立即执行"。关于毒品犯罪的共犯，认为"共同犯罪中能分清主从犯的，不能因为涉案的毒品数量特别巨大，就一律将被告人认定为主犯并判处重刑甚至死刑"。

2005 年 10 月 26 日，最高人民法院在其工作改革纲要中指出："贯彻罪刑相适应原则，制定故意杀人、抢劫、故意伤害、毒品等犯罪适用死刑的指导意见，确保死刑正确适用。"时任最高人民法院院长肖扬在第五次全国刑事审判工作会议上也指出，严格控制和慎重适用死刑，就是要严格掌握和统一死刑适用的标准，确保死刑只适用于极少数罪行极其严重的犯罪分子。① 因此，

---

① 《肖扬要求严格掌握和统一死刑适用标准》，《法制日报》，2006 年 11 月 9 日。

虽然最高司法机关对死刑适用标准尚未作出全面、统一的规定，但其诸多的探索和完善也正在进行。由此，我们在理解绑架罪死刑适用的司法标准时，可以参照前述相关规定，尤其是《座谈会纪要》中关于故意杀人案件的死刑适用标准。故意杀人罪和绑架罪都属于严重的暴力犯罪，在理解其死刑适用标准时，具有一定的相似之处，可以有所借鉴。

二、绑架罪死刑适用的司法标准

分析绑架罪死刑适用的司法标准，需要结合刑法总则和分则规定来综合认定。就总则规定而言，《刑法》第48条第1款所规定的"罪行极其严重"，应当从客观危害、主观恶性和人身危险性等方面进行综合把握。只有当行为人不仅实施了客观上危害极端严重的犯罪，而且犯罪人具有极其强烈的对抗社会的心理态度，再犯的可能性十分明显，即犯罪的性质极其严重、犯罪情节极其严重、犯罪人的人身危险性极其严重三者统一，[①]才能认为是"罪行极其严重"，进而考虑死刑的适用。

就绑架罪的具体规定而言，可以从以下几个方面入手分析绑架罪死刑适用的标准：其一，犯罪的性质。在判断具体罪名适用死刑的标准时，犯罪的性质是判断其是否符合"罪行极其严重"的第一因素，也是综合性的因素，因为犯罪性质本身就是对整个犯罪活动本质和其他特征的总结与概括。[②]绑架罪就罪质而言，属于严重的暴力犯罪，因此，就犯罪的性质这一判断标准而言，绑架罪可以在广义上属于"罪行极其严重"的犯罪。其二，犯罪造成的社会危害。就绑架罪这一暴力犯罪而言，主要指绑架行为对被害人造成了死亡结果或具有杀害被绑架人的行为，出现了刑法规定的可能适用死刑的犯罪结果。在这一客观要素的判断中，被害人的人数、行为的方式和程度等都是需要考虑的因素。其三，犯罪人的主观恶性。在绑架罪中，行为人怀有极大恶性实施绑架行为，意图实现勒索钱财或其他非法目的，不仅对被绑架人本人具有极大的恶意，而且对与被绑架人有特定关系的第三人形成了极大的心理胁迫。其四，犯罪人的人身危险性。反应在绑架罪中，表现出绑架人对社会

① 冯卫国：《死刑裁量若干问题探讨》，《杭州商学院学报》2003年第5期。

② 赵秉志、黄晓亮：《论死刑适用标准的统一化问题——以限制死刑适用为立场》，《政治与法律》2008年第11期。

的敌意非常强烈，对遭受自己侵害的被害人及其亲属毫无歉意，没有积极挽回损失或进行赔偿的悔罪行为，改造的难度极大。总体而言，只有在以上几个方面的要素同时具备时，才能够考虑死刑的适用。

就量刑情节而言，认定“罪行极其严重”的基本要素及其内在联系是死刑司法适用的具体化标准。具体来说，死刑适用的量刑情节主要有以下几种：其一，犯罪主体的情节。主要有犯罪人年龄、犯罪人特定身份、犯罪人精神状况、犯罪人生理状况、共同犯罪人等因素。其二，犯罪主观情节。具有犯罪动机、犯罪目的、犯罪意志产生的缓急(是激情犯罪还是预谋犯罪)、犯罪意志的强弱(是否有挽回损失的措施、心态等)，都是考虑限制死刑适用的酌定因素。其三，犯罪客观情节。主要有犯罪停止形态、犯罪工具、犯罪手段、犯罪结果、犯罪对象、犯罪场合、犯罪次数、附随行为、犯罪客观影响等情形。其四，犯罪附随情况。主要涉及在国外受过处罚、犯罪原因、再犯与累犯、自首与立功等情形。通常而言，在司法实务中，最为重视的主要是犯罪手段是否极为残忍、犯罪后果是否极其严重、犯罪人悔改态度等。①

本章即以上述因素为切入点，分析绑架罪死刑适用的具体司法标准。在这一分析过程中，将结合具体案例进行说明，既分析适用死刑的因素与情况，也考虑不适用死刑的因素与情况，力图概括便于司法实践运用的规则或结论。

(一)犯罪性质

从现行刑事立法来看，绑架罪适用死刑的情况限定于两种，即“致使被绑架人死亡”和“杀害被绑架人”。对这两种情况具体应当如何理解，前文已有阐述。此处需要讨论的是，致使被绑架人死亡与杀害被绑架人的危害性质是否相同，在适用死刑时是否应当有所差异。

被法律评价为应处死刑的极其严重的罪行在社会危害本质上应当具有相当性，比较这两种情形，既然立法将两种情节分开并列，就表明“致使”的主观因素中，排除了“杀害”被绑架人的故意，二者不管从主观恶性、行为方式还是最终结果来看，与故意杀害被绑架人都不可同日而语。因此，虽然现行刑法对这两种情形配置了相同的法定刑，但在具体适用

① 赵秉志、黄晓亮：《论死刑适用标准的统一化问题——以限制死刑适用为立场》，《政治与法律》2008年第11期。

时，应当将其区分开来：如果在一起绑架案件中，同时出现了杀害被绑架人和致使被绑架人死亡的情形，量刑上应当有所区分。由于现行立法没有区分地规定了绝对确定的死刑，因此，应当在此范围内进行协调，以实现量刑的均衡：对于杀害被绑架人出现死亡结果的，可以考虑适用死刑立即执行；但对于致使被绑架人死亡的，只宜考虑适用死刑缓期两年执行。

(二)行为手段

绑架罪作为严重侵犯人身权利的犯罪，对被绑架人的实力控制是其行为的本质特征，因此，手段的暴力程度和严重程度在很大程度上反映了绑架罪的情节。刑法理论一般认为，绑架的手段具体包括暴力、胁迫、麻醉等方法，实践中也曾出现行为人利用未成年人心智尚未发育成熟而采取诱骗等方式对其进行控制的情况。显然，行为人采用绑架手段的不同，直接影响到该罪的社会危害程度。① 一般而言，暴力的威胁程度最高，胁迫次之，诱骗的程度相对最低。即使同为暴力，也存在程度的区别。绑架中杀死被绑架人或致其死亡的，才可以考虑死刑的适用，而在绑架过程中以何种程度的行为实现对被绑架人的实际控制也是量刑时应当考虑的因素之一。如果在绑架过程中故意以残忍的手段折磨、伤害被害人的，或者有分尸、焚尸伪造现场等行为的，或者在一定时间或区域内接连以同样的手法实施连环绑架，给公众造成心理恐慌的，或者在与警方或被勒索的第三方对峙期间当面实施残忍的伤害乃至杀害行为的，可以考虑适用死刑。湛江市曾经发生过一起极为嚣张的绑架、杀人犯罪，即李某等绑架、杀人案。

被告人李某、缪某、梁某，均为廉江市人，初中文化。2004年11月初，李某纠集梁某、缪某密谋绑架作案。李某提出绑架电器老板罗某勒索钱财，梁某、缪某表示同意。三人商定，绑架到人质后，若人质家属报案或不交赎金，就开枪杀害人质。后来，他们看罗某出入均驾驶小汽车，难以实施绑架，便将绑架对象转移到罗某的儿子身上。三人在罗某住宅附近守候了好几天，发现19岁的罗某群(罗某的侄子，19岁，廉江一中学生)经常出入罗某家，以

① 杨志国：《认定绑架罪“情节较轻”的几个理论问题》，《中国刑事法杂志》2009年第11期。

为他就是罗某的儿子。11月12日早上6时许，李某驾驶一辆小汽车载着梁某、缪某两人在廉城东街守候。当罗某群骑自行车上学路过时，三人便伺机将其绑架上汽车，送到廉江石城镇一树林内隐藏，然后打电话给罗某群的父亲勒索赎金200万元，并称不给赎金或报警就打死罗某群。后来，经与罗某群亲属商定，赎金降至60万元，并确定了交赎金的时间和地点。11月12日晚上11时，三绑匪将人质罗某群送到石城镇高街桥的桥头处，李某持一猎枪在桥南侧的树林里看守人质，梁某、缪某两人各持一支猎枪在桥北侧负责收取赎金。

不久，罗某群的父亲等人到高街桥北侧准备交赎金时，守候在桥南侧的李某发现周围有人走动，怀疑是公安人员，便向罗某群的背部开了一枪，当场将人质杀害。梁某、缪某两人听到李某开枪，也疯狂地向前来交赎金的罗某群的父亲和办案民警连开7枪，罗父和两名警察被打伤。

湛江市人民检察院认为，三被告共同合谋、精心策划，持枪绑架在校学生，勒索金额特别巨大，并当场开枪杀害人质，又开枪射杀被害人亲属及办案民警，手段特别残忍，情节特别恶劣，请求以绑架罪、故意杀人罪追究其刑事责任。湛江市中级人民法院经审理作出一审判决：李某、梁某、缪某均犯绑架罪、故意杀人罪被判处死刑，并处没收其个人全部财产。

李某等三名被告人合谋绑架在校学生，李某在双方交接赎金时开枪杀死人质，不仅如此，被告竟然向人质亲属和办案民警连开7抢，反应犯罪人极深的主观恶性、极大的人身危险性，同时也造成了极为严重的犯罪后果。需要指出的是，本案中三名被告人均已触犯绑架罪和故意杀人罪两个罪名，因其杀害行为的对象已经扩大到了人质以外的其他人，又单独构成了故意杀人罪，但并未造成其他人的死亡，因此构成故意杀人罪的未遂形态。三人均以绑架罪和故意杀人罪被判处死刑，仍是绑架罪的量刑起了关键作用。

(三)危害结果

严重的社会危害性是犯罪的本质特征。绑架罪必定侵犯到的法益是被绑架人的人身权利，而通常也会侵犯到第三人的财产权益或其他权益。对于绑架罪适用死刑的两种情况而言，“致使被绑架人死亡”毋庸置疑应当以被绑架人死亡为必要条件，而“杀害被绑架人”是否要求有同样的结果出现则争议较大。本文认为，当犯罪人杀死被绑架人时，尤其是以残忍手段实施的杀害行为或者被害人人数众多时，应当考虑适用死刑。由于各种原因导致虽实施了杀害行为而没有出现死亡结果时，应当同时适用刑法总则中关于未遂犯从轻或减轻处罚的规定，排除死刑的适用。例如王某绑架案。

2001年1月6日，被告人王某到西良村学校附近，找到其表弟之子高某（10岁），以找高某的叔叔为由将高某骗走。王某挟持高某乘车先后到河南安阳、山西省长治市、榆杜县和河北省武安县、涉县等地。此间，王某用事先准备好的手机亲自或胁迫高某多次向高家打电话索要现金5万元。在索要未果的情况下，王某将高某挟持到涉县境内一火车隧道内，乘高某不备，用石头砸击其头部，将高某击昏后将其放到下水道内，并用水泥板盖住后逃离现场。1月13日下午，高某被铁路工人发现，抢救后脱险。经法医鉴定，高某颅骨多发性骨折，属轻伤。

一审法院认为，被告人王某以勒索财物为目的，将被害人打昏后放在下水道内杀害被绑架人，手段恶劣，情节严重，其行为构成绑架罪。王某的行为虽未造成被害人死亡，但所犯罪行严重，不足以从轻处罚，对其辩护人提出的没有造成被害人死亡，可从轻处罚的辩护意见不予采纳。因此以绑架罪判处王某死刑，剥夺政治权利终身，并没收个人全部财产，被告人王某赔偿附带民事诉讼原告人高某经济损失人民币3 000元。宣判后，王某以绑架未遂、量刑过重为由提起上诉。二审法院认为，被告人王某绑架儿童勒索钱财未得逞，杀害被绑架人，其行为构成绑架罪。虽因被告人意志以外的原因未造成被绑架儿童死亡，但其犯罪手段极其恶劣，应当判处死刑，因此裁定驳回上诉，维持原判，并根据当时最高人民法院的授权核准了本案的死刑裁定。①

再如李某等绑架案。2004年2月23日，被告人李某、石某、盛某穿着迷彩服，携带尖刀、封箱胶带、棉绳等作案工具，驾驶窃得的汽车至江阴市薛某某住处楼下，在其进入车库准备驾车离开时，三被告人按事先预谋的手法，由石某、盛某冲进车库，将薛某某的手脚捆绑住，还用封箱胶带

① 最高人民法院刑事审判第一庭、第二庭编：《刑事审判参考》2004年第3辑，法律出版社2004年版，第111—115页。

蒙眼。尔后，被告人李某驾驶薛某某的丰田佳美牌汽车载薛某某和盛某，被告人石某驾驶窃得的汽车离开。途中，因窃得汽车无法行驶，石某将车抛弃，亦上了薛某某的汽车。在汽车上，被告人李某指使被告人石某到江阴市司法街停车场与交款人接头取赎金。期间，当李某发现薛某某手机上有鼓励性的短信，即怀疑薛已经报案，指使盛某将薛某某绑住。盛某知道李某将杀害薛某某，乘李某下车将部分作案工具抛弃时，让薛某某装死。下午4时许，被告人石某由于取赎金未成，同时怀疑公安机关已经介入而逃离。被告人李某得知公安机关已经介入后，即示意盛某勒死薛某某，盛某即用绳索套住薛某某的颈部佯装猛勒，骗过驾驶汽车的被告人李某。被告人李某以为薛某某已死，即和被告人盛某携带从薛某某的包中翻得的人民币6400元弃车逃离。

江苏省无锡市中级人民法院经审理判处被告人李某犯绑架罪，判处死刑，剥夺政治权利终身，并处没收全部财产，一审宣判后，被告李某不服，向江苏省高级人民法院提出上诉，江苏省高级人民法院最终维持原判。

上述两个典型案例中均未出现被绑架人死亡的结果，但却同样适用了死刑立即执行的刑罚。在王某案中，法院认为虽然被害人没有死亡，但是所犯罪行严重，“不足以从轻处罚”，从这一思维逻辑可以看出，法院优先考虑的仍然是死刑的适用。这一结论与对“杀害被绑架人”的性质理解、未遂时的处理原则均密切相关，但法官在裁判时限制死刑适用的理念缺位也是重要因素。在面临类似的案例时，如果法官思考的是“没有从轻情节就一律判死刑”，而非“如果不是罪行极其严重就不判死刑”，那么，对于死刑的限制适用就极易流为一种理论空谈。李某案则属于典型的由于犯罪人意志以外的原因最终未能将被害人杀死的情况，李某虽系主谋，在整个犯罪中起了策划、指使的主导作用，但从危害结果上看，并未导致任何人死亡，依前文所述，应当同时适用未遂犯的规定从轻或减轻处罚。即使法官并不认同这种理论上的学说或主张，仅从报应刑朴素的“一命抵一命”的理念来判断，李某亦罪不至死。而同样适用死刑的下述刘某案则与这两个案例有明显差异。

被告人刘某原籍辽宁营口盖州，1992年和2001年，他因盗窃罪先后两次被判入狱服刑，2004年8月刑满释放后，一直无所事事。2009年5月23日10时许，被告人刘某在大洼镇东湖公园南部，以做好事帮忙擦玻璃为名，将三名小学生骗至一处平房内(其父亲生前居住过)，持刀逼迫三名被害人用电线互相捆绑，并逼问出他们的家庭情况及家长联系方式。随后，刘某分别给被害人的父母打电话，向每个家庭索要赎金2万元。为灭口，刘某采取用电线勒颈部、尖刀刺击背部等手段将其中两名被害人杀害。另一人挣脱捆绑逃离现场，并向公安机关报警，刘某觉察事情败露后急忙潜逃。同年6月6日下午，他偷偷潜回大洼镇，被群众举报跟踪，随后被公安机关抓捕归案。辽宁省盘锦市中级人民法院经审理认为，首先被告人刘某在实施绑架犯罪中，杀死二人，作案手段残忍，社会危害性极大；其次，刘某系被判处有期徒刑以上刑罚之罪，在刑罚执行完毕以后五年内又重新犯罪的累犯，应当依法从重。依照相关法律规定，当庭宣判被告人刘某犯绑架罪，判处死刑，剥夺政治权利终身，并处没收个人全部财产；被告人刘某分别赔偿两家附带民事诉讼原告人各项经济损失人民币301 725元。在经过辽宁省高院二审裁定以及最高人民法院的核准并下达死刑命令后，刘某被执行死刑。

从危害结果的角度看，刘某绑架了三名被害人，杀死了其中二人，整个犯罪独立实施，作案手段残忍，社会危害性极大，完全符合杀害被绑架人的特征，即使没有案例中存在的累犯的法定从重情节，也应考虑适用死刑。将上述三个案例对比分析可以看出，危害结果在考虑是否对绑架罪的犯罪人适用死刑时起到了重要作用。

(四)行为对象

绑架罪侵害对象的不同在一定程度上反映了行为的社会危害性程度。绑架罪的特点决定了绑架行为可能会与熟识的人、乃至亲友之间发生关联，并常常以反抗能力较弱的特殊群体为行为对象。如以老人、儿童或妇女作为绑架对象，与其他的绑架罪相比，情节就显得更为恶劣，社会危害性也就更大。因为老幼妇孺在社会观念中属于弱势群体，因其反抗能力较弱而使得行为人容易实现犯罪的最终目的，同时更有可能造成被害人的伤亡后果，严重背离了社会的基本伦理道德，可责性更强。此外，被绑架人特定的社会身份也会影响到绑架罪的社会危害性程度。绑架行为直接作用的对象是被绑架人，而一旦提出索财或其他不法要求，则会形成双重对象，“如果以外交官员、国际友人或者社会知名人士等作为绑架对象，社会影响就会更加恶劣，危害性也就更大。”①下面的案例是一起特殊的发生在师生之间的绑架案。

被告人郎某是一名小学语文教师。从2005年8月起，不安心教书、一心想挣钱的郎某开始构思一条“生财之道”：绑架学校的“有钱”学生，向其家人勒索钱财。2006年9月6日，郎某骑上摩托车、戴上头盔，于当日6时30分来到其任教的学校。当看见该校二年级住校学生郭某一人在学校玩耍时，便将他骗上摩托车带回家中，用布条将他捆绑后丢在家中。到了18时许，郎某回到家中，越想越害怕，为防止罪行败露，便将郭某掐死，然后将尸体放进一个坛子内，倒入汽油、菜油进行焚烧。随后，郎某又将坛子移到屋外填上泥土掩埋，并在坛口处栽了一棵小桂花树。9月12日，郎某用事先准备好的手机卡给郭某的父亲发了一条勒索短信。13日，警方根据线索迅速将郎某抓捕归案。

宣城市中级人民法院认为，被告人郎某身为教师，为勒索他人钱财，绑架年仅7岁儿童的行为，已经构成了绑架罪，情节十分恶劣，手段极其残忍，给被害人家庭及其任教学校带来了严重危害，并在当地造成了特别恶劣的社会影响，罪行极其严重，依法应予以严惩。判处郎某死刑，剥夺政治权利终身，并处没收个人全部财产。

在校园里，教师之于学生犹如父母之于子女，负有特定的看护职责。相对于一般的绑架案来说，在这种具有特定关系的人之间发生的绑架案，对于被绑架者本人来说，由于固有的信任关系而导致防范心理大大降低，犯罪人更易得逞，对于社会一般民众来讲，类似案例亦会产生极为强烈的心理震荡，可责性更强，在存在适用死刑条件的情况下，可以适用死刑立即执行的方式。

（五）被害人过错

被害人过错是指被害人出于主观上的故意或者过失，侵犯他人合法权益，诱发他人的犯罪意识，激化犯罪人的犯罪行为。② 研究被害人过错，主要是分析其对犯罪人刑事责任轻重的影响，进而探讨这一情节在死刑适用中的作

① 杨志国：《认定绑架罪“情节较轻”的几个理论问题》，《中国刑事法杂志》2009年第11期。

② 高铭暄、张杰：《刑法学视野中被害人问题探讨》，《中国刑事法杂志》2006年第1期。

用和意义。在被害人有过错的案件中，加害方与被害方的作用交织在一起，被害人的过错在一定程度上减轻了犯罪人的可责性，从刑罚预防以及刑罚个别化原则的要求来看，应当在量刑时予以考虑。前述最高人民法院《座谈会纪要》中关于故意杀人罪的死刑适用，明确规定了被害人必须承担的责任存在两种情况：一是被害人一方有明显的过错；二是对矛盾激化负有直接责任，此时一般不应判处死刑立即执行。绑架罪与故意杀人罪同属严重侵犯人身权利的暴力犯罪，对于绑架罪中的被害人过错，也可以借鉴这一较为成熟的做法。所谓“被害人一方有明显过错”，是指被害方有罪错或者重大过错的情形。而“对矛盾激化负有直接责任”，则指被害方对于矛盾的激化起到了决定性的催化作用，并直接促成犯罪的发生。如果只有一定的原因力，并无决定性的作用，与矛盾激化的结果之间不具有直接因果关系，则不能认定为负有直接责任。① 如被害人曾长期克扣他人工资导致被告人生活困难、被害人曾长期实施残忍虐待被告人行为等，在综合考虑其他因素的基础上，可以不应适用死刑。

(六)犯罪目的与动机

犯罪目的与动机都属于主观要素的范畴，体现了行为人的主观恶性程度，由此对犯罪的社会危害程度产生影响。按照刑法理论的通说，绑架罪是目的犯，其犯罪目的是勒索财物或以人质为要挟提出其他不法要求，属于犯罪主观方面的内容，而犯罪动机虽不是犯罪构成的基本要素，但与犯罪目的关系密切。犯罪动机是激起和推动犯罪人实施犯罪的内心起因，动机是否恶劣可以从一个侧面体现出犯罪人的主观恶性大小。从绑架罪的整体情况来看，最常见的犯罪动机大体有以下两类：一是贪利，如追求奢侈生活，或为筹措吸毒、赌博资金而绑架；二是泄愤、报复，如为了打击竞争对手而绑架，还有的绑架罪出于特定的政治目的，有无预谋也是判断是否需要适用死刑的重要依据之一。一般情况下，绑架罪作为一种高风险、高收益的复杂犯罪，大部分是经过预谋实施的，因为有了精心策划、周密准备，具有很强的针对性和目的性。这类绑架犯罪一旦得逞则会造成严重的社会危害。

---

① 阴建峰：《故意杀人罪死刑司法控制论纲》，《政治与法律》2008 年第 11 期。

(七)共同犯罪人

在绑架罪的主体情节中，犯罪人年龄、特定身份、精神状况、生理状况等适用总则中的相关规定即可。需要重点讨论的是共同绑架案件的各共犯人的死刑适用，这不仅涉及共犯人需要承担刑事责任的一般理论，也需要结合绑架罪的具体特征进行分析。

1. 共同绑架罪中各共犯人的作用与死刑适用

在共同绑架罪中，对于杀害被绑架人或致使被绑架人死亡，依法应当判处被告人死刑的，一般只对主犯适用死刑立即执行，对于从犯，根据其作案参与的情节，应当从宽处罚。一案中有多名主犯的，还要在主犯中进一步区分出罪责更为严重者或最严重者。对于没有具体实施杀害行为的绑架者，其量刑应当有别于实行杀害行为的绑架者；对被教唆、被胁迫实施杀害行为的绑架者，量刑也应当与起主要作用的教唆者或胁迫者有所区分。①因此，在共同犯罪中，需要进一步分清各被告人的地位和作用，原则上只判处作用最突出、罪责最重的被告人死刑立即执行。不能一出现人质死亡的结果就简单地对所有主犯都判处死刑。即使由于各共犯人的手段残忍、危害严重、主观恶性深等因素均判处死刑，也应考虑死刑立即执行和死刑缓期两年执行的不同执行方式。例如樊某绑架案。

被告人樊某、任某、刘某华、刘某光、刘某东五人原为传销组织成员，樊某为负责人。2008年5月中下旬，樊某等人相继从河南三门峡市流窜到安康市从事非法传销活动，并由刘某东在网上发布虚假的招聘员工信息。6月9日，贵州科技工程学院大学生盛某某受骗来到安康市，被樊某、任某、刘某华等人带至提前租赁的房中拘禁。樊某、任某、刘某华、刘某光、刘某东及其樊某的两名网友卓某、许某共同对被害人拳打脚踢实施暴力侵害，逼迫其交出5000元钱，并打电话以威胁杀死被害人向其家人勒索钱财。当获得1200元勒索款后，樊某等认为还未遂绑架勒索的意愿，又继续对被害人实施殴打，致其昏迷。次日，樊某与同伙将被害人勒死，肢解尸体后逃逸。安康市法院对“6·10”传销人员绑架杀人碎尸案作出一审判决，主犯樊某被判处死刑，其余六名被告人被分别判处10年有期徒刑到死刑缓期二年执行等刑罚，并分别

① 项谷等：《严重暴力犯罪死刑适用的酌定标准》，《法学》2009年第11期。

处以2000元到1万元的罚金。

本案是典型的多人实施、一人起主要作用的共同绑架案件。樊某系共同犯罪的负责人和策划者，绑架过程中又殴打人质致其昏迷，直接实施了杀害人质、肢解尸体的行为，手段残忍，主观恶性大，被判处死刑立即执行。其他犯罪人中，也有的被判处死刑但适用了缓期两年的执行方式，实现了区别对待，发挥了死缓的积极功效，体现了罪责刑相适应原则的要求，并在只有一人死亡的绑架案件中充分实现了死刑的限制适用。

再如孔某绑架案。为还8万多元的赌债，2009年11月17日，被告人孔某在深圳市园岭小学见到朋友的儿子陈某，然后将其带到自己在龙岗区布吉租住的房间内，与被告人黄某一起将陈某捆绑。当日18时许，黄某根据孔某的安排，用新购买的手机向陈某的父亲打电话索要赎金人民币10万元，并发短信要求在18日15时之前将赎金存入孔某的账户。18日晨5时许，因陈某哭闹，孔某用手捂住陈某的口、鼻并勒压其颈部，最终导致陈某死亡，随后毁尸灭迹。当日15时35分许，被害人陈某的父亲将人民币10万元存入孔某指定的账户，后由另一被告人黄某于19日下午提取了其中的两万元。

一审法院依法判决被告人孔某犯绑架罪，判处死刑，剥夺政治权利终身，并处没收个人全部财产；判决被告人黄某犯绑架罪，判处无期徒刑，剥夺政治权利终身，并处没收个人全部财产；判决被告人黄某犯掩饰、隐瞒犯罪所得罪，判处有期徒刑3年，并处罚金人民币5000元。判决被告人孔某、黄某赔偿附带民事诉讼原告人各项损失共计人民币567 302元，其中被告人孔某承担人民币397 111.4元，被告人黄某承担人民币170 190.6元。

2009年前后，深圳曾发生一系列校园绑架案，上述孔某一案是其中一起多人实施并致一名受害人死亡的共同绑架案。两名绑架罪的被告人之间分工明确，实行行为的差异也较为明显：被告人孔某预谋策划了整个犯罪，并在绑架过程中实施直接导致人质死亡的行为；被告人黄某负责向人质家属勒索钱财，并未实施杀害人质的行为。孔某在共同犯罪中起主要作用，系主犯，并应适用“杀害被绑架人”的刑罚，因此被判处死刑；而黄某系从犯，最终被判处无期徒刑。

又如吕某、屈某绑架案。2009年5月底，被告人吕某、屈某在郑州市预谋绑架泌阳县的李某，索要钱财。二人准备了作案工具后于2009年6月中旬多次到李某住处附近守候，但运气不佳，没有碰到李某。这时二人决定转移目标，于是时任泌阳县建设局长的苏某便落入了二人视线。2009 年 6 月 30 日 22 时 50 分左右，当苏某步行返家走至家属院时，二人持仿真手枪强行将苏某挟持到面包车上后驾车逃离现场，在途中对苏某进行殴打、捆绑，吕某持仿真枪砸击其头部并从身上搜出现金 2600 元等，二人让其与家人联系准备赎金，并将其带至许昌市襄城县颍桥回族镇北大街李根岭颍河河坡一废弃民房内，二被告人用破布头塞其嘴被吐出后，又强行灌下安眠药，被告人吕某遂用钳子撬嘴，被告人屈某随即用木棍堵塞其口部，接着反绑其双手后又与脚连绑，吕某用皮带缠绕于头部蒙其双眼等，然后将其扔弃在该民房内。后被告人屈某又租用车辆往返于驻马店、许昌，多次用电话同其亲属联系，索要赎金 200 万元，未果。2009 年 7 月 1 日，吕某在泌阳县城被抓获，当日 22 时 30 分左右，公安人员赶往苏某被绑架地点进行解救时，苏某已因颈项部被捆绑致机械性窒息而死亡。次日，屈某在驻马店市境内被抓获。

驻马店市中级人民法院审理认为，被告人吕某、屈某以勒索财物为目的，使用暴力等方法劫持人质，致使被害人苏某死亡，其行为均已构成绑架罪。被告人吕某、屈某二人为勒索财物预谋实施绑架后，精心策划和准备作案工具，相互配合，分工周密，绑架第一个犯罪对象未果后随即确定第二个犯罪对象，勒索财物数额巨大，手段残忍，致使被绑架人苏某死亡，主观恶性极大，所犯罪行极其严重，依法应予严惩。在慎重参考了人民陪审团的意见后，依法以绑架罪判处二被告人死刑，剥夺政治权利终身，并处没收个人全部财产；连带赔偿附带民事诉讼原告人经济损失共计人民币 97 653.51 元。

本案以官员为犯罪对象，可能成为量刑时被考虑的因素之一。综合来看，虽然二被告人对绑架犯罪精心策划、准备工具，相互配合，连续寻找作案目标，勒索财物数额巨大，但其并未直接杀害被绑架人，而是用灌安眠药、捆绑等手段排除被害人的反抗，最终导致其窒息而亡，属于刑法规定的“致使被绑架人死亡”的情形，对两人均判处死刑立即执行显得过重。被告人的行为并不属于“杀害被绑架人”，可以考虑适用死刑缓期两年执行。

2. 共同绑架致一人死亡时的死刑适用

对于共同致一名被害人死亡的案件，要进一步分清各被告人的地位、作用，确定各被告人的罪责，依据区别对待的原则判处各共犯人的刑事责任。

一方面要恰当运用死刑缓期两年执行的刑罚措施，避免“多命抵一命”的现象频繁出现；另一方面，在特殊的情况下，认为确实应当判处两名以上被告人死刑的，必须有绝对充分的理由，有绝对无误的把握，有群众绝对支持的社会效果。① 如数人共同实施了杀害的实行行为、主观恶性均极大、手段极为残忍等，也可以判处两人以上死刑立即执行。例如吴×民、吴×伟绑架案。

吴×民原系包头市地税局昆都仑区分局专管员。20世纪90年代初，吴×民曾停薪留职经商，挣下百万家产后恢复公职，做了一名税务专管员。2004年3月，好赌成性的吴×民在赌博中输掉了百万家产并欠下一屁股赌债。为了偿还赌债，与其堂弟吴×伟密谋绑架勒索，并把绑架目标定在了好赌好色的姜×武身上。姜×武系内蒙古小肥羊包头加盟店经理，拥有上千万家产。平时，姜×武与吴氏兄弟经常混在一起吃喝嫖赌。2004年4月5日，经过两个月的准备，吴氏兄弟以“从东北弄了几个小姐”为诱饵，将正在开车回家的姜×武骗至吴×民的父母家，然后在茶水里放上安眠药，把姜×武迷昏后绑架到吴×民在包头郊区的一个农场里。期间，吴×民向姜×武索要50万元，在钱款到账后，吴×民指使吴×伟用电话线将姜×武勒死灭口，用柴油焚烧后又将尸体抛在110国道乌兰察布市兴和县境内。

包头市中级人民法院以绑架罪判处吴×民、吴×伟死刑，剥夺政治权利终身，并处没收个人全部财产，附带民事诉讼赔偿近28万元。两被告人不服提起上诉，经内蒙古自治区高级人民法院终审裁定，驳回上诉，维持原判。2005年1月28日，绑架杀害“千万富翁”姜×武的吴×民、吴×伟兄弟被执行死刑。

这是发生在包头市的“百万富翁绑架杀害千万富翁”的典型案例，这起绑架案中最终只有一名被害人死亡，却对两名被告人均适用了死刑立即执行，法院判决主要是出于以下因素考虑：吴氏兄弟在绑架之前预谋了两个多月，预谋时间之长体现出对犯罪的精心准备；杀害人质的行为是在被告人勒索的钱财到账以后实施的，既劫钱财又害人性命，杀死人质后又用汽油焚烧并将转移抛弃尸体，一系列的行为充分体现了被告人极深的主观恶性和极大的人

① 张军：《死刑政策的司法适用》，载中国人民大学刑事法律科学研究中心编：《明德刑法学名家讲演录》第1卷，北京大学出版社2009年版，第235页。

身危险性。因此，虽然只有一名人质死亡，法院仍对两名共犯均适用了死刑立即执行。

再如李×军绑架案。2002年3月至7月间，两名被告人临汾市尧都区国税局干部李×军和侯马市自来水公司职工邢×安勾结山西稷山县人管×庆、临汾市西郭煤矿工人孙×虎(已判决)，多次密谋策划绑架他人以勒索钱财，并准备了双管猎枪、麻醉剂等作案工具，还驾车多次跟踪被绑架目标伺机作案。2002年7月间，李、邢二被告人又纠集某企业工人张×、无业游民王×珍(已判决)，四人多次密谋策划绑架襄汾县委组织部长张×勇。同年8月9日上午，李×军、邢×安、张×、王×珍四名被告人携带麻醉剂、注射器、铁丝、胶带、编织袋、毛巾等作案工具，窜至襄汾县委办公楼，在确认张×勇一人在办公室后，由李×军在外望风，邢×安、张×、王×珍谎称找张×勇办事为由，进入张的办公室，乘张不备之机将其按倒在地，用铁丝捆住张的手脚，胶带缠住嘴及眼，并给张×勇注射了麻醉剂，将其装入编织袋内。随后，四被告人借中午县委机关工作人员下班之机，将其绑架到尧都区土门镇亢村村西一窑洞内。被告人当晚给张×勇亲属打电话，索要赎金1000万元。绑架期间，邢×安先后两次给张×勇注射麻醉剂，导致张肌体中毒于8月10日晚死亡。四被告人在实施犯罪中抢走张现金1000元，手机一部，手表一块。案发后，李×军、邢×安逃匿，2003年4月5日在山东被抓获。

临汾市中级人民法院审理后认为，被告人李×军、邢×安以勒索他人钱财为目的，伙同他人采取暴力手段绑架他人，并致死人命，李×军在本案中首先提出绑架人质，策划绑架人质对象；邢×安积极参加绑架人质，是本案主要实施者之一，起到了主要作用，且多次给被害人注射麻醉剂，直接导致被害人中毒死亡。二被告人之行为已构成绑架罪，分别判处李×军、邢×安死刑，剥夺政治权利终身，并处没收个人全部财产。

在这起绑架案中，李×军和邢×安一个是犯罪策划者，一个是犯罪主要实施者，二人均构成绑架罪的主犯，并且长时间预谋、纠集多人共同实施犯罪，最终均被判处死刑。

3. 共同绑架罪中实行过限情况的死刑适用

实行过限是共犯理论中的热点和难点问题，尤其是涉及共犯人责任的承担时，需要重点讨论。刑法理论一般认为，实行过限指的是实行行为超出了共同犯罪故意的行为。根据主客观相统一和罪责自负的原则，实行过限行为的刑事责任只能由过限者承担，其他共犯人对此不应承担责任，而只在共谋的范围内承担罪责。而雇用犯罪是一种比较特殊的共同犯罪，一般来说，雇主的授意即为共同犯罪的故意，可以分为确定性的授意和概括性的授意。前者指雇主的授意明确具体，对犯罪的对象、种类、程度等有明确表示，此时实行者超出授意的行为就属于实行过限；后者指授意不明确，只是模糊的约定或委托，对犯罪行为的具体方式、可能造成的结果等均含混不清，如使用“收拾”、“摆平”、“教训”等词语，经常会导致严重的后果。在共同绑架案件中亦有类似情况出现，应当遵循的原则是，当雇主明确授权约定不得造成人质严重伤亡后果等情形时，实行者的过限行为杀害被害人或导致被害人死亡的，雇主原则上不应当适用死刑；授权不明确时，应考察案件的具体情况，分析雇主在共犯中所起作用的大小，尤其当出现被绑架人死亡的情形时，需要明确雇主是否与这一结果有直接的因果关系、是否起到了核心的作用，结合被害人死亡人数、雇主是否亲自参与实施绑架等因素综合判断。例如张某等绑架案。

张某的外甥女和东明县一土地开发商贾某是非法同居关系，张某了解到贾某腰缠万贯，预谋绑架贾某敲诈一笔钱。张某纠集五名社会闲散人员，只向五人的头目朱某说明了绑架贾某的计划，由朱某布置具体分工。张某向同伙着力强调不允许打死被绑架者。在实际实施犯罪过程中，张某却无法控制这五个人的行为。其中带头的朱某带领其余四人绑架贾某时遭到贾某的反抗，朱某命令“放挺贾某”，五人先对贾某实施殴打并抢劫现金 1500 元和一部手机，最后朱某用汽车方向盘锁扣击打贾某后脑致死。事后张某有把贾某送往医院抢救的行为。本案经过两审，主犯张某和朱某以绑架罪被判处死刑并已执行。

本案属于典型的雇用绑架，雇主张某亲自参加绑架犯罪，但其有明确的约定，着力强调不允许打死被绑架者。在绑架过程中，雇主张某无法控制其他人员的行为，受雇者朱某等五人共同实施了伤害人质的行为，并由朱某最终将其伤害致死。从客观行为看，张某并未实施导致人质死亡的实行行为，从主观方面分析，因其原有的明确约定而排除了张某对人质死亡的主观故意。并且，张某事后有将被害人送往医院抢救的行为。综合整个案情来看，受雇者超出共谋的范围实施了导致人质死亡的行为，属于实行过限，张某对此无须承担刑事责任。在只有一名被害人死亡的绑架罪中，同时判处张某和朱某两人死刑立即执行，实属过重。

(八)犯罪前后表现

1. 一贯表现

考察犯罪人罪前的一贯表现可以衡量犯罪人的人身危险性，对于量刑具有一定程度的影响，这种影响同时也体现在死刑的适用上。如果犯罪人平时表现良好，系初犯或偶犯，没有前科，说明其人身危险性不大，往往是慎用死刑立即执行的理由；如果罪前表现一贯较差，甚至有前科或系再犯、累犯，则人身危险性大大增加，适用死刑的可能性也大大增加。最高司法机关也以各种方式认可了这一点。如最高人民法院 2008 年 12 月 1 日印发了《全国部分法院审理毒品犯罪案件工作座谈会纪要》，其中第二部分即规定，“必须依法严惩毒枭、职业毒贩、再犯、累犯、惯犯、主犯等主观恶性深、人身危险性大、危害严重的毒品犯罪分子……对其中罪行极其严重依法应当判处死刑的，必须坚决依法判处死刑。”而第三部分明确指出，“对有证据证明被告人确属受人指使、雇用参与运输毒品犯罪，又系初犯、偶犯的，可以从轻处罚，即使毒品数量超过实际掌握的死刑数量标准，也可以不判处死刑立即执行。”在绑架犯罪中，如果之前曾经有过暴力犯罪，且性质比较严重，如强奸、抢劫等，而后罪实施的绑架犯罪也具有极其严重的危害程度，则可以根据个案的具体情况适用死刑，以前述刘某绑架案为例进行说明：从危害结果的角度看，刘某绑架了三名被害人，杀死了其中二人，整个犯罪独立实施，作案手段残忍，社会危害性极大，完全符合杀害被绑架人的特征；尤其是，刘某之前曾因盗窃罪先后两次被判入狱服刑，绑架罪系前罪执行完毕五年内又犯，构成累犯，充分表明其残虐的主观恶性和人身危险性，应当适用死刑立即执行。

2. 悔罪或赔偿

在严重的暴力犯罪中，被害人要求赔偿的呼声很高，因此积极赔偿作为对被告人从宽处罚的量刑情节，一般均能在判决中体现。如果被告人能从经济上予以补偿，则将减轻被害人及其家属的经济负担，也能在一定程度上弥补被害人及其家属心理上的伤痛。但在贪利型的绑架罪中，绑架者的赔偿能力一般较弱，而被害方在获赔无望的情况下，坚决要求判处死刑的诉求会转而增强。因此，应当理性缓和双方之间的对立，对于确实无法赔偿却有真诚悔罪行为的，可以考虑不适用死刑。如果同时有积极的赔偿，可以说明绑架者有积极的悔罪行为，从弥补被害人损失、抚慰其受伤心灵等方面来说，应当将其作为从宽处罚的情节，一般不适用死刑。如被告人具有真诚悔罪的行为，尽管没有全额赔偿的能力，但在可能的范围内积极变卖家产、筹措赔偿金，争取被害人的谅解，在此类案件中，一般可不考虑死刑的适用。

第九章

故意伤害罪死刑适用问题研究

第一节 故意伤害罪死刑的立法规定

一、故意伤害罪死刑规定及其适用概况

对故意伤害罪适用死刑的立法规定经历了一个演进过程。我国1979年《刑法》第134条规定："故意伤害他人身体的，处三年以下有期徒刑或者拘役。犯前款罪，致人重伤的，处三年以上七年以下有期徒刑；致人死亡的，处七年以上有期徒刑或者无期徒刑。本法另有规定的，依照规定。"可见，当时故意伤害罪最高刑是无期徒刑，没有规定适用死刑。1983年9月2日第六届全国人民代表大会常务委员会第二次会议通过了《关于严惩严重危害社会治安的犯罪分子的决定》，其中第1条规定："对下列严重危害社会治安的犯罪分子，可以在刑法规定的最高刑以上处刑，直至判处死刑……故意伤害他人身体，致人重伤或者死亡，情节恶劣的，或者对检举、揭发、拘捕犯罪分子和制止犯罪行为的国家工作人员和公民行凶伤害的……"这一决定将故意伤害罪的最高刑升格到死刑。

1997年修改刑法时，将故意伤害罪可以适用死刑正式写入刑法。现行《刑法》第234条规定了故意伤害罪的定罪量刑："故意伤害他人身体的，处三年以下有期徒刑、拘役或者管制。犯前款罪，致人重伤的，处三年以上十年以下有期徒刑；致人死亡或者以特别残忍手段致人重伤造成严重残疾的，处

十年以上有期徒刑、无期徒刑或者死刑。本法另有规定的，依照规定。”除本条外，《刑法》第238条(非法拘禁罪)、第247条(刑讯逼供罪、暴力取证罪)、第248条(虐待被监管人罪)、第289条(对聚众“打砸抢”行为的处理规定)、第292条(聚众斗殴罪)、第333条(非法组织卖血罪；强迫卖血罪)中也规定了相应犯罪造成伤害或者致人伤残的，应当适用第234条的规定，以故意伤害罪定罪处罚。

而从近三年最高人民法院复核的死刑案例来看，故意伤害罪适用死刑的比例高于非暴力犯罪(毒品犯罪除外)，在暴力犯罪中，故意伤害罪适用暴力伤害犯罪的死刑比例远远低于抢劫、故意杀人犯罪。在故意伤害罪中，致人死亡的死刑适用比例又高于致人严重残疾的情况。

二、对故意伤害罪适用死刑的具体犯罪情节

《刑法》第234条第2款规定，故意伤害致人死亡或者以特别残忍手段致人重伤造成严重残疾的，处十年以上有期徒刑、无期徒刑或者死刑。刑法为这一量刑档次的故意伤害罪配置了3种刑罚。从刑法对故意杀人罪的规定可以对比看出立法者对杀人和伤害两种犯罪的不同态度和倾向。《刑法》第232条规定，故意杀人的，处死刑、无期徒刑或者十年以上有期徒刑；情节较轻的，处三年以上十年以下有期徒刑。同样是死刑、无期徒刑或者十年以上有期徒刑三个量刑阶梯的刑罚，故意杀人罪的排列是由重到轻，而故意伤害罪的排列是由轻到重。因为相对故意杀人犯罪而言，故意伤害犯罪的社会危害性和被告人的主观恶性程度不同，适用死刑应当比故意杀人犯罪更加慎重，标准更加严格。

在实践中也是如此，最高人民法院从2010年10月1日起，在全国法院全面推行量刑规范化改革，试行《人民法院量刑指导意见(试行)》，并授权各高级人民法院在此基础上制定实施细则。该意见对故意伤害罪的量刑规定如下：(1)构成故意伤害罪的，可以根据下列不同情形在相应的幅度内确定量刑起点：①以特别残忍手段故意伤害致一人重伤，造成六级严重残疾的，可以在十年至十二年有期徒刑幅度内确定量刑起点。依法应当判处无期徒刑以上刑罚的除外。②故意伤害致一人死亡的，可以在十年至十五年有期徒刑幅度内确定量刑起点。依法应当判处无期徒刑以上刑罚的除外。(2)在量刑起点的基础上，可以根据伤亡后果、伤残等级、手段的残忍程度等其他影响犯罪构

成的犯罪事实增加刑罚量、确定基准刑……《江苏省高级人民法院〈人民法院量刑指导意见(试行)〉实施细则》规定，以特别残忍手段致人重伤，量刑起点为有期徒刑十一年；故意伤害致人死亡，情节较轻的，量刑起点为有期徒刑十五年，可能适用无期徒刑以上刑罚的除外。《湖北省高级人民法院〈人民法院量刑指导意见(试行)〉实施细则》规定，以特别残忍手段致一人重伤，造成六级严重残疾，除依法应当判处无期徒刑以上刑罚的外，可以在十年至十二年有期徒刑幅度内确定量刑起点；故意伤害致一人死亡，除依法应当判处无期徒刑以上刑罚的外，可以在十二年至十五年有期徒刑幅度内确定量刑起点。其他地方如四川省等也有类似的详细规定。

虽然上述意见都只适用于有期徒刑以下的案件，并不涉及判处死刑的情况，但通过最高人民法院的规范、指导性意见和各地司法机关的实施细则仍可以看出，故意伤害致人死亡或者以特别残忍手段致人重伤造成严重残疾的，基准刑仍然是十年以上有期徒刑，适用死刑是最后的选择。换言之，故意伤害犯罪必须综合考虑案件的全部情节来衡量社会危害性的大小和人身危险性的高低，只有满足了《刑法》总则第48条规定的“罪行极其严重”这一一般条件后，才可以考虑适用死刑。

根据《刑法》第234条第2款的规定，在以下两种情形中可以对故意伤害罪适用死刑：一是致人死亡；二是以特别残忍手段致人重伤造成严重残疾。

(1)故意伤害致人死亡是指被告人以伤害的故意实施犯罪，但造成了被害人的死亡结果。从犯罪的主观要件分析，被告人对伤害是持故意的心理，但对死亡结果是过失的心理，伤害行为与死亡结果应当有因果关系。在考虑适用死刑时，伤害行为与死亡结果应当是直接的因果关系，并且没有介入因素的影响。如果被害人的死亡存在介入因素的影响，与加害行为形成了多因一果，一般不应考虑适用死刑。比如被害人受伤后救治不及时，延误了诊疗时间；诊治中出现医疗事故；被害人生前有比较严重的疾病；被害人为了躲避被告人的严重伤害，情急之中跳水溺死或者逃跑时被其他汽车撞死等。例如杨×章故意伤害案即是如此。①

2005年1月20日9时许，被告人杨×章在其堂叔杨×进的房屋旁边，发

① 最高人民法院(2006)刑复字第121号刑事裁定书。

现拾荒者被害人田×山的编织袋内有杨×进家的一张旧渔网，即持木棍殴打田×山，致田×山手臂、右肩等部位多处散在软组织挫伤，挫伤面积217平方厘米。田×山受伤后经送医院抢救无效于次日8时死亡。经法医鉴定，被害人田×山生前患晚期门脉性肝硬化、巨脾症、冠心病等严重疾病，在遭受外伤等诱因的作用下引起与肝脏连结的腹膜撕裂出血休克死亡。法院最终以故意伤害罪在法定刑以下判处被告人杨×章有期徒刑六年。在本案中，被告人杨×章故意伤害的行为导致被害人死亡，但鉴于被害人死亡的主要原因是其生前患有严重疾病，杨×章的伤害行为只是被害人死亡的诱因，伤害行为与死亡结果之间存在介入因素，故杨×章不应对被害人的死亡结果负全部责任。因此，法院根据本案的特殊情况在法定刑以下判处刑罚适当。

(2)在没有出现死亡结果的情况下，法律对故意伤害致人重伤是否适用死刑规定得更为严格，必须满足以下三个要件。

一是手段特别残忍。目前尚未有相关的立法规定和司法解释详细界定何为“特别残忍”的手段，实际上这也是很难界定的，因为犯罪手段多种多样，难以通过列举的方式加以界定；并且，“特别残忍”涉及人的主观感知和价值取向，难以形成统一的意见。但一般而言，可以根据常人的感觉、承受能力从以下角度进行综合判断——犯罪工具是否令人恐惧、犯罪方法是否令人发指、伤害部位是否令人肉体和精神极度痛苦、伤害的过程是否令人极度疼痛、导致的犯罪后果是否使人基本丧失生活的能力和勇气等。从司法实践来看，可能被认定为“特别残忍”的手段有采用致命性锐器、剧烈腐蚀物、汽车等毁人容貌、挖人眼睛、割人耳鼻、砍人手足、轧人肢体等严重残损他人身体的行为。

二是致人重伤。根据我国《刑法》第95条的规定，重伤是指有下列情形之一的伤害：(1)使人肢体残废或者毁人容貌的；(2)使人丧失听觉、视觉或者其他器官机能的；(3)其他对于人身健康有重大伤害的。在司法实践中，是否构成重伤应当根据有法医鉴定资格的司法鉴定机构依据《人体重伤鉴定标准》(司法部、最高人民法院、最高人民检察院、公安部联合发布，司发[1990]070号)作出的伤情鉴定结论来认定。

三是造成严重残疾。根据最高人民法院发布的《全国法院维护农村稳定刑事审判工作座谈会纪要》(以下简称《纪要》，法(1999)217号)的规定：“严重残疾”的标准参照1996年国家技术监督局颁布的《职工工伤与职业病致残程度鉴定标准》(以下简称《工伤标准》)，是指下列情形之一：被害人身体器官大部缺损、器官明显畸形、身体器官有中等功能障碍、造成严重并发症等。残疾程序可以分为一般残疾(十至七级)、严重残疾(六至三级)、特别严重残疾(二至一级)，六级以上视为“严重残疾”。在有关司法解释出台前，可统一参照“工伤标准”确定残疾等级。

上述三个要件并非择一的关系，而是必须同时满足，缺一不可。同时《纪要》还强调：实践中，并不是只要达到“严重残疾”就判处死刑，还要根据伤害致人“严重残疾”的具体情况，综合考虑犯罪情节和危害后果来决定刑罚。故意伤害致人重伤或造成严重残疾的，只有犯罪手段特别残忍，后果特别严重的，才能考虑适用死刑(包括死刑缓期二年执行)。

第二节　故意伤害罪死刑的具体适用

一、根据故意犯罪的性质确定是否适用死刑

相对于同等后果的故意杀人罪、抢劫罪，故意伤害犯罪的社会危害性、被告人的主观恶性较小，因而判处死刑的标准非常严格。只有造成特别严重的后果，手段特别残忍，情节特别恶劣的被告人才可以适用死刑。实践中也是这样把握的。在司法实践中，当故意犯罪满足了本文上述的前提性条件之后，是否适用死刑通常还要进行以下判断：首先根据案件的性质进行区分，然后分析各种量刑情节，最后综合案件的全部事实，依照刑法规定，结合死刑政策、司法解释、司法实践和社会治安形势来综合判断。

从故意伤害犯罪案件的性质来看，现阶段故意伤害罪可以分为两大类：一是严重危害国家安全、社会治安、严重影响人民群众安全感的犯罪。此类伤害犯罪公然与社会为敌，以不特定公众为侵害对象，多发生在相对开放的场所，如黑恶性质的伤害、流氓性质的伤害、谋财性质的伤害。二是事出有因、针对特定对象，对社会治安整体秩序、人民群众普遍安全感的影响远不如前一类犯罪。此类犯罪通常由日常琐事引发，多为民间矛盾纠纷激化导致，多发生在相对封闭的场所，如婚姻家庭矛盾、邻里纠纷、民间借贷纠纷等引发的伤害案件。

这两类虽然均是故意伤害犯罪，但在行为的社会危害性、行为人的主观恶性上有着明显区别，因而在量刑上也应该作出区分。第一类犯罪的社会危害性更大，被告人往往具有更大的主观恶性和人身危险性，难以改造甚至不堪改造，因而对这一类犯罪中应当凸显宽严相济刑事政策中“严”的一方面；而第二类犯罪虽然也造成重伤、死亡的严重后果，但这类犯罪事出有因，对象特定，具有偶发性，对人民群众的安全感影响相对较小。被告人对一时失去理智造成的犯罪后果往往追悔莫及，主观恶性和人身危险性相对较小。对此类被告人决定刑罚时，必须更加注重落实教育、改造的方针，因而对这一类犯罪应当凸显刑事政策中“宽”的一面。

1. 严重危害社会治安的故意伤害犯罪

(1)为达到不可告人的政治企图、民族分裂等非法目的而蓄意伤害不特定群众的恶性案件。这类犯罪的被告人利用犯罪破坏政权稳定、民族团结，无视无辜群众的生命权、健康权、财产权，持凶器在闹市街头或者闯入居民家中肆意伤害，严重影响人民群众的安全感。对这类伤害案件从严惩处的同时还应当注意区分，对指使者、首要分子应当严惩，而对于受蒙骗、不明真相的群众应当以教育为主。

(2)为巩固黑恶势力或为黑恶势力的利益而故意伤害他人，包括黑恶势力之间为争强斗狠、争夺地盘或非法利益而发生的恶性案件，即通常所说的涉黑、涉恶伤害案件。根据最高人民法院、最高人民检察院、公安部2009年《办理黑社会性质组织犯罪案件座谈会纪要》(法(2009)382号)的精神，对于黑社会性质组织犯罪和恶势力团伙应当从严惩处。涉黑、涉恶犯罪中的故意伤害犯罪后果也许未必就比其他单纯的故意伤害犯罪更严重，但是前者是为了黑社会性质组织的利益，显示组织的非法势力，威慑群众，为霸一方，是为了更好地进行其他的涉黑、涉恶犯罪，谋取更多非法利益，因而对涉黑、涉恶的故意伤害犯罪应当综合分析其社会危害性和主观恶性，从严惩处。

(3)为排除竞争对手而故意伤害他人。这类伤害犯罪的被告人虽然不属于黑恶势力，但为了一己私利，不惜伤害竞争对手。有的是为了伤害经营同类生意的竞争对手，严重破坏市场经济秩序；有的则是为了追恋爱对象，伤害竞争对手。

(4)出于流氓动机伤害无辜，或者性情残暴，动辄伤害他人。这类伤害犯罪的被告人公然藐视国家法律，无视社会公德，逞强好胜，随身携带尖刀等凶器，视生命为儿戏。一旦与他人发生口角即持刀行凶，人身危险性极大。

(5)因对社会不满、仇视社会而报复社会伤害他人。包括因不能正确对待工作、生活中的挫折，或者心灵扭曲，对社会不满，伤害他人报复社会。

(6)谋财伤人。这类伤害犯罪主要是为了谋取钱财或者非法占有他人的合法财产而伤人，如实践中出现的摘取他人器官进行非法贩卖、为了骗取保险金而伤害被保险人等情况。

(7)因实施其他犯罪而伤害他人。比如在聚众斗殴、寻衅滋事犯罪过程中伤害他人，在强奸、拐卖妇女、非法拘禁、强制猥亵等犯罪中伤害他人。

(8)其他严重危害社会治安的伤害案件。比如冒充军警人员伤害他人或者伤害正在执行公务的执法人员。近来还有部分案件在网络中引起热议，造成恶劣的社会影响，如在强制拆迁中伤害业主、打击报复举报人、伤害上访人员等案件也属于此种类型。

当然，对这类伤害犯罪依法从严处罚并非意味着对上述案件符合死刑量刑条件的就都要判处死刑，而是要根据案件的具体犯罪事实和各种量刑情节，区别对待，突出死刑适用重点中的重点。对于严重危害社会治安的伤害犯罪，如果没有法定、酌定从轻情节，或者存有法定、酌定从重情节时，才可以考虑适用死刑。如果被告人有自首、重大立功等法定从轻情节，或者有足以影响死刑适用的酌定从轻量刑情节，就应当慎重，一般不适用死刑。

例如，2007 年 3 月 13 日 22 时许，张×松因其二位兄长张×容、张×皇在湖南省怀化市鹤城区汽车西站附近的杨×金的饭店玩老虎机时被杨×金等人打成轻微伤，而邀请老乡蒲×秋(被害人，殁年 38 岁)一起到杨×金的饭店索要医药费。杨×金听说后即纠集了张×安以及“牙坨”、杨×金、杨×群等数十人带着砍刀、“管杀”(铁管内藏尖刀)等凶器前来帮忙教训对方，被告人张×东亦同时应邀携刀前来参与。众人到汽车西站后即持刀追砍蒲×秋、张×松二人。杨×群、张×东等人追到西站前面的停车场时，碰到正从此处路过的瞿×兵，误以为是和蒲×秋一伙，遂追砍瞿×兵，将其砍伤。杨×金、张×安在杨×金饭店门前的人行道上追上蒲×秋后，即拳打脚踢将蒲×秋打倒在地。此时返回来的张×东手持一把“管杀”朝倒在地上的蒲×秋的左大腿捅了一刀。后张×东等人逃离现场。经鉴定，蒲×秋系被他人用单刃锐器(如砍刀)捅刺左股动脉、静脉横断，大量失血，失血性休克致呼吸衰竭死亡。①

在本案中，被告人张×东积极参与恶势力团伙的犯罪活动，积极参加争强斗狠的殴打行为，属于涉恶性质的故意伤害犯罪。在共同犯罪中，被告人张×东故意伤害他人，持刀将被害人刺伤，直接导致被害人的死亡，系主犯，情节恶劣，罪行极其严重，应依法惩处。因而人民法院以故意伤害罪判处被告人张×东死刑。

2. 民间矛盾激化引发的故意伤害犯罪

民间矛盾激化引发的犯罪一般是指公民个人之间在日常生产、生活中，因不能正确处理生活琐事、债权债务、相邻关系等民事关系或民事交往中发生的矛盾纠纷，导致矛盾升级，引发犯罪。通常包括以下几个方面：(1)婚姻家庭纠纷。主要是家庭成员之间在生活中因情感、财产、继承、赡养、抚养、扶养以及日常琐事等问题产生的矛盾。对以夫妻名义共同生活、离婚后因子女抚养等问题产生的矛盾，也可视为婚姻家庭矛盾。(2)恋爱纠纷。之所以将此从婚姻家庭纠纷中独立出来，是因为这种情况比较复杂，处理的时候要区别对待。只要双方是自由恋爱，因情感、经济、生活琐事、家庭干预等矛盾纠纷引发的犯罪，都属于民间矛盾引发的案件；但有的是一厢情愿纠缠不休，对方从来就没有同意过，或者一方已经明确提出分手，而另一方出于“我得不到，别人也不能得到”的流氓动机而实施的犯罪，则不能简单以恋爱纠纷来对待。(3)邻里纠纷。主要是相邻街坊间因宅基地、相邻权、财物归属，以及一些家长里短的生活琐事等引发的矛盾纠纷。(4)亲友、同事之间的矛盾纠纷。主要是在交往过程中，因财物、情感、日常琐事等问题产生的矛盾。(5)因土地、山林、水利、草场、果园等权属或承包等引起的纠纷。(6)劳务、劳资纠纷。主要是雇主雇员之间因劳动分工、收入报酬、工资结算等问题引发的劳务合作纠纷，如社会关注度较高的农民工工资拖欠之类的纠纷。(7)其他纠纷。

民间矛盾广泛存在于人们的学习、生产、生活当中，因而很难通过列举的方式将其一一罗列。以上几种是较为典型和常见的几种民间矛盾。对于具体案件是否属于民间矛盾引发，应当根据被告人和被害人的关系、案发当时

① 最高人民法院(2008)刑三复 93544457 号刑事裁定书。

的具体情况、争执的内容、程度等方面来具体分析。民间矛盾激化引发犯罪本身就是一种酌定从轻情节，根据我国的死刑政策，对于民间矛盾的认定应当尽量不要控制得太严，可以适当放宽，只要是发生在人们生产、生活、学习等正常交往中的矛盾纠纷都可以考虑。

对于民间矛盾激化引发的故意伤害犯罪适用死刑，特别是立即执行的要更加严格控制，更加慎重。根据最高人民法院《关于贯彻宽严相济刑事政策的若干意见》(法发〔2010〕9号)第22条的规定："对于因恋爱、婚姻、家庭、邻里纠纷等民间矛盾激化引发的犯罪，因劳动纠纷、管理失当等原因引发、犯罪动机不属恶劣的犯罪，因被害方过错或者基于义愤引发的或者具有防卫因素的突发性犯罪，应酌情从宽处罚。"因而只要有从轻情节，无论是法定还是酌定都要认真考虑，并结合其他犯罪情节、后果以及悔罪、调解情况来具体分析是否适用死刑，能不判处死刑的就不判处死刑。只有那些情节极为恶劣，手段极为残忍，后果极为严重，没有法定或酌定的从轻情节，甚至还有法定或酌定的从重情节的案件，才可以考虑适用死刑。

例如，2009年9月23日9时许，被告人王某持镰刀到自家责任田里割稻谷，遇见本村村民被害人童某，双方因童家的牛曾经踩了王家田里的稻谷之事发生争执。被告人王某持手中镰刀将童某的右颈部、右足背部、左腹部砍伤，致童某倒地。见童某受伤后，王某返回村中喊童某的哥哥等人去抢救，童某在被送往医院抢救的途中死亡。王某在随童的亲属去医院的途中被抓获。经鉴定，童某系生前被他人用锐器砍、切左腹部致左髂总动脉断离造成大失血死亡。① 考虑本案是由民间琐事引发，被告人王某与童某的纠纷属于民间矛盾，王某在案发后又积极抢救，依法不应判处死刑。因而对于王某，人民法院依法以故意伤害罪判处被告人王某死刑，缓期二年执行，剥夺政治权利终身。

关于"中间性质伤害犯罪案件的处理"，在实践中情况十分复杂，有的既不是典型的严重危害社会治安的案件，也不是传统意义上的民间矛盾激化引发的案件，而是处于两者之间。比如互不相识的人在酒店、歌厅、舞场、车

---

① 转引自张正新：《中国死缓制度的理论与实践》，武汉大学出版社2004年版，第223页。

站、码头等公共场所正常消费、活动，因口角不合而突发的伤害案件等。这些案件的当事人双方本无矛盾，但一般发生在公共场所，社会影响较大。又比如因婚外情、男女通奸等不正当男女关系引发的伤害案件，因赌资、嫖资等非法之债引发的伤害案件，在性质上也很难截然区分。这种“中间性质”案件的社会危害性、被告人的主观恶性、人身危险性处于严重危害社会治安案件与民间矛盾引发的案件之间，但不应该按照严重危害社会治安的案件来处理。

二、影响故意伤害犯罪适用死刑的量刑情节

从司法的办案流程来看，一个具体的故意伤害犯罪达到了可以判处死刑的量刑档次，并区分了案件的性质后，就应当分析案件的具体情况，找出其中可能影响被告人刑罚轻重的量刑情节。这既包括法律就其具体内容和功能作出明确规定的法定量刑情节，也包括法律未就其具体内容和功能作出明确规定，但在具体司法实践中总结适用的酌定量刑情节。从量刑情节对量刑起作用的轻重性质可以分为从宽量刑情节和从严量刑情节。其中，从宽量刑情节包括从轻、减轻、免除三种具体情节，而从严量刑情节只有从重这一种形式。也有学者将其定义为正向量刑情节和负向量刑情节、量刑趋轻情节和量刑趋重情节，这在内容上是基本一致的。

(一)常见的影响故意伤害罪死刑适用的从重量刑情节

1. 后果特别严重

犯罪后果的严重体现了犯罪社会危害性，同时也体现了被告人的主观恶性，因而，后果严重的犯罪在量刑上趋重也是罪刑相适应的当然之意。刑法规定故意伤害造成导致一人死亡或者以特别残忍手段致人重伤造成严重残疾的，最高可以判处死刑。正如上文所说，除涉黑、涉恶等严重危害社会治安的犯罪外，故意伤害导致一人死亡或严重残疾就判处死刑的情况并不多。而此处所指的“后果特别严重”是比刑法规定的更为严重的后果，一般是指造成二人以上死亡或者一人死亡、三人以上重伤的情况。

2. 累犯和前科劣迹

根据《刑法》第65条的规定，对于累犯应当从重处罚，但是过失犯罪除外。对累犯从重处罚的依据在于被告人的人身危险性大；前科劣迹是一个综合性的概念，包括前科和劣迹，其中劣迹又包括劳动教养和行政处罚。同累犯一样，对有前科劣迹的人从重处罚的依据也是被告人的人身危险性比初犯更大，比较难以改造，从重处罚有利于特殊预防刑罚目的的实现。但在影响到是否判处死刑时，不能稍有前科劣迹就决定判处死刑，而应当审查前科劣迹的性质。首先，前科劣迹必须以故意犯罪为前提，过失犯罪应当排除；其次，前科劣迹应当是比较严重的犯罪，一些轻微的刑事犯罪、行政处罚应当不在考虑之列。

例如，2006 年 5 月 2 日 15 时 30 分许，被告人杨×菊骑摩托车载韩×柱(在逃)沿黑龙江省兰西县东二道街向南行至县人民医院路口时，与李×庆驾驶的港田三轮摩托车追尾，致韩×柱手部受伤，李×庆将韩带至县人民医院诊治。在韩×柱包扎伤口时，杨×菊殴打李×庆并让李回家拿钱。李×庆找来其外甥杨×海(被害人，时年 33 岁)帮忙解决，韩×柱亦找来徐×威(另案处理)。当日 16 时许，杨×海与韩×柱、杨×菊、徐×威在医院门口发生口角，杨×海将杨×菊打倒在地，杨×菊起身后与韩×柱、徐×威分别掏出随身携带的尖刀追打杨×海。杨×海跑到医院北侧其父家附近时，徐×威将杨×海绊倒并捅刺杨×海右腹部外侧一刀，与杨×菊、韩×柱共同对杨×海拳打脚踢，后被人拉开。杨×海挣脱后跑进×家屋内，杨×菊等人将门玻璃踢碎，在门口叫骂。杨×海取出一把菜刀冲出来继续厮打，杨×菊又持刀捅刺杨×海臂部，后与韩×柱逃离现场，徐×威被公安人员当场抓获。杨×海被送往医院抢救，其伤情构成轻伤。

2007 年 10 月 1 日晚，被害人王×福(男，殁年 40 岁)与任×国、何×在黑龙江省肇东市八道街原汁骨头馆喝酒，王×福找来杨×军，杨×军又找来被告人杨×菊，杨×菊带着林×涛前往。席间，王×福无故辱骂杨×菊、林×涛，杨×菊恼怒，掏出随身携带的卡簧刀欲刺王×福，被他人推出饭店。王×福从饭店出来后，等候在饭店外的杨×菊持卡簧刀上前捅刺王×福腹部一下，尔后逃离现场。王×福被送往医院，因腹动脉断裂造成急性大失血，经抢救无效死亡。

在本案中，杨×菊还曾因故意犯罪被判处刑罚，在刑罚执行完毕后五年内又犯罪，系累犯。被告人两次实施故意伤害犯罪，第一次伙同他人持刀连续追打、捅刺被害人致轻伤，在逃期间为泄愤报复又持刀捅刺被害人致死；上述情节反映了被告人不思悔改，主观恶性深，人身危险性大，应依法从重处罚，因而最终人民法院以故意伤害罪判处被告人杨×菊死刑。①

3. 手段特别残忍

这是故意伤害致人严重残疾情况下判处死刑的必然条件，因而在未致人死亡的伤害案件中并不是一个酌定从重情节，否则即是对同一情节的重复评价。但在故意伤害致人死亡的情况下“手段特别残忍”是一个酌定的从重情节，因为被害人已经死亡，故“特别残忍”主要从被害人在生前是否遭受了极大的痛苦来判断。这一点可由姚×国故意伤害案予以印证。

被告人姚×国与被害人王×英(殁年 24 岁)于 2000 年结婚。2006 年后姚×国怀疑王×英与他人有不正当关系，多次殴打王×英。2007 年 5 月 16 日，二人协议离婚。离婚不久，姚×国以小孩生病为由将王×英接回同居，期间姚×国仍经常殴打、折磨王×英。同年 11 月 23 日，王×英不堪姚×国殴打、折磨喝农药自杀，经抢救脱离危险。被告人姚×国 2006 年 9 月 28 日因犯寻衅滋事罪被判处有期徒刑二年，缓刑二年，在缓刑考验期内实施了后续行为。2008 年 1 月 9 日，姚×国和王×英在湖南省津市市碧连天宾馆住宿时，姚×国殴打逼问王×英与他人的不正当关系，并用开水将王×英面部烫伤。同月 11 日下午，姚×国在家中再次殴打逼问王×英与他人的不正当关系，将王×英脱光衣服后拖至户外(当天为阴天有雨，2.6℃～5.1℃)冷冻、殴打，并往王×英身上泼冷水，还辱骂、殴打劝解的母亲周×枝，邻居刘×英也曾劝解无效。当日 18 时许，王×英因在寒冷环境下遭受较长时间的多种暴力，致身体机能状况高度虚脱，呼吸衰竭而死亡。姚×国见王×英死亡后，对王父及周围邻居谎称王×英是喝农药自杀，后案发，姚×国归案。②

本案从性质上看，是夫妻、家庭之间的矛盾，案件并不属于严重危害社会治安的犯罪，但被告人情节特别恶劣，手段特别残忍，被告人让被害人在寒冷环境下赤身遭受较长时间的多种暴力，包括拳打脚踢、开水烫伤、棍棒打击、卡颈(尸体鉴定结论不排除有烧灼情节)，其殴打、折磨、侮辱的手段让被害人的肉体和精神极度痛苦，也超越正常人的承受底线，造成特别恶劣的社会影响。结合被告人有前科等事实情节，人民法院以故意伤害罪判处被

① 最高人民法院(2010)刑五复 64575992 号刑事裁定书。

② 最高人民法院(2009)刑三复 01113403 号刑事裁定书。

告人姚×国死刑。

4. 针对弱势人员的伤害犯罪

弱势人员包括未成年人、老年人、残疾人、孕妇等。首先，这些特殊人员由于自身生理条件的限制，属于弱势群体，自我保护能力相对于一般正常的成年人较弱，犯罪分子对其进行侵害比较容易得逞，且造成的损害也比较大；其次，从社会伦理角度出发，针对弱势人员的犯罪也反映了被告人感情的冷漠和基本同情心的缺乏，因而无论是基于保护弱势群体的原则还是从刑法维护自然伦理的角度出发，对弱势人员的故意伤害犯罪在量刑上趋向从重是正当、合理的。例如索×平故意伤害案。①

被告人索×平从小脾气不好，稍不顺心，便打骂父母及妹妹。索×平的母亲病逝，妹妹出嫁后，其对父亲(被害人)索×秀的打骂逐步升级，索×秀不堪忍受，外出打工不归。2006年，索×秀因工伤左手食、中指被切断、手背皮骨被切碎，回到家中。为此，索×平嫌索×秀不能干活了，非打即骂，甚至有时不给饭吃。对此，村民敢怒不敢言。2007年5月31日早上，被告人索×平嫌索×秀摇晃家中大门，便朝其背部踹了十余脚，并追打至村民索大×的小卖部附近，被邻居劝阻后方才停手。随即，索×平回家取来凉馒头给索×秀吃，因索×秀将嚼碎的馒头吐出来，索×平再次发火，又朝索×秀身上踹了几脚，致其当场死亡。之后，索×平用三轮车将索×秀的尸体拉到村外坟地，准备掩埋。经村民报案，公安人员将正在挖坑的索×平当场抓获。经鉴定，索×秀系钝性物致伤，腹部闭合性损伤致脾脏破裂引起失血性休克死亡。

本案系发生在家庭内部的伤害犯罪，但其实际上不同于一般的家庭纠纷引发案件。被告人伤害的对象是其亲身父亲，且被害人不仅没有任何过错，还是丧失劳动能力，体弱多病的人，被告人漠视亲情人伦，长期虐待年高体弱的父亲，不顾亲友邻居的劝阻，动辄打骂、饿饭，手段特别残忍，情节特别恶劣，也激起强烈的社会反映。因此，人民法院依法以故意伤害罪判处被告人索×平死刑，依法严惩了被告人严重违背社会伦理道德的犯罪行为。

---

① 最高人民法院刑事审判庭主办：《刑事审判参考》总第58集，法律出版社2007年版，第35页。

5. 针对同一被害人的反复、持续犯罪

有的故意伤害犯罪的被害人并不属于传统意义上的弱势人员，是体格正常的成年人，但是由于受某种关系制约，长期遭到被告人的殴打、虐待。这种被害人在实际上长期遭到被告人多次的侵害，但往往在造成极为严重的后果时才发案。比较常见的有婚姻关系中丈夫多次殴打妻子、监狱、看守所中的监管人员多次殴打被监管人等。对这种案件的被告人的量刑应当和一次性造成伤害的案件相区分。上文所举例子中的姚×国故意伤害案件也符合此种情况，姚×国长期殴打、侮辱、折磨、伤害自己的妻子王×英，使被害人处于长期孤立无援甚至曾经自杀的境地，这和其他人一次偶然冲动殴打妻子致死在量刑上也是有区别的。

6. 雇用伤害的案件

雇用犯罪是共同犯罪的一种，但在处罚上要重于普通的共同犯罪，理由如下：第一，雇用犯罪中的雇主往往是身居高位或是腰缠万贯，受雇人多是劣迹斑斑的累犯、惯犯，犯罪多是经过深思熟虑的，因而犯罪人的主观恶性大；第二，雇用犯罪不同于激情犯罪，在犯罪前常进行过精心策划，因而犯罪更容易得手，社会危害性更大；第三，雇用犯罪案件涉及罪犯人数众多，除了雇主、受雇的一个或数个凶手外，还涉及一些中间人；第四，社会上经常出现的雇用犯罪经常出现在打击报复举报人、毁灭犯罪证据等案件中，社会影响极为恶劣。如被告人李×河打击报复、雇凶伤害举报人吕×一案，在新闻、网络中引起热议，激起公愤。因而在实践中对雇用伤害犯罪判处的刑罚也较严重。对于雇凶伤害共同犯罪，雇凶者与实行犯的刑事责任孰重孰轻，是“造意为首”还是“实行为首”也存在一定的争议。但一般来说，雇凶者是犯意的提起者，是整个犯罪的引发者，同时也是犯罪最大利益的获得者，受雇人一定程度只是雇凶者实施犯罪的工具，因而雇凶者的责任应当大于实行者。

(二)常见的影响故意伤害罪死刑适用的从宽量刑情节

法定的从宽情节包括自首、立功、从犯等，因为对故意伤害犯罪死刑适用本身就是把握非常严的，故如果存在法定的从宽量刑情节，实践中判处死刑的可能性就非常小，这在学界也是没有争议的，以下主要讨论实践中较为常见的酌定从宽情节。

1. 被害人过错

这一般是指被害人实施了诱发犯罪行为人产生犯罪意识或激化犯罪行为的不当行为。被害人过错影响被告人刑罚裁量的依据有“责任分担说”和“谴责性降低说”两种。前者认为被害人的过错行为使得犯罪的发生或者犯罪危害后果的产生不能完全归咎于被告人，此时犯罪行为的部分责任应当归咎于被害人；后者认为被害人的过错行为推动了被告人的暴力反应，那么被告人的受谴责性都应当适当降低。这两种学说各有长短。一般而言，对被告人的量刑轻重应该与被告人可谴责性成正比，与被害人所应分担的责任成反比。

需要注意的是，实践中还有“被害人对矛盾激化负有责任”的情况，这更加侧重于强调被害人在激化矛盾、引发犯罪方面的责任，与被害方过错虽有重合，但也并非完全一致。即便被害人一方只有轻微过错甚至根本无所谓过错，或者无法分清过错，但只要其对于激化矛盾负有责任，在对被告人的量刑时也应予以考虑。

从世界各国的立法例来看，许多国家已经将被害人过错规定为法定的量刑情节。瑞士《刑法》第 113 条规定，在出于值得尊敬的动机、行为人因被害人行为的诱惑、非法刺激或侮辱造成行为人愤怒和痛苦这三种情况下，法官可对行为人从轻处罚；意大利《刑法》第 62 条第 2 项规定，因他人不正当之行为，引起义愤而犯罪者可减轻；俄罗斯联邦《刑法》第 61 条规定，因被害人的暴力、挖苦或严重侮辱，或因被害人其他违法行为或不道德行为，以及由于被害人经常不断的违法行为或不道德行为而长期遭受精神创伤，从而在突发的强烈精神激动状态中犯罪的，属于法定减轻处罚的事由。

而我国目前刑法虽未明文规定被害人过错是从宽量刑情节，但在司法实务中一直强调应当将此作为酌定的从宽量刑情节。1999 年最高人民法院《全国法院维护农村稳定刑事审判工作座谈会纪要》中提出：“对于被害人一方有明显过错或对矛盾激化负有直接责任，或者被告人有法定从轻处罚情节的，一般不应判处死刑立即执行。”这一表述明确告诉我们“被害人一方有明显过错或对矛盾激化负有直接责任”与“被告人有法定从轻处罚情节”在对死刑适用上的影响是等量齐观的。2007 年最高人民法院在《关于为构建社会主义和谐社会提供司法保障的若干意见》第 18 条进一步强调，因被害方的过错而引发的案件应慎用死刑立即执行。此后，《关于贯彻宽严相济刑事政策的若干意见》

第22条也再次明确："因被害方过错或者基于义愤引发的或者具有防卫因素的突发性犯罪，应酌情从宽处罚。"因而在对故意伤害犯罪决定是否适用死刑时，应当审查被害人先前行为对被告人行为的影响，如果属于被害人的过错的情形，应当在量刑时予以考虑。例如李某故意伤害案。①

2001年1月10日7时许，被告人李某与被害人文某（殁年32岁）为清理屠宰场中的牛粪之事发生争执，文某对李某进行了侮辱并打了李某几拳。李某因此十分恼怒，便随手从一只铁桶上拿起一把单刃尖刀朝文某的左胸部刺了一刀，致文某左肺穿孔，伤及左肺动脉，导致失血性休克死亡。本案是因琐事引发的争执，被害人在争执中先对被告人进行侮辱和殴打，在起因上有一定的过错，引发、激化了矛盾，这在一定程度上减轻了被告人的责任。因而人民法院以故意伤害罪判处被告人李某死刑，缓期二年执行。

2. 被害方谅解和被告人赔偿

故意伤害犯罪致人重伤的情况下，被害方谅解的主体是被害人本人；被害人失去判断能力的或者死亡的，被害方谅解的主体是被害人的家属或者监护人。在第二种情况中，被害人的亲属可能存在不同的意见，比如实践存在的丈夫将妻子伤害致死，二人的孩子希望对父亲从轻处罚，但是被害人的父母坚决要求判处死刑。在这种情况下，要从亲属和被害人的关系、判断的理智情况来进行分析，一般只要有部分亲属表示谅解，在量刑上就应当考虑。

被害方谅解的原因是多样的，一般可能是因为被告人认罪悔罪、赔偿损失、赔礼道歉、提供生活帮助或履行其他民事义务，使被害人或其家属获得一定的物质补偿和精神安慰。谅解的形式分为书面和口头两种，被害人可以出具书面的谅解意见，也可以在庭审中向法庭直接表达谅解意见。

被害方谅解和被告人赔偿之间并没有必然的联系。实践中有被告人倾尽所有进行赔偿但是被害人家属坚决不谅解；也有的被告人未赔偿但被害人予以谅解。这两种情况都需要根据案件的实际情况分析被告人的认罪、悔罪态度和被害人谅解的原因，具体作出判断。

当然，在实践中大多数情况中两者是相互联系的，被告人与被害方在附

---

① 转引自张正新：《中国死缓制度的理论与实践》，武汉大学出版社2004年版，第218页。

带民事诉讼中达成一致意见，被告人愿意赔偿损失，被害方接受赔偿和被告人的道歉，愿意谅解被告人，审判人员在判处刑罚上予以考虑，在这种情形下，一般不判处被告人死刑。《关于贯彻宽严相济刑事政策的若干意见》第23条规定："因婚姻家庭等民间纠纷激化引发的犯罪，被害人及其家属对被告人表示谅解的，可以依法从宽处理……"司法实践中，被害方谅解的故意伤害犯罪判处死刑的被告人少之又少。尤其在民间矛盾激化引发的犯罪中，刑事政策要求审判人员尽可能把握一切有利于附带民事诉讼调解结案的积极因素，多做促进当事人双方和解的辨法析理工作，以更好地落实宽严相济刑事政策，努力做到案结事了，尽可能通过调解达成民事赔偿协议并以此取得被害人及其家属对被告人的谅解，化解社会矛盾，促进社会和谐。

但这一政策在社会中引起了广泛的反响，通过网络反映出部分人认为这有"花钱买刑"的嫌疑，认为富人有条件获取较轻的刑罚，而穷人则因为金钱的不足而承担了更重的刑罚，违背了法律面前人人平等的原则，这种认识存在一定偏差。因为对被害方谅解和被告人赔偿的案件在量刑上从轻考虑也是有范围的，对于严重危害社会治安的故意伤害犯罪，如涉黑、涉恶、谋财等故意伤害犯罪，不仅要考虑被告人主观恶性深，人身危险性大，犯罪行为的社会危害性大，更重要的是被告人可能因为犯罪而获得利益，经济实力相对较强，如果允许被告人通过赔偿的方式获得从宽处罚，实际上助长了犯罪的气焰，也减少了犯罪成本，不利于打击犯罪，更有失公平。故对此类性质的案件不主张因为被告人的赔偿和被害方的谅解而从宽处罚；对于民间纠纷引发、民间矛盾激化引发的犯罪，被告人对犯罪往往追悔莫及，罪后愿意积极赔偿，反映了认罪、悔罪的态度，对此种性质的犯罪无论从理论还是司法实践的角度来看，从宽处罚都是有着积极意义的。

对被害方谅解的案件从宽处罚的理论依据是犯罪行为的社会危害性减小和被告人的人身危险性降低。具体而言，赔偿损失有助于补偿、挽回被害人的物质损失，认罪悔罪、赔礼道歉有助于抚慰被害人的精神创伤，事实上减轻了犯罪行为的社会危害性；同时被告人赔偿损失、道歉等事后求得被害人谅解的行为也不同程度地反映了被告人的悔罪表现，从而降低其人身危险性，影响对其的量刑。

实践中这一量刑情节可能产生如下影响：第一，有助于保护被害人的权利。在传统的刑事司法模式下，犯罪被视为对国家统治和社会秩序的严重侵害，被害人权利保护被忽视，被害人的物质损害得不到有效补偿，精神、心灵创伤无法得到修复。在这一背景下，“恢复性司法”这一概念应运而生，强调应该帮助被害人获得物质补偿与精神抚慰，恢复生活常态。从我国的国情分析，目前能够对重大刑事案件的被害人及其家属给予国家补偿的地区是很少的，被害人的家庭被犯罪侵害后，不仅是心理遭受巨大的伤痛，从实际的角度而言，很多家庭生活甚至无以为继，没有基本的保障，而被告人的赔偿能够有效的补偿损失。这是一个非常现实的问题，旁观者也许更在乎对被告人的严惩，嘲笑接受赔偿的被害人，却忽视了直接受犯罪侵害的被害人及其家属的漫长而实际的生活问题。另外，被告人的道歉、悔罪等请求谅解的行为也能直接向被害方表达，被害方也能在这一过程中更多地参与司法诉讼过程、发泄感情，早日从犯罪的阴影中走出。第二，有助于化解社会矛盾，真正做到案结事了，促进社会的和谐稳定。实践证明，因民间矛盾激化引发的犯罪，被告、被害两方多存在邻里、同事、亲友或者婚恋等较为密切的关系，有的还是同一家庭的成员。对这类案件，如果简单地一判了之、一杀了之，往往会使当事双方结下更深的冤仇，甚至是世代冤仇，引发新的犯罪；相反，如果在审案的同时高度关注、大力促进当事双方的矛盾化解，在尽最大努力做通被害方思想工作、善后工作，并敦促被告人认罪悔过、积极赔偿的基础上，酌情对被告人从宽处罚，对于修复遭犯罪侵害的社会关系，使邻里、家庭、社区乃至整个社会的生活秩序重归融合而言，无疑是极为有益的。这一点可从马×故意伤害案的处理中得到印证。

2006年9月26日，被告人马×在广东省东莞市厚街镇三屯村永盛鞋厂冲凉房内洗澡时，同厂员工郑某不慎将水溅到马×的身上，双方发生口角，郑某随后告诉了自己的工友被害人童×(殁年19岁)等人。童×等人找到马×理论，马×心中恼怒，找自己的伙伴索要匕首，来到郑某宿舍隔壁等候。之后马×持匕首先后刺伤童×(郑某的工友)和两名工友，致童×死亡，两名工友一名重伤，一名轻伤。①

① 中国普法网首页→案件实录→2009；http://www.legalinfo.gov.cn/index/content/2009—07/28/content_1129280.htm。

本案属于民间纠纷引发，被告人马×主观恶性不深，系激情犯罪且认罪态度好，之前也无前科劣迹，人民法院在处理时遂主动联系当事人双方进行附带民事诉讼调解。本案被告人的家庭并不富裕，在马×的生父母、养父母及姐姐的共同努力下凑齐了15万元的赔偿款；而被害人童×的父亲鳏居多年，身体有病，一人在农村生活，家中经济也十分困难，失去儿子后老年生活更是没有保障。在这种情况，双方最终达成了调解协议。法院依法以故意伤害罪判处被告人马×死刑，缓期二年执行。显然，本案是因民间矛盾激化引发的犯罪，属于从宽的范围。人民法院在合法、自愿的前提下主持双方进行了附带民事诉讼调解，被告人亲属代为赔偿了附带民事诉讼原告人的经济损失，被害人亲属表示一定程度的谅解，既在一定程度上保障了被害人亲属的权利，也给被告人一个改过自新的机会，在一定程度上修复了被犯罪侵害的社会关系，符合恢复性司法的本义，达到案结事了的目标。

3. 在共同犯罪中不是地位、作用最为主要的主犯

我国法律从地位、作用上将共同犯罪中的犯罪分子区分为主犯、从犯、胁从犯，不同的地位、作用对应不同的刑罚。其中主犯中又有一般主犯和犯罪集团的首要分子，对于首要分子以外的主犯，法律规定应当按照其所参与的或者组织、指挥的全部犯罪处罚。

法律没有对主犯再进行区分，但是在涉及可能判处死刑的案件中，在主犯之间仍应当区分地位、作用。同样是主犯，一般的共同故意伤害案件，应当只判处地位最重要，在犯罪中所起作用最大的主犯死刑，对于地位、作用相对较次的主犯不应当判处死刑。通常，区分地位、作用应当从以下几个方面进行判断：一是是否为犯意的提起者，犯意的提起往往导致了犯罪的发生，为首起意也反映了被告人较大的主观恶性，因而是判断的首要标准；二是是否为具体犯罪的策划者、实施者；三是使用暴力是否有节制，是否直接导致了被害人的死亡或重伤的严重后果；四是是否从犯罪中获得较大的非法利益。实践中还可以从共同犯罪中各被告人的年龄、平日相互间是否有听从、跟随的关系等进行辅助分析判断。对于地位、作用不是最大的主犯，一般不应判处死刑。还要防止一种倾向，即地位、作用最大的主犯因为有法定或酌定的量刑情节，比如自首、立功等，没有被判处死刑，不能存在需要判处一人死刑对全案负责的观念，将地位、作用稍次的主犯量刑升格，判处死刑。例如

陈×兵故意伤害案。

王×秋因宅基地问题与被害人刘×朝素有矛盾，遂产生报复刘×朝的想法。2003年9月，王×秋找到被告人陈×兵，谈好由王×秋出资人民币5000元，陈×兵负责找人将刘×朝的胳膊腿打折，王×秋带陈×兵指认了刘×朝的住址。后陈×兵召集欧×银、毛×、陈×、侯×及另一个陕西人，于2003年10月5日23时30分乘车到刘×朝住处。陈×在外看车，陈×兵叫门未开，其他五人用石头砸开刘×朝屋门，分别持刀子、铁管冲进屋内，陈×兵用刀逼住刘×朝之妻，其他人用刀、铁管将刘×朝打死。经鉴定，刘×朝系被他人用锐器刺扎致失血性休克死亡。案发前后，陈×兵分三次从王×秋处获款人民币3700元。本案是一个雇用关系的共同犯罪。一方面被告人是受他人雇用；另一方面被告人又纠集了其他人员。被告人虽然实施了暴力伤害行为，但毕竟没有针对死者直接实施伤害，其他同案人扎死被害人的行为超出了被告人的犯意。虽然被告人是主犯，依法应按照其所组织、指挥的全部犯罪处罚，但其从主观恶性上小于雇用人，从客观行为上责任小于直接责任人，其不是本案地位、作用最为主要的主犯，故法院依法判处死缓量刑适当。①

以上是实践中比较常见的从严、从宽的量刑情节，但是每个案件都是唯一的，除以上已经列举的情节外，还可以从以下情节分析：(1)从犯罪手段分析，是一般还是残忍，还是特别残忍，暴力行为是非致对方于死地不可，还是有所节制；(2)从犯罪工具分析，是枪支、管制刀具还是赤手空拳、随手捡起的工具；(3)从犯罪场所分析，是在公共场所、众人围观不听劝阻的情况下行凶还是在家庭院落；(4)从犯罪对象分析，是儿童、孕妇、残障人士等特殊保护群体还是平日争强斗狠的人；(5)从犯罪后行为分析，是积极抢救、悔罪自杀还是分尸灭迹，分尸后是隐藏还是到处抛弃，引起社会恐慌；(6)从犯罪后果分析，是后果严重还是特别严重，是致一人还是多人死亡、重伤；(7)从罪后表现分析，被告人是认罪、悔罪、坦白交代还是拒不认罪、口供反复；(8)从社会影响分析，是引起民众同情还是造成社会恐慌等。

另外，往往在一个案件中既存在从严的情节，也存在从宽的情节，这时并不能简单的对从严、从宽情节进行数量上的抵消，而应该在综合考虑并分

---

① 最高人民法院(2005)刑复字第35号刑事判决书。

析从严、从宽的具体情形，一般来说，在决定是否判处被告人死刑的情况下，只要有从宽情节，都应当慎之又慎。只有在后果极为严重、被告人罪行极其严重，从宽情节不足以对其从轻处罚的案件中，才考虑对被告人适用死刑。

例如，2000年11月12日凌晨0时许，温州市鹿城区青年叶×敏(在逃)及顾×胜、徐×、朱×成等人一起在鹿城区民航路“阿武大排档”吃夜宵。在喝酒过程中，叶×敏与顾×胜因琐事发生口角。叶×敏因此怀恨在心而离开，继而纠集了被告人杜×忠及洪×、李×荣(均系同案被告人，分别于2001年、2002年以故意伤害罪被判处有期徒刑)等人，并分发凶器准备报复顾×胜。当日凌晨1时许，叶×敏伙同杜×忠及洪×、李×荣分别携带凶器，到达温州市民航路“阿武大排档”。由李×荣等人持尖刀守住排档门口，叶×敏伙同杜×忠及洪×分别持西瓜刀、尖刀、土制火药枪等凶器，冲入“阿武大排档”内，洪×持土制火药枪威胁在场的徐×、朱×成等人不许帮忙，叶×敏即持西瓜刀砍击顾×胜的手臂、手掌各一刀，杜×忠持尖刀朝顾×胜左大腿猛刺一刀，逃离现场。经鉴定，被害人顾×胜全身多处刀伤，因左下肢股动、静脉破裂、失血性休克而死亡。①

可以看到，在本案中，从严情节有：(1)被告人曾因绑架勒索罪被判处有期徒刑五年，刑满释放后二年后又故意犯罪，构成累犯；(2)被告人是致被害人死亡的直接行为人，在作案中行为积极主动，砍击被害人腿部致被害人死亡，后果特别严重。而从宽情节则有：(1)被告人主动供述自己罪行，认罪态度好。案发后，杜×忠逃匿多年，在其归案前，公安机关只知道其参与了本案，但并不知道致命伤是杜×忠形成的，被告人供述对认定致命伤是谁形成的这一关键事实有着重要作用；(2)在二审期间，杜×忠的亲属积极代为承担了全部附带民事诉讼的赔偿责任，附带民事诉讼原告人表示接受这笔赔偿，并对杜×忠表示了一定的谅解。在这样的情况下，本案被告人既有从严情节，也有从宽情节，不能简单地对从严从宽情节进行折抵，应当综合案件的全面事实情况进行判断。被告人的累犯反映了其人身危险性大，但其主动供述犯罪中公安尚不掌握的关键情节，又反映了被告人的悔罪心理和人身危险性的

---

① 最高人民法院刑事审判第一、二、三、四、五庭主办：《刑事审判参考》总第58集，法律出版社2008年版。

降低，根据“少杀、慎杀”的死刑政策，人民法院依法以故意伤害罪判处杜×忠死刑，缓期二年执行。

三、减少对故意伤害罪适用死刑的建议

(一)长远建议：取消故意伤害罪的死刑

从刑法理论来看，故意伤害罪与故意杀人罪侵犯的客体是不同的，一个是健康权，一个是生命权，而生命权当然高于健康权，因而社会危害性是不同的，故意伤害罪理应配置较故意杀人较轻的刑罚，这是罪刑相适应原则在刑事立法上的基本要求。对故意杀人和故意伤害最高刑均以死刑评价有失公正。

从国际社会的发展趋势来看，废除死刑已经成为社会文明发展的必然趋势，死刑适用越来越受到国际社会的反对，死刑也成为人权组织最为关注的焦点之一，国际文件明确倡导各国废止死刑，可以说，限制乃至废除死刑已经为绝大多数国家认可和采纳并日渐扩大。1948 年 12 月 10 日通过的《世界人权宣言》第 3 条规定：人人有权享有生命、自由和人身安全。并在第 5 条继续强调，任何人不得加以酷刑或施以残忍的、不人道的或侮辱性的待遇或刑罚。宣言虽然没有直接废止死刑，但提出了人的生命权的重要性，为之后的国际公约提出慎用乃至废除死刑奠定了基础。1966 年 12 月 16 日联合国通过了《公民权利与政治权利国际公约》，在第 1 条即强调：在没有废除死刑的国家，只有最严重的罪行可判处死刑，并进一步规定，最严重的罪行之范围不应超出具有致命的或者其他极其严重之结果的故意犯罪。而 1989 年联合国大会决议通过并宣布的《旨在废除死刑的〈公民权利和政治权利国际公约〉第二选择议定书》进一步宣称，“本议定书缔约国认为废除死刑有助于提高人的尊严和促进人权的继续发展……深信废除死刑的所有措施应被视为是在生命权方面的进步，且望在此对废除死刑作出国际承诺。”一些地区性的条约如欧洲理事会通过的《〈欧洲人权公约〉关于废除死刑的第六议定书》、《美洲人权公约》会员国通过的《〈美洲人权公约〉旨在废除死刑的议定书》也都对保留死刑作出了更为严格的规定。我国已经于 1998 年签署了《公民权利与政治权利公约》，虽然尚未批准或加入该公约，但签署在逻辑上的必然结果是加入，从维护我国的国际信誉和形象的角度思考，中国应当在道德上承担不使该公约包括废除或限制死刑在内的目标落空的国际义务。而故意伤害罪的主体对被害人死亡的结

果持过失的心理，并不在国际社会关于“最严重的犯罪”之限。而根据公约精神，只有对最严重的犯罪施加的死刑才是正当的，对任何非最严重的犯罪施加的死刑则构成不正当的死刑，即构成对人的生命的任意剥夺。因而从履行国际法义务、顺应国际社会发展的趋势来分析，取消故意伤害罪的死刑也是应当的。

从世界其他各国的立法来看，故意伤害罪与故意杀人罪的法定刑都有一定的区别，尚未有国家对这两种犯罪法定最高刑的规定相同。保留死刑的国家鲜有对故意伤害罪同时配置死刑的。如美国现在除少数州规定对叛国罪适用死刑外，所有死刑罪名都要求包含有杀人行为；日本《刑法》第 204 条规定：伤害他人身体的，处十五年以下惩役或者五十万日元以下的罚金。第 205 条规定：伤害他人身体因而致人死亡的，处三年以上有期惩役。即日本伤害致死罪的法定刑上限为二十年的有期徒刑。越南《刑法》第 104 条规定普通故意伤害罪的刑罚为三年以下监外改造或者六个月以上三年以下有期徒刑。造成残疾度在 60％以上或者导致死亡及具有法律规定的九种加重情节的，处五年以上十五年以下有期徒刑。造成多人死亡或者有其他严重情节的，处十年以上二十年以下有期徒刑或者终身监禁。泰国《刑法》第 290 条规定对于故意伤害致人死亡的，处三年至十五年有期徒刑。俄罗斯联邦《刑法》第 111 条规定，故意严重损害他人健康的，处二年以上八年以下的剥夺自由刑，过失造成死亡的，处五年以上十五年以下的剥夺自由刑。

从近几年最高人民法院核准死刑的案件来看，故意伤害罪仅占很小的比例，废除故意伤害罪的死刑也不会对现有的社会治安、刑罚体系造成冲击。虽然立法对于特别严重的故意伤害罪规定的并不是绝对的死刑，但“十年以上有期徒刑、无期徒刑或者死刑”这一量刑幅度跨度太大，而司法又具有一定的膨胀性，导致在实践中，尤其在一审、二审阶段，以故意伤害罪判处死刑的被告人并不在少数；从另一个角度来看，部分故意伤害的案件在一审、二审阶段因为被害人家属的压力而被判处了死刑，在最高院核准阶段又予以改判，客观上增加了维稳工作的压力，也是对国家司法资源的一种浪费。

从社会的接受程度来看，目前民众对死刑呼声最高的领域主要在严重危害社会治安和人民群众安全感的抢劫、杀人以及容易引起民愤的贪污、受贿案件。对于故意伤害罪，我国传统而朴素的刑罚观可以用汉高祖刘邦当年的约法三章“杀人者死，伤人及盗抵罪”来概括，且我国1979年刑法也没有对故意伤害罪规定死刑，因而社会上对于故意伤害罪不适用死刑，也是相对比较容易接受的。并且，一个国家的法律应当对建立一个成熟而理智的法治型社会起到规范与引导的作用，重刑主义的思想并不利于社会的和谐、稳定。

(二)目前建议：限制故意伤害罪的死刑

尽管取消故意伤害罪死刑的压力要小于抢劫、故意杀人、贪污贿赂犯罪，但是作为一种暴力犯罪，故意伤害罪取消死刑的建议在短期内很难被我国立法机关采纳。中国现行刑法一共有68个死刑罪名，其中44个是非暴力犯罪，从《刑法修正案(八)》的规定可以看出，目前拟取消的死刑13个罪名主要还集中在非暴力犯罪且实践中极少被判处死刑的罪名，刑法中尚有31个非暴力罪名未进入取消死刑的议程。因而不难预见取消故意伤害罪这一暴力犯罪的死刑还需要一个漫长的过程。

1. 立法上取消未致人死亡的故意伤害罪的死刑适用

人的生命权是最重要的权利，侵害生命权的犯罪重于侵害公民其他权利的犯罪，造成生命权丧失的犯罪的社会危害性大于造成其他权利丧失的犯罪，包括健康权。因而在限制故意伤害罪的死刑适用上应当首先取消对未造成被害人死亡的伤害犯罪适用死刑。

在争议中，有的观点认为故意伤害罪比故意杀人罪情节更恶劣，手段更残忍，造成被害人半死不活、生不如死的状态，后果更加严重，不适用死刑不足以惩罚；也有观点提出对故意伤害罪不判处死刑会让犯罪分子有机可乘，在折磨被害人的同时故意留被害人一条性命，以逃脱更为严厉的惩罚。不得不承认，个别的故意伤害案件确实后果极为严重，行为人的用心极其歹毒，但是毕竟这是极为个别的案件。比如，对于不满十八周岁的人不适用死刑这是一条强制性规定，但是实践中不是没有极为特别的案件，被告人虽不满十八周岁，但是接近十八周岁，心智发育的比较健全，但实施的犯罪手段极其残忍，后果特别严重，被告人主观恶性深，毫无悔改。这种极端案件的出现是否意味着这条规定的不合理呢？答案当然是否定的。如果认真分析刑法分则，任何一个分则条款规定的罪名如果将其想象到一种极致，其行为、后果都不是现行刑法规定的刑罚所能惩罚和预防的。当然实践中，极端残忍、极端恶劣的故意伤害罪也是极其罕见的。

而且，法律对社会有着指引的功能，对没有产生死亡结果的伤害犯罪处以极刑也会让犯罪人产生一种危险的倾向，杀人被判死刑，伤害也会被判死刑，而前者明显更容易隐瞒犯罪事实，逃避侦查，不杀人灭口更好。

在徐某故意伤害、强奸犯罪的案件中，被告人徐某奸淫幼女后怕她认出，罪行败露，又用弹簧刀戳伤她的双眼，导致被害人冯某双眼外伤后左眼角巩膜穿孔、外伤性白内障，左眼视力0.12，不能矫正，右眼眼球萎缩，右眼盲，右眶壁骨折等。法院最终以故意伤害罪判处被告人徐某死刑，剥夺政治权利终身；以强奸罪，判处其有期徒刑8年，决定执行死刑，剥夺政治权利终身。但被告人的上诉中即提出“他当时完全可以杀害这个小女孩但没有杀害”这一辩解。

尽管被告人的行径引起了极大民愤，但其行为毕竟没有剥夺被害人的生命。在美国的司法系统关于奸淫幼女是否应恢复死刑的争论时，赞成派最爱提出的问题就是“如果你的孩子遭受这种犯罪，你是否还同意保留罪犯的生命”，这一问题往往让反对派不愿回答，但是也正如他们说的“如果遭遇这种不幸，我宁愿这个罪犯能认识到这和谋杀的区别，而不愿他们认为本罪和谋杀没有区别而痛下杀手”。

2. 结合量刑规范化的司法改革，确定故意伤害罪适用死刑的情节标准

正如本文前面所述，尽管最高人民法院《人民法院量刑指导意见(试行)》中没有规定故意伤害致一人死亡的应当确定怎样的基准刑，但四川、湖北、江苏等地高级人民法院在对该量刑意见规定实施细则时，将故意伤害致一人死亡的基准刑确定在十至十五年的量刑幅度内，这在司法中能有效防止司法人员面临死亡结果时，首先考虑适用死刑的情况。在普通的故意伤害致一人死亡的案件中，首先考虑适用有期徒刑，再根据案件的性质、从严或从宽情节进行审查、衡量，以确定被告人的宣告刑。

目前，量刑规范化的改革工作刚刚起步，范围尚未包括无期徒刑和死刑，但作为对人生命权的剥夺，死刑的适用应当更规范、更谨慎。目前，司法机关更多的是依靠最高人民法院的死刑复核程序来尽量统一死刑的量刑标准。从最高人民法院近几年核准的故意伤害的案件来看，对死刑的把握是非常严格的。但是我国并没有定期公布全部案例的制度，案例也没有指导作用，因而很有必要制定故意伤害罪适用死刑的标准，从一审、二审就对能否适用死

刑进行规范统一，在一审、二审阶段就排除部分明显不符合标准的死刑案件，再通过最高人民法院的死刑复核程序进行把关，这样既能有效的统一认识，节约司法资源，也能得到社会民众的理解与支持。并且，死刑适用标准的规定可以有效调整刑法中“十年以上有期徒刑、无期徒刑或者死刑”这一量刑幅度跨度太大的问题，实现罪刑的均衡。

通过对近四年来最高人民法院核准案件的分析，本文初步总结了以下几条故意伤害罪适用死刑的量刑标准：

第一，故意伤害犯罪没有造成被害人死亡的，一般不判处死刑。

第二，黑、恶性质等其他严重危害社会治安的故意伤害犯罪致一人死亡，可以考虑判处死刑。

第三，普通故意伤害犯罪致二人以上死亡，或一人死亡、三人以上重伤等严重犯罪后果的，可以考虑判处死刑。

第四，除黑、恶性质等其他严重危害社会治安的故意伤害犯罪外，故意伤害致一人死亡，没有从严情节的，一般不判处死刑。从严情节包括：(1)严重危害国家政权稳定、民族团结的；(2)累犯或严重的前科劣迹；(3)针对老、弱、病、残、孕等弱势群体人员的犯罪；(4)手段极其残忍，使被害人在生前遭受极度痛苦的；(5)针对同一被害人持续故意伤害的；(6)雇用犯罪的；(7)其他严重情节的。

第五，有法定或下列酌定从宽情节的，一般不判处死刑。在特殊案件中判处死刑，应当特别慎重，从宽情节包括：(1)被害人有过错或对矛盾激化有责任；(2)被告人在犯罪后积极抢救的；(3)被害人家属请求对其从轻处罚的；(4)其他从轻情节的。

第六，在因民间矛盾激化引发的犯罪中，司法人员应当注重刑事附带民事的调解工作，在被告人积极赔偿，被害人表示一定程度的谅解的情况下，可以考虑不判处死刑。

第十章

强奸罪死刑适用问题研究

第一节　强奸罪死刑的立法规定及适用

一、强奸罪死刑的立法规定及意义

(一)强奸罪死刑的具体立法规定

强奸罪，是指使用暴力、胁迫或者其他手段，违背妇女意志，强行与妇女发生性交，或者奸淫不满14周岁的幼女的行为。①

我国《刑法》第236条对强奸罪做了如下规定：“以暴力、胁迫或者其他手段强奸妇女的，处三年以上十年以下有期徒刑。奸淫不满十四周岁的幼女的，以强奸论，从重处罚。强奸妇女、奸淫幼女，有下列情形之一的，处十年以上有期徒刑、无期徒刑或者死刑：(一)强奸妇女、奸淫幼女情节恶劣的；(二)强奸妇女、奸淫幼女多人的；(三)在公共场所当众强奸妇女的；(四)二人以上轮奸的；(五)致使被害人重伤、死亡或者造成其他严重后果的。”

《刑法》第236条的规定是当前我国惩治强奸犯罪的直接法律依据。同

---

① 根据1997年12月4日最高人民法院《关于执行〈中华人民共和国刑法〉确定罪名的规定》，强奸罪与奸淫幼女罪是两个独立的罪名。2002年3月15日最高人民法院、最高人民检察院《关于执行〈中华人民共和国刑法〉确定罪名的补充规定》取消了奸淫幼女罪的罪名，统称为强奸罪。

1979 年刑法相比，1997 年《刑法》第 236 条保留了 1979 年《刑法》第 139 条第 1 款和第 2 款的规定，而对第 3 款和第 4 款进行了修改补充：将 1979 年《刑法》"二人以上犯强奸罪而共同轮奸的，从重处罚"修改为适用于强奸妇女、奸淫幼女犯罪将被判处十年以上有期徒刑、无期徒刑或者死刑的情节。具体包括：(1)强奸妇女、奸淫幼女情节恶劣的；(2)强奸妇女、奸淫幼女多人的；(3)在公共场所当众强奸妇女的；(4)二人以上轮奸的；(5)致使被害人重伤、死亡或者造成其他严重后果的。也就是说，第 236 条第 3 款和第 4 款是本罪的加重处罚情节，是在行为达到强奸罪的基本犯罪构成要件后，出现了第 3 款和第 4 款的情形时，才会考虑十年以上有期徒刑、无期徒刑或者死刑的适用，即强奸罪的加重处罚。因此，强奸罪适用死刑的法律依据仅限定于《刑法》第 236 条中第 3 款和第 4 款所列举的情形。

(二)强奸罪及其死刑适用的法益保护

强奸罪的客体在不同的社会环境下曾经有过不同的理解，包括性风俗和性道德、被害人的性自由、妇女的人格，甚至财产权利、家族声誉等。就目前国内刑法学界的研究来看，对强奸罪实质内容表述的客体存在以下几种观点①：第一，认为是性的不可侵犯的权利。第二，认为是妇女的性自由的权利。第三，认为是妇女的身心健康、人格、荣誉。第四，认为是性的自主权利。第五，认为是妇女的性权利。第六，认为是复杂客体，既包含妇女的身心健康、人格、荣誉，也包括性的自由权利。第七，认为是妇女不实施性行为的自主权。第八，认为是妇女对不具有婚姻关系的男子不发生性交的权利和幼女的身心健康。

笔者认为，上述观点都是在从不同的角度对强奸罪所保护的法益进行阐述，但是从刑法规定的角度出发，既然强奸罪被规定在侵犯公民人身权利、民主权利罪一章中，那就表明强奸罪所保护的客体至少应该是妇女的人身权利和民主权利，只有在这个框架内具体讨论强奸罪的客体究竟是性权利、健康权，还是个人人格荣誉等才是有据可循的。

我国刑法分则第四章规定的是侵犯公民人身权利、民主权利的犯罪，强奸罪与故意杀人罪、故意伤害罪、过失致人死亡罪、绑架罪等犯罪一起被规

① 梁健：《强奸犯罪比较研究》，中国人民公安大学出版社 2010 年版，第 27—28 页。

定在这一章中，也就是说我国刑法对强奸罪的客体保护范围属于人身权利、民主权利的范畴，具体到被害人身上，则表现为妇女的身心健康、基本人格以及性权利的混合法益。与本章中其他罪名，比如故意杀人罪、故意伤害罪相比，强奸罪所保护的法益专门并特指妇女的性权利和与性相关的身心健康，反过来说，也是这个原因使得强奸罪能够独立成罪。那么，只有当行为人侵害了妇女被害人的性权利时，司法机关才能够考虑该行为是否构成强奸罪；即便行为人对被害妇女采取了暴力、胁迫等手段进行人身威胁或者其他伤害，甚至行为的结果已经成为实然，只要与性权利和与性相关的身心健康没有受到侵犯，该行为也不能属于强奸罪的考察范畴，而要考虑其他的罪名。

根据最高人民法院、最高人民检察院统一强奸罪和奸淫幼女罪罪名的司法解释，刑法中的强奸罪包含两种类型，即普通强奸和奸淫幼女型强奸，行为所侵犯的法益又有所区别：强奸妇女犯罪行为侵犯的法益更多地体现为妇女的性自觉权和性的不可侵犯性，即妇女有权拒绝与其合法配偶以外的任何男子进行性交的权利，也就是妇女在正常的认识能力和控制能力基础上可以决定性交的时间、地点、方式、对象和过程等，一旦这种可以自由选择的权利受到暴力侵犯，违背了妇女的意志，也就存在了强奸妇女的实质。与之区别的是，奸淫幼女型强奸行为侵犯的法益更多地体现在幼女的身心健康上，这是因为刑事立法没有将关注点放在幼女(14 周岁以下)的性权利上，甚至可以简单认为幼女不具备性的权利，即刑法认为幼女不具有对自己性的辨别和控制能力。这样的立法结果是因为考虑到幼女的生长发育、生理特征需要进行特殊照顾和专门保护，所以才将包括幼女在内的女性性自觉权归入到 14 周岁以后的妇女身上。这导致与 14 周岁以下的幼女进行包括性交在内的任何性活动均被推定为有害于幼女的身心健康，都是对 14 周岁以下女性作为公民和人的基本权利的侵犯，行为人需要对该行为承担奸淫幼女型强奸罪的刑事责任。

那么，强奸罪适用死刑的加重情节，其适用死刑时所要保护的法益是否超出了以上对于强奸罪客体保护的论述呢？笔者认为，对强奸罪适用死刑，其所要保护的法益仍应属于上文所述的女性的性自觉权和身心健康，死刑的适用并不会超出对强奸罪客体的保护，死刑仅是对犯罪人依据其所应承担的刑事责任而判处的刑罚而已。也就是说，与其他犯罪适用死刑是相同的，死刑在强奸罪中的适用，其所体现的价值、目的和功能与其他罪名下的死刑适用没有本质差别。

虽然从死刑本身来讲与其他罪名下的死刑差别不大，但是立法者之所以将死刑适用于强奸罪中，并将强奸罪视为最严重的暴力犯罪之一，是因为与刑法其他章节的犯罪相比，强奸罪毕竟接近、甚至在一些情况下具有剥夺被害人生命法益的可能，其危害性十分巨大，在这些情况下不适用死刑就做不到罪责刑相适应，因此在设置强奸罪的时候依然保留了死刑的适用。然而与故意杀人罪、故意伤害罪等罪名不同的是，强奸罪的死刑适用不属于强奸罪的基本刑罚适用，而是加重情节适用，是在有期徒刑、无期徒刑之后才会被选择适用的刑罚。这种刑罚设置也表明了立法者不主张优先、广泛、低标准适用死刑，而是在极特殊情况下才可以适用死刑的死刑限制立场，这与其他罪名，特别是与绑架罪致人死亡情况下要优先而绝对适用死刑的立法例形成了鲜明对比，简单来说，除非个别情况，普通强奸犯罪还是罪不至死的。

综上，强奸罪的死刑适用并非基于对特殊利益的保护，而是将立足点建立在为实现罪责刑相适应，对具有加重情节的强奸犯罪不得已而适用死刑的层面上，这种立法考量一方面体现了对妇女性权利和身心健康的法益保护；另一方面也反映了因强奸罪区别于其他暴力犯罪的本质而慎用死刑的死刑限制立场。

二、强奸罪死刑适用的犯罪情节分析

(一)关于强奸罪犯罪构成的规定和类型

根据《刑法》第236条的规定，强奸罪存在三个罪行单位，分别是基本犯、情节加重犯和结果加重犯。死刑的适用，是在情节加重犯和结果加重犯的范畴中，且该情节本身属于量刑情节而非定罪情节。

1. 基本犯

在基本犯的范畴中，强奸行为运用的暴力手段和造成的危害结果一般不严重。方式上，采用拳打脚踢、扑倒按住、用欺骗和迷信等手段骗人、孤立无援乘人之危、酒醉麻醉等手段；结果上，尚未造成被害妇女人身重大伤害，社会影响面不大。基本犯是情节加重犯和结果加重犯的前提，是后两者能够成立所必须具备的内容。

2. 情节加重犯

这里所谓的情节，是刑法明文规定的、表明行为的法益侵害程度的事实性要素。强奸罪中的情节加重犯，是在符合法律规定的客观情形下定罪并加重刑罚处罚的情况。这些客观情形，在强奸罪罪状中只起到加重处罚的作用，而不影响犯罪的成立。

3. 结果加重犯

这里的结果是指法律规定的，强奸犯罪被害人因暴力而发生重大身体伤害甚至死亡的结果，这种结果仅属于对行为人加重处罚的范畴，而不影响犯罪的成立。

某一案件中的强奸罪是否可能适用死刑，首先必须符合基本犯的要求，即达到了强奸罪基本犯的构成；其次再看行为和结果是否超过了基本犯，也就是是否符合情节加重犯或者结果加重犯的规定。在达到并超过了基本犯的要求，且满足了加重犯的前提下，再综合全案案情、被告人有无自首立功、行为是否涉及其他罪名等情况，对确属罪行极其严重的犯罪人考虑是否适用死刑的问题。因此，先满足基本犯、再满足加重犯是强奸罪适用死刑的必要条件，是根据刑法规定可能适用死刑所必需的最低标准；如果连上述标准都达不到，则必然不会考虑适用死刑的问题。

(二)强奸罪死刑适用的加重情节

强奸罪可能适用死刑的情节加重犯是指行为人以暴力、胁迫或者其他手段违背合法婚姻以外妇女意志，强行与其发生非法性交行为又同时具有加重情节的犯罪。根据《刑法》第 236 条，强奸罪的情节加重犯应当包括：(1)强奸妇女、奸淫幼女情节恶劣的；(2)强奸妇女、奸淫幼女多人的；(3)在公共场所当众强奸妇女的；(4)二人以上轮奸的。

1. 强奸妇女、奸淫幼女情节恶劣

(1)行为手段十分残忍、方法变态、对被害人造成极大的身体痛苦或精神痛苦，常见于毒打、非法拘禁、向被害妇女身上涂抹污物、用工具残害被害妇女阴部、肛门等。

例如，2000 年 7 月 26 日下午 7 时左右，被告人宋×军骑自行车途经昔阳县梁家沟村通往瑶头村的金炭坡路段时停车小便。发现放学回家的被害人李某某从远处走来，即生强奸歹念。当李某某走近时，被告人宋×军即上前撕拽，李某某反抗哭叫，被告人宋×军捡起石头击打李某某头部，并将李某某推下路旁低洼处准备抱到旁边荒地里实施奸淫，这时李某某又大声叫喊，被告人宋×军又捡起一块石头狠砸李某某头部，并将李某某抱到荒地里开始解李某某的裤带，李某某紧紧抓住裤带不放，被告人宋×军再次用石头砸李某某头部致昏迷后，解开李某某的裤带，将李某某的内外裤脱至膝盖下，用左手食指和中指捅李某某的阴道，并用李某某的书包压在面部，对李某某实施了奸污。后被告人宋×军逃离现场，在北河中洗掉身上和衣服上的血迹，又返回金炭坡骑上自行车回到家中。被害人李某某被人发现后送往昔阳县人民医院经抢救无效于7月28日凌晨死亡。①

经法医鉴定李某某因颅脑严重损伤而死亡。一审法院以奸淫幼女罪，判处被告人宋×军死刑，剥夺政治权利终身。被告人上诉后二审法院维持了原判。

(2)受害对象多为孕妇、女重病患者、严重精神病患者等难以反抗或不知反抗的妇女，甚至有的受害对象是行为人除妻子以外的至亲，包括母亲、女儿等。

例如，被告人卫×昌与被害人刘某某(出生于1986年11月25日)系继父女关系，1999年7月一天上午，被告人卫×昌乘其妻外出之机，采用胁迫手段，将刘某某奸淫。此后至2001年6月期间，被告人卫×昌又多次以胁迫手段对刘某某实行强奸，并致刘某某怀孕。一审法院判被告人卫×昌犯强奸罪，判处死刑，缓期二年执行，剥夺政治权利终身，被告人上诉后二审法院维持了原判并作为死缓核准裁定而生效。② 又例如，被告人王×选于1999年3月的一天晚上8时许，乘其父外出串门，其母一人在屋睡觉之机，将其母强奸，一个小时过后，又一次将其母强奸。两天后的下午3时许，王×选将其母亲拽到东屋，再次强奸。之后，王×选以同样的手段三次将其母强奸。被告人王×选目无国法，多次强奸生母，其行为已构成强奸罪，且情节恶劣，最终法院判被告人王×选犯强奸罪，判处死刑，剥夺政治权利终身。③

① 山西省高级人民法院刑事裁定书(2001)晋刑一终字第74号。
② 山西省高级人民法院刑事裁定书(2002)晋刑一终字第33号。
③ 河北省衡水市中级人民法院刑事判决书(2001)衡刑初字第6号。

(3)行为方式上不限于常规意义上的一次性交，还包括对同一被害人的多次性侵害，且不限于常规性交方式本身，存在性交、肛交等多种侵害方式的结合。

(4)行为效果属于社会影响恶劣、民怨极大，包括利用一定的特殊手段实现强奸，包括为达到犯罪目的强抢妇女、坑蒙拐骗或者利用其社会影响力，或者受害人较多而导致民众存在恐慌情绪，受其危害和影响的民众反映强烈等。

例如，被告人陈×尤与夏×武等人于1991年7月在柳州市柳邕路韦某家非法成立所谓“中华民间组织”。1993年被告人陈×尤在柳州市与被告人黄×全、黄×胆相识，即发展二黄为该组织成员。三被告人于1997年元月窜至来宾县凤凰镇周村及黄安村一带进行封建迷信活动。陈×尤自封为“中华民间组织”头目，是三球(指地球、日球、月球)的王爷及总指挥；三被告人均是传授佛法的师傅。其中，陈×尤任命黄×全为该组织的组长，负责联络工作。三被告人以周村黄×胆的家为主要活动据点，在当地大肆宣传封建迷信思想，招收信徒，扩大组织成员。三被告人向受迷惑的男女村民们编造“只要加入‘中华民间组织’的人，不用种田耕地，自然有吃有穿”等谎言。当地许多男女受骗后加入了该组织，并多次聚在黄×胆家里听陈×尤传授佛法。陈×尤散布说“很快要改朝换代，天下将有一场大灾难”等，又说“凡参加‘中华民间组织’的男女都要经过‘开光’(即脱光上衣点穴位)，妇女都要‘图变’(即要和陈×尤、黄×全、黄×胆三位传教师傅性交)，只有经‘开光’、‘图变’的人才能避免一切灾难，永保全家平安”。同时规定每“开光”、“图变”一次要交20元手续费。在三被告人的谎言迷惑下，许多男女村民上当受骗。于是，三被告人即以封建迷信活动为幌子，以所谓“图变”为手段，互相配合，大肆进行强奸妇女的犯罪活动，最终陈×尤强奸妇女12人23次，黄×全强奸妇女9人16次，黄×胆强奸妇女6人10次。①

根据案件中主犯和从犯的情况，广西壮族自治区柳州地区中级人民法院判决陈×尤犯强奸罪，判处死刑，剥夺政治权利终身；黄×全犯强奸罪，判处无期徒刑，剥夺政治权利终身；黄×胆犯强奸罪，判处有期徒刑13年，剥

① 广西壮族自治区高级人民法院(1998)桂刑核字第3号。

夺政治权利2年。三被告人上诉后，二审法院维持了原判。本案中，三被告人的犯罪性质恶劣，社会影响极坏，陈×尤、黄×全、黄×胆编造谎言宣传封建迷信思想，对愚昧无知的群众进行迷惑、恐吓，从而骗钱、骗吃、骗喝，甚至强奸。他们的虚假宣传使当地部分群众深感大难临头，人心惶惶，变卖家产，纷纷加入"组织"；特别是在不到10个月的时间内，三被告人先后对18名妇女实施强奸50次，严重侵犯了妇女的人身权利，并使一名妇女怀孕而做引产手术，给其造成极大的精神痛苦和经济损失。本案的情况属于典型的社会影响巨大、情节恶劣的情形。

2. 强奸妇女、奸淫幼女多人

所谓多人，是指被害人达到三人以上。

例如，被告人盛×荣采取给少量零花钱、零食及买学习用具等引诱手段，或采取言语威胁方法，于2001年冬至2002年上半年，在自己家中和村民吴×厚家后竹园内，先后六次对金庄村小学女学生罗某某(1990年1月8日生)实施强奸；2002年农历3月初至农历4月底，盛×荣在村民金×元家竹园内、吴×厚家后竹园内、江×余家桑地里及自己家中，六次对该村小学女学生江某某(1991年3月6日生)实施奸淫；2002年农历3月的一个星期六的中午，盛×荣又在自己家中分别将该村小学女学生吴某某(1990年7月24日生)、杨某(1990年10月23日生)奸淫。盛×荣奸淫幼女多人，且对其中二人多次实施奸淫，情节恶劣，给幼女身心造成极大伤害，依法应以强奸罪从重处罚，最终法院因被告人盛×荣犯强奸罪对其判处死刑，剥夺政治权利终身。①

3. 在公共场所当众强奸妇女

公共场所应当具备开放性，其实质在于其他不特定社会成员有可能在该区域出现，其开放性与住宅的隐蔽性相对，其场所性质具有较强的人员流动性、信息公开性、传播可能性，比如商场、公共娱乐场所、繁华街道、公园、车站、公共交通工具等。当众指的是在众人面前，其所当之众为上述公共场所的不特定社会成员，而不仅指围观的人数。

例如，2000年5月21日下午4时许，被告人王×辉在霍城县三道河乡水库大坝附近与他人饮酒取乐，后在水库大坝遇到女青年于某某，先是言语挑

① 安徽省高级人民法院刑事裁定书(2003)皖刑终字第96号。

逗，后动手调戏，被于某某斥责后，继而使用暴力殴打于某某，并将于某某推入水中用手卡住其颈部多次往水中淹，于某某挣扎着爬出水库，两次扒车欲逃跑，都被尾追赶来的王×辉拉下进行殴打。王×辉不顾众人劝阻，强行将于某某扛在肩上，扛到三道河乡前锋一队苏公平家附近水渠。又将于某某推入水中淹了数次。于某某苦苦哀求，王×辉全然不顾，将于某某拖至苏公平家前侧大葱地里压倒进行猥亵，于某某极力反抗，王×辉强行扒光于某某的裤子。行为当时有几个十四五岁的男孩在离其六七米远的树林里伸头在看，王×辉骂了几句把那几个娃娃赶走了，在此场合下连续两次对于某某实施奸淫后，才拿起自己的裤子赤裸下身慌忙逃离现场。因被告人王×辉对被害人于某某多次实施暴力，使其身体遭到多处损伤，经法医鉴定为轻伤。认定上述犯罪事实有报案材料、证人证言、被害人陈述、被告人的供述、现场勘查笔录、照片、刑事技术鉴定等。原判认为，被告人王×辉当众使用暴力猥亵强奸妇女，其行为已构成强奸罪，情节特别严重，又系累犯，应予从重惩处。认定被告人王×辉犯强奸罪，判处死刑，剥夺政治权利终身。①

4. 二人以上轮奸

二人要求行为人均为男性，在特定时间、地点针对同一被害妇女进行了性交的行为人。不过，所谓的“二人以上轮奸”其认定标准与普通强奸的犯罪形态有所区别，不要求二人均达到既遂。当然，我国刑法学界通说认为，在共同犯罪中，只要一人实施并达到既遂，则可以认为整个共同犯罪也达到既遂。但是在特殊情况下，各个共同实行犯在既遂、未遂问题上可以表现出各自的独立性，从而出现一部分实行犯构成既遂，而另一部分实行犯却可以构成未遂的情况。② 这种情况在一些学者看来称为亲手犯，即必须由实行犯本人直接实行的犯罪，而强奸罪是典型的亲手犯，因此在轮奸的情境下存在既遂和未遂并存的问题。所以，在当其中一人出于意志以外原因无法完成性交动作时，其本人的“未遂”不影响其与别的行为人进行轮奸的事实成立，也就是说，只要有一人进行强奸并达到既遂，首先就可以成立强奸罪，而当有二

---

① 新疆维吾尔自治区高级人民法院刑事裁定书(2001)新刑终字第130号。

② 赵秉志主编：《犯罪停止形态适用中的疑难问题研究》，吉林人民出版社2001年版，第430页。

人以上出于共同的主观故意轮流参与该强奸行为的，该二人以上的参与过程本身就构成了轮奸的事实，轮奸实施的成立不需要全部轮奸参与者都分别达到强奸既遂标准。

例如，① 1997年10月17日晚21时许，被告人葛×江、杨×、张×斌等人到射洪县百货商场三楼“新世纪不夜城”歌厅娱乐。22时许，杨×向该歌厅女服务员王某某提出将其带出去发生性关系的要求，遭到拒绝。葛×江、杨×、张×斌即上前将王某某围住，葛×江打了王某某一耳光，又伙同杨×强行将王某某拽至楼下。该歌厅负责人倪某前来劝阻，杨×谎称与王某某是朋友关系，强行挟持王某某离开歌厅。倪某即向“110”报警。巡警王某、罗某等人赶到歌厅后，责令葛×江、张×斌将王某某找回，葛×江、张×斌假作应允。杨×将王某某带至张×斌住所后，强迫王某某洗澡，并乘机进行猥亵，后强行将其拉到卧室的床上实施奸淫。葛×江、张×斌先后回到张×斌的住所，葛×江将王某某拖到卧室，王某某以手推、脚踢进行反抗，葛×江拳击王某某的头部，对其实施奸淫。事毕，葛×江乘王某某到卫生间冲洗之机，又对其进行猥亵，王某某反抗并逃出卫生间。葛×江追出又将王某某强行拉到卧室实施奸淫。此时，杨×、张×斌进入卧室，见王某某激烈反抗，二人即分别按住王某某的手脚帮助葛×江奸淫。葛×江奸淫后，三人采取两人按住手脚，一人进行奸淫的方式，由杨×、张×斌分别对王某某实施奸淫。葛×江欲再次强奸，遭王某某反抗未遂，葛×江、杨×即对王某某进行殴打，并留至次日早晨6时。王某某离开张×斌家后，随即向公安机关报案。首先，原审上诉人葛×江、杨×、张×斌采用暴力手段轮奸妇女，致使被害人身心受到极大摧残，其行为均构成强奸罪；其次，葛×江、杨×不顾公安民警的警告和他人的劝阻，将被害人带到张×斌家，采用暴力手段进行轮奸；最后，葛×江采用拳击、脚踢、打耳光等手段多次殴打被害人，三次实施强奸行为，帮助杨×、张×斌实施强奸，并对被害人进行猥亵，而杨×首先提起犯意，强行将王某某带至张家，先进行猥亵、强奸，后又与张×斌帮助葛×江实施强奸，并再次强奸王某某，三被告人在共同犯罪中均起主要作用，均为本案主犯，应当按照其所参与的全部犯罪处罚。另外，葛×江、杨×在刑满释放

---

① 中华人民共和国最高人民法院刑事裁定书(2000)刑复字第263号。

后五年之内重新犯罪，均为累犯，应从重处罚。因此，四川省遂宁市中级人民法院最终判决，认定被告人葛×江犯强奸罪，判处死刑，剥夺政治权利终身；被告人杨×犯强奸罪，判处死刑，剥夺政治权利终身；被告人张×斌犯强奸罪，判处无期徒刑，剥夺政治权利终身；并判处被告人葛×江、杨×、张×斌各自赔偿被害人王某某人民币2000元。

(三)强奸罪可能适用死刑中的结果加重犯

强奸罪可能适用死刑的结果加重犯仅有一种，即“致使被害人重伤、死亡或者造成其他严重后果的”。此处的结果加重犯仅是依据法律规定而确立的结果认定标准，只要强奸行为的暴力性与加重结果存在因果关系，不论行为人是出于故意还是过失，都要为该加重结果承担加重的刑事责任。加重结果中的重伤和死亡，包括行为当时造成的重伤、死亡，也包括行为结束后，甚至送医急救后出现的重伤、死亡结果。“如行为人在实施强奸犯罪时，用衣物堵住被害人的嘴，在强奸过程中致使被害人死亡，即属于强奸致死，为了防止被害人呼救，用毛巾等物品塞入被害人口中，使被害人窒息而死，被害人患有心脏病，因强奸行为导致心脏病复发而死亡等均属强奸致死。”①

目前，此类造成被害人重伤、死亡的结果加重犯占到强奸犯罪被判处死刑案例的多数。

例如，② 2009年6月22日凌晨4时许，被告人钟×团酒后途经广州市花都区狮岭镇义山村10队钟×华家附近时，见到坐在门前纳凉的被害人何×均而萌生奸淫之念，遂从后箍颈将被害人何×均拉入路旁的巷内进行强奸。在奸淫期间，因被害人何×均苏醒反抗，被告人钟×团又用手掐被害人何×均的颈部致其死亡。作案后，被告人钟×团将被害人何×均弃于钟×华屋后果园并用树枝等掩盖后逃离现场(经法医鉴定，何×均系被人扼颈致机械性窒息死亡)。最终，法院判决被告人钟×团犯强奸罪，判处死刑，剥夺政治权利终身。

由于造成被害人重伤、死亡结果可以判处的刑罚包括有期徒刑、无期徒刑和死刑三种，在哪种情况下才应判处死刑呢？笔者认为，如果要判处死刑，

① 王文生：《强奸罪判解研究》，人民法院出版社2005年版，第300页。

② 广东省广州市中级人民法院刑事附带民事判决书(2009)穗中法刑一初字第412号。

除了要满足强奸行为的暴力性和加重结果之间存在因果关系外，同时也要看加重结果属于哪种类型，如果属于直接导致被害人重伤、死亡的行为或者类似于故意杀人、故意伤害行为的，才有被判处死刑的可能性。

北京曾有这样一个案例，① 被告人王×双于2005年5月13日凌晨3时许，钻窗潜入北京市西城区灵镜胡同5号楼7门301室，从客厅的皮包中窃得人民币100元及手机1部。王×双又进入大卧室，看到熟睡中的李某某（女，殁年39岁），遂将李某某唤醒，对李某某进行威胁并撕破吊带背心捆住李某某的双手，强行将李某某奸淫，后即钻窗逃离现场。李某某到阳台呼救时，因双手被捆，坠楼身亡。一审法院认为，被告人王×双违背妇女意志，使用暴力、胁迫手段强行与妇女发生性关系，其行为已构成强奸罪，且造成被害人呼救时坠楼身亡的严重后果，王×双刑满释放后五年内又重新犯罪，系累犯，依法应予从重处罚。经查，李某某到阳台呼救是其在凌晨时分遭受王×双入室强奸，孤立无援，精神处于高度惊恐状态下的必然所为，不排除其坠楼身亡存在偶然因素，但其双手被王×双捆绑是其在呼救中身体不稳定导致坠楼身亡的主要原因，辩护人所提"偶然因素"不能成为减轻王×双刑事责任的理由，故对王×双及其辩护人的此项辩护意见，不予采纳，于是一审法院判决被告人王×双犯强奸罪，判处死刑，缓期二年执行，剥夺政治权利终身，同时犯盗窃罪，判处有期徒刑十一年，剥夺政治权利二年，并处罚金11 000元。

本案被告人向上一级法院上诉，二审法院认为一审中对上诉人王×双构成盗窃罪和强奸罪的事实认定没有问题，但改判为无期徒刑。二审法院改判的理由是，在结果加重犯中行为人对加重结果的心态往往体现为对其基本犯罪所具有的严重危险的一种认识和意志，而不是积极追求加重结果发生的实害故意，因此认为结果加重犯的罪责整体上要低于加重结果的实害故意犯罪。因此，法院对被告人行为造成被害人死亡的因果关系表示肯定，但考虑到其致死并非类似于故意杀人和故意伤害行为，而是因强奸行为造成了被害人受到惊吓、被捆绑手脚后而又临近阳台，因此存在坠楼的危险，这种情况下的致人死亡需要与典型的故意伤害、故意杀人行为相区别。二审法院最终改判

① 北京市高级人民法院(2006)高刑终字第451号判决书。

被告人王×双无期徒刑。

笔者认为，上述案件中二审法院的改判是正确的，强奸罪的结果加重犯设置了死刑并不代表只要死了人或者存在重伤结果就一定要判处死刑，而是要有选择的，尤其是该重伤、死亡结果与行为本身的暴力性并不对等时，只有当被告人的暴力行为直接使得，或者类似于故意杀人、故意伤害罪而使得被害人处于受到重伤或死亡危险中，甚至直接导致重伤、死亡结果时才有可能被判处死刑。如果这种致使被害人重伤、死亡结果发生的原因并非直接导致或者类似于故意杀人、故意伤害行为的，则不应判处被告人死刑，要选择结果加重犯中可能判处的其他刑罚，比如十年以上有期徒刑、无期徒刑。同样道理，在前述被告人陈×运的案件中，被告人陈×运的行为与被害人的死亡结果除了存在直接因果关系外，更重要的在于其先前行为直接使被害人已经陷入溺亡的危险中而未予施救，其先前行为的暴力性与间接故意杀人的暴力性存在对等，最终被法院判处死刑。

第二节　不同情形下的强奸罪死刑适用

一、强奸罪一罪的死刑适用

1. 在对强奸罪一罪裁定适用何种刑罚需要进行的考察

强奸罪属于暴力犯罪的一种，行为人是否构成强奸罪甚至是否会被判处死刑，需要从以下四个方面入手逐一论证才能得出准确结论。

第一，必须对案件基本事实进行客观把握。客观事实是司法裁判的确凿依据，“以事实为依据、以法律为准绳”虽然相对笼统，却说明了事实本身的重要性。对案件客观事实把握的准确性是保证刑罚裁量正确的前提。

第二，分析案件定性属于何种犯罪。以强奸罪为例，有些案件看似强奸，但在行为人实施暴力的时候转化为故意杀人罪，所谓的“强奸”甚至是发生在被害人身亡以后的“奸尸”情况下，因此不能按照强奸罪来处理。

第三，全面考察行为人的主观恶性、社会危害性以及其他影响定罪量刑的主客观情况。这其中包括定罪情节、量刑情节、罪前情节、罪中情节、罪后情节、犯罪动机、行为手段、时间地点、法定情节、酌定情节等。

第四，根据主客观相统一原则，在对案件客观事实和行为人主观心态全面把握的基础上，看行为人是否符合相关刑罚适用的规定，如从重、从轻、减轻、刑事责任年龄等。

对于强奸犯罪一罪来说，只有行为人的行为符合《刑法》第 236 条中第 3 款、第 4 款规定的五种加重处罚情况，才能考虑适用十年以上有期徒刑、无期徒刑和死刑的问题。而要适用死刑，除了将案情与基本犯、情节加重犯、结果加重犯三个罪刑单位进行比对衡量外，还要考虑裁判是否做到了法律效果和社会效果的统一，让民众认可该案做到了罪责刑相适应。

2. 根据最新司法解释可以确定的强奸罪一罪适用死刑标准最低限

根据最高人民法院 2010 年 9 月颁布的《人民法院量刑指导意见(试行)》，其中对强奸罪的量刑是这样规定的："构成强奸罪的，应当根据下列不同情形在相应的幅度内确定量刑起点：(1)强奸妇女、奸淫幼女一人一次的，可以在三年至五年有期徒刑幅度内确定量刑起点。(2)有下列情形之一的，可以在十年至十二年有期徒刑幅度内确定量刑起点：强奸妇女、奸淫幼女情节恶劣的；强奸妇女、奸淫幼女三人的；在公共场所当众强奸妇女的；二人以上轮奸妇女的；强奸致被害人重伤或者造成其他严重后果的。依法应当判处无期徒刑以上刑罚的除外。"

将这一规定与《刑法》第 236 条中加重处罚情节进行对比，即可发现在将有期徒刑起刑点确定在十至十二年有期徒刑的各类情形中，《意见》比刑法分则有两种情形更为明确，即强奸妇女、奸淫幼女三人的；强奸致被害人重伤或者造成其他严重后果的。首先，与《刑法》第 236 条相比，强奸妇女、奸淫幼女三人以上的起刑点确定为十年至十二年，被害人人数达到三人是必须遵守的底线；其次，造成被害人死亡结果的，不在《意见》可以判处至少十年至十二年有期徒刑的范围内，死亡结果的特殊性得到了印证。那么，根据《意见》的尺度把握，笔者认为，如果对强奸罪可以判处死刑，其情形至少比《意见》中所列举的可以判处十年至十二年有期徒刑的情形要严重，也就是说，如果有下列情形之一的，才可能被判处死刑。

第一，强奸妇女、奸淫幼女情节特别恶劣的。这里所谓的"情节特别恶劣"是指超出一般情况，如前文所述，包括手段特别残忍、社会影响极大、用非人道手段实现多次奸淫等。这种手段特别残忍和社会影响极大可以参照以下案例。

例如，① 陈某曾因盗窃被劳动教养2年，某日晚9时许，陈某在市运输公司附近拦住过路的72岁妇女朱某，猛击朱某一耳光，不顾朱某的苦苦哀求，将其打倒，抓伤其面部、颈、臀、阴部等处，以暴力将其强奸，然后往朱某口腔和阴道填入沙子，极其下流地对朱某进行侮辱，并咬伤朱某左下臂内侧。某市中级人民法院以强奸罪判处其死刑，缓期二年执行，检察机关提出抗诉，某省高级人民法院认为陈某虽然只强奸一人一次，但其从重情节较多，系劳教期满解教后继续犯罪，强奸手段特别残忍，强奸对象是无反抗能力的72岁老人，在当地民愤极大，检察机关抗诉有理，遂判处陈某死刑立即执行。又例如，张某、聂某、王某、车某手持菜刀，将下夜班的青年女工刘某劫持到僻静处，用菜刀架在刘某的脖子上相威胁，不顾刘某正值月经期，张某等4人先后将刘某轮奸，在实施轮奸的过程中，4人还将口红塞入刘某的阴道，用菜刀把不断捅刘某的阴道，拔刘某的阴毛，用刀将刘某的阴部划伤。某市中级人民法院认为，张某等4人轮奸妇女手段特别残酷，以强奸罪判处张某死刑，剥夺政治权利终身。其他3名罪犯均因未成年被判处死刑，缓期2年执行，剥夺政治权利终身。

第二，强奸妇女、奸淫幼女至少达到四人以上。如果要达到判处死刑的标准，被害人人数至少要达到四人以上，如果被害人中幼女所占比重较大，在刑罚裁判时则更可能被判处死刑。

第三，在公共场所当众强奸妇女，情节恶劣的。

例如，张某、李某、刘某、毕某、武某、康某、徐某均系刑满释放和解除劳教人员，2008年7月13日中午，张某等7人窜到某国道上将一长途公共汽车拦住，并分别登上公共汽车手持尖刀喝令乘客将兜内的钱款掏出，自己揣入兜内后，张某挤到女青年李某身旁并对其进行猥亵，然后将李某抱坐在自己腿上，掀起李某的裙子，脱下内裤将其强行奸淫，李某将青年妇女吴某旁边的乘客拽到客车中间过道，将吴某裙子掀起将其强行奸淫，刘某将青年妇女贺某拽起来后将其抱坐到自己腿上将其裙子掀起来进行强行奸淫，毕某、武某、康某、徐某也以同样手段将青年妇女黎某、赵某、唐某强行奸淫。某市中级人民法院经审理认为，张某等7人拦路抢劫，在公共场所当众强奸妇

① 王文生：《强奸罪判解研究》，人民法院出版社2005年版，第322页。

女，罪行严重，社会危害极大，以强奸罪判处张某、李某、刘某死刑，剥夺政治权利终身，以抢劫罪判处张某、李某、刘某无期徒刑，决定执行死刑，剥夺政治权利终身。以强奸罪判处毕某、武某、康某死刑缓期2年执行，剥夺政治权利终身，以抢劫罪判处毕某、武某、康某有期徒刑15年，决定执行死刑缓期2年执行，剥夺政治权利终身。鉴于徐某犯罪时未满18周岁，故以抢劫罪判处徐某无期徒刑，剥夺政治权利终身，以抢劫罪判处徐某有期徒刑12年，决定执行无期徒刑，剥夺政治权利终身。

第四，二人以上轮奸妇女，情节恶劣的，或者三人以上轮奸妇女的。如果行为人人数仍是二人，除非情节恶劣或者造成其他严重后果，否则还是属于《意见》中所列举的十年至十二年有期徒刑范围内，将很难与前述司法解释区别开。同时，轮奸人数众多本身并非决定适用死刑的唯一依据，行为人人数达到三人只是在没有其他恶劣情节或严重后果的情况下而可能被判处死刑的最低标准。

第五，强奸致被害人重伤以上或其他严重后果的，特别在造成被害人死亡的情况下，才能考虑适用死刑的问题。

即便如此，笔者仍然认为司法机关在强奸罪死刑的量刑幅度把握上，仅以笔者所建议的五项标准中的一项作为判处死刑的独立依据似乎力度仍不够充分。如果要实现罪责刑相适应，做到强奸罪一罪正确独立适用死刑，上述情形中至少达到上述五项标准的结合。所谓的标准结合是指情节加重犯与情节加重犯的结合、情节加重犯和结果加重犯的结合，比如强奸妇女、奸淫幼女情节特别恶劣，并给被害人造成极大痛苦，并最终导致被害人死亡，比如三人以上在公共场所当众轮奸妇女，情节恶劣的，比如强奸妇女、奸淫幼女三人以上，并造成部分被害人重伤死亡的，等等。笔者建议，上述情节间的结合，特别是将情节加重犯和结果加重犯的结合作为考虑强奸罪一罪判处死刑的底线，将更符合司法实践的情况和要求。

二、强奸罪与其他罪名数罪并罚情况下的死刑适用

司法实践中，经常出现强奸罪罪犯触犯数个罪名而最终因数罪并罚而被判处死刑的情况。这种情况分为两类，第一类是强奸罪作为首要罪名，第二类是强奸罪作为非首要罪名。第一类常见的是强奸罪和猥亵妇女儿童罪、非法拘禁罪等；第二类是强奸罪和故意杀人罪、故意伤害罪、抢劫罪等。在第一类中，行为人最终被判处死刑可能是以强奸罪的罪名，而在第二类中，强奸罪的罪犯被判处死刑并不一定是因为强奸罪，而是因为故意杀人罪、故意伤害罪等。因此有必要以这一分类对强奸罪的数罪并罚情况进行分析。

1. 具有加重处罚情节的强奸罪与其他相关犯罪的辨析

第一，强奸罪与故意杀人罪、故意伤害罪。强奸罪作为暴力犯罪的一种，常常伴有被害人遭受胁迫、人身攻击甚至重伤、死亡的情况，也牵扯强奸罪与故意杀人罪、故意伤害罪的界限，以及一罪和数罪的问题。尤其是故意杀人罪、故意伤害罪容易与强奸罪情节加重犯中情节恶劣的情形和结果加重犯中造成被害人重伤、死亡或者其他严重后果的情形相类似。笔者认为，如果因行为人强奸妇女导致被害人性器官严重损伤，或者造成其他严重伤害，甚至当场死亡或者经抢救无效死亡的，只定强奸罪一罪。如果行为人出于报复、灭口等动机，在实施强奸的过程中或者强奸行为后，杀死被害妇女的，则应分别定为强奸罪、故意杀人罪或者故意伤害罪进行数罪并罚。

例如：2006 年 11 月 19 日被告人任×金刑满释放后因赌博而经济拮据。2006 年 12 月 30 日中午 12 时余，被告人任×金窜至浙江省宁海县桃源街道下洋吴村民工子弟学校附近准备了一根铁棒伺机作案。见中年妇女柴×兰独自一人行走，遂起抢劫之念，当即尾随柴×兰至该村西侧一绿化带。被告人任×金先以帮柴×兰割青为由与柴×兰搭讪，当柴×兰有所警觉欲离开时，任×金强行将柴×兰拉至旁边一竹林中，产生抢劫、强奸之念。拿出随身携带的铁棒逼迫柴×兰交出财物脱掉衣服，柴×兰不从并反抗，任×金便将柴×兰按倒在地，强行脱掉柴×兰的衣服，欲对柴×兰实施强奸，后因自身生理等原因而未得逞，施暴期间，被告人任×金从柴×兰衣裤中搜得人民币 450 元。因恐罪行败露，被告人任×金又顿起杀人灭口之念，即持铁棒猛击柴×兰的头部数下致柴×兰颅脑严重损伤而当场死亡。而后被告人任×金为掩盖其犯罪事实，又将柴×兰的尸体拖拉至竹林隐蔽处，将柴×兰使用的一白色塑料袋包扎铁棒后逃离现场，并在逃跑途中将作案凶器铁棍清洗后予以丢弃。经法医鉴定，被害人柴×兰系被他人用钝器多次打击头部致颅脑严重损伤而死亡。最终法院判决被告人任×金犯故意杀人罪，判处死刑，剥夺政治权利终身；犯抢劫罪，判处有期徒刑五年，并处罚金人民币 1000 元；犯强奸罪，判处有期徒刑三年；决定执行死刑，剥夺政治权利终身，并处罚金人民币

1000 元。①

上诉人夏×起因婚姻纠纷，自 2002 年年底独居天津市北辰区大张庄镇大吕庄村华夏大街庆田胡同 2 号。2003 年 4 月 5 日 14 时许，上诉人夏×起将同村 13 岁幼女夏某某诱至家中奸淫。后为掩盖罪行，采用扼颈、菜刀切割颈部等手段将夏某某杀害。之后，夏×起用尼龙苫布和编织袋包裹夏某某的尸体，借用邻居人力车将夏某某的尸体运至村西空地，藏匿在村民的柴垛之间。当晚村民发现尸体报案，经公安机关侦查将上诉人夏×起抓获归案。被告人夏×起犯故意杀人罪，判处死刑，剥夺政治权利终身；犯强奸罪，判处有期徒刑十年，决定执行死刑，剥夺政治权利终身。②

2002 年 9 月 9 日下午 1 时许，被告人孙×到邻居孙某某(女，85 岁)家借塑料水管。孙某某称水管不在家中，后被告人孙×在孙某某家地下室找到水管，即指责孙某某，并将其推倒，因见孙某某仰躺在地，顿生歹念，并将其强行奸淫。事后，被告人孙×恐罪行败露，遂用床单裹紧孙某某的头部，以电线缠勒其颈部，并用粗麻绳将其捆绑，又用棉花胎和棉被盖在其身上后逃离现场。当日，被告人孙×将其杀人的事实告之其子孙某，次日晨，孙某向公安机关报案，被害人孙某某被人发现时已死亡。经法医鉴定，孙某某系他人勒颈和捂压口鼻至机械性死亡。被告人孙×于 2002 年 10 月 12 日在安徽省灵璧县被公安机关抓获归案。最终，法院判决被告人孙×犯强奸罪，判处有期徒刑八年；犯故意杀人罪，判处死刑，剥夺政治权利终身，决定执行死刑，剥夺政治权利终身。③

第二，强奸罪与强制猥亵、侮辱妇女罪。之所以将强奸罪与强制猥亵、侮辱妇女罪进行区分，是因为如果将在公共场所发生的强制猥亵、侮辱妇女罪与强奸罪的情节加重犯混淆，将出现严重错误。强制猥亵、侮辱妇女罪，是指以暴力、胁迫或者其他方法强制猥亵妇女或者侮辱妇女的行为。强制猥亵、侮辱妇女罪与强奸罪，特别是与强奸罪的未遂形态相近，都有使用暴力、胁迫或者其他方法对妇女进行例如搂抱、抠摸等行为。两罪的区别可以从三

① 浙江省宁波市中级人民法院刑事附带民事判决书(2007)甬刑初字第 101 号。

② 天津市高级人民法院刑事裁定书(2003)津高刑一终字第 114 号。

③ 江苏省南京市中级人民法院刑事判决书(2003)宁刑初字第 7 号。

个方面区分：一是客观方面不同，虽然强制猥亵、侮辱妇女的行为可以发生在公共场所，但是其行为不包含性交，而强奸罪的行为方式是强行与妇女发生性交；二是主体不同，强制猥亵、侮辱妇女的主体可以是男子和女子，女子可以作为强制猥亵、侮辱妇女罪的实行犯，而强奸罪虽然也有女子充当行为主体的特殊情况，但仅限于帮助犯等场合，女子不能作为强奸罪的实行犯；三是主观方面不同，强制猥亵、侮辱妇女罪的主观故意在于猥亵和侮辱，目的是满足精神上的刺激性欲需求，而不以实际发生性交为目的，但强奸罪的主观故意在于发生性交，目的是达到精神上和肉体上性欲的双重满足。强奸罪与强制猥亵、侮辱妇女罪在一般场合下容易区分，但在公共场所的时空环境下，如果不仔细区分则将涉及强奸罪情节加重犯甚至适用死刑的问题，因此必须慎重。

例如，① 2008年2月19日凌晨4时许，被告人黄×平窜到厦门市湖里区泰和大厦183号之三304室实施盗窃时，被被害人丁某雅和丁某兰发现，黄×平即拿出小刀进行威胁，并用衣服和手机充电器电线绑住两被害人的手脚，抢走现金400元。之后，被告人企图强奸两被害人时，因两被害人来例假而放弃，随后，用暴力殴打强迫被害人丁某兰对其生殖器官进行口交，后逃离现场。法院认为，被告人黄×平违背妇女意志，使用暴力手段，强行与被害人丁某雅发生性行为并强制猥亵被害人丁某兰，其行为又分别构成强奸罪、强制猥亵妇女罪，依法应数罪并罚。同时因被告人黄×平犯其他罪名，最终认定犯抢劫罪、强奸罪、强制猥亵妇女罪，实行数罪并罚。

例如，② 冯、张二男青年晚上骑自行车途中，迎面遇见一女青年在路边行走，冯对张说："去拿她开个玩笑。"随后冯立即调转车头，故意撞了该女一下，遭女方斥责，冯立即抓住该女衣领，将其拉坐在地，强行猥亵。该女呼救时，冯又卡其喉咙，直至来人才逃走。一审法院认定为强奸罪未遂。

综合整个案情分析，冯某具有强制猥亵妇女的故意和行为，甚至也不排除随案情发展有产生奸淫目的的可能，但是却难以认定冯某有强行奸淫的故意和目的，因此不宜认定为强奸罪（未遂）；但是，被告人于晚上在公路上公

① 福建省厦门市中级人民法院刑事判决书（2008）厦刑初字第156号。

② 肖中华：《侵犯公民人身权利罪疑难解析》，上海人民出版社2007年版，第162页。

然强制猥亵妇女，而且采用暴力手段阻止被害人呼救，其行为情节恶劣，已构成强制猥亵妇女罪。二审法院把此案由强奸罪(未遂)改判为强制猥亵妇女罪，并适当减轻刑罚的做法是正确的。

第三，强奸罪与聚众淫乱罪。之所以将强奸罪与聚众淫乱罪进行区分，是因为聚众淫乱罪中的情形与强奸罪中的轮奸情形相类似。轮奸是指二人以上的男子出于共同强奸的故意，违背妇女意志，在同一时间段内对一妇女或者幼女进行连续、轮流的奸淫行为，性质属于强奸罪的情节加重犯。聚众淫乱既可以指行为类型，也可指代聚众淫乱的罪名。聚众淫乱是指三个以上的男女聚集在一起自愿进行性交等淫乱活动，前提是自愿而非违背任何参与其中的行为人的意志。因此，如果两名男子在同一时间、同一地点轮流与一个女子自愿发生性交，则属于聚众淫乱行为而不是轮奸。当然，如果有女子在聚众淫乱的场合下是被强行拉进来，是违背其意志的，那么这部分性行为应定为强奸罪，至于是否是轮奸则要具体看与其发生性关系的男子的人数；如果该女子开始是被迫的，而后在行为中转变态度，成为自愿和主动的，则应与强奸罪中先被动后自愿的情形类似，不认定为强奸罪，而是一并认为是聚众淫乱罪。

2. 强奸罪作为首要罪名的情况

强奸罪作为首要罪名的情况多见于强奸罪和强制猥亵、侮辱妇女罪，非法拘禁罪的数罪并罚。由于强制猥亵、侮辱妇女罪和非法拘禁罪的法定刑都不包含死刑，也就不存在因上述两罪被判决死刑的可能，因此行为人是否最终被判决死刑只能是以强奸罪决定刑罚。

据媒体报道,① 2010 年 3 月 15 日晚 8 时许，女青年萌萌行至武汉市青山区胜强村新马路路段，被告人曾×保猛扑过来，将她推倒在地，随即脖子被曾×保猛地掐住，曾×保将她强行挟持至附近树林，实施了奸淫。通过侦查发现，2008 年 9 月 16 日晚，曾×保驾驶电动车窜至青山区白玉山第十七幼儿园附近，持刀拦截将丽丽拖至地窖囚禁强奸。2009 年 7 月 2 日晚 10 时许，18 岁的被害人红红途经青山区北湖冶金炉村一上坡处，被尾随而至的曾×保用

① 搜狐网：《地窖囚禁少女案续：色魔用电击等手段强奸 11 妇女》，http://news.sohu.com/20101107/n277203678.shtml，2010 年 11 月 7 日。

绳子勒住脖子，拖至附近树林，捆绑在树上进行奸淫。事后，曾×保还将捆绑的红红挟持至自家地窖内，用固定在水泥地面的铁链锁住红红脚踝。曾×保强行将丽丽、红红非法拘禁在其挖掘的地窖内，持续时间分别长达590天和317天。在地窖内，曾×保强奸丽丽近百次，奸淫红红10余次。最终，两名被困地窖多日的被害人被解救出来，差一点被饿死。此案正在审理中，尚没有裁判结果。但需要注意的是，不论裁判结果如何，如果被告人最终被判强奸罪作为首要罪名与其他罪名数罪并罚，那么刑罚的适用，特别是是否被判处死刑须以强奸罪为依据。

例如，2003年4月10日，被告人孙×林与耿某某在怀远县唐集镇人民政府登记离婚。同年8月1日中午，被告人孙×林到淮南市找到耿某某向耿某某索要子女抚养费等并叫耿某某跟其回家，耿不同意，被告人孙×林即对其殴打，并于当日下午5时许强行将耿某某从淮南带回怀远县唐集镇杨村的家中，限制耿某某离开，并对耿某某殴打，造成耿某某全身大面积淤血。当日夜，被告人孙×林先后两次强行与耿某某发生性关系。次日下午，耿某某亲属得知此事，即带人赶到孙×林家，将耿某某解救，随后到唐集派出所报案。被告人孙×林非法剥夺耿某某人身自由约20小时。经法医鉴定：耿某某的损伤程度为轻微伤。原判认为，被告人孙×林以暴力手段强奸一名妇女两次；非法限制他人人身自由，且有殴打情节，其行为已构成强奸罪、非法拘禁罪。最终，法院认定被告人孙×林犯强奸罪，判处其有期徒刑六年六个月；犯非法拘禁罪，判处有期徒刑一年六个月，合并执行有期徒刑七年六个月。二审上诉后，法院维持了原判。①

3. 强奸罪作为非首要罪名的情况

强奸罪作为非首要罪名不是指强奸罪不重要，而是说法院在适用刑罚的时候，多以其他罪名，如故意杀人罪、抢劫罪、故意伤害罪等判决被告人死刑。这种情况下，强奸罪一罪可能被判处死刑，也有可能被判处有期徒刑、无期徒刑，更多情况下是被判处有期徒刑。强奸罪之所以被判处有期徒刑、无期徒刑，是与案件中行为人的行为有直接关系的。

对故意杀人来说，如果故意杀人发生在强奸行为之后，则定故意杀人罪

① 安徽省蚌埠市中级人民法院刑事裁定书(2005)蚌刑终字第125号。

和强奸罪；如果故意杀人发生在强奸之前，因强奸罪的被害人必须是活着的妇女而不包括尸体，因此这种杀人之后的奸尸行为不能被认定为强奸罪；如果故意杀人发生在强奸进行中，因强奸罪的结果加重犯里面包含了强奸过程中导致被害人死亡的情形，既包含故意也包含过失，这种情况下被害人因故意杀人行为而导致死亡的，只认定为强奸罪一罪，并按照结果加重犯处罚。

对故意伤害来说，如果独立的伤害行为发生在强奸之前、强奸之后，则定故意伤害罪和强奸罪。如果伤害行为发生在强奸过程中，要进一步分析造成伤害的原因：由于强奸罪的情节加重犯和结果加重犯有相对明确的规定，对强奸属于同一主观心态和客观行为下发生的强奸和故意伤害，这种伤害本身与强奸行为直接相关，或者为实现强奸和为完成强奸而起到压制被害人反抗的作用，比如由强奸行为的暴力导致被害人的阴部、身体受到重大伤害的情形，则应定强奸罪一罪，并以强奸罪的情节加重犯或结果加重犯进行处罚。如果被告人的伤害行为与强奸无关，在强奸的暴力性已经足以压制被害人反抗的前提下，比如已经用绳索将被害人捆绑牢固进行强奸，在强奸进行中为满足变态的性欲而拿刀故意割断被害人的手臂或者割裂被害人的乳房等，笔者认为这种情况下的故意伤害行为可以独立定罪，并与强奸罪实行数罪并罚。

对抢劫罪等财产型犯罪来说，由于其所侵犯的法益是包括财产权在内的权利内容，其与强奸罪在性质上有本质差别，所以在强奸之前、进行中、之后的抢劫、盗窃等取财行为与强奸罪本身是无关的，应独立定罪并与强奸罪数罪并罚。

例如，2006年12月27日20时许，被告人郑×仁、郑×滔经密谋，携带弹簧刀、胶带纸、绳子等作案工具，由郑×仁驾驶盗窃所得的面包车窜至浙江省丽水市莲都区厦河新村1区，见妇女陈×霞孤身一人回家，郑×滔从背后抱住陈×霞往车上拉，陈×霞挣扎并大声呼叫“抢劫，救命”，郑×仁即下车抬起陈×霞的脚将陈×霞塞进车内，随后两被告人驾车迅速逃离。途中，陈×霞激烈反抗，郑×滔将陈×霞的头往汽车副座后面的铁架上猛撞，并用胶带纸将陈×霞的嘴、四肢缠封、捆绑。尔后，两被告人将车驶至浙江省永康市象珠镇三渡溪水库边，强行对陈×霞搜身，共劫得ZTC移动电话手机、中兴V190小灵通各一部，黄金手链一条，白金戒指一枚，现金人民币100余元以及信用卡、存折等物，财物共计价值人民币4800余元。接着，郑×仁、郑×滔在车内先后轮流奸淫了陈×霞。为灭口，郑×仁、郑×滔将陈×霞拖下车，将绳子套在陈×霞颈部，合力将陈勒至昏迷，以为陈已死，即脱光陈×霞的衣裤，将石块捆绑在陈×霞的身上，将其抛入三渡溪水库，并将陈×霞的衣服及包等随身物品烧毁后逃离。被害人陈×霞因生前被勒颈致昏迷状态下落水溺死。最终法院以故意杀人罪判处被告人郑×仁、郑×滔死刑，剥夺政治权利终身；以抢劫罪，分别判处其二人有期徒刑十三年；分别以强奸罪，判处其二人有期徒刑十二年，数罪并罚决定对二人分别执行死刑，剥夺政治权利终身。两名被告人上诉后，二审法院裁定驳回上诉，维持原判。①

三、强奸罪结果加重犯与故意杀人罪、过失致人死亡罪的关系探讨

司法实践中，在强奸罪结果加重犯中的致人死亡情形一般定强奸罪一罪。然而，故意杀人和过失致人死亡所侵犯的是人的生命法益，强奸罪本身并非是针对生命法益的罪名，法院的裁判意见虽然是符合法律规定的，但是这种刑法规定是否正确值得探讨。

《刑法》第236条规定有强奸“致使被害人重伤、死亡或者造成其他严重后果的”处10年以上有期徒刑、无期徒刑或者死刑。这里所指的“死亡”是指被害人的死亡结果，刑法分则对被害人死亡的原因和与强奸罪的关系并没有更多的说明，但这并不表明该死亡结果与前面的罪状无关，只要在强奸罪中出现死亡的结果都一律可以适用该结果加重犯的规定。

1. 对强奸罪结果加重犯的理解

基本犯，是指刑法分则条文规定的不具有法定加重或者减轻情节的犯罪。加重犯是指刑法分则条文以基本犯为基准规定了加重情节和较重法定刑的犯罪。在刑法中规定加重犯的条款为数不少，而强奸罪就是其中之一。虽然加重犯具有独立性，但是加重犯是以基本犯为基础的，也就是说，“在符合加重犯罪构成的基础上成立的犯罪(加重犯)与在符合普通犯罪构成的基础上成立的犯罪(基本犯)在根本性质上具有一致性。尽管加重犯存在独特的加重因素，但这种因素并未从根本上改变犯罪的性质，并未引起不同性质犯罪之间的转化，且加重犯不具有独立的罪名，二十余基本犯适用同一罪名，只不过由于同一犯罪范围内行为的社会危害性发生趋重或趋轻的变化从而导致法定刑产

① 浙江省高级人民法院刑事裁定书(2008)浙刑三终字第12号。

生轻重变化。”①“加重因素可以是一个单一的要素，也可以是多个要素的复合。但这些基本犯罪构成之外的要素无论怎样组合，都不能形成独立的为刑法分则所规定的犯罪。如果能够形成独立的犯罪，那就不是一罪的加重，而是数罪形态。”②

所以从性质上看，加重犯可以看作是在基本犯的基础上，随着其他因素的积累形成了罪名内部结构的质的变化，包括犯罪构成的变化和量刑的变化。犯罪构成的变化是指特定的情节、结果等因素条件下，普通的犯罪构成加入了特定的情节、结果作为另一个层面上的犯罪构成，影响该层面上犯罪的成立。以强奸罪为例，致人死亡作为结果加重犯，其致人死亡的结果是确定被告人在结果加重犯的层面上成立犯罪的必备要件，否则，被告人只成立基本犯而不成立结果加重犯，同时这一结果也影响到量刑的变化。

但是，即便发生了质的变化，加重犯并非可以独立于基本犯而存在，也就是说我们一方面承认加重犯的独立性；但另一方面也不能忽略加重犯对基本犯的依附性。虽然加重的犯罪构成在内部结构上与基本犯存在差异，但其包含两方面因素，即基本犯和加重因素。没有基本犯，加重因素本身是不能够独立为犯罪构成的。

所以，强奸罪结果加重犯中的“死亡”结果虽然使犯罪构成在加重因素的影响下成为独立的，但同时也依附于基本犯的行为。因此，“致人重伤、死亡或者其他严重后果的”不是与《刑法》分则第 236 条的前述罪状无关。

2. 强奸罪结果加重犯与故意杀人罪

强奸罪中致人死亡结果的结果加重犯，是基于强奸行为而造成的被害人的死亡结果，结果的造成包含故意和过失两种。但是，强奸罪加重构成中的死亡结果同故意杀人罪是不同的，笔者尝试用案例③予以说明。

2008 年 11 月 18 日晚 7 时许，被告人陈×运酒后骑摩托车到固镇县“连城中学”旁王×方家网吧玩。后被害人叶某某及其朋友朱×也到该网吧玩。被害人叶某某看见陈×运停放在网吧外面的摩托车，便想学骑。陈×运以教叶某

① 赵秉志主编：《刑法总则要论》，中国法制出版社 2010 年版，第 393 页。

② 楼伯坤：《论加重犯之加重因素》，《苏州大学学报(哲学社会科学版)》2006 年第 1 期。

③ 安徽省高级人民法院刑事裁定书(2010)皖刑复字第 0019 号。

某骑摩托车为由，将叶某某带至固镇县经济开发区东北路段(魏庄路北段)。在教叶某某学骑一会摩托车之后，陈×运欲与叶某某发生性关系，便搂抱、亲吻叶，遭叶某某反抗。二人在推拽过程中，从路边水沟东岸跌落至沟内。陈×运潜水爬出水沟，见叶某某在水沟中央挣扎，未予施救，即骑摩托车逃回家中。陈×运在家更换衣服后，连夜从蚌埠市乘火车逃往江苏省昆山市藏匿，2008年11月20日晚被抓获。经鉴定，叶某某系因溺水死亡。一审法院对被告人陈×运以强奸罪判处死刑，缓期二年执行，剥夺政治权利终身。上一级法院在对本案进行死刑复核时认为，被告人陈×运违背被害妇女意志，欲与被害人发生性关系，强行搂抱、亲吻被害人，致被害人在反抗过程中跌落水沟内溺水死亡，其行为已构成强奸罪。陈×运在强奸犯罪过程中致被害人死亡，犯罪后果特别严重，且其系累犯，论罪应判处死刑。鉴于陈×运的犯罪事实、情节和对社会的危害程度，对其判处死刑可不立即执行。最终，上一级法院认为原判认定事实清楚，定罪准确，量刑适当。原判审判程序合法，并核准了对被告人陈×运以强奸罪判处死刑，缓期二年执行，剥夺政治权利终身的刑事判决。

对于本案，笔者认为法院的判决是不正确的，其致人死亡的结果已经超出强奸罪的范畴，应成立间接故意杀人罪。

第一，被害人的死亡系被告人强奸之先前行为所造成的溺亡，而非因强奸暴力造成的死亡。被告人陈×运欲与叶某某发生性关系，争执推拽过程中，两人一起跌落于水沟中，陈对叶在水中的挣扎呼救视而不见致使被害人死亡。被害人的死亡正是由于被告人的先前行为造成的结果，而先前行为不仅包括合法行为也包含犯罪行为，被害人跌入水中是被告人强奸行为直接造成的结果，被告人负有救助或协助被害人脱离险境的义务而没有履行救助职责。

第二，被害人的死亡是在被告人能够施救而未予施救的情况下造成的，系因被告人不作为的结果。被告人陈×运爬出水沟，不论因何原因，见被害人叶某某在水中挣扎而未予施救，也未寻找其他途径进行施救，而是一走了之，对结果听之任之。

第三，被告人对被害人的死亡存在间接故意，即看到被害人因自己的犯罪行为而使生命陷入危险时，既没有积极追求被害人的死亡结果，如阻止被害人上岸，也没有为被害人提供救助而防止危害结果的发生，而是在明知被害人有可能被淹死、旁边无人能救其上岸的情况下而对被害人的生死采取放任的态度，其主观心态属于间接故意。

综上所述，笔者认为被告人陈×运应当被判处强奸罪和故意杀人罪，实行数罪并罚。一审法院之所以以强奸罪判处被告人死刑，是将强奸罪结果加重犯的范围扩大化理解的结果，没有将被害人死亡的结果与强奸罪的犯罪构成进行比对，而是将结果加重犯的规定当做包含所有被害人死亡情况的口袋。

强奸罪中的结果加重犯是以强奸暴力为基础的，其所保护的法益仍是以强奸罪所保护的法益，即性权利、身心健康等为内容的，对生命的剥夺只是该罪名在结果加重犯的犯罪构成和加重处罚中的内容。而故意杀人罪本身是以剥夺生命法益为内容的暴力犯罪，其与性权利、被害妇女的身心健康无关，而是与被害人的生命直接相关。因此，笔者认为强奸罪中故意致人死亡的原因是出于以下种类，才应理解为强奸罪中的结果加重犯：一是为压制被害人反抗而使用暴力造成死亡的；二是行为本身造成与被害人性器官或者身体其他部位重大伤害而发生衰竭造成死亡的；三是其他方式的暴力，是在具有性的侵犯性和生命剥夺性双重属性时，以性的侵犯性为主而造成被害人死亡的，比如因行为人的身体原因或者行为方式直接使被害人因窒息、疼痛而死的。

3. 强奸罪结果加重犯与过失致人死亡罪

强奸罪是故意犯罪，既然强奸罪的结果加重犯仍属于强奸罪，照此推理，强奸罪的结果加重犯本也该属于故意犯罪，即强奸罪中致人死亡仅应包含故意致人死亡的情形，但为何刑法学者在解释致人死亡结果时将过失犯罪也包含进去了呢？或者说为什么不定强奸罪和过失致人死亡罪两罪呢？

首先，强奸罪结果加重犯中，行为人对自己的行为能否造成被害人重伤、死亡结果是可以存在遇见和判断的，即存在意识因素。对于哪种行为方式能够压制被害人的反抗、自己的行为是否能够造成被害人的痛苦等，行为人是能够作出判断的。其次，行为人知道强奸罪属于暴力犯罪，在违背妇女意志的情况下，其对被害妇女性权利的侵害必然遭到被害妇女的激烈反抗，其如果想压制住被害人的反抗实施犯罪，行为人的暴力必然要超出被害人反抗激烈程度，其暴力性必定超出常规的暴力，而这种暴力不论对行为人本人来说还是对社会大众来说，都是足以能够随时造成被害人重伤、死亡的，在这种判断基础上，行为人仍然为了达到犯罪目的而使用暴力，也就是在对结果有大略预知的情况下仍坚持使用暴力，也即包含了意志因素。这种意识因素和意志因素满足了故意犯罪的主观方面的要求，也就是说，强奸行为的性质本身就决定了行为人对被害人死亡结果的心理态度是故意的。

从另一个角度说，如果对行为人采取直接故意犯罪和过失犯罪并列的立法例，则无法实现罪责刑相适应。这是因为，如果将过失致人死亡的结果独立于强奸罪之外，那么行为人的强奸行为一方面只符合基本犯罪构成，其法定刑最多是七年有期徒刑；另一方面，如果将过失致人死亡认为是过失犯罪，那么过失致人死亡罪的最高法定刑是七年有期徒刑，而强奸过程中的过失致人死亡最终以过失致人死亡罪和作为基本犯的强奸罪实行数罪并罚，这种被判处有期徒刑的裁判结果同民众的期待和立法的初衷都是不相符的，除非立法改为对这种过失犯罪允许判处死刑。但是，对过失犯罪判处死刑也是国际公约和限制死刑适用的政策所不能容忍的。因此，以强奸罪和过失致人死亡罪并列的判决结果也是行不通的。

因此，对强奸罪中过失致人死亡结果的理解不能局限于过失犯罪。也就是说，虽然行为人对被害人的死亡本身是没有预见的，但是其能够预见自身行为对任何一个强奸犯罪被害人来说都可能造成对生命权的侵害，这种侵害本身不是过失而是故意。

第三节　强奸罪死刑限制适用的考量

一、强奸犯罪适用死刑的观念考量

（一）坚持正确的死刑观念

坚持对强奸犯罪判处正确刑罚的理念考量，是指宏观上对此类犯罪的认定和裁判要坚持罪刑法定原则、罪责刑相适应原则，用正确的死刑政策指导司法实践。进入 21 世纪的第二个十年，社会矛盾在经济发展的背景下出现了新的变化，刑法作为惩治犯罪的部门法，其维护社会稳定和谐的任务更为繁重，对刑事立法和刑事司法水平的要求越来越高。即便如此，罪责认定和刑罚裁量也绝不能为了维护社会法益不受侵害而对包括强奸犯罪在内的暴力犯罪无所顾忌地适用重刑，尤其是适用死刑。

因此，与其他犯罪的认定和刑罚裁量一样，正确处理强奸犯罪和死刑适用的关系，首先应当在理念上明确以下原则：一是坚持惩治犯罪与保障人权相结合，坚持罪刑法定、罪刑均衡、适用刑法人人平等、审判公开和程序正义等，做到有罪依法惩处，无罪不受刑事追究。二是坚持死刑的严格控制和慎重适用，死刑不能废除，但绝不代表可以滥用，死刑的减少势在必行，凡是可杀可不杀的一律不杀，做到少杀慎杀。三是坚持实体与程序公正并举，尊重证据裁判规则，对于有可能判处死刑的案件更要重证据、不轻信口供，在实体认定的同时在刑事诉讼程序上不侵害嫌疑人、被告人的合法权益，防止冤假错案发生。四是坚持宽严相济的刑事政策，对罪行极其严重的被告人必须依法惩处，该严厉打击的要严厉打击，而对具有从轻、减轻或者免除处罚情节的被告人，应依法从宽处理，尤其是不能对其判处死刑。

(二)坚持法定死刑适用规则

虽然刑法分则中强奸罪存在法定可以适用死刑的情形，但同样也要遵守刑法总则有关死刑适用的规定。《刑法》第 48 条规定："死刑只适用于罪行极其严重的犯罪分子，对于应当判处死刑的犯罪分子，如果不是必须立即执行的，可以判处死刑同时适用缓期二年执行。死刑除依法由最高人民法院判决的以外，都应当报请最高人民法院核准。死刑缓期执行的，可以由高级人民法院判处或者核准。"因此，对强奸罪个案是否要适用死刑时，不仅要考虑是否符合刑法分则中的规定，满足基本犯、加重犯的条件，还要考虑其他情节，看犯罪人是否属于罪行极其严重，如果确属罪行极其严重的，则应果断判处死刑。如果说罪行极其严重，影响十分恶劣的，则可以两个发生在教育领域的案件为例：辽宁省沈阳市苏家屯区八一镇武镇营子村小学教师程×俊在 2001 年 3 月至 2002 年 11 月期间，以辅导批改作业为名，在教室对班级中的 6 名女学生进行多次猥亵、强奸，最终在 2003 年 5 月程×俊被法院依法判处死刑。吉林省通化市二道江区二道江乡中心校教师栗×在 1998 年 8 月至 2002 年 8 月期间，强奸、猥亵女学生 19 人，最终 2002 年 9 月被告人栗×被法院依法判处死刑。为此，2003 年 7 月 28 日教育部、公安部、司法部还专门联合下发了《关于辽宁等地相继发生教师强奸猥亵学生事件的情况通报》(教师[2003]1 号)，要求相关部门切实履行维护学生人身安全和合法权益的文件。

(三)考虑死刑适用的社会效果

随着时代的发展以及社会观念的不断更新，强奸罪是否一定要判处死刑开始出现了争议。有论者认为，“对某一种犯罪包括强奸罪的刑罚的配置，不能超出该种犯罪的害恶性所允许的配刑的最大限度。强奸犯罪的害恶性在于严重侵犯妇女的性权利，而性权利再重要也不至于与生命权的重要性相同，更不可能比生命权更重要，因此，强奸罪害恶性所允许的配刑限度绝对不包括设置死刑。也就是说，对单纯的危害妇女性安全而不危及被害人性命的强奸罪不应当设置死刑。”①之所以出现了对死刑适用的怀疑是因为：第一，强奸犯罪虽然属于暴力犯罪，但其对被害人的人身危害性与故意杀人罪、故意伤害罪等存在显著区别，如果对强奸犯罪不限制死刑适用，将超出社会甚至是被害妇女本人对强奸罪适用刑罚的预测。第二，刑罚在惩治犯罪、实现报应的同时，也有矫治、教育和威慑的作用，如果死刑适用较多，则会从另一方面迫使强奸犯罪行为人彻底堕入同归于尽的境地，不利于对强奸犯罪被害人的保护。第三，妇女的性观念较以前更为开放，甚至在有些妇女看来性本身已不具有与生命、健康同等地位的价值，而是与其他诸如财产权等权利相类似的生活自由，社会对性侵犯的容忍度也较以往有所扩大，相比之下，死刑带来的生命剥夺价值已远远超出了社会对性权利保护的价值预测。第四，如今强奸犯罪的发生多见于熟人之间，陌生人之间发生强奸犯罪的数量已经随着性观念的开放、卖淫嫖娼的增多、淫秽资料的传播有所减少，熟人间的强奸犯罪很难说犯罪人的主观恶性极大、罪行极其严重，因此这种情况下的强奸犯罪不应适用死刑。

通过笔者对近年来司法判决的有限搜集发现，大体上在2002年之前还有不少因强奸罪一罪而获死刑的案件，而从2002年以后强奸罪死刑的数量逐步开始减少，而近几年来对强奸罪一罪适用死刑的案件数量则很有限。这一变化固然与2004年宽严相济形势政策出台和2007年最高法院收回死刑核准权有关，但并不意味着犯强奸罪的犯罪人中无人被适用死刑，实际上，不少犯强奸罪的罪犯被最终执行死刑的原因不是因为强奸罪本身，而是多见于与其他犯罪的数罪并罚情况，如强奸罪和故意杀人罪、强奸罪和抢劫罪、强奸罪与黑社会性质组织犯罪等，这些情况下强奸罪一般作为第二、第三罪名被判

① 王丽花：《关于强奸罪的死刑量刑探讨》，载人民法院网 http://www.chinacourt.org/public/detail.phpid=383911，2010年11月3日。

处无期徒刑或有期徒刑，而作为第一罪名的故意杀人罪等被判处死刑，最终数罪并罚决定执行死刑。

例如，① 2006年7月25日，被告人康×军在广州市流花湖公园认识被害人汪×香，7月28日20时许，被告人康×军在与被害人汪×香吃饭时，乘其不备，往被害人汪×香所喝的饮料内投放药物，诱骗被害人喝下该饮料后，被告人康×军将被害人汪×香送到广州市荔湾区环市西路140号302房(被害人所住旅店房间)，伺机抢劫财物。次日凌晨零时后，被告人康×军将被害人汪×香带至广州市白云区同德街鹅掌坦西街34巷7号103房。其后，被告人康×军在被害人汪×香丧失知觉失去反抗能力的情况下，两次奸淫了被害人汪×香。事后，被告人康×军因害怕罪行败露，遂产生杀害被害人汪×香的念头，即用手臂扼颈、电线勒颈的手段，杀害了被害人汪×香(经法医鉴定：被害人汪×香系被人用条索类物体勒颈造成机械性窒息死亡)。杀害被害人汪×香后，被告人康×军即取走被害人汪×香的人民币402元及三星牌MI移动电话1部(价值人民币531元)。为处理被害人尸体，被告人康×军用刀肢解了被害人汪×香的尸体并用多个黑色塑料袋包装尸块。被告人康×军故意杀害被害人汪×香，并肢解被害人尸体，情节恶劣，其行为已构成故意杀人罪，依法应予严惩。被告人康×军违背被害人汪×香意志，强奸被害人，其行为已构成强奸罪。被告人康×军以非法占有为目的，以麻醉方法抢劫他人财物，其行为已构成抢劫罪。

近些年的死刑适用趋势表明，今后对强奸犯罪适用死刑，除了必须严格遵守法律的规定，坚持将死刑用在罪行极其严重的犯罪人身上之外，还要考虑死刑判决的法律效果和社会效果的统一，尤其是对非致人死亡的强奸罪的死刑适用更要谨慎，防止刑罚超出犯罪本身，对致人死亡的强奸罪一般也要限制死刑适用。当然，如果在与其他犯罪，比如故意杀人罪、故意伤害罪等罪名数罪并罚而因此被判处死刑的情况下，除非强奸罪的罪行极其严重，否则更不应在强奸罪的范围内适用死刑，至于其他罪名是否适用死刑和最终的数罪并罚结果是否适用死刑则是另外的问题。

---

① 广东省广州市中级人民法院刑事判决书(2007)穗中法刑一初字第146号。

二、强奸罪不适用死刑的情形

即便强奸行为本身达到了情节加重犯和结果加重犯犯罪构成所要求的大部分内容，但是由于主体、从宽情节的原因而存在强奸罪死刑的不适用。

1. 犯强奸罪的时候不满18周岁和审判的时候怀孕的妇女不适用死刑

我国《刑法》第49条规定："犯罪的时候不满十八周岁的人和审判的时候怀孕的妇女不适用死刑。"因此，即便行为人罪行极其严重，存在强奸罪加重犯的情况，也不能够被判处死刑。同时，不适用死刑包含不适用死刑立即执行和死刑缓期执行两种。这些主体的行为即便满足了强奸罪的加重犯，其可能被判处的最高刑罚也只能是无期徒刑。

2. 强奸犯罪行为人具有法定从宽处罚情节而不适用死刑

法定从宽处罚情节是指法律规定的应当减轻刑罚的情节，如共同犯罪中的从犯、中止犯，在实施强奸犯罪以后自首且有重大立功表现的行为人。这些法定情节使得行为人被排除出死刑适用的范围。即便其行为满足了强奸罪的加重犯，其可能被判处的最高刑罚也只能是无期徒刑，不能包含死刑立即执行和死刑缓期执行。

三、国外对强奸罪死刑的规定及对我国的启示

(一)对强奸罪可以适用死刑的主要国家和地区

1. 美国

美国作为保留死刑的国家，对强奸罪一直都存在适用死刑的。"1971年，美国仍有17个州和哥伦比亚特区对强奸罪可以判处死刑。1972年7月，耶鲁大学法律评论指出，美国还有16个州对强奸罪可以判处死刑。"①根据《美国量刑指南》②，关于性暴力侵犯的基本犯罪等级为27级，如果被害人没有达到12岁，增加4级；如果被害人在16岁以下，增加2级；如果被害人受被告人监护、看护或者控制，而被告是矫正机构的职员或者受雇于该机构从事监护工作者，增加2级；致被害人永久或威胁生命的危害，增加4级；如果被害人受重伤，增加2级，如果伤势在两者之间，增加4级。性暴力侵犯罪的最高刑为终身监禁。强奸幼女的基本犯罪等级为15级。如果被害人受被告

① 梁健：《强奸犯罪比较研究》，中国人民公安大学出版社2010年版，第256页。

② 《美国量刑指南》，北京大学出版社1995年版，第53—55页。

人监护、看护或者控制，增加2级。“在美国，绝大多数州都对情节严重的强奸罪规定可判处终身监禁，但阿肯色州、登州至今还规定最高可以判处死刑。”①

其中的加重处罚情节包括②：一是使用超出实施强奸罪所必需的暴力的；二是使用武器恐吓或者伤害被害人的；三是重复强奸的；四是强奸经过密谋的；五是被害人有强奸罪或其他严重暴力犯罪或性犯罪前科的；六是对被害人进行性侮辱或实施反常性行为的；七是被害人年老或者年幼的；八是被害人在肉体上或精神上受到特别严重的伤害的。

美国《模范刑法》第213(1)条规定了强奸及其相关联犯罪：“强奸，与妻以外之女子性交之男子而该当与下列各款情形之一者，犯强奸罪。A. 行为人以威力或以对任何人之杀人，重大身体伤害、过度痛苦或绑架等紧迫的胁迫致使女子屈服者。B. 趁女子不知时，即使用或施用药品、致醉或其他阻止抵抗之手段，显著减损女子对自己行为之理解或控制能力者。C. 女性丧失意识时。”“女性未满10岁时，强奸罪为第二级重罪，但1. 实施犯罪时，对任何人加以重大的身体伤害或2. 被害人在犯罪行为之际并非自动与行为人结伴，且在此之前，从未对行为人许容性的关系者，属第一级重罪。性交包含口或肛门之交接在内，最少限度以插入为必要，唯不以射精为必要。”“强制性交，与妻以外之女子性交之男子而有该当下列各款情形之一者，即犯第三级重罪。A. 使用足以阻止具有通常意志力之女之抵抗之胁迫，致使女子屈服者。B. 行为人明知对方之女子因精神疾病或障碍而欠缺理解其行为性质之能力时。C. 对方之女子未能意识对其自己系在实行性交，或误认为行为人为其夫而允许其性交一事，行为人明知其情时。”

2. 日本

日本《刑法》对强奸罪的基本犯、加重犯、停止形态等均作出详细规定。

日本《刑法》第177条规定：“以暴力或胁迫奸淫13岁以上之妇女者为强

---

① 梁健：《强奸犯罪比较研究》，中国人民公安大学出版社2010年版，第258页。

② See David W. Selfe, Vincert Burke, Perspectives on Sex, Crime and Society, Cavendish Publishing Limited, p. 94, 2001, British. 转载自梁健：《强奸犯罪比较研究》，中国人民公安大学出版社2010年版，第257页。

奸罪，处二年以上之有期惩役。奸淫未满 13 岁之妇女，亦同。”

第 178 条规定：“乘人心神丧失、或不能抗拒或使之心神丧失或不能抗拒而为猥亵行为或奸淫之者，与前二条之例同。”

第 179 条规定：“前三条之未遂罪，罚之。”

第 180 条规定了亲告罪：“(1)前四条之罪，须告诉乃论。(2)2 人以上于现场共同犯前四条之罪者，不适用前项之例。”

第 181 条规定了强奸致死伤罪：“犯第 176 条至第 179 条之罪，因而致人死伤者，处无期或三年之上之罚役。”

第 241 条规定了强盗强奸、致死罪：“强盗、强奸妇女时，处无期或七年以上之罚役，因而致妇女死亡时处死刑或无期徒刑。”

3. 泰国

泰国《刑法》对强奸罪的处罚十分严厉，这主要表现在法定刑上。

泰国《刑法》第 276 条规定：“对配偶以外之妇女以强暴、胁迫，利用其不能反抗之状态或使其误认为他人，并反于其意志而为奸淫者，处一年至十年有期徒刑并科 2 000 巴特至 20 000 巴特之罚金。前项犯罪，携带或使用枪械或爆裂物或数人共犯旨在毁害妇女者，处无期徒刑或十年至四十年有期徒刑。”

第 277 条规定：“对于未满 13 岁之女子，经其同意或未经其同意而奸淫之者，处二年至十二年有期徒刑并科 4 000 巴特至 20 000 巴特之罚金。犯前项之罪，其系数人共犯旨在破坏少女且未经同意，或携带使用枪械或爆裂物者，处无期徒刑或十五年至二十年有期徒刑。”“犯第 276 条或 277 条第一项之罪，致：(1)被害人重伤者处十年至二十年有期徒刑并科 20 000 巴特至 40 000 巴特之罚金。(2)被害人死亡者，处死刑或无期徒刑。”“犯第 276 条或第 277 条第二项之罪，致：(1)被害人重伤者，处无期徒刑。(2)被害人死亡者，处死刑。”

(二)对强奸罪不适用死刑的主要国家和地区

1. 俄罗斯

俄罗斯刑法虽然保留了死刑，却对强奸罪并不适用。

俄罗斯联邦《刑事法典》第 59 条规定：“1. 死刑，作为极其特殊的刑罚措施，只能适用于蓄意侵害生命的极其重度的犯罪。2. 不得对女性、实施犯罪时未满十八岁的行为人与法庭下达刑事案判决前已满六十五岁的男性行为人适用死刑。”

此外，还将“对性的不容侵犯与个人性自由实施侵害的犯罪”单独作为一个章节，在“侵害人身的犯罪”编下，与“侵害生命与健康的犯罪”、“侵犯人身自由、荣誉与人格尊严的犯罪”等章共同并列。在“对性的不容侵犯与个人性自由实施侵害的犯罪”一章中，包括了强奸、性暴力行为、性强制行为、同未满 16 岁的人员实行性交或其他性行为、猥亵行为等具体的条款。

其中，第 131 条规定：“1. 强奸，是指对被害人或其他人，使用暴力手段或以使用暴力手段相要挟实施的强迫性交行为，或者利用被害人的无助状况对其实施性交行为的——应当判处为期三年以上六年以下剥夺自由刑。2. 实施强奸行为，具有下列情形之一的：(1)(注：本项规定于 2003 年 12 月 11 日丧失效力——俄罗斯联邦法 2003 年 12 月 8 日第 162 号联邦法令)；(2)由犯罪团伙、事前同谋的犯罪团伙或有组织犯罪团伙实施的；(3)以杀害或重度伤害身体健康为要挟实施的，或者对被害人或其他人适用极其残忍的手段实施的；(4)致使被害人染上性病的；(5)故意对未成年人实施的——应当判处为期四年以上十年以下剥夺自由刑。3. 实施强奸行为，具有下列情形之一的：(1)过失导致被害人死亡的；(2)过失致使被害人身体健康遭受重度伤害、时期感染性病或是导致其他严重后果的；(3)对明知为未满十四岁的被害人实施的——应当判处为期八年以上十五年以下剥夺自由刑。”

同样，即便在性暴力犯罪规定中存在加重犯的情况下，最高刑也仅为八年至十五年剥夺自由刑。

2. 意大利

意大利《刑法》第 609-2 条规定了性暴力犯罪：“采用暴力或威胁手段，或者通过滥用权力，强迫他人实施或者接受性行为的，处 5 年至 10 年有期徒刑。在下列情况中诱使他人实施或者接受性行为的，处以同样的刑罚：(1)利用被害人在行为实施时的身体或精神劣势状况的；(2)诱骗被害人将犯罪人当做其他人的。在不严重的情节下，按照不超过三分之二的幅度减轻刑罚。”

第 609-3 条规定了加重情节：“如果第 609-2 条列举的行为实施于下列情况之一的，处以 6 年至 12 年有期徒刑：(1)针对不满 14 岁的人实施性行为的；(2)使用武器、酒精制品、麻醉品或者其他严重损害被害人健康的物品的；(3)经过化妆，或者假冒公务员或受委托从事公共服务人员的身份的；(4)针对任何被限制了人身自由的人实施性行为的；(5)针对不满16岁的人实施性行为的，并且犯罪人是该人的直系尊亲属、父亲、养父或监护人的。如果行为是针对不满10岁的人实施的，处以7年至12年有期徒刑。”

此外，还通过609-4条、609-5条等分别规定了“与未成年人实施性行为”“腐蚀未成年人”等具体内容。

对582条人体伤害罪的规定第583-2条专门针对女性生殖器官的规定：“在不存在医疗需要的情况下，造成女性生殖器官伤残的，处以4年至12年有期徒刑。在本条的意义上，对女性阴部组织的手术、切除和植入以及任何产生同类效果的活动被视为对女性生殖器官的致残活动。当第1款和第2款列举的活动是针对未成年人实施的，或者以盈利为目的实施时，刑罚增加三分之一。”

3. 法国

法国《刑法》对强奸罪的不同加重犯处以不同的法定刑，其第222-23条规定：“以暴力、强制、威胁或趁人无备，对他人施以任何性进入行为，无论其为何种性质，均为强奸罪。”

第222-24条规定：“犯强奸罪，有下列情形的，处20年徒刑：1. 强奸致受害人身体毁伤或永久性残疾；2. 强奸15岁以下的未成年人；3. 强奸因年龄、疾病、残疾、怀孕、身体或精神缺陷，明显极易攻击或者罪犯明知极易攻击的人；4. 由合法直系尊亲、非婚尊亲或收养尊亲或其他对受害人拥有权力的任何人实施强奸；5. 滥用其职务所赋予之权势的人实施强奸；6. 由多人以正犯或共同身份实施强奸；7. 使用武器或以使用武器相威胁实施强奸。8.(1998年6月17日第98-468号法律)当受害人是通过使用为非特定的公众传送信息的电话网络与犯罪行为人接触时。”

第222-25条规定：“强奸致受害人死亡的，处30年徒刑。本条所指犯罪适用关于关押期的第132-23条第一、第二款规定。”

第222-26条规定：“强奸之前、同时或之后施以酷刑或野蛮行为的，处无期徒刑。本条所指犯罪适用关押期的第132-23条第一、第二款规定。”

4. 加拿大

加拿大《刑法》有关强奸罪的规定，最高刑为无期徒刑。

第 143 条规定："男子与非其妻子之妇女发生性关系而有下列情形者，为强奸罪。(a)未经该妇女之同意；(b)以下列方式获得该妇女之同意：1. 恐吓或使畏惧身体之伤害；2. 伪装其夫；3. 以虚伪或欺诈之行为。"

第 144 条规定了强奸罪的处罚："强奸罪为公诉罪，处无期徒刑。"

第 145 条规定："强奸未遂为公诉罪，处十年有期徒刑。"

第 146 条是针对奸淫未满十四岁女子的规定："(1)男子奸淫下列女子，无论其是否知为十四岁或逾十四岁之人，为公诉罪，处无期徒刑：(a)非其妻子，并(b)未满十四岁。(2)男子奸淫下列女子，无论是否知其为十六岁或逾十六岁，为公诉罪，处五年有期徒刑：(a)非其妻子；(b)原为贞洁之人，并(c)为十四岁以上未满十六岁。(3)被诉第(2)项犯罪之被告，依其与该女子间之证据，该女子应负较重责任者，法院得认被告无罪。"

第 147 条规定："第 144 条、第 145 条、第 146 条或第 150 条之犯罪，于未满 14 岁之男子不适用之。"

第 148 条规定了奸淫精神弱智人的犯罪和刑罚："男子奸淫下列女子，依其情形未达于强奸之程度者，为公诉罪，处五年有期徒刑：(a)非其妻子，并(b)明知或应知其为精神弱智、心神丧失、白痴或低能之人。"

5. 韩国

韩国《刑法》第 297 条规定了强奸罪、准强奸、准强制猥亵罪："以暴行或胁迫而强奸妇女者，处三年以下有期劳役。利用他人心神丧失或不能抗拒之状态，予以奸淫或为猥亵行为者，以前二条之例罚之。"

第 300 条规定了未遂犯："前三条之未遂犯罚之。"

第 301 条规定了强奸致死伤罪："犯第 297 条至前条之罪，致他人死伤者，处无期或五年以上劳役。"

第 302 条规定了奸淫未成年人的犯罪："以诈术或暴力手段，对未成年人或心神衰弱之人，予以奸淫或猥亵者，处五年以下劳役。"

第 303 条规定了借以业务上的威力而奸淫的犯罪："(1)对因业务雇用或其他关系受自己保护或监督之妇女，以诈术或暴力予以奸淫者，处五年以下劳役或 25000 元以下罚金。(2)监护人对于依法拘禁之妇女予以奸淫者，处七年以下劳役。"

第 305 条规定了奸淫、猥亵未成年人的犯罪："奸淫未满 13 岁之妇女，或对未满 13 岁之妇女予以猥亵者，依第 297 条、第 298 条或第 301 条之例罚之。”

6. 尼日利亚

尼日利亚《刑法》中保留了死刑适用，但是对强奸罪亦无死刑适用。

尼日利亚《刑法》第 30 章专门规定“侵犯女子身体：诱拐女子罪”，其中，第 357 条规定：“任何人未经本人同意，非法与妇女或幼女发生性交的行为，或虽有本人同意，但是这种同意是基于暴力、威胁或胁迫手段，或基于被害人担心受到伤害，或通过对行为性质的欺骗或欺诈性的表述，或在针对已婚妇女的案件中，冒充其丈夫，构成强奸罪。”

第 358 条规定：“任何人犯强奸罪，应被判处无期徒刑，附加或不附加鞭刑。”

第 359 条规定：“任何人实施强奸未遂的，构成刑事重罪，应被判处 14 年监禁，附加或不附加鞭刑。”

7. 土耳其

土耳其最严厉的刑罚是终身监禁，而没有死刑。对于强奸罪，土耳其刑法分则第二章第六节以“侵害性安全罪”做了专门规定。

第 102 条规定了“性侵害罪”：“1. 任何人力图侵害他人的性安全的，被害人告诉才处理，处 2 年以上 7 年以下监禁。2. 以某一器官或者工具插入身体的方式实施本罪的，处 7 年以上 12 年以下监禁。针对配偶实施本款行为的，按照被害人的告诉提起侦查或者起诉。3. 如果犯罪的实施过程中具有下列情形之一的：a. 针对因为身体或者精神残疾而无力自卫的人实施的；b. 不正当地利用公职的影响力实施的；c. 针对三代以内的血亲或者姻亲实施的；d. 以使用武器或者参加二人以上共同实施的，根据前两款的规定加重 1/2 处罚。4. 在实施本罪的过程中使用遏制被害人反抗的手段的，还应当以故意伤害罪进行处罚。5. 因实施本罪导致损害被害人的身体的或者精神健康的，处 10 年以上监禁。6. 因实施本罪造成被害人死亡或者陷入植物人状态的，处终身监禁。”

同样，第 103 条还规定了“对儿童进行性侵害罪”，其最高刑罚分别是终身监禁。

(三)对完善我国强奸罪刑事立法的启示

笔者认为，国外刑法对强奸罪及其加重犯的规定对我国刑法关于强奸罪的规定有以下启示。

第一，强奸罪的基本犯罪构成可以进一步细化。比如，在刑法分则中规定强奸罪的既遂标准、暴力的方式等。

第二，强奸罪的加重犯中，加重情节和加重结果可以包含更多的内容，比如以权势、权力为条件要挟女子进行强奸、作为尊亲属和男性长辈对女子的强奸、造成被害人患严重疾病或终身残疾等。《刑法》第 236 条的规定比较笼统，现有的五项内容无法满足司法现实的需要。

第三，世界各国对强奸罪危害对象的妇女的年龄有不同的规定，我国规定 14 岁并不是最低的年龄。

第四，性暴力犯罪可以被区分为普通强奸罪、强制性交、强奸致死等不同的罪名，而不仅仅是将性暴力的种类规定为强奸罪之下的加重处罚或减轻处罚，也就是说，将强奸罪的类型更为细化，便于司法实践操作。

第五，即便是强奸罪的加重犯，世界范围内允许对此判处死刑的国家已经为数不多。这一方面同世界范围内死刑的废除有直接的关系，而不仅仅是哪些国家对强奸罪一罪废除死刑的问题。我国目前虽然不能废除死刑，但是限制死刑适用是必然趋势，这一点对强奸罪也是同样。

下篇

暴力犯罪死刑适用的证据标准

第十一章

暴力犯罪死刑适用的证据标准研究

死刑是剥夺犯罪分子生命的最严厉的刑罚。死刑与其他刑罚手段有着根本的区别，不仅最为严酷，而且一旦发生错判并被执行，没有任何挽回、补救的余地。这也正是当今世界大多数国家废除死刑的主要原因之一。[①] 由于历史和现实的诸多原因，我国尚不能完全废除死刑，现实的选择是对死刑进行有效的控制。最高人民法院、最高人民检察院、公安部、司法部于 2007 年 3 月 9 日联合颁布的《关于进一步严格依法办案确保办理死刑案件质量的意见》(以下简称四机关《意见》)指出，“保留死刑，严格控制死刑”是我国的基本死刑政策。

从各国实践来看，控制死刑主要包括实体控制与程序控制两种路径。[②] 而一个保留死刑但又提倡慎用死刑的国家，需要首先考虑给予死刑案件特殊的程序控制。严格把握证据适用标准是死刑程序控制的重要内容。众所周知，案件事实是正确定罪量刑的前提。然而，一切进入刑事诉讼程序的案件都是发生在过去的事件，公安司法人员要认定案件事实，只能以自己调查收集的证据或者控辩双方提交的证据为基础。审理案件的法官则只能以控辩双方在法庭上提交的证据为基础来认定案件事实。可以说，证据问题是刑事诉讼的核心问题，证据质量决定着刑事案件的质量。

---

① 顾永忠：《关于加强死刑案件辩护的若干问题》，《法学家》2006 年第 4 期。

② 王超：《通过程序控制死刑》，《河北法学》2008 年第 2 期。

近年来，包括杜培武、佘祥林、李久明、赵作海等一大批刑事错案被媒体披露，引起理论界、实务界和普通民众的广泛关注。对这些错案进行分析可知，证据问题是导致刑事错案，包括死刑错案的主要原因。有学者曾就“刑事错案”进行了较为广泛的实证调研，绝大多数被调查者认为在司法实践中证据方面的错误会对错案的形成产生重要影响。

可见，证据是司法公正的基础，刑事诉讼活动首先就是收集、审查、判断、运用证据认定案件事实的过程。在死刑案件中，证据是认定案件事实的唯一依据。死刑案件人命关天，质量问题尤为重要，在认定事实和采信证据上绝对不容许出任何差错。要提高死刑案件的质量，预防和减少死刑错案的发生，提高死刑案件的证据适用标准是非常重要的。换句话说，无论是在事实认定上，还是在证据采信上，死刑案件的处理都需要比其他普通刑事案件更为严格一些。

我国《刑事诉讼法》及司法解释对包括死刑案件在内的刑事案件证据适用标准的规定比较原则。司法实践中存在一定程度的刑讯逼供现象和冤案错案，迫切要求建立具体的、可操作性的证据适用标准。最高人民法院、最高人民检察院、公安部、国家安全部、司法部 2010 年 6 月 13 日颁布的《关于办理死刑案件审查判断证据若干问题的规定》(以下简称《办理死刑案件证据规定》)和《关于办理刑事案件排除非法证据若干问题的规定》(以下简称《非法证据排除规定》)(《办理死刑案件证据规定》和《非法证据排除规定》合称“两个证据规定”)，尤其是《办理死刑案件证据规定》，对死刑案件规定了严格的证据适用标准。《办理死刑案件证据规定》第 1 条规定：“办理死刑案件，必须严格执行刑法和刑事诉讼法，切实做到事实清楚，证据确实、充分，程序合法，适用法律正确，确保案件质量。”第 3 条规定：“侦查人员、检察人员、审判人员应当严格遵守法定程序，全面、客观地收集、审查、核实和认定证据。”严格死刑案件的证据适用标准，其重要意义是不言而喻的，可以最大限度地保证死刑判决的公正，避免错杀、冤杀。① 这对于暴力犯罪死刑重案亦是如此，但理论和司法实务对此都关注不多，因而有必要加以深入研究。

① 裴智勇：《刑事诉讼法学专家表示冤案凸显证据法治不足》，《人民日报》，2010 年 6 月 2 日。

第一节　暴力犯罪死刑案件的证明责任分担

一、刑事诉讼中的证明责任概述

刑事诉讼中的证明责任是控诉方和辩护方在审判中向法庭提供证据证明其主张之案件事实的责任。证明责任的概念包括三层含义：(1)提供证据的行为责任，即控辩双方就事实主张向法庭提供证据的责任；(2)说服事实裁判者的责任，即控辩双方使用符合法律要求的证据说服事实裁判者相信其事实主张的责任；(3)承担不利后果的责任，即控辩双方在不能提供证据或者不能说服事实裁判者而且案件事实处于不清状态时承担不利后果的责任。①

证明责任的分担，也叫证明责任的分配或者证明责任的承担，它是指在诉讼证明过程中，根据什么标准或者原则，由谁来承担证明责任的一种证据制度。由于证明责任的分配既在程序法上决定了诉讼当事人的诉讼证明活动，又在实体法上影响到诉讼当事人实体利益的实现，因此，证明责任的分配是证明责任制度与理论的一个核心范畴。在现代刑事诉讼中，证明责任的分配应当遵循一定的原则。

(一)无罪推定原则

决定证明责任分配的首要原则是无罪推定或有罪推定。如果实行无罪推定，证明责任就在控诉方，因为控诉方必须向法庭证明被告人有罪，否则，法庭就应宣判被告人无罪；如果实行有罪推定，证明责任就在辩护方，因为辩护方不得不向法庭证明被告人是无罪的，否则，法庭就会认定其有罪。

在现代刑事诉讼制度中，无罪推定原则是人类文明进步以及刑事诉讼走向科学与民主的重要标志，它与刑法中的罪刑法定原则一起构成了现代刑事法律制度的基石。正因如此，无罪推定原则不仅在现代法治国家刑事诉讼法甚至宪法中得到了广泛的确认，而且成为国际社会公认的一项刑事司法准则。尽管在不同国家或者不同国际法律文件当中，无罪推定原则的语言表述有所不同，但其基本含义都是一致的。简而言之，无罪推定的基本含义主要包括两个方面：一是只有法院经过法定的程序才能判定某人有罪；二是被告人在

---

① 何家弘、刘品新：《证据法学》，法律出版社2004年版，第297页。

未被法院依法确定有罪之前，应当被视为或推定为无罪的人。2012 年《刑事诉讼法》第 12 条的规定也体现了无罪推定原则的基本精神。

在现代刑事证据法中，无罪推定原则最重要的意义在于为刑事证明责任的分配奠定了基础。正因为被告人在法院根据法定程序判决其有罪之前应当被视为或者推定为无罪的人，所以，证明被告人构成犯罪的责任只能由控诉方即公诉机关或者自诉人来承担，而被告人不承担自己无罪的证明责任。在控诉方举出的证据未能达到法定证明标准的情况下，法院应该宣布被告人无罪。

无罪推定虽然是刑事证明责任分配的主要标准，但并非唯一标准。从国内外的法律规定来看，在刑事诉讼中分配证明责任时除无罪推定这一基本准则外，还需遵循“谁主张、谁举证”的原则，并应考虑利益衡量和诉讼便利等因素。

（二）谁主张、谁举证

谁主张、谁举证，是证明责任分配的一项基本原则。它起源于古罗马时期，一般认为包括两项具体规则：第一，一方当事人对自己所主张的事实，有提出证据证明的义务，否认的一方没有证明责任；第二，双方当事人对自己的主张都提不出足够的证据时，负证明责任的一方败诉。可见，该原则的本质要求就是，证明责任由提出主张的当事人来承担，如果对方当事人对该积极主张仅仅持消极否定态度，而没有提出自己的积极主张，那他就不承担证明责任。

在刑事诉讼法学界，不少学者主张谁主张、谁举证是民事证明责任分配的一项原则，而不适用于刑事证明责任的分配。其实，这不仅是对该原则的误解，也是对刑事诉讼的一种误解。谁主张、谁举证原则完全可以作为刑事证明责任分配的一项基本原则，理由如下。

首先，无罪推定原则无法完全解决刑事证明责任的分配问题。它只解决了刑事证明责任当中的核心问题——由谁来承担被告人有罪的证明责任，而并没有解决阻却违法事实或者阻却责任事由的证明责任分配问题。而谁主张、谁举证原则既可以解释犯罪构成要件的证明责任问题，也可以解决阻却事由的证明责任问题。一方面，按照证明责任的含义，为了避免出现对控诉不利的法律后果，控方必须对法律构成要件承担证明责任；另一方面，阻却事由的证明责任不可能由控方来承担。因为阻却事由成立则意味着犯罪构成要件不成立，控方既不可能同时提出犯罪构成要件和阻却事由的诉讼主张，也不可能同时承担犯罪构成要件和阻却事由的证明责任。这意味着，在控方已经提出犯罪构成要件的诉讼主张并承担证明责任的情况下，只有由从阻却事由当中获取利益的辩护方提出该诉讼主张并承担相应的证明责任。

其次，在刑事法庭审判过程中，辩护方对控方的刑事指控，既可以采取积极抗辩的方式，也可以采取消极抗辩的方式。而辩护人一旦采取积极抗辩的方式，就必须提出相应的积极主张，对这种积极主张，只能由辩护方来承担证明责任，否则，该积极主张既不会成为争论的事实，也无法构成法庭裁判的对象。而辩护方就其积极主张承担证明责任，就是谁主张、谁举证的一种具体表现。

二、暴力犯罪死刑案件证明责任分担的一般规则

(一)控诉方承担证明责任

在现代法治国家，刑事诉讼证明责任分配的一般规则是由控诉方承担证明责任，被告人不承担证明责任。1996 年《刑事诉讼法》没有明确规定刑事诉讼的证明责任由控诉方承担，但一些学者认为可以从 1996 年《刑事诉讼法》的规定推导出这一规则。如前所述，无罪推定原则是决定证明责任分配的首要原则。1996 年《刑事诉讼法》尽管没有对无罪推定原则作出明确的规定，但其第 12 条以及疑罪从无原则、犯罪嫌疑人与被告人之间的角色区分等也体现了无罪推定原则的基本精神。据此，控诉方承担被告人有罪的证明责任也就顺理成章了。2012 年《刑事诉讼法》第 49 条则明确规定："公诉案件中被告人有罪的举证责任由人民检察院承担，自诉案件中被告人有罪的举证责任由自诉人承担。"

在我国，暴力犯罪死刑案件属于公诉案件。但根据 2012 年《刑事诉讼法》第 204 条的规定，对于被害人有证据证明对被告人侵犯自己人身、财产权利的行为应当依法追究刑事责任，而公安机关或者人民检察院不予追究被告人刑事责任的案件，被害人及其法定代理人、近亲属也可向人民法院提起自诉，要求追究被告人的刑事责任。这也就是我们通常所说的"公诉转自诉"的情形。因此，暴力犯罪死刑案件在特殊条件下，也可能会出现自诉的情形。

对于暴力死刑犯罪案件公诉的情形，由公诉方承担被告人有罪的证明责

任。2012年《刑事诉讼法》第195条规定："在被告人最后陈述后，审判长宣布休庭，合议庭进行评议，根据已经查明的事实、证据和有关的法律规定，分别作出以下判决：(一)案件事实清楚，证据确实、充分，依据法律认定被告人有罪的，应当作出有罪判决；(二)依据法律认定被告人无罪的，应当作出无罪判决；(三)证据不足，不能认定被告人有罪的，应当作出证据不足、指控的犯罪不能成立的无罪判决。"根据该条规定，在法庭审判结束以后，如果公诉机关的犯罪指控仍然无法达到法定的证明标准——没有说服法官确信被告人构成犯罪，那么公诉机关必须承担由此带来的对己不利的法律后果，即指控主张不能成立，法官应当判决被告人无罪。

对于暴力死刑犯罪案件"自诉转公诉"的情形，由自诉人承担被告人有罪的证明责任。自诉案件审理结束之后，法官仍然应当按照2012年《刑事诉讼法》第195条的规定，衡量自诉人是否完成证明被告人有罪的说服责任。一旦自诉人对被告人的指控无法达到犯罪事实清楚、证据确实充分的证明程度，法官就会作出对自诉人不利的法律后果——判决被告人无罪。

(二)被告方不承担证明责任，但享有证明自己无罪的权利

在暴力犯罪死刑案件中，证明被告人有罪的责任由控诉方承担。在审判中，控诉方应当向法庭提出证据，证实起诉书对被告人所控诉的犯罪事实。被告人不承担证明自己无罪的责任，既没有义务向法庭证明自己有罪，也没有义务向法庭证明自己无罪。其可以不向法庭提供任何证据，仅对控诉方提出的证据进行质疑，就完成了辩护的任务。当然，被告人也可以不做任何辩护，法庭不能因此就作出对被告人不利的判决。

但被告人在不承担证明自己无罪的责任的同时，依法享有为自己进行辩护的权利。被告人为证明自己无罪、反驳控诉等而进行辩解，以及提出有利于自己的事实和理由，都是法律允许行使的诉讼权利。因此，被告人当然有权提出证据并证实自己无罪。然而，被告人却不应有这样的负担，即如果提不出证据并能证实自己无罪，那么有罪的结论也不是当然。

被告人虽然不承担证明自己无罪的责任，但被告人也不享有沉默权、不享有可以拒绝回答与案件有关的问题的权利。2012年《刑事诉讼法》第118条规定，犯罪嫌疑人对侦查人员的提问，应当如实回答。法律作这样的规定，有利于准确、及时地查明案情，正确适用法律，防止放纵犯罪或伤害无辜。

但是，这绝不意味着法律要求犯罪嫌疑人、被告人承担证明责任。2012年《刑事诉讼法》第50条规定："不得强迫任何人证实自己有罪。"犯罪嫌疑人、被告人如果拒绝如实回答向其提出的与案件有关的问题，或者在侦查和审判过程中一直沉默，仅仅这种行为本身，并不构成犯罪。如果最终证明被告人是有罪的，其上述行为应当是考虑从重量刑的一个情节；如果最终没能证明被告人有罪，则不能因其没有如实回答或者一直沉默，而要其承担刑事责任。

三、暴力死刑案件证明责任分担的特殊规则

刑事诉讼证明责任分担的特殊规则包括证明责任的转移和证明责任的倒置。所谓证明责任的转移，指的是在刑事诉讼中，证明责任由公诉方或自诉人承担，但这并不意味着被告人在任何情况下都不应承担任何证明责任。根据无罪推定原则确立的证明责任分配规则，只是明确了整个案件的证明责任应该由提出犯罪指控的公诉方或自诉人承担。至于案件中具体事实或情节的证明责任，则应当遵循"谁主张、谁举证"的原则进行分配。也就是说，在某些情况下，证明责任也会从公诉方或自诉人转移到被告人身上。

证明责任的倒置，则是在特殊情况下对证明责任的非常规性配置。刑事诉讼中的证明责任倒置实际上是指提出诉讼主张的一方不承担证明责任，即诉讼主张一经提出就宣告成立，而由对方承担该诉讼主张不成立的证明责任。证明责任倒置一般都是由法律以推定的形式明确规定的。立法者决定在某种案件中适用证明责任倒置的理由包括司法证明的需要，各方举证的便利，以及反映一定价值取向的社会政策性考虑。学者普遍认为，非法持有型犯罪，其证明责任实际上也处于倒置的状态。① 对于刑讯逼供犯罪，一些学者建议，应当实行举证责任倒置。②

对于暴力犯罪死刑案件而言，根据我国《刑事诉讼法》的规定，并不存在证明责任倒置的情形，但证明责任转移的情形却多有存在。也就是说，在暴力犯罪死刑案件中，对于具体事实或情节的证明责任，需要由被告方承担。这主要体现在被告人对自己辩护主张的证明。但并非被告方对自己的所有辩护主张都要承担证明责任。如果被告方只是消极地否定公诉方的事实主张，

---

① 刘金友：《证据法学(新编)》，中国政法大学出版社2003年版，第225页。

② 何家弘、刘品新：《证据法学》，法律出版社2007年版，第299页。

如声称自己没有杀人，那么被告方对这种事实主张就不承担证明责任，或者说，这里就不能发生证明责任的转移。只有当被告方提出具有积极辩护意义的具体事实主张时，证明责任才转移到被告方。

司法实践中，在暴力犯罪死刑案件中，常见的能导致证明责任转移的辩护主张包括：(1)关于被告人根本不可能实施指控犯罪行为的事实主张；(2)关于被告人责任能力的事实主张；(3)关于被告人行为合法性或正当性的事实主张，如正当防卫、紧急避险、不可抗力、意外事件等；(4)关于侦查人员行为违法性的事实主张，如犯意诱发型的诱惑侦查、刑讯逼供等。① 被告方仅对其主张的上述辩护主张承担证明责任，而并非对全部案件事实承担证明责任。

证明责任转移后的证明标准是什么呢？基于控诉方与被告方的力量对比和攻防位置，法律对被告方举证的要求可以低于对控诉方的举证要求。以被告人案发时不在犯罪现场的辩护主张为例，被告方的证明不必达到“证据确实充分”或者“排除合理怀疑”的标准，只要能够证明其不在犯罪现场的可能性大于其在犯罪现场的可能性就算完成了举证的任务。这种标准相当于英美法系国家在民事诉讼中使用的“优势证据”标准。一旦被告方完成举证之后，案件中的证明责任就又转移到控诉方。而且，控诉方应该用确实充分的证据证明其指控的全部犯罪事实，包括被告人在案发时就在犯罪现场的事实。

四、暴力犯罪死刑案件中证据合法性的证明责任分担

早在《非法证据排除规定》颁布之前，为解决刑讯逼供犯罪难以证明的问题，一些学者就建议，对侦查中是否存在刑讯逼供行为，应实行证明责任倒置，即由侦查机关承担举证责任，而不是由提出刑讯逼供“指控”的被告人承担证明责任。如果侦查机关不能用充分的证据证明自己没有刑讯逼供，就推定其有刑讯逼供并让其承担相应的法律责任或后果。当然，提出刑讯逼供指控的辩方也应承担初始的推进性证明责任，即用合理陈述、伤痕、验伤报告、证人证言等证据证明很可能有刑讯逼供发生。然后，在是否确有刑讯逼供问题上，整体的证明责任就转移到被指控方承担，即侦查、公诉机关承担。②

① 宋英辉主编：《刑事诉讼法学》，北京师范大学出版社2010年版，第235页。

② 何家弘、刘品新：《证据法学》，法律出版社2007年版，第299页。

《非法证据排除规定》颁布后，根据《非法证据排除规定》的规定，审判前供述的合法性证明责任由公诉方承担。《非法证据排除规定》第7条第1款前半段规定："经审查，法庭对被告人审判前供述取得的合法性有疑问的，公诉人应当向法庭提供讯问笔录、原始的讯问过程录音录像或者其他证据，提请法庭通知讯问时其他在场人员或者其他证人出庭作证，仍不能排除刑讯逼供嫌疑的，提请法庭通知讯问人员出庭作证，对该供述取得的合法性予以证明。"这可以看作是对死刑案件证明责任中提供证据责任的规定。第11条规定："对被告人审判前供述的合法性，公诉人不提供证据加以证明，或者已提供的证据不够确实、充分的，该供述不能作为定案的根据。"第12条规定："对于被告人及其辩护人提出的被告人审判前供述是非法取得的意见，第一审人民法院没有审查，并以被告人审判前供述作为定案根据的，第二审人民法院应当对被告人审判前供述取得的合法性进行审查。检察人员不提供证据加以证明，或者已提供的证据不够确实、充分的，被告人该供述不能作为定案的根据。"这可以看作是对死刑案件中审判前供述合法性证明的说服责任及承担不利后果责任的规定。

2012年《刑事诉讼法》对《非法证据排除规定》的上述规定进行了确认。2012年《刑事诉讼法》第57条第1款规定："在对证据收集的合法性进行法庭调查的过程中，人民检察院应当对证据收集的合法性加以证明。"第58条规定："对于经过法庭审理，确认或者不能排除存在本法第54条规定的以非法方法收集证据情形的，对有关证据应当予以排除。"这两个规定分别可以看作是对死刑案件中证据收集合法性证明的说服责任及承担不利后果责任的规定。

《非法证据排除规定》和2012年《刑事诉讼法》将证据收集的合法性的证明责任倒置给公诉机关承担，有着积极的意义。以审判前供述为例，因为作为刑讯逼供受害人的犯罪嫌疑人或者被告人，在刑讯期间处于失去自由和孤立无援的境地，而且往往在相当长的一段时间内既无法取证也无法举证。当事情过后他们具有取证和举证的能力时，又因为时过境迁，难以再拿到充分的证据。即使由检察官或法官介入调查，也由于目击人或知情人多为警察，取证困难重重。于是，一方面是刑讯逼供怨声载道、屡禁不止；另一方面是刑讯逼供被定罪和绳之以法者寥寥无几。为了强化对于刑讯逼供行为的约束机制，对于刑讯逼供行为实行举证责任倒置是很有必要的。①

虽然证据收集的合法性的证明责任由公诉方承担，但是，《非法证据排除规定》和2012年《刑事诉讼法》也规定，启动证据合法性调查程序的初步责任应由被告人及其辩护人承担，以避免不负责任地随意启动对证据合法性的"审理"程序的情况。《非法证据排除规定》第6条规定："被告人及其辩护人提出被告人审判前供述是非法取得的，法庭应当要求提供涉嫌非法取证的人员、时间、地点、方式、内容等相关线索或者证据。"2012年《刑事诉讼法》第56条第2款规定："当事人及其辩护人、诉讼代理人有权申请人民法院对以非法方法收集的证据依法予以排除。申请排除以非法方法收集的证据的，应当提供相关线索或者材料。"

此外，《非法证据排除规定》也对证据合法性的证明责任的转移作出了规定。根据《非法证据排除规定》第13条，辩护一方在例外情况下负有对证据合法性的证明责任，即如果检察人员认为辩护人提出的未到庭证人的书面证言、未到庭被害人的书面陈述是非法取得的，那么，作为举证方的辩护人应当对其取证的合法性予以证明。

根据《非法证据排除规定》第10、11、12条的规定，公诉方对于被告人审判前供述合法性的证明须达到的证明标准是"证据确实、充分"。但《非法证据排除规定》对辩护一方承担证明责任时所需达到的证明标准没有作出规定。笔者认为，辩护人对其取证合法性的证明仅需达到"优势证据"的程度即可。

第二节　暴力犯罪死刑案件的证明标准

一、刑事诉讼证明标准概述

证明标准是诉讼证明必须达到的程度和水平。我国《刑事诉讼法》没有区分死刑案件与普通刑事案件的证明标准，二者均是"案件事实清楚，证据确实充分"。

何谓"案件事实清楚，证据确实、充分"？在2012年刑事诉讼法修正之前，法律和司法解释没有作出解释或规定，理论界和实务界的认识也不完全

① 何家弘、刘品新：《证据法学》，法律出版社2007年版，第309页。

一致，有些学者对“案件事实清楚，证据确实充分”从总体上进行把握，认为这一标准可作如下理解：(1)据以定案的证据均已查证属实。这是指作为定案根据的每一个证据都具有证据的本质属性，即客观性、关联性和合法性。(2)案件事实均有必要的证据予以证明。这是指司法机关所认定的对解决争议有意义的事实均有证据作根据，没有证据证明的事实不得认定。(3)证据之间、证据与案件事实之间的矛盾得到合理的排除。办案中收集到的证据可能与其他证据和案件事实有矛盾，这时，必须继续收集证据，深入调查研究，有根据地排除矛盾，弄清事实真相。决不可置矛盾于不顾，勉强作出结论。(4)对案件事实的证明结论是唯一的，排除了其他的可能性。以上四点必须同时具备，才能认为是达到了案件事实清楚、证据确实充分的标准。① 另一些学者在此基础之上，进一步认为“犯罪事实清楚，证据确实充分”要求证据间的相互印证性和不矛盾性、证据锁链的闭合性、证明结论的唯一性和排他性，以及司法人员在此基础上形成的内心确信。②

有些学者则把“案件事实清楚，证据确实充分”拆开来理解，认为：所谓案件事实清楚，是指凡与定罪量刑有关的事实和情节，都必须查清。至于那些不影响对被告人定罪量刑的细枝末节，则没有必要要求都搞清楚。所谓证据确实、充分，是对定案证据的质和量总的要求。“确实”是对定案根据质的方面的要求，其含义首先是指据以定案的单个证据必须查证属实；其次是经查实的单个证据必须具有证明力，也就是和待证待查的犯罪事实之间存在客观联系，可以据此推论出犯罪事实。“充分”是对定案证据量的方面的要求，指具有上述质的属性的证据在数量上必须符合法律关于定罪的要求。其含义首先是指所有证据在总体上已足以对犯罪实施者得出确定无疑的结论，并排除其他一切可能；其次是指属于犯罪构成各要件的事实均有相应的证据加以

---

① 陈一云主编：《证据学》，中国人民大学出版社 2000 年版，第 118 页；樊崇义等：《刑事证据法原理与适用》，中国人民公安大学出版社 2001 年版，第 291—292 页；江伟主编：《证据法学》，中共中央党校出版社 2002 年版，第 278—279 页。

② 徐静村：《我的“证明标准”观》，《诉讼法论丛》第 7 卷，法律出版社 2002 年版，第 13—14 页。

证明。①

虽然以上不管哪种对于“案件事实清楚，证据确实充分”的理解都提到证明结论的唯一性或者排除其他一切可能，但这仅是学者的看法，并没有得到立法和司法解释的认可。实际上，“案件事实清楚，证据确实、充分”的证明标准相当于英美法系国家的“排除合理怀疑”。2012 年《刑事诉讼法》对“证据确实、充分”进行了界定，并在解释中提到了“排除合理怀疑”。2012 年《刑事诉讼法》第 53 条第 2 款规定：“证据确实、充分，应当符合以下条件：(一)定罪量刑的事实都有证据证明；(二)据以定案的证据均经法定程序查证属实；(三)综合全案证据，对所认定事实已排除合理怀疑。”该规定起到了定纷止争的作用，意义重大。

二、暴力犯罪死刑案件的证明标准

(一)死刑案件证明标准应当高于普通刑事案件证明标准

死刑案件“人命关天”。鉴于死刑案件的特殊性，其适用最严格的证明标准，可以说是一个共识。在死刑案件中，采取更为严格的证明标准不但可以保障案件的质量，减少错案的产生，而且可以起到控制死刑的作用。

在英美法系国家，案件的种类不同，适用的证明标准可以不同。对于刑事案件，英国学者塞西尔·特纳指出：“犯罪的性质越严重，必要的证据最低要求就越高。”②丹宁勋爵在 Bater v. Bater 案中指出：“在刑事案件中，指控必须得到排除合理怀疑的证明，但在这个标准之内可能也有不同的证明程度。如果犯罪是凶残的，那么与之成比例，证明应当是完全清楚的。证明的程度(盖然性程度)取决于案件具体情况。”③在美国，认为死刑案件较一般刑事案件应当适用更高的证明标准为一些人士主张，“一个最常提出的改革方案就是在判处被告人死刑之前提高陪审团判处被告人有罪的确定性。”④如有的律师

---

① 陈光中主编：《刑事诉讼法学(新编)》，中国政法大学出版社 1996 年版，第165—166 页。

② [英]塞西尔·特纳，王国庆等译：《肯尼刑法原理》，华夏出版社 1989 年版，第 549 页。

③ 2 All Eng. L. Rep. PP. 458，459，1950.

④ Erik Lillquist，Absolute Certainty and the Death Peanlty，42 Am. Crim. L. Rew. 45.

在纽约上诉法院中提出对死刑案件适用“新的、更高的证明标准：排除任何怀疑”(beyond any doubt)，① 也有人主张对于死刑案件实行高于排除合理怀疑的排除一切怀疑(beyond all doubt)的证明标准，② 还有人主张排除一切可能的怀疑(beyond all possible doubt)。③

死刑案件适用更严格证明标准的观点甚至得到了国际刑事法律文件的支持。1984 年联合国批准的《关于保护死刑犯权利的保障措施》第 4 条规定：“只有根据明确和令人信服而且对事实没有其他解释余地的证据而对被告定罪的情况下，才能判处死刑。”“对事实没有其他解释余地”，比“排除合理怀疑”更为强调事实判断结论的唯一性与排他性，是最高的证明要求，充分体现了“慎用死刑”的精神。④

有学者指出，我国在个别死刑包括死缓案件上出现问题，重要原因是死刑证明标准把握不当。将有重大瑕疵的证据作为定案依据，在案件存在重要疑点的情况下仍然认定有罪并适用重刑。如佘祥林、杜培武等冤案，案件中均存在重大疑点，对基本犯罪事实的认定存在合理怀疑，但办案人员在“有罪推定”思想指导下，降低标准，勉强定罪，教训十分深刻。而防止冤错案件，固然需要办案人员改变观念、提高素质，更需要在诉讼和证据制度上强化刑事案件办理，尤其是死刑案件办理的防错机能。其中，严格把握死刑案件证明标准是一重要环节。⑤

实际上，早在《办理死刑案件证据规定》颁布之前，死刑案件适用更严格证明标准就已成为司法实践中某些地方的做法。比如江苏省高级人民法院颁布实施的《关于刑事审判和定案的若干意见》第 66 条规定：“对死刑案件应做

---

① See New York Ponders “Beyond Any Doubt” Standard for Capital Cases，Available at http://www. Daubertontheweb. com/2004/01/new-york-pnders-beyond-any-doubt. html， October 24，2005.

② See Death Penalty Standard Should Be Beyond All Doubt，available at http://talkleft. com/new_archivers/010060. html，October，26，2005.

③ See Jim M，Impose Death Only When the Proof of Guilt is Beyond All Possible Doubt，available at http://patterico. com/2004/01/26/1176/impose-death-only-when-the-proof-of-guilt-is-beyond-all-possible-doubt，Novembr 2，2005.

④⑤ 裴智勇：《刑事诉讼法学专家表示冤案凸显证据法治不足》，《人民日报》，2010 年 6 月 2 日。

到案件事实清楚，证据确实、充分，排除一切合理怀疑，否则不能判处死刑立即执行。一切合理怀疑是指：(一)现有证据不能完全涵盖案件事实；(二)有现象表明某种影响案件真实的情况可能存在，且不能排除；(三)存在人们常识中很可能发生影响案件真实性的情况。”在该意见中，判处死刑立即执行的案件的证明标准已经不再是“事实清楚，证据确实充分”，而成了“事实清楚，证据确实充分，排除一切合理怀疑”，表现出提高死刑案件证明标准的倾向。

(二)暴力犯罪死刑案件“结论唯一性”证明标准的解读

死刑是剥夺生命的刑罚，其严厉性与不可逆转性使得制度设计者、操作者对于死刑的适用非常谨慎。由于诸多因素的影响，错误判处死刑的案例时有发生。为防止死刑的滥用，保证死刑案件审判质量，学术界以及司法实务界提出了许多改革构想。其中，严格死刑案件的证明标准成为各界关注的一种选择。而严格证明标准，除了在案件办理各个环节上的实际把关外，首先应当在制度规范上使其更为严格，从而设置防止司法人员主观随意性的制度条件。①

《办理死刑案件证据规定》对死刑案件的证明标准进行了明确规定。《办理死刑案案件证据规定》第 5 条第 1 款规定：“办理死刑案件，对被告人犯罪事实的认定，必须达到证据确实、充分。”死刑案件所要求的“证据确实、充分”与普通刑事案件所要求“证据确实、充分”有无区别?《办理死刑案案件证据规定》第 5 条第 2 款对此进行了规定：“证据确实、充分是指：(一)定罪量刑的事实都有证据证明；(二)每一个定案的证据均已经法定程序查证属实；(三)证据与证据之间、证据与案件事实之间不存在矛盾或者矛盾得以合理排除；(四)共同犯罪案件中，被告人的地位、作用均已查清；(五)根据证据认定案件事实的过程符合逻辑和经验规则，由证据得出的结论为唯一结论。”这是立法或司法解释层面第一次对“证据确实、充分”作出明确规定。② 并且，

---

① 裴智勇：《刑事诉讼法学专家表示冤案凸显证据法治不足》，《人民日报》，2010 年 6 月 2 日。

② 如前所述，2012 年《刑事诉讼法》再次对“证据确实、充分”进行了界定，其第 53 条第 2 款规定：“(一)定罪量刑的事实都有证据证明；(二)据以定案的证据均经法定程序查证属实；(三)综合全案证据，对所认定事实已排除合理怀疑。”

与普通刑事案件定罪的证明标准相比，《办理死刑案件证据规定》对于死刑案件证明标准的界定，多了一个“结论唯一性”。结论唯一性，相当于联合国《关于保护死刑犯权利的保障措施》所规定的“对事实没有其他解释余地”的表述方式。如果说排除合理怀疑是第二等级的证明标准，那么结论唯一性是第一等级的证明标准，显然高于“排除合理怀疑”的证明标准。也就是说，死刑案件的证明标准必须是最高、最严的，以确保判处死刑的案件万无一失。

死刑案件的证明标准要求“结论唯一性”，是否均要求所有事实证明达到“结论唯一性”呢？最高人民法院、最高人民检察院、公安部、国家安全部和司法部有关负责人就《办理死刑案件证据规定》和《非法证据排除规定》的基本精神和主要内容涉及的相关问题回答记者提问时指出，并非死刑案件所有事实都要适用这样的标准，对于不影响定罪量刑的事实，或者对被告人从轻处罚的事实不需达到这样的证明标准即可予以采信。《办理死刑案件证据规定》第5条第3款规定了“指控的犯罪事实”，包括认定被告人有罪的事实和对被告人从重处罚的事实必须达到事实清楚，证据确实、充分的程度，对指控的犯罪事实的具体内容进行了列举：“办理死刑案件，对于以下事实的证明必须达到证据确实、充分：(一)被指控的犯罪事实的发生；(二)被告人实施了犯罪行为与被告人实施犯罪行为的时间、地点、手段、后果以及其他情节；(三)影响被告人定罪的身份情况；(四)被告人有刑事责任能力；(五)被告人的罪过；(六)是否共同犯罪及被告人在共同犯罪中的地位、作用；(七)对被告人从重处罚的事实。”这样规定，既可以避免司法实践中因一些细枝末节问题使案件久拖不决，还突出了对指控的犯罪事实的证明必须达到“确实、充分”的证明标准。据此，死刑案件并不要求对于所有事实的证明都达到“结论唯一性”，而只是对于关键事实要求“结论唯一性”，对于其他事实，例如犯罪目的、犯罪动机等，并不要求“结论唯一性”。

根据《办理死刑案件证据规定》，我国暴力死刑犯罪案件证明标准是证据确实、充分，由证据得出的结论必须具有唯一性。《办理死刑案件证据规定》对死刑案件证明标准作出了比普通刑事案件的证明标准更严格、更便于实践把握的解释，与联合国“对事实没有其他解释余地”的规则是一致的。① 而“结

①② 裴智勇：《刑事诉讼法学专家表示冤案凸显证据法治不足》，《人民日报》，2010年6月2日。

论唯一性”，是指对主要犯罪事实即被告人实施了犯罪行为以及据以判处死刑的关键情节的证明达到唯一的程度。“唯一性”意味着没有其他可能性，只有这样才能保证案件特别是死刑案件不会发生冤案、错案。但要求案件所有情节的证明达到事实清楚、结论唯一是做不到的、不现实的。② 不过，《办理死刑案件证据规定》特别强调定罪一定要达到最高的证明标准，这是对实践中盛行的“留有余地判决”最为直接的否定。“留有余地的判决”，导致对于定罪无法达到证明标准的案件，法院往往倾向于从轻量刑而不是无罪释放。近期频繁曝光的错案大多都是以这种方式结案的。而根据《办理死刑案件证据规定》，只要在定罪问题上存有疑点，就应按照疑点利益尽归被告人的原则在定罪阶段将其无罪释放。

《办理死刑案件证据规定》虽然规定了死刑案件证明标准的结论唯一性，但对于关键事实的证明达不到“结论唯一性”的案件应当怎么办，却没有明确的说法。司法实践中的做法一般是发回重审，而不是疑罪从无。也就是说，司法实践中的做法保证不错杀，但并不保证不错判。

三、暴力犯罪死刑案件证明标准的改革

（一）定罪证明标准与量刑证明标准相区别

《办理死刑案件证据规定》关于更高、更严格证明标准的规定，既适用于死刑案件的定罪又适用于死刑案件的量刑。这主要是因为我国刑事诉讼目前没有区分定罪阶段与量刑阶段，其囿于现有的刑事诉讼体制来讨论死刑案件证明标准的改革。但问题在于，是否对于死刑案件的定罪和量刑都应当采取不同于一般刑事案件的证明标准？笔者认为，应当区分死刑案件定罪和量刑的证明标准。

当然，区分死刑案件定罪的证明标准和量刑标准，其前提是定罪程序与量刑程序的分离。迄今为止，在定罪与量刑的程序关系上存在着两种模式。一是英美法系的定罪与量刑程序分离模式；二是大陆法系的定罪与量刑程序一体模式。在英美模式中，刑事审判分为“定罪”与“量刑”两个相对分离的阶段，定罪阶段采取对抗式的诉讼模式，受到证据规则的严格约束，裁判者通过听取控辩双方的举证和讯问，对被告人是否构成起诉罪名作出权威的裁断。而被告人一旦被确认有罪，法官接下来会就量刑问题进行专门的听证，由缓刑机构或社会工作者当庭发表“量刑前调查报告”，并听取检察官、被告方和

他的辩护律师以及被害方的量刑意见，然后作出量刑裁决。而在大陆法系的一体化模式中，法庭在法庭审判中，既要解决被告人是否构成犯罪的问题，又要对有罪被告人的量刑问题作出裁决。同英美模式相比较而言，大陆模式是由同一审判组织，经过同一审判程序，适用同一程序规定和证据规则，同时解决定罪和定罪后的量刑问题。

我国对于定罪与量刑的程序关系所采取的模式与大陆法系非常相似。这一模式目前存在以下弊端：一是削弱了律师的辩护权。在现行的模式下，定罪问题成为整个庭审的核心。辩护方对量刑问题参与度明显不足。甚至因为无罪辩护与罪轻辩护相矛盾，造成辩护方顾此失彼，更加削弱了辩护的有效性。二是定罪证据与量刑证据混淆，出现量刑情节定罪化倾向。因为法庭在尚未确定被告人是否构成犯罪之前，即调查被告人的犯罪前科等问题，不但削弱了无罪辩护效果，而且势必使审判庭产生“被告人有罪”的预断印象。三是法官作出量刑裁决所依据的信息与定罪的信息是完全一致的。这导致法庭几乎不可能对被告人的罪行展开全面的社会调查，包括被告人犯罪的社会原因、成长经历、社会环境、被害人过错、家庭和教育情况等因素，都不可能在法庭审理中受到认真关注；同时，法庭也不可能对犯罪造成的各种后果给予全面的关注，诸如犯罪给被害人带来的身体伤害、精神创伤，犯罪给被害人家人所带来的各种损害，犯罪给社区所带来的负面影响，都难以成为法官的量刑信息资源；法庭更加不可能对被告人的再犯可能以及未来的刑罚效果作出科学的评估，法官更多的是将精力放在判断被告人是否构成犯罪问题上，控辩双方也更多地关注被告人是否构成犯罪的问题，几乎没有人真正关注被告人的再犯可能以及所采取的刑罚是否足以遏制犯罪等刑罚效果层面上的问题，尽管控辩双方有机会提出量刑意见，但量刑总体上是法官在“评议室”内完成的裁判事项，量刑信息既没有经过充分的辩论和审查，也没有经过专业人员的社会调查，而完全成为法官自由裁量权范围内的事项。

我国死刑程序中应当尝试将定罪与量刑两个阶段分离。因为定罪和量刑需要解决的是两个截然不同的问题：(1)定罪要解决的是被告人是否犯有所指控的罪行；(2)量刑要解决的是被告人是否应当被判死刑(合适的刑罚)，即罪罚相当问题。将定罪阶段和量刑阶段相区分，这不仅有利于减少量刑情节对定罪所产生的不应有的负面影响，从而提高死刑案件的审判质量，并且可以实现死刑庭审与证据制度、律师制度等的配套，从而大大减少错误率。

在定罪程序与量刑程序分离后，可以区分死刑案件定罪的证明标准与量刑的证明标准。笔者认为，死刑案件的定罪应适用与普通刑事案件相同的证明标准。首先，判处死刑的案件与未被判处死刑的案件在犯罪的构成上没有差别。以我国刑法的规定来看，很多罪名，根据罪行的严重程度，其法定刑从有期徒刑、无期徒刑、死刑不等。对于绝大部分死刑案件，判处与不被判处死刑的案件在构成犯罪的四个要素，即犯罪主体、犯罪主观方面、犯罪客体、犯罪客观方面是一样的。很难说，因为可能判处死刑就要求在犯罪构成的证明要求上高于不会被判处死刑的案件。就被判处死刑的案件而言，其之所以被判处死刑而区别于没有被判处死刑的案件，只不过是在犯罪情节上符合刑法总则规定的“罪行极其严重”以及刑法分则规定的“情节特别严重”等条件，在是否构成犯罪上并没有什么不同。

其次，对死刑案件的定罪实行更高的证明标准有可能带来放纵犯罪的后果。提高死刑案件定罪的证明标准的初衷就是防止死刑的滥用，但这是一种简单化的处理方式。提出一个新的主张必须考虑它可能带来的风险，而提高死刑案件定罪的证明标准带来的一个最大的问题就是放纵犯罪、增加错误宣判无罪的风险。因为更高的证明标准意味着定罪难度的加大，这样导致的后果就是被错误宣判无罪的风险加大。在死刑案件的定罪程序中，适用更高的证明标准导致的将是大量重大案件的被告人游离于有罪与无罪之间，而按照“疑罪从无”的原则，最后应当被无罪释放。从而导致一些“罪行极其严重”、可能被判处死刑的被告人被宣告无罪，而一些不会被判处死刑的被告人反而被定罪判刑，造成了客观上的不公正。

有学者曾就刑事证明标准对法官进行了调查，在被调查对象中，44.26％的人认为有罪的标准应当是相同的，但量刑标准死刑案件应当高于普通刑事案件，笼统主张死刑案件证明标准高于普通刑事案件的占被调查者的19.67％，主张规定相同证明标准的占36.07％。① 对于是否有必要区分定罪

①李玉华、姜阀、张贵军：《关于刑事证明标准的调查与分析——以法官为调查对象》，载陈光中主编：《刑事司法论坛》第1辑，中国人民公安大学出版社2008年版，第251—252页。

的证明标准与量刑的证明标准，有必要区分的比例为50.82％，略高于没必要区分的比例为47.54％。①

据此，笔者认为，我国死刑案件证明标准应当进一步改革，对于定罪的证明标准坚持与普通刑事案件相同的证明标准“证据确实充分”，对于量刑则进行再一次的“分而治之”，即进入量刑阶段后，法官应当遵循“证据确实充分”的证明标准进行量刑，例外的是，如果控方主张判处被告人死刑，那么法院应当就是否判处被告人死刑适用“结论唯一性”的证明标准。也就是说，将死刑案件定罪的证明标准和判处死刑的证明标准“分而治之”的方案并不是在死刑案件量刑阶段实行一刀切的证明标准，只是对于控方主张判处被告人死刑的案件适用“结论唯一性”的证明标准。原因在于，构造一个只对最终判处死刑的案件适用“结论唯一性”的证明标准，才能体现出对于被判处死刑的被告人的特殊对待以及对于其他案件被告人的相同对待。“结论唯一性”仅对控诉方主张判处被告人死刑的案件适用，否则，法官就依据“证据确实充分”的证明标准判处被告人其他刑罚。②

(二)暴力死刑案件证明标准的程序化

刑事诉讼的证明标准虽是主观见之于客观的东西，但刑事诉讼的证明标准却从来都无法量化。无论是英美法系的“排除合理怀疑”和“排除一切怀疑”，还是我国的“证据确实充分”和“结论唯一性”，虽然在语言表达上区分二者比较容易，但在司法实践中究竟如何把握呢？毕竟“排除合理怀疑”和“证据确实充分”就已经是一个很高的证明程度了，虽然它并不要求百分之百的确定无疑。实际上，有学者曾提出，美国的“排除合理怀疑”标准并不高，但要求陪审团一致裁决的要求却很高。笔者认为，我国可以借鉴美国的模式，将死刑案件的证明标准予以程序化。

根据2012年《刑事诉讼法》第179条的规定，合议庭进行评议的时候，如果意见分歧，应当按多数人的意见作出决定。实践中，审判委员会讨论案件

---

①李玉华、姜阏、张贵军：《关于刑事证明标准的调查与分析——以法官为调查对象》，载陈光中主编：《刑事司法论坛》第1辑，中国人民公安大学出版社2008年版，第251—252页。

②　陈卫东、李训虎：《分而治之：一种完善死刑案件证明标准的思路》，《人民检察》2007年第8期。

也是采取这种少数服从多数的原则。法律所规定的这种简单多数的评议机制，意味着只有2/3的人同意判处死刑就可以将一个人的生命权剥夺，这是非常不严肃的。同时，也达不到将死刑案件的定罪与量刑分开，量刑证明标准高于定罪证明标准的目的。对此，有人建议增加合议庭人数，并在评议时实行绝对多数原则。① 此外，四机关《意见》第34条规定："第一审人民法院和第二审人民法院审理死刑案件，合议庭应当提请院长决定提交审判委员会讨论。最高人民法院复核死刑案件，高级人民法院复核死刑缓期二年执行的案件，对于疑难、复杂的案件，合议庭认为难以作出决定的，应当提请院长决定提交审判委员会讨论决定。"审判委员会也理所当然是全部一审、二审死刑案件和部分死刑复核案件的审判组织。据此，有学者提出合议庭与审判委员会均应采取"一致通过"的表决机制。②

在美国的陪审制度中，虽然一般情况下陪审团只进行事实裁决，但是对于是否可以处死刑的问题上，必须由陪审团进行一致裁决。我国死刑案件的合议庭在死刑案件的裁决上，可以借鉴美国的制度，推行一致裁判制度。因为采用简单多数的表决机制，会出现两种不合理的情况，一方面真理可能掌握在少数人的手里，多数人的意见可能恰恰是错误的决定；另一方面是多数票表决制意味着一部分人强迫另一部分人接受了自己并不愿意接受的决定，而一致裁决能够克服这两方面的缺陷。一致裁决制度意味着，如果合议庭达不成一致意见，要另行组成合议庭进行审理和裁决。③

但是，审判委员会讨论死刑案件则不宜采用一致通过的原则。这是因为合议庭人数较少不同，达成一致意见相对比较容易。而审判委员会则人数众多，达成一致意见相对困难得多。在审判委员会采取一致通过原则难以实施的情况下，可以考虑实行绝对多数原则。

至于死刑案件的定罪，由于采取的是排除合理怀疑的证明标准，审判委员会以及增加人数后的合议庭在评议表决时达到简单多数同意即可。

---

① 陈卫东：《关于完善死刑复核程序的几点意见》，《环球法律评论》2006年第5期。

② 万毅：《我国死刑审判制度之检讨与重构》，《西南师范大学学报》2006年第5期。

③ 高一飞：《死刑司法制度改革三论》，《内蒙古社会科学(汉文版)》2007年第4期。

第三节　暴力犯罪死刑案件的证据规则

一、刑事诉讼证据规则概述

“证据规则”一词源于对英美法中“evidence rules”或“rules of evidence”的翻译。按照英美学者的观点，证据规则是指那些在庭审中或者审理中对证据的可采性问题起支配作用的规则。

在我国，立法没有对“证据规则”作出明确规定。20世纪90年代以前，我国的证据法学者比较习惯使用“证据原则”和“证据制度”等概念，一般仅在介绍外国证据制度时才使用“证据规则”一词。学者们对证据规则的讨论主要是20世纪90年代以后的事情。在这些讨论中，学者们对“证据规则”的理解不尽一致，代表性观点主要有：第一类，将证据规则等同于与证据有关的程序性规则；第二类，将证据规则等同于证据制度；第三类，将证据规则归结为关于证据能力和证明力的规则；第四类，将证据规则限定于主要规范证据能力的规则。① 其中，第一类观点和第二类观点是从广义上对证据规则所进行的理解，第三类和第四类观点是从狭义上对证据规则所进行的理解。虽然现在赞成第三类或第四类观点的学者越来越多，但从立法和司法解释来看，更倾向于第一类和第二类观点。例如，有学者对“两个证据规定”进行解读，认为“两个证据规定”的颁布标志着我国刑事证据规则体系初步形成，主要是因为以上所涉及证据规则中有运用证据的基本原则——证据裁判原则和程序法定原则；有审查判断证据的排除规则——非法证据排除规则、意见证据排除规则；有审查判断证据的运行规则——质证规则、关联性规则、原始证据优先规则，补强证据规则，有限的直接言词证据规则。从基本原则到证据排除再到证据审查判断的运行过程已经涵盖了运用证据认定案件事实的全过程，反映了办案的客观规律。②

---

① 宋英辉、汤维建主编：《证据法学研究述评》，中国人民公安大学出版社2006年版，第245页。

② 樊崇义：《“两个证据规定”标志我国刑事证据规则体系初步形成》，《检察日报》，2010年11月22日。

1996年全国人民代表大会对刑事诉讼法进行了修订，但对于证据制度的规定比较原则，公、检、法三机关关于执行刑事诉讼法的具体规定虽在一定程度上充实了证据规则的具体内容，但缺乏系统性和权威性，不能满足司法实践的需要。司法实践中存在一定程度的刑讯逼供现象和出现的冤案错案迫切要求建立刑事诉讼证据规则，特别是个别震撼社会的“亡者归来”的冤案，如佘祥林案、赵作海案，凸显我国证据法治的滞后和不足。应该看到证据是死刑案件中用于证明案件事实的唯一根据。建立和健全证据规则才能保证合法、客观全面地收集证据，正确地审查判断证据，使证据所认定的案件事实符合事实真相。证据规则是否健全是体现一个国家诉讼制度民主、法治程度的重要标志。①

“两个证据规定”和2012年《刑事诉讼法》与之前的法律和司法解释相比，对于证据规则的规定有着历史性的突破。笔者在本节即以包括“两个证据规定”和2012年《刑事诉讼法》在内的我国刑事诉讼法和司法解释的规定为基础，对暴力犯罪死刑案件的证据规则进行介绍和研讨。其中，既有作为证据法基本原则的证据裁判原则、直接言词原则；又有规范证据能力方面的证据规则，包括关联性规则、非法证据排除规则、传闻规则、原始证据优先规则、意见证据规则；还有作为证据制度的证人出庭规则，包括关键证人出庭规则、证人强制出庭规则、证人保护规则、证人作证经济补偿规则、侦查人员出庭作证规则。

二、暴力犯罪死刑案件的证据规则

(一)证据裁判原则

证据裁判原则，又称证据裁判主义、证据为本原则，是指对于案件事实的认定，必须有相应的证据予以证明。没有证据或者证据不充分，不能认定案件事实。

证据裁判原则是世界各国诉讼立法通例。各国关于证据裁判原则的规定，主要体现在三个方面：(1)据以作出裁判的证据的资格；(2)需要运用证据证明的事实的范围；(3)关于运用证据进行证明的方式。② 而从各国的规定来

① 裴智勇：《刑事诉讼法学专家表示冤案凸显证据法治不足》，《人民日报》，2010年6月2日。

② 宋英辉、李哲：《证据裁判原则评介》，《政法论坛》2003年第4期。

看，证据裁判原则至少包括如下含义：(1)认定待证事实必须依靠证据，没有证据不能认定案件事实；(2)无论是实体法事实还是程序法事实的证据都离不开证据；(3)用于定案的证据必须是有证据能力或可采性的证据；(4)用于定案的证据必须是在法庭上查证属实的证据。①

1996 年《刑事诉讼法》第 46 条和第 162 条的规定，体现了证据裁判的精神。② 2012 年《刑事诉讼法》第 53 条和第 195 条分别保留了 1996 年《刑事诉讼法》第 46 条和第 162 条的内容。四机关《意见》也提出要“坚持证据裁判原则”。但我国第一次明文确立证据裁判原则的却是《办理死刑案件证据规定》第 2 条规定：“认定案件事实，必须以证据为根据。”该原则能使办案人员增强证据意识，依法客观全面地收集审查判断证据，避免偏听偏信和主观臆断。

证据裁判原则是“以事实为根据、以法律为准绳”原则的深化。因为办理案件以事实为根据，实际上也就是以证据所认定的事实为根据，离开了证据，办案人员不可能有据以裁判的事实。③

死刑案件人命关天，在认定事实和采信证据上绝对不容许出任何差错，必须把好死刑案件的事实关、证据关、程序关、适用法律关，使办理的每一起死刑案件都经得起历史的检验。在暴力犯罪死刑案件中坚持证据裁判原则，必须做到认定案件事实应有相应的证据予以证明，一切都要靠证据说话，没有证据不得认定犯罪事实；坚持证据裁判原则，必须做到对存疑的证据不能采信，确保判决认定的事实证据确实、充分；坚持证据裁判原则，必须做到用合法的证据来证明案件事实，对于非法取得的证据应当排除，不能作为定案的根据。

(二)关联性规则

关联性规则是指只有与案件事实有关的材料才能作为证据使用。换言之，只有那些在正常推理过程中被视为能够证明某一争议事实的证据才允许在审判中提交。

关联性规则是关于证据可采性的一项基础性规则，体现在以下两个方面：

① 何家弘、刘品新：《证据法学》，法律出版社 2004 年版，第 79 页。

② 宋英辉、李哲：《证据裁判原则评介》，《政法论坛》2003 年第 4 期。

③ 裴智勇：《刑事诉讼法学专家表示冤案凸显证据法治不足》，《人民日报》，2010 年 6 月 2 日。

第一，关联性规则涉及的是证据的内容或实体，而不是该证据的形式或方式，因此，关联性规则适用于所有证据形式，在适用范围上具有广泛性。第二，尽管具有关联性的证据并不必然具有可采性，但是没有关联性的证据必然没有可采性。所以，关联性规则是关于可采性的一般规则或基础规则，除非证据具有关联性，否则不产生可采性问题。

《办理死刑案件证据规定》虽然没有明确规定关联性规则，但关联性规则在各种证据审查判断的程序中有所体现或明示。例如，《办理死刑案件证据规定》第6条第4项要求对物证书证着重审查“物证、书证与案件事实有无关联”；第23条第8项规定要求对鉴定意见着重审查“鉴定意见与案件待证事实有无关联”，第24条第1款第4项规定，“鉴定意见与证明对象没有关联的”不能作为定案根据；第26条第2款规定，勘验、检查笔录存在勘验、检查没有见证人的，勘验、检查人员和见证人没有签名、盖章的，勘验、检查人员违反回避规定等情形，应当结合案件其他证据，审查其真实性和关联性；第27条第1款第5项要求对视听资料着重审查“内容与案件事实有无关联性”；第29条第1款第5项要求对电子证据着重审查“该电子证据与案件事实有无关联性”。这些规定都充分体现了证据的关联性规则。

虽然《办理死刑案件证据规定》在各种证据审查判断的程序体现了关联性规则，但与英美法系国家对于关联性规则的规定而言，仍然有着相当的差距。首先，对于何谓关联性，包括《办理死刑案件证据规定》在内的法律和司法解释没有作出规定。根据《美国联邦证据规则》第401条的规定，就足以影响诉讼决定的任何事实的存在与否的认定，如果有某一证据存在，则该事实存在与否的可能性，比无此证据存在为高时，任何具有这种可能存在或更没有可能存在的倾向的证据，就是有关联性的证据。①

其次，包括《办理死刑案件证据规定》在内的法律和司法解释没有就关联性规则的限制进行规定。在英美证据法中，与可采性密切相关的关联性规则主要有品格证据规则和类似事实证据规则。也有人把这两种规则合称为倾向性证据规则，即关于一个人具有某种倾向性的证据，特别是关于被告人犯罪

① 陈界融译：《〈美国联邦证据规则〉(2004)译析》，中国人民大学出版社2005年版，第18页。

倾向的证据通常是不可采的。起诉方通常不得提出被告人过去的行为不端的证据，来证明案件中的争议事实。也就是说，“一次做贼”不能推断“永远作贼”。但是，在以下几种情况下，品格证据具有可采性：(1)刑事被告人的品格。在审判过程中，被告人可以提出自己品格良好的证据，以便证明自己没有实施犯罪行为。但是，一旦被告人提出品格证据，控方就可以提出被告人品格不佳的证据，进而证明被告人实施了犯罪行为。(2)被害人的品格。在审判过程中，被告人可以提出有关被害人品格的证据。如果被告人提出了被害人的品格证据，那么控方也可以提供用来反驳被告人所举关于被害人品格的证据。或者在杀人案件中，控方为了反驳被告人证明被害人先动手的证据，可以提供品格证据，以便证明被害人一贯性格温和。(3)证人的品格。当证人是否能够如实陈述成为争议事项时，当事人可以提出该证人能否如实陈述的品格证据。(4)其他犯罪、错误或者行为。一般而言，如果其他犯罪、错误或者行为的证据被用来证明某人的品格，以便说明其行为与该品格相符时，不具有可采性。但是，当该证据用来证明诸如动机、机会、意图、预备、计划、知识、身份、缺失过失、意外事件等其他目的时，具有可采性。

(三)非法证据排除规则

1. 非法证据排除规则的意义

对于非法证据的内涵，理论界有广义和狭义两种认识。广义说认为，非法证据是指证据内容、证据形式、收集或提供证据的人员及程序、方法不符合法律规定的证据。狭义的非法证据是指办案人员违反法律规定的权限、程序或其他不正当方法获得的证据。有学者则将违法取得的证据，简称为“非法证据”。① 笔者认为，非法证据包括非法取得的言词证据和非法取得的实物证据。非法证据规则是指对于那些通过非法程序或手段取得的证据，包括以刑讯逼供手段取得的言词证据和非法搜查、扣押取得的实物证据等，均应予以排除的证据规则。

非法证据排除规则已经成为国际社会公认的刑事诉讼基本准则。如《世界人权宣言》第 5 条规定：“任何人不得加以酷刑，或施加残忍的、不人道的或侮辱性的待遇或刑罚。”《公民权利和政治权利国际公约》第 7 条在此基础上又

① 李学宽等：《论刑事诉讼中非法证据的效力》，《政法论坛》2000 年第 1 期。

增加了“对任何人均不得未经其自由同意而施加医药或科学试验”条款。联合国《保护人人不受酷刑和其他残忍、不人道或有辱人格待遇或处罚宣言》第 12 条规定：“如经证实是因为受酷刑或其他残忍、不人道或有辱人格的待遇或处罚而作的供词，不得在任何诉讼中援引为指控有关的人或任何其他人的证据。”联合国《禁止酷刑和其他残忍、不人道或有辱人格待遇或处罚公约》第 15 条规定：“每一缔约国应确保在任何诉讼过程中，不得援引任何业经确定系以酷刑取得的口供为证据，但这类口供可用作被控使用酷刑者刑讯逼供的证据。”

从国际公约的规定可知，非法证据排除规则更强调对非法口供取得的口供的排除。而非法取得的口供最主要的就是通过刑讯逼供手段取得口供。刑讯逼供是使用肉刑或变相肉刑强迫被告人招供的一种审讯方式。对于刑讯逼供，古人云：“棰楚之下，何求不得”，“严刑之下，能忍者不吐实，不能忍者吐不实”，当一个人被折磨到生不如死、心理防线完全崩溃的境地时，便很有可能按照公安司法人员的明示或者暗示“完成”其口供，甚至于被刑讯者因为不能忍受惨无人道的折磨，陷入精神异常状态，不仅按照刑讯者的要求全部供认，还会无中生有，故意加重、杜撰犯罪情节，以求从这种折磨和痛苦中尽快解脱出来。可见，刑讯逼供非常容易导致犯罪嫌疑人、被告人作出虚假的有罪供述。长期以来，刑讯逼供问题成为一个屡禁难止的难题。在审判过程中，如果在证据的采纳阶段不能依据非法证据排除规则将其排除，则法官极有可能采信该证据，并错误地认定案件事实，刑事错案的发生也就不可避免了。无论是前几年发生的杜培武案件、佘祥林案件，还是新近暴露的赵作海案件，几乎每一起冤假错案的发生，都程度不同地存在刑讯逼供。

刑讯逼供与刑事错案之间存在密切的联系，把刑讯逼供取得的口供作为定案根据往往是造成错案的重要原因之一。在有学者就“刑事错案”进行的问卷调查中，对于“以下哪种因素最有可能导致被告人作出虚假的有罪供述？”这一问题有四个选项：A. 由于刑讯逼供而被迫作出有罪供述；B. 被告人出于某种目的自愿为他人顶罪而作出有罪供述；C. 由于被告人思维混乱而作出有罪供述；D. 被告人为求解脱而认罪。被调查者中，83 人选择了 A 项，占 60%；48 人选择了 B 项，占 35%；10 人选择了 C 项，占 7%；16 人选择了 D 项，占 12%。“被告人口供中存在的最突出问题是什么？”这一问题也有四个选项：A 被告人口供是以非法方法取得，容易导致错案发生；B 办案人员重视口供轻视其他证据，容易导致错案发生；C 被告人在自愿有罪供述中故意隐瞒真实情况，容易导致错案发生；D 被告人拒不认罪，口供难以取得。被调查者中，选择 A 项的 45 人，占 32%；选择 B 项的 65 人，占 47%；选择 C 项的 18 人，占 13%；选择 D 项的 28 人，占 20%。① 该学者并对其所收集的 20 世纪 80 年代以来在我国发生的 50 起涉嫌杀人罪错案进行了分析，发现 4 起案件已经法院或检察院正式认定存在刑讯逼供的情况，占 8%；43 起案件虽未经法院或检察院正式认定但是可能存在刑讯逼供的情况，占 86%；3 起案件不存在刑讯逼供的情况，占 6%。因此，建立和完善以刑讯逼供为主要目标的非法证据排除规则对于防止死刑错案的发生具有重要意义。

包括刑讯逼供在内的非法取证行为的主要目的是要取得证据。排除非法取得证据的证据能力，将从源头上斩断非法取证的黑手，消除公安司法人员非法取证的动机。因此，要建立严格的非法证据排除规则。

2. 我国关于非法证据排除规则的旧规定

“两个证据规定”颁布前的刑事诉讼法和司法解释没有就非法证据排除规则作出明确的规定，但是 1996 年《刑事诉讼法》第 43 条规定“严禁刑讯逼供和以威胁、引诱、欺骗以及其他非法的方法收集证据”，而且最高人民法院和最高人民检察院的有关司法解释也对非法证据排除问题作出了补充规定。四机关《意见》第 6 条重申，办理死刑案件，对刑讯逼供取得的犯罪嫌疑人供述、被告人供述和以暴力、威胁等非法方法收集的被害人陈述、证人证言，不能作为定案的根据。第 8 条、第 11 条、第 12 条、第 14 条、第 19 条、第 33 条又分别重申，“严禁违法收集证据”、“严禁刑讯逼供或者以其他方式获取供述”、“严禁违法取证，严禁暴力取证”、“对以刑讯逼供等非法方法取得的犯罪嫌疑人供述、被害人陈述、证人证言应当依法排除”、“对刑讯逼供取得的犯罪嫌疑人供述和以暴力、威胁等非法方法收集的被害人陈述、证人证言，不能作为指控犯罪的根据”、“人民法院审理案件，应当注重审查证据的合法性。对有线索或者证据表明可能存在刑讯逼供或者其他非法取证行为的，应

---

① 何然、何家弘：《刑事错案中的证据问题——实证研究与经济分析》，《政法论坛》2008 年第 2 期。

当认真审查”。这些规定存在以下几方面的不足：(1)排除范围仅限于言词证据，而对以非法方法获取的实物证据则不予排除；(2)排除范围仅限于有限的程序违法行为，而对于违反其他法定程序(如非法搜查、非法扣押、违法勘验等)获取的证据也不予排除；(3)有限的非法言词证据排除规则较为原则，缺乏相应的排除程序，实践中操作非常混乱，主要有以下三种较为常见的做法：第一，法庭对被告人提出的排除非法证据的申请直接予以驳回，拒绝加以审查；第二，法庭要求被告人对违法取证行为承担证明责任，如果被告人无法证明，法庭就会推定该证据为合法所得并加以采纳；第三，法庭要求由控方证明取证行为的合法性，但一般情况下控方都不会传召侦查人员出庭作证，而只是由侦查人员自己书写一份“情况说明”提交法庭，证明自己没有实施刑讯逼供。没有明确的程序规定，致使有限的非法证据排除规则很难在司法实践中发挥其排除证据并遏止违法取证的制度功能。

3.“两个证据规定”的相关内容

“两个证据规定”对非法证据排除规则进行了完善。首先，扩大了非法证据排除的范围，不仅要求排除非法言词证据，也规定了对非法实物证据的排除。但由于对非法取得的物证、书证要否排除，国内外都存在较大争议，司法实践中一般很少予以排除，因此《非法证据排除规定》第 14 条仅对非法实物证据的排除问题作出了原则性的规定：“物证、书证的取得明显违反法律规定，可能影响公正审判的，应当予以补正或者作出合理解释，否则，该物证、书证不能作为定案的根据。”死刑案件中，非法物证、书证的排除更为严格。根据《办理死刑案件证据规定》，明显违反法律和有关规定取得的其他证据，也不能作为定案的根据，应当予以排除。包括经勘验、检查、搜查提取、扣押的物证，没有勘验、检查、搜查，提取、扣押的笔录，不能证明物证、书证来源的；作出鉴定结论的鉴定机构不具有法定的资格和条件，或者鉴定事项超出鉴定机构业务范围的；勘验、检查笔录存在明显不符合法律及有关规定的情形，并且不能作出合理解释或者说明的等，《办理死刑案件证据规定》明确规定不能作为定案的根据。

其次，对于非法证据，区分不同情况，予以不同对待：对于明显违反法律规定取得的证据实行排除原则；对存在瑕疵但可以采取补救措施予以弥补的证据仍可以采用。该种规定虽然对于非法证据的排除不甚严格，但却符合我国具体国情以及国际上的通常做法。例如，《办理死刑案件证据规定》第19条规定："采用刑讯逼供等非法手段取得的被告人供述，不能作为定案的根据。"第20条规定："具有下列情形之一的被告人供述，不能作为定案的根据：(一)讯问笔录没有经被告人核对确认并签名(盖章)、捺指印的；(二)讯问聋哑人、不通晓当地通用语言、文字的人员时，应当提供通晓聋哑手势的人员或者翻译人员而未提供的。"第21条规定："讯问笔录有下列瑕疵，通过有关办案人员的补正或者作出合理解释的，可以采用：(一)笔录填写的讯问时间、讯问人、记录人、法定代理人等有误或者存在矛盾的；(二)讯问人没有签名的；(三)首次讯问笔录没有记录告知被讯问人诉讼权利内容的。"

最后，规定了非法证据排除的具体程序。对于避免因为采纳非法证据而导致冤假错案的发生将起到非常重要的作用。《非法证据排除规定》主要对非法言词证据排除的操作规程作出了规范。具体包括：(1)明确规定了人民检察院在审查批准逮捕、审查起诉阶段负有排除非法证据的义务。这与我国检察机关负有法律监督职能是相适应的。(2)建立了在审判阶段排除非法证据的程序，即被告人提出书面意见并提供相关线索或者证据——法庭初步审查——控方提供证据——控辩双方质证——法庭审查处理。有了上述比较系统的程序才能使非法证据排除规则在司法实践中落到实处。(3)明确了应由控方对被告人审判前供述的合法性负举证责任和相应的证明标准。刑事诉讼中，公诉机关承担提供证据证明被告人犯罪的职责，对于被告人及其辩护人所提被告人庭前供述系非法取得的线索或者证据，同样承担证明被告人庭前供述系合法取得的证明责任。在控方不举证，或者已提供的证据不够确实、充分的情况下，则应当承担不能以该证据证明指控的犯罪事实的法律后果和责任。(4)明确规定了法庭在对控辩双方提供的证据存在疑问时依职权主动调查核实的职责。

"两个证据规定"与1996年《刑事诉讼法》及之前的司法解释相比，不仅扩大了非法证据排除的范围，而且建立了排除非法证据的程序和举证责任规则，使非法证据排除在实践中能得以有效地实现，是一个飞跃性的进步。不过，要说明的是，《办理死刑案件证据规定》对于非法证据排除的规定与《非法证据排除规定》相比，更为严格。按照《非法证据排除规定》第1、2条规定，以刑讯逼供等非法手段取得的被告人供述，应当依法予以排除。而按照《办理死刑案件证据规定》，第 19、20、21 条的规定，除刑讯逼供等非法手段取得的被告人供述外，讯问笔录没有经被告人核对确认并签名(盖章)、捺指印的，以及应当提供通晓聋哑手势的人员或者翻译人员而未提供的被告人供述也应排除。也就是说，《非法证据排除规定》理所当然适用于死刑案件，但“两个证据规定”不一致的地方，则适用《办理死刑案件证据规定》。

4. 2012 年《刑事诉讼法》的相关内容

2012 年《刑事诉讼法》对 1996 年《刑事诉讼法》和《非法证据排除规定》中非法证据排除的有关内容进行了确认。2012 年《刑事诉讼法》第 50 条规定，“严禁刑讯逼供和以威胁、引诱、欺骗以及其他非法方法收集证据。”第 54 条规定：“采用刑讯逼供等非法方法收集的犯罪嫌疑人、被告人供述和采用暴力、威胁等非法方法收集的证人证言、被害人陈述，应当予以排除。收集物证、书证不符合法定程序，可能严重影响司法公正的，应当予以补正或者作出合理解释；不能补正或者作出合理解释的，对该证据应当予以排除。在侦查、审查起诉、审判时发现有应当排除的证据的，应当依法予以排除，不得作为起诉意见、起诉决定和判决的依据。” 第 55 条规定：“人民检察院接到报案、控告、举报或者发现侦查人员以非法方法收集证据的，应当进行调查核实。对于确有以非法方法收集证据情形的，应当提出纠正意见；构成犯罪的，依法追究刑事责任。”第 56 条规定：“法庭审理过程中，审判人员认为可能存在本法第 54 条规定的以非法方法收集证据情形的，应当对证据收集的合法性进行法庭调查。当事人及其辩护人、诉讼代理人有权申请人民法院对以非法方法收集的证据依法予以排除。申请排除以非法方法收集的证据的，应当提供相关线索或者材料。”第 57 条规定：“在对证据收集的合法性进行法庭调查的过程中，人民检察院应当对证据收集的合法性加以证明。现有证据材料不能证明证据收集的合法性的，人民检察院可以提请人民法院通知有关侦查人员或者其他人员出庭说明情况；人民法院可以通知有关侦查人员或者其他人员出庭说明情况。有关侦查人员或者其他人员也可以要求出庭说明情况。经人民法院通知，有关人员应当出庭。”第 58 条规定：“对于经过法庭审理，确认或者不能排除存在本法第 54 条规定的以非法方法收集证据情形的，对有关证据应当予以排除。”

5. 建议建立同步录音录像制度

《非法证据排除规定》规定，为证明审判前供述的合法性，公诉人应当提供原始的讯问过程录音录像和讯问人员出庭作证的制度。对于讯问人员出庭作证制度，拟在证人出庭作证规则中介绍和探讨。此处仅对同步录音录像制度进行介绍和探讨。笔者认为，为落实和贯彻非法证据排除规则，建立同步录音录像制度是非常有必要的。

英美法系国家为了保证侦查讯问中犯罪嫌疑人、被告人的人身权利，广泛使用对侦查讯问过程进行同步录音录像的方法。我国刑事诉讼法没有关于讯问同步录音录像的规定。但是，有关司法解释进行了规定。四机关《意见》第11条规定："讯问犯罪嫌疑人，在文字记录的同时，可以根据需要录音录像。"此外，最高人民检察院1999年颁布的《人民检察院刑事诉讼规则》第144条规定："讯问犯罪嫌疑人，可以同时采用录音、录像的记录方式。"公安部颁布的《公安机关办理刑事案件程序规定》第184条第3款规定："讯问犯罪嫌疑人，在文字记录的同时，可以根据需要录音、录像。"最高人民检察院颁布的《人民检察院讯问职务犯罪嫌疑人实行全程同步录音录像的规定(试行)》规定："人民检察院办理直接受理侦查的职务犯罪案件，每次讯问犯罪嫌疑人时，应当对讯问全过程实施不间断的录音、录像。"《人民检察院讯问职务犯罪嫌疑人实行全程同步录音录像的规定(试行)》并对全程同步录音录像的程序以及录音录像资料的使用作了详细的规定。

对犯罪嫌疑人全程同步录音录像的目的是为了进一步规范执法行为，杜绝刑讯逼供和威胁、引诱、欺骗犯罪嫌疑人、被告人行为的发生，保证讯问过程的合法性，提高办案质量。此外，侦查机关、检察机关在侦查阶段、审查起诉阶段获取的犯罪嫌疑人供述或辩解潜在地存在着不稳定性，犯罪嫌疑人、被告人难免反复或翻供，为了更好地固定证据，侦查机关、检察机关在文字记录的同时通过同步录音录像对犯罪嫌疑人、被告人供述与辩解加以固定，这样在后续阶段，尤其在审判过程中，一旦犯罪嫌疑人、被告人翻供，可以出示录音录像以证明其在侦查阶段、检察阶段所作供述的真实性和可靠性。目前，除人民检察院对职务犯罪案件的侦查讯问实行全程录音录像外，越来越多的地方公安机关对命案嫌疑人的审讯也实行了全程录音录像，特别是在上海、浙江、广东、江苏和北京等省份。

2012年《刑事诉讼法》吸收了此前司法解释的相关规定，在总结各地经验的基础上，规定了同步录音录像，尤其是死刑案件等重大犯罪案件的同步录音录像制度。2012年《刑事诉讼法》第121条规定："侦查人员在讯问犯罪嫌疑人的时候，可以对讯问过程进行录音或者录像；对于可能判处无期徒刑、死刑的案件或者其他重大犯罪案件，应当对讯问过程进行录音或者录像。录音或者录像应当全程进行，保持完整性。"

(四)直接言词原则和传闻规则

有学者提出，我国死刑案件证据审查、采信活动存在的问题之一表现为：死刑案件证据审查采信在庭外完成，直接和言词原则得不到贯彻。证人、鉴定人、被害人等在绝大多数案件审理中均不出庭接受法庭询问，法官对证人、鉴定人、被害人的调查，仅局限于对证人证言、鉴定结论以及被害人陈述等在侦查阶段由侦查人员在庭外制作的相关书面笔录进行质证调查。另一个问题则表现为传闻证据排除原则没有确立，大量死刑案件以传闻证据直接定案。目前，在我国死刑案件证据审查中，绝大多数证人和被害人不出庭作证，法庭只是对控辩双方提供的书面证言和陈述进行调查、质证和采信，造成大量死刑案件实际上以传闻证据作为定案依据。而传闻证据的不可靠性，势必无法满足把死刑案件都办成"铁案"的要求。① 因此，确立直接言词原则和传闻排除原则具有现实性和紧迫性，证人出庭作证成为当前刑事诉讼中的最大难题。

直接言词原则是大陆法系国家普遍采用的一项原则。直接原则又称直接审查原则，是指对案件作出裁判的法官必须直接对证据进行审查，认定案件事实。言词审理原则，又称为"言词辩论原则"或"口证原则"，是指法庭审理活动的进行，必须以言词或口头陈述的方式进行。英美法系国家虽然不采用直接言词原则的概念，但是其传闻规则实际上具有同样的效果。传闻规则又称传闻排除规则、反传闻规则，指的是除了法律明确规定的例外情形，传闻证据原则上不具有证据能力。传闻是用于证明陈述所主张的事实真实性的审判外陈述。排除传闻最为根本的原因在于传闻的可靠性较低，或者说传闻存在的不可靠的危险性由于宣誓、亲自到庭以及交叉询问的缺位，从而难以令

① 赵合理、周少华：《死刑案件中证据审查与采信的反思》，《现代法学》2004年第4期。

人信服地得到排除。按照传闻规则，各种证言必须以口头言词的方式在法庭上直接提出，并接受对方律师的交叉询问，以便法官和陪审团审查证据。证人在法庭外所作的陈述笔录或者在审判之前提供的书面证言都属于传闻，一般来说应当排除。坚持这一规则，就必须要求并保证证人出庭作证。可见，大陆法系的直接言词原则和英美法系的传闻证据排除规则在功能上有异曲同工之妙。

虽然直接言词原则与传闻规则功能相同，但二者在体现的诉讼模式、内涵和适用范围、发挥作用的方式、规范的关系、作用的侧重点、对证据效力的影响等方面存在着差异。而在排除传闻证据、要求证人出庭作证这一点上，传闻规则比直接言词原则要求更为严格，同时，也能够更好地体现和尊重当事人的意愿，使司法公正、诉讼效率和保障人权等多项价值得到兼顾和并重。① 正因如此，日本、意大利和我国台湾地区等传统意义上的大陆法系国家先是在刑诉法中规定了直接言词原则，后来又通过修法在刑诉法中规定了传闻证据排除规则。

我国刑事诉讼法和司法解释在一定程度上体现了直接言词原则的要求，如1996年《刑事诉讼法》第47、149、156条的规定以及最高人民法院1998年颁布的《关于执行〈中华人民共和国刑事诉讼法〉若干问题的解释》第53、58条的规定。《办理死刑案件证据规定》亦确立了有限的直接言词证据规则，规定控辩双方有异议的和对定罪量刑有重大影响的证人应当出庭接受质证。《非法证据排除规定》第15条规定："具有下列情形的证人，人民法院应当通知出庭作证；经依法通知不出庭作证证人的书面证言经质证无法确认的，不能作为定案的根据：(一)人民检察院、被告人及其辩护人对证人证言有异议，该证人证言对定罪量刑有重大影响的；(二)人民法院认为其他应当出庭作证的。证人在法庭上的证言与其庭前证言相互矛盾，如果证人当庭能够对其翻证作出合理解释，并有相关证据印证的，应当采信庭审证言。对未出庭作证证人的书面证言，应当听取出庭检察人员、被告人及其辩护人的意见，并结合其他证据综合判断。未出庭作证证人的书面证言出现矛盾，不能排除矛盾且无

① 宋英辉、李哲：《直接、言词原则与传闻证据规则之比较》，《比较法研究》2003年第5期。

证据印证的，不能作为定案的根据。”《办理死刑案件证据规定》第 4 条规定：“经过当庭出示、辨认、质证等法庭调查程序查证属实的证据，才能作为定罪量刑的根据。”此外，2012 年《刑事诉讼法》第 59、180、189 条分别保留了 1996 年《刑事诉讼法》第 47、149、156 条的规定。以上规定表明，我国死刑案件已经确立了有限的直接言词原则。

证人、鉴定人不出庭，法官认定案件事实采用传闻证据是死刑案件发生错误的重要原因。为了保证作出死刑案件的审理法官能够以控辩双方当庭提出的证据为基础作出裁判，笔者认为，我国应当在刑事诉讼中对直接言词原则进一步完善，并确立传闻证据规则，排除书面证言和侦查笔录的证据能力，即除了法律规定的特殊情况以外，证人、被害人、鉴定人都应当亲自出庭，以言词的方式在法庭上进行陈述，而不能直接将侦查机关在侦查程序当中获取的询问笔录或者讯问笔录作为起诉的根据和定罪的根据。

（五）原始证据优先规则

原始证据与传来证据是证据分类中的一对概念，凡是直接来源于案件事实，未经复制、转述的证据是原始证据；凡是间接来源于案件事实，经过复制、转述的证据，是传来证据，或称派生证据。证据分类是在学理上从不同的角度对证据进行的划分，原始证据与传来证据的划分根据是证据的来源，区分二者的判断标准是是否经复制、转述等。因而传来证据经历了复制、转述等中间环节，因此存在失真和不实的可能性，从学理上区分二者的意义就在于鼓励尽量收集原始证据。实际上，理论上从有此分类之时起便确立了原始证据优先这一规则。

与原始证据优先规则的功能类似，英美法系国家为了为最大限度地保证证据的真实，确立了最佳证据规则。最佳证据规则又称原始文书规则，它主要是指以文字材料的内容证明案件时，必须提交该文字材料的原件。在 18 世纪到 19 世纪，最佳证据规则曾经盛极一时。但是，随着现代科技的发展，由于复制件的可靠性并不差，有时甚至难以确定哪个是原件哪个是复制件，最佳证据规则越来越没有用武之地。在这种背景之下，英美法系对最佳证据规则规定了许多例外情况，如美国《联邦证据规则》第 1002 条至 1007 条的规定。不过，需要注意的是，最佳证据规则仅仅适用于与案件中重大问题相关的文字材料。[1] 大陆法系国家虽然没有明确规定最佳证据规则，但其直接言词原则一般也要求法官在诉讼活动中尽量采用原生证据或原始证据，如书证的原件和物证的原物。

完整意义上的原始证据优先原则包括两点内容：(1)原始证据优先。对于书证，原则上应当优先提交原件；对于物证，原则上应当优先提交原物；对于视听资料，原则上应当提交其原始载体。(2)传来证据使用的条件。一是出示原件或者原物确有困难并经人民法院准许可以出示复制件或者复制品；二是原件或者原物已不存在，但有证据证明复制件、复制品与原件或者原物一致。

原始证据优先规则在《办理死刑案件证据规定》关于各种证据审查判断的程序中有所体现或明示中有所体现。《办理死刑案件证据规定》第 6 条第 1 项要求对物证书证着重审查“物证、书证是否为原物、原件”，第 8 条规定，“据以定案的物证应当是原物。据以定案的书证应当是原件。”第 9 条规定：“经勘验、检查、搜查提取、扣押的物证、书证，未附有勘验、检查笔录，搜查笔录，提取笔录，扣押清单，不能证明物证、书证来源的，不能作为定案的根据。”第 27 条第 1 款第 3 项要求对视听资料着重审查“是否为原件，有无复制及复制份数”。

《办理死刑案件证据规定》除体现了原始证据优先规则外，对传来证据的使用也进行了限制。第 6 条第 1 项要求对物证、书证着重审查“物证的照片、录像或者复制品及书证的副本、复制件与原物、原件是否相符。”第 8 条第 1 项规定：“……只有在原物不便搬运、不易保存或者依法应当由有关部门保管、处理或者依法应当返还时，才可以拍摄或者制作足以反映原物外形或者内容的照片、录像或者复制品。物证的照片、录像或者复制品，经与原物核实无误或者经鉴定证明为真实的，或者以其他方式确能证明其真实的，可以作为定案的根据。原物的照片、录像或者复制品，不能反映原物的外形和特征的，不能作为定案的根据。”第 2 款规定：“……只有在取得原件确有困难时，才可以使用副本或者复制件。书证的副本、复制件，经与原件核实无误或者经鉴定证明为真实的，或者以其他方式确能证明其真实的，可以作为定

---

[1] 刘广三主编：《刑事证据法学》，中国人民大学出版社 2007 年版，第 148 页。

案的根据。书证有更改或者更改迹象不能作出合理解释的，书证的副本、复制件不能反映书证原件及其内容的，不能作为定案的根据。”第 27 条第 1 款第 3 项要求对视听资料着重审查“调取的视听资料是复制件的，是否附有无法调取原件的原因、制作过程和原件存放地点的说明，是否有制作人和原视听资料持有人签名或者盖章”。

《办理死刑案件证据规定》把原始证据优先规则引入刑事诉讼，其目的在于促使侦查机关更加努力地收集最具有真实性的原始证据，从而更准确、及时地查明案件事实，实现实体正义。①

(六)意见证据规则

意见证据规则是英美证据法中规范证人证言的一项证据规则。在普通法上，一般要求证人只能就其直接感知的事实提供证言，而不能就其感知的事实发表意见或者推断。这就是普通法中的意见证据规则。根据这项规则，法官在认证过程中，如果证人作证时就事实提供意见或者推断，当一方当事人提出异议时，法官应当禁止证人对案件事实发表意见，也不得将证人的意见作为裁判的依据。

英美法系之所以禁止证人在作证时就案件事实发表意见，其主要根据在于：第一，证人发表意见侵犯了审理事实者的职权。第二，证人发表意见有可能对案件事实的认定产生误导。

在英美法系证据法中，并非证人的所有意见证据都不具备可采性。在英美法系，证人的意见证据在下列两种情况下具有可采性：第一，普通证人在某些特殊情况下发表的意见。例如，根据《美国联邦证据规则》第 701 条的规定，如果证人不是以专家证人的身份作证，其意见或推论形式的证言具备以下条件之一时具有可采性：(1)合理地基于该证人的感知；(2)有助于清楚地了解该证人证言或者决定争点事实。在判例中，如果普通证人的意见陈述的内容，或者与事实陈述无异，或者其对某种特别事项的意见陈述与专家证人的意见无异，如同时觉察的事实、持续察觉的事实、总括式的陈述、印象之

---

① 樊崇义：《“两个证据规定”标志我国刑事证据规则体系初步形成》，《检察日报》，2010 年 11 月22 日。

陈述、视同专家的意见陈述、品格的意见陈述等，也具备可采性。① 第二，专家证人的意见证据具备可采性。

在我国，1996 年《刑事诉讼法》和“两个证据规定”颁布之前的司法解释没有关于意见证据的规定。《办理死刑案件证据规定》第 12 条第 3 款规定：“证人的猜测性、评论性、推断性的证言，不能作为证据使用，但根据一般生活经验判断符合事实的除外。”《办理死刑案件证据规定》明确这一规则，有利于规范证人如实提供他们所感知的案件事实，以避免将自己主观的推断、评论、猜测、估计、假设、想象作为证言使用，从而对案件事实作出错误的判断。②

(七)补强证据规则

补强证据规则，是指为了防止误认事实或发生其他危险性，而在运用某些证明力显然薄弱的证据认定案情时，必须有其他证据补强其证明力，才可以作为定案根据的规则。根据补强规则，对于某些特定证据，在没有其他证据支持其证明力的情况下，它不能单独作为认定案件事实的根据。由此可见，补强规则实质上是一种数量规则，即特定的言词证据必须在其他证据担保其真实可信性的条件下，才能发挥证明作用。③

补强证据规则主要表现为口供补强规则。也就是说，补强证据规则是以直接保障口供之证明力为目的的规则。由于口供是刑事被追诉者提供的陈述，其虚假的可能性较大，同时为了防止司法实践中侦查人员将精力放在口供的获取上，许多国家限制口供的证明能力，不承认其对案件事实的独立和完全的证明力，禁止以被告人口供为有罪判决的唯一依据，还必须附加其他证据佐证。例如，《日本刑事诉讼法典》第 319 条第 2 款规定：“无论是否是在公审庭上作出的供述，当该供述是对被告人不利的唯一的证据时，不得认定被告人有罪。”

关于补强证据的证明对象，美国要求的所谓“犯罪本体(或犯罪主要事实)

---

① 刘善春、毕玉谦、郑旭：《诉讼证据规则研究》，中国法制出版社 2000 年版，第 164—165 页。

② 樊崇义：《“两个证据规定”标志我国刑事证据规则体系初步形成》，《检察日报》，2010 年 11 月22 日。

③ 樊崇义等：《刑事证据法原理与适用》，中国人民公安大学出版社 2001 年版，第 148 页。

的独立证明”，比较有代表性。在日本刑事诉讼中，关于补强证据的证明对象有以下规定：第一，犯罪事实的认定必须有补强证据，而非犯罪事实，如前科、没收、追征事由等无须补强；第二，对于犯罪构成客观要件事实的认定，必须具备补强证据；第三，在犯罪事实中被告人与犯罪人同一的认定不需要补强证据；第四，犯罪构成要件中的主观要素，如故意、过失的认定也不需要补强证据；第五，对于非犯罪构成的事实，即犯罪阻却事由不存在的认定，也不需要补强证据。① 另外，并非任何证据都可以对特定的证据进行补强。补强证据必须满足如下几个条件：第一，补强证据必须具备证据能力；第二，补强证据本身必须具有担保补强对象真实的能力；第三，补强证据必须具有独立的来源。

在我国，口供是刑事诉讼法规定的七种证据形式之一。由于犯罪嫌疑人、被告人对自己的行为最清楚，对自己与案件是否有关最为了解，所以，他对案件事实的陈述可能是最有价值的刑事证据来源。经过查证属实的犯罪嫌疑人、被告人供述，可以比其他证据更有力、更直接地证明案件的真实情况，特别是犯罪嫌疑人、被告人就实施犯罪的动机、目的及其他细节所作的供述，这方面的作用更加明显。在死刑案件尤其是故意杀人案件中，由于被害人已死亡，缺乏直接证据，往往需要犯罪嫌疑人、被告人作有罪供述并与其他间接证据形成证据链条，才能定罪判决。所以，死刑案件的定案根据中最主要的证据通常是口供。而口供比其他证据都更容易获取。在我国刑事诉讼发展史上，存在着制度性的偏重口供的情况。即以口供为“证据之王”，为获取口供而使刑讯合法化、制度化，形成了“罪从供定”、“无供不录案”的传统。

“重证据，不轻信口供”是我国刑事诉讼法所确定的收集和运用证据的基本原则。1996 年《刑事诉讼法》第 46 条规定：“对一切案件的判处都要重证据，重调查研究，不轻信口供。只有被告人供述，没有其他证据的，不能认定被告人有罪和处以刑罚；没有被告人供述，证据充分确实的，可以认定被告人有罪和处以刑罚。”四机关《意见》第 6 条重申了办理死刑案件也应当坚持这一原则。《办理死刑案件证据规定》则详细地对口供补强规则进行了规定。第 22

---

① 汪建成、孙远：《刑事诉讼中口供规则体系论纲》，《北京大学学报(哲学社会科学版)》2002 年第 2 期。

条规定："对被告人供述和辩解的审查，应当结合控辩双方提供的所有证据以及被告人本人的全部的供述和辩解进行。""被告人庭前供述一致，庭审中翻供，但被告人不能合理说明翻供理由或者其辩解与全案证据相矛盾，而庭前供述与其他证据能够互相印证的，可以采信被告人庭前供述。""被告人庭前供述和辩解反复，但庭审中供认的，且庭审中的供述与其他证据能够互相印证的，可以采信被告人庭审中供述；被告人庭前供述和辩解反复，庭审中不供认，且无其他证据与庭前供述印证的，不能采信庭前供述。"此外，2012 年《刑事诉讼法》第 53 条保留了 1996 年《刑事诉讼法》的规定。按照这些规定，在死刑案件中，不能只靠口供定案，所有的口供必须与其他证据相印证，用其他证据加以补充和强化，才能认定案件事实。据此，我国在死刑案件中一定程度上确立了口供补强规则，但我国的口供补强规则并不完整。

除了口供补强规则外，《办理死刑案件证据规定》第 37 条还就其他种类的言词证据在何种情形下需要补强进行了规定。该条规定："对于有下列情形的证据应当慎重使用，有其他证据印证的，可以采信：(一)生理上、精神上有缺陷的被害人、证人和被告人，在对案件事实的认知和表达上存在一定困难，但尚未丧失正确认知、正确表达能力而作的陈述、证言和供述；(二)与被告人有亲属关系或者其他密切关系的证人所作的对该被告人有利的证言，或者与被告人有利害冲突的证人所作的对该被告人不利的证言。"

(八)证人出庭作证规则

在诉讼过程中，审判是中心环节，法官是案件的裁判者。因此，法官必须在法庭审判中对证据进行直接的审查评断，才能对证据的真实性和证明价值形成恰当的内心确信，并在此基础上正确认定案件事实，作出公正的判决。如果法官在审判中只对证人证言进行间接的书面审查，就很难作出科学准确的判断。另外，证人出庭作证，可以使对方当事人获得直接质证的机会。这既可以防止法官在审查评断证据时产生预断和偏见，提高审判的透明度，也可以保障诉讼当事人的合法权利，特别是获得当面质证和公平审判的权利。这一点在死刑案件的审判中尤为重要。

然而，司法实践中证人不出庭的现象非常普遍。据统计，实践中好的地方证人出庭只有 10%左右，差的地方则在 5%左右，个别地方甚至没有证人出庭。[①] 被害人、鉴定人出庭的情况也与此类似。证人不出庭，在实践中广泛的用书面证言代替，使得庭审质证流于形式。

在对“刑事错案”进行广泛调研的那位学者所进行的问卷调查中，对于“哪一种证据最容易导致刑事错案”这一问题，在被调查者中，选择物证的 6 人，占 4%；选择证人证言的 53 人，占 38%；选择视听资料的 7 人，占 5%；选择被告人口供的 52 人，占 37%；选择被害人陈述的 15 人，占 11%；选择鉴定结论的 25 人，占 18%；没有人选择勘验检查笔录。可见，被调查者认为证人证言最容易导致刑事错案。对于“下列有关证人证言情形中哪一种最容易导致刑事错案?”这一问题，在被调查者中，选择“证人不出庭作证”的 15 人，占 11%；选择“证人故意作伪证”的 87 人，占 63%；选择“取证方法不合法”的 26 人，占 19%；选择“证人自身认识发生偏差”的 23 人，占 17%；选择“法官认证错误”的 24 人，约占 17%。可见，证人证言也是导致刑事错案的重要原因。[②] 而导致刑事错案的虚假证人证言，往往因证人不出庭而缺乏有效的质证以至于蒙混过关，在这种情况下，要把死刑案件办成“铁案”几乎是不可能的。[③]

在 2012 年刑事诉讼法修改前，刑事诉讼法中有关证人出庭作证问题的规定不够明确甚至自相矛盾，是导致司法实践中证人普遍不出庭的重要原因。例如，1996 年《刑事诉讼法》第 48 条规定：“凡是知道案件情况的，都有作证的义务”；第 47 条规定：“证人证言必须在法庭上经过公诉人、被害人和被告人、辩护人双方讯问、质证，听取各证人的证言并且经过查实以后，才能作为定案的根据。”从上述规定来看，证人似乎是应该出庭作证的。但是第 157 条却又规定，“对未到庭的证人的证言笔录，鉴定人的鉴定结论，勘验笔录和其他作为证据的文书，应该当庭宣读。”这显然又认可了证人不出庭的做法。笔者认为，刑事诉讼法应当确立关键证人必须出庭作证的制度。在死刑案件中，关键证人出庭作证规则尤其重要。《办理死刑案件证据规定》明确了死刑

---

① 胡夏冰：《为什么强制证人到庭作证——兼论完善我国证人作证制度的基本思路》，《法学评论》2002 年第 3 期；张传亚：《证人出庭率低症结何在》，《光明日报》，2002 年 12 月 26 日。

②③ 何然、何家弘：《刑事错案中的证据问题——实证研究与经济分析》，《政法论坛》2008 年第 2 期。

案件中关键证人出庭作证的规则。按照第15条的规定，在死刑案件中，控辩双方有异议的和对定罪量刑有重大影响的证人应当出庭作证，“(一)人民检察院、被告人及其辩护人对证人证言有异议，该证人证言对定罪量刑有重大影响的；(二)人民法院认为其他应当出庭作证的”。在目前无法彻底贯彻直接言词原则的情况下，控辩双方有异议的和对定罪量刑有重大影响的证人出庭作证，从实体上说，更有利于保障正确认定案件事实，避免死刑错案的发生；从程序上说，更有利于保障诉讼当事人的质证权利。因此，2012年《刑事诉讼法》亦明确规定了关键证人出庭作证的规则。2012年《刑事诉讼法》第187条规定：“公诉人、当事人或者辩护人、诉讼代理人对证人证言有异议，且该证人证言对案件定罪量刑有重大影响，人民法院认为证人有必要出庭作证的，证人应当出庭作证。人民警察就其执行职务时目击的犯罪情况作为证人出庭作证，适用前款规定。”

除了关键证人出庭作证规则外，要改变证人普遍不出庭的现状，还应当建立完善的证人强制出庭规则、证人保护规则、证人作证的经济补偿规则以及侦查人员出庭作证规则。

1. 证人强制出庭规则

证人拒绝出庭作证是一种严重妨害刑事诉讼秩序的违法行为，只有采取强有力的法律措施才能制止目前愈演愈烈的拒绝出庭作证现象，强制出庭规则对于促进证人出庭作证是一种必要的手段。从外国证据法和诉讼法来看，一般也都规定了强制证人出庭规则。英美法系和大陆法系国家的证人出庭作证制度大致有两个共同点：一是对于证人出庭一般都以强制性手段作为保障，并且法律明确将强制性规定与相应的惩罚措施并举；二是根据违反作证义务的程度规定不同等级的惩罚措施。第一点说明证人作证义务要落实，必须有明确的法律责任相伴随；第二点表明了罚当其罪，惩罚不能一刀切，应当体现相应的层次性。①

借鉴外国经验，结合我国证人不出庭的实际情况，2012年《刑事诉讼法》亦增加规定了证人强制出庭规则。2012年《刑事诉讼法》第188条规定：“证人没有正当理由拒绝出庭或者出庭后拒绝作证的，予以训诫，情节严重的，经

① 何家弘主编：《证人制度研究》，人民法院出版社2004年版，第107页。

院长批准，处以十日以下的拘留。被处罚人对拘留决定不服的，可以向上一级人民法院申请复议。复议期间不停止执行。”

2. 证人保护规则

证人担心自己及家人的人身和财产安全，害怕打击报复绝对是证人不出庭的一个非常重要的原因。我国曾有学者对证人拒证的心理进行了分析，认为“证人害怕受到威胁或人身报复，为安全考虑而不愿作证”的占到了78.3％。① 如果证人的安全得不到应有的保障，可能会由于作证而付出极大的代价，这就势必会影响到证人作证的主动性与积极性以及证言的客观性与真实性。在现实生活中，也确实有不少证人因为作证而受到威胁和恫吓，甚至受到人身伤害和财产侵害。有的证人因为作证丢失了工作；有的证人在作证之后其家人受到了牵连。要改变证人不愿作证、不敢出庭的现状，一个重要的措施就是完善我国的证人保护制度，为证人提供切实全面的保护。

证人保护，是指国家对证人在履行公民作证义务的同时所给予的人身及财产方面的法律保障。我国在 1996 年《刑事诉讼法》、《刑法》和《治安管理处罚条例》中都有保护证人的规定。这些规定的内容包括：其一，保护证人的机关包括人民法院、人民检察院和公安机关；其二，妨害证人作证的行为，如果构成犯罪的，应当追究刑事责任；其三，打击报复证人的行为，如果构成犯罪的，应当依法追究刑事责任；尚不够刑事处罚的，应当依法给予治安管理处罚；其四，在立案、侦查阶段，如果证人不愿公开自己的姓名，应当为其保密。然而，这些规定很不完善的。其一，刑事诉讼法的规定过于笼统，只是规定公检法机关应当保障证人及其近亲属的安全，没有规定任何具体可行的保护措施，在实践中难以操作，特别是当证人申请保护时，公安司法机关无法采取切实有效的手段。因此，这种保护在实践中必然显得苍白无力。其二，刑事诉讼法和刑法对证人或其近家属安全的保障主要是立足于对已实施的报复行为进行事后惩罚，缺少预防性保护。其三，刑法关于“打击报复证人罪”和“妨害证人作证罪”的规定，其保护对象仅限于证人，对证人近亲属的保护没有规定，保护证人近亲属处于于法无据的尴尬境地。其四，现行法律

① 吴丹红：《刑事诉讼证人拒证原因探析》，《证据学论坛》第 3 卷，中国检察出版社 2001 年版，第 449 页。

注重保护证人的人身和名誉不受侵犯，却不涉及证人的财产权利，而对证人及其近亲属财产权利的侵害是对证人打击报复的重要内容。此外，现行证人保护制度在实践中实施的效果也不甚理想。司法实践中，打击报复证人的实例并不少见，证人及其近亲属的人身、财产安全受到威胁乃至侵害，司法机关对打击报复证人的犯罪行为未能及时追究或打击不力，造成证人大多怕打击报复而不愿作证的严重后果。

现代法治国家都非常重视证人的保护。总体来说，外国证人保护规则所规定的保护证人的措施包括三个方面，或者说属于诉讼的三个阶段：第一，庭审前的保护。例如，在侦查和起诉期间派专人保护证人及其亲属的安全；在必要的范围内为证人身份保密；禁止可能对证人进行打击报复的人接近证人的住所等。第二，庭审中的保护。例如，在法庭上为证人设置由单向玻璃制成的作证室，里面的证人可以看见外面的人，但是外面的人看不见里面的证人；使用改变声音的设备传导证人的讲话，使别人无法通过声音识别证人的身份等。第三，庭审后的保护。例如，为证人改名换姓并在可能报复人不知晓的地区为证人安排合适的工作；及时制止并惩罚任何打击报复证人的行为等。

笔者认为，在强调证人作证义务的同时，也应保障证人的权利，尤其是证人及其家人的人身、财产安全，这样，证人才能放心而无后顾之忧地出庭作证。特别是要强调和落实暴力犯罪死刑案件的证人保护规则。因为暴力犯罪死刑案件犯罪嫌疑人、被告人承担的法律后果最为严重，其为了逃避惩罚，对证人实施打击报复以阻碍证人出庭如实提供证言的可能性也就越大，手段也可能越严重。因此，暴力犯罪死刑案件的证人比普通案件的证人更迫切需要保护。

在对外国证人保护制度借鉴的基础上，2012 年《刑事诉讼法》对我国的证人保护制度进行了完善。在 2012 年刑事诉讼法修改后，我国法律关于刑事证人保护的规定除 2012 年刑事诉讼法修改之前的四点外，还包括很重要的三点：其一，对于危害国家安全犯罪、恐怖活动犯罪、黑社会性质的组织犯罪、毒品犯罪等特殊案件的特殊证人，公安司法机关应当采取特殊保护措施，特殊保护措施包括：(1)不公开真实姓名、住址和工作单位等个人信息；(2)采取不暴露外貌、真实声音等出庭作证措施；(3)禁止特定的人员接触证人、鉴定人、被害人及其近亲属；(4)对人身和住宅采取专门性保护措施；(5)其他必要的保护措施。其二，证人或者其近亲属的人身安全面临危险的，可以向公安司法机关请求保护。其三，有关单位和个人应当配合公安司法机关的证人保护措施。

3. 证人作证的经济补偿规则

保障证人出庭作证还有另外一个问题，就是证人的经济补偿问题，即对证人因出庭作证而支出的费用或因此而丧失的收益的补偿问题。通常证人出庭作证会受到以下两个方面的物质损失：(1)证人为作证而支付的一定的费用，如支付车、船票费、住宿费等；(2)证人因作证而失去的一定的物质利益，如被扣工资、奖金等收入的减少。这些物质损失是证人为了协助履行控诉职能、辩护职能或者审判职能而遭受的，应当得到一定的补偿。

1996年《刑事诉讼法》中缺乏证人的经济补偿方面的规定。其他各种规范性法律文件中，也仅在1989年最高人民法院制定的《人民法院诉讼收费办法》和1994年《最高人民法院关于诉讼费两个请示的复函》中略微提及证人出庭的经济补偿问题，即证人出庭的交通费、住宿费、生活费、误工补贴费属其他诉讼费用，由当事人预付也可以由法院垫付。然而，“哪些由当事人预付，哪些由法院垫付，司法解释中并未涉及这个问题”。① 同时，它们对当事人预交或申请法院垫付证人出庭费用的时间和方式、证人取得补偿费用的时间和方式都缺乏明确规定，而且“由当事人负担”这一规定过于原则，这些都使得证人因出庭作证而产生的经济补偿权得不到应有的保障，从而对于证人出庭作证的积极性、主动性及维护证人的正当权益都是不利的。

从各国的立法实践来看，世界许多国家和地区普遍建立了证人的经济补偿规则，大多规定：对必须到庭的证人，在传唤到庭作证以后，由传唤法院给予一笔费用作为经济补偿。有的还规定，如果证人没有事先得到这笔费用而不出庭作证，不能以拒证论处。笔者认为，为了解决证人的后顾之忧，保证证人出庭作证，我国应当在刑事诉讼法中明确规定证人出庭的经济补偿权。在对外国证人作证的经济补偿制度借鉴的基础上，2012年《刑事诉讼法》第63

---

① 肖建国：《民事诉讼费用的法理分析》，载章武生等主编：《司法现代化与民事诉讼制度的建构》，法律出版社2000年版，第354页。

条增加了证人作证经济补偿的规定：证人因履行作证义务而支出的交通、住宿、就餐等费用，应当给予补助。证人作证的补助列入司法机关业务经费，由同级政府财政予以保障。此外，有工作单位的证人作证，所在单位不得克扣或者变相克扣其工资、奖金及其他福利待遇。

4. 侦查人员出庭作证规则

谈到证人出庭，有一个问题是不可回避的，即侦查人员应否出庭作证。无论是英美法系国家，还是大陆法系国家，侦查人员均像其他证人一样在法庭上宣誓、作证，接受控辩双方的询问。然而，在我国刑事庭审中，侦查人员出庭作证在司法实践中十分少见，更多的则是“以某某刑侦队或某派出所名义出具的证明材料。有单位印章而无证人落款。例如‘关于被告人某某某报案情况的证明’，‘关于审讯情况的证明’等等”①。即便偶尔有辩护律师坚持要求法院通知侦查人员出庭的，法官要么以“没有先例”搪塞，要么不习惯甚至不太敢“通知”侦查人员出庭作证。根据我国刑事诉讼法和刑事诉讼理论对“证人”的界定，有学者认为，承办案件的侦查人员不能同时充当本案的证人，因为那样与其诉讼职责不相符合，可能影响公正处理案件。②

然而，我国刑事证据立法并未将侦查人员排除在证人之外。此外，根据最高人民法院 1998 年《关于执行〈中华人民共和国刑事诉讼法〉若干问题的解释》第 150 条、第 138 条和 1999 年《人民检察院刑事诉讼规则》第 340 条、第 341 条的规定，侦查人员有义务向法庭说明其收集的证据的来源。最后，非法证据能否得到排除需要侦查出庭作证。我国在一定程度上确立了非法证据排除规则。但是在庭审之中如何判断证据是否非法？让侦查人员出庭作证是解决问题的关键。一方面，公诉人对侦查人员收集证据的过程缺乏详细地了解，因此，如果他仅凭侦查笔录或者侦查机关的情况说明是难以令人信服的，而负责侦查案件的警察对收集证据的全过程了如指掌，对证据是否合法心知肚明，此时由侦查人员出庭就证据的合法性予以阐述最合适不过。另一方面，

---

① 龙宗智：《中国作证制度之三大怪现状评析》，载中国人民大学书报复印资料中心编：《诉讼法学、司法制度》2001 年第 5 期。

② 陈一云主编：《证据法学》，中国人民大学出版社 1991 年版，第 292 页；卞建林主编：《证据法学》，中国政法大学出版社 2000 年版，第 118 页。

被告人对其是否实施犯罪行为最为清楚，再加上其本身就是侦查人员收集证据的对象，因而它对于侦查是否非法收集证据也知根知底，当然需要侦查出庭作证并渴望非法证据能够得到排除，从而保护其合法权益。①

《非法证据排除规定》明确了讯问人员出庭作证的问题。第7条第1、2款规定："经审查，法庭对被告人审判前供述取得的合法性有疑问的，公诉人应当向法庭提供讯问笔录、原始的讯问过程录音录像或者其他证据，提请法庭通知讯问时其他在场人员或者其他证人出庭作证，仍不能排除刑讯逼供嫌疑的，提请法庭通知讯问人员出庭作证，对该供述取得的合法性予以证明。公诉人当庭不能举证的，可以根据《刑事诉讼法》第165条的规定，建议法庭延期审理。经依法通知，讯问人员或者其他人员应当出庭作证。"按照该规定，法庭为了调查证据是否合法，可以通知进行过讯问的侦查人员到庭作证，有助于便捷、有效地查明证据取得的合法性问题。

2012年《刑事诉讼法》亦就侦查人员关于证据收集合法性出庭作证和警察作为目击证人出庭作证的情形进行了规定。其中，第58条规定的侦查人员关于证据收集合法性出庭作证的情形，即："现有证据材料不能证明证据收集的合法性的，人民检察院可以提请人民法院通知有关侦查人员或者其他人员出庭说明情况；人民法院可以通知有关侦查人员或者其他人员出庭说明情况。有关侦查人员或者其他人员也可以要求出庭说明情况。经人民法院通知，有关人员应当出庭。"第187条规定的是警察作为目击证人出庭作证的情形，即："公诉人、当事人或者辩护人、诉讼代理人对证人证言有异议，且该证人证言对案件定罪量刑有重大影响，人民法院认为证人有必要出庭作证的，证人应当出庭作证。人民警察就其执行职务时目击的犯罪情况作为证人出庭作证，适用前款规定。"也就是说，人民警察就其执行职务时目击的犯罪情况作为证人，其证人证言对案件定罪量刑有重大影响，并且公诉人、当事人或者辩护人、诉讼代理人有异议，人民法院认为警察有必要出庭作证的，警察应当出庭作证。

① 王超、周菁：《杜培武案的证据学思考》，《汕头大学学报》2003年第1期。

第四节 暴力犯罪死刑案件量刑情节的证据和证明标准

如前所述，我国以死刑为最高刑的暴力犯罪共有 24 种。据此，不论被告人最后是否被判处死刑，前提都是其行为应当构成以死刑为最高刑的暴力犯罪。根据犯罪构成的理论，犯罪构成包括犯罪主体方面、犯罪主观方面、犯罪客体和犯罪客观方面四个构成要求。犯罪是否成立，四个方面的构成要件必须都得到完整而充分的证明。从刑法角度来看，暴力犯罪的死刑适用必须主意两个问题：一是暴力犯罪的罪名成立与否的问题，即定罪问题；二是暴力犯罪是否适用死刑问题，即量刑问题。这两个问题同样也构成了暴力犯罪适用证据标准的证明对象。定罪与量刑作为证明的两个对象属于理论上的分类研究，实质上两者的证明并不是截然独立的，而是互相联系的：有时定罪证明的证据也是量刑考量的证据；同样，量刑证明的证据也可能是定罪证明的证据。例如，关于犯罪主体自然情况的证明，对于某自然人涉嫌故意非法剥夺他人生命的行为，如果其实施该行为的时候不满 16 周岁，则不构成故意杀人罪，因为主体不符合故意杀人罪犯罪主体的要求；如果其实施该行为的时候已满 16 周岁不满 18 周岁，则构成故意杀人罪，但不适用死刑；如果其实施该行为的时候已满 18 周岁，则构成故意杀人罪，并且符合“罪行极其严重”以及不存在其他从轻或者减轻的情节，则很可能判处死刑。又例如，对于某自然人涉嫌故意非法剥夺他人生命的行为，如果其实施该行为是出于正当防卫，并且没有超过防卫限度，虽然已满 18 周岁，但其仍然不构成故意杀人罪；如果其超过防卫限度，虽然构成故意杀人罪，但应当减轻或者免除处罚，所以不会被判处死刑。故此，某些犯罪事实既可能涉及定罪问题，也可能涉及量刑问题，证明这些犯罪事实的证据就既可能是定罪证据，又可能是量刑证据。不过，在本节，笔者仅对关系量刑的证据以及部分影响定罪的证据加以讨论。

一、关于犯罪主体自然情况和刑事责任能力的证据标准

犯罪主体是指刑法规定的实施犯罪并且承担刑事责任的人，包括自然人和单位。犯罪主体的自然情况包括身份、居住地、职业、工作经历、特定职

责等，具体包括主体的姓名(曾用名)、性别、出生年月日、民族、籍贯、出生地、职业(或职务)、住所地(或居所地)等。① 但对于暴力犯罪死刑案件而言，最为重要的自然情况是犯罪主体的年龄，犯罪主体的刑事责任能力以及影响犯罪主体量刑的其他身份情况，如女性被告人在审判时是否怀孕。

(一)关于犯罪主体年龄的证明

犯罪主体的年龄，既影响到其行为是否应当负刑事责任，以及量刑时应否从轻、减轻刑罚，对于以死刑为法定最高刑的暴力犯罪而言，更是直接关系到是否应当适用死刑。对于以死刑为法定最高刑的暴力犯罪而言，已满 14 周岁不满 16 周岁的人仅在犯故意杀人、故意伤害致人重伤或者死亡、强奸、抢劫罪时，才承担刑事责任；已满 16 周岁的人犯罪，才承担刑事责任；已满 14 周岁不满 18 周岁的人犯罪，应当从轻或者减轻处罚。同时，根据《刑法》第 49 条的规定，犯罪的时候不满 18 周岁的人，不适用死刑。据此，对于故意杀人、故意伤害致人重伤或者死亡、强奸、抢劫的定罪，要求证明被告人犯罪时是否已满 14 周岁，对于其他暴力犯罪的定罪，要求证明被告人犯罪时是否已满 16 周岁；而对于是否适用死刑，则应证明被告人犯罪时是否已满 18 周岁。也就是说，对于以死刑为法定最高刑的暴力犯罪而言，能否证明被告人是否已满 18 周岁，直接关系到能否对其适用死刑。

对于被告人年龄的证明，《办理死刑案件证据规定》第 5 条第 3 款要求达到证据确实充分的证明标准。至于如何证明其是否已满 18 周岁，《办理死刑案件证据规定》第 40 条第 1 款进行了规定，即：审查被告人实施犯罪时是否已满 18 周岁，一般应当以户籍证明为依据；对户籍证明有异议，并有经查证属实的出生证明文件、无利害关系人的证言等证据证明被告人不满 18 周岁的，应认定被告人不满 18 周岁；没有户籍证明以及出生证明文件的，应当根据人口普查登记、无利害关系人的证言等证据综合进行判断，必要时，可以进行骨龄鉴定，并将结果作为判断被告人年龄的参考。未排除证据之间的矛盾，无充分证据证明被告人实施被指控的犯罪时已满 18 周岁且确实无法查明的，不能认定其已满 18 周岁。

---

① 《图解立案证据定罪量刑标准与法律适用》第三册，中国法制出版社 2010 年版。

(二)关于犯罪主体刑事责任能力的证明

刑事责任能力，是指行为人对自己行为的辨认能力与控制能力。所谓具有刑事责任能力，是指同时具有辨认能力与控制能力；如果缺少其中一种能力，则属于没有刑事责任能力。而刑事责任能力，主要判断犯罪主体的精神状态和生理状态。

根据《刑法》第 18 条规定，精神病人在不能辨认或者不能控制自己行为的时候造成危害结果，经法定程序鉴定确认的，不负刑事责任。但是，间歇性的精神病人在精神正常的时候犯罪，应当负刑事责任。尚未完全丧失辨认或者控制自己行为能力的精神病人犯罪的，应当负刑事责任，但是可以从轻或者减轻处罚。被告人的精神状态既影响到定罪，也会影响到量刑。据此，在暴力犯罪死刑案件中，应当对被告人的精神状态进行鉴定，审查其是否精神病人；如果是精神病人，是否尚未完全丧失辨认或者控制自己行为能力的精神病人，以及是否间歇性的精神病人，并在此基础上，认定其是否应当负刑事责任，以及能否被判处死刑。对于这些事实的证明，需要达到证据确实充分的证明标准。至于精神病鉴定的要求和程序，《办理死刑案件证据规定》作出了相应规定。《办理死刑案件证据规定》第 23 条明确规定了鉴定意见应当着重审查的内容，第 24 条明确规定了鉴定意见不能作为定案根据的法定情形。

根据《刑法》第 19 条的规定，又聋又哑的人或者盲人犯罪，可以从轻、减轻或者免除处罚。因此，对于以死刑为法定最高刑的暴力犯罪而言，需要证明被告人是否又聋又哑或者是盲人。而对于被告人是否又聋又哑或者是盲人的证明，也需要达到证据确实充分的证明标准。至于如何证明，则应当通过鉴定意见以及被告人的口供、证人证言、被害人陈述等证据来综合认定。

(三)女性被告人在审判时是否怀孕的证明

根据《刑法》第 49 条规定，审判的时候怀孕的妇女，不适用死刑。因此，对于以死刑为法定最高刑的暴力犯罪案件，如果被告人是妇女，审判时必须审查其是否怀孕。如果怀孕，则不能判处死刑。对于女性被告人在审判时是否怀孕这一事实，同样应当达到证据确实充分的证明标准。至于如何证明，则应进行医学鉴定。

二、关于犯罪故意的证据标准

以死刑为法定最高刑的暴力犯罪，其主观罪过必须是“故意”。据此，对于暴力犯罪死刑案件的证明，要求证明被告人对其实施的危害行为及其危害结果所持的心理态度必须是“故意”。

所谓犯罪故意，是指明知自己的行为会发生危害社会的结果，并且希望或者放任这种结果发生的心理状态。犯罪故意由两个因素构成：一是认识因素，即明知自己的行为会发生危害社会的结果；二是意志因素，即希望或者放任这种结果发生。二者的有机统一才是故意犯罪。

在暴力犯罪死刑案件中，对于犯罪故意的证明，首先要对“明知”这一认识因素进行证明。而是否明知，主要从被告人本身的认知能力和实施犯罪行为是否有认知可能来考量，可以从年龄、生理状态、精神状态、从事职业、学历、经历等方面提供证据来间接证明，这方面的证据包括犯罪嫌疑人、被告人的口供、证人证言、被害人的陈述、书证、鉴定结论等。其次，要对“希望或者放任”这一意志因素进行证明。而是否“希望或者放任”，主要从被告人的犯罪动机或目的，以及实施犯罪行为的客观方面来间接推断，这方面的证据包括被告人的口供、物证、书证、证人证言、被害人陈述、勘验、检查笔录等。不过，由于《刑法》第48条规定，死刑只适用于罪行极其严重的犯罪分子，因此，暴力犯罪要适用死刑必须被告人的心理状态是“希望”危害结果的发生，如果仅是“放任”危害结果的发生，与罪行极其严重是难以匹配的。

暴力犯罪要适用死刑，必须被告人的心理态度在认识因素上属于“明知”，在意志因素上属于“希望”，但对于“明知”和“希望”属于人的主观方面，难以直接证明。但人的主观心理态度可以外化为具体的行为等客观方面的事实。因此，对于被告人犯罪的主观心理态度是否“明知”和“希望”，缺乏直接证据（虽有被告人口供，但口供虚假性较强），主要通过犯罪主体以及犯罪客观方面的证据来推定证明。不过，虽然是间接的推定证明，仍然需要达到证据确实充分的证明标准。① 这就要遵循依靠间接证据证明案件事实的规则。《办理死刑案件证据规定》第33条首次明确规定了依靠间接证据定案的规则。笔者认为，不仅对于全案事实的认定，可以依靠间接证据；对于部分事实的认定，同样可以依靠间接证据。

---

① 《办理死刑案件证据规定》第5条第3款第5项。

三、关于罪行是否“极其严重”的证据标准

根据《刑法》第 48 条的规定，死刑只适用于罪行极其严重的犯罪分子。对于以死刑为法定最高刑的暴力犯罪而言，从不同犯罪类型的角度来看，其配置死刑的情况可以分为暴力犯罪基本犯配置死刑、暴力犯罪加重犯配置死刑、暴力犯罪加重的加重犯配置死刑三类。① 其中，暴力犯罪基本犯配置死刑的暴力犯罪死刑罪名包括故意杀人罪等 2 种；暴力犯罪加重犯配置死刑的暴力死刑罪名包括强奸罪、绑架罪、抢劫罪等 16 种；暴力犯罪加重的加重犯配置死刑的暴力犯罪死刑罪名包括故意伤害罪等 6 种。从法定刑类型的角度来看，其死刑的情况可以分为法定刑为死刑与其他刑种，法定刑为死刑、但为“可以判处死刑”，法定刑为死刑、系(应当)“判处死刑”三类，这三类依次包括故意杀人罪、故意伤害罪强奸罪、抢劫罪等 18 种，武装叛乱、暴乱罪 1 种，绑架罪等 5 种。因此，以死刑为法定最高刑的暴力犯罪，从法定刑类型的角度来看，必须符合《刑法》总则所要求的“罪行极其严重”；从不同犯罪类型的角度来看，对于暴力犯罪加重犯配置死刑和暴力犯罪加重的加重犯配置死刑这两类，还必须满足《刑法》分则就具体罪名所规定的加重情节。

被告人是否“罪行极其严重”，必须综合案件的所有情节来判断。具体来说，罪行是否极其严重，既要审查犯罪手段和危害后果，也要审查被告人的主观恶性和人身危险。暴力犯罪要适用死刑，应当满足主观恶性大、人身危险性大以及犯罪手段恶劣、危害后果严重的条件。对于主观恶性和人身危险性的证明，不需要达到证据确实充分的证明标准，仅需要达到“优势证据”的证明标准即可。但对于犯罪手段和危害后果的证明，由于犯罪手段和危害后果属于“被告人实施了犯罪行为与被告人实施犯罪行为的时间、地点、手段、后果以及其他情节”，② 则需要达到证据确实充分的证明标准。

四、关于从重或从轻、减轻、免除处罚情节的证据标准

量刑情节，是指在某种行为构成犯罪的前提下，法院对犯罪人裁量刑罚时应当考虑的，据以决定量刑轻重或者免除刑罚处罚的各种情况。《刑法》第 48 条规定，死刑只适用于罪行极其严重的犯罪分子。对于应当判处死刑的犯

---

① 黄晓亮:《暴力犯罪死刑问题研究》，中国人民公安大学出版社 2008 年版，第 65 页。

② 《办理死刑案件证据规定》第 5 条第 3 款第 2 项对此作出了规定。

罪分子，如果不是必须立即执行的，可以判处死刑同时宣告缓期二年执行。《刑法》同时规定了若干从重、从轻、减轻、免除处罚的情节，即法定量刑情节。此外，司法实践中也有一些刑法虽未明文规定，但根据立法精神与刑事政策，法院从审判经验中总结出来，在量刑时酌情考虑的情节，即酌定量刑情节。《办理死刑案件证据规定》第36条对死刑适用时应当审查的酌定量刑情节进行了规定。

法院在决定是否对暴力犯罪案件的被告人适用死刑时，要综合所有法定情节和酌定情节予以考虑。《办理死刑案件证据规定》第2款规定："既有从轻、减轻处罚等情节，又有从重处罚等情节的，应当依法综合相关情节予以考虑。"第3款规定："不能排除被告人具有从轻、减轻处罚等量刑情节的，判处死刑应当特别慎重。"无论是法定情节，还是酌定情节，都需要证据来证明。不过，这里仅对《刑法》分则规定的法定量刑情节进行介绍和讨论。

(一)法定从重处罚情节的证明

从重处罚情节，是指在法定量刑幅度内从重判处刑罚的情节。根据《刑法》的规定，构成法定从重处罚的情节有：教唆不满18周岁的人犯罪的教唆犯、累犯。所谓教唆犯，是指以授意、怂恿、劝说、利诱或者其他方法故意唆使他人犯罪的人。所谓累犯，是指被判处一定刑罚的人，在刑罚执行完毕或者赦免以后，在法定期限内又犯一定之罪的人。根据《办理死刑案件证据规定》第5条第2款第7项规定，对于教唆犯和累犯的证明应当达到证据确实、充分的程度。

(二)法定从轻、减轻、免除处罚情节的证明

从轻情节是指在法定量刑幅度内从轻判处刑罚的情节；减轻情节是指在法定量刑幅度以下判处刑罚的情节；免除情节是指免除刑罚的情节。

对于以死刑为法定最高刑的暴力犯罪而言，法定从轻、减轻、免除处罚情节包括如下一些情形。

(1)应当免除处罚的情节：没有造成损害的中止犯。

(2)应当减轻或者免除处罚的情节：①防卫过当；②避险过当；③胁从犯；④犯罪后自首又有重大立功表现的。

(3)应当减轻处罚的情节：造成损害的中止犯。

(4)可以免除或者减轻处罚的情节：在国外犯罪，已在外国受过刑罚处罚的。

(5)可以减轻或者免除处罚的情节：有重大立功表现的。

(6)应当从轻、减轻或者免除处罚的情节：从犯。

(7)可以从轻、减轻或者免除处罚的情节：又聋又哑的人或者盲人犯罪；预备犯。对于前者，在“关于犯罪主体自然情况和刑事责任的证据标准”部分已有论及。

(8)应当从轻或者减轻处罚的情节：已满十四周岁不满十八周岁的人犯罪；对于这一情节，在“关于犯罪主体自然情况和刑事责任的证据标准”部分已有论及。

(9)可以从轻或者减轻处罚的情节：尚未完全丧失辨认或者控制自己行为的精神病人犯罪的；未遂犯；被教唆人没有犯被教唆的罪时的教唆犯；自首的；有立功表现的。对于第(1)种情节，在“关于犯罪主体自然情况和刑事责任的证据标准”部分已有论及。

(10)不得判处死刑的情节：犯罪的时候不满18周岁的人；审判的时候怀孕的妇女。二者均已在“关于犯罪主体自然情况和刑事责任的证据标准”部分论及。

对于上述部分法定量刑情节，《办理死刑案件证据规定》规定了具体的证据规则。第39条第1款规定了证明自首的证据规则：被告人及其辩护人提出有自首的事实及理由，有关机关未予认定的，应当要求有关机关提供证明材料或者要求相关人员作证，并结合其他证据判断自首是否成立。第39条第2款和第3款规定了证明立功的证据规则：被告人是否协助或者如何协助抓获同案犯的证明材料不全，导致无法认定被告人构成立功的，应当要求有关机关提供证明材料或者要求相关人员作证，并结合其他证据判断立功是否成立。被告人有检举揭发他人犯罪情形的，应当审查是否已经查证属实；尚未查证的，应当及时查证。《办理死刑案件证据规定》第39条第3款规定了累犯的证据规则：被告人累犯的证明材料不全，应当要求有关机关提供证明材料。

根据最高人民法院1998年《关于执行〈中华人民共和国刑事诉讼法〉若干问题的解释》第116条规定，作为法定量刑情节的自首、立功、累犯、中止、未遂、防卫过当等证据属于能够证明犯罪行为性质、情节等内容的主要证据，是开庭审判的证据条件要求，必须提供，否则，法院不能立案。因为，法定量刑情节直接决定着刑罚的轻重，关涉着诉讼双方的法定利害关系，所以，必须运用证据进行证明，以贯彻证据裁判原则的要求。但是，基于人权保障思想，对处于劣势诉讼地位的被追诉者的权利更应当得到尊重，因此，根据《办理死刑案件证据规定》第5条的规定，法定从重处罚情节的证明需要达到确实、充分的程度，以保证严重惩罚后果的准确性。法定从轻、减轻、免除处罚的情节虽然也必须证明，但不必达到证据确实、充分程度。如果是由辩护方提出，只需达到"优势证据"的证明程度即可。此外，根据最高人民法院1998年《关于执行〈中华人民共和国刑事诉讼法〉若干问题的解释》的规定，合议庭在案件审理过程中，发现被告人可能有自首、立功等法定量刑情节，而起诉和移送的证据材料中没有这方面的证据材料的，应当建议人民检察院补充侦查。

(三)酌定量刑情节的证明

除法定量刑情节会影响到是否判处死刑外，酌定量刑情节同样会影响到是否判处死刑。常见的酌定情节包括：犯罪手段、犯罪的时空及环境条件、犯罪的对象、犯罪行为造成的危害后果、犯罪的动机、犯罪后的态度、犯罪人的一贯表现、前科等。《办理死刑案件规定》总结实践中的做法，对于死刑案件中的酌定量刑情节进行了列举。第36条第1款规定："在对被告人作出有罪认定后，人民法院认定被告人的量刑事实，除审查法定情节外，还应审查以下影响量刑的情节：(一)案件起因；(二)被害人有无过错及过错程度，是否对矛盾激化负有责任及责任大小；(三)被告人的近亲属是否协助抓获被告人；(四)被告人平时表现及有无悔罪态度；(五)被害人附带民事诉讼赔偿情况，被告人是否取得被害人或者被害人近亲属谅解；(六)其他影响量刑的情节。"对于这些酌定量刑情节，同样应当提出证据证明。但是，辩护方在提出这些事实主张要求应当对被告人从宽处罚时，不必达到证据确实充分的证明程度，只需达到"优势证据"的证明程度即可。但若控诉方提出这些事实主张要求对被告人从严处罚时，则需达到证据确实充分的证明程度。

第十二章

具体暴力犯罪死刑适用证据标准研究

"随着人权观念的日益弘扬，生命权日益被视为不可剥夺、不可克减的'天赋人权'；死刑之存废也愈益成为与社会文明程度、法治发展状况乃至人权发展水平等攸切相关之重要问题。"①在此人权弘扬的背景下，废除死刑已成为国际司法发展的大趋势；近些年国内发生的佘祥林、杜培武、赵作海式的冤假错案也促使法律界人士反思死刑的司法适用问题。为此，我国的很多专家学者主张分阶段、分步骤地废除死刑，② 当前，对于严重暴力犯罪则应当通过完善立法和司法的方式努力减少与严格限制死刑。③ 审慎适用死刑不但可通过实体刑法的完善来实现，而且可以通过程序和证据制度的构建来促成。为确保严重暴力犯罪死刑适用的准确性、审慎性，构建严重暴力犯罪死刑适用的证据标准，无疑是一个有效的途径。

第十届全国人民代表大会常务委员会第二十四次会议通过了《关于修改〈中华人民共和国人民法院组织法〉的决定》，将人民法院组织法原第 13 条修改为第 12 条："死刑除依法由最高人民法院判决的以外，应当报请最高人民法院核准。"2006 年 12 月 13 日最高人民法院审判委员会第 1409 次会议通过了

---

① 赵秉志、[加]威廉·夏巴斯主编：《死刑立法改革专题研究》，中国法制出版社 2007 年版，第 240 页。

② 赵秉志：《论中国非暴力犯罪死刑的逐步废止》，《政法论坛》2005 年第 1 期。

③ 赵秉志、[加]威廉·夏巴斯主编：《死刑立法改革专题研究》，中国法制出版社 2007 年版，第 240 页。

《最高人民法院关于统一行使死刑案件核准权有关问题的决定》。一部法律、一个司法解释均决定自 2007 年 1 月 1 日起，死刑核准权统一收归最高人民法院。这样，在程序上就保障了死刑适用上的统一性。而为保障死刑适用的实质统一性，除了完善实体刑法的死刑适用规范和程序诉讼法的操作程序规范外，还需要构建完善的证据制度，通过标准性的、指导性的证据规则来实现死刑适用的准确性和可靠性。为此，2010 年 5 月 30 日，最高人民法院、最高人民检察院、公安部、国家安全部和司法部联合颁布了《办理死刑案件证据规定》和《非法证据排除规定》。"两个证据规定"为我国死刑案件的证据适用问题提供了更为详尽的法律依据与标准，也体现了我国证据立法的巨大进步。本文将结合五类严重暴力犯罪的实体规范，根据上述两个最新的证据规定研究探讨我国严重暴力犯罪死刑适用的证据标准问题。通过严重暴力犯罪死刑适用证据标准的研究，探寻到严重暴力犯罪死刑适用的证据规范，以指导司法实践的需要，为统一的、审慎的、限制性的适用死刑提供参考与指导。

第一节 故意杀人罪死刑适用证据标准研究

故意杀人属于一种严重的暴力犯罪行为，情节严重的应当适用死刑。① 根据罪刑相适应原则，为保证罚当其罪，准确的适用死刑，故意杀人罪的死刑适用证据标准应当满足三个方面的基本要求：一是故意杀人的罪行与情节必须得到准确的证实，以正确地惩罚犯罪；二是严格遵守法定的程序规则，以尊重与保障人权；三是死刑的适用应当慎重，以防止冤枉无辜。这三个方面的要求构成了故意杀人罪死刑适用证据标准的基本目的。为此，故意杀人罪死刑适用证据标准研究需要解决三个方面的问题：首先，需要明确故意杀人罪死刑适用的标准和条件，这是故意杀人罪死刑适用证据标准研究的前提条件和范畴所在；其次，才是具体的证据标准研究，从证据与证明的规范上严格死刑的适用，这是本节的重点所在；最后，就死刑适用上的特殊问题进行证据角度的探讨，以为共飨。

---

① 《刑法》第 232 条："故意杀人的，处死刑、无期徒刑或者十年以上有期徒刑；情节较轻的，处三年以上十年以下有期徒刑。"

一、故意杀人罪死刑适用的基本问题

故意杀人罪是一种严重的暴力犯罪行为，根据《刑法》第 232 条的规定，有适用死刑的可能性。为保证故意杀人罪死刑适用的审慎性和准确性，需首先明确故意杀人罪死刑适用的基本标准，即故意杀人罪死刑适用的条件与要求。

(一)故意杀人罪的定性标准

故意杀人罪的定性标准，即故意杀人罪的罪名成立问题，这是故意杀人罪死刑适用的前提。根据我国《刑法》第 232 条的规定，故意杀人罪，是故意地非法剥夺他人生命的行为。据此，故意杀人罪的成立应满足以下几个方面的关键要件。

1. 客观方面表现为非法地剥夺他人生命

即在其自然死亡之前断绝其生命。这里需要把握两个关键要素，一是剥夺人生命的行为方法；二是剥夺生命行为的非法性。杀人行为的方式、方法不限，但要注意与其他犯罪行为手段的共同性问题，比如以危害公共安全的方法杀人，有可能构成危害公共安全犯罪而不是故意杀人罪。行为的非法性也非常关键，比如依法执行死刑、正当防卫致人死亡等因为行为的合法性而排除了其犯罪的性质。

2. 主观方面必须具有故意剥夺他人生命的罪过

罪过包括直接故意和间接故意，杀人动机为何并不影响犯罪性质认定，比如义愤杀人、大义灭亲并不能否定其犯罪性质。

3. 犯罪的对象是他人的生命

包括两方面内容，一是生命被剥夺；二是他人的生命被剥夺。因此，尸体、胎儿并不是本罪保护对象。自杀不能构成犯罪(教唆、帮助自杀、相约自杀等特殊情形需具体分析，另当别论)。

4. 主体必须是有刑事责任能力的人

其中适用死刑还必须是年满 18 周岁，并且不是怀孕的妇女。

(二)故意杀人罪死刑适用的标准

根据《刑法》第 232 条的规定，故意杀人的处死刑、无期徒刑或者十年以上有期徒刑；情节较轻的，处三年以上十年以下有期徒刑。所以，故意杀人的并不都是必须判处死刑，虽然立法刑罚幅度是从死刑开始降序排列，但从限制死刑和控制死刑适用的目的来看，故意杀人的，应有一个基本的判断标准和条件。其中量刑情节中的从重处罚情节，犯罪情节中的严重情形，比如杀人手段残忍，杀死多人的，主观恶性大的等，应是故意杀人死刑适用的积极标准。同时，法定的从轻、减轻、免除处罚的情节，比如，自首、立功的，杀人未遂的，精神病的、未满 18 周岁的等，都是可能或者应当不适用死刑的情形，属于故意杀人死刑适用的消极判断标准，这从反方面构成了故意杀人适用的标准与条件。

故意杀人罪死刑适用的基本问题弄清楚了，证据标准问题也就有的放矢了。

二、故意杀人罪死刑适用的证据标准

根据我国刑法规定，故意杀人罪依据情节轻重有四个量刑幅度：死刑、无期徒刑、十年以上有期徒刑和三年以上十年以下有期徒刑。其中，只有判处死刑的故意杀人罪的证据标准才是本文的研究对象。从刑法角度看，故意杀人罪的死刑适用需要解决两个问题：一是故意杀人罪的罪名成立与否的问题，即定罪问题；二是故意杀人罪是否适用死刑问题，即量刑问题。这两个问题同样也构成了故意杀人罪死刑适用证据标准的证明对象。定罪与量刑作为证明的两个对象属于理论上的分类研究，实质上两者的证明并不是截然独立的，而是互相联系的：有时定罪证明的证据也是量刑考量的证据；同样，量刑证明的证据也可能是定罪证明的证据。

(一)定罪证据标准

根据犯罪构成的理论，犯罪构成包括犯罪主体方面、犯罪主观方面、犯罪客体和犯罪客观方面四个构成要求。犯罪是否成立，四个方面的构成要件必须都得到完整而充分的证明。下面从犯罪构成的四个方面要件分别研究故意杀人罪的定罪证据标准。

1. 犯罪主体方面的证据标准

犯罪主体方面作为犯罪构成的有机组成部分主要包括犯罪主体的自然情况和刑事责任能力两个部分。犯罪主体方面是人身认定的关键部分，只有犯罪人明确了，才不会冤枉无辜；只有刑事责任能力确定了，才能准确定罪与量刑。

(1)犯罪主体的自然情况的证明。

犯罪主体的自然情况包括身份、居住地、职业、工作经历、特定职责等，具体包括主体的姓名(曾用名)、性别、出生年月日、民族、籍贯、出生地、职业(或职务)、住所地(或居所地)等。① 主体的自然情况是主体作为社会关系中的人的身份特征、职业特征，也是标注其个体特定性的基本特征。所以说，主体的自然情况既表明了其社会上独立的身份关系，也表明了其个体的特定性特征。对主体自然情况的证明对于明确特定的犯罪主体具有重要意义，是防止张冠李戴、错判无辜的重要保证。对主体自然情况的证明，从法定的证据种类看主要有各种书证，证人证言，犯罪嫌疑人、被告人供述，被害人陈述等，必要时，可进行鉴定。就书证而言，证明犯罪主体自然情况的证据有：户口簿、居民身份证、工作证、出生证、专业或技术等级证、干部履历表、职工登记表、护照等。对于户籍、出生证等材料内容不实的，应提供其他证据材料。外国人犯罪的案件，应有护照等身份证明材料。人大代表、政协委员犯罪的案件，应注明身份，并附身份证明材料。②

根据《办理死刑案件证据规定》第5条的相关规定：办理死刑案件，对于以下事实的证明必须达到证据确实、充分："(三)影响被告人定罪的身份情况；(四)被告人有刑事责任能力。"根据《办理死刑案件证据规定》犯罪主体方面的身份情况和刑事责任能力问题是必须证明的对象，而且证明标准是"确实、充分"。但是，根据刑法故意杀人罪的规定，故意杀人罪主体是一般主体，因此，从严格意义上说，被告人的身份特征并不会影响被告人的定罪，应不属于严格的证明对象。从《办理死刑案件证据规定》的立法本意来说，这里的身份情况应做广义理解，身份应当主要意指故意杀人罪的被告人是谁，此外，还包括年龄、居住地以及社会职务等自然情况。其中，被告人的姓名和年龄是必需而不是必要的严格证明的对象，即其必须达到确实充分的证明标准要求。因为，姓名是其社会个体特定性的重要表征，是防止错判无辜的标准之一。

但是，姓名毕竟只是一个人的社会符号，是个体识别的社会性印记。准确认定人身的一种方法固然是姓名核对，但如果有其他更准确地认定人身的

①② 《图解立案证据定罪量刑标准与法律适用》第三册，中国法制出版社2010年版。

方法，比如DNA、指纹等证据能够确定行为人的个体，则姓名的证明并不是必需的。另外，如果被告人认定了，也可以其假报的姓名进行定罪。所以，姓名的证明不是必要的，却是必需的。能够对姓名起证明的证据主要有户口簿、居民身份证、工作证、军官证、护照等书证。另外，证人证言也是确定人姓名的重要证据形式，还有被告人自己的供述，其他几种主体自然情况证据也可通过这些证据证明。

《办理死刑案件证据规定》规定：影响被告人定罪的身份情况必须证明到确实、充分的程度。在犯罪主体的自然情况中最有可能影响被告人定罪的身份情况当属被告人的年龄了。根据《刑法》第17条规定不满14周岁的人犯罪的不负刑事责任。所以，从故意杀人罪定罪角度看，被告人犯罪时年龄是否已满14周岁是确定其能否构成犯罪的前提条件。对年龄的证据标准可以参照《办理死刑案件证据规定》第40条的规定：对被告人年龄的证明，一般应当以户籍证明为依据；对户籍证明有异议，并有经查证属实的出生证明文件、无利害关系人的证言等证据证明被告人不满14周岁的，应认定被告人不满14周岁；没有户籍证明以及出生证明文件的，应当根据人口普查登记、无利害关系人的证言等证据综合进行判断，必要时，可以进行骨龄鉴定，并将结果作为判断被告人年龄的参考。未排除证据之间的矛盾，无充分证据证明被告人实施被指控的犯罪时已满14周岁且确实无法查明的，不能认定其已满14周岁。

(2)主体刑事责任能力的证明。

犯罪构成的主体要件要求被告人必须具有刑事责任能力，而影响被告人刑事责任能力的情况主要有两种情形：一是刑事责任年龄；二是精神病。其中年龄问题在犯罪主体的自然情况证据标准中已经进行了阐述。其实，年龄问题不仅涉及定罪问题，还涉及量刑问题，即死刑的适用与否的问题，这将在量刑证据标准中再做阐述。根据《刑法》第17条的规定，对故意杀人的只要被告人犯罪时已满14周岁，其就应负刑事责任。所以根据前述年龄的证据标准，只要被告人已满14周岁，其就应当承担故意杀人罪的刑事责任。

根据《刑法》第18条规定，精神病人在不能辨认或者不能控制自己行为的时候造成危害结果，经法定程序鉴定确认的，不负刑事责任。所以，从故意杀人罪的定罪角度看，故意杀人的精神病人是不负刑事责任的。需要注意的是，这里的精神病人是指完全的精神病人，而对于间歇性的精神病人或者尚未完全丧失辨认或者控制自己行为能力的精神病人，则在其精神正常时犯罪仍应当承担刑事责任。

根据刑事诉讼法和《办理死刑案件证据规定》的相关规定，鉴定的启动、鉴定机构和鉴定人的选择、鉴定机构和鉴定人的资格资质、鉴定的程序和方法、鉴定的文书格式等都要满足鉴定意见证据的规范要求，否则不能作为定案的证据。对此《办理死刑案件证据规定》第24条明确规定了鉴定意见不能作为定案根据的法定情形。这些有关鉴定意见证据的法定规范就构成了故意杀人罪精神病鉴定意见的证据标准规范。

2. 犯罪主观方面的证据标准

被告人是否构成犯罪，主观方面必须有罪过。罪过包括故意与过失。罪过由认知要素和意志要素两个方面组成，认知要素和意志要素的不同组合形成了不同的罪过形式——故意或者过失。被告人主观罪过的成立也是犯罪构成要件充分与必要条件，对主观罪过的证明需要由合法、关联和客观的证据进行证明。故意杀人罪的主观罪过是故意，包括直接故意和间接故意，即行为人明知自己的行为会造成他人死亡，并且希望或者放任死亡结果的发生。认知要素是“明知”；意志要素是“希望或者放任”。故意杀人罪的认知要素和意志要素构成了故意杀人罪主观方面的证明对象。对此，需要建构的证据标准分述如下。

(1)“明知”的证明。

证明被告人是否明知自己的行为会造成他人死亡需要考虑两个方面的因素：一是被告人本身的认知能力；二是杀人之时的认识可能。就被告人的认知能力而言，主要需要证明其是否有认知能力和常识、经验能力。比如说，其是否精神病人，其是否是法定刑事责任年龄的人；常识和经验能力则要求被告人对其作案的工具和方法能致人死亡有知识和经验，比如说，某人并不认识放射性物质，其不慎将实验室外泄的核材料放到自己孩子的房间里，结果造成自己的孩子死亡，则其对致人死亡的工具是缺乏经验与常识认知能力的，其并不是明知。如果被告人本身的认知能力并不存在问题，则还需要认定在杀人之时被告人对其杀人行为是否有认知可能。比如投毒杀人，被告人认识毒品，但其并不能分辨出毒物和白糖的区别，结果误将毒物当做白糖放到被害人的杯子中，致使被害人死亡。此时，即使被告人有认知能力，但因为杀人之时，其认识判断错误，失去了认知可能性，则其不具有主观罪过的“明知”要素要求，其并不是犯罪。当然，如果此被告人确实有杀人的目的，但杀人之时，误将白糖当毒物，则此时，即使被告人对作案工具认知错误，其也具备故意杀人的明知要素。

对“明知”要素进行证明的法定证据种类有：犯罪嫌疑人、被告人的供述、证人证言、被害人的陈述、书证、鉴定意见等。其中被告人本身的认知能力问题如是否精神病人已在前述，其对杀人行为、方法的常识与经验问题有时可通过司法常识、经验判断，有时也可通过其特定的职业、行业能力判断，即通过其工作证、职业证、学历证等书证进行证明，也可通过知情人的证人证言进行判断。

(2)“希望或者放任”的证明。

“希望或者放任”属于意志因素，只有认知因素和意志因素都得到了证明，被告人的主观罪过才能得到完整而充分的证明。“希望或者放任”体现了杀人者的一种主观态度，希望体现为一种积极追求杀人结果发生的态度，放任则是一种消极不阻止杀人结果发生的态度。这种态度的存在可通过其是否有杀人的目的与动机来得到证明，也可通过杀人行为的形态得到验证。有时，不知道其动机为何，其杀人的意志因素也可得到证明。比如从被害人身上多处的致命伤痕即可判断其希望结果发生的态度，从被告人能够救助而不救助的行为可以判断其放任死亡结果发生的态度。当然了，如果动机、目的能够得到证明，则对其主观意志因素的证明具有间接的推断力。

对“意志因素”进行证明的证据种类有：物证(如痕迹、作案工具等)，证人证言(比如证人提供的被告人多次预谋潜伏的证言或者被告人购买杀人工具的行为或者曾向证人表达的杀人的企图等)，被害人陈述(如果被害人留下了临终遗言或者幸存下来的话)，犯罪嫌疑人、被告人的供述，书证(比如被告人书写的日记等)等。

(3)主观罪过的证明。

主观罪过是一种心理因素的证明，而人的心理动态是很难直接证明的。虽然现在有测谎技术了，但测谎意见仍不能作为刑事诉讼的庭审证据使用，况且测谎是否能真正探测到人的内心动态仍是一个没有科学定论的命题。但是，主观罪过的心理也并不是不能证明，因为人的心理活动可以外化为具体的行为和行为形态，相反，通过这些行为和行为形态痕迹可以反过来证明人的内在心理。行为包括语言和动作，行为形态意指书面的文字和物质痕迹等，所以通过前述的法定证据种类可以间接地证明人的主观罪过。根据犯罪构成理论，主观罪过是犯罪构成不可缺少的要件，而主观罪过又是一个内在心理活动，证明的难度大。所以，对主观罪过的证明，不但要严格依据《办理死刑案件证据规定》要求的“确实、充分”的证明标准要求执行，还需要严格按照质证原则的严格证明程序，并发挥法官合理、自由的心证才能得到有效的证明。

3. 犯罪客观方面的证据标准

“故意杀人罪在客观方面表现为非法剥夺他人生命的行为。杀人行为的违法性，是构成本罪的必要特征。”①

根据《办理死刑案件证据规定》第 5 条第 3 款(一)、(二)两项的规定：被指控的犯罪事实的发生和被告人实施了犯罪行为与被告人实施犯罪行为的时间、地点、手段、后果以及其他情节必须证明到证据确实、充分。这两项的规定均是死刑案件中需要证明的犯罪的客观方面(也有观点认为后果更应该是犯罪客体方面的内容②)。因此，故意杀人罪死刑案件对犯罪的客观方面需要证明到证据确实、充分的对象包括：故意杀人的事实；被告人实施了杀人行为；被告人实施杀人行为的时间、地点、杀人的手段、杀人的后果以及其他情节。此外，犯罪的客观方面实际还包括犯罪的动机、目的、犯罪行人故意杀人情节较轻的证据等。当然，对动机、目的等证明对象的证明标准并不需要达到“确实、充分”的高标准要求。下面对这些证明对象的证据标准分述如下。

(1)故意杀人的事实的证明。

故意杀人罪是行为犯，杀人的行为是犯罪构成要件中关键的要件。故意杀人的事实主要是证明案件的性质，即是否他人杀人的事实。对故意杀人行为事实证明的法定证据种类有：犯罪嫌疑人、被告人的供述、被害人的陈述(如果未死或者有临终遗言)、证人证言、视听资料、书证以及物证等。这些

---

①② 王作富主编：《刑法分则实务研究(中)》第 4 版，中国方正出版社 2010 年版，第 809—810 页。

证据必须符合《办理死刑案件证据规定》证据确实、充分的标准要求。

(2)被告人实施了杀人行为的证明。

“在刑事诉讼中，案件主要事实则是指犯罪嫌疑人或被告人是否实施了被指控的那个犯罪行为，如杀人、抢劫、盗窃、强奸等。”①案件性质证明为故意杀人的事实，另一个关键的证明对象就是“谁实施了杀人行为”。“谁”和“杀人行为”两个要素构成了案件的主要事实。

“被告人实施了杀人行为的证明”，既需要证明本案所诉故意杀人的事实是本案被告人所为，而且需要明确被告人是谁。其中被告人是谁的证明在前述犯罪主体要素部分已经进行了阐述，这里主要探讨被告实施了杀人行为事实的证明。对此证明的法定证据种类有：犯罪嫌疑人、被告人的供述、证人证言、物证、书证、鉴定意见、勘验检查笔录和视听资料等证据，可以说法定的证据种类的证据都有可能成为“谁实施了杀人行为”的证据。

在司法实务中，主要事实的证明往往并不需要拆分开来分别进行证明，而多是作为一个整体来被证明的，有时甚至是和其他的证明对象结合在一起由一个或者多个证据来证明，有时甚至整个定罪事实都由一个证据或多个证据来证明。在证据分类理论中，根据证据是否能够单独、直接证明案件的主要事实，将证据划分为直接证据和间接证据。凡是能够单独、直接证明案件主要事实的证据即是直接证据，直接证据多是言词类证据。②言词类证据易受主观感知等生理、心理因素的影响以及客观事物反映程度的限制，故有失真甚至虚假的可能性。所以，如果是直接证据进行证明，必须严格审查证据的客观性和真实性，需要通过法定的质证程序进行证明，而且需要与其他证据进行印证性证明，方能保证证明结论的准确性。而间接证据因为证明的间接性，证明结论的得出需要逻辑推理与经验判断，所以用间接证据进行故意杀人罪主要事实的证明时，需要根据《办理死刑案件证据规定》第33条的规定进行证明，即“没有直接证据证明犯罪行为系被告人实施，但同时符合下列条件的可以认定被告人有罪：(一)据以定案的间接证据已经查证属实；(二)据以定案的间接证据之间相互印证，不存在无法排除的矛盾和无法解释的疑问；(三)据以定案的间接证据已经形成完整的证明体系；(四)依据间接证据认定的

①② 何家弘、刘品新：《证据法学》，法律出版社2004年版，第138页。

案件事实，结论是唯一的，足以排除一切合理怀疑；（五）运用间接证据进行的推理符合逻辑和经验判断。根据间接证据定案的，判处死刑应当特别慎重”。

(3)杀人手段的证明。

“故意杀人可以用任何方法，法律无限制。只要是故意采用能够致人死亡的方法，都可构成故意杀人罪。”①杀人行为可以采取作为或者不作为两种方式。对于不作为杀人的手段则需要证明其有特定的作为的义务，并且其没有采取作为的行为，例如母亲故意不给婴儿哺乳致其死亡。② 对于以作为方式杀人的，则杀人的手段也是证明的对象，而且是必须达到证据确实、充分的证明标准要求。具体的杀人手段有：行凶、溺水、电击、活埋、闷死、捂死、掐死、勒死、冻死、高温致死、撞死、毒杀、药物注射等。③

证明杀人手段的证据主要是物证，具体如犯罪的工具(刀、枪、绳索、毒药、药物、车辆等)、犯罪行为留痕，比如血液中的毒物、肺部中的硅藻、脖子上的勒痕、胸部的刀痕、头部的弹痕等。这些物证本身并不能直接证明犯罪的事实和犯罪的手段，还需要转化为现场勘验检查笔录(含尸体检查笔录、尸体解剖笔录)或者通过鉴定意见方式来表达。当然，目击证人的证言，被害人的陈述和犯罪嫌疑人、被告人的供述也是可能起证明作用的证据。这些证据对杀人手段的证明必须达到证据确实、充分的标准要求，如果是以物证形式证明的，还需要物证与其他证据形成完整的证据锁链，环环相扣、互相印证，以实现证据确实、充分的标准要求。

(4)时间、地点的证明。

时间和地点也是死刑案件必须证明到“确实、充分”标准的对象。一起刑事案件涉及的时间和地点往往不止一个，比如预谋时间、实施时间、隐匿时间、逃跑时间等。而地点也会有第一现场、第二现场等。那么，就故意杀人罪而言，这里需要证明的时间、地点又是指哪个时间和地点呢？想来不无异议应该是开始实施杀人行为的时间和地点，这是必须证明到“确实、充分”标

① 王作富主编：《刑法分则实务研究(中)》第4版，中国方正出版社2010年版，第811页。

② 陈兴良主编：《刑法学》第2版，复旦大学出版社2009年版，第3311页。

③ 《图解立案证据定罪量刑标准与法律适用》第三册，中国法制出版社2010年版，第3页。

准的。当然这里的时间并不要求完全的、非常精确的一个时间点，而更是一个有持续时间的时间段。另外，故意杀人的预谋、脱逃以及杀人行为延续的时间和地点也是需要证明的，只不过不一定非要严格到“确实、充分”的证明标准要求而已，比如有分尸、抛尸等行为的，则还应该有分尸、抛尸的时间和地点。

证明故意杀人的时间和地点的证据有：证人证言、犯罪嫌疑人、被告人的供述与辩解、被害人的陈述、物证、书证、鉴定意见、视听资料等。同样的，八种法定证据种类都可能成为证明故意杀人的时间、地点的证据。随着高科技技术日益引入司法，通过动物学、微生物学、植物学等方法对犯罪时间、地点来证明的情形会越来越多。这时，需要对鉴定意见客观性、关联性和合法性进行充分的审查与认证。

(5)结果的证明。

结果也是《办理死刑案件证据规定》必须证明到“确实、充分”标准的证明对象。结果即是指人被杀死了或者未被杀死，以及死亡的人数或者受伤害的人数。对故意杀人结果的证明往往通过现场勘验、检查笔录来证明，主要是尸体解剖笔录。对此，需要法医鉴定人员严格依照法定的尸体解剖程序和鉴定的标准规范来执行，并且要出庭作证，以充分满足证据“确实、充分”的证明标准要求。

(6)动机等的证明。

除上述必须达到“确实、充分”证明标准要求的证明对象外，其他需要证明的对象有被告人杀人的原因，杀人的目的、动机等。当然，就故意杀人罪而言，“犯罪动机如何，不影响本罪的构成”①。所以，这些动机等因素并不是必须证明的对象，而是有必要证明的对象。杀人的原因是杀人的动机、目的的诱因，目的和动机是杀人原因的必然结果。就杀人动机而言，被告可有仇杀、情杀、奸杀、斗杀、财杀、愤杀等多样的动机内容，或者兼而有之。动机的证明是一种内在心理活动的证明，主要的证据形式是犯罪嫌疑人、被告人的供述、被害人陈述和证人证言。此外，根据往来的书信、日记、生意

① 王作富主编：《刑法分则实务研究(中)》第4版，中国方正出版社2010年版，第813页。

往来的借据、被害人被盗走的财物等书证、物证也可起到证明动机的作用。这些证明动机的证据有的是直接证据，有的是间接证据，每一种证据类型的证据均需要符合证据的三性要求，并且符合《办理死刑案件证据规定》关于证据审查的标准规范。因为动机如何并不影响故意杀人罪的定罪问题，所以动机的证明并不是必需的。同样，犯罪的原因和目的也是如此，并不是故意杀人罪犯罪构成必须证明的对象。因此，在证明的标准要求上也并不需要达到“确实、充分”的证明标准要求。根据最高人民法院1998年《关于执行〈中华人民共和国刑事诉讼法〉若干问题的解释》第52条(四)规定：被告人有无罪过、行为的动机、目的也是需要证明的对象。根据该司法解释，则犯罪的动机、目的是必须证明的对象，只是并不是如死刑案件那样需要证明到“确实、充分”的标准而已。对此，笔者认为，最高院关于执行刑事诉讼法若干问题的司法解释是一个原则性的规范，证明对象的确定应该通过刑法的具体犯罪构成来确定，就故意杀人罪而言，犯罪的动机、目的并不影响杀人罪的成立与否，所以，笔者是赞成动机、目的仅是有必要证明的对象而不是必须证明的对象。有必要表明，动机、目的(包括杀人原因)的证明会有助于了解杀人行为发生的社会因素和个体原因，对量刑和控制犯罪有意义。

(7)杀人工具的问题。

在《办理死刑案件证据规定》中，杀人的手段是必须证明到“确实、充分”的对象，而对实施杀人手段的杀人工具并没有提出严格的证明标准要求。同样，根据最高人民法院1998年《关于执行〈中华人民共和国刑事诉讼法〉若干问题的解释》第52条的规定来看，作案的工具也并没有明确确定为是定罪、量刑需要证明的对象。那么就杀人罪而言，杀人的工具是否是必须证明的对象呢？是否需要证明到“确实、充分”的证明标准要求呢？对此，还需要从犯罪构成的理论来探讨。就故意杀人罪而言，杀人的事实是一个借助杀人的工具对被害对象实施的杀人行为，杀人的工具是杀人事实的有机组成部分，而且是体现杀人手段特点的重要证据，或者可以说杀人的工具是杀人手段的有机组成部分，杀人工具的证明应是故意杀人罪的证明对象，而且应该达到确实、充分的证明标准要求。注意，这里所谓杀人工具的证明，是指被告人用什么样的作案工具进行杀人的，而不是指对杀人工具本身来说。通说认为，证据本身并不需要证明。对杀人工具的证明可通过现场勘验笔录来证明，比如现场发现的刀、枪和尸检报告上的刀痕和弹道枪伤，还可通过鉴定意见形式证明，比如伤口上的痕迹和物证成分与杀人工具的形态和物证成分的比对结论确定。此外，还可通过证人证言，被害人陈述，犯罪嫌疑人、被告人供述等来证明。在司法实务中，可能会面临这样的问题，通过尸体检验和鉴定意见可以判断杀人的手段和杀人的工具是什么，但是却无法找到杀人的工具，对此，杀人罪是否能够定案？能否核准死刑？① 这里，需要分清两个问题，一是杀人工具的证明对象问题；另一个是杀人工具的物证问题。杀人工具作为证明的对象应当得到证明，而杀人工具的物证能否找到对杀人罪的成立与否并不是必需的，而仅仅是必要的。从死刑适用的审慎性角度，如果找不到杀人的工具，对罪犯定死刑存在错判的可能性，因为罪犯应该知道杀人工具的丢弃场所，所以，退回寻证是合理的，但因此就否定适用死刑确实不应该。

4. 犯罪客体方面的证据标准

"故意杀人罪侵犯的客体是他人的生命权利。"②生命权利是有生命的人所拥有的权利，所以，犯罪客体方面需要证明的对象是被害人是否有生命权利，也就是被害人是否是有生命意义的人，是否是活人，而不是死人。"在刑法中确定人的生命存在的开始和结束的标志，则是直接关系到本罪(故意杀人罪)是否成立……"对此，学界有"阵痛说"、"露出说"、"独立呼吸说"等生命开始的学说和"心死说"、"脑死亡说"的生命死亡学说。故意杀人罪客体特征方面需要证明被害人的生命权利是否被非法剥夺，对此，首先需要确定被害人是否有生命权利；其次，才是证明被害人生命权利是否被非法剥夺。被害人生命权利存在与否需要通过上述生命学说观点中的法定权威方法确定，并且需要定性"植物人"、"安乐死"等问题，这是刑法学研究的问题。就证据问题而言，需要法定证据证明被害人是否拥有生命权利，可通过证人证言等证据判断，其实，这更多是一种常识性判断问题，定罪问题中很少成为证明的争点问题。故意杀人罪客体方面很关键的是确定被害人的生命权利是否被非法剥夺了，更明确地说是"被害人是否死亡了"。对此，需要通过现场勘验笔录中

---

① 《男子锤杀前妻当庭求死，凶器未找到难定死刑》，载中国新闻网，2010 年 4 月 7 日。

② 王作富主编：《刑法分则实务研究(中)》第 4 版，中国方正出版社 2010 年版，第 809 页。

的法医意见笔录来证明，有的可通过医院出具的死亡证明来证明。根据《办理死刑案件证据规定》第 5 条第 2 款(一)的规定，故意杀人的事实是必须证明的对象，其中被害人死亡了是故意杀人事实既遂的要件，所以也应当证明到“确实、充分”的程度，否则容易发生冤假错案，比如佘祥林、赵作海式的冤案。

(二)量刑证据标准

根据《刑法》第 232 条的规定，故意杀人罪由四个量刑幅度组成，分别是：死刑、无期徒刑、十年以上有期徒刑，情节较轻的，处三年以上十年以下有期徒刑。根据该条法律的规定，故意杀人罪的刑罚是从死刑开始降序排列的，也就是说故意杀人的，根据报复刑的理论应当处以死刑，以杀人偿命。随着刑罚目的论的转型，刑罚除了对犯罪予以惩罚外，更主要的目的是教育和改造，也即恢复性司法的目的使然。而且，废除死刑的国际司法的大潮流使然，我国立法将逐步地废除死刑，在如此的法律大背景下，死刑的适用将会慎之又慎。所以，即使故意杀人罪的罪名成立了，也不一定就必须适用死刑。为此，我国法律规定了法定的量刑情节和酌定的量刑情节以及不得适用死刑的特殊情形，这些构成了故意杀人罪的量刑判断的依据与标准，证据法上也成为了需要证明的对象。这些量刑情节直接影响到死刑是否适用的问题，因此应当成为司法证明的对象，适用证据规则进行司法证明。

1. 法定量刑情节的证据标准

法定量刑情节是由法律明确规定的量刑情节，排除了法官自由裁量的权力，如果这些量刑情节得到了证明，则依法进行量刑不得自由裁量。根据刑事法律的相关规定，法定的量刑情节有以下几个方面。①

(1)事实情节的证明。

事实情节主要是指故意杀人行为过程体现出的情节，比如手段的残忍性，被害者死亡的痛苦性、杀死的人数等。事实情节是量刑的轻重的基本依据。如果义愤杀人、大义灭亲、长期受被害人压迫的，则情节要相对轻微，应当从轻处罚；相反，挖人眼珠、断人肢体折磨致死，杀死人后肢解尸体，连环杀人等都是严重的情节犯罪，理应重判至死。事实情节的证明有时会结合定

① 《图解立案证据定罪量刑标准与法律适用》第三册，中国法制出版社 2010 年版，第 3 页。

罪事实的证明来完成。其证明的证据种类主要有现场勘验笔录、尸体的物证、杀人的工具、证人的证言等。事实情节关涉死刑能否适用问题，理应证明到证据“确实、充分”的标准要求。

(2)法定从重情节的证明。

从重处罚情节，是指在法定量刑幅度内从重进行惩罚的情节。根据我国刑法的规定，构成法定从重处罚的情节有：教唆犯①、累犯②。根据《办理死刑案件证据规定》第5条的规定：法定从重处罚的情节应当证明到“确实、充分”的程度。所以，对法定从重处罚的情节应当成为证明的对象，并且需要用证据依据证明规则证明到“确实、充分”的证明标准要求。故意杀人罪成立了，如果又具有从重处罚的情节，则死刑的适用将极为可能，对此，从死刑适用慎重的角度考虑，为减少死刑的适用，防止冤假错案无法挽救，对具有法定从重处罚情节的，应当适用质证规则的严格证明，并且证据与证明标准均要求“确实、充分”。

(3)法定从轻、减轻情节的证明。

从轻情节是指在法定量刑幅度内从轻进行惩罚的情节；减轻情节是指在法定量刑幅度以下进行惩罚的情节。包括三种情形：可以从轻；可以从轻或减轻；应当从轻或者减轻。根据《刑法》的相关规定，可以从轻的情节见于各个刑法罪名规定。可以从轻或者减轻的情节有：尚未完全丧失辨认或者控制自己行为的精神病人犯罪的；未遂犯比照既遂犯；被教唆人没有犯被教唆的罪，对于教唆犯的处罚；自首的(犯罪较重)；一般立功。应当从轻或者减轻的情节有：已满14周岁不满18周岁的人犯罪。

(4)法定从轻、减轻、免除情节的证明。

法定从轻、减轻、免除情节包括：可以从轻、减轻或者免除处罚；应当

---

① 《刑法》第29条第1款：“教唆他人犯罪的，应当按照他在共同犯罪中所起的作用处罚。教唆不满十八周岁的人犯罪的，应当从重处罚。”

② 《刑法》第65条：“被判处有期徒刑以上刑罚的犯罪分子，刑罚执行完毕或者赦免以后，在五年以内再犯应当判处有期徒刑以上刑罚之罪的，是累犯，应当从重处罚，但是过失犯罪的除外。”

《刑法》第66条：“危害国家安全的犯罪分子在刑罚执行完毕或者赦免以后，在任何时候再犯危害国家安全犯罪的，都以累犯论处。”

从轻、减轻或者免除处罚两种情形。根据《刑法》的相关规定可以从轻、减轻或者免除处罚的情节有：又聋又哑的人或者盲人犯罪的；预备犯比照既遂犯。应当从轻、减轻或者免除处罚的情节有：从犯。

(5)法定减轻、免除情节的证明。

法定减轻、免除的情节包括可以减轻或者免除处罚；应当减轻处罚；应当免除处罚；应当减轻或者免除处罚；可以免除处罚三种情形。可以减轻或者免除处罚的情节有：重大立功的。应当减轻处罚的情节有：犯罪中止造成损害的。应当免除处罚的情节有：犯罪中止没有造成损害的。应当减轻或者免除处罚的情节有：正当防卫明显超过必要限度造成重大损害的；紧急避险超过必要限度造成不应有的损害的；胁从犯；自首并有重点立功的。可以免除处罚的情节有：犯罪较轻的自首。

最高人民法院1998年《关于执行〈中华人民共和国刑事诉讼法〉若干问题的解释》第116条规定，作为法定量刑情节的自首、立功、累犯、中止、未遂、防卫过当等证据属于能够证明犯罪行为性质、情节等内容的主要证据，是开庭审判的证据条件要求，必须提供，否则，法院不能立案。因为，法定量刑情节直接决定着刑罚的轻重，关涉着诉讼双方的法定利害关系，所以，必须运用证据进行证明，以贯彻证据裁判原则的要求。但是，基于人权保障思想，对处于诉讼劣势地位的被追诉者的权利更应当得到尊重，因此，根据《办理死刑案件证据规定》第5条的规定，法定从重处罚的情节需要证明到"确实、充分"的证明标准要求，以保证严重惩罚后果的准确性。相比较而言，其他法定量刑情节虽然也必须证明，但其证明的标准并不需要严格到"确实、充分"的标准要求，两相比较，体现出对刑罚尊重与保障人权的精神。就故意杀人罪死刑适用而言，累犯、教唆犯的从重情节必须得到充分的证明，达到"确实、充分"的证明标准要求。而如果有法定从轻、减轻或者免除处罚情节的，则必须证明，比如根据最高人民法院1998年《关于执行〈中华人民共和国刑事诉讼法〉若干问题的解释》第159条的规定，庭审中发现有自首、立功等法定量刑情节的，而起诉和移送的证据材料中没有这方面的证据材料的，应当建议检察院补充侦查，但证明的标准要求并不需要严格到证据"确实、充分"标准。

2. 酌定量刑情节的证据标准

酌定量刑情节不是由法律明确规定的量刑情节，而是由法官自由裁量判断的量刑情节。依据酌定情节量刑体现了司法者所具有的社会人性情理，为慎重起见，也应当有明确的证据进行证明，并达到一定可信程度的证明标准要求，比如有合理的理由相信。司法实践中，酌定量刑情节包括但不限于以下情节：犯罪手段、犯罪对象、危害后果、动机、平时表现、认罪态度、是否有前科等。① 这些情节有些反映了被告人一贯的生活态度和行为方式，比如前科、一贯的横行霸道或者为人善良等；有些是其受刺激动机的反映，比如义愤、激情、家庭虐待等；还有些是因为被害人的原因造成的，比如被害人一贯的欺压乡邻，为非作歹等。当然，有些情节反映了刑事政策的要求，比如坦白从宽、抗拒从严。酌定量刑情节对证据的资格要求不会很严格，证据的形式不限于法定的证据形式，可以是生活中的各种形式证据材料，甚至可以是群众集体的请愿书。酌定情节更主要关注的是社会的舆论和民情，体现人性的情感与道德，因此，其证明的标准要求也不是很高，只要达到可以相信的程度即可。这是一个法官运用其理性和良知进行裁判的行为，是法官自由裁量权的充分体现，也是司法情理的体现。

3. 不得适用死刑情形的证据标准

根据《刑法》第 49 条的规定，犯罪的时候不满 18 周岁的人和审判的时候怀孕的妇女不得适用死刑。根据相关的司法解释可知，“审判的时候”是指从侦查羁押时起至审判的全部过程；审判时怀孕的妇女人工流产或者自然流产，仍视为孕妇对待。这里，不适用死刑还包括不适用死缓。法律规定的不适用死刑情形体现了对未成年人和妇女权益的格外保护，同时，这也成了死刑能否适用的一条“红线”，因此，应得到确实而充分的证明。对此，《办理死刑案件证据规定》第 40 条明确规定了年龄证明的证据标准要求：“审查被告人实施犯罪时是否已满十八周岁，一般应当以户籍证明为依据；对户籍证明有异议，并有经查证属实的出生证明文件、无利害关系人的证言等证据证明被告人不满十八周岁的，应认定被告人不满十八周岁；没有户籍证明以及出生证明文

① 《图解立案证据定罪量刑标准与法律适用》第三册，中国法制出版社 2010 年版，第 3 页。

件的，应当根据人口普查登记、无利害关系人的证言等证据综合进行判断，必要时，可以进行骨龄鉴定，并将结果作为判断被告人年龄的参考。未排除证据之间的矛盾，无充分证据证明被告人实施被指控的犯罪时已满十八周岁且确实无法查明的，不能认定其已满十八周岁。”该条规定将证据的种类（书证、证人证言、鉴定意见）、证据的形式要求、证明力先后顺序以及证明的标准进行了比较全面的阐述。比如书证形式有户籍证明、出生证明，证言要求证人是无利害关系的证人，鉴定意见内容是骨龄鉴定；证明力先后顺序是户籍证明、出生证明文件、人口普查登记和骨龄鉴定；证明标准针对不同的证据形式为判，既有完全以证据为依据的，也有结合证据进行综合判断的，也有参考证据裁量判断的。其中探求立法原意，对证明已满 18 周岁应当达到较高的证明标准要求，而对证明不满 18 周岁则要求等于或高于 50％即可，甚至可以说稍微少于 50％也可，也即不能充分证明已满 18 周岁就推定不满 18 周岁。同理，对怀孕的妇女，虽然笔者尚未查到相关的证据规定，其证据标准应等同于未成年人，以体现对妇女和胎内婴儿生命的尊重与保护。

三、司法实务中的证据问题探析

从我国现行证据立法来看，证据方面的规范比较原则，可供依据的法律规范比较少，这不利于司法实践中案件事实的证明。因统一的证据规范的缺失，无具体统一的证据标准，导致司法实践中经常出现因为证据的发现、提取、固定、保全等方面的缺漏而不能准确定罪量刑，体现在故意杀人罪的死刑适用上也是如此。下面节略几个证据问题，结合实例进行分析。

（一）重要证据之间存在矛盾无法得到合理排除

2004 年 5 月，被告人蔡某与李某之妻娄某通奸时被李某当场抓获。蔡某遂用铁锨将李某铲死，并与娄某一起将其尸体掩埋，清理了现场。本案经立案侦查，收集了证明被告人故意杀人的诸多证据，经审判后判定死刑。经最高法院复核后发现，作为本案杀人工具的铁锨并没有得到确实、充当证明，证据之间存在矛盾：公安机关提取到铁锨是方头锨，而被告人蔡某供述的铁锨是尖头锨，同案被告人娄谋供述的铁锨却是圆头锨。作为本案重要证据的杀人工具如果不能得到证明，则难以形成完整的证明锁链，不能对被告人蔡某定罪，更不用说定为死刑了。根据《办理死刑案件证据规定》第 5 条的相关规定，据以定案的证据之间存在矛盾，不能得到合理的排除，说明证明标准不达。依法也不能对蔡某定罪并处死刑。

证据之间相互矛盾是司法实践中一个突出问题，比如供述中的内容与收集的物证冲突，证人之间的证言内容相互冲突，勘验、检查笔录中的证据照片与实物不符合等。该案就是一个典型的代表，因此，无论诉讼的任何环节，证据之间的协调统一性是收集、审查、判断证据的一个关键要素，在客观收集证据的前提下，细致发现与审查证据之间的矛盾是司法证明活动的基本要求。

(二)证据收集不充分

证据裁判原则要求，对案件事实的证明除了证据的确实外，还必须收集足够充分的证据，使得案件事实的每一组成部分都有证据证明，证据之间相互印证，形成完整的证据锁链以形成唯一的证明结论。所以司法实践中经常出现因证据收集不充分而导致案件事实不清而无法准确定罪、量刑的现象。比如云南和某某故意杀人案中被告人和某某的供述中提供作案时的衬衣和皮鞋均沾有血迹和泥土，抛尸用的汽车后备厢中有血迹和呕吐物，但是侦查卷宗中无提取衬衣和皮鞋的笔录材料，更无汽车后备箱的勘验、检查笔录，导致证据之间无法相互印证。

有些案件中因为工作疏忽会遗失证据导致证据不充分。比如某地发生的一起杀人案，勘验笔录中记载提取了沾有血迹和毛发的作案工具石头以及沾有血迹的中华牌香烟，因为实习民警的疏忽导致上述证据遗失，案件事实无法印证，难以定案。

司法证明中，因为证据收集不充分，案件事实难以得到充分的证明是最为突出的一个证据问题。比如，供述中提及的物证、人证，没有进行采集；勘验、检查笔录中提到的证据却没有拍照；证人提供记得被告人相貌、衣着，结果却无辨认笔录等。为此，我国证据立法应确立证据印证原则，除了要求证据形成锁链外，要求证据之间应该相互印证。同时，依据证据客观、充分原则，应细致、全面、客观地收集与案件有关的证据。

(三)收集证据程序违法

根据《办理死刑案件证据规定》确立的程序法定原则，司法证明的过程一定要程序合法。司法实践中因为程序违法导致证据形式违法，证据内容无法得到有效核实。比如赵某某杀人案，公安无搜查证取证，没有制作搜查笔录，因而更无可为作证的见证人了，所以证据内容的真实性无法证明。

（四）鉴定问题突出

司法证明过程中，因鉴定出现的问题也很突出。这其中既有物证需要鉴定而不做鉴定的现象，也有鉴定的程序违法，内容冲突的问题。比如四川谢某杀人案，鉴定的检材对象是女性（XX），但是出具的鉴定数据表示确是男性（XY）；送检时间 2006 年 12 月 2 日，鉴定时间却是 2006 年 1 月 20 日。西藏姚某某故意杀人案，现场提取的指纹、烟头和精液没有进行 DNA 鉴定。此外，还有委托送检的人只有一人，鉴定机构、鉴定人不具有鉴定资格等现象。这些问题的出现，既有刑事司法部门的工作疏忽、不认真负责的缘故，也有司法鉴定管理混乱现象，更主要的是证据规范不够详细和具体，导致各地司法实践中做法不一，难以复核死刑复核的统一证据标准的需要。

实际上，上述问题不只是故意杀人罪死刑适用中会出现的问题，也是其他案件证明过程中会出现的问题。解决之途，很关键的就是我国证据立法的标准化完善。

第二节　抢劫罪死刑适用证据标准研究

暴力犯罪死刑适用证据标准研究意指构建暴力死刑案件证据适用的统一性、规范性和标准性的制度与规则，以指导、规范司法实务工作，使死刑严格、慎重适用的立法精神在证据适用上得到体现，反之也是通过证据适用来实现死刑适用的意旨。证据标准的含义是广泛的，涵盖了证据种类、证据规则、证明对象、证明标准和证据原则等方面。同故意杀人罪，本节抢劫罪死刑适用问题，也从定罪和量刑两个方面就证据标准的各个方面进行比较全面的分析与梳理，以服务于司法实践。

一、抢劫罪死刑适用的基本问题

虽然都是可适用死刑的暴力犯罪，但是抢劫罪是我国刑法分则中侵犯财产类的犯罪，而故意杀人、故意伤害、强奸、绑架属于侵犯人身权利类的犯罪。犯罪的分类对证据标准的研究虽不具有关键性的作用，但涉财产性仍将成为抢劫罪死刑适用证据标准研究的重要内容。

(一)抢劫罪的定性标准

抢劫罪的定性很重要，这是本罪的本质特征所在，也是本罪区别于其他犯罪的特质所在，更是本罪司法证据标准适用的对象所在。罪名性质确定了，则抢劫罪的死刑适用就是一个量刑问题了。虽然抢劫罪死刑适用是一个量刑问题，但抢劫罪成立与否的定性问题是其适用的前提和基础，无定罪则无量刑，正所谓“皮之不存，毛将焉附”。

“抢劫罪，是指非法占有为目的，以对财物的所有人或保管人当场实施暴力或者以当场实施暴力相威胁，或者以使被害人不能抗拒的方法，迫使其当场交出财物或者夺走其财物的行为。”①对此，抢劫罪的性质认定需要把握几个关键问题。

(1)犯罪目的是“非法占有(财物)”，财物的性质和所属关系不影响犯罪性质，也就是说公、私财物均可，被害人所有财物或者被害人保管的他人财物均可。

(2)当场使用暴力和当场占有其财物，体现为两个“当场”。是否实际取得财物和是否造成真实伤害不影响犯罪的性质，也即有当场使用暴力、威胁等方法即可，只要有非法占有被害人处的财物目的表示即可。

(3)行为性质是暴力性的，涵盖胁迫和其他方法，程度要求是使被害人不能反抗和不敢反抗即可。

此外，根据《刑法》第269条的规定，犯盗窃、诈骗、抢夺罪，为窝藏赃物、抗拒抓捕或者毁灭证据而当场使用暴力或者以暴力相威胁的，构成“转化型抢劫”，也以抢劫罪定罪量刑。

(二)抢劫罪死刑适用的标准

抢劫罪定性认定了，剩下就是量刑问题了。根据《刑法》第263条的规定，抢劫罪有八种严重情节，这八种严重情节有适用死刑的可能性。这八种情节具体为：

(1)入户抢劫。这里需要重点把握“户”的范围和“入户”的目的非法性两个关键问题。

---

① 王作富主编：《刑法分则实务研究(中)》第4版，中国方正出版社2010年版，第1020页。

(2)在公共交通工具上抢劫。关键把握“公共交通工具”含义，是指“公众(不特定人或者多数人)使用的火车、汽车、电车、船只、航空器等”。

(3)抢劫银行或者其他金融机构。注意抢劫运钞车也视为抢劫银行。

(4)多次抢劫或者抢劫数额巨大。多次，指3次或3次以上；抢劫数额巨大含累计计算的数额巨大。

(5)抢劫致人重伤、死亡。这是以重伤、死亡为后果的“结果加重犯”情形。

(6)冒充军警人员抢劫。

(7)持枪抢劫。注意，这里的枪应是“真枪”。

(8)抢劫军用物资或者抢险、救灾、救济物质。注意，行为人必须主观上明知抢劫的对象为“军用物资或者抢险、救灾、救济物质”。

这八种严重情节有适用死刑的可能性，但是否适用还要看具体的情节严重程度以及法定、酌定的量刑情节综合为判。

二、抢劫罪死刑适用的证据标准

同抢劫罪死刑定性问题一样，抢劫罪死刑适用证据标准的内容也涵盖两个方面：一是抢劫罪的定罪证据标准；另一个是抢劫罪的量刑证据标准。在这两个方面的证据标准中，一以贯之的是“死刑”适用的红线，即以死刑适用问题为指向，具体研究抢劫罪的证据标准问题。

(一)定罪证据标准

传统的“四要件犯罪构成”理论是我国刑法犯罪构成的基本框架体系，所以，本节仍沿袭“四要件犯罪构成”理论研究抢劫罪的定罪证据标准问题。

1. 犯罪主体方面的证据标准

犯罪主体方面包括犯罪主体的自然情况与刑事责任能力两个方面，更直接而简明地说，就是犯罪人是谁？他具有刑事责任能力否？这两个方面也就构成了犯罪主体方面证明的基本对象。主体自然情况包括身份证明、户籍证明、任职证明、工作经历证明、特定职责证明等，具体证明对象有犯罪主体的姓名(曾用名)、性别、出生年月日、民族、籍贯、出生地、住所地(或居所地)、职业(或职务)等。对主体自然情况进行证明的证据材料有①：①身份证

① 《图解立案证据定罪量刑标准与法律适用》第三册，中国法制出版社2010年版，第203页。

或工作证；②户口簿或微机户口底卡；③医院的出生证明；④入学、入伍等登记中及个人履历表、档案；⑤亲朋好友、同事、同学、街坊邻居的证言；⑥犯罪嫌疑人、被告人的供述；⑦骨龄鉴定等。这些自然情况的证据能准确地认定犯罪主体的社会身份，明确抢劫犯罪的主体是谁。当然，这些证明对象的证明并不需要非常严格的证据资格要求和证明标准要求，比如姓名问题，即使姓名不准确，也可以根据其自报的姓名进行起诉乃至定罪量刑。但是，必须有其他可资认定人与犯罪事实直接关联的证据，比如DNA鉴定意见。其中，有关证据的立法中明确规定了犯罪主体的身份是法定的证明对象——根据最高人民法院1998年《关于执行〈中华人民共和国刑事诉讼法〉若干问题的解释》第52条的规定，需要运用证据证明的案件事实中就有被告人的身份。根据《办理死刑案件证据规定》第5条的规定“影响被告人定罪的身份情况”和“被告人有刑事责任能力”是需要证明到“确实、充分”标准的对象。

广义理解犯罪主体的身份是涵盖年龄的自然情况，则年龄是影响定罪的主体身份情况。但年龄更应该与精神病情况构成刑事责任能力的范畴，是被告人是否有刑事责任能力的证明对象内容。对年龄的证明参见第一节相关规定。精神病的证明主要证据是司法精神病鉴定，此证据必须由法定鉴定单位——省级人民政府指定的医院进行，并由法定鉴定资格主体，依据鉴定程序规范和技术方法进行鉴定，并且鉴定人应出庭接受质证等证明程序，排除了证据非法情形后，方可作为认定刑事责任能力的证据。根据《办理死刑案件证据规定》的规定，年龄和精神病的证明必须达到证据“确实、充分”的标准要求。根据《刑法》第18条的规定，完全丧失辨认或者控制自己行为能力的精神病人不负刑事责任，间歇性精神病人在发病期间犯罪的不负刑事责任。根据刑法的规定，精神病人是否承担刑事责任需要运用证据证明被告人是否是精神病人，其犯罪时是否不能辨认或者控制自己的行为能力。对此，需要运用精神病鉴定结论来证明，并要依据法定的鉴定程序和证明程序规则进行证明，还要达到证据“确实、充分”。

2. 犯罪主观方面的证据标准

“抢劫罪在主观方面表现为故意，即以非法占有为目的，明知是不归其所有的公私财物，而故意以暴力、胁迫或者其他方法实施抢劫。”①抢劫罪是目的犯罪，必须有非法占有他人财物的目的，所以，抢劫罪除了故意的主观罪过外，“非法占有”的目的也是其主观方面的重要内容。

(1)犯罪主观方面的证明对象分析。②

根据上述主观方面内容的分析，结合司法实践需要，抢劫罪主观方面的证明对象包括但不限于以下内容：①是否具有非法占有他人财物的目的；②直接故意的主观罪过。即明知自己行为会造成他人人身权利的伤害或者财产权利的损失，而希望这种结果发生的态度；③共同犯罪中，共同犯意的存在，即共同犯罪意图的沟通与形成，是否每一个被告人主观上是否具有共同的犯罪目的和主观罪过；④杀人、伤害的主观罪过与抢劫罪主观罪过的独立性，即杀人、伤害后果发生后，主观罪过上是否存在独立的杀人或者伤害罪过，因此需要与抢劫罪数罪并罚③；⑤如系转化型犯罪，犯罪嫌疑人除必须具有转化前犯罪即盗窃、诈骗、抢夺罪的主观故意内容外，还必须具备转化的主观动机，即为窝藏赃物、抗拒抓捕或者毁灭罪证；⑥如系携带凶器抢夺的，被告人抢夺的动机与罪过；⑦其他特殊情形，比如共同犯罪中的系列犯罪中，是否存在个别人在个别罪中有转化型抢劫犯罪的主观故意与犯罪目的、动机。

(2)犯罪主观方面的证据形式、内容要求。④

对主观方面的证明既可以有言词类的直接证据证明，也可以通过物证等间接证据推理证明。就直接证据而言，主要有被告人的供述与辩解、被害人陈述和证人证言。此外，日益广泛应用的视听资料也可成为直接证据证明犯

① 王作富主编：《刑法分则实务研究(中)》第 4 版，中国方正出版社 2010 年版，第 1036 页。

② 《图解立案证据定罪量刑标准与法律适用》第三册，中国法制出版社 2010 年版，第 204 页。

③ 对此，学界有合并认定为抢劫罪的肯定与否定学说，最高人民法院《关于审理抢劫、抢夺刑事案件适用法律若干问题的意见》(2005 年 6 月 8 日)持否定学说，认为应实行故意杀人罪或者伤害罪和抢劫罪数罪并罚，参见陈兴良主编：《刑法学》第 2 版，复旦大学出版社 2009 年版，第 379—380 页。

④ 《图解立案证据定罪量刑标准与法律适用》第三册，中国法制出版社 2010 年版，第 204 页。

罪的主观方面。在证据具体内容上，这些证据应当重点涵盖以下内容：①预谋、策划的有无及其具体内容；②参与作案的动机、目的、对后果的认识程度和意志因素；③共同犯罪的策划分工与组织实施；④共同犯罪中共同犯意的形成过程与具体内容，有无事先或事中的默契与意见分歧；⑤转化型抢劫的动机、目的和主观罪过的转化过程与内容；⑥杀人、伤害行为与财物劫取的先后关系，以及目的、手段关系，比如杀人是为抢劫排除障碍，还是抢劫后杀人灭口，抑或为抢劫而致人伤亡。

除了直接证据可以证明主观方面外，间接证据也是常用的证据形式。间接证据主要有被害人陈述、目击证人证言、各类书证和物证以及视听资料等。①被害人陈述、证人证言往往可以提供主观方面的个别情节，从而可以与其他证据结合进行证明。比如，路人听到被害人“抓坏人”的呼唤，追堵盗窃犯的过程可以成为转化抢劫的主观方面的证据。②证明被告人非法占有目的各类书证和证人证言，比如将赃物出卖、典当、出借、赠与他人的借据、当票等和买入人、典当营业员的证人证言与赃物等。③证明犯意企图和策划分工的证据，比如现场的作案凶器、预谋踩点的目击证人证言、现场勘验笔录所示以及被告人的指认现场笔录等。此外，被告人的前科劣迹、社会经验与履历方面的证据，对证明其对抢劫行为的认知能力和控制能力能间接地起到推理证明作用，但要注意，此类证据在证据法上并不具有真正的证据资格能力，因为其属于品格证据范围，在我国现行立法上是不承认品格证据的证据资格和证明力的。

(3)犯罪主观方面的证明标准要求。

抢劫罪的主观方面的上述证明对象在证据资格、证明程序、证明标准要求上并不是完全相同的。根据《办理死刑案件证据规定》第 5 条的规定，“被告人的罪过”是必须证明到“确实、充分”的证明标准要求的。同时，“非法占有”的目的是抢劫罪成立的关键要素，也是其区别于其他犯罪的重要要件，所以，在证明要求上应当严格。虽然，证据立法对此并无直接的规范，但根据刑法具体罪名的构成要件关系，笔者认为，对“非法占有”的目的应当证明到“确实、充分”的标准此。此外，对主观罪过和“非法占有”目的需要严格的证明标准要求，还有另一层关键因素，那就是抢劫罪的死刑适用。为保证死刑适用的准确性，需要定罪标准严格，主观方面的关键要素应该严格把关，证明标准不能过低。

3. 犯罪客观方面的证据标准

犯罪客观方面包括犯罪的时间、地点、行为、手段、情节、结果等要件。犯罪客观方面的证据标准同样需要从犯罪客观方面的证明对象、证据种类、证明标准、证明责任、证明程序等方面来证明。这里依据抢劫罪的客观方面要件从证明对象、证据种类和证明标准三个方面构建抢劫罪的证据标准。

(1)犯罪客观方面的证明对象分析。

时间、地点是客观方面必备的构成要件，是必须证明的对象，同样也是抢劫犯罪必须证明的对象。这里的时间涵盖犯罪的预谋、实施、罪后行为等时间，其中重点是实施时间。并且时间并不限于犯罪的时间点更主要是指犯罪的时间段，比如抢劫整个过程的时间。同样，犯罪的地点也涵盖预谋踩点的地点、犯罪实施的场所、罪后逃逸的路线等。其中，犯罪行为多次发生的，或者犯罪行为在不同地点持续进行的，则涉及多个犯罪现场。这些地点中，最重要的是犯罪实施行为的地点。抢劫罪的犯罪构成有两个“当场”的基本构成要件，即当场使用暴力和当场取得财物，“当场未取得财物，要求被害人日后交付财物的，构成抢劫罪未遂和敲诈勒索罪”。① 所以，犯罪时间、场所在抢劫罪犯罪构成中具有关键作用，与行为、结果要件的相互结合直接影响到犯罪的成立与否。

抢劫罪“在客观方面表现为使用暴力、胁迫或者其他强取财物的行为。本罪成立的逻辑线索是：使用暴力、胁迫或其他方法——压制对方反抗——强取财物。因此，抢劫罪的行为方式分为采取压制性的手段行为和强取财物的结果行为。”② 手段行为中暴力、胁迫或者其他方法的具体手段是什么成为个罪证明的行为对象，比如昏醉抢劫的具体行为方法是酒精灌醉还是用药物麻醉就是证明的对象。通说认为，采取暴力、胁迫方法之外的其他方法，要求该方法是能使被害人不知反抗或者丧失反抗能力的方法，该方法是否能产生这种效果也将成为手段行为的证明对象之一。结果行为即指当场强取财物的行为：“当场”要求暴力、胁迫手段和财物取得之间具有时间上、场所上的紧

①② 陈兴良主编：《刑法学》第2版，复旦大学出版社2009年版，第377页。

密连续性……“强取”是在实施暴力、胁迫以后使财物转移的行为。① 当场强取财物的行为，以及财物取得与否成为了结果行为的证明对象。通说认为，手段行为与结果行为之间应该具有因果联系——暴力、胁迫等手段行为是强取财物行为的手段，强取财物是手段行为的目的。因此，手段行为和结果行为的因果关系成立与否也是行为证明对象。这是因为，如果为抢劫财物对被害人使用暴力，被害人在逃跑过程中财物丢失，行为人由此捡拾财物的，应当成立抢劫罪未遂和侵占罪。②

抢劫罪在基本犯罪构成基础上，还有加重刑罚的犯罪情节要件。一般抢劫罪量刑幅度是三年以上十年以下有期徒刑，并处罚金；但有加重情节的，则处十年以上有期徒刑、无期徒刑或者死刑，并处罚金或者没收财产。暴力死刑案件证据适用是本章研究的对象，所以抢劫罪的加重情节才是抢劫罪死刑适用的关键问题，也将成为证明的必要对象。这些加重情节有关于抢劫地点要求的，比如入户抢劫、在公共交通工具上抢劫；有关于抢劫手段要求的，比如持枪抢劫、冒充军警人员抢劫；有关于抢劫对象要求的，比如抢劫银行或者其他金融机构，抢劫军用物资或抢险、救灾、救济物质；有关于抢劫结果要求的，比如多次抢劫或抢劫数额巨大，抢劫致人重伤、死亡的。虽然加重情节是抢劫罪死刑适用的必要要件，是必须证明的对象，但不是说抢劫罪一般犯罪构成要件不证明了，而是说在基本犯罪构成具备前提下，适用死刑应当对加重情节的有无进行充分、必要的证明。至于加重情节的具体证明对象要求，将在下文继续介绍。

(2)犯罪客观方面的证据形式、内容要求。

法定八种证据形式均是抢劫罪犯罪客观方面证明可能涉及的证据种类。不同种类的法定证据形式或者直接的或者间接的证明抢劫犯罪客观方面的某个方面或者全部，甚至整个犯罪全部过程。下面就不同的法定证据种类及其具体表现形式进行阐述，以揭示证据内容与证明对象——犯罪客观方面的相互关系。

---

① 陈兴良主编：《刑法学》第2版，复旦大学出版社2009年版，第377页。

② 最高人民法院《关于审理抢劫、抢夺刑事案件适用法律若干问题的意见》，2005年6月8日。

在抢劫犯罪中被害人陈述是重要的证据形式，往往是直接证据，能够单独直接地证明抢劫犯罪的主要事实——“被告人某某抢劫了我”。但是，在转化型抢劫等特殊情形下，被害人陈述也可能是间接证据，比如被害人陈述仅是证明了被告人抢夺了他财物，其抗拒抓捕等行为可能发生在被害人感知之外。不管怎么说，被害人陈述对证明抢劫的时间、地点、抢劫的行为、手段、作案工具、财物损失等都可能起到直接的证明作用。为保证被害人陈述的合法性，被害人陈述的制作主体(公、检、法)机关应当严格依据法定的取证程序和格式规范要求进行取证。根据《办理死刑案件证据规定》的相关规定，任何非法取证或者操作程序上的违法均可能影响到证据的可采性。具体司法实务中，被害人陈述证据内容会涵盖抢劫的时间、地点、抢劫犯人数和体貌特征、抢劫的方法、作案的工具、抢劫的过程、交谈搏斗的情节、身体受伤害的部位、现场周围的情况、见到的情景和人员等，这些细节性客观方面内容对核实其真实性有重要作用，也能审查判断其他证据的细节特征。

抢劫犯罪除被害人外，如果有目击证人，则报案人、现场目击人、被害人亲属、被告人的亲朋好友等均可提供重要的言词证据。这些证据可以起到直接或者间接辅助的证明作用。为保证证人证言的真实性、合法性、可靠性，应该严格依据证据法的规范和《办理死刑案件证据规定》的相关规定及时、充分地、合法地取证，比如接报警记录、现场询问笔录和侦查辨认笔录等的制作必须合法而规范，同时依据证人的重要证明价值，证言笔录要对抢劫犯罪的主体、行为手段、被害对象情况、财物损失、现场地点与时间等关键客观方面要件进行记录。就犯罪的客观方面而言，可以说目击证人可提供近乎被害人陈述的直接证据功能。而对非目击证人而言，会提供作案工具的特征、作案工具的来源、作案工具为被告人所有，案发时被害人身上携带的财物种类、特征、价值，被害人被发现时的状态，现场情况等间接证据。比如抢救被害人的医生、护士等会提供被害人伤害部位、伤情等的重要情况，这会为证明抢劫暴力行为等与伤害后果(比如死亡)之间的因果关系提供重要证据。而且，医生、护士的证言会对被害人死亡或者重伤后果是否与抢救不及时或者有其他二次伤害行为起到线索与证明作用。

被告人的供述与辩解是直接证据的典型代表，被告人如果是真的犯罪人，其关于抢劫的全程最为清楚，其供述与辩解的内容可能成为证明案件主要事实的直接证据。被告人的供述会提供从犯罪踩点、作案时间、地点、作案工具、作案对象、抢劫方法、伤害打击部位、伤害后果、财物情况、被害人体貌特征等客观方面的全部要件。死刑案件中，被告人供述与辩解证据必须合法取证，刑讯逼供等非法取证手段均将影响到其证据资格问题。同时，被告人的供述与辩解也是最容易失真的证据，必须充分收集其他证据以印证被告人的供述与辩解证据。根据2012年《刑事诉讼法》第53条规定，只有被告人供述，没有其他证据的，不能认定被告人有罪和处以刑罚；没有被告人供述，其他证据确实充分的，仍可以认定被告人有罪和处以刑罚。但是，根据《办理死刑案件证据规定》第33条运用间接证据定案的，判处死刑应当特别慎重。所以，对被告人供述与辩解证据既应充分重视并保证合法的取证，而且要注重广泛收集其他证据，慎重地适用死刑。

现场遗留的抢劫用刀、麻醉药，现场的血衣、尸体、毛发、精斑、血泊、财物、指纹等物证是间接证据，但却是证明犯罪客观方面极其重要的证据。因为物证具有客观性的特点，所以是审核其他证据真实性的重要依据。这些物证的特征、存在场所、与现场相互关系等对证明犯罪发生的过程具有审核功能。物证的证明往往需要鉴定结论和现场勘验笔录来解读，所以，血型鉴定、DNA鉴定、毒物理化鉴定、指纹鉴定、现场照片与笔录、尸检报告、伤情检验与鉴定等成为了犯罪客观方面认知的重要依据。

此外，视听资料、书证也可起到极其重要的证据功能。尤其是视听资料，会起到直接证明作用效果。书证的具体表现形式有：被害人、被告人到达现场的车、船、飞机票，旅社住宿登记及相应的证据，如住宿登记记录。此外，被告人的犯罪历史记录也是重要的书证。

(3)关于加重情节客观方面的证据及其证明要求。①

抢劫罪可以适用死刑的情形主要是加重情节的存在。根据《刑法》第236条的规定，主要是八种情形。下面分别对这八种情形的证据与证明要求分述如下。

入户抢劫的加重情节固然是进入“户”内实施抢劫。需要证明的对象主要

---

① 《图解立案证据定罪量刑标准与法律适用》第三册，中国法制出版社2010年版，第205—207页。

有三个方面：一是抢劫行为发生在“户”内；二是“入户”目的的非法性；三是在户内发生的是暴力或者暴力胁迫的抢劫行为。① 对此可以起证明作用的证据种类有：①被告人的供述或辩解、被害人陈述甚至证人证言。可以证明整个入户抢劫的加重情节，包括“户”是否被害人生活场所，是否与外界隔离，被告人入户的抢劫目的，被告人在户内实施了暴力或者暴力胁迫行为以及被告人抢劫的财物。②现场勘验检查笔录（含照片）可以证明“户”的特征，入户抢劫后的犯罪形态，可以间接证明入户抢劫情节。具体的证据内容有现场被侵入或破坏的痕迹与形态，如破坏的门、窗、锁、家具、家电等及其相互位置关系；现场的遗留物与痕迹；户内的生活起居用品，如床、被褥、洗漱用品、家电、衣服、炊具等。③现场提取的痕迹、物证以及被告人的辨认笔录。通过鉴定可以间接认定人身、间接证明暴力或暴力胁迫的手段行为和抢劫的过程形态。④视听资料，如录音、录像等可直接或者间接证明加重情节的部分内容或者全部内容。

在公共交通工具上抢劫的加重情节如同入户一样，需要证明的对象主要有三个方面：一是抢劫行为发生在“公共交通工具上”；二是在“公共交通工具上”发生了暴力、胁迫等抢劫行为；三是进入公共交通工具目的非法性。对此需要的证据有：①交通主管部门核准交通工具从事公共交通的有效批文、证件，如准营证、路线牌等，以证明其交通工具运输的公共性。②该交通工具出厂时的原始资料或复印件，生产厂家出具的证据，证明是中型和大型运输工具。③交通工具的照片等书证、现场勘验笔录，证明是供公众（不特定或者多数人）使用的火车、汽车、电车、船只、航空器等。④出售给乘客的车票、附加人身保险等各种票证，以证明运输的公共性和当次客流情况。⑤交通工具上遗留下的犯罪痕迹、物证，如刀具、枪支、弹头、指纹、毛发、血液、烟头、手套等及其固定提取笔录和辨认笔录、检验鉴定意见，以间接证明抢劫的手段行为、作案工具、搏斗等情节。⑥现场勘验检查笔录（含照片等），用以印证、审核证据和证明抢劫情节。⑦司乘人员和乘客及其他证人证言、被告人供述，被抢被害人陈述可证明在公共交通工具上抢劫的情节，比如抢劫场所在公交车上、不特定的多数人被抢、使用了枪支、刀具等暴力工具、

① 陈兴良主编：《刑法学》第2版，复旦大学出版社2009年版，第382页。

抢劫了金银首饰等贵重物品和现金、银行卡。⑧此外，视听资料，如录像机、手机、录音设备；书证，如写在车票上、书上、纸张上的抢劫情节内容记录等也可起到证明作用。

抢劫银行或者其他金融机构需要证明的关键情节是进入银行等金融机构抢劫金融票据、有价证券和客户资金等，如储户的存款、债券、其他款物、企业的结算资金、股票等(不包括抢劫金融机构的办公用品①)。所以，抢劫银行或者其他金融机构的证明对象有：(1)暴力抢劫的对象是银行或者其他金融机构；(2)暴力等强迫手段；(3)进入银行或者其他金融机构目的的非法性。注意，运钞车视为银行或者其他金融机构的延伸体，抢劫运钞车视为抢劫银行或者其他金融机构。对此，需要的证据种类及其具体表现形式有：①书证，中国人民银行规范文件及核发的营业执照，用以证明被害单位的金融机构性质；②被害单位财产损失的清单，案发当日入库单、库存现金财物的凭证，用以证明损失财物的情况；③该金融机构营业人员、被害人证言，证明犯罪嫌疑人所抢劫的对象应是银行或其他金融机构允许从事金融业务范围内的共有财产；② ④视听资料，如银行监视录像可成为直接证据证明抢劫银行或者其他金融机构的证据。

多次抢劫或者抢劫数额巨大证明的关键对象有：(1)抢劫的次数，要求3次或3次以上；(2)抢劫的目的或者实际抢劫到的数额巨大。对此，需要的证据基本等同基本犯罪构成要件证据标准要求。其中，多次抢劫的每一次抢劫均单独构成抢劫犯罪；抢劫数额巨大以客观实际取得的财物数额巨大为准，特殊情形，以主观目的为抢劫珍贵文物等数额巨大财产即可认定，而不论其是否真正抢劫到或者抢劫到多少。③

抢劫致人重伤、死亡的加重情节证明对象主要有：(1)重伤、死亡的后果；(2)死伤结果与抢劫行为的因果关系；(3)伤亡与取得财产的当场性。证据要求在抢劫罪基本犯罪构成中已经详细阐述，重点在于后果严重，所以属

---

① 陈兴良主编：《刑法学》第2版，复旦大学出版社2009年版，第383页。

② 《图解立案证据定罪量刑标准与法律适用》第三册，中国法制出版社2010年版，第206页。

③ 陈兴良主编：《刑法学》第2版，复旦大学出版社2009年版，第384页。

于可以适用死刑的加重情节。

冒充军警人员抢劫的加重情节是冒充军人或者警察身份进行抢劫。对此需要证明的对象有：(1)真实的身份；(2)冒充军警的行为。对此需要收集的常见证据有：①言词证据，如被害人陈述、被告人供述、证人证言，可以单独直接证明冒充军警的情节行为——本身的身份和冒充军警的行为；②物证，如军警制服、军警车辆与牌照，间接证明其冒充行为；③书证，如造假的军官证或者警官证，真实身份的居民身份证、职业证、军警证、部队或者公安机关出具的身份真伪证明材料等，以间接证明其冒充行为。注意，冒充军警行为不限于外在的装束、装备冒充行为，还包括单独的言词上的冒充。冒充行为定性以行为论，不以是否冒充成功为论，即不论被害人是否相信还是怀疑与不信，只要被告人有冒充行为即可认定。

持枪抢劫的加重情节是作案工具的特殊性——枪支。对此，需要证明的对象有：(1)枪支是真枪，符合《中华人民共和国枪支管理法》规定，是具有杀伤力的枪支；(2)使用或者向被害人显示持有、佩带枪支的胁迫行为。对此应具备的证据有：①被告人供述的枪弹来源，所持枪支的枪号、制式、特征、枪支作案前、中、后使用情况及持枪抢劫的情节；②被害人陈述枪支胁迫或者伤害的过程与结果；③搜查笔录、现场勘验检查笔录，其中照片应有枪支、子弹的细目照片，间接证明枪击现场的状态；④物证，包括枪支、弹药以及指纹、血泊等痕迹；⑤痕迹鉴定意见，枪支、子弹、弹壳的同一认定鉴定比对；⑥枪支杀伤力鉴定；⑦被害人伤情检验、尸检报告，以证明致伤、致死原因；⑧证人证言，包括作案前、中、后该枪的使用情况，如有无用于狩猎、打靶、保养情况、部件完好情况等，同时包括目击证人关于持枪抢劫的情节证明；⑨书证，被告人、被害人、枪支提供者等证人对枪支的辨认笔录。持枪抢劫，枪支杀伤力是关键因素，对此有学者构建了三种不同的证据标准："(1)案发后提取枪支，必须作杀伤力鉴定；(2)案发后未能提取枪支，无法作杀伤力鉴定，但在作案时使用了枪支的，可从被害人的伤情、车辆或其他物体的弹洞、弹壳的鉴定等加以印证；(3)案发后未能提取枪支作杀伤力鉴定，同时，作案时枪支未曾使用，杀伤力的问题必须通过间接证据锁定，如作案前后枪支的使用、保养情况、部件的完好情况，如通过此方法不能确认杀伤力，则不能认定持枪抢劫。”①

抢劫军用物资或者抢险、救灾、救济物资的加重情节需要证明的对象有二：一是抢劫的对象是军用物资或者抢险、救灾、救济物资；二是主观上必须明知。“这里的军用物资，是指枪支、弹药、爆炸物以外的军用物资，如军用汽车、军用通讯设备、军用医疗用品、军服、军备等。抢险、救灾、救济物资，是指用于抢险、救灾、救济的各种款物。”②对此，需要的证据有③：①上述物资保管部门、接收部门出具的该物资用途的证明材料；②物证，即收缴的上述物资的赃物；③书证，如货物发运单、赃物上的用途标志等。主观明知的证明需要的证据有：①被告人供述提供的对抢劫对象的认知情况；②被害单位的工作人员和相关证人的证言提供的被告人抢劫的动机、目的；③物证、书证，视听资料等，如被抢物资上醒目的标有军用标志、抢险、救灾物资标识的标签等，可证明用于国家或者地方专用的救灾线路、救灾专列等的政府文件、行政批示、政府公告、新闻广播等。

(4)犯罪客观方面的证明标准要求。

根据《办理死刑案件证据规定》第5条的相关规定，死刑案件被告人实施了犯罪行为与被告人实施犯罪行为的时间、地点、手段、后果以及其他情节需要证明到确实、充分的标准。所以上述抢劫罪犯罪客观方面的时间、地点、手段行为和结果行为都需要证明到确实、充分的标准。这对于抢劫罪定罪具有关键意义的要件是抢劫罪定性的根本，所以理应证明到确实、充分的标准。同时，该条还规定“对被告人从重处罚的事实”也需要证明到“确实、充分”的标准。这一规定实际是对量刑情节而言的，为尊重人权，保障被告人的权利免受不当刑罚的惩罚，从重处罚的情节应当得到严格的证明，证明标准应当高。相比较而言，抢劫罪死刑适用的加重情节是比从重刑罚还要重的量刑幅度，更应该证明到“确实、充分”的标准。所以，上述抢劫罪八种加重情节理应证明到“确实、充分”的标准要求。

---

① 《图解立案证据定罪量刑标准与法律适用》第三册，中国法制出版社2010年版，第206页。

② 陈兴良主编：《刑法学》第2版，复旦大学出版社2009年版，第386页。

③ 《图解立案证据定罪量刑标准与法律适用》第三册，中国法制出版社2010年版，第207页。

这里需要说明一点是，客观方面的其他要件，比如作案工具是什么，并不是证明的对象，而是说其证明标准并不需要如此严格。但是，这些要件确是证明犯罪所必需的，理应通过证据进行证明。

4. 犯罪客体方面的证据标准

抢劫罪侵犯的客体是他人的人身权利和财产权利。具体化为对人的生命、身体进行侵犯，对财物进行侵占。犯罪的对象一般认为是犯罪客观方面的要件，这里为体例叙述方便，放在客体要件中进行解读。抢劫罪侵犯的对象是人，既可直接针对被害人进行，也可对其他人进行从而胁迫被害人屈从。此外，抢劫的对象也可以不是人，可以是对物施加暴力影响，从而抑制被害人的意志，限制其行动自由。① 不管暴力直接针对的对象是人还是物，其最终暴力指向仍是人。② 在犯罪客体认定上，需要证明的对象有侵害的直接对象是什么？被劫财物的所属关系、存在关系状态。对此可以起证明作用的证据有：①被告人供述，可以证明其抢劫行为的直接指向对象；②被害人陈述、证人证言，可以证明抢劫行为指向的对象、被劫财物的所属关系、保管关系等；③视听资料，可以证明被害人和财物被抢劫的动态过程，并可指示被害人和财物特征关系；④物证，比如尸体、赃物反映侵害对象自身；⑤书证，证明被害人的自然情况、财物的所属关系等。在《办理死刑案件证据规定》中并没有规定被侵犯的对象需要证明到“确实、充分”的标准要求。但是，抢劫事实的发生必须有对象存在才是一个完整的法定事件，所以，笔者认为犯罪侵害的对象(人、物)都是需要证明的对象，而且是必须证明的对象，并且应当证明到“确实、充分”的标准要求。唯此，才能形成一个完整的犯罪构成要件体系。

(二)量刑方面的证据标准

定罪是行为性质的认定，量刑则是刑罚轻重的裁判。除定罪外，量刑轻重问题也是诉讼双方争论的焦点、系诉讼双方诉讼利害关系所在。量刑情节分为法定量刑情节和酌定量刑情节。法定量刑情节由法律进行了具体规范，法官只能依法进行裁判；酌定量刑情节是可由法官凭借理性和良知进行自由

---

① ［日］大塚仁：《刑法概说·各论》第3版，有斐阁1996年版，第213页。

② 陈兴良主编：《刑法学》第2版，复旦大学出版社2009年版，第376页。

裁量的量刑情节。法定量刑情节在刑法总则中有统一的规范，证明对象、证据标准均在第一节故意杀人罪中进行了阐述，抢劫罪证明可参照执行。就抢劫罪本身而言，其还有加重情节的证据标准，这在抢劫罪客观方面的证据标准中进行了归纳，在此不再赘述。

根据《办理死刑案件证据规定》第 36 条规定："在对被告人作出有罪认定后，人民法院认定被告人的量刑事实，除审查法定情节外，还应审查以下影响量刑的情节：(一)案件起因；(二)被害人有无过错及过错程度，是否对矛盾激化负有责任及责任大小；(三)被告人的近亲属是否协助抓获被告人；(四)被告人平时表现及有无悔罪态度；(五)被害人附带民事诉讼赔偿情况，被告人是否取得被害人或者被害人近亲属谅解；(六)其他影响量刑的情节。既有从轻、减轻处罚等情节，又有从重处罚等情节的，应当依法综合相关情节予以考虑。不能排除被告人具有从轻、减轻处罚等量刑情节的，判处死刑应当特别慎重。"根据该条规定，抢劫罪的酌定情节也应该成为证明的对象，除了上述法律明定的酌定情节外，还有犯罪的手段、被告人的前科等可以成为酌定量刑的情节。抢劫罪犯罪手段的证明内容有："(1)暴力：①捆绑；②殴打；③伤害；④禁闭。(2)威胁：①暴力威胁；②精神强制。(3)其他方法：①用酒灌醉；②用药物麻醉。"①手段会影响到犯罪恶性的轻重，一定程度上会影响酌定刑罚的裁判。

对量刑情节的证明，不同的量刑情节，其证明标准不同。根据《办理死刑案件证据规定》第 5 条的规定，对从重处罚的情节应当证明到"确实、充分"的标准。而对其他量刑情节则不需要如此高的证明标准。根据该规定第 36 条的规定，死刑适用时，对从轻、减轻处罚的量刑情节甚至规定了相当低的证明标准，即不能排除的，死刑适用就要慎重。

三、司法实务中的证据问题探析

司法实务中，抢劫犯罪死刑适用的证据问题也比较突出。下面结合实际案例就司法实务中的常见证据问题进行分析。

---

① 《图解立案证据定罪量刑标准与法律适用》第三册，中国法制出版社 2010 年版，第 207 页。

(一)证据之间的矛盾无法排除

证据之间存在矛盾，不能得到合理排除是司法实践中常见的证据问题。这其中既有同一类证据之间的矛盾，比如2006年云南万某某抢劫案，被告人万某前后共有三种不同内容的犯罪动机供述：弄钱、索债、发生性关系；两种不同面值和不同总额钱数的供述。也有不同证据之间的矛盾，比如2006年江苏刘某抢劫案，就被告刘某的年龄有人口管理系统信息，常住人口登记，刘某供述，刘父证言，学籍、出生证明以及原始户口底册以及刘某亲戚、街坊邻居的证言等证据，证据内容之间相互矛盾，无法准确认定被告的年龄。根据《办理死刑案件证据规定》证据之间矛盾，则证明标准不达，无法定案，死刑就更难定了。

(二)程序违法、证据遗失

程序是否合法，不仅仅是证据形式的问题，有时是关涉证据内容真实性无法核实的问题。因此，关键证据的取证程序违法会导致该证据不能采纳，如果再伴随证据的遗失，则证据锁链就会有断裂的环节，案件证明将无法达到。比如，2006年江西何某某抢劫案，公安机关从被告人何某某女友处提取的戒指，并没有遵守混杂辨认的规则，直接由被害人进行辨认，程序违法，难以确定戒指是否为被抢的被害人戒指。更严重的是，本案涉及多枚戒指，戒指在案件移送的过程中，有的被遗失了，造成本案重要的物证缺失，证明标准不达，本案无法认定。这种取证程序违法现象还表现在提取了物证却无提取笔录，扣押了物品清单，却无持有人签名，勘验笔录中拍照记录的证据，却无法找到实物等。

(三)鉴定问题严重

现在，随着高科技在刑事司法活动中越来越多的应用，通过鉴定来发现线索、证明案情越发显得重要。但是，司法实践中在鉴定问题上却屡屡出现问题，以至于案情难以证明。这其中尤为突出的问题有：该鉴定而未鉴定，鉴定结论冲突和鉴定形式内容有错误等情形。该鉴定而没有做鉴定的情形有：凶器上的手印没有鉴定(见江西何某某抢劫罪)，作案工具单刃刀上的血迹未鉴定(见李×国抢劫案)，更具有典型代表的案例是西藏多某某抢劫案，该案未做鉴定的证据有：(1)被害人血衣、作案工具刀和被告人作案所穿的皮鞋上的血迹没有鉴定；(2)现场血足迹没有和被告人作案所穿的皮鞋进行比对鉴定；(3)抢劫的赃物未与商店库存商品进行比对鉴定。更为严重的是对被害人尸体只是由当地的医院医师进行了尸体检验记录，而并无法医鉴定。这种严重缺乏的取证意识，既是我国证据立法不明确、完善的体现，也是司法实践中证据意识缺乏的现实反映。至于鉴定结论冲突、鉴定书上委托时间与案发时间冲突，鉴定书上鉴定意见表述不规范等问题就是老生常谈的司法鉴定问题了，这既是我国司法鉴定制度司法实务运作不规范的体现，也是个别鉴定人职业精神缺失的表现。

此外，抢劫罪死刑适用的司法实务案例中还有该收集的证据没有收集以致证据不充分，证明标准不达的现象。上述这些司法实务中的证据问题，既呼唤证据标准化的构建，也警醒着司法实务部门应充分关注证据规则的有效落实问题。

第三节　绑架罪死刑适用证据标准研究

前两节以暴力死刑案件的刑法规范为依托具体研究其证据标准构建的问题，本节将以证据标准的内容体系为依托具体研究绑架罪死刑适用的证据标准问题，以突出证据标准构建的体系内容与框架结构，尤其是对证据规则部分进行了比较具体的阐述，以为其他暴力死刑案件证据标准构建参考依据。

一、绑架罪死刑适用的基本问题

研究绑架罪死刑适用的证据标准，首先需要明晰绑架罪犯罪构成的基本特征，即绑架罪的定性问题。这是绑架罪死刑适用证据标准研究的大前提。其次，需要明确绑架罪死刑适用的构成要件有哪些，即什么情形下的绑架罪可以判处死刑。这是绑架罪死刑适用证据标准研究的直接前提。前提问题解决了，绑架罪死刑适用证据标准研究才会有的放矢，从证据角度构建绑架罪死刑适用的标准问题。

(一)绑架罪的定性标准

《刑法》第239条规定："以勒索财物为目的绑架他人的，或者绑架他人作为人质的，处十年以上有期徒刑或者无期徒刑，并处罚金或者没收财产；情节较轻的，处五年以上十年以下有期徒刑，并处罚金。

犯前款罪，致使被绑架人死亡或者杀害被绑架人的，处死刑，并处没收财产。

以勒索财物为目的偷盗婴幼儿的，依照前两款的规定处罚。”

根据刑法的规定，融合学界关于绑架罪的认识，绑架罪可以比较周延的定义为：“是指以勒索财物或者其他不法利益为目的，用暴力、胁迫或其他方法挟持或实力控制他人，以及以勒索财物为目的偷盗婴幼儿的行为。”①据此，绑架罪的犯罪构成的基本特征有四个方面。

(1)绑架罪是行为犯罪，只要实施绑架并实际控制了被害人即构成本罪的既遂②。

(2)主观上绑架罪必须具有勒索财物或者其他不法利益的目的，“如果以索取债务为目的而绑架的只构成非法拘禁罪。”③但是，“犯罪目的是否实现以及犯罪动机是什么，不影响本罪之成立。”④

(3)被勒索财物或者被提出非法要求之人不能是被绑架的人，可以是其亲朋好友，也可以是有关单位，甚至可以是政府。

(4)偷盗婴幼儿以勒索财物的，以绑架罪定性。

这些决定绑架罪性质的犯罪构成要件，是绑架罪死刑适用证据标准必须证明的对象，也是绑架罪在证据标准上区别于其他犯罪的特征。

(二)绑架罪死刑适用的标准

“绑架罪是一种严重的犯罪，它不仅直接侵犯他人的人身自由权利，甚至危及生命安全，而且对他人的财产权利构成严重的威胁。”⑤为打击绑架犯罪，我国刑法规定了死刑的最高的刑罚。根据《刑法》第 239 条的规定，绑架罪适用死刑的情形有二。

(1)致使被绑架人死亡的。这里，被绑架人死亡必须与绑架行为有直接的因果联系。

(2)杀害被绑架人的。杀人行为必须是绑架期间，可以是绑架着手之时，也可以是拘禁期间发出勒索要求前后。绑架行为结束后再杀害的，数罪并罚。

---

① 王作富主编：《刑法分则实务研究(中)》第 4 版，中国方正出版社 2010 年版，第 875 页。

②③ 陈兴良主编：《刑法学》第 2 版，复旦大学出版社 2009 年版，第 340—341 页。

④ 王作富主编：《刑法分则实务研究(中)》第 4 版，中国方正出版社 2010 年版，第 880 页。

⑤ 同上书，第 871 页。

绑架罪死刑的适用必须以被绑架人死亡后果的发生为必要条件，也就是说如果被绑架人没有死亡，绑架罪就不适用死刑。这是一种结果加重犯情形。

绑架罪死刑适用的情形是绑架罪死刑适用证据标准的关键证明对象，对此，在证据、证明标准、证明程序的证据标准上都有严格的要求。

二、绑架罪死刑适用的证明对象

"在司法活动中，证明的对象或客体主要指需要用证据等证明的案件事实。"①但是，案件事实是发生在过去的事实，而作为证明承受者的法官并不知道过去的案件事实，其知道的是《刑法》规范下的犯罪构成要件事实——实体法事实，所以，司法证明的对象更准确地说应该是"实体法律规定的具体案件事实的构成要件"②。而且，当事人主张的案件事实只有符合了法定的犯罪构成要件要求，形成了法律规范下的犯罪构成事实，才能被定罪、量刑。从这一角度来说，证明的对象仍是实体法规范下的犯罪构成要件事实，以实体法事实称之。此外，可以构成证明对象的还有程序法事实。另外，有些事实是属于已知的或者没有争议的事实，在证据法上被称为"免证事实"③。在刑事诉讼中，死刑案件的证明不但需要实体法事实确实、充分，而且程序运行不能有错误，在证据问题上不能有违法，否则不但死刑不能适用，而且定罪、量刑都受到影响。所以，可以成为争议焦点的实体法事实、程序法事实以及证据资格等问题都可能成为死刑案件的证明对象。当然，实体法事实是决定死刑适用的根本，程序法事实和证据资格问题更主要是从司法证明活动本身进行规范的事实，这里主要就绑架罪死刑适用的实体法事实进行阐述，以明确证明对象的实体法标准。

（一）绑架罪定罪的证明对象标准

实体法事实包括定罪事实和量刑事实。定罪是犯罪的定性问题，而量刑是刑罚适用轻重的定量问题。定性是根本，定量是关键。依据传统的犯罪构

①② 何家弘、刘品新：《证据法学》，法律出版社2004年版，第201页。

③ 1999年《人民检察院刑事诉讼规则》第334条的规定："在法庭审理中，下列事实不必提出证据进行证明：(一)为一般人共同知晓的常识性事实；(二)人民法院已做裁判所确认的并且未依审判监督程序重新审理的事实；(三)法律、法规的内容以及适用等属于审判人员履行职务所应当知晓的事实；(四)在法庭审理中不存在异议的程序事实；(五)法律规定的推定事实。"

成要件理论，绑架罪犯罪构成的四个方面的要件均是定罪的证明对象。其中前述的关于绑架罪本质特征的阐述内容是犯罪构成要件中的关键要件，也是定罪证明对象的关键。具体而言，绑架罪定罪的证明对象详述列举如下。①

1. 犯罪主体方面的证明对象

犯罪是由具体的人或单位实施的，无实施者则无犯罪，所以犯罪主体要件在定罪问题上很重要。犯罪主体方面的证明涉及犯罪主体的自然情况和刑事责任能力两个方面。

(1)犯罪主体的自然情况。

自然情况的证明包括身份证明、户籍证明、任职证明、工作经历证明、特定职责证明等，主要是证明行为人的姓名(曾用名)、性别、出生年月日、民族、籍贯、出生地、职业(或职务)、住所地(或居所地)等。其中年龄不仅是自然情况的要件，而且也是法定主体刑事责任能力的条件。

司法实践中能够证明犯罪主体自然情况的证据主要有户口簿、居民身份证、工作证、出生证、专业或技术等级证、干部履历表、职工登记表、护照等。其中，对于户籍、出生证等材料内容不实的，应提供其他证据材料。外国人犯罪的案件，应有护照等身份证明材料。人大代表、政协委员犯罪的案件，应注明身份，并附身份证明材料。

绑架罪的犯罪主体是一般主体，身份上并无特殊要求，所以上述自然情况都是基本的证明对象。

(2)犯罪主体的刑事责任能力。

刑事责任能力是决定主体承担刑事责任的条件和资格。各国法律对刑事责任能力都规定了年龄条件限制和精神状态要求。我国刑法规定了法定刑事责任年龄是 16 周岁，其中八种严重暴力犯罪行为的法定刑事责任年龄为 14 周岁以上。② 根据 2006 年最高人民法院制定的《关于审理未成年人刑事案件具体应用法律若干问题的解释》(法释[2006]1 号)第 5 条规定：已满 14 周岁不

---

① 《图解立案证据定罪量刑标准与法律适用》第三册，中国法制出版社 2010 年版，第 60 页。

② 我国《刑法》第 17 条第 2 款规定：“已满 14 周岁不满 16 周岁的人，犯故意杀人、故意伤害致人重伤或者死亡，强奸、抢劫、贩卖毒品、放火、爆炸、投毒罪的，应当负刑事责任。”

满16周岁的人实施《刑法》第17条第2款规定以外的行为，如果同时触犯了《刑法》第17条第2款的规定的，应当依照《刑法》第17条第2款的规定确定罪名，定罪处罚。“按照该规定，对于已满14周岁未满16周岁的人实施绑架后杀害被绑架人的，其罪名应认定为故意杀人罪。”①所以，根据我国刑法以及相关司法解释的规定，绑架罪的刑事责任能力年龄要求是16周岁以上。因此，犯罪主体是否年满16周岁是绑架罪犯罪构成的一个重要证明对象。《办理死刑案件证据规定》第40条规定了死刑适用时需要证明是否已满18周岁，绑架罪死刑适用时也需要依据该条来证明行为人年龄。但是，死刑适用前提是具体罪名需要成立，所以是否年满16周岁应是绑架罪死刑适用需要首先证明的对象，证明的标准可参照该规定第40条来执行。

根据我国刑法的相关规定，完全丧失辨认或者控制自己行为能力的精神病人犯罪的不负刑事责任。所以犯罪主体的精神状态也是犯罪主体构成要件中的一个重要证明对象。

2. 犯罪主观方面的证明对象

主观方面的证明是对犯罪主体内在心理活动的证明，主观罪过的存在与否是决定行为性质的关键要件，所以也是犯罪构成的重要证明对象。主观方面包括罪过、犯罪的目的和动机等内容。根据《刑法》对绑架罪的定义，绑架罪的主观罪过是直接故意。因此，绑架罪主观罪过的证明对象有：(1)行为人明知：证明行为人明知自己的行为会发生危害社会的后果；(2)行为人的意志因素：证明行为人希望危害结果发生的积极态度。

根据绑架罪的法定概念，主观上绑架罪必须具有勒索财物或者其他不法利益的目的，“如果以索取债务为目的而绑架的只构成非法拘禁罪”。② 所以，绑架罪目的方面的证明对象是“以勒索财物或者其他不法利益为目的”。这里需要注意：“犯罪目的是否实现以及犯罪动机是什么，不影响本罪之成立”③，所以，犯罪目的的证明重在目的、动机的存在，而不在目的、动机的实现与

① 王作富主编：《刑法分则实务研究(中)》第4版，中国方正出版社2010年版，第880页。

② 陈兴良主编：《刑法学》第2版，复旦大学出版社2009年版，第340页。

③ 王作富主编：《刑法分则实务研究(中)》第4版，中国方正出版社2010年版，第880页。

否。绑架罪是行为犯，目的、动机的实现与否并不影响定罪问题。

尽管人的心理活动是内在的，不能直接感知，但是，人的心理活动可以外化为具体的行为、形态。通过这些外化的行为及其形成的外部形态，我们可以间接地证明人的内在心理。所以，通过犯罪主体的语言，证人、被害人所感、所听，各种物证、书证等可以证明犯罪主体的主观心理。

3. 犯罪客观方面的证明对象

“绑架罪在客观方面表现为使用暴力、胁迫或者其他方法挟持他人或者使他人处于自己的实力控制之下，以便以杀害、伤害或者以其他侵害方式被绑架人向被绑架人的亲属或其他有利害关系人或单位发出威胁，迫使后者交付赎金或者满足行为人的其他非法要求。”①从证明对象角度考虑，根据最高人民法院 1999 年《关于执行〈中华人民共和国刑事诉讼法〉若干问题的解释》第 52 条的规定，需要证据证明的犯罪客观方面要件主要有被告人实施犯罪的时间、地点、手段、情节、后果等。就绑架罪而言，需要证明的对象主要有以下几个方面。

(1)时间、地点。

时间、地点是事件发生的历史、空间坐标，是区别同类事件的标准。根据 1999 年最高法院《刑诉法解释》的规定，时间、地点也是犯罪客观方面的证明对象。绑架罪需要证明的时间、地点主要是指绑架犯罪行为发生的时间和地点，因为绑架行为是持续性的行为，所以时间是由绑架行为发生直至结束构成的一个时间段，地点也是由持续性绑架行为所涉及的多个地点组成。对时间、地点证明的证据种类很多，比如各类言词证据(被告人供述、被害人陈述、证人证言)。当然、物证、书证也可以起到证明作用，比如现场停摆的钟表、翻开的日历、各种的动植物等。时间和地点是《办理死刑案件证据规定》需要证明到证据“确实、充分”的标准的对象。

(2)绑架手段。

绑架罪是行为犯，实施绑架的具体行为手段或者说行为方法是绑架罪成立的关键要件。“所谓绑架是指利用暴力、胁迫或其他手段，劫持或以实力违

① 王作富主编：《刑法分则实务研究(中)》第 4 版，中国方正出版社 2010 年版，第 876—877 页。

背他人意志强制控制他人。"①所以说，绑架就是意指强力控制他人的行为手段，绑架罪的具体行为手段是绑架罪客观方面的主要表现。司法实践中，可以达到强力控制他人的具体绑架行为手段就是犯罪客观方面的证明对象。在证明的具体对象上，不但需要证明绑架的具体行为手段，还需要证明这种手段达到了强制控制他人的程度，如果并未达到强制控制他人但谎称已绑架他人而向其亲属勒索财物的，不能构成绑架罪而只能构成敲诈勒索罪。②

分解绑架行为的证明对象，具体有：

①证明暴力控制他人的各种手段：比如绳捆、刀逼、枪顶、多人扭困、殴打和强拉硬拖等。

②证明胁迫控制他人的各种手段，这是从精神上进行控制的方法：比如以殴打、伤害的语言进行吓唬；以揭发隐私、毁坏名誉相威胁等。

③其他可以达到强制控制他人的手段，这种手段主要是指针对婴幼儿实施的偷盗、拐骗、公然夺取的行为方法。③ 此外，酒精灌醉、药物麻醉也是常见的方法。

注意，这些绑架行为手段必须达到违背他人意志强力控制他人的程度。

(3)目的行为。

目的行为是实施绑架犯罪的目的表现，即向被绑架人的亲属、朋友、有关单位甚至是政府机关进行勒索财物或者其他非法目的的行为。这些行为也是犯罪客观方面需要证明的重要对象。绑架行为是绑架罪的手段行为，而勒索财物或者其他非法目的则是绑架行为的目的行为，两者具有前后相续的因果关联，共同构成绑架罪的犯罪行为整体。在司法实践中，具体的绑架目的行为有：用书信向相关人进行勒索；用语言向政府提出要求；通过电子邮件、手机、电话等不同的方式手段提出犯罪目的要求等。这些都是绑架犯罪行为的证明对象。

(4)加重情节。

"行为人在绑架过程中致使被绑架人死亡或者杀害被绑架人的，仍然构成绑架罪而不认定故意杀人罪或者过失致人死亡罪，即作为绑架罪的结果加重

---

①② 陈兴良主编：《刑法学》第 2 版，复旦大学出版社 2009 年版，第 340 页。

③ 王作富主编：《刑法分则实务研究(中)》第 4 版，中国方正出版社 2010 年版，第 878 页。

处理，处死刑，并处没收财产。"[①]被绑架人死亡是一种结果，此结果的发生会对犯罪性质的认定产生影响，比如说如果是在绑架行为已经结束，将被害人释放以后，又以其他原因将被害人杀死，应独立构成故意杀人罪。[②] 更重要的，此被害人死亡的结果是绑架罪死刑适用的条件，[③] 因而是犯罪客观方面非常重要的证明对象。对此"死亡"结果的证明，如果是"绑架致人死亡的"，不但需要证明被绑架人死亡的结果发生，而且需要证明绑架行为与被绑架人死亡之间具有因果联系；如果是故意杀害被绑架人的，不但需要证明被绑架人死亡的结果发生，还需要证明杀害被绑架人发生在着手实施绑架之时，或者是在非法拘禁期间。[④] 因此，被绑架人死亡的发生、绑架行为与死亡结果之间的因果联系、绑架期间杀害被绑架人成为绑架罪结果加重情节的三个证明对象。就因果关系证明而言，具体的证明对象分析如下。

绑架行为与被绑架人死亡的直接因果联系主要包括以下几种情形：①在实施暴力劫持过程中，因用力过猛伤及要害部位，或堵嘴捂鼻引起窒息等原因，过失致被害人死亡；②在关押过程中，因被害人哭闹、挣扎，对其堵嘴捂鼻或者为其注射麻醉剂过量等原因过失引起死亡；③对被绑架人残忍殴打、折磨致使在关押期间因重伤死亡；④被绑架人因不堪忍受折磨自杀死亡，等等。[⑤] 绑架行为与被绑架人死亡之间的直接因果联系是一个非常关键的证明对象，对此不仅仅是证明的问题，更关键的是因果关系判断问题。

此外，如果被告人有了杀害被绑架人的主观故意或者实施了杀人行为，但杀人未遂，如果仍只定绑架罪会发生罪刑失衡问题。因为，绑架中杀人未遂，不会判处死刑，但是故意杀人（或故意伤害）未遂会因手段特别残忍或者造成重伤、严重残疾的，也会定死刑。对此，应以绑架罪和故意杀人（或者故意伤害）罪数罪并罚，执行死刑。[⑥] 这是绑架罪死刑适用中的极其特殊情形，

---

① 陈兴良主编：《刑法学》第 2 版，复旦大学出版社 2009 年版，第 341 页。

② 王作富主编：《刑法分则实务研究（中）》第 4 版，中国方正出版社 2010 年版，第 883 页。

③ 《刑法》第 239 条第 2 款规定："犯前款罪，致使被绑架人死亡或者杀害被绑架人的，处死刑，并处没收财产。"

④ 王作富主编：《刑法分则实务研究（中）》第 4 版，中国方正出版社 2010 年版，第 883 页。

⑤ 同上书，第 882 页。

⑥ 陈兴良主编：《刑法学》第 2 版，复旦大学出版社 2009 年版，第 341—342 页。

当然，严格说来，这是数罪并罚问题，并不是严格意义上的绑架罪死刑适用问题。

除上述犯罪客体方面的证明对象外，绑架行为涉及的财物、作案工具等也是定罪的关键证据，这些犯罪“物”的证明虽不是定罪的关键，确是实体法事实完整性的必需，所以也是需要证明的对象。因此，作案工具、犯罪财物的种类和特定性，作案工具的来源、归属与去处等也是犯罪客观方面的证明对象。

4. 犯罪客体的证明对象

绑架罪的犯罪客体是单一客体，即侵犯他人的人身自由权利。但是，除此之外，绑架犯罪还会侵犯他人财产等权利，对此应辩证地看待。犯罪客体对刑法罪名分类具有重要意义，但客体并不会成为证明的对象。这里研究犯罪客体的证明对象是从犯罪侵害的对象角度来说的。绑架犯罪行为分为手段行为和目的行为，同样其对象也分为手段行为的对象和目的行为的对象。此两个方面的对象均是司法证明的对象。

具体而言，绑架手段行为的犯罪对象有：妇女、儿童、婴幼儿、有钱、权的人、甚至是无辜的人(比如扣押人质)。勒索等目的行为的对象是除被绑架人以外的人，是被绑架人的相关人。具体有被绑架人的亲属、朋友、有关单位甚至是政府机关。

(二)绑架罪适用死刑的证明对象标准

犯罪罪名成立后，下一步就是刑罚处罚的问题。对此，我国刑法规定了处罚的依据与标准——量刑情节。量刑情节分为法定量刑情节和酌定量刑情节。法定量刑情节是由法律明确规定的量刑依据与标准，法官量刑时应依据法律的规定来裁判，体现比较强的法定裁判主义精神(当然，并不是说法官在法定量刑幅度内没有具体的自由裁量权)；比较而言，酌定量刑情节则给予了法官自由裁量的量刑空间与量刑依据，需要法官凭借内心的理性与良知，结合社情、民意等进行裁量判断。

就具体的绑架罪而言，其量刑也需要依据法定量刑情节和酌定量刑情节进行量刑裁判。本书落脚点在死刑适用问题，所以，绑架罪死刑适用需要考量的量刑情节问题是本章的关注点。

1. 死刑适用对象的限制

根据我国《刑法》第 49 条的规定：“犯罪的时候不满十八周岁的人和审判

的时候怀孕的妇女，不适用死刑。”这是我国刑法总则的规定，所以，分则中任何罪名如果有此种情形出现时均不能适用死刑刑罚(包括死缓也不能适用)。此条法律规定是绑架罪死刑适用的前提条件——必须首先证明被告人的年龄在犯罪之时是否已经年满18周岁；审判的时候被告人是否是怀孕的妇女。具体分解其证明对象如下。

(1)死刑年龄的证明对象。

死刑适用的年龄必须是犯罪之时年满18周岁。所以有两个具体的证明对象：一是年龄计算的时间是“犯罪之时”，即着手实施绑架行为之时；二是年龄的证明，必须是年满18周岁，对年龄的证明参照《办理死刑案件证据规定》第40条为之。

(2)怀孕妇女的证明对象。

死刑不能适用于审判时怀孕的妇女，体现对妇女权益的尊重以及对未来生命的保护，当然，即使妇女生下孩子之后，也不能再适用死刑。对此，需要证明的对象有：①时间：审判的时候，具体指“从侦查羁押时起至审判的全部过程”。也就是说在此时间段内的任何时候怀孕均不能适用死刑。②怀孕与否：怀孕的认定以医学确定的怀孕依据为准，其中人工流产、自然流产的，仍视为孕妇对待。

2. 绑架罪死刑的法定量刑情节的证明对象

根据我国刑法的相关规定，刑法总则中规定的法定量刑情节有“从重”、“从轻”、“减轻”和“免除”四个情节。此外，还有个来源于分则中个罪犯罪事实情节的“加重”情节。根据我国刑法的具体规定，这些法定量刑情节的组合情形是：“(1)事实情节。(2)法定从重情节。(3)法定从轻减轻情节：①可以从轻；②可以从轻或减轻；③应当从轻或者减轻。(4)法定从轻、减轻、处罚情节：①可以从轻、减轻或者免除处罚；②应当从轻、减轻或者免除处罚。(5)法定减轻、免除情节：①可以减轻或者免除处罚；②应当减轻或者免除处罚；③可以免除处罚。”①

根据《刑法》第239条第2款的规定，绑架罪成立后，如果绑架过程中致使被绑架人死亡或者杀害被绑架人的，处死刑。本条的规定是绑架罪死刑适

① 《图解立案证据定罪量刑标准与法律适用》第三册，中国法制出版社2010年版，第60页。

用的事实情节。所以，被绑架的被害人是否死亡是绑架罪死刑的标准条件。对此的证明已在犯罪客观方面进行了阐释。但是，仅是具有了此事实情节是否就必须适用死刑呢？答案当然是否定的。因为，我国刑法还规定了上述的法定从轻、减轻甚至免除处罚的量刑情节。所以，就绑架罪死刑适用的证明对象来说，除了适用死刑的事实情节外，还要对可能从轻、减轻或者免除刑罚的情形进行证明。根据刑法总则的规定，这些法定可能不适用死刑的量刑情节事实有：自首、立功、犯罪中止、犯罪未遂、犯罪预备、防卫过当、紧急避险过当、盲聋哑人犯罪、从犯、胁从犯等。这些法定量刑情节事实即是法定量刑情节的证明对象。为体现死刑适用慎重性，死刑适用的事实情节的证明必须达到"确实、充分"的证明标准要求，而对法定从轻、减轻、免除处罚的法定情形的证明标准则不需要如此之高，只要有合理的理由相信即可。

2. 绑架罪死刑的酌定量刑情节的证明对象

绑架罪除了法定量刑情节影响死刑适用外，酌定量刑情节的存在也可能影响到死刑的适用问题。根据司法实践经验和相关法律规定，总结出的酌定量刑情节有：① 犯罪手段(暴力、胁迫、其他)、犯罪对象、危害结果、动机、平时表现、认罪态度、是否前科、其他。现在司法实践中，被害人或者其亲属的宽恕，被告人的悔罪表现，比如积极退赃、主动赔偿被害人的物质损失②等也会影响到刑罚的适用。有关这些酌定量刑情节的事实即是绑架罪死刑适用酌定量刑情节的证明对象。可以说这些酌定情节的存在主要用于绑架罪限制死刑的适用，因为绑架罪只要存在"致使被绑架人死亡或者杀害被绑架人"情形的就适用死刑，不存在其他量刑幅度，所以，无论是法定量刑情节还是酌定量刑情节的存在更主要是从限制死刑适用的角度来证明的。当然，具有法定从重情节(比如累犯)和酌定从重情节的，死刑适用会更加有底气。

三、绑架犯罪死刑适用的证据要求

我国《刑事诉讼法》规定了八种法定证据种类。这八种法定证据种类即成

---

① 《图解立案证据定罪量刑标准与法律适用》第三册，中国法制出版社 2010 年版，第 60 页。

② 最高人民法院《关于刑事附带民事诉讼范围问题的规定》(2000 年 12 月通过)第 4 条："被告人已经赔偿被害人物质损失的，人民法院可以作为量刑情节予以考虑。"第 5 条："犯罪分子非法占有、处置被害人财产而使其遭受物质损失的，人民法院应当依法予以追缴或者责令退赔。被追缴、退赔的情况，人民法院可以作为量刑情节予以考虑。"

为了刑法个罪定罪与量刑的根据。在绑架罪死刑证明过程中，这些法定证据种类必须满足证据的三性要求——客观性(真实性)、关联性和合法性。对此，我国《办理死刑案件证据规定》对证据审查判断的内容进行了比较全面的规定，这些审查判断的内容也是证据资格的标准要求的体现。其中刑讯逼供等非法取证问题是证据资格上的毒瘤，对此，《办理死刑案件证据规定》对此进行了专门的规范。根据《办理死刑案件证据规定》和《非法证据排除规定》我国已经确立了比较完善的证据资格的标准，规范了法定证据的审查判断标准，确立了严格排除、裁定排除、可补正三种情形的证据适用规则。这些就构成了绑架罪死刑适用过程中对证据资格的规范要求。

四、绑架犯罪死刑适用的证明标准要求

证明标准是法律规定的证明责任主体在刑事司法证明活动中，依据认识规律和价值，对证明对象(主要指实体法事实和程序法事实)进行司法证明所应达到的主观认识判断上的程度和要求。我国《办理死刑案件证据规定》对证据标准问题进行了法律上的明确规范。其不但规定了司法裁判定罪量刑事实的证明标准而且对不同证明对象的证明标准要求进行了规定。对实体法事实的证明标准要求是"证据确实、充分"——证据确实、充分是指：(1)定罪量刑的事实都有证据证明；(2)每一个定案的证据均已经法定程序查证属实；(3)证据与证据之间、证据与案件事实之间不存在矛盾或者矛盾得以合理排除；(4)共同犯罪案件中，被告人的地位、作用均已查清；(5)根据证据认定案件事实的过程符合逻辑和经验规则，由证据得出的结论为唯一结论。这一标准是侦查、起诉、审判三个阶段的共同标准，没有了证明标准的诉讼阶段划分，体现了死刑适用司法裁判的慎重性。

《办理死刑案件证据规定》第5条还对死刑适用的具体证明对象提出了"证据确实、充分"的标准要求——"办理死刑案件，对于以下事实的证明必须达到证据确实、充分：(1)被指控的犯罪事实的发生；(2)被告人实施了犯罪行为与被告人实施犯罪行为的时间、地点、手段、后果以及其他情节；(3)影响被告人定罪的身份情况；(4)被告人有刑事责任能力；(5)被告人的罪过；(6)是否共同犯罪及被告人在共同犯罪中的地位、作用；(7)对被告人从重处罚的事实。"这些就构成了死刑案件证据标准的层级标准要求，证明标准至少应该分为两个层次，一是必须证明到“确实、充分”标准；二是介于优势证据(含平等模糊时)标准和“确实、充分”标准之间的证明标准。两个标准分别对应不同的证明对象，其中，《办理死刑案件证据规定》第5条规定证明对象必须达到“证据确实、充分”的证明标准要求，而对其他犯罪构成要件的证明标准则属于低于“证据确实、充分”的证明标准。

根据上述法律规定，绑架罪定罪和死刑适用的证明标准必须达到“证据确实、充分”的证明标准，这是最高级别的证明标准。在具体的证明对象中，有证明标准的分别。其中需要证明到“证据确实、充分”标准的证明对象有：①绑架犯罪行为发生的时间、地点；②绑架行为的手段方法、勒索财物等非法目的的行为方法；③被绑架人死亡的后果、死亡与绑架行为的因果关系或者杀害被绑架人的行为及其时间；④被告人犯罪之时年满18周岁、被告人并不是完全丧失辨认或者控制自己行为能力的精神病人；⑤被告人绑架犯罪的直接故意、勒索财物或者其他非法目的的目的；⑥如果是共同犯罪，则各共同犯罪人在共同犯罪中的地位、分工；⑦累犯、教唆不满18周岁人犯罪的等从重处罚情节。“从重处罚”的情节在绑架罪死刑适用中并不具有实际意义，因为绑架犯罪死刑适用于“绑架行为致使被绑架人死亡或者杀害被绑架人的”事实情节，在这一结果加重情节只适用一个死刑量刑，而无其他量刑幅度；并且在绑架罪量刑的其他情节中并无死刑的适用，所以从重情节对绑架罪死刑适用并不具有真正直接的作用。但是也不能说累犯、教唆不满18周岁人犯罪的从重处罚情节一点作用没有，因为从轻、减轻甚至免除处罚的量刑情节的存在会影响到绑架罪死刑的适用，当有这些可以轻判的量刑情节存在时，从重情节就是一个抵消中和因素。这时，从重处罚的情节理应证明到“证据确实、充分”的证明标准，但是对那些轻判量刑情节则不需要如此高的证明标准要求，一般认为达到合理的相信的程度即可。除了上述应当证明到“证据确实、充分”的证明标准要求的证明对象外，其他的证明对象则是较低的证明标准。证明标准实际是一个多元的、多层次的标准体系。[①] 对那些不需要证明到“证据确实、充分”标准的证明对象则根据其证明的对象、诉讼的阶段、证

---

① 何家弘：《司法证明标准与乌托邦——答刘金友兼与张卫平、王敏远商榷》，《法学研究》2004年第6期。

明的主体、证明责任的分配等构建不同的证明标准，对此，可参照国外的经验构建“案件事实清楚，证据确实充分”、“绝对确定”、“排除合理怀疑”、“内心确信”、“合理的相信”、“怀疑”、“合理根据”、“没有任何根据”的证明标准体系。① 对此，我国法律并无非常详细的体系性规定，但是，一些法律规定中，我国仍然可以看到一些不同证明标准的影子。比如，《办理死刑案件证据规定》第40条第2款规定：“未排除证据之间的矛盾，无充分证据证明被告人实施被指控的犯罪时已满十八周岁且确实无法查明的，不能认定其已满十八周岁。”根据该条款的规定，死刑适用时，对年龄的证明年满18周岁应达到“确实、充分”，而对认定不满18周岁的证明标准则仅要求有模糊不定的状态即可。这里，需要注意，除了依据《办理死刑案件证据规定》需要证明到“证据确实、充分”标准的证明对象外，其他的犯罪构成要件的证明也需要证明，而且是必需的证明。因此，这是定罪、量刑定性与定量的需要，只是其标准并不是如此的严格而已。比如，作案工具的来源去处不明，则死刑同样不会适用。②

五、绑架犯罪死刑适用的证据原则与规则要求

绑架犯罪的死刑适用要严格依据司法证明的规则来进行。根据《刑事诉讼法》及其相关司法解释的规定，我国基本确立了比较完善的司法证明的规则体系。为保障死刑案件办案质量、防止冤假错案的发生，需要构建统一的死刑案件证据适用标准。为此，除了前述证据、证明对象、证明标准的要求外，

---

① 证明标准的层次性理论国外最具代表性的是美国学者 Del. Carmen 在《Criminal Procedure and Evidence》一书提及的九重心证：(1)绝对的确定(Absolute Certainty)(可以作为任何法律行为的依据)；(2)排除合理怀疑(Beyond Reasonable Doubt)(作出刑事判决的依据)；(3)证据明晰可信(Clear and Convincing Evidence)(否定死刑案件被告的保释；牵涉刑事指控的特定民事案件的判决)；(4)证据优势(Preponderance of Evidence)(民事案件的判决；刑事案件中被告的积极抗辩)；(5)合理根据(Probable Cause)(有证或无证逮捕；起诉和移送大陪审团审查起诉；取消缓刑和假释)；(6)合理的相信(Reasonable Suspicion/Belief)(截留盘问和搜身)；(7)合理的怀疑(Reasonable Doubt)(释放嫌疑人)；(8)怀疑(Suspicion)(开始侦查)；(9)没有任何依据(不能采取任何法律行为)。转引自唐亮：《论诉讼证明标准多元化》，《律师世界》2002年第10期。

② 《男子锤杀前妻当庭求死 凶器未找到难定死刑》，载中国新闻网，2010年4月7日。

绑架罪死刑适用的证据标准还需要遵守下列证据规则。

(一)证据裁判原则

《办理死刑案件证据规定》第2条规定:“认定案件事实,必须以证据为根据。”第一次明文确立了证据裁判原则,这是“以事实为根据、以法律为准绳”原则的深化。“证据裁判原则,又称证据裁判主义,是指依据证据认定案件事实的原则,即必须依据经过法定的正式的证据调查程序后具有证据能力的证据来认定案件事实。”①贯彻证据裁判原则,具体要求是:(1)坚持证据裁判原则,必须做到认定案件事实应有相应的证据予以证明,一切都要靠证据说话,没有证据不得认定犯罪事实;(2)坚持证据裁判原则,必须做到对存疑的证据不能采信,确保判决认定的事实证据确实、充分;(3)坚持证据裁判原则,必须做到用合法的证据来证明案件事实,对于非法取得的证据应当排除,不能作为定案的根据。广义理解证据裁判原则还要求认定案件事实需要经过法定的证明程序,并满足法定的证明标准要求。② 这里将广义理解“证据裁判原则”的两项要求并入下述程序法定原则和证明标准要求之中进行论述,这更符合证据裁判原则在《办理死刑案件证据规定》体系中的地位与功能。

(二)程序法定原则

程序之治是当代社会法治原则的重要特征。程序法定原则是当代刑事诉讼公正的重要保障,也是司法证明的真实与公正的必然要求。程序法定原则要求诉讼证明的过程要严格依据法定的程序进行,尤其强调诉讼专门机关(公、检、法)在证据收集、审查与判断、质证和认证过程中要严格依据法定的程序进行。

1. 收集证据要严格依照法定程序进行

依据“两个证据规定”③,在取证主体、取证方法、取证程序、取证的技

---

① 郭华、王进喜主编:《〈办理死刑案件证据规定〉与〈非法证据排除规定〉的释义和适用》,中国人民公安大学出版社2010年版,第12页。

② 同上书,第13页。

③ 《最高人民法院、最高人民检察院、公安部、国家安全部、司法部关于办理死刑案件审查判断证据若干问题的规定》(简称《办理死刑案件证据规定》)和《最高人民法院、最高人民检察院、公安部、国家安全部、司法部关于办理刑事案件排除非法证据若干问题的规定》(简称《非法证据排除规定》)。

术规范等各个方面依法依程序进行。

2. 审查、核实证据必须严格遵守法定程序

在侦查、起诉、审判的各个诉讼环节对证据进行审查、核实的行为要依法、依程序进行。比如，法庭调查过程中，合议庭对证据有疑问的，可以宣布休庭，对证据进行调查核实。此调查核实证据的行为也必须依法依程序进行，以体现公正、公开、客观、真实的诉讼目的。通过《办理死刑案件证据规定》规范的各种类证据的审查内容和全案证据的审查内容明确了证据审查的依据。

3. 严格遵守质证程序进行证据的审查、质证

《办理死刑案件证据规定》第4条规定了质证程序是证据认定的必经程序，规定经过当庭出示、辨认、质证等法庭调查程序查证属实的证据，才能作为定罪量刑的根据。从而严格了证据的质证程序规则，保证了证据资格的有效实现，这也是严格证明的基本要求。对此，《办理死刑案件证据规定》和《非法证据排除规定》还规定了警察出庭、非法证据排除程序、直接言词原则、集中审理原则以及各种类证据审查、判断的内容等来做保障。

4. 严格的认定程序规范

通过《办理死刑案件证据规定》第5条，规范了“证据确实、充分”的证明标准及其证明对象内容。通过原始证据优先原则、意见证据规则等明晰了证据认定的顺序与规则。通过《办理死刑案件证据规定》第32条确定了证据证明力的综合审查的认定方法以及通过第33条确定了间接证据认定死刑的规范要求。

(三)客观全面原则

客观全面原则是我国诉讼模式对诉讼专门机关工作的基本要求，也是保障案件真实，防止冤假错案发生的重要原则。客观全面原则要求诉讼证明活动的专门机关要严格执行客观义务职责要求，注重调查研究，全面的、细致的、广泛的收集有罪、无罪的证据。保障诉讼的广泛参与性、平等性和司法裁判的中立性，以实现诉讼证明的公正与事实认定的真实准确性。

(四)印证原则

实际上，《办理死刑案件证据规定》也涵盖了另一项原则，那就是印证原则。司法证明上的印证原则在我国司法实践中非常有市场，而且是被实践所

证明的非常有效的证明原则。其要求证据与证据，证据与案件事实之间没有矛盾或者矛盾得以排除，证据之间能够相互的衔接与印证，得出统一而排他的证明结论。依据该原则，不仅需要证据之间互相衔接，而且需要证据充分，暗含着补强证据规则的意旨。实际上印证原则在《办理死刑案件证据规定》的证明标准中有体现，在间接证据证明认定死刑的规范要求中也有体现。其最为本质的含义即是证据的内容能够相互的印证与衔接，以防止孤证伪证现象的发生，通过证据之间的相互印证，保证证明上的客观真实性。

上述几项原则实际上是暴力死刑案件适用的基本原则，其不仅仅适用与对绑架罪的证明规则要求，而且适用于其他死刑案件，是暴力犯罪死刑适用的基本证明原则。

第四节　故意伤害罪死刑适用证据标准研究

同前述暴力犯罪死刑适用证据标准研究一样，故意伤害罪死刑适用的证据标准研究也需要首先明确故意伤害罪犯罪性质的认定和死刑适用的情形。这些定罪与量刑的关键问题解决了，证据标准的研究对象也就明确了，进而可以研究其证据标准的具体规范。最后，司法认定上的一些难题也是故意伤害罪证据标准规范要点所在。这些就构成了故意伤害罪死刑适用证据标准的整个结构体系。

一、故意伤害罪死刑适用的基本问题

故意伤害罪的死刑适用首先需要明确故意伤害罪的犯罪性质，即刑法关于故意伤害罪的定性规定。其次才是量刑问题，即什么情形下故意伤害罪可以适用死刑。这些问题的准确把握既是司法裁判准确定罪量刑的基础，也是其证据标准体系构建的对象所在。

(一)故意伤害罪的定性标准

我国《刑法》第 234 条规定："故意伤害他人身体的，处三年以下有期徒刑、拘役或者管制。犯前款罪，致人重伤的，处三年以上十年以下有期徒刑；致人死亡或者以特别残忍手段致人重伤造成严重残疾的，处十年以上有期徒刑、无期徒刑或者死刑。本法另有规定的，依照规定。"

根据刑法的规定，故意伤害罪是指故意伤害他人身体健康的行为。对故意伤害罪认定的关键问题如下。

(1)主观方面的“伤害故意的内容”。故意伤害罪的主观方面具有“伤害他人身体健康的目的”，并且具有“希望或者放任他人身体伤害结果发生的心态。”主观罪过包括“直接故意”和“间接故意”，不含过失。尤其需要注意的是，故意杀人罪的主观故意的内容是“故意”的“伤害他人的身体健康”而不包括“过失的”或者“死亡”的内容。这是故意伤害罪认定的关键要素所在①，也是区别“故意杀人”、“过失致人死亡”犯罪的关键要素。

(2)客观方面的“伤害行为”。

(3)客体方面的“他人身体健康伤害结果的发生”。“故意伤害罪，是结果犯，即以造成伤害结果为犯罪既遂的标准。”②同时，伤害的对象必须是身体的健康。根据我国刑法的立法本意，身体健康是指“身体的完整性和生理机能的健全”.③ 比如，肢体的残疾、缺失或者听、视觉功能的丧失等。而且要注意，伤害的必须是“他人”而不包括自伤。

(4)行为与结果之间的因果关系。伤害行为和伤害结果之间必须具有直接的必然的因果联系，这是故意伤害罪罪名成立的重要要素。

(二)故意伤害罪死刑适用的标准

我国《刑法》第234条第2款规定，故意伤害致人重伤的处三年以上十年以下有期徒刑；致人死亡或者以特别残忍手段致人重伤造成严重残疾的，处十年以上有期徒刑、无期徒刑或者死刑。其中本法另有规定的，从其规定。根据该条款的规定，故意伤害罪刑罚的适用与伤害的结果有重要关系，其中伤害致死或者以特别残忍手段致人重伤造成严重残疾的有适用死刑的可能性。由此可见，故意伤害罪死刑适用的认定，需要把握好以下几个方面。

1. 伤害结果

故意伤害的结果是死刑能否适用的一个关键要素。死亡和重伤严重残疾的伤害结果的发生，是死刑适用的标准性要素，也就是说故意伤害行为只有

---

① 王作富主编：《刑法分则实务研究(中)》第4版，中国方正出版社2010年版，第826页。

② 同上书，第827页。

③ 陈兴良主编：《刑法学》第2版，复旦大学出版社2009年版，第315页。

发生了死亡或者重伤以致严重残疾的结果的，才有适用死刑的可能性。其中，因故意伤害致人死亡是典型的结果加重犯形式。① 死亡结果的发生不是行为人故意的内容，对于此加重结果行为人主观只能是过失。这里故意伤害致人死亡的认定需要把握一个关键要素，那就是故意伤害行为必须同死亡的加重结果之间具有因果关系。以特别残忍手段致人重伤造成严重残疾是故意伤害罪死刑适用的情节加重情形。同样的，此种死刑适用的情形也必须以重伤、严重残疾的结果为适用的必备要件。除此之外，行为人主观上必须有故意重伤的故意，并且手段要特别的残忍。

2. 伤害手段

除了结果外，故意伤害的行为手段也是死刑适用认定的关键要素。故意伤害罪的情节加重情形，除了重伤和严重残疾的结果外，还必须有特别残忍的伤害手段，这样才有适用死刑的可能性。特别残忍的伤害手段主要是指"用硫酸泼洒、钝器反复打击、残害他人肢体等行为"②。当然，如果致人死亡的情形中，也有故意伤害的特别残忍手段，死刑适用的可能性就更大了。

3. 从重情节

上述伤害结果和伤害手段的发生，只能说有适用死刑的可能性，并不一定就必须适用死刑。因为，刑法对此规定的是一个包含十年以上有期徒刑、无期徒刑或者死刑的量刑幅度。在此量刑幅度内是否一定适用死刑，除了考虑伤害结果和伤害手段的残忍性以外，还需要考虑其他情形，其中法定从重的情节具有重要意义，酌定的量刑情节也是重要的考量要素。当然，单从故意伤害的后果和残忍手段两方面因素也可能有适用死刑的可能性，但从死刑适用的慎重性、控制死刑适用的角度考虑，从重处罚的情节应是重要的支持要素。

二、故意伤害罪死刑适用的证据标准

故意伤害罪死刑适用的证据标准涵盖定罪的证据标准和量刑的证据标准两个方面。具体的证据标准内容有：证明的对象、证据的种类、证明标准、证明的规则和证明的程序规范要求等几个方面。其中有些证明标准内容是共

① 陈兴良主编：《刑法学》第2版，复旦大学出版社2009年版，第316页。

② 同上书，第317页。

通的，在前述三节中已经有所阐述，为防止论述上的重复，本节将只对故意伤害罪证据标准上的重点部分和特别之处进行论说，对于具有共性的部分或者不作阐述或者简要说明。

(一)犯罪主体方面的证据标准

主体方面的证据标准与其他几类暴力犯罪基本相同。证明对象上需要重点关注的是行为人的年龄和刑事责任能力问题。故意伤害罪的一般犯罪主体年龄是16周岁以上，其中故意伤害致人重伤或者死亡的刑事责任年龄是14周岁以上。而重伤和死亡后果的发生正是死刑适用可能的情形，所以主体的年龄以是否年满14周岁为证明的对象。证据的种类、证据的标准、证明的规则与程序等基本同其他暴力犯罪。

(二)犯罪主观方面的证据标准

1. 证明对象——故意

伤害的故意既包括直接故意也包括间接故意。具体的证明对象为“有无伤害他人的主观故意”。“认定是否构成伤害，关键是查明行为人有无伤害的故意，至于采取什么手段，行为方式是作为或是不作为，都不影响故意伤害罪的成立。”①所以，对主观罪过“伤害的故意”的证明是非常关键的，是故意伤害罪定罪的关键要素。对伤害的故意是否存在属于主观心理的证明，证明难度比较大，一般的可通过对以下几个方面的证明来综合考虑。

(1)发案的原因。儿子不听话而被父母毒打与争抢女友、为父报仇而伤害他人，主观方面内容是不一样的。发案的原因对判断主观的故意以及故意的内容起到很重要的作用。对此，可通过证人证言等言词证据进行证明。

(2)伤害的行为手段和工具。越是伤害性强的行为手段和工具越能证明主观的罪过是故意伤害。对此，可通过物证工具、工具痕迹(伤痕)、被害人陈述(如果活着，或者遗言)、犯罪嫌疑人的供述与辩解、证人证言、视听资料等证据进行证明。

(3)打击的力量大小，打击有无节制。打击力量的大小、打击是否有节制会影响到故意的内容，一般的无节制的、猛力打击就有杀人的故意内容。而打击力度很小，并且很有节制，就有可能是殴打，而不构成伤害的故意内容。

---

① 王作富主编：《刑法分则实务研究(中)》第4版，中国方正出版社2010年版，第826页。

对此，可通过伤痕的严重程度、伤痕的数量，各种言词类证据和视听资料等进行证明。

(4)打击的部位。打击部位是否属于人体致命之处，直接影响到行为人主观的内容。一般的来说，打击头颅、砍、刺人体的心脏等重要脏器部位多具有“杀人的故意内容”。反之，打击腿部、臀部、手臂等多是“伤害”的主观内容。当然这并不是绝对的。对此，可直接通过伤痕的位置来证明，还可以通过其他言词类证据进行证明。

(5)与被害人的关系。行为人与被害人之间的关系也是判断伤害故意的重要依据。父子关系、夫妻关系的存在，一般伤害的可能性要小。而互不认识或者有仇恨关系则伤害的可能性要大。所以，通过各类言词证据以及书证等证明两者的关系对判断主观罪过具有重要价值。

(6)伤害结果与行为之间的因果关系。伤害结果是否直接由行为人的行为手段所产生，是否有其他因素的介入影响了伤害结果与行为人行为之间的因果关系走向，是确定行为人主观罪过的又一重要要素。比如，因被害人本身有心脏病，因行为人的轻微推搡行为引发心脏病发作，就很难认定行为人有伤害的主观罪过。对此，可通过尸体解剖笔录，既往病史的诊断书，死亡结果的鉴定意见书以及证人证言等证据进行证明。

(7)伤害之后的行为与态度。行为人积极抢救被害人，对伤害结果的发生的表情和言行，对判断主观内容具有重要价值。比如，向同伙夸耀自己杀人的事情和积极抢救被杀害的被害人就是两种不同的主观心理。对此，可通过证人证言，被告人供述与辩解等证据进行证明。

此外，行为人一贯的表现，犯罪是否有预谋和准备等都是判断主观罪过及其内容的重要方面。

2. 证明标准——证据确实、充分

根据刑法的规定，故意伤害他人的主观罪过是故意伤害罪定罪的关键要件，同时，根据《办理死刑案件证据规定》的规定，主观罪过是死刑案件必须证明到证据“确实、充分”标准的证明对象。所以，对“故意伤害他人身体的”的证明必须达到证据确实、充分。对此，需要把握以下几点。

(1)定案证据必须已经经过法定程序查证属实。定案的证据取证合法，内容真实，具有关联性，并且经过了法定的质证程序的审查，证明程序严格依法进行。

(2)证据之间、证据与案件事实之间不存在矛盾或者矛盾得以合理排除。

(3)主观故意的罪过内容事实都有上述定案证据证明。

(4)对主观罪过的判断符合逻辑和经验规则，结论应该无异议。

这里需要注意，对主观罪过的“故意”的证明必须达到证据确实充分，而对主观罪过的内容证明有时需要结合特定情形来把握证明标准。比如，行为人主观罪过是故意伤害还是故意杀人不明确时，必须根据证据证明其对被害人死活存在放任态度，此时，主观罪过的内容可通过实际的危害后果来判断，即被害人死亡的，以故意杀人的故意内容来定，如果是伤害结果的则以故意伤害的故意内容来定。此时，主观故意内容的证明实际并不是确实、充分的，而是两种情形模糊不定，此时，可以客观结果归罪，也认为完成了确实、充分标准的证明要求。

(三)客观方面的证据标准

故意伤害罪客观方面的证明对象包括时间、地点、行为、手段、伤害结果以及原因、情节等。其中时间、地点等与其他暴力犯罪死刑适用的证据标准具有共通性。这里主要就行为、手段，伤害后果及其因果关系三个方面进行证据标准探讨。这也是故意伤害罪定性的关键要件。

1. 伤害行为的证据标准

伤害行为，是指采用徒手或者工具对他人身体健康进行伤害的行为。伤害的方法多样，比如砍、刺、砸、敲、劈、咬、捶、毒等。工具诸如刀、枪、棍、棒、牙齿、徒手、动物、毒物等。根据《刑法》第 234 条第 2 款的规定，如果以特别残忍手段致人重伤造成严重残疾的，属于情节加重情形，有处以死刑的可能性。所以，“特别残忍的伤害手段”是故意伤害罪死刑适用证据标准研究的重要证明对象。特别残忍的手段“主要是指用硫酸泼洒、钝器反复打击、残害他人肢体等行为而致人重伤并造成严重残疾的行为”。

伤害行为属于犯罪客观方面的主要证明对象，对此进行证明的证据种类主要是现场勘验、检查笔录、被害人陈述、证人证言、被告人的供述与辩解、物证等。其中物证中的伤痕(比如刀伤)、人体的组织(比如现场的残肢)、作案的工具(比如硫酸)是最为重要的证据。虽然物证属于间接证据，但其客观性的属性使然，对伤害行为的证明最为关键。

伤害行为与行为主体的联合属于《办理死刑案件证据规定》中需要证明到“证据确实充分”标准的证明对象，即“被告人实施了故意伤害的行为、行为的手段”。同样，对证据确实充分标准的要求也同主观故意的证明一样，要求证据查证属实，经过严格质证程序审查，证据之间、证据与案件事实之间无矛盾或者矛盾得以排除，对行为事实的认定符合逻辑和经验规则，结论具有唯一性。

2. 伤害结果的证据标准

“故意伤害罪，是结果犯，即以造成伤害结果为犯罪既遂的标准。”①一般认为，如果没有伤害结果的发生，或者说伤害结果没有达到轻伤以上的程度，即使有故意伤害的故意，也不以故意伤害罪定罪。所以，伤害结果在故意伤害罪的认定上具有关键意义。根据《刑法》第 234 条的规定，故意伤害罪死刑的适用还要以重伤、死亡的伤害结果的发生为适用的标准条件。因此，故意伤害罪伤害结果的证明与故意伤害罪的认定与死刑适用具有重要作用。

对伤害结果的证明主要的证据种类有现场勘验、检查笔录，证人证言，被害人陈述，被告人的供述与辩解，物证(如伤痕、尸体)，鉴定结论等。其中最为关键的证据种类是人体伤害程度的鉴定结论。对此，我国有《人体重伤鉴定标准》和《人体轻伤鉴定标准》作为鉴定的依据，② 由法定程序委托的有鉴定资格的法医鉴定人员出具人体伤害程度鉴定结论。如果造成死亡的，要由法医进行尸体解剖，对死亡的原因、伤痕、致命伤等出具解剖结论。

根据《办理死刑案件证据规定》第五条的相关规定，伤害的结果属于死刑案件应当证明到证据“确实、充分”标准的证明对象。同上，要求证据具有法定性、真实性，质证程序查证属实，证据之间、证据与事实之间的矛盾排除，证明程序合法，伤害结论的认定符合逻辑与经验法则，并得出唯一的结论。这里涉及一个重要问题，就是伤害结果的认定主要是依据鉴定结论进行认定，但是，最终的伤害程度认定应由法官来进行。确定的标准是“以伤害当时的情

① 王作富主编：《刑法分则实务研究(中)》第 4 版，中国方正出版社 2010 年版，第 827 页。

② 具体内容详见最高人民法院、最高人民检察院、司法部、公安部《人体损伤程度鉴定标准》(2013 年 8 月 30 日)。

况结合审判时的治疗和恢复情况综合认定”。① 司法实践中可能会出现伤害当时的鉴定意见、审判时的鉴定意见、医疗档案、医生诊断书等证据，这些都是认定伤害程度的依据。当然，法医伤害鉴定意见往往是决定性的判断依据。

3. 伤害结果与伤害行为的因果关系证据标准

有了伤害行为和伤害结果并不能证明故意伤害行为的真正发生，因为伤害结果的发生有可能是介入了其他因素而产生的，从而阻断了伤害行为与伤害结果之间的关联性。因此犯罪客观方面的证明对象还应包括“伤害行为与伤害结果之间的因果联系”，只有伤害行为与伤害结果之间构建了直接的、必然的因果联系，故意伤害行为才算真正的确立起来。

对此进行证明的证据主要是现场勘验、检查笔录，被害人陈述，被告人供述与辩解，证人证言，物证(伤痕、作案工具)，医生诊断书，法医鉴定意见等。同样这些证据中关键的是物证和法医鉴定意见。但是对伤害行为和伤害结果的认定最终还是要由法官结合证据综合来认定。

因果关系的证明并不是《办理死刑案件证据规定》中明确规定的需要证明到证据“确实、充分”标准的证明对象。但根据其在犯罪客观方面的重要作用，其也必须得到证明，并且证明到证据“确实、充分”的标准或者近似的标准方可。

(四)犯罪客体方面的证据标准

故意伤害罪的客体是他人的身体健康，包括身体的完整性和生理机能的健全。客体属于抽象的权利属性，是犯罪分类的重要依据，但不能直接成为证明的对象。就故意伤害罪而言，犯罪客体方面的证明对象主要是他人的身体，其中自伤的不能算故意伤害，② 对胎儿的伤害一般也不构成本罪。具体的伤害对象比如人体的四肢、臀部、胸部、脏器、耳朵、眼睛等。

对此进行证明的证据种类主要是各种物证，比如人体的组织和伤痕。犯罪的对象也不是《办理死刑案件证据规定》明确规定的证明对象，因此其证明标准并不需要达到证据“确实、充分”的程度。但是从案件事实的完整性来说，其也仍是需要证明的对象之一。

---

① 陈兴良主编：《刑法学》第 2 版，复旦大学出版社 2009 年版，第 315 页。

② 战时自伤的行为，构成《刑法》第 434 条战时自伤罪。

(五)量刑事实情节的证据标准

犯罪成立是死刑适用的前提，因此定罪证据标准是死刑案件证据标准的必然组成部分。但是量刑情节的证明并不一定都需要严格证明，其中只有从重处罚的情节才是死刑适用的关键证明对象。根据《办理死刑案件证据规定》的相关规定，从重处罚的情节事实属于必须证明到证据“确实、充分”标准的证明对象。当然，从轻、减轻、免除处罚的事实情节并不是不需要证明，相反从死刑适用的慎重性、控制性的角度来看，这些事实情节的证明反而更为关键，因为可以减少死刑的适用。但从证明标准来看，对从轻、减轻、免除处罚的情节事实并不需要严格的证明标准，而只需要证明到合理可信的程度即可。为保证死刑适用的准确性，从重处罚的事实情节应当证明到证据确实、充分标准。

根据《刑法》第 234 条第 2 款的规定，从重处罚的事实情节包括死亡和以特别残忍手段致人重伤造成严重残疾。对此的证据标准已经在犯罪的客观方面进行了具体阐述。其中死亡是结果加重犯，重伤致严重残疾的是情节加重犯，对此的证明必须达到证据“确实、充分”的证明标准要求。

根据《刑法》总则的相关规定，对累犯、教唆犯等应当从重处罚，属于法定从重处罚的情节。被告人一贯凶残、暴戾、放荡不羁、流氓成性，有前科劣迹，抗拒抓捕等属于酌定从重处罚的情节，这些都可能影响到死刑的适用。对此需要通过证人证言、前科劣迹犯罪档案等证据来证明。对这些证据必须查证属实方可作为定案的根据。根据《办理死刑案件证据规定》的规定，从重处罚的事实情节应当进行严格证明，证明标准应当达到证据“确实、充分”的标准。

除了量刑事实情节外，被告人的年龄、是否怀孕是死刑适用中的关键要件。对此，必须给予充分关注。对此进行证明的证据标准已经在前述章节进行了阐述，此处不再赘述。需要重点注意的是，年龄的证明可参见《办理死刑案件证据规定》的相关规定。怀孕的司法认定要准确认定怀孕的时间和怀孕的司法含义。

(六)故意伤害罪的证据规则

《办理死刑案件证据规定》确定了死刑案件适用的几个证据规则，比如证据裁判原则、程序法定原则、客观全面原则、质证原则、严格证明标准原则以及间接证据定案规则、原始证据优先规则、意见证据规则和非法证据排除规则等，这些构成了死刑案件定案的基本规则。此外在我国司法实践中实际上还有个重要的原则，那就是证据印证原则。此规则要求，对案件事实的证明需要证据与证据之间应当相互印证、矛盾能够合理排除，或者不存在矛盾，证明的指向是唯一的。证据印证规则在《办理死刑案件证据规定》的证明标准问题上也有体现，即"证据与证据之间、证据与案件事实之间不存在矛盾或者矛盾得以合理排除"。故意伤害罪死刑适用也要严格遵守这些法定的原则与规则要求，因前述章节已经进行了具体阐述，此处不再赘述。

三、故意伤害罪司法认定的几个特殊问题的证明

(一)以特殊的行为手段伤害他人的证明

故意伤害罪的行为手段一般多是有形的、肉体性的伤害，比如拳打、刀刺、断肢、挖眼等。如果通过冷嘲热讽、指桑骂槐、装神弄鬼等精神刺激和惊吓的手段，故意使他人精神痛苦，导致其患病，甚至精神失常，能否构成故意伤害罪？也就是说对人的精神上的伤害是否构成故意伤害罪？另外有传染病的人，故意将病菌传染给他人，算不算故意伤害罪？对此学界一般认为也应以故意伤害罪论处。①

对人的精神进行伤害或者是传染疾病，其行为的手段比较特殊，对人的伤害内容也比较特殊，所以对此进行证明的难度较大。但是根据故意伤害罪的本质特征，证明的关键对象仍是对行为人主观故意的证明。对此，需要通过各种法定的证据形式，集中对人的主观伤害的故意进行证明，同时要对伤害行为与伤害结果之间的因果关系进行充分的证明。对此，既需要证据充分，而且需要运用科学知识、经验常识进行合理的判断。一般来说，证明标准要求上应至少达到合理相信的程度。

(二)故意伤害罪与故意杀人罪的界限证明

故意伤害罪和故意杀人罪有界限上的模糊之处，一是故意伤害致死同故意杀人的区分；二是故意杀人未遂与故意伤害的区分。此两种情形，区分的关键仍是主观罪过的证明。对此的证明，前已述及，如果有充分证据能够证明主观罪过的具体内容是故意伤害或者是故意杀人，则犯罪性质的认定没有

---

① 王作富主编：《刑法分则实务研究(中)》第4版，中国方正出版社2010年版，第826页。

异议。此时，证明标准要求，只要是优势证据即可，也就说是故意伤害还是故意杀人只要达到优势证明的程度即可认定。只有当罪过是故意伤害还是故意杀人模糊不清时，此时涉及犯罪性质的认定问题。此时，需要进一步结合犯罪结果来判断，如果被害人死亡的，则定主观罪过为故意杀人；如果被害人未死亡，则以故意伤害定之。需要注意的是，关于主观罪过的证明一般需要结合对犯罪原因、行为手段、打击力度、打击部位、有无节制等方面的证明来综合判断。

(三)以故意伤害罪认定的其他犯罪行为

最高人民法院、最高人民检察院根据 1999 年 10 月颁布的《关于办理组织和利用邪教组织犯罪案件具体应用法律若干问题的解释》第 4 条和最高人民法院、最高人民检察院 2001 年 6 月颁布的《关于办理和利用邪教组织犯罪案件具体应用法律若干问题的解释(二)》第 9 条的规定组织和利用邪教组织制造、散步迷信邪说，指使、胁迫其成员或者其他人实施自杀、自伤(自残)的，或者组织、策划、煽动、教唆、帮助邪教组织人员自杀、自残的，以故意杀人或者故意伤害罪定罪处罚。

根据最高人民法院 2000 年 11 月颁布的《关于审理交通肇事刑事案件具体应用法律若干问题的解释》行为人在交通肇事后为逃避法律追究，将被害人带离事故现场后隐藏或者遗弃，致使被害人无法得到救助而死亡或者严重残疾的，分别以故意杀人或者故意伤害罪定罪处罚。

根据上述法律规定，组织利用邪教组织和迷信邪说致人自伤的和交通肇事致人隐匿、遗弃不救助致人伤残的，以故意伤害罪定罪处罚。对此，故意伤害罪的证明也要对伤害的主观的直接故意或者间接故意进行证明，特殊之处在于伤害的行为手段比较特殊，分别依据最高院对此的司法解释所阐述的伤害行为手段进行证明。如果适用死刑，则主观罪过、行为手段仍应证明到证据“确实、充分”。

四、黄某故意伤害罪的证据问题探析

2006 年 8 月某日凌晨 2 时许，被告人黄某与“军伢子”酒后到一个发廊意图嫖娼，遭到店主李某的拒绝，双方因此发生争吵。李某的哥哥李×来相劝并加入了争吵，黄某叫来帮手“武×”来相助。黄某三人围打李×。黄某用弹簧刀朝李×胸部等处猛刺，致李×死亡。

本案主要证据有：

(1)证人李某、何某、杨某、牛某的证言，辨认笔录及照片。四名现场目击证人的证言证明了案发的原因、时间、地点、三名同案犯进入现场的先后顺序、作案的过程、使用的作案工具、三名同案犯的衣着、相貌、年龄等体态特征。

(2)尸体检验报告书及照片、现场勘验笔录、现场照片、证实了案发现场情况及被害人死亡情况。

(3)被告人黄某供述。黄某对用刀猛刺被害人的犯罪事实供认不讳。

(4)作案工具弹簧刀、刀上血痕、生物物证鉴定书。鉴定结论为：弹簧刀刀尖、刀中部的血迹为李×所留；刀柄处血迹为李×和一男性个体混合血迹所留；黄某衬衣右肩部、左袖口处血迹为一男性个体所留。

(5)证人证言所述内容与被告人供述完全一致，尤其是一些细节特征相符，比如当时都说了什么话，穿戴的衣服、拿的作案工具等。

本案移送最高院死刑审核时，发现证据方面的主要问题是刀柄混合血迹的来源不清，被告黄某衬衣、袖口上的血迹来源不明。黄某血迹并没有做血型比对分析。而这些对证明黄某是否到现场，是否为持刀之人有重要价值。因为物证属于间接证据，血型比对是本案的关键证据。对此最高院请云南高院商公安机关重新补充证据材料。通过提取黄某的血迹进行血型分型比对后证实刀柄处混合血迹为李×和黄某所留，黄某衬衣右肩部和左袖口处血迹为黄某所留。这与黄某供述的双手在打斗中受伤，并将血擦在衣服上的细节相互印证。

本案的启示：

(1)证据印证规则是司法实践中的重要证据规则，证据之间相互印证，尤其是细节的吻合是证据真实可靠性的重要保证。

(2)间接证据证明必须环环相扣，形成完整的证明锁链。比如本案中血迹的鉴定结论，血迹来源必须查清，必须与其他证据相互印证形成完整的证明锁链。否则不能定案。

(3)本案以故意伤害致人死亡定罪，并处死刑。本案定性认定主要是从发案的原因，作案的工具，行为的手段，案后的表现，一贯的言行等方面综合来判断的。尤其是发案的原因，证明被告黄某与李某并无冤仇，不应有杀人的动机、目的。据被告供称当时过激一时气愤逞能而已，主观上罪过所以没有定杀人。

(4)本案死刑予以核准，体现死刑适用上过于宽松，控制死刑、慎重适用死刑思想并没有发挥应有的作用。

第五节　强奸罪死刑适用证据标准研究

前述四节分别以不同的体例形式对四种暴力死刑案件的证据标准问题进行了专题性的实务指导性的研究。每一种体例形式从不同的角度阐述了暴力犯罪死刑适用的证据标准问题，相互之间具有指引和借鉴价值。本节将就强奸罪死刑适用的证据标准问题进行研究，因为强奸犯罪涉及的问题比较繁杂，本节在研究强奸罪基本犯罪构成规范的基础上，就强奸罪死刑适用中涉及的一些关键问题进行更为具体的阐述。

一、强奸罪死刑适用的基本问题

(一)强奸罪的定性标准

《刑法》第 236 条第 1、2 款规定："以暴力、胁迫或者其他手段强奸妇女的，处三年以上十年以下有期徒刑。奸淫不满十四周岁的幼女的，以强奸论，从重处罚。"

根据刑法的规定，融合学界关于强奸罪的认识，强奸罪可以定义为，"是指违背妇女意志，使用暴力、胁迫或者其他手段，强行与妇女发生性交，或者与不满 14 周岁的幼女发生性交的行为。"①据此，强奸罪定罪认定的关键问题主要如下。

(1)客观方面表现为强行奸淫妇女的行为。"强奸行为是典型的复行为犯，除奸淫的目的行为以外，还必须具有违背妇女意志从而实施暴力、胁迫或者其他方法的手段行为，进行强行实施奸淫行为。"②也就是说强奸犯罪行为包含两个行为，一个是"暴力、胁迫或者其他方法"的手段行为；另一个是"强行与妇女发生性交"的目的行为。其中，目的行为的成立与否只影响犯罪既遂与否的问题，不影响定罪问题。

①② 陈兴良主编：《刑法学》第 2 版，复旦大学出版社 2009 年版，第 322 页。

(2)强奸罪以违背妇女的意志为前提。对此，可通过强奸的手段行为的严重程度为依据进行判断。一般“只有当妇女是基于同意或无所谓的心态而没有反抗或没有明显反抗时，才可以认定没有违背妇女意志从而排除强奸犯罪，否则就不能断然认定不构成强奸罪”。①

(3)强奸罪主体的刑事责任年龄是14周岁。根据司法解释，② 奸淫幼女罪被取消，合并为强奸罪一个罪名进行定罪处罚。这样，奸淫幼女行为和强奸行为均符合《刑法》第17条第2款规定的相对刑事责任年龄承担刑事责任的范围。所以，强奸犯罪的刑事责任年龄是14周岁。

(4)强奸罪主观方面表现为直接故意。目的是与妇女发生性行为。

(5)强奸罪的对象如果是不满14周岁的，以目的行为定罪，不以犯罪者主观的故意与否、手段行为的有无定罪，也不以被害人是否同意为脱罪之辞。

强奸罪除上述定罪的关键问题外，因特殊情形，会有特殊的定罪标准要求。此为例外，待后具体详述。

(二)强奸罪死刑适用的标准

《刑法》第236条第3款规定：“强奸妇女、奸淫幼女，有下列情形之一的，处十年以上有期徒刑、无期徒刑或者死刑：(一)强奸妇女、奸淫幼女情节恶劣的；(二)强奸妇女、奸淫幼女多人的；(三)在公共场所当众强奸妇女的；(四)二人以上轮奸的；(五)致使被害人重伤、死亡或者造成其他严重后果的。”

据此，强奸犯罪有五种情节加重情形。当存在这些情形时，最低可判处10年有期徒刑，最高可判处死刑。因此，对于强奸犯罪死刑适用而言，首先强奸犯罪必须存在此五种情节加重情形之一；其次，必须具有从重处罚的法定情节或者酌定情节方可适用死刑。第一种情节加重情形“通常指强奸手段残酷的；公共场所劫持并强奸的；多次利用淫秽物品、跳黑灯舞等手段引诱女青年进行强奸，造成恶劣社会影响、极大危害的；因强奸致使被害人自杀、

---

① 赵秉志主编：《刑法争议问题研究》下册，河南人民出版社1996年版，第274—275页。

② 2002年最高人民法院、最高人民检察院《关于执行〈中华人民共和国刑法〉确定罪名的补充规定》。

精神失常等。”①第二种情形是从被害人的人数角度定性的。第三种情形是从犯罪场所角度定性的，即从强奸行为的社会影响角度来定义的，因为公共场所当众强奸妇女，犯罪的社会影响极其恶劣。第四种情形是从共同犯罪的角度定性的，也可以说是从特殊的强奸行为来定性的，此种共谋强奸并实际实施的轮奸行为对妇女的身心伤害是更为严重的，理应重罚。第五种情形时从强奸行为导致的对被害人实际损害的后果角度定性的，这种后果是指奸淫行为导致被害人性器官严重损伤，或者造成其他严重伤害，甚至当场死亡或经抢救无效死亡。②

二、强奸罪死刑适用的证据标准

证据标准涵盖了证明的对象、证据种类的具体规范、证明标准的分层次要求以及证明责任等方面。我国检察官具有客观义务，所以证明责任的基本分配原则是检控方承担证明责任，辩护方仅对刑讯逼供非法证据的排除有初步的证明责任要求，③ 特殊情形，对巨额财产来源不明罪、非法持有类犯罪实行举证责任倒置。④ 当然，如果辩护方提出了某种积极的主张，比如被告不在犯罪现场，则会发生证明责任的转移问题。当然，此时，证明标准的要求并不是很高，只要有合理的怀疑即可。⑤ 证明责任的分配具有一定的原则性，所以本节不再具体阐述。同时，暴力犯罪的证据标准有一些方面是共通的，为避免叙述上的重复与累赘，本节将主要集中于强奸犯罪的一些关键性问题和特殊性的问题进行证据标准上的阐述。

(一)证明对象上的关键问题

在刑事诉讼活动中，强奸罪的证明对象包括强奸罪的实体法事实、程序

---

① 陈兴良主编：《刑法学》第 2 版，复旦大学出版社 2009 年版，第 326 页。

② 最高人民法院、最高人民检察院、公安部《关于当前办理强奸案件中具体应用法律的若干问题的解答》(1984 年 4 月 26 日)。

③ 最高人民法院、最高人民检察院、公安部、国家安全部、司法部《关于办理刑事案件排除非法证据若干问题的规定》第 6 条：“被告人及其辩护人提出被告人审判前供述是非法取得的，法庭应当要求其提供涉嫌非法取证的人员、时间、地点、方式、内容等相关线索或者证据。”

④ 何家弘、刘品新：《证据法学》，法律出版社 2004 年版，第 306 页。

⑤ 大体相当于英美法系国家在民事诉讼中使用的“优势证明标准”。何家弘、刘品新：《证据法学》，法律出版社 2008 年版，第 304 页。

法事实。通说认为，证据事实本身并不需要证明，否则会形成无限循环证明的悖论。但是，必要时，某些证据的真实性、合法性问题是需要证明的，比如证据是否为非法取得的问题。如果，上述这些证明对象属于免证事实的，则可以不必证明。在这些证明对象中，本节主要就强奸罪证明对象上的关键问题进行研究。

1. 犯罪主体方面的证明关键

强奸犯罪主体方面的证明对象最为关键的莫过于对犯罪主体年龄的证明。首先，强奸犯罪属于我国《刑法》第 17 条第 2 款规定的相对责任年龄承担刑事责任的八种犯罪行为之一，① 已满 14 周岁犯强奸罪，应当负刑事责任。其次，与幼女发生性关系的，如果犯罪主体是已满 14 周岁未满 16 周岁的，如果情节轻微、尚未造成严重后果的，一般不以犯罪论处。② 而对于年满 16 周岁的，明知幼女而发生关系的，则不论被害人同意与否，只要有性交行为即构成犯罪。所以，强奸犯罪主体的年龄对强奸犯罪的认定具有关键性的作用，是犯罪主体证明对象上的关键。

我国学界通说不承认“婚内强奸”，即使在分居期间、离婚诉讼期间，丈夫也不能成为强奸罪的主体。但是在特殊情形下丈夫也可以成为强奸罪的主体。“夫妻之间的性行为虽是正当的，但由于夫妻性生活固有的隐蔽性，故妻子对丈夫当众发生性行为，享有拒绝权。”③也就是说丈夫如果当众强行与妻子发生性关系也可构成强奸罪。④此外，丈夫如果帮助或者教唆他人与其妻子发生性关系的，也可成为强奸罪的共犯，有实务案例为证。⑤ 这样丈夫的身份问题会在强奸罪定罪定性问题上起到关键作用，证明被害人和行为人夫妻关系的结婚证、离婚证等证据材料成为了重要证据。行为人的“丈夫身份”也成了证明主体方面的证明对象。

---

① 《刑法》第 17 条第 2 款规定：“已满 14 周岁不满十六周岁的人，犯故意杀人、故意伤害致人重伤或者死亡、强奸、抢劫、贩卖毒品、防火、爆炸、投毒罪的，应当负刑事责任。”

② 最高人民法院《关于审理强奸案件有关问题的解释》(2000 年 2 月 13 日)。

③④ 王作富主编：《刑法分则实务研究(中)》第 4 版，中国方正出版社 2010 年版，第 846—847 页。

⑤ 《张某强奸妻子案》，参见《1997 年刑法案例释解》，人民法院出版社 1999 年版，第 732—733 页。

此外，强奸犯罪的主体一般为男性，但是特殊情形下，女性也可以成为强奸罪的犯罪主体。比如，可以帮助或者教唆他人强奸，或者利用精神病人实施强奸行为，这样，女性也可以成为强奸犯罪的帮助犯、教唆犯或者间接实行犯。① 这样，在强奸罪的定罪认定问题上，女性犯罪主体能否构成强奸罪也是一个关键问题。虽然强奸犯罪的死刑适用对象主要是男性强奸犯，但是女性的强奸犯也不是不可能成为死刑适用对象的。这时，女性的年龄问题、是否怀孕问题也会成为死刑适用的关键问题。这些都构成了强奸犯罪主体方面证明的关键问题。

此外，有些强奸犯罪行为，是由具有特殊社会身份的人实施的，比如领导关系、医患关系、同学关系、师生关系等。这些也可成为犯罪主体的证明对象，当然，相对而言，并不是非常关键的证明对象。

2. 犯罪主观方面的证明关键

强奸犯罪与猥亵、侮辱女性的行为的重要区别是主观上的目的不同：强奸罪的主观目的是与女性发生性行为，而猥亵、侮辱女性的行为目的是猥亵、侮辱女性，而并不是发生性行为。所以，强奸罪的主观目的是主观方面证明的一个关键。具体来说，“对于强奸妇女行为而言，要求行为人明知自己的行为违背女性意志仍然决意采用暴力、胁迫或者其他手段强行奸淫，因而要求具有奸淫目的实现的强行性。”②即要求主观认知上与女性发生性行为，明知性行为违背妇女的意志，并且具有采用强行性交的目的意思。所以，一般而言，强奸罪主观方面的证明对象分解如下：(1)目的：强行发生性行为；(2)明知：性行为违背妇女的意志；(3)目的对象：与女性发生性行为。当然，这三个方面既可以单独的分别进行证明，也可以作为一个整体进行证明，还可以结合其他证明对象一起被证明，比如通过与强奸的手段行为一起来证明其主观强奸目的。在这三个方面的，违背妇女的意志是强奸罪成立的本质特征。③ 如何判断违背妇女的意志又是以犯罪手段的强制性来体现的，④ 而手段强制性到何种程度才能说明违背妇女的意志则是一个很难判断的司法难题。

① 陈兴良主编：《刑法学》第 2 版，复旦大学出版社 2009 年版，第 324 页。

② 同上书，第 325 页。

③ 高铭暄主编：《新编中国刑法学》下册，中国人民大学出版社 1998 年版，第 690 页。

④ 高铭瑄主编：《中国刑法学》，中国人民大学出版社 1989 年版，第 462 页。

是否没有反抗或者没有明显的反抗就可认定没有违背妇女的意志呢？学界研究认为在没有反抗或者没有明显的反抗的情况下，应具体分析没有反抗的原因，判断在当时具体情况下妇女的真实心理。只有当妇女是基于同意或无所谓的心态而没有反抗或没有明显的反抗时，才可以认定没有违背妇女意志从而排除强奸犯罪，否则就不能断然认定不构成强奸罪。① 当然，是否违背妇女的意志必须以妇女有无自由意志为前提。“如果妇女没有自由意志，未经或已经征得该妇女的同意，也视为违背其意志。如行为人明知妇女为精神病患者、白痴或痴愚型妇女而与其发生性行为，即使表面上妇女同意。甚至性行为是行为人在青春型精神病患者(花痴)的挑逗下进行，明知该妇女是精神病患者仍与其发生性行为，行为人仍构成强奸罪。”②

另外，强奸的主观罪过是故意。作为奸淫故意中明知的内容，因为强奸对象的不同，会有特别的要求。在奸淫不满 14 周岁的幼女时，要求行为人对幼女是否年满 14 周岁具有特定的明知，即明知是幼女而与其发生性关系。所以，对于强奸罪主观方面的证明而言，如果对象是幼女，行为人是否明知被害对象是幼女是主观证明上的一个关键问题。对幼女年龄是否 14 周岁，行为人的主观认知状态会有三种情形：一是特定性的明知；二是可能知道；三是确定的不明知。在这三种认知状态中，在前两种认知状态下，如果与幼女发生行为，不管其目的为何，意志因素为何均构成强奸罪，体现对未成年人身心健康的保护，实行严格责任归罪。对第三种情形，则因其主观认知上不知道也不可能知道对方的实际年龄，如果没有强行发生性行为的，则不构成犯罪。所以，如果被害对象不同，③ 强奸罪的主观方面的明知内容将是一个关键的证明对象。

3. 客观方面的证明关键

同其他暴力犯罪一样，强奸犯罪的手段行为也表现为暴力、胁迫或者其他方法，对此的证明也基本相同。强奸犯罪客观方面与其他犯罪的重要区别

---

① 赵秉志主编：《刑法争议问题研究》下册，河南人民出版社 1996 年版，第 274—275 页。

② 王作富主编：《刑法分则实务研究(中)》第 4 版，中国方正出版社 2010 年版，第 843 页。

③ 同样，如果被害对象是精神病人，同对幼女年龄的认知一样，需要有主观上明知的特定证明。

在于强奸犯罪的目的行为是“强行发生性行为”。这也是强奸犯罪客观方面证明的关键。下面就手段行为的特殊问题和目的行为进行具体研究。

(1)强奸罪手段行为的证明。

强奸罪暴力行为的证明除了证明行为手段上的暴力性外，要注意暴力行为内容不包括杀人的行为。同时，暴力行为的直接性，即暴力行为直接针对被害妇女也是暴力行为的证明对象。

胁迫行为是一种精神上的控制，因此，其行为的内容比较广泛，方法多样，例如可通过口头、书面、暴力、非暴力等各种方式实施；也可针对第三人实施，比如威胁杀害被害妇女的父母来要挟；还可以通过揭发隐私、利用从属关系、教养关系、职务权力以及孤立无援的环境条件等胁迫犯罪。因此，胁迫手段行为的证明对象不只限于胁迫的行为本身，还可能需要证明胁迫的方式、方法以及这些方法背后的利害关系等内容。

这里需要注意，有教养关系、从属关系和利用职权与妇女发生性行为的，不能都视为强奸。行为人利用其与被害妇女之间特定的关系，迫使就范，如养(生)父以虐待、克扣生活费迫使养(生)女容忍其奸淫的；或者行为人利用职权，乘人之危，奸淫妇女的，都构成强奸罪。行为人利用职权，乘人之危，奸淫妇女的，也构成强奸罪。但是，行为人利用职权引诱女方，女方基于互相利用与之发生性行为的，则不定为强奸罪。①

“其他手段”，是指犯罪分子用暴力、胁迫以外的手段，使被害妇女无法抗拒。例如：利用妇女患重病、熟睡之机，进行奸淫；以醉酒、药物麻醉，以及利用或者假冒治病等方法对妇女进行奸淫。“笔者认为，其他手段实际上包含两种情形，一种是行为人主动实施某方法，致妇女不知反抗或无法反抗。如行为人以劝酒为由将妇女灌醉、用药物刺激、麻醉妇女后予以奸淫；另一种是行为人趁妇女处于无意识、无意志状况时趁机予以奸淫，如行为人趁妇女昏迷、酒醉、或趁妇女熟睡之机冒充其丈夫、男友或情夫等，使妇女在不知反抗的情况下予以奸淫。”②此外，精神病人、严重痴呆者也属于那种不知

---

① 《图解立案证据定罪量刑标准与法律适用》第三册，中国法制出版社 2010 年版，第 40 页。

② 王作富主编：《刑法分则实务研究(中)》第 4 版，中国方正出版社 2010 年版，第 841 页。

反抗的情形，因为其没有认知能力、判断能力和控制能力。其他强奸手段的证明不但需要对犯罪的手段、方法进行证明，还需要对方法手段是否能实现妇女无法抗拒的程度进行证明。

(2)强奸罪目的行为的证明。

强行与妇女性交的行为是强奸犯罪的目的行为，也是强奸罪区别于其他犯罪的重要特征。这也成了强奸犯罪客观方面证明的关键问题。其中奸淫幼女的强奸犯罪行为，并不需要性交行为的强行性，也不需要手段行为的暴力性、胁迫性等，只要与幼女发生性关系即可能构成强奸犯罪(有例外，前已述及)。

强奸犯罪目的行为的证明对象主要是性交行为的认定，这也是强奸犯罪既遂认定的判断标准。关于犯罪既遂，主要有三种学说：①射精说；②插入说；③接触说。通说认为，强奸罪以插入说为犯罪既遂标准，其中奸淫幼女的，以接触说为据，体现对幼女的特殊保护。因此，在目的行为的证明中，是否插入、是否体内有精液物质、是否有性器官的接触成为了目的行为成立的证明对象。在具体证据种类上，内裤、阴道内外的精液、男子的阴毛和前列腺液等成为重要的物证，阴道内外的组织创伤、血液，以及对这些物证的司法鉴定结论成为认定目的行为成立的重要证据，可以起到间接证明“目的行为”的目的。

4. 客体方面的证明关键

强奸罪的客体，学界有不同的观点，如妇女的性的不可侵犯的权利，[①] 妇女的性的自由权利，[②] 妇女对与之不具有婚姻关系的男子拒绝发生性交的权利，此外还包括幼女的身心健康权[③]等。客体是一种抽象的法益，不能成为司法证明的直接对象，强奸罪的对象才是司法证明的直接对象。“强奸罪的对象为女性，包括妇女和幼女。妇女是指年满 14 周岁的女性，幼女是指不满 14 周岁的女性。被害女性的社会地位、思想品德、生活作风、结婚与否等均不影响本罪的成立。”[④]也就是说即使是妓女，如果强行与之发生性关系也可

---

① 张明楷：《刑法学》下册，法律出版社 1997 年版，第 704 页。

② 高铭暄主编：《新编中国刑法学》下册，中国人民大学出版社 1998 年版，第 695 页。

③ 王作富主编：《刑法分则实务研究(中)》第 4 版，中国方正出版社 2010 年版，第 839 页。

④ 陈兴良主编：《刑法学》第 2 版，复旦大学出版社 2009 年版，第 324 页。

构成强奸罪。强奸妇女虽然是行为人的目的对象，但侵害的对象的性别虽不会影响到强奸罪的成立与否，但会影响到强奸罪既遂与否的问题，比如将男性错当成女性进行强奸，构成强奸未遂。另外，强奸的对象必须是有生命的人，不知是女尸而进行奸淫，则构成强奸未遂，明知是女尸而进行奸淫，则构成侮辱尸体罪。同时，我国学界通说不承认"婚内强奸"。所以，强奸对象的性别、强奸对象是否是有生命的人成为了强奸罪证明的关键对象。

5. 强奸罪死刑适用情节的证明

根据《刑法》的相关规定，被告人是否年满18周岁、是否精神病人以及是否怀孕妇女是法定能否适用死刑需要判断的情形，也是死刑适用时首先需要证明的对象。根据《刑法》第236条，强奸罪有五种情节加重情形，可以适用死刑。但是，当具有此五种情节加重情形时，并不是直接就适用死刑，而是要根据强奸犯罪情节的严重程度在十年以上有期徒刑、无期徒刑或者死刑的量刑幅度内进行量刑。据此，强奸罪如果需要判处死刑，首先，需要准确把握五种"情节加重"情形中可以从重处罚的情节有哪些。其次，法定量刑情节中的从重处罚的情节、酌定量刑情节中可以酌情重判的裁量情节，也是需要证明的对象，比如累犯，在法定量刑幅度内应从重处罚。当然，为慎重适用死刑，法定、酌定的从轻、减轻、免除处罚的情节也必须得到证明。

在上述几项死刑量刑情节涉及的证明对象中，除强奸罪五种情节加重情形外，其他证明对象在前述几节都进行了具体而详尽的阐述，本节不再赘述。下面将结合《刑法》第236条的规定，以及学界研究的理论对强奸罪五种情节加重情形进行具体分析。只有"情节加重情形"适用死刑的情形明确了，强奸犯罪死刑的量刑对象才能真正明确。结合司法实践，强奸罪情节加重情形中具有下列情形的可以判处死刑：① (1)强奸妇女、奸淫幼女手段残酷的；(2)强奸妇女、奸淫幼女多人或者多次的；(3)轮奸妇女尤其是轮奸幼女的首要分子；(4)因强奸妇女或者奸淫幼女致人重伤、死亡或者其他严重后果的；(5)在公共场所劫持并强奸妇女的；(6)强奸行为在社会上造成很坏影响，极大危害的；(7)具有五种"情节加重情形"两种以上情形的。"手段残酷的"的情

① 《图解立案证据定罪量刑标准与法律适用》第三册，中国法制出版社2010年版，第40页。

形一般是指暴力手段特别残忍，比如吊打、烟熏、火烫等；强奸行为极其下流，比如用木条插、捅女性阴道、用火烧、铁烙女性阴部等；或是对特殊的对象如孕妇、重病妇女等实施强奸以及长时间的多次强奸，等等。所谓强奸致人重伤、死亡或者造成其他严重后果，是指强奸行为导致被害人性器官严重损伤，或者造成其他严重伤害，甚至当场死亡或经抢救无效死亡。① 实践中，也有暴力手段行为过失致被害人重伤、死亡的情形，也属于强奸致人重伤、死亡或者造成其他严重结果的情形。同时具有五种情节加重情形中的两种或者两种以上情形的，犯罪情节更为恶劣，一般应判处死刑，比如公共场所轮奸的，轮奸幼女多人的。这些情节加重的情形均是必须证明的对象，而且是必须证明到证据"确实、充分"标准的证明对象。根据《刑法》第236条第2款的规定，奸淫不满14周岁的幼女的，从重处罚。在情节加重情形中，如果有奸淫幼女的，应在10年以上有期徒刑和死刑的量刑幅度内从重处罚，即可适用死刑。所以，被害妇女是否未满14周岁，是死刑量刑的极为关键的证明对象。

此外，强奸犯罪会因为其强奸的手段行为犯罪，从而发生数罪并罚而定死刑。比如"行为人为实施强奸而预谋故意伤害或者在强奸过程中，为制服被害人反抗而故意伤害、杀人的，按照有关司法解释及通常观点均认为应当按故意伤害罪或故意杀人罪、强奸罪数罪并罚。"②如果强奸犯在强奸后，出于报复、灭口等动机，在实施强奸的过程中，杀死或者伤害被害妇女、幼女的，应分别定为强奸罪、故意杀人罪或者故意伤害罪，数罪并罚。注意，为保证刑罚适用的合理性，这里强奸罪的量刑幅度应适用"情节加重"情形的量刑幅度。这样，强奸过程中，其他犯罪行为的存在也是量刑情节需要重点关注的证明对象。

(二)证明标准上的关键问题

强奸罪适用的特殊情形比较多，涉及的证明对象复杂。在这些证明对象中，根据与定罪、死刑适用的关联性强度会有证明标准上的区别。根据《办理

① 最高人民法院、最高人民检察院、公安部《关于当前办理强奸案件中具体应用法律的若干问题的解答》，1984年4月26日。

② 陈兴良主编：《刑法学》第2版，复旦大学出版社2009年版，第324页。

死刑案件证据规定》和《刑事诉讼法》的相关规定，对强奸犯罪死刑适用的证据标准分述如下。

1. 需要证明到证据确实、充分标准的对象

根据《办理死刑案件证据规定》第五条第3款的规定，强奸罪需要证明到证据确实充分的事实有如下七种。

(1)被指控的强奸犯罪事实的发生。对此，需要有证据证明有强奸事实的发生，并且证据经法定程序查证属实，强奸犯罪性质定性是准确的，不存在其他可能的情形。比如，不存在通奸行为、不正当性行为、婚内强奸等非犯罪情形。

(2)被指控的被告人实施了强奸犯罪，被告人实施强奸犯罪行为的时间、地点、手段、后果以及其他情节。强奸犯罪为谁所实施是案件主要事实的组成部分，理应证明到证据确实、充分，否则会发生错判无辜、放纵犯罪的严重后果。为保证强奸犯与强奸行为的统一性，对被告人实施强奸的时间、地点、手段行为、目的行为以及强奸的情节加重情形、被害人的年龄、精神状态等情节都应当证明到证据确实、充分。通过事实情节的完整性，具体情节的准确性来实现证据"确实、充分"的标准要求。

(3)影响被告人定罪的身份情况。被告人的身份情况这里应广义理解，涵盖其自然情况和社会身份地位等情况。但是，在个案定罪中，并不是所有这些身份情况都需要证明到证据确实、充分。就强奸犯罪而言，被告人的姓名、性别、与被害人的关系、被告人的社会身份、地位等需要证明到确实、充分。因为，姓名会对确定其自然身份，为防止冤枉无辜发挥作用，而性别、与被害人的夫妻关系有无会影响到定罪可能性问题，被告人的社会身份地位既可能影响到强奸行为性质的认定，而且可能影响到量刑的问题，比如冒充医生进行欺骗强奸，体现出酌定量刑情节的判断等。

(4)被告人有刑事责任能力。被告人的刑事责任能力问题不仅关涉死刑适用问题，而且关涉罪名认定问题。强奸犯罪被告人的年龄、是否精神病等情况直接关涉强奸罪定罪定性问题。而且，是否年满18周岁，是否是完全丧失辨认或者控制自己行为能力的精神病人直接关涉死刑适用的问题。另外，非常关键的，如果是女性强奸犯(比如帮助犯、教唆犯、间接实行犯)，其是否是怀孕的妇女的情况也会影响到死刑适用的问题。这些影响被告人刑事责任

能力的情形是法定应当证明到证据“确实、充分”标准的证明对象。

(5)被告人的罪过。主观罪过的存在是犯罪构成的必要要件，《办理死刑案件证据规定》将其规定为证明到证据“确实、充分”标准的证明对象。这里主观罪过不仅包括故意、过失的罪过，有时，还应包括犯罪的目的。被告人强行与被害人发生性行为的故意(直接故意或者间接故意)是强奸犯罪的本质特征，也是区别于其他相似犯罪的重要标准。强奸被告人与被害妇女性交的目的、强行性交的主观故意、对被害对象精神状态、年龄的明知状态，是强奸犯罪主观罪过需要证明到证据“确实、充分”标准的证明对象。这几个方面的主观罪过内容，既可是定罪定性的关键问题，也可是死刑适用的关键情节。比如，对被害妇女是否年满 14 周岁的认知状态，不仅关涉是否定强奸罪的定罪问题，而且关涉死刑适用时“奸淫幼女，从重处罚”情节的认定。

(6)是否共同犯罪及被告人在共同犯罪中的地位、作用。共同犯罪中主犯应当对全案犯罪负责，从犯、胁从犯、教唆犯、帮助犯等也根据其在共同犯罪中的地位、作用对犯罪负责，这些也属于量刑情节的要素，属于重要的证明对象。强奸犯罪中，是否是共同犯罪，以及在共同犯罪中的分工问题，不仅涉及罪责分配问题，而且可能关涉到轮奸等加重情节问题，这将涉及死刑适用问题，所以应证明到证据“确实、充分”。

(7)对被告人从重处罚的事实和五种“情节加重”情形。为维护被告人的权益，保证依法量刑，《办理死刑案件证据规定》对被告人从重处罚的事实要求严格的证明标准。所以，在强奸犯罪中，刑法总则规定的累犯、教唆犯的从重情节和强奸罪规定的“奸淫幼女的”的从重情节均需要证明到证据“确实、充分”。从重处罚的情节应当严格标准进行证明，那么法定的五种“情节加重”强奸情形更应得到高规格的证明。因为，这五种情节加重情形直接关涉死刑能否适用的问题。据此，五种加重情形不仅需要严格标准进行证明，而且前述的在五种情形基础上具体分析的可能判处死刑的情形更应得到严格的证明。

2. 其他必须证明的对象

除上述需要证明到证据“确实、充分”标准的证明对象外，强奸犯罪死刑案件还有其他不需证明到如此严格标准的证明对象，比如具有法定从轻、减轻、免除处罚情节的事实，具体的有自首、立功等法定量刑情节。刑事诉讼法规定，在庭审期间法官认为有自首、立功的法定量刑情节而起诉的证据材料没有这方面材料时，有要求公诉方补充提供的权力，没有补充的，有建议检察机关补充侦查的权力。① 据此，法定量刑情节应当是必须证明的对象，检控方有客观全面提供证据进行证明的义务，只是其证明标准并不如"法定从重"情节那样需要"证据确实、充分"的严格标准而已。一般的认为法定量刑情节的证明标准达到合理相信的程度即可。除此之外，关于犯罪主体的自然情况、前科劣迹、犯罪的动机、认罪的态度、犯罪工具的去处、强奸被害人的生活作风、被告人与被害人交往关系等也是必须证明的对象。这些对象的证明是必需的，但不一定是必要的，要结合个案的具体情况判断，并且，其证明标准也并不要求特别的严格。

(三)关键证据种类的证据标准

我国刑事诉讼法规定了八种法定的证据种类，这些证据均可能成为证明强奸罪的证据种类形式。根据司法实践，常用证据种类有精斑、血液、内裤、毛发、组织伤痕等物证及其鉴定结论，被害人陈述，被告人的供述和辩解，证人证言，勘验、检查笔录等。个别情形下，视频监控录像、被害人、被告人往来书信、日记等书证也可成为证据类型。当然，证明被告人年龄、身份往往必须有户口簿、身份证、出生证、工作证、干部履历表、护照等书证形式。就强奸犯罪而言，具有突出作用的证据种类是被害人陈述、被告人供述与辩解，尤其是物证及其鉴定意见。其中，DNA 鉴定意见在强奸犯罪侦查、审判活动中具有举足轻重的作用，往往是认定犯罪、排除无辜的关键性证据，因此，DNA 鉴定意见是强奸罪司法证明的重要证据。下面就强奸罪司法证明的几个重要证据的证据标准问题进行简要介绍。

1. 被害人陈述的证据标准规范

被害人因为是强奸犯罪的直接受害者，与案件的审理结果有直接的利害关系，并且因为年龄、认知水平、记忆和表达能力以及精神、生理状态等因素的影响，被害人陈述会有虚假、夸大现象的发生。为此，在取证地点、方

---

① 1998 年 6 月 29 日最高人民法院审判委员会第 989 次会议通过的《最高人民法院关于执行〈中华人民共和国刑事诉讼法〉若干问题的解释》第 159 条："合议庭在案件审理过程中，发现被告人可能有自首、立功等法定量刑情节，而起诉和移送的证据材料中没有这方面的证据材料的，应当建议人民检察院补充侦查。"

法上法律有明确的规范，比如不能在被害人醉酒、麻醉或者处于精神药物麻醉状态性下取证，询问被害人只能个别进行，对聋哑人或者不通晓当地通用语言、文字的被害人，提供翻译帮助，被害人陈述笔录应经被害人核对确认并签名(盖章)、捺指印。为防止取证主体的非法取证行为的发生，法律还对被害人取证的程序、方法进行了严格规范，比如，禁止刑讯等非法取证、询问主体应两人、取证笔录格式化等。另外，为保证被害人陈述证据认定的准确性，《办理死刑案件证据规定》还规定了“意见证据规则”，意即被害人猜测性、评论性、推断性的证言，不能作为证据使用，但根据一般生活经验判断符合事实的除外。同时，为保证被害人陈述的真实性，被害人应出庭作证，或者采行互相印证规则，即被害人陈述必须接受庭审的质证，与其他证据相互能够印证，没有矛盾或者矛盾得到合理的解释与排除的，才能作为定案的根据。

2. 犯罪嫌疑人、被告人供述和辩解的证据标准规范

犯罪嫌疑人、被告人如果是强奸犯罪事实的直接实施者，是最了解案件事实的人。但因为诉讼活动的结果与其有直接的利害关系，所以口供虚假的可能性最大。而且，受审讯环境影响，复杂心态的变化，其口供反复性最大。另外，因为受“口供至上”的封建刑讯思想残余的影响，口供最容易非法取得。为此，对被告人的供述和辩解，在取证的方法、程序上要求最为严格。审讯主体必须二人以上，笔录格式规范，严禁刑讯逼供，必要时应有律师在场或者全程录音、录像。审讯未成年人被告人(包括犯罪嫌疑人)应通知其法定代理人到场。讯问笔录应核对、盖章或者捺指印。尤其为防止非法取证行为的发生，《办理死刑案件证据规定》和《非法证据排除规定》均对被告人供述和辩解规定了非法证据排除的内容、程序及规则。比如未经核对确认并签名(盖章)、捺指印的证据，未提供翻译的讯问笔录不能作为定案的根据。对刑讯取得的被告人供述，提供了比较完善的排除程序：规定了非法证据的提起主体和申请时间，辩护方有主张责任和初步的证明责任，检控方应提供取证合法的证明责任，并且达到证据“确实、充分”的证明标准等。此外，被告人应出庭接受讯问、质证，实行证据印证规则，综合全案证据进行审查判断等，这些构成了被告人供述和辩解的证据规则标准。

3. 物证的证据标准规范

物证是客观存在的物体和痕迹，是以其内在属性、外部形态、空间方位等客观存在的特征来证明案件事实的①。在强奸犯罪案件中，血液、体液（主要指精斑）、毛发、人体组织、指纹等是常见的证据，对证明强奸犯罪事实具有重要的价值。这些物证具有客观性的特点，比其他证据种类更为可靠，具有很高的证明价值。美国著名物证技术学家赫伯特·麦克唐纳曾经指出："在审判过程中，被告人会说谎，证人会说谎，辩护律师和检察官会说谎，甚至法官也会说谎。唯有物证不会说谎。"②物证虽然客观性强，但其不能直接证明案件事实，其蕴含的"案件秘密"必须为人所感知后方能起到证明案件事实的作用，也就是说物证的证明具有间接性，是间接证据。物证"信息"必须借助人的感官或者科学技术手段来解读，这样一来，物证也就会说谎了。同时，物证的发现、提取、保管各个环节的疏忽或者自然、人为的破坏都可能影响到物证信息的解读，甚至会误导诉讼认识。因此，物证的证据标准规范也是非常严格的，依据相关的证据法律规范，物证的发现、提取、保管都有严格的技术操作规范和法律程序规范：发现、固定和提取物证需要有勘验、检查、搜查、扣押笔录等；物证的转手、交接都要有物证特征、数量、质量和名称等内容标注与经手人的签名，学界一般称为"证据保管链"制度，以确保物证不会毁坏、篡改、丢失。为确保物证信息的解读，物证往往需要进行司法鉴定，比如DNA、指纹等的鉴定。同时，根据信息传递递减规律，《办理死刑案件证据规定》确立了原始物证优先规则。③

4. DNA鉴定意见证据标准规范

强奸犯罪中非常关键的证据就是精液，而对精液"主人"的认定，则要求

① 何家弘、刘品新：《证据法学》，法律出版社2004年版，第151页。

② ［美］刘易斯：《血痕弹道指纹探奇》，何家弘译，群众出版社1991年版，第1页。

③ 《办理死刑案件证据规定》第8条第1款："据以定案的物证应当是原物。只有在原物不便搬运、不易保存或者依法应当由有关部门保管、处理或者依法应当返还时，才可以拍摄或者制作足以反映原物外形或者内容的照片、录像或者复制品。物证的照片、录像或者复制品，经与原物核实无误或者经鉴定证明为真实的，或者以其他方式确能证明其真实的，可以作为定案的根据。原物的照片、录像或者复制品，不能反映原物的外形和特征的，不能作为定案的根据。"

助于 DNA 鉴定技术。DNA 鉴定技术是当今社会最为先进、最为可靠的同一认定技术。但是，任何技术都离不开人的因素，因而会有人为故意或者疏忽的错误发生，导致鉴定意见谬误。同时，任何技术都有其原理的局限性和技术上的缺陷，因而会产生错误的鉴定意见。同时，各种环境的、送检材料本身的各种因素等都会影响到鉴定意见的准确性。更为关键的，DNA 鉴定技术是高科技技术，对鉴定的环境、鉴定的技术标准、技术操作规范和程序都有非常严格的要求，这就造成任何些微的疏忽都可能酿成“差之毫厘、谬以千里”的错误。所以，相关的证据立法对 DNA 鉴定机构和鉴定人员的资格与条件、鉴定的技术方法和鉴定程序、检材和样本来源与保管等都严格的进行了规范。《办理死刑案件证据规定》第 24 条还详细列举规范了不能作为定案根据的鉴定情形：“鉴定意见具有下列情形之一的，不能作为定案的根据：(一)鉴定机构不具备法定的资格和条件，或者鉴定事项超出本鉴定机构项目范围或者鉴定能力的；(二)鉴定人不具备法定的资格和条件、鉴定人不具有相关专业技术或者职称、鉴定人违反回避规定的；(三)鉴定程序、方法有错误的；(四)鉴定意见与证明对象没有关联的；(五)鉴定对象与送检材料、样本不一致的；(六)送检材料、样本来源不明或者确实被污染且不具备鉴定条件的；(七)违反有关鉴定特定标准的；(八)鉴定文书缺少签名、盖章的；(九)其他违反有关规定的情形。对鉴定意见有疑问的，人民法院应当依法通知鉴定人出庭作证或者由其出具相关说明，也可以依法补充鉴定或者重新鉴定。”

(四)证明规则规范

证明规则主要有证据裁判原则、质证规则、程序法定原则、证据确实、充分标准规则、间接证据裁判规则、原始证据优先规则、意见证据规则、非法证据排除规则等。在第三节已经进行了具体详细阐述，在此不再赘述。

三、司法实务中的常见难题的证明

司法活动中，强奸犯罪司法证明上的难题主要有“违背妇女意志”的判断、被告是否“明知”被害人不满 14 周岁和“犯罪既遂”的认定等。前两个问题都因为是对人的内心心理的证明而显得难以证明，后一个问题是因为“插入”判断上的根据易于被掩盖或破坏而难于证明。这些问题不但是证明上的难题，而且是定罪量刑的关键问题，下面进行具体的分析。

(一)“违背妇女意志”的证明

“违背妇女的意志”是强奸犯罪的重要特征(有观点甚至认为是“本质特征”①),是“区分强奸与通奸及不正当性行为的唯一标准”②,可以说是判断是否定罪的关键要件。前文已经述及,违背妇女的意志要以妇女有自由意志为前提。如果是白痴、精神病患者、花痴患者,即使其主观同意与被告人发生性关系,也构成强奸犯罪,这时就不需要对“违背妇女意志”进行证明。同理,如果是未满 14 周岁的被害人,出于对其身心健康成长的保护,主观意志也不需要成为证明的对象。只有在妇女有健康、成熟的自由意志存在的前提下,才需要进一步证明性交行为是否“违背妇女意志”。

学界关于“违背妇女的意志”有不同的认识,有观点认为以手段行为的强制程度来判断是否违背妇女的意志。③ 也有观点认为以妇女的反抗程度来判断是否违背妇女的意志,即如果行为人仅仅是一般的动手动脚,而妇女也是半推半就,一般说来不构成强奸。④ 另有观点认为以妇女不能反抗作为违背妇女意志的标准,过于苛刻,忽略了妇女不能反抗原因的复杂性,不利于妇女权利的保护。⑤ 明显的反抗固然是违背妇女意志的重要标志,而在没有反抗或在没有明显反抗的情况下,则应具体分析没有反抗的原因,判断在当时情况下妇女的真实心理。只有当妇女是基于同意或者无所谓的心态而没有反抗或者没有明显反抗时,才可以认定没有违背妇女意志从而排除强奸犯罪,否则就不能断然认定不构成强奸罪。⑥ 此外,有时性交行为不违背妇女意志,甚至是妇女所希望的,但是由于行为人并不知道被害人同意性交,而采取了强行性交的行为,也可认定为强奸罪。⑦

---

① 赵秉志主编:《刑法学各论研究述评》,北京师范大学出版社 2009 年版,第 276 页。

② 王作富主编:《刑法分则实务研究(中)》第 4 版,中国方正出版社 2010 年版,第 851 页。

③ 李江:《准确认定强奸罪的几点意见》,《刑法学论文集》中国法学会刑法学研究会 1984 年编,第 104—106 页。

④ 刘光显:《试论强奸罪》,《法学研究》1982 年第 5 期。

⑤ 王作富:《刑法分则实务研究(中)》第 4 版,中国方正出版社 2010 年版,第 544 页。

⑥ 赵秉志主编:《刑法争议问题研究》下册,河南人民出版社 1996 年版,第 274—275 页。

⑦ 王作富主编:《刑法分则实务研究(中)》第 4 版,中国方正出版社 2010 年版,第 843 页。

根据上述关于“违背妇女意志”认定标志的探讨，是否违背妇女意志的判断以保护妇女权利为优先价值。这样，在司法证明上，首先，通过手段行为的强制性来判断妇女意志的违反；其次，证明妇女是否有反抗行为。这两方面均具备的话，则“违背妇女意志”很容易证明。当没有反抗痕迹或者反抗证据不明显时，只要妇女告诉了，性交行为发生了，排除恶意告诉情形，一般应推定“违背妇女的意志”。恶意告诉，比如存在性的交易行为(权、钱或者求学等与性的交易)，交易之后，目的不达，进行告诉。另外，如果能够证明有合理的原因导致妇女不能反抗或者无法反抗的，当然可以认定违背妇女的意志了，比如患重病、酒醉、药物麻醉等情形。这样妇女意志的证明除了可以直接通过被害人陈述、被告人供述和辩解所陈述的内心心理活动来证明外，还可以通过对强奸犯罪的手段行为或者被害人的反抗行为的证明来间接证明，最后还可以通过排除其他恶意告诉的原因推定违背妇女意志的存在。

(二)对明知被害人不满 14 周岁的证明

2003 年 1 月最高人民法院发布的《关于行为人不明知是不满 14 周岁的幼女，双方自愿发生性关系是否构成强奸罪问题的批复》中规定：“行为人明知是不满十四周岁的幼女而与其发生性关系，不论幼女是否自愿，均应依照刑法第二百三十六条第二款的规定，以强奸罪定罪处罚；行为人确实不知对方是不满十四周岁的幼女，双方自愿发生性关系，未造成严重后果，情节显著轻微的，不认为是犯罪。”根据该《批复》强奸行为人是否明知被害人是幼女直接关系强奸犯罪定性的问题——“明知”则必犯强奸罪，此时行为手段是否有强制性对定罪已经不具有本质意义了；“不明知”则不但要求性行为不违背妇女意志，双方自愿，而且要求后果不严重，情节显著轻微的才不犯罪。另外，根据《刑法》第 236 条第 2 款的规定，奸淫幼女的，从重处罚，属于强奸罪适用死刑的一个重要情形，所以，“明知”与否是奸淫幼女的强奸罪成立的关键要件。“明知”与否是一个主观心理的证明，又因为其定罪上的关键地位，遂成为了司法实践中难以把握和证明的难题。对此，笔者认为“明知”的心理可以通过言谈举止的外在形态来证明，比如通过其曾经说过的话，通过被害人的外貌特征，通过被害人年龄方面的书面证据材料为行为人所能接触和知晓的事实等来证明。如果是否“明知”处于模糊不清的状态时，出于对幼女身心健康权的特殊保护，应推定行为人明知。这种直接证明“明知”的方式能否达到证据确实、充分的标准令人怀疑，毕竟“明知”是一种主观心理的证明，很难拿出一个客观的比对标准来衡量。为此，笔者产生了新的想法，那就是对是否明知实行“推定”规则，即只要有证据证明被害人不满14周岁，双方发生了性行为，就推定强奸犯罪成立。这样，主观是否“明知”就不用证明了，从而免除了证明上的难题，这也是保护幼女权利的有效方式。而要推翻此“有罪推定”，则需要证明行为人“不明知”。在此情形下，需要先证明后果是否严重？情节是否显著轻微？如果这两个方面是否定的，则不再需要证明主观上是否“不明知”，直接认定强奸罪成立。相反，如果后果不严重，情节显著轻微，则需要证明行为人主观上确实是“不明知”。这时，被害人生活圈中的人的证人证言，被害人的体貌特征，被害人的陈述和被告人的供述与辩解，就可以起到有效的证明了。对“不明知”的证明标准要求并不需要达到证据“确实、充分”的严格标准，只需要达到合理相信的程度即可。此时，如果“不明知”和“明知”处于模糊不清的状态，则推定明知，因为其没有达到“不明知”的证明标准要求。

(三)“强奸既遂”的证明

根据通说，强奸犯罪以“插入说”为犯罪既遂的标准。奸淫幼女的，以“接触说”为既遂标准。理论上，“既遂”的定性容易表达，在司法实践中如何进行证明上则是另一回事了。就拿“插入说”来说，如何证明是否插入了。如果阴道内有精液，一般认为插入比较容易证明。如果没有精液呢，则如何证明？如果戴着避孕套插入呢，则又将如何证明？同样，接触说就更难证明了？是否只要脱了裤子就能证明必定接触了呢？单单凭借被害人的陈述和被告人的供述和辩解，很容易发生错误的定罪。所以，强奸罪的既遂是司法实践中的一个证明难题。

阴道内有精液、行为人体液，现场发现了装有精液的避孕套，或者被害者的阴部周围发现了有行为人的体液、精液，则证明插入或接触要容易得多了。难就难在那些无体液在现场发现的情形。当然，一般来看，这种情形是少见的情形。在这种情况下如何证明插入或接触呢？笔者主张，奸淫幼女的，只要有内裤被脱下的证明，内裤被扯坏的情形，就可以认定接触说已经达成了。因为奸淫幼女的，保护的是幼女的身心健康，并不只是妇女的贞洁和性的自由意志。所以，只要有内裤脱落、扯坏的情形，就已经伤害了幼女的身心健康，就可以认定强奸既遂。对插入说的证明，如果没有体液等证据，处女膜未破，则插入不成立。如果处女膜是陈旧性损伤，没有新的破痕，则需要进一步的证据证明。此时，被害人身上有暴力性的损伤，阴部周围有伤痕，则应认定插入实现。如果被害人身上无搏斗痕迹，或者阴部周围无任何伤痕，则要看强奸的行为手段：手段行为成立的，一般应定强奸既遂。这是从保护妇女权益的角度来认定强奸“插入说”的既遂标准的。

主要参考文献

1. 陈兴良：《刑法的价值构造》，中国人民大学出版社 2006 年版。

2. 陈兴良：《刑法学》，复旦大学出版社 2009 年版。

3. 储槐植：《美国刑法》，北京大学出版社 2005 年版。

4. [俄]Н. Ф. 库兹涅佐娃、И. М. 佳日科娃主编：《俄罗斯刑法教程(总论)下卷·刑罚论》，黄道秀译，中国法制出版社 2002 年版。

5. 高铭暄：《略谈我国的死刑立法及其发展趋势》，载赵秉志主编：《中国废止死刑之路探索》，中国人民公安大学出版社 2004 年版。

6. 高铭暄、马克昌：《刑法学》，北京大学出版社、高等教育出版社 2011 年版。

7. 高铭暄：《中国死刑的立法控制》，载赵秉志主编：《死刑制度之现实考察与完善建言》，中国人民公安大学出版社 2006 年版。

8. [韩]许一泰：《韩国死刑制度的过去、现在和未来》，载赵秉志主编：《刑法论丛》第 13 卷，法律出版社 2007 年版。

9. 何家弘、刘品新：《证据法学》，法律出版社 2004 年版。

10. 何家弘主编：《证人制度研究》，人民法院出版社 2004 年版。

11. 侯宏林：《刑事政策刑事政策的价值分析》，中国政法大学出版社 2005 年版。

12. 黄京平、石磊：《简析我国非暴力犯罪暴力犯罪及其死刑立法》，载赵秉志主编：《中国废止死刑之路探索》，中国人民公安大学出版社 2004

年版。

13. 黄晓亮：《暴力犯罪暴力犯罪死刑问题研究》，中国人民公安大学出版社 2008 年版。

14. 贾宇主编：《死刑研究》，法律出版社 2006 年版。

15. 梁健：《强奸犯罪比较研究》，中国人民公安大学出版社 2010 年版。

16. 刘广三主编：《刑事证据法学》，中国人民大学出版社 2007 年版。

17. 刘志伟主编：《刑法学的新动向》，中国人民公安大学出版社 2005 年版。

18. 卢建平、冯江菊：《共同犯罪共同犯罪中死刑适用死刑适用限制论》，载赵秉志主编：《刑事法治法治发展研究报告》(2008—2009 年卷)，中国人民公安大学出版社 2010 年版。

19. 卢建平、王丽华：《被害人过错被害人过错与死刑适用死刑适用之探讨——以故意杀人罪为例》，载李洁、张军、贾宇主编：《和谐社会的刑法现实问题·中卷：死刑的司法限制适用问题研究》，中国人民公安大学出版社 2007 年版。

20. [美]Jerome A. Cohen、赵秉志主编：《中美死刑制度现状与改革比较研究》，中国人民公安大学出版社 2007 年版。

21. 倪泽仁：《暴力犯罪暴力犯罪刑法适用指导》，中国检察出版社 2006 年版。

22. 宋英辉、汤维建：《证据法学研究述评》，中国人民公安大学出版社 2006 年版。

23. 宋英辉：《刑事诉讼法学》，北京师范大学出版社 2010 年版。

24. 王俊平：《刑法视野下的犯罪集团犯罪集团研究》，中国人民公安大学出版社 2009 年版。

25. 王文生：《强奸罪判解研究》，人民法院出版社 2005 年版。

26. 王作富：《刑法分则实务研究(中)》，中国方正出版社 2010 年版。

27. 魏东、刘沛谞：《死刑政策分析检讨》，载赵秉志主编：《刑事政策刑事政策专题探讨》，中国人民公安大学出版社 2005 年版。

28. 肖中华：《侵犯公民人身权利罪疑难解析》，上海人民出版社 2007 年版。

29. [意]贝卡里亚:《论犯罪与刑罚》,黄风译,中国法制出版社 2002 年版。

30. [英]罗吉尔·胡德、卡罗琳·霍伊尔:《死刑的全球考察》第 4 版,曾彦等译,中国人民公安大学出版社 2009 年版。

31. [英]休谟:《人性论》,张晖编译,北京大学出版社 2007 年版。

32. 张军:《死刑政策的司法适用》,载中国人民大学刑事法律科学研究中心编:《明德刑法学名家讲演录》第 1 卷,北京大学出版社 2009 年版。

33. 张明楷:《刑法学》,法律出版社 2007 年版。

34. 张文等:《十问死刑——以中国死刑文化为背景》,北京大学出版社 2006 年版。

35. 张远煌:《犯罪学》,中国人民大学出版社 2007 年版。

36. 钊作俊:《死刑适用死刑适用论》,人民法院出版社 2003 年版。

37. 赵秉志:《当代刑法学》,中国政法大学出版社 2009 年版。

38. 赵秉志:《犯罪停止形态适用中的疑难问题研究》,吉林人民出版社 2001 年版。

39. 赵秉志、[加]威廉·夏巴斯主编:《死刑立法改革专题研究》,中国法制出版社 2007 年版。

40. 赵秉志:《死刑改革研究报告》,法律出版社 2007 年版。

41. 赵秉志:《刑法分则要论》,中国法制出版社 2010 年版。

42. 赵秉志:《刑法新教程》第 4 版,中国人民大学出版社 2012 年版。

43. 赵秉志:《刑法修正案最新理解适用》,中国法制出版社 2009 年版。

44. 赵秉志:《刑法学各论研究述评》,北京师范大学出版社 2009 年版。

45. 赵秉志:《刑法总则要论》,中国法制出版社 2010 年版。

46. 赵秉志:《中国死刑案件审判的热点问题——以刑事实体法为考察视角》,《刑法论丛》第 22 卷,法律出版社 2010 年版。

47. 最高人民法院刑事审判庭:《刑事审判参考》总第 58 集,法律出版社 2007 年版。

索 引

G

H

J

Z

图书在版编目(CIP)数据

暴力犯罪死刑适用标准研究／赵秉志主编．—北京：北京师范大学出版社，2014.4
ISBN 978-7-303-16116-4

Ⅰ．①暴… Ⅱ．①赵… Ⅲ．①死刑-法律适用-研究-中国 Ⅳ．①D924.125

中国版本图书馆 CIP 数据核字(2013)第 059785 号

营销中心电话 010-58802798 58806546
北师大出版社高等教育分社网 http://gaojiao.bnup.com
电子信箱 gaojiao@bnupg.com

BAOLI FANZUI SIXING SHIYONG BIAOZHUN YANJIU
出版发行：北京师范大学出版社 www.bnup.com
北京新街口外大街 19 号
邮政编码：100875
印 刷：北京京师印务有限公司
装 订：北京盛通印刷股份有限公司
经 销：全国新华书店
开 本：170 mm × 240 mm
插 页：3
印 张：31
字 数：457 千字
版 次：2014 年 4 月第 1 版
印 次：2014 年 4 月第 1 次印刷
定 价：98.00 元

策划编辑：马洪立 责任编辑：李洪波
美术编辑：王齐云 装帧设计：肖 辉 王齐云
责任校对：李 菡 责任印制：孙文凯